○ 中国社会科学院老学者文库 ○

成语辨析千组

ANALYSIS OF
A THOUSAND IDIOMS

主编 贾采珠

中国社会科学出版社

图书在版编目（CIP）数据

成语辨析千组 / 贾采珠主编. -- 北京：中国社会科学出版社，2024.10. --（中国社会科学院老学者文库）. -- ISBN 978-7-5227-4172-7

Ⅰ. H136.31

中国国家版本馆 CIP 数据核字第 20245BZ807 号

出 版 人	赵剑英	
责任编辑	张　林	
特约编辑	张　虎	
责任校对	周　昊	
责任印制	戴　宽	

出　　版	中国社会科学出版社	
社　　址	北京鼓楼西大街甲 158 号	
邮　　编	100720	
网　　址	http://www.csspw.cn	
发 行 部	010-84083685	
门 市 部	010-84029450	
经　　销	新华书店及其他书店	

印　　刷	北京明恒达印务有限公司	
装　　订	廊坊市广阳区广增装订厂	
版　　次	2024 年 10 月第 1 版	
印　　次	2024 年 10 月第 1 次印刷	

开　　本	710×1000　1/16	
印　　张	31	
插　　页	2	
字　　数	520 千字	
定　　价	169.00 元	

凡购买中国社会科学出版社图书，如有质量问题请与本社营销中心联系调换
电话：010-84083683
版权所有　侵权必究

感谢韩敬体为本书作序
感谢徐川山、程荣、李志江对本书的关心和支持

《成语辨析千组》编委会

主　　编：贾采珠
副 主 编：罗楷经　胡　玫
编写人员：罗楷经　胡　玫　王清利　李士敏
工作人员：李　平　张锡梦　陈　昊

序

韩 敬 体

  成语是人们长期以来习用的、简洁精辟的定型词组或短句。正像国学大师季羡林先生所说的，"汉语是世界上成语最多的语言，任何国家的语言都难以望其项背"。(《汉语成语源流大辞典》序，开明出版社2009年版) 成语大多来自历代典籍之中。汉语历史悠久，典籍极为丰富，所以汉语的成语就特别多，汉语中的成语到底有多少？由于人们对成语的理解不大一致，难以有一个公认的数字。我国出版的成语词典很多，近十几年出版的就有几部收录条目较多的词典，它们是：《新华成语大词典》（赵克勤、楚元安、许振生主编，商务印书馆2013年版），收录成语26000余条；《中华多用成语大辞典》（林玉山主编，湖南人民出版社2007年版），收录成语39200条；《新编成语大全》（陈璧耀主编，宁夏人民出版社2009年版），收录成语约45000条；《汉语成语大全》（梅萌主编，商务国际有限公司2011年8月第2版）收录成语45000余条。这四部大型词典中，第二部收录近4万条，后面两部都收录45000条。第三部，收录的成语在结构形式上较为严格，只收四字格成语（包括少量八字格）。看来，汉语中的成语总数可能就是四五万条了。

  汉语成语很多，但一般人常用的并不太多，有一本《汉语成语小词典》（商务印书馆）流行了六十多年，很受欢迎。它收录的成语只有4000条，基本上能满足我们日常使用了。

  一般来说，成语的特点是形式简洁、意思精练、表达力强，因此人们对它喜闻乐见，并且在说话特别是写作中喜欢使用。

  语言学大师吕叔湘先生曾为一部成语词典题词为"成语之妙，在于运用"（《中华成语大辞典》题词，吉林文史出版社1986年版）。只要人们恰如其分地运用成语，就能显示出它们的精妙所在。成语类聚中语义相同、相近的很不少，它们在意义、用法上有同有异，只有了解、把握其相异之处，特别是细微的差别，才能运用得当。

  这部《成语辨析千组》正是一本对一些常用的同义近义成语的同异之处，

特别是相异之处进行解析的词典。有些同义近义成语使用对象或范围不同，比如：鱼龙混杂/鱼目混珠，前者多用于形容人，后者多形容物，一般不适用于人；流离失所/无家可归，前者多用于群体，后者可用于群众，也可用于个体；险象迭生/险象环生，前者重在强调时间上有先后，后者重在空间上。有些同义近义成语意义轻重不同，比如：心服口服/心悦诚服，都指真心信服，但信服程度上后者要高于前者；白日做梦/痴心妄想/胡思乱想，都指荒谬的想法，不切实际的幻想，且都含贬义，但痴心妄想的语意重，白日做梦次之，胡思乱想又次之；冰天雪地/天寒地冻，都形容天气很冷，但前者程度上更重。有些同义近义成语使用对象及语意轻重上都有不同，比如：好逸恶劳/好吃懒做，前者语意重，适用面宽；后者语意轻，适用面窄。有些同义近义成语褒贬色彩不同，比如：昂首阔步/高视阔步，前者含褒义，后者含贬义。看风使舵/随机应变，前者多用于贬义，后者多用于褒义。有些同义近义成语语体色彩不同，比如：包办代替/越俎代庖，前者多用于口语，后者多用于书面语；博闻强识/见多识广，前者多用于书面语，后者多用于口语。有些同义近义成语词性表现方式不同，比如：捕风捉影/道听途说，前者是比喻性成语，后者是陈述性成语；鼎鼎大名/赫赫有名，前者为名词性成语，后者为形容词性成语；色厉内荏/外强中干，前者形容对象较为具体，后者则较为抽象。

　　本书在同义近义成语进行辨析方面，举出相当多的典型用例以说明。这些用例一般都是经典著作使用的，这对于读者在确切地掌握成语意义、用法方面很有帮助。语言学大师王力先生在给《中国成语大辞典》（上海辞书出版社 1996 年版）所写的《序言》中说："一部成语词典，如能对读者学习和使用成语起到积极作用，就是一部好的辞书。"我以为，这部《成语辨析千组》，能够帮助读者学习和较为准确地使用成语，定是一部好词典。

总　目

凡例 ………………………………………………………… (1)
成语辨析分组目录 ………………………………………… (1)
正文 ………………………………………………………… (1)
缅怀曹先擢先生（代后记）……………………………… (451)

凡　　例

一　条目安排

1. 本词典辨析汉语四字成语849组，涉及成语1769个，40.6万多字。绝大多数是两个成语一组，很少数是三个成语一组，极少数是四个成语一组。按每组成语中头一个成语第一字的汉语拼音字母顺序排列。

2. 每组成语先分别解释，之后在〔辨析〕栏辨别分析。

3. 所收条目及其注音用黑体字；释文和辨析用宋体字；"辨析"二字用楷体字，外加六角括号。

二　字形和词形

1. 本词典所用字形、词形以现在通用的为标准，具体参照是《现代汉语词典》第7版（中国社会科学院语言研究所词典编辑室编，商务印书馆2016年版）的字形、词形。

2. 音同、义同、形异的成语，正条作详细解释，用"也作"指明副条，副条不单出。如"筚路蓝缕"列为正条，作详细解释，并指出"也作'荜路蓝缕'"，"荜路蓝缕"不单出条。

3. 义同而音、形不同的成语，正条作详细解释，用"也说"指明副条，副条不单出。如"不动声色"列为正条，作详细解释，并指出"也说'不露声色'"，"不露声色"不单出条。

三　注音

1. 所有条目用汉语拼音字母注音。以《现代汉语词典》第7版的注音格式为准。调号包括阴平"ˉ"、阳平"ˊ"、上声"ˇ"、去声"ˋ"；轻声不标调号。

2. 本词典不标变调。

四　释义

用现代汉语普通话释义。每一组成语分别释义。一般是先考源，注明典籍出处（有的需要翻成白话文），之后解释成语的完整意义和个别疑难字词的意义。

五　举例

举例在释义后，每个成语至少举一个例子。例句大多出自名著、名篇，少数出自互联网，极少数是自己编的。时间早的在前，时间晚的在后，尽量选取在语法上用法不同的例句。例句之间用竖线"｜"隔开，在后面括号内注明出处。

六　辨析

成语辨析是本词典的核心。包括两类：绝大多数是意义相近的成语，如"鸟尽弓藏、兔死狐悲"，"灯红酒绿、纸醉金迷"，"东施效颦、邯郸学步"；少数是形相近，意义有所不同的成语，如"白璧微瑕、白璧无瑕"，"过江之鲫、多如牛毛"。辨析内容一般包括意义、用法、感情色彩、语体风格等方面。

七　检索

成语以组为单位，附汉语拼音音节索引。

成语辨析分组目录

（按汉语拼音字母表顺序排列）

（条目右边的号码为语典正文的页码）

A

哀鸿遍野　饿殍遍野 …………………………………… （1）
唉声叹气　长吁短叹 …………………………………… （1）
爱财如命　一毛不拔 …………………………………… （2）
爱莫能助　无能为力 …………………………………… （2）
安邦定国　治国安邦 …………………………………… （2）
安分守己　循规蹈矩 …………………………………… （3）
安如泰山　坚如磐石 …………………………………… （3）
安之若素　处之泰然 …………………………………… （4）
昂首阔步　高视阔步 …………………………………… （4）

B

白璧微瑕　白璧无瑕 …………………………………… （6）
白日做梦　痴心妄想　胡思乱想 ……………………… （6）
白头如新　熟视无睹　素不相识 ……………………… （7）
百端待举　百废待举　百废俱兴 ……………………… （8）
百发百中　百步穿杨　弹无虚发 ……………………… （9）
百感交集　悲喜交集 …………………………………… （9）
百孔千疮　满目疮痍 …………………………………… （10）

百年不遇	千载难逢	(10)
百依百顺	言听计从	(11)
百折不挠	不屈不挠	(11)
斑驳陆离	光怪陆离	(12)
搬弄是非	挑拨是非	(13)
半老徐娘	徐娘半老	(13)
半途而废	功亏一篑　前功尽弃	(13)
半信半疑	将信将疑	(14)
榜上无名	名落孙山	(15)
包办代替	越俎代庖	(15)
包藏祸心	心怀叵测	(16)
包罗万象	应有尽有	(16)
饱经沧桑	历尽沧桑	(17)
报仇雪恨	报仇雪耻	(17)
抱头鼠窜	狼奔豕突	(18)
抱薪救火	扬汤止沸	(18)
暴殄天物	生灵涂炭	(19)
杯弓蛇影	风声鹤唳　草木皆兵	(19)
杯水车薪	力不从心	(20)
卑躬屈膝	奴颜婢膝	(21)
悲愤填膺	义愤填膺	(21)
悲痛欲绝	痛不欲生	(22)
背城借一	背水一战	(22)
背道而驰	南辕北辙	(23)
背井离乡	流离失所	(24)
背信弃义	忘恩负义	(24)
本末倒置	舍本逐末	(25)
笨鸟先飞	勤能补拙	(26)
逼上梁山	铤而走险	(26)
比比皆是	俯拾即是	(27)
比翼齐飞	并驾齐驱	(27)
闭关锁国	闭关自守	(28)

闭门思过	三省吾身		(28)
闭目塞听	充耳不闻		(29)
筚路蓝缕	风餐露宿		(29)
避实就虚	避重就轻		(30)
敝帚千金	敝帚自珍		(31)
鞭长莫及	望洋兴叹		(31)
鞭辟入里	入木三分		(32)
变幻莫测	变化无穷	变化多端	(33)
遍体鳞伤	体无完肤		(33)
便宜行事	见机行事	相机行事	(34)
彪炳千古	彪炳史册		(34)
标新立异	与众不同		(35)
表里如一	言行一致	心口如一	(35)
别具一格	独树一帜		(36)
别开生面	别有天地		(37)
彬彬有礼	文质彬彬	温文尔雅	(37)
兵多将广	兵强马壮		(38)
兵荒马乱	兵戈扰攘		(38)
冰天雪地	天寒地冻		(39)
病入膏肓	无可救药		(39)
并行不悖	齐头并进		(40)
波澜壮阔	汹涌澎湃		(40)
拨乱反正	正本清源		(41)
勃然大怒	大发雷霆		(41)
博古通今	博学多才		(42)
博览群书	饱尝诗书		(42)
博闻强识	见多识广		(43)
捕风捉影	道听途说		(43)
不动声色	无动于衷		(44)
不孚众望	不负众望		(45)
不负韶华	只争朝夕		(45)
不甘示弱	争强好胜		(46)

不攻自破　不堪一击	(46)
不共戴天　你死我活　势不两立	(47)
不寒而栗　毛骨悚然	(48)
不即不离　若即若离	(48)
不计其数　不可胜数	(49)
不胫而走　不翼而飞	(49)
不堪设想　不可思议	(50)
不刊之论　不易之论	(50)
不可开交　难分难解	(51)
不可企及　望尘莫及	(52)
不可名状　不可言传	(52)
不可胜数　不胜枚举	(53)
不可一世　目空一切　旁若无人	(53)
不劳而获　坐收渔利　坐享其成	(54)
不伦不类　不三不四	(55)
不落窠臼　不落俗套	(55)
不能自拔　不能自已	(56)
不期而遇　邂逅相遇　萍水相逢	(56)
不求甚解　浅尝辄止	(57)
不容置辩　不容置喙　不容分说	(57)
不容置疑　毋庸置疑	(58)
不识好歹　不识抬举　不识时务	(58)
不同凡响　与众不同	(59)
不闻不问　装聋作哑	(59)
不务正业　游手好闲	(60)
不屑一顾　不值一提	(60)
不修边幅　不拘小节	(61)
不学无术　胸无点墨	(61)
不徇私情　铁面无私	(62)
不由自主　身不由己	(62)
不约而同　不谋而合	(62)
不以为然　不闻不问　漠不关心	(63)

不枝不蔓	要言不烦	(63)
不知进退	不知深浅	(64)
不知所措	手足无措	(64)
不置可否	模棱两可	(65)
不着边际	漫无边际	(66)
不自量力	螳臂当车　蚍蜉撼树　以卵击石	(66)
不足挂齿	何足挂齿	(67)
不足为奇	司空见惯	(68)
布衣之交	贫贱之交	(68)
步步为营	稳扎稳打	(69)
步履艰难	步履蹒跚	(69)

C

才华出众	才华横溢	(70)
才貌双全	才貌出众	(70)
才疏学浅	不学无术	(71)
残羹冷炙	残渣剩饭	(71)
惨淡经营	苦心经营	(72)
仓皇失措	惊慌失措	(72)
藏头露尾	含而不露	(73)
操之过急	急于求成	(73)
草草了事	草率从事	(74)
草菅人命	视如草芥	(74)
草莽英雄	绿林好汉	(75)
层见叠出	层出不穷	(75)
层峦叠嶂	层峦叠翠	(76)
插翅难飞	插翅难逃	(76)
察言观色	察颜观色	(77)
尝鼎一脔	窥豹一斑　一叶知秋	(77)
长驱直入	直捣黄龙	(78)
长治久安	国泰民安	(79)

怅然若失	惘然若失		（79）
畅所欲言	各抒己见		（80）
超尘拔俗	惊世骇俗		（80）
超群绝伦	卓尔不群		（81）
车水马龙	华盖云集		（81）
车载斗量	不可胜计		（82）
沉默寡言	少言寡语		（82）
瞠目结舌	张口结舌		（82）
诚惶诚恐	惶恐不安		（83）
成绩斐然	成绩卓著	卓有成效	（84）
成年累月	穷年累月		（84）
乘风破浪	劈涛斩浪		（84）
乘虚而入	乘机而入		（85）
吃瓜群众	平头百姓	闲杂人等	（85）
痴心妄想	痴人说梦		（86）
迟疑不决	举棋不定	优柔寡断	（87）
叱咤风云	呼风唤雨		（87）
赤胆忠心	忠心耿耿		（88）
充耳不闻	置若罔闻		（88）
重蹈覆辙	故态复萌		（89）
臭名昭著	声名狼藉		（89）
初出茅庐	少不更事	涉世不深	（90）
出尔反尔	反复无常		（91）
出乎意外	出其不意	始料不及	（91）
出类拔萃	鹤立鸡群		（92）
出奇制胜	克敌制胜		（92）
出人头地	高人一等		（93）
出神入化	炉火纯青		（93）
出头露面	抛头露面		（94）
出言不逊	出口伤人	恶语伤人	（94）
处乱不惊	临危不惧		（95）
触景生情	即景生情		（95）

触类旁通	举一反三	(96)
穿针引线	牵线搭桥	(96)
穿凿附会	牵强附会	(97)
传为美谈	传为佳话	(97)
串通一气	沆瀣一气	(98)
吹毛求疵	求全责备	(98)
垂手可得	唾手可得　轻而易举	(99)
垂死挣扎	负隅顽抗	(99)
垂死挣扎	苟延残喘	(100)
唇齿相依	血肉相连	(100)
唇枪舌剑	针锋相对	(101)
愁肠百结	愁肠寸断	(101)
从容不迫	从容淡定	(102)
从善如流	从谏如流	(102)
从善如流	择善而从	(103)
从头至尾	自始至终	(103)
粗茶淡饭	家常便饭	(104)
促膝谈心	抵掌而谈	(104)
摧山坼地	摧枯拉朽	(105)
淬炼成钢	百炼成钢	(105)
寸步难行	步履维艰	(106)
蹉跎岁月	虚度年华	(106)
措手不及	猝不及防	(107)
错落不齐	参差错落	(107)
错失良机	失之交臂	(107)
错综复杂	盘根错节	(108)

D

大打出手	大动干戈	兴师动众	(109)
大刀阔斧	雷厉风行		(109)
大道至简	大音希声		(110)

成语					
大彻大悟	翻然悔悟				(111)
大发雷霆	怒不可遏				(111)
大方之家	饱学之士	行家里手			(112)
大腹便便	心广体胖				(112)
大公无私	铁面无私				(113)
大快人心	皆大欢喜				(113)
大巧若拙	大智若愚				(113)
大势所趋	势在必行				(114)
大庭广众	众目睽睽				(114)
大同小异	相去无几				(115)
大显身手	大显神通				(116)
大相径庭	天壤之别				(116)
大有可为	大有作为				(117)
呆头呆脑	呆若木鸡				(117)
代人受过	替罪羔羊				(117)
单刀直入	直截了当	开门见山			(118)
单枪匹马	孤军奋战				(119)
殚精竭虑	呕心沥血				(119)
胆战心惊	毛骨悚然				(119)
弹丸之地	立锥之地				(120)
当仁不让	义不容辞				(120)
当头一棒	当头棒喝				(121)
当务之急	燃眉之急				(121)
当之无愧	受之无愧				(122)
荡气回肠	感人肺腑				(122)
倒背如流	滚瓜烂熟				(123)
倒打一耙	反咬一口				(123)
道貌岸然	一本正经				(124)
德高望重	众望所归				(124)
得心应手	运用自如				(125)
得心应手	左右逢源				(125)
得鱼忘筌	卸磨杀驴	过河拆桥	鸟尽弓藏	兔死狗烹	(126)

灯红酒绿	纸醉金迷		(127)
登峰造极	叹为观止		(127)
登堂入室	升堂入室		(128)
等闲视之	漠然置之		(128)
低三下四	低声下气	低眉顺眼	(129)
滴水不漏	天衣无缝		(130)
地老天荒	海枯石烂		(130)
颠倒黑白	混淆是非		(131)
颠三倒四	语无伦次		(131)
雕章琢句	字斟句酌		(131)
调兵遣将	排兵布阵		(132)
调虎离山	引蛇出洞		(132)
叠床架屋	画蛇添足		(133)
鼎鼎大名	赫赫有名		(133)
鼎足而立	鼎足三分		(134)
丢盔弃甲	弃甲曳兵		(134)
东窗事发	泄漏天机		(135)
东施效颦	邯郸学步		(135)
洞若观火	明察秋毫		(136)
独出机杼	独具匠心	匠心独运	(136)
独断专行	一意孤行		(137)
独断专行	专横跋扈		(137)
独具只眼	独具慧眼		(138)
独善其身	明哲保身		(138)
独树一帜	独辟蹊径		(139)
独一无二	举世无双		(140)
顿开茅塞	豁然开朗		(140)
多如牛毛	浩如烟海		(141)
夺人眼球	引人注目	引人入胜	(141)

E

阿谀奉承 曲意逢迎 …………………………………（143）
恶语伤人 血口喷人 …………………………………（143）
恩将仇报 以怨报德 …………………………………（144）
耳提面命 谆谆教导 …………………………………（144）

F

发号施令 颐指气使 指手画脚 ………………………（146）
发人深思 发人深省 …………………………………（146）
翻江倒海 排山倒海 …………………………………（147）
翻来覆去 辗转反侧 …………………………………（147）
翻然悔悟 洗心革面 …………………………………（148）
翻天覆地 改天换地 …………………………………（148）
繁花似锦 花团锦簇 …………………………………（149）
繁衍生息 休养生息 …………………………………（149）
反本归真 返璞归真 …………………………………（150）
反戈一击 倒戈相向 …………………………………（150）
反客为主 喧宾夺主 …………………………………（151）
方兴未艾 如日中天 …………………………………（151）
防患未然 防微杜渐 …………………………………（152）
放荡不羁 为所欲为 …………………………………（153）
放虎归山 养虎遗患 …………………………………（153）
放任自流 听之任之 …………………………………（154）
飞黄腾达 一步登天 …………………………………（154）
飞短流长 风言风语 …………………………………（154）
飞蛾扑火 以卵击石 …………………………………（155）
飞来横祸 无妄之灾 …………………………………（155）
非分之想 想入非非 …………………………………（156）
非驴非马 不伦不类 …………………………………（156）
非同小可 非同一般 …………………………………（157）

匪夷所思	不可思议	（157）
沸反盈天	人声鼎沸	（158）
费尽心机	煞费苦心	（158）
废寝忘食	宵衣旰食	（159）
废寝忘食	孜孜不倦	（159）
分道扬镳	各奔东西	（160）
纷至沓来	接踵而来	（160）
焚膏继晷	夜以继日　悬梁刺股	（161）
奋不顾身	舍生忘死	（162）
奋发图强	卧薪尝胆	（162）
风声鹤唳	草木皆兵	（163）
风姿绰约	婀娜多姿	（163）
风餐露宿	栉风沐雨	（164）
风尘仆仆	长途跋涉	（164）
风度翩翩	风流倜傥	（165）
风卷残云	狼吞虎咽	（165）
风生水起	风光无二	（165）
风言风语	流言蜚语	（166）
风雨飘摇	摇摇欲坠	（167）
风雨如晦	风雨如磐	（167）
风雨同舟	和衷共济	（168）
风雨同舟	同心同德	（168）
风烛残年	风中之烛	（169）
风烛残年	桑榆暮景	（169）
烽火连天	烽火四起	（170）
封妻荫子	光宗耀祖	（170）
逢凶化吉	遇难成祥	（171）
奉公守法	遵纪守法	（171）
奉为圭臬	奉若神明	（171）
浮光掠影	蜻蜓点水　走马观花	（172）
拂袖而去	扬长而去	（173）
辅车相依	唇齿相依	（173）

富丽堂皇　金碧辉煌 ……………………………………… (174)
妇孺皆知　家喻户晓 ……………………………………… (174)
覆水难收　木已成舟 ……………………………………… (175)

G

改弦更张　改弦易辙 ……………………………………… (176)
改过自新　痛改前非　洗心革面 ………………………… (176)
感恩戴德　感激涕零 ……………………………………… (177)
刚愎自用　固执己见 ……………………………………… (177)
纲举目张　提纲挈领 ……………………………………… (178)
高不可攀　不可企及　望尘莫及 ………………………… (178)
高光时刻　人生巅峰 ……………………………………… (179)
高朋满座　宾客满堂 ……………………………………… (180)
高深莫测　深不可测 ……………………………………… (180)
高谈阔论　夸夸其谈 ……………………………………… (181)
高瞻远瞩　远见卓识 ……………………………………… (181)
高枕无忧　高枕而卧 ……………………………………… (181)
膏粱子弟　纨绔子弟 ……………………………………… (182)
各美其美　美美与共 ……………………………………… (182)
各执一词　各执己见 ……………………………………… (183)
各自为政　各行其是 ……………………………………… (183)
赓续旧好　赓续以往 ……………………………………… (184)
绠短汲深　力不从心 ……………………………………… (184)
耿耿于怀　念念不忘 ……………………………………… (185)
亘古未有　旷古未有 ……………………………………… (185)
功德圆满　大功告成 ……………………………………… (186)
功亏一篑　前功尽弃　功败垂成 ………………………… (186)
狗尾续貂　画蛇添足 ……………………………………… (187)
沽名钓誉　欺世盗名 ……………………………………… (188)
孤芳自赏　顾影自怜 ……………………………………… (188)
孤注一掷　破釜沉舟 ……………………………………… (189)

姑妄听之	姑妄言之	……………………………………	（189）
姑息养奸	养虎为患	……………………………………	（190）
蛊惑人心	造谣惑众	……………………………………	（190）
骨肉相残	同室操戈	……………………………………	（191）
骨瘦如柴	瘦骨嶙峋	……………………………………	（191）
固若金汤	铜墙铁壁	……………………………………	（192）
顾此失彼	捉襟见肘	……………………………………	（192）
故伎重演	老调重弹	……………………………………	（193）
故态复萌	旧病复发	……………………………………	（193）
寡廉鲜耻	厚颜无耻	……………………………………	（194）
拐弯抹角	迂回曲折	……………………………………	（194）
怪力乱神	邪魔鬼祟　妖魔邪祟　妖魔鬼怪	…	（195）
管中窥豹	管窥蠡测　管窥之见	………………	（195）
光风霁月	高风亮节　海晏河清	………………	（196）
光明磊落	光明正大	……………………………………	（197）
广阔无垠	广袤无垠	……………………………………	（197）
鬼使神差	阴错阳差	……………………………………	（198）
过江之鲫	多如牛毛	……………………………………	（198）
过甚其词	言过其实	……………………………………	（199）
过眼烟云	转瞬即逝　昙花一现	………………	（199）
裹足不前	踟蹰不前　趑趄不前	………………	（200）

H

海底捞针	水中捞月	……………………………………	（202）
海市蜃楼	空中楼阁	……………………………………	（202）
酣畅淋漓	淋漓尽致　痛快淋漓	………………	（203）
含情脉脉	温情脉脉	……………………………………	（203）
含沙射影	指桑骂槐	……………………………………	（204）
含英咀华	咀嚼赏鉴	……………………………………	（204）
汗流浃背	挥汗如雨	……………………………………	（205）
毫厘不爽	毫发不爽	……………………………………	（205）

豪放不羁	狂放不羁		(206)
豪情壮志	雄心壮志		(206)
好高骛远	眼高手低		(207)
好逸恶劳	好吃懒做		(207)
和而不同	求同存异		(208)
和风细雨	心平气和		(208)
和光同尘	与世无争		(209)
和好如初	言归于好		(209)
合情合理	顺理成章		(210)
何足挂齿	不足挂齿		(210)
涸辙之鲋	虎落平阳	釜底游鱼	(211)
黑白颠倒	阴差阳错		(211)
横行无忌	肆无忌惮		(212)
横生枝节	节外生枝		(212)
鸿篇巨制	长篇大论		(213)
后患无穷	遗患无穷		(213)
后来居上	后起之秀	青出于蓝	(214)
厚颜无耻	恬不知耻		(214)
怙恶不悛	死不悔改		(215)
狐群狗党	狐朋狗友		(215)
华而不实	有名无实		(216)
化为乌有	付诸东流	化为泡影	(216)
化险为夷	转危为安		(217)
化险为夷	有惊无险		(218)
画饼充饥	望梅止渴		(218)
画蛇添足	弄巧成拙		(219)
欢天喜地	欢欣鼓舞		(219)
缓兵之计	权宜之计		(220)
患难与共	同甘共苦		(220)
患难与共	休戚与共		(220)
涣然冰释	冰消瓦解		(221)
荒无人烟	人迹罕至		(221)

荒诞不经	荒诞无稽	………………………………………	(222)
挥金如土	一掷千金	………………………………………	(222)
挥洒自如	运笔自如	………………………………………	(223)
挥洒自如	行云流水	………………………………………	(223)
回味无穷	耐人寻味	………………………………………	(224)
回头是岸	浪子回头	………………………………………	(224)
悔过自新	迷途知返	………………………………………	(225)
讳莫如深	守口如瓶	………………………………………	(225)
诲人不倦	谆谆不倦	………………………………………	(226)
魂不守舍	失魂落魄	………………………………………	(226)
浑然天成	天衣无缝	………………………………………	(227)
浑然一体	水乳交融	………………………………………	(227)
活灵活现	栩栩如生	………………………………………	(228)
火力全开	全力以赴	………………………………………	(228)
火烧眉毛	燃眉之急	………………………………………	(229)
火中取栗	为人作嫁	………………………………………	(229)
祸不单行	雪上加霜	………………………………………	(230)

J

鸡飞狗跳	鸡犬不宁	………………………………………	(231)
机不可失	时不我待	………………………………………	(231)
饥不择食	慌不择路	………………………………………	(232)
饥肠辘辘	食不果腹	………………………………………	(232)
饥寒交迫	啼饥号寒	………………………………………	(233)
积毁销骨	众口铄金	………………………………………	(233)
掎角之势	内外夹击	………………………………………	(234)
激浊扬清	惩恶扬善	………………………………………	(234)
急不可待	急不可耐	………………………………………	(235)
急难愁盼	当务之急 千方百计	………………………………	(235)
急于事功	急于求成	………………………………………	(236)
集思广益	博采众议	………………………………………	(236)

济济一堂	人才济济		(237)
嫉恶如仇	深恶痛绝		(237)
继往开来	承前启后		(238)
假公济私	假公营私	损公肥私	(238)
驾轻就熟	轻车熟路		(239)
简明扼要	言简意赅		(239)
见缝插针	无孔不入		(240)
见利忘义	利令智昏		(240)
见仁见智	各抒己见		(241)
见贤思齐	见贤不隐		(241)
见异思迁	朝三暮四		(241)
箭在弦上	一触即发		(242)
将功补过	将功赎罪	戴罪立功	(243)
江郎才尽	黔驴技穷		(243)
将心比心	设身处地		(244)
交口称赞	有口皆碑		(244)
交头接耳	窃窃私语		(245)
矫揉造作	装腔作势		(245)
骄奢淫逸	穷奢极欲		(246)
绞尽脑汁	搜索枯肠		(246)
叫苦不迭	叫苦连天		(247)
桀骜锋利	桀骜不驯		(247)
洁白无瑕	完美无缺		(248)
竭尽全力	全力以赴		(248)
截然不同	迥然不同		(248)
孑然一身	形单影只		(249)
借题发挥	小题大作		(249)
津津乐道	侃侃而谈		(250)
斤斤计较	锱铢必较		(250)
锦上添花	如虎添翼		(251)
谨言慎行	三思而行		(252)
尽收眼底	一览无余		(252)

进退两难	进退维谷	骑虎难下	（252）
惊慌失措	仓皇失措		（253）
精疲力竭	身心交瘁		（254）
井底之蛙	坐井观天		（254）
久久为功	持之以恒	水滴石穿	（255）
久闻大名	如雷贯耳		（255）
咎由自取	罪有应得		（256）
鞠躬尽瘁	殚精竭虑		（256）
居心叵测	人心叵测		（257）
局促不安	忐忑不安		（257）
举案齐眉	相敬如宾		（258）
举不胜举	不胜枚举		（258）
举世闻名	闻名遐迩		（258）
举世无双	独一无二		（259）
举重若轻	轻而易举	易如反掌	（259）
捐弃前嫌	尽弃前嫌		（260）

K

开诚布公	推心置腹	（262）
开门见山	开宗明义	（262）
看风使舵	随机应变	（263）
慷慨解囊	解衣推食	（263）
慷慨解囊	仗义疏财	（264）
可想而知	不言而喻	（264）
刻骨铭心	镂骨铭心	（264）
刻舟求剑	守株待兔	（265）
恪守不渝	忠贞不渝	（266）
空洞无物	空空如也	（266）
口碑载道	有口皆碑	（266）
口是心非	阳奉阴违	（267）
苦尽甘来	否极泰来	（267）

苦心孤诣	煞费苦心	……	(268)
脍炙人口	喜闻乐见	……	(268)
宽宏大度	宽宏大量	……	(269)
匡扶正义	伸张正义	……	(269)
狂放不羁	放荡不羁	……	(270)
困兽犹斗	狗急跳墙	……	(270)

L

拉家带口	拖儿带女		…… (272)
来龙去脉	前因后果		…… (272)
来日方长	从长计议		…… (273)
浪迹天涯	四海漂泊		…… (273)
劳而无功	事倍功半		…… (274)
老成持重	老于世故		…… (274)
老气横秋	暮气沉沉		…… (274)
老谋深算	深思熟虑	深谋远虑	…… (275)
老谋深算	神机妙算		…… (276)
老生常谈	陈词滥调		…… (276)
乐不思蜀	乐而忘返		…… (277)
雷厉风行	闻风而动		…… (277)
冷眼旁观	漠然置之		…… (278)
冷眼旁观	袖手旁观		…… (278)
离愁别绪	离愁别恨		…… (278)
李代桃僵	冒名顶替		…… (279)
理所当然	天经地义		…… (279)
理直气壮	义正辞严		…… (280)
立德树人	百年树人		…… (280)
立功赎罪	将功折罪		…… (281)
历历在目	记忆犹新		…… (281)
励精图治	发奋图强		…… (282)
力透纸背	入木三分		…… (282)

利欲熏心	利令智昏	(283)
连绵不绝	绵绵不绝	(283)
恋恋不舍	流连忘返	(283)
量力而行	量体裁衣	(284)
寥寥无几	屈指可数	(284)
了然于心	了如指掌	(285)
两面三刀	阳奉阴违	(285)
淋漓尽致	酣畅淋漓	(286)
临危受命	临危授命	(286)
零和博弈	和平共处	(287)
伶牙俐齿	巧舌如簧	(288)
另立门户	另起炉灶	(288)
流芳百世	流芳千古	(289)
流离失所	无家可归	(289)
勠力同心	同心协力	(290)
碌碌无为	无所作为	(290)
屡见不鲜	司空见惯	(291)
落井下石	投石下井	(291)
络绎不绝	摩肩接踵	(292)

M

麻木不仁	无动于衷	(293)
马高镫短	山穷水尽	(293)
马首是瞻	惟命是从	(294)
满腹经纶	满腹珠玑	(294)
满目疮痍	千疮百孔	(295)
漫不经心	掉以轻心	(295)
漫无边际	无边无际	(296)
毛骨悚然	不寒而栗	(296)
毛遂自荐	自告奋勇	(297)
懋烈丰功	丰功伟绩　厥功至伟	(297)

冒名顶替	偷梁换柱		(298)
美不胜收	目不暇接		(299)
门可罗雀	门庭冷落		(299)
弥天大罪	罪恶滔天		(300)
弥天盖地	铺天盖地		(300)
绵绵不断	源源不断		(300)
绵延不断	绵延万里		(301)
民不聊生	民生凋敝		(301)
民怨沸腾	怨声载道		(302)
名不副实	盛名难副		(302)
名垂千古	名垂青史		(303)
名存实亡	徒有虚名	有名无实	(303)
名列前茅	首屈一指		(304)
名声赫赫	声名显赫		(304)
冥思苦想	搜肠刮肚		(305)
摩拳擦掌	跃跃欲试		(305)
没齿不忘	没世不忘		(306)
秣马厉兵	严阵以待		(306)
默默无闻	无声无息		(307)
莫名其妙	不可名状		(307)
莫逆之交	情投意合		(308)
莫衷一是	无所适从		(308)
墨守陈规	墨守成规		(309)
墨守成规	故步自封	抱残守缺	(309)
目光短浅	目光如豆	鼠目寸光	(310)
目空一切	盛气凌人		(311)

N

脑洞大开	天马行空	(312)
恼羞成怒	气急败坏	(312)
内外交困	内忧外患	(313)

O

藕断丝连　拖泥带水 …………………………………… (314)
呕心沥血　殚精竭虑 …………………………………… (314)

P

攀龙附凤　趋炎附势 …………………………………… (316)
盘根错节　犬牙交错 …………………………………… (316)
旁敲侧击　指桑骂槐 …………………………………… (317)
旁门左道　歪门邪道　异端邪说 ……………………… (317)
旁征博引　引经据典 …………………………………… (318)
抛砖引玉　引玉之砖 …………………………………… (319)
否极泰来　乐极生悲 …………………………………… (319)
平步青云　青云直上　一步登天 ……………………… (320)
平心静气　心平气和 …………………………………… (321)
迫不及待　迫在眉睫 …………………………………… (321)
破茧成蝶　脱胎换骨 …………………………………… (322)
扑朔迷离　虚无缥缈 …………………………………… (322)

Q

凄风苦雨　腥风血雨 …………………………………… (324)
凄然泪下　潸然泪下 …………………………………… (324)
其乐融融　其乐无穷 …………………………………… (325)
起死回生　死而复生 …………………………………… (325)
起早贪黑　夙兴夜寐 …………………………………… (326)
气冲牛斗　气冲霄汉 …………………………………… (326)
气急败坏　恼羞成怒 …………………………………… (327)
气势磅礴　气吞山河 …………………………………… (327)

恰到好处	恰如其分	（328）
千秋万代	地老天荒	（328）
千姿百态	仪态万方	（329）
前所未有	史无前例	（329）
前瞻后顾	左顾右盼	（330）
潜移默化	耳濡目染	（330）
敲诈勒索	巧取豪夺	（331）
巧夺天工	天造地设	（331）
翘首以盼	拭目以待	（332）
切中肯綮	切中时弊	（332）
亲密无间	形影不离	（332）
亲如手足	情同手足	（333）
倾巢出动	倾巢而出	（333）
倾囊相助	倾其所有	（334）
轻而易举 手到擒来	易如反掌	（334）
清廉用权	勤政有为	（335）
晴天霹雳	石破天惊	（336）
穷兵黩武	耀武扬威	（336）
穷形尽相	惟妙惟肖	（337）
全神贯注	专心致志	（337）

R

人才辈出	人才济济	（339）
人迹罕至	人烟稀少	（339）
人杰地灵	钟灵毓秀	（340）
人人自危	人心惶惶	（340）
人心所向	众望所归	（341）
人声鼎沸	沸反盈天	（341）
人言可畏	众口铄金	（342）
忍俊不禁	哑然失笑	（342）
忍气吞声	忍辱负重	（343）

任人唯贤	知人善任	(343)
日薄西山	日暮途穷	(344)
日理万机	席不暇暖	(344)
日新月异	突飞猛进　蒸蒸日上	(345)
日月如梭	岁月如流	(346)
如法炮制	照方抓药　照猫画虎	(346)
如临其境	身临其境	(347)
如临深渊	如履薄冰	(347)
如期而至	如约而至	(348)
如鸟兽散	作鸟兽散	(348)
如数家珍	了如指掌	(348)
如坐针毡	坐卧不安	(349)
入不敷出	寅吃卯粮	(349)
锐不可当	势不可当	(350)
若明若暗	若隐若现	(350)
弱肉强食	以强凌弱	(351)

S

丧尽天良	伤天害理	(352)
色厉内荏	外强中干	(352)
杀机四伏	杀气腾腾	(353)
杀鸡儆猴	杀一儆百	(353)
杀人越货	图财害命	(354)
杀一儆百	以儆效尤	(354)
删繁就简	要言不烦	(354)
闪烁其辞	支吾其词	(355)
上下其手	偷天换日	(355)
少气无力	有气无力	(356)
身先士卒	一马当先	(356)
深恶痛绝	咬牙切齿	(357)
深居简出	足不出户	(357)

深入浅出	言近旨远	(358)
神气十足	趾高气扬	(358)
慎终如始	善始善终	(359)
慎终追远	慎终思远	(359)
生搬硬套	生吞活剥	(360)
生机勃勃	生气勃勃	(360)
生死存亡	危在旦夕	(361)
生死之交	刎颈之交	(361)
时过境迁	事过境迁	(362)
矢志不渝	忠贞不渝	(362)
始终如一	一如既往	(363)
始作俑者	罪魁祸首	(363)
势不可当	势如破竹	(364)
恃才傲物	恃强凌弱	(364)
世代相传	薪尽火传	(364)
世风日下	世态炎凉	(365)
视如粪土	视若草芥	(365)
视死如归	殒身不恤	(366)
守望相助	和衷共济	(366)
守正创新	与时俱进	(367)
首鼠两端	瞻前顾后	(368)
殊途同归	异曲同工	(368)
束手无策	一筹莫展	(369)
束之高阁	置之不理	(369)
率先垂范	以身作则	(370)
率性而为	信马由缰	(370)
顺手牵羊	信手拈来	(371)
顺水推舟	因势利导	(371)
司空见惯	习以为常	(372)
死气沉沉	万马齐喑	(372)
死心塌地	心安理得	(373)
死心塌地	至死不渝	(373)

肆无忌惮	有恃无恐		(374)
素不相识	素昧平生		(374)
岁月静好	岁月如歌		(374)
索然寡味	索然无味		(375)

T

泰然自若	悠然自得		(376)
谈虎色变	闻风丧胆		(376)
谈笑风生	谈笑自若		(377)
忐忑不安	惴惴不安		(377)
探囊取物	唾手可得		(378)
体贴入微	无微不至		(378)
天翻地覆	沧海桑田		(379)
天壤之别	天渊之别		(379)
停滞不前	趑趄不前		(380)
通达人生	畅行无阻	一帆风顺	(380)
通宵达旦	夜以继日		(381)
同归于尽	玉石俱焚		(381)
同日而语	相提并论		(382)
痛改前非	洗心革面		(383)
偷梁换柱	偷天换日	移花接木	(383)
投鼠忌器	因噎废食		(384)
图谋不轨	居心叵测		(384)
吐故纳新	新陈代谢		(385)
兔死狐悲	物伤其类		(385)
推波助澜	兴风作浪		(386)
推己及人	以己度人		(386)
推心置腹	开诚布公		(387)
脱胎换骨	洗心革面		(387)
脱颖而出	一鸣惊人		(388)

W

玩火自焚	作茧自缚	（389）
玩世不恭	游戏人生	（389）
妄自菲薄	自惭形秽	（390）
望风而逃	闻风丧胆	（390）
望文生义	不求甚解	（391）
微不足道	微乎其微	（391）
微言大义	言近旨远	（392）
危言耸听	耸人听闻	（392）
危在旦夕	朝不保夕	（393）
违法乱纪	作奸犯科	（393）
惟妙惟肖	栩栩如生	（394）
唯命是从	言听计从	（394）
委靡不振	无精打采	（395）
未卜先知	先见之明	（395）
未雨绸缪	防患未然	（396）
未雨绸缪	有备无患	（396）
温文尔雅	文质彬彬	（397）
文不加点	一挥而就	（397）
纹丝不动	原封不动	（398）
稳如泰山	坐如洪钟	（398）
问心无愧	心安理得	（399）
无出其右	无与伦比	（399）
无坚不摧	战无不胜	（400）
无可非议	无可厚非	（400）
无隙可乘	无懈可击	（401）
物竞天择	优胜劣汰	（401）

X

熙来攘往	熙熙攘攘	（403）

惜墨如金	字斟句酌	……	(403)
息息相通	心心相印	……	(404)
喜笑颜开	笑逐颜开	……	(404)
细思极恐	不堪设想	……	(405)
纤尘不染	一尘不染	……	(405)
弦外之音	弦外有音	……	(406)
险象迭生	险象环生	……	(407)
响彻云霄	响遏行云	……	(407)
想入非非	异想天开	……	(408)
心不在焉	漫不经心	……	(408)
心驰神往	心荡神驰	……	(408)
心服口服	心悦诚服	……	(409)
心急火燎	心急如焚	……	(409)
心旷神怡	心清气爽	……	(410)
信守不渝	忠贞不渝	……	(410)
兴风作浪	兴妖作怪	……	(411)
形单影只	形影相吊	……	(411)
行稳致远	脚踏实地	……	(412)
兴高采烈	兴致勃勃	……	(412)
休戚与共	生死相依	……	(413)
修身守正	率先垂范	……	(414)
喧宾夺主	反客为主	……	(414)
学海无涯	学无止境	……	(415)
雪泥鸿爪	蛛丝马迹	……	(415)
血脉相承	一脉相承	……	(416)
寻根究底	追本溯源	……	(416)
循环往复	周而复始	……	(417)

Y

揠苗助长	急于求成	……	(418)
奄奄一息	一息尚存	……	(418)

言传身教	以身作则	(419)
言而无信	自食其果	(419)
言简意赅	要言不烦	(420)
眼高手低	志大才疏	(420)
洋洋得意	沾沾自喜	(421)
洋洋自得	自鸣得意	(421)
养虎遗患	养痈成患	(422)
杳如黄鹤	杳无音信	(422)
咬文嚼字	字斟句酌	(423)
耀武扬威	趾高气扬	(423)
夜郎自大	自命不凡	(424)
衣不蔽体	捉襟见肘	(424)
一笔勾销	一笔抹杀	(425)
一尘不染	一干二净	(425)
一筹莫展	束手无策	(426)
一蹴而就	一挥而就	(426)
一地鸡毛	乱七八糟 一片狼藉	(427)
一路货色	一丘之貉	(428)
一马平川	一望无际	(428)
一贫如洗	一无所有	(428)
一窍不通	一无所知	(429)
一扫而光	一网打尽	(430)
一往无前	勇往直前	(430)
一往无前	一如往前	(431)
一叶障目	以偏概全	(431)
义不容辞	责无旁贷	(431)
因地制宜	因势利导	(432)
因循守旧	抱残守缺	(432)
营私舞弊	中饱私囊	(433)
油光可鉴	油光水滑	(433)

有板有眼	有声有色	(434)
鱼龙混杂	鱼目混珠	(434)
雨后春笋	蒸蒸日上	(435)
欲擒故纵	欲擒先纵	(436)
原形毕露	昭然若揭	(436)
云兴霞蔚	云蒸霞蔚	(436)
运筹帷幄	出谋划策	(437)

Z

泽被后世	泽被天下	(438)
责无旁贷	义不容辞	(438)
自出机杼	匠心独运	(439)
自强不息	发愤图强	(439)
乍毛变色	着急忙慌	(440)
瞻前顾后	首鼠两端	(440)
斩钉截铁	直截了当	(441)
仗势欺人	倚势凌人	(441)
仗义执言	直抒胸臆	(442)
朝秦暮楚	朝三暮四	(442)
震耳欲聋	振聋发聩	(443)
争分夺秒	只争朝夕	(443)
蒸蒸日上	方兴未艾	(444)
郑重其事	一本正经	(444)
直抒己见	直言不讳	(445)
至暗时刻	漫漫长夜	(445)
置若罔闻	置之不理	(446)
置身事外	置之度外	(446)
擢发难数	罪不容诛	(447)
助纣为虐	为虎作伥	(447)

自暴自弃　自轻自贱 …………………………………………（448）
自悲自叹　自怨自艾 …………………………………………（448）
自吹自擂　自我吹嘘 …………………………………………（449）
自顾不暇　自身难保 …………………………………………（449）
自力更生　自食其力 …………………………………………（449）
自取灭亡　自投罗网 …………………………………………（450）

A

哀鸿遍野　饿殍遍野

哀鸿遍野　āihóng-biànyě　《诗经·小雅·鸿雁》："鸿雁于飞，哀鸣嗷嗷。"后用"哀鸿遍野"形容到处都是流离失所、痛苦呻吟的灾民的悲惨景象。例他们就曾目睹过那哀鸿遍野、赤地千里的惨象。（峻青《壮士录》）｜抗日战争爆发，日寇铁蹄的肆意践踏，使城镇百业凋零，大片乡村哀鸿遍野。（《光明日报》2000年8月7日）

饿殍遍野　èpiǎo-biànyě　《孟子·梁惠王上》："民有饥色，野有饿殍。""饿殍遍野"指遍地都是饿死的人。殍：饿死的人。形容饥荒、战乱中老百姓生活的惨状。也说"饿殍载道"。例是岁大荒，百姓皆食野菜，饿殍遍野。（明·罗贯中《三国演义》）｜上下五千年，纵横千万里啊！神州大地发生过的大饥荒还少吗？那时饿殍载道，枯骨遍野。（古华《芙蓉镇》）

〔辨析〕"哀鸿遍野、饿殍遍野"都是形容因饥荒、战乱时广大人民的悲惨景象。"哀鸿遍野"重在形容灾民流离失所、痛苦呻吟。"饿殍遍野"更多的是指因饥荒、战乱而饿死的人多得遍地都是。

唉声叹气　长吁短叹

唉声叹气　āishēng-tànqì　因伤心、烦闷、痛苦而发出叹息之声。例我爹常常唉声叹气，训斥我没有光辉祖宗。（余华《活着》）｜不过喜旺每听她说猪场的新鲜事，就唉声叹气地说："我这活不能干，比不得你那个活，光得罪人。"（李准《李双双小传》）

长吁短叹　chángxū-duǎntàn　因伤感、烦闷痛苦等原因而长一声短一声地叹气。例季交恕说这话时，长吁短叹，表现出一种悲天悯人的神气。（李六如《六十年的变迁》）｜她近来常常愁眉苦脸长吁短叹的，有时候还从梦里哭醒转来。（巴金《家》）

〔辨析〕"唉声叹气、长吁短叹"都形容人忧伤烦闷的情状。"唉声叹气"多用于口语，且不含"长叹"之意。"长吁短叹"在语意上要重一些，指长声和短声交杂的叹气。

爱财如命　一毛不拔

爱财如命　àicái-rúmìng　吝惜钱财就像吝惜自己的生命。形容极端贪财吝啬。例我想近来世界，不管什么英雄，什么豪杰，都是爱财如命。（羽衣女士《东欧女豪杰》）｜严监生死的时候总是不断气，原来是为他眼前点的灯盏里有两根灯草，直到懂得他爱财如命的人替他挑去一根时，他才断了气。（陶铸《理想·情操·精神生活》）

一毛不拔　yīmáo-bùbá　《孟子·尽心上》："杨子取为我，拔一毛而利天下之为也。"一根毫毛也舍不得拔。形容人十分吝啬、自私。例他姑妈姑丈有钱，藏起来，一毛不拔，出门洋车都舍不得坐。（洪深《贫民惨剧》）｜当初为我大哥事，你一毛不拔，害死了他，现在你也得到报应。（司马文森《风雨桐江》）

〔辨析〕"爱财如命、一毛不拔"都形容人非常吝啬。"爱财如命"偏重于贪财、贪婪，多形容人的品格。"一毛不拔"偏重于指人的自私，多指人的行为。

爱莫能助　无能为力

爱莫能助　àimònéngzhù　心里虽然很同情，却无力相助。例《自由谈》是难以办好的，桦生原亦相识，但他来接办，真也爱莫能助。（鲁迅《书信集·致杨霁云》）｜他抱着膀子，摇摇头，摆出一副爱莫能助的姿态。（莫言《蛙》）｜……世上诸般事情都可以分担，唯有疾病等少数几样，多亲密的也爱莫能助。（徐则臣《北上》）

无能为力　wúnéngwéilì　对某事没有力量去完成，或有劲使不上，或能力达不到。例他俩老人家深愤亡国的羞辱，同胞的受祸；但一木难支大厦，无能为力，因此退隐林泉，消闲山水。（蒋光慈《鸭绿江上》）｜那天，在那样大的山洪面前，水性再好的人，也都无能为力了。（峻青《苍松志》）

〔辨析〕"爱莫能助、无能为力"都是指没有力量、没有能力去做。"爱莫能助"专指对别人有同情心，而自己无力相助。"无能为力"重在强调无论对人、对己、对事没有力量和能力去完成。

安邦定国　治国安邦

安邦定国　ānbāng-dìngguó　指治理朝政，使国家安定，政权稳固。例方今天下大乱，四方云扰，欲见孔明，求安邦定国之策耳。（明·罗贯中《三国演义》）。

治国安邦　zhìguó-ānbāng　指治理国家，使之巩固、安定。例不能够治国安邦朝帝阙，常只是披霜带月似檐中。（元·无名氏《猿听经》）｜

又作"治国经邦"。诚以治国经邦，人才为急，心至苦而事至盛也。(孙中山《上李鸿章书》)

〔辨析〕"安邦定国、治国安邦"都有使国家安定、政权巩固的意思。"安邦定国"侧重强调国家的稳固、安全。"治国安邦"侧重强调通过治国方略、政策的贯彻执行，达到国家安定、政权巩固的目的。

安分守己　循规蹈矩

安分守己　ānfèn-shǒujǐ　安于本分，规矩老实，不越轨外求。例祁老太爷和天佑是安分守己的买卖人，他们的举止言谈都毫无掩饰的露出他们的本色。(老舍《四世同堂》) | 周荫甫向来是不关心那一套的，他只是安分守己的活着，逆来顺受，仿佛是看惯了似的。(郑振铎《郑振铎文集》) | 可是社会上总会有一些人不安分守己，癞蛤蟆想吃天鹅肉。(季羡林《季羡林散文精选》)

循规蹈矩　xúnguī-dǎojǔ　宋·朱熹《答方宾生》："循涂守辙，犹言循规蹈矩云耳。"指严守礼法和规则，不乱说乱动。规、矩：圆规和角尺，指礼仪、法度、规则；蹈：踩。例那时候，人们，尤其是青年，就都循规蹈矩，既不嚣张，也不浮动，一心向着"正路"前进了。(鲁迅《华盖集续集》) | 化卿的气，也渐渐的平了，看见他们三人，这些日子倒是循规蹈矩的，心中便也喜欢。(冰心《斯人独憔悴》)

〔辨析〕"安分守己、循规蹈矩"都有规矩老实不越轨的意思。"安分守己"偏重于"守本分"，不胡作非为。"循规蹈矩"强调严格按规矩行事。

安如泰山　坚如磐石

安如泰山　ānrúTàishān　汉·焦赣《易林·坤之中孚》："安如太山，福禧屡臻。"太山：同泰山。形容像泰山一样稳固，不可动摇。泰山：山名，五岳之首，高峻雄伟。也说"稳如泰山"。例千里黄河大堤巍然屹立，两岸田舍、工厂安如泰山，黄淮平原上一望无际的大秋作物茁壮成长。(《人民日报》1982年8月14日) | 经过三天三夜的殊死争夺，我军阵地仍然安如泰山。

坚如磐石　jiānrú-pánshí　《玉台新咏·古诗为焦仲卿妻作》："君当作磐石，妾当作蒲苇。蒲苇纫如丝，磐石无转移。"像大石头一样坚固。比喻不可动摇，不可改变。磐石：大而厚的石头。也说"安如磐石"。例我仍然要活下去，就因为我有这个坚定不移的信念，坚如磐石，重如泰山。(王蒙《布扎》) | 希望我们伟大的祖国永远坚如磐石,安同泰山。

〔辨析〕"安如泰山、坚如磐石"都形

容事物稳定、牢固。"安如泰山"偏重于安定、稳固、不可动摇;"坚如磐石"偏重于坚固、坚定不移,不可摧毁。"安如泰山"多指具体的人或事物,如建筑物、阵地、国家政权等;"坚如磐石"既可指具体的人或事物,如国家、集团、组织、阵地等,又可指抽象的事物,如友谊、信念等。"安如泰山"的反义成语一般用"危如累卵","坚如磐石"的反义成语一般用"不堪一击""分崩离析"。

安之若素　处之泰然

安之若素　ānzhī-ruòsù　在困境和异常情况时,安然处之,如往常一样。清·《陈确集》:"苟吾心之天定,则贫贱患难,疾病死丧,皆安之若素矣。"例牡丹依然安之若素,它不苟且不俯就不妥协不媚俗,它遵循自己的花期自己的规律……(张抗抗《牡丹的拒绝》)|第二天宝小姐酒醒,很觉得过意不去。后来彼此熟了,见瞿太太常常如此,也就安之若素了。(清·李宝嘉《官场现形记》第三十八回)

处之泰然　chǔzhī-tàirán　宋·朱熹《四书章句集注》:"颜子之贫如此,而处泰然,不以害其乐。"碰到困难或异常情况,毫不在意的样子。例他说上一回写信提起那个谣言,不过是随便告诉一声罢了,他原来处之泰然。(叶圣陶《老沈的儿子》)|这个困难,今后必然愈来愈厉害,目前还有若干同志,处之泰然(不大觉得)……(毛泽东《一个极其重要的政策》)

〔辨析〕"安之若素、处之泰然"都表现出在困境、异常时的镇定。"安之若素"强调神态不异于往常,"处之泰然"更突出从容镇定、毫不在乎的态度,语意更重。

昂首阔步　高视阔步

昂首阔步　ángshǒukuòbù　①抬起头,迈着大步前进。形容精神抖擞,意气风发,勇往直前。例中国人民站起来了,我怎能默默地低着头,不和昂首阔步前进的人民一同欢快地工作呢(老舍《福星集》)|"老总"们被骂了一个昏天黑地,但整个会场却一扫丧魂失魄的低沉气氛,顷刻间振作起来,找回了他们昂首阔步的那种雄性姿态。(徐怀中《牵风记》)②形容态度傲慢。例新郎昂首阔步,在她身边迈着鸭子步。为的是显摆他那马靴和银马刺。(老舍《鼓书艺人》)

高视阔步　gāoshìkuòbù　眼睛朝上看迈着大步行走。形容傲慢得意或气派十足。例"我不要钱,我有钱",鸿渐说话时的神气,就仿佛国立四大银行全在他随身口袋里,没等周经理说完,高视阔步出经理室去了。(钱锺书《围城》)｜动物园的长颈鹿,走起路来高视阔步,颇有"绅士风度"。

〔辨析〕"昂首阔步、高视阔步"都有形容态度高傲的意思。"昂首阔步"有两个用法,现在常用的是形容人精神抖擞,意气风发,大步向前,含褒义。"高视阔步"只用于形容人态度傲慢,不可一世,含贬义。

B

白璧微瑕　白璧无瑕

白璧微瑕 bábì-wēixiá　南朝梁·萧统《陶渊明集序》："余受暗欺……白璧微瑕者，惟在《闲情》一赋。"洁白的玉上有微小的斑点。比喻好的人或事物美中不足。瑕：玉表面上的杂色斑点。例 但是，我的同志，你什么都牺牲完了，究竟也大可佩服，可惜你还剩一条裤子，将来在历史上也许要留下一点白璧微瑕。（鲁迅《华盖集·牺牲谟》）|《突出重围》是部力作，白璧微瑕，屏幕上为军人们所唱的雄壮歌声而配上的字幕写错了，"无所谓惧"反复出现，实在令人遗憾。（《北京晚报》2000年1月14日）

白璧无瑕 bábì-wúxiá　唐·孟浩然《陪张丞相登荆城楼，因寄蓟州张使君及浪泊戍主刘家》："白璧无瑕玷，青松有岁寒。"洁白的美玉上没有一点斑点，比喻人或事物完美无缺。例 你既然已经跟这个歹徒肌肤相侵了，那就不是白璧无瑕了。（刘绍棠《花街》）| 小玉让我猜谜："白璧无瑕"，打《红楼梦》人物，我说是：妙玉。

〔辨析〕"白璧微瑕、白璧无瑕"适用的对象都是美好的人或事物。"白璧微瑕"是白玉上有微小的斑点的意思，常比喻人或事物美中不足，有小缺点。"白璧无瑕"是洁白的玉上没有斑点的意思，常比喻人或事物十分完美，无任何缺点。"白璧微瑕"的反义成语有"十全十美、完美无缺"等，"白璧无瑕"的反义成语一般用"一无可取、一无是处、百无一是"。

白日做梦　痴心妄想　胡思乱想

白日做梦 báirì-zuòmèng　大白天做梦。比喻幻想根本不可能实现的事。例 你抠三县鬼迷心窍妄想回头！明摆着的，是你抠三县白日做梦！（谌容《万年青》）| 庞教授说现在特别强调国民素质，而国民素质中，科学素质非常重要，幻想是发明创造非常重要的动力，因为科幻是合理的，又不拘泥于常规的，不是白日做梦。（《北京晚报》2000年12月8日）

痴心妄想 chīxīn-wàngxiǎng　①痴

呆的心思，不可能实现的想法。痴：痴迷，沉迷于某一事物；妄：荒唐。例我曾经受过他们的欺骗，我曾经崇拜过他们，我曾经对他们存过痴心妄想，现在不了，现在，我只是痛恨他们！（欧阳山《三家巷》）｜然则打算着等他们自南陵渡西上，一举而歼灭之，那不是痴心妄想吗？（高阳《大将曹彬》）②形容一心想着根本不可能实现的事。例我于高兴之余，接着就是扫兴……对于先前痴心妄想，想做孝子的计划，完全绝望了。（鲁迅《朝花夕拾·二十四孝图》）｜（他）打开一看，竟是一粒子弹，还留着一张字条，上面写道："专员先生，劝你别痴心妄想了，新四军走了，马上还要回来。"（徐列磡《女侠娘娘》）

胡思乱想 húsī-luànxiǎng 没有根据，不切实际地瞎想。例心活就会胡思乱想，心软就不肯下辣手。（鲁迅《准风月谈·智识过剩》）｜东屋婶截住她的话道："嫂！不要胡思乱想吧！哪个人吃了五谷能不生灾？"（赵树理《福贵》）

〔辨析〕"白日做梦、痴心妄想、胡思乱想"都指荒谬的想法，不切实际的幻想，且都含贬义。"白日做梦"偏重在"做梦"，侧重指那些根本不可能实现的幻想，其思想活动一般有明确的目标。"痴心妄想"偏重在"痴""妄"，侧重指一门心思地、狂妄地想着不可能实现的事，其想法近于痴迷、疯狂，且顽固、持续，有专注目标。"胡思乱想"偏重在"胡""乱"，侧重指是想法随意，无根据，其思想活动往往是间断的、短暂的且一般没有专注的目标。"痴心妄想"的语意重，贬斥色彩也较重，"白日做梦"次之，"胡思乱想"又次之。

白头如新　熟视无睹　素不相识

白头如新 báitóurúxīn 《史记·鲁仲连邹阳列传》："谚曰：'有白头如新，倾盖如故。'何则？知与不知与。"意思是，相识多年，直到头发白了，还和初识那样不了解，形容交情浅。如新：像刚认识一样不了解。例古人有言曰："白首（头）如新，倾盖如故。"言以身托人，必择所安。孟德视仆，岂惜尺寸之土哉，特以公非所托故也。（宋·苏轼《拟孙权答曹操书》）｜焕同和秀枝同在军区大院住了几十年，虽然交往了一辈子，却因是泛泛之交，两人相识到老还是不甚了解，正如古人说的"白头如新"。（韦佳《军区大院》）

熟视无睹 shúshìwúdǔ 晋·刘伶《酒德颂》："静听不闻雷霆之声，熟视不睹泰山之形……"看惯了就像没看见一样。也指看到某种现象，但不关心，只当没看见。例由于社会风气的败坏，特别是因为某些人的误导，不少人已经对不良的行为和违背公德的现象熟视无睹。（千惠《红绿灯前》）｜一年多来，他天天看见有人在草坪上踩出小路上来回走，刚开始他还去劝阻，现在也熟视无睹了。（韦东《小区的保安》）

素不相识 sùbùxiāngshí 《三国志·吴志·陆瑁传》："及同郡徐厚，爰居会稽，素不相识，临死遗书，托以弱孤，瑁为起立坟墓，收导其子。"向来不认识，不熟悉。素：平素、向来。例众天丁又与你素不相识，他怎肯放你擅入？（明·吴承恩《西游记》）｜船儿只管乘风破浪的一直的走，走向那素不相识的他乡。（冰心《寄小读者·通讯十》）

〔辨析〕"白头如新、熟视无睹、素不相识"都有对所见人、事长期不了解或不愿了解的意思。"白头如新"强调相识多年，仍不了解，像刚刚见面认识的人一样。"熟视无睹"更多表示视而不见，或看惯了当作没看见，有轻视，不关心的意味。"素不相识"只强调从来都没有见过面，不了解不熟悉。

百端待举　百废待举　百废俱兴

百端待举 bǎiduān-dàijǔ 许许多多事情等着兴办。端：项目，方面；举：兴办。例经济建设是百端待举，但须有缓急轻重之分。（周恩来《人民政协共同纲领草案的要点》）｜开发区初创之日，这位正在攻读世界经济博士的学者、总指挥便在百端待举的千头万绪中自己动手搞了一本洋洋10万言的《论金桥出口加工区开发战略》的专著。（《人民日报》1994年7月14日）

百废待举 bǎifèi-dàijǔ 许许多多被废置的事情，都有待于兴办。例惟荆州素称重镇，军兴以来，百废待举。（李一《荆宜施鹤光复记》）｜如今百废待举，国家需要人才，你老人家总是少不掉要出山的。（王西彦《春寒》）

百废俱兴 bǎifèi-jùxīng 宋·范仲淹《岳阳楼记》："越明年，政通人和，百废具兴。""具"同"俱"：全，都，一切废置的事情都兴办起来。例上层的人，以为领袖空摆臭架子就可以百废俱兴，下层认为把领袖捧到天上，就可以万事大吉。（续范亭《国难严重中纪念国庆》）｜洪灾过后，村民进行生产自救，出现了一派百废俱兴、欣欣向荣的景象。

〔辨析〕"百端待举、百废待举、百废俱兴"中前两个成语意义相近，都含有"各方面有待振兴"的意思。"百端待举"的"百端"指许许多多的项目，此成语常用于某事业初创的情况之下。"百废待举"的"百废"指许许多多被延误或被搁置的事情，这个成语常用于许多事情由于某种原因遭到破坏或受到影响、发生变故而等待振兴的情况之下，两个成语的适用范围和对象有所不同。

"百废俱兴"与上述两个成语意义相关，它们都有共同的语素，表达的都与事业的兴办有关。"百端待举""百废待举"指的是等待兴办。"百废俱兴"指的是都已经兴办起来，语义有显著不同。

百发百中　百步穿杨　弹无虚发

百发百中　bǎifā-bǎizhòng　《战国策》"楚有养由基者，善射，去柳叶者百步而射之，百发百中。"形容射箭或射击技术高超，每发必命中目标，百无一失。也比喻做事有充分把握。[例]自成善骑射，既百发百中。（郭沫若《甲申三百年祭》）｜原来黄忠能开二石力之弓，百发百中。（明·罗贯中《三国演义》第五十三回）

百步穿杨　bǎibù-chuānyáng　《全唐诗》"百步穿杨箭不移，养由堪教听弘规。"在一百步之外射穿待定的杨柳叶子。形容射箭或射击的技术高明。杨：杨柳树叶。[例]那小将军姓花……十八般武艺，尽皆精练，更擅百步穿杨之箭。（清·陈忱《水浒后传》）｜有的说他身轻如燕，能飞檐走壁；有的说他枪法如神，能百步穿杨。

弹无虚发　dànwúxūfā　没有一颗子弹或弹子不击中目标。形容百发百中。[例]她用系上了新红绸的驳壳枪，弹无虚发。（碧野《彩石斑斓》）｜这个狙击手，十发子弹打死十个敌人，是弹无虚发。

〔辨析〕"百发百中、百步穿杨、弹无虚发"都有打击目标十分准确的意思。"百发百中"既可以用来形容子弹、弹子和射箭准确，万无一失，还可比喻做事有充分把握。使用时显得直接明快。"百步穿杨"专指射箭射杨柳叶，具有夸张和典雅的色彩。"弹无虚发"仅用于形容子弹或弹子等球状物击中目标时的百无一失。

百感交集　悲喜交集

百感交集　bǎigǎn-jiāojí　宋·《陈竞集》："泪涕横臆，非以邂逅；百感交集，微我有咎。"无数感情、感触交织在一起。形容感慨万端。百感：多种多样的感情、感触。[例]想起这五十八天里老妈妈的深情厚谊，真是百感交集。（魏巍《东方》）｜登上万里长城，我不禁心潮起伏，百感交集。（文兵《登长城》）

悲喜交集 bēixǐ-jiāojí 晋·王廙《秦中兴赋上疏》："当大明之盛……不得奉瞻大礼，闻向之日，悲喜交集。"形容悲伤和喜悦尽情汇集交融在一起。交集：交织、交融。例"琴妹，当真是我"，觉民说，他真是悲喜交集，虽说还没有到流了泪又笑，笑了又流泪的程度。(巴金《家》)｜他们母子分别了40余年，今日相聚真是令人悲喜交集。

〔辨析〕"百感交集、悲喜交集"都是形容感情或感触交织、交融在一起的意思。"百感交集"重在强调各种感情同时集于一身，同时有许许多多感触而难以表达。"悲喜交集"强调的感情是指因悲伤和喜悦交融于一事一体时，感受者亦悲亦喜的复杂和矛盾的心态。

百孔千疮　满目疮痍

百孔千疮 bǎikǒng-qiānchuāng 唐·韩愈《昌黎集·与孟尚书书》："汉氏以来，群儒区区修补，百孔千疮，随乱随失。"孔：洞；疮：创伤。比喻缺漏、亏空、损坏的地方极多，毛病百出破坏严重。也说"千疮百孔"。例中国股市的外包装破裂了，成了一个百孔千疮的"烂皮囊"。(《中国经济时报》2002年8月6日)｜让他们都显显身手，谁能把这个千疮百孔的中国从热火中救出来，算谁有本事。(梁斌《红旗谱》)

满目疮痍 mǎnmù-chuāngyí 充满视野的全是创伤。比喻到处都是遭受破坏的凄凉景象。满目：满眼所见；疮痍：创伤。例这是一部典型的战争小说……它描绘出被敌军攻陷的祖国满目疮痍的图景。(杜渐《书海夜航》)｜台风过后，满目疮痍，给人们的生命财产造成了极大的危害。

〔辨析〕"百孔千疮、满目疮痍"都是形容和比喻创伤之重、破损之多。"百孔千疮"用了"百""千"两个数词，重在强调疮孔数量之多，故常用于形容具体事物破弊不堪，偏重于口语。"满目疮痍"重在形容满眼所见都是破败不堪的创伤景象。多用于比喻战争或自然灾害造成的破坏，偏重于书面语。"满目疮痍"不能用来比喻弊病很多、毛病百出。

百年不遇　千载难逢

百年不遇 bǎinián-bùyù 一百年也不一定遇到，形容极其少见或机会难得。百年：极言时间之长。遇：见到，碰到，遭遇，得到。例傅家甸的百姓们全说，若不是这些大鼻子到了傅家甸，松花江万万不会来这么一次百年不遇的武开江。(《花城》1981年第1期)｜不是要开大会吗？百年不遇的事，我歇半天

工，好开会去。(老舍《龙须沟》)

千载难逢 qiānzǎi-nánféng 《三国志·吴志·胡综传》："此诚千载一会之期，可不深思而熟计乎！"上千年也难碰到，形容机会极其难得。载：年；逢：相逢、遇到。例他所爱的人也爱他，想必也是极普通的事情，但是对于身当其境的人，却好像是千载难逢的巧合。(张爱玲《十八春》)｜我有机会到南极去考察，这真是千载难逢的机会。

〔辨析〕"百年不遇、千载难逢"都形容极其少见和机会难得。"百年不遇"不仅形容好事和难得的机遇，也常用于形容罕见的灾害，偏重说明长时间内难以遭遇。"千载难逢"多用于形容好事、好的机会出现的难能可贵，强调在长期的企盼和期待中，很宝贵又很不易出现的机会和事物终于出现了。它的褒义色彩要强于"百年不遇"。

百依百顺　言听计从

百依百顺 bǎiyī-bǎishùn 形容什么都顺从，都不违拗。百：本意为众多，在此为无论什么事、全都的意思。依、顺：依靠、顺从、服从。例这是你自愿的，你愿意拿几个钱，你就得如此这般，百依百顺，咱们是公平交易。(鲁迅《准风月谈·男人的进化》)｜你讲西化，他是百依百顺，你讲中化，他认为你大逆不道。(季羡林《季羡林散文精选》)｜人对它无管束，百依百顺。它喜欢往高里长，瘦高瘦高，枝杈探出得不少。(董华《大地知道你的童年》)

言听计从 yántīng-jìcóng 《史记·淮阴侯列传》："汉王授我上将军印，予我数万众……言听计用，故吾得至于此。"后多说"言听计从"，指讲的话、出的主意全都被听从被采纳。计：出的主意、计策。从：听从、采纳。例老三陈先风……年纪虽只有二十多岁，全家倒是对他言听计从，俨然一家之主。(何为《张高谦》)｜他对爷爷的话言听计从，是个公认的孝顺孩子。

〔辨析〕"百依百顺、言听计从"都有采纳听从别人主张、主意的意思。"百依百顺"强调没有或放弃主见，一切顺从别人，表现为十分顺从、听话，不一定是自愿的，适用在多种语言环境中使用。"言听计从"强调讲话出主意的人受到信任，接受主意的人是主动的乐意的。多用于上级和长辈对下级和晚辈。

百折不挠　不屈不挠

百折不挠 bǎizhé-bùnáo 汉·蔡邕《太尉桥公碑》："其性庄，疾华尚朴，有百折不挠、临大节而不可夺之风。"无论经受多少挫折，也决不屈服。形容意志非常坚强。挠：弯曲，比喻屈服。也说"百折不回"。例古今中外，总有一些人天不怕地不怕，他们迎难而上，百折不挠，作出一般人难以想象的业绩来。（艾立国《人生能有几次搏·为国争光，此其时也》）｜他以百折不挠的毅力苦练了五年，终于登上了珠穆朗玛峰。

不屈不挠 bùqū-bùnáo 汉·班固《汉书·叙序传下》："乐昌笃实，不挠不讪。"讪（qū）：通"屈"。指在困难或巨大压力面前不屈服，不低头。屈：屈服；挠：弯曲，比喻屈服。例他们只知道沉默地、不屈不挠地埋头工作。（巴金《旅途通讯——从广州到东昌》）｜这后期，鲁迅成为一个最坚实的共产主义者和新民主主义革命的最不屈不挠的战士。（《冯雪峰论文集》）｜他们在强大敌人的攻势面前，英勇抗战，不屈不挠，为保卫祖国而流尽了鲜血。（戴逸《北洋海军》）

〔辨析〕"百折不挠、不屈不挠"都含有"坚强、坚定、不退缩"的意思。"百折不挠"中的"百折"指各种挫折、困难，强调遇到各种困难和挫折都不屈服、不退缩。"不屈不挠"既可以指在挫折和困难面前不屈服、不退缩，也可以指在敌人面前不屈服，不畏惧、不退缩。"不屈不挠"比"百折不挠"的适用范围广。

斑驳陆离　光怪陆离

斑驳陆离 bānbó-lùlí 战国·楚·屈原《离骚》："纷总总其离合兮，斑陆离其上下。"形容色彩、样式繁杂，斑斓绚丽，参差纷繁。斑驳：色彩杂错；陆离：参差不一。例演的是斑驳陆离的古董外国片子，场子里长板凳上挤满本地看客。（钱锺书《人·兽·鬼》）｜各家大半中懒洋洋的踱出一个民国来，撅起一块斑驳陆离的洋布。（鲁迅《呐喊·头发的故事》）

光怪陆离 guāngguài-lùlí 形容现象奇特，色彩斑斓错杂。光怪：光彩奇特；陆离：式样多。例余新江心里有事，匆匆地走着。可是满街光怪陆离的景色，不断闯进他的眼帘。（罗广斌、杨益言《红岩》）｜那柴烧得一块一块的，结成就和太湖石一般，光怪陆离。（清·吴敬梓《儒林外史》）

〔辨析〕"斑驳陆离、光怪陆离"都形容色彩的斑斓、错杂。"斑驳陆离"只可形容具体的东西和色彩，重在强调具体物像的样式和繁复，色彩的绚丽错杂。"光怪陆离"既可形容色彩，也形容状态；既可形容具体事物，也可形容繁杂多变的社会现象。

搬弄是非　挑拨是非

搬弄是非　bānnòng-shìfēi　形容说长道短，挑起事端。搬弄：挑拨；是非：口舌，指因言语引起的误会或纠纷。例不过刚才你们一进来，那家伙就溜到外边去了，难免要去搬弄是非。(茅盾《锻炼》)｜这是个搬弄是非的小人，多留点儿神！

挑拨是非　tiǎobō-shìfēi　形容挑弄事端、制造矛盾、不和。例对于挑拨是非、故意捣乱的人不能容忍！｜三姑六婆，里外搬弄是非，何能不生事端。(清·李汝珍《镜花缘》第十二回)

〔辨析〕"搬弄是非、挑拨是非"都是指说长道短挑起事端、制造矛盾。"搬弄"虽也有挑拨的意思，但程度上要轻一些，多形容用言语引起误会和纠纷。"搬弄是非"使用的语言和主观的恶意程度都要轻一些。"挑拨是非"的主观恶意程度和使用的语言以及可能产生的后果都比"搬弄是非"重，它含有刻意制造矛盾的阴险动机。

半老徐娘　徐娘半老

半老徐娘　bànlǎo-xúniáng　《南史·元帝徐妃传》："徐娘虽老，犹尚多情。"形容虽到中年而仍有风情的妇女。半老：中年；徐娘：梁元帝的妃子徐氏。例贵倨的半老徐娘，和声下气的答应着。(瞿秋白《赤都心史·一五》)｜……虽是半老徐娘，皮肤白皙，显得很年轻。(李六如《六十年的变迁》)

徐娘半老　xúniáng-bànlǎo　虽然很有风情，但毕竟已是中年的妇女了。例小二嫂自己也是中年时代，徐娘半老。(《民国通俗演义》)｜一遇到女人，可就要发挥才藻了，不是"徐娘半老，风韵犹存"，就是"豆蔻年华，玲珑可爱"。(鲁迅《且介亭杂文二集·论人言可畏》)

〔辨析〕"半老徐娘、徐娘半老"都用来形容妇女人到中年尚有风韵。"半老徐娘"为偏正结构，意在强调虽到中年而风韵犹存，强调多情，有风情的成分多一些。"徐娘半老"为主谓结构，强调的是"半老"，意为虽是风情犹存的徐娘，毕竟是人到中年，再多的风韵也难像年轻姑娘一样动人了。

半途而废　功亏一篑　前功尽弃

半途而废　bàntú'érfèi　《礼记·中庸》："君子遵道而行，半途而废，吾弗能已矣。"《论语·雍也》："力不足者，中道而废。"走到半路就停止不前，比喻做事有始无终。废：不再继续，停止。例如果就此请假回国，这里的事半途而废，将来保举弄不到，白吃一趟辛苦。(清·李宝嘉《官场现形记》)｜听

到最后一句,翻译李越然几乎怀疑耳朵出了毛病?难道半途而废不成!(权延赤《毛泽东与赫鲁晓夫》)|胡念之是特聘专家,完全可以不必亲临现场,远程提供意见和结论即可,他又重孝在身,于情于理都没问题,但半途而废不是胡念之的习惯。(徐则臣《北上》)

功亏一篑 gōngkuī-yīkuì 伪古文《尚书·旅獒》:"为山九仞,功亏一篑。"仞(rèn),古代八尺或七尺叫作一仞。堆九仞高的土山,只差一筐土而不能完成。比喻惋惜一件大事只差最后一点儿人力、物力而不能成功。亏:欠缺,差;篑:古代盛土的筐子。例很遗憾,鄙人乃是个半吊子,读过几间学堂,都是功亏一篑,中途辍学。说来惭愧!(陆地《瀑布》)|他只知道他的手必须攥紧,如若稍微松一下,就意味着功亏一篑,全盘皆输。(刘白羽《第二个太阳》)

前功尽弃 qiángōng-jìnqì 《战国策·西周策》:"一攻而不得,前功尽灭,不若称病不出也。"《史记·周本纪》:"一举不得,前功尽弃。"以前的功劳或努力全部白费。例他对这个问题的思路才刚刚展开,马上撂下,就前功尽弃了。(程树榛《大学时代》)|那时人们运用的计算工具是算筹,算完一次就得重新摆动一次,一有差错,只好前功尽弃。(张锁荣《古代科技》)

〔辨析〕"半途而废、功亏一篑、前功尽弃"都有"事情没有做完就停下来"的意思。"前功尽弃"语意最重,重在"尽"字上,指以前所做的全部白费;而其他两成语不是强调"全部白费"。"半途而废"侧重在"半",指半路上就停下来不再继续做,以致事情没有做成,其语意较"前功尽弃"轻。"功亏一篑"侧重在"一篑"上,指只差一点而未能完成,其语意更轻,含有惋惜义。另外,"功亏一篑"本身指明了事情未能完成的原因,即"只差一筐土",没有坚持到底,而其余两成语则没有指明具体原因。

半信半疑 将信将疑

半信半疑 bànxìn-bànyí 三国魏·嵇康《答释难宅无吉凶摄生论》:"苟卜筮所以成相,虎可卜可地而择,何为半信而不信邪?"后用"半信半疑"指一半相信,一半怀疑,无法断定是非真假。例我在店里听了姑娘你那番话,始终半信半疑。(清·文康《儿女英雄传》)|若他们听过了,半信半疑,若存若亡,安得不惰?(宋·朱熹《朱子语类》)

将信将疑 jiāngxìn-jiāngyí 唐·李华《吊古战场文》:"其存其没,家莫闻之;人或有言,将信将疑。"将:

又有些相信，又有些怀疑，至于疑信的成分各占多少不得而知。总之不敢轻信。例如海外各书，都曾看过，因事涉虚渺，将信将疑。(清·李汝珍《镜花缘》)｜过了些时候，和尚带着将信将疑的态度来索取捐款。(张安治《顾恺之》)

〔辨析〕"半信半疑、将信将疑"都有不很相信的意思，和"深信不疑""坚信不疑"意思相反。"半信半疑"强调有一半相信又有一半怀疑，是又信又不信，处于无法断定是非真假的状态。"将信将疑"强调不知道疑信的成分各占多少，对是非真假不敢轻信，它更强调在疑信的过程中犹豫、困惑、思考的状态。

榜上无名　名落孙山

榜上无名 bǎngshàng-wúmíng　公布的名单上没有参与选拔者的名字。泛指落选。例天涯何处无芳草，榜上无名，脚下有路，通天的大道——九千九百九十九，随你挑，任你走。(江康林《我之落榜观》)｜自谓状元探手可得，岂料时运不济，榜上无名，屡次束装而回。(元·曾瑞《留鞋记》楔子)

名落孙山 míngluòsūnshān　宋·范公偁《过庭录》："吴人孙山，滑稽才子也，宋举他郡，乡人托以子偕往，乡人子失意，山缀榜末，先归。乡人问其子得失，山曰：'解名尽处是孙山，贤郎更在孙山外。'"后泛指考试未被录取或选拔被淘汰为"名落孙山"。例采用冒名顶替、利用考号考分顶替，伪造考生档案等手段……前后达十五名之多；被顶替者却名落孙山。(古欣璋《庆幸耶？痛苦耶？》)｜今年考题太难，榜上无名，名落孙山的人太多了。发榜之后，竟有自杀的。

〔辨析〕"榜上无名、名落孙山"都表示考试或选拔未被录取。"榜上无名"更直白，结论一清二楚，不容置疑，常和"脚下有路"连用。"名落孙山"虽也表示考试或选拔未被录取，因采取了含蓄的方式，显得诙谐幽默，色彩典雅，有一点解嘲的味道。

包办代替　越俎代庖

包办代替 bāobàn-dàitì　形容一手把持操办，不让与工作直接有关的人参与其事，独自包揽一切，代替别人行事。例我们工作同志作好参谋，不要指手画脚，包办代替。(陈残云《山谷风烟》)｜然而我的"身受"毕竟有限，我写一个人的时候，也不可能完全"包办代替"。(巴金《谈〈第四病室〉》)

越俎代庖 yuèzǔ-dàipáo　《庄子·逍遥游》："庖人虽不治庖，尸祝

（古代掌管祭祀神主的人）不越樽俎而代之矣。"后用"越俎代庖"比喻超越职权范围去管别人所管的事。也指包办代替。越：超越，超出；俎：古代祭祀时陈列牛羊祭品的器具；庖：厨师。例秀才还不便越俎代庖，军人理应少管闲事。（郭沫若《天地玄黄·兵不管秀才》）｜他若多说，在平时也是越俎代庖，更何况现在两派壁垒严明，任何事都可以引起轩然大波。（宗璞《三生石》）

〔辨析〕"包办代替、越俎代庖"都有代替别人行事的意思。"包办代替"强调大包大揽，包办一切，常用于工作方法、工作作风。通俗明了，多用于口语，使用频率高。"越俎代庖"侧重在越职越权办事，多用于具体的行为或事务，是比喻性成语，较典雅深奥，多用于书面语。

包藏祸心　心怀叵测

包藏祸心 bāocáng-huòxīn 《左传·昭公元年》："将恃大国之安靖已，而无乃包藏祸心以图之。"意为心里隐藏着害人的坏念头。祸心：害人之心。内心的坏主意。例前者是无知，尚有情可原，后者却是包藏祸心，罪不可恕。（邹韬奋《法西斯作风的罪恶》）｜自然，那不是好意，一条包藏祸心的美人计。（高阳《百花洲》）

心怀叵测 xīnhuái-pǒcè 内心里藏着难以推测的诡计。叵测：不可推测，含贬义。例马岱谏曰："曹操心怀叵测，叔父若往，恐遭其害。"（明·罗贯中《三国演义》）｜近来有几个心怀叵测的名人间接忠告我，说我去年作文，专和几个人闹意见。（鲁迅《记"发薪"》）

〔辨析〕"包藏祸心、心怀叵测"都有心怀诡计的意思。都是贬义词。"包藏祸心"重在强调隐藏着害人的坏念头、坏主意，明明是要害人却将害人之心隐蔽起来，重在表现阴险毒辣。"心怀叵测"重在强调难以推测、揣摩对方的意图，虽然知道对方心怀诡计，不怀好意，但究竟会怎样做令人迷惑不可知，带有一点神秘感。

包罗万象　应有尽有

包罗万象 bāoluó-wànxiàng 《黄帝内经》："其象者，日月、乾坤、寒暑、雌雄、昼夜、阴阳等，所以包罗万象，举一千以，运变无形，而能化物大矣。"形容内容丰富，无所不有、无所不包。罗：兜入网内；万象：各种各样的事物和景象。例历史像一个包罗万象的百科全书，任何当代发生的故事都可以从中找到注解。（张抗抗《空白》）｜圣人作《易》，幽赞神明，包罗万象，道合乾坤。（元·乔吉《金钱

记》第三折）

应有尽有 yīngyǒu-jìnyǒu 《宋书·江智渊传》："人所应有尽有，人所应无尽无者，其江智渊乎！"该有的全有了。形容很齐全，很完备。尽：都、全。例他告诉我：要看这一类的书，小石川区的东洋文库应有尽有。（郭沫若《海涛集》）｜此外还有粮库、弹药库、水库以及锅炉房、洗澡间等，真是应有尽有。（魏巍《东方》）

〔辨析〕"包罗万象、应有尽有"都有该有的无所不有这种意思，"包罗万象"侧重在内容的丰富繁杂，包括了形形色色的事物和景象，意义偏重于包罗的对象非常广泛，常和"博大精深"连用。"应有尽有"所指"无所不有"侧重在内容的完全、齐备，着重在对东西、物体的领有上，常用在列举事物之后，有总括作用。

饱经沧桑 历尽沧桑

饱经沧桑 bǎojīng-cāngsāng 充分经历了世事的巨大变化和变迁。饱：充分；沧桑：沧海变桑田，桑田变沧海，比喻世事的巨变和经历时间的悠远。例她正在中年的路上行走，但她饱经沧桑的脸上，已经显出老者的凄凉。（莫言《蛙》）｜他那饱经沧桑的脸上，显示出刚毅不屈的表情。

历尽沧桑 lìjìn-cāngsāng 经历了各种各样的世事的变化和时间的长远。沧桑，意为沧海变桑田，桑田变沧海。比喻时间的悠久和世事的变迁。例腾霄还是从前的模样，而我已是历尽沧桑。｜我国许多名山古刹，总有不少历尽沧桑、饱经风霜的古树相伴随。｜历尽沧桑，方知平淡最真；看尽繁华，才知简单最美。

〔辨析〕"饱经沧桑、历尽沧桑"都指经历了很多变故，经受了太多的磨难、困苦。"饱经沧桑"多表示近乎一生的漫长岁月。"历尽沧桑"多表达的是在一段时期中，经受的苦难。

报仇雪恨 报仇雪耻

报仇雪恨 bàochóu-xuěhèn 报复冤仇，以雪洗怨恨。雪：洗去、除去。例血不会白流，但简单的报仇雪恨，以血还血，不能使死者安心，也不能无愧于后世。（凌力《星星草》）｜只要闯王同你们能突围出去，就能号召义军报仇雪恨，拯救黎民百姓。（姚雪垠《李自成》）

报仇雪耻 bàochóu-xuěchǐ 《淮南子·汜论训》："大夫（文）种辅翼越王勾践，而为之报怨雪耻。"《周书·席固传》："今梁氏失政，杨都覆没，湘军不能复仇雪耻，而骨肉相残。"后多作"报仇雪耻"，意为报复仇敌，洗清耻辱。例战国时吴越交兵，越败，越王勾践卧薪尝胆，以图报仇雪耻。(谢云《预见》)｜日本鬼子烧杀抢掠之后，爱国军民人人咬牙切齿，个个都要报仇雪耻。

〔辨析〕"报仇雪恨、报仇雪耻"都有报复冤仇、雪洗怨恨的意思。"报仇雪恨"偏重在消除怨恨，有仇恨的双方谁是谁非，谁为正义，谁为非正义没有明确，不一定认为是蒙受了耻辱才去报仇。"报仇雪耻"偏重是为了洗刷耻辱、羞辱。是报仇者感到对方给自己带来的损害和仇恨，侮辱了自己的尊严，所以去报仇，从而洗清耻辱。

抱头鼠窜　狼奔豕突

抱头鼠窜 bàotóu-shǔcuàn 《汉书·蒯通传》："常山王奉（捧）头鼠窜，以归汉王。"后多作"抱头鼠窜"。抱着头像老鼠一样奔逃。形容仓皇逃窜的狼狈相。例当时激愤了工人，挥起拳来就要上去打；他那鬼头，也只得抱头鼠窜了。(瞿秋白《赤都心史》)｜如军团一样的马蜂群不离头部左右，给抱头鼠窜的孩儿狠狠一屡子。(董华《大地知道你的童年》)

狼奔豕突 lángbēn-shǐtū 宋·吴泳《盖天估赠成忠郎制》："往岁鞑骑虏刘西陲，豕突兽奔，罔有当其锋者。"后多作"狼奔豕突"，被追赶的狼和猪左右乱窜。比喻人逃跑时的惊慌状态。也比喻敌人乱冲乱撞，恣意破坏。豕：猪；突：冲撞奔窜。例在中国战场它还能狼奔豕突，随心所欲。(茅盾《东条的"神符"》)｜几个小鬼子在这里儿狼奔豕突，最后还是被击毙了。

〔辨析〕"抱头鼠窜、狼奔豕突"都有比喻惊慌乱窜的意思，常形容坏人逃跑时惊慌狼狈的丑态。"抱头鼠窜"既可用于群体，也可用于个体，重在强调逃窜的狼狈与仓皇，一般不会给别人带来伤害。"狼奔豕突"只用于群体，不适用于个体，重在强调群体整个儿都在乱撞乱冲或四处逃窜，在逃窜中还可能给别人带来伤害。

抱薪救火　扬汤止沸

抱薪救火 bàoxīn-jiùhuǒ 《文子·精诚》："不治其本而救之于末，无以异于凿渠而止水，抱薪而救火也。"抱着柴草去救火，比喻用错误的做法去消灭祸患，结果适得其反。例以地事秦，犹抱薪救火，薪不尽，火不灭。(宋·苏洵《六国论》)｜马太太一再交代叫你不要进国际饭店，进去就等于抱薪救火，势必焚身。(陈娟《昙花梦》)｜遇到困难应冷静思考，用正确的方法解决，抱薪救火，只会适得其反。

扬汤止沸 yángtāng-zhǐfèi 《汉

书·枚乘传》：“欲汤之沧，一人炊之，百人扬之，无益也；不如绝薪止火而已。”沧（cāng）：寒冷；薪：柴火。指反复地把开水从锅中舀出再倒回去，想以此止住水的沸腾，是难以办到或办不到的。比喻方法不当，不能从根本上解决问题。汤：热水，开水；沸：沸腾。例饥民叛军日增而欲灭贼，何异抱薪救火，扬汤止沸。（任乃强《张献忠》）｜老兄这个办法只是扬汤止沸，要想从根儿上解决，必须釜底抽薪。

〔辨析〕"抱薪救火、扬汤止沸"都有解决问题方法不当、用错误的做法去办事的意思。"抱薪救火"强调"抱薪"去"救火"不仅无法扑灭火灾，消除祸患，反而会引火烧身，伤及"救火"之人，把事情弄得更糟。"扬汤止沸"重在强调解决问题方法的不当和错误，以及不会产生显著、良好的效果，但造成的危害没有"抱薪救火"大。

暴殄天物　生灵涂炭

暴殄天物　bàotiǎn-tiānwù　《尚书·武成》："暴殄天物，害虐烝民。"残害、灭绝自然界的生物，糟蹋、毁灭大自然里生存的万物。后泛指任意糟蹋东西。暴：残害、糟蹋；殄：灭绝；天物：自然界的生物，也指各种东西。例既有许多值钱的东西，任人作践了，他似乎暴殄天物。（清·曹雪芹《红楼梦》）｜这样的人才，不去服务社会，却去当了抱狗的丫头，真是暴殄天物。（李洱《应物兄》）

生灵涂炭　shēnglíng-tútàn　《晋书·苻丕载记》："神州萧条，生灵涂炭。"百姓陷于沼泽和战火中。形容人民处于极端困苦的境地。生灵：生民、百姓；涂：烂泥；炭：炭火。例战争激烈，但和平尚未绝望，准备于不屈辱的原则下，求得谅解，免至生灵涂炭。（欧阳山《柳暗花明》）｜袁宫保派兄弟来的使命，是想劝都督化干戈为玉帛，免得生灵涂炭。（李六如《六十年的变迁》）

〔辨析〕"暴殄天物、生灵涂炭"都有残害之意。"暴殄天物"原指残害灭绝自然界一切生物，只要是自然界生存的万物都要加以糟蹋、毁灭，可谓恶毒至极，无一丝人性，后泛指并多用于故意糟蹋东西。"生灵涂炭"专指给老百姓带来的极端困苦，使有生命的物体处于水深火热之中。

杯弓蛇影　风声鹤唳　草木皆兵

杯弓蛇影　bēigōng-shéyǐng　汉·应劭《风俗通义·怪神》记载：有人请客吃饭，挂在墙上的弓映在酒杯里，客人疑为杯中有蛇。回去后疑心中了蛇毒，就生病了。知实情后，病遂愈。后比喻因疑虑引起恐惧，因疑虑而妄自惊扰。[例]有人说他亲眼见过鬼，但是我不信他说的话，也许他以为他看见了鬼，其实那不是鬼，杯弓蛇影，一场误会。（梁实秋《雅舍小品·鬼》）｜林黛玉常常因为杯弓蛇影，引起疑虑和惊恐，最后是身心俱损，以悲剧结束。

风声鹤唳 fēngshēng-hèlì 《晋书·谢玄传》："（苻）坚众奔溃……弃甲宵遁，闻风声鹤唳，皆以为王师已至，草行露宿，重以饥冻，死者十七八。"风吹的声音和鹤的叫声。后用以形容一有风吹草动就惊慌疑惧，自相惊扰。唳：鹤鸣声。[例]如此接连数月，闹的两府俱怕，从此风声鹤唳，草木皆妖。（清·曹雪芹《红楼梦》）｜当十八的那一天，武昌城里，风声鹤唳，惊惊慌慌比前日更加厉害。（永簪《武昌两日记》）

草木皆兵 cǎomù-jiēbīng 《晋书·苻坚载记》记载：前秦国君苻坚攻东晋，见晋军阵容整齐，又远望八公山，把山上的草木都当成了晋军，从而感到十分恐惧。后多形容疑神疑鬼，惊慌失措。[例]你是十年前见过一条蛇，如今看见井绳都打哆嗦，不要草木皆兵！（梁斌《播火记》）｜地道战、地雷战、游击战……各种战法，打得鬼子草木皆兵，龟

缩在城里半个多月没有动静。

〔辨析〕"杯弓蛇影、风声鹤唳、草木皆兵"都有疑神疑鬼，见到虚幻的现象判断有误就妄自惊恐的意思。"杯弓蛇影"意义偏重于指不必要的疑虑、惊慌，多用于场面、动静都较小的地方。"风声鹤唳"偏重于形容极其惊恐，疑惧，程度比"杯弓蛇影"重，运用的场面、动静都较"杯弓蛇影"大。"草木皆兵"偏重形容惊慌时神经过敏，疑神疑鬼的心理状态，尤其适用于形容战败者或畏敌者的疑惧心态，常和"风声鹤唳"或"八公山下"连用，连用时"草木皆兵"在后。

杯水车薪　力不从心

杯水车薪 bēishuǐ-chēxīn 《孟子·告子上》："今之为仁者，犹以一杯水救一车薪之火也。"用一杯水去救一车着火的柴草。比喻力量微弱，无济于事。薪：柴草。[例]就是教育经费补加了几十亿，投入到九百六十万平方公里，十一亿人口的老大中国里，也只是杯水车薪。（冰心《开卷有益》）｜虽然刘红兵每月都把他的工资，准时汇到了刘忆的名下，可那依然是杯水车薪。（陈彦《主角》）

力不从心 lìbù-cóngxīn 《后汉书·西域传》："今使者大兵未能得出，如诸国力不从心，东西南北自在

也。"心里想做,可是能力、财力、物力都不够。例神话衰落,哲学兴起,人要自己来解释和安排一切了,他几乎在踌躇满志的同时发现了自己力不从心。(周国平《智慧的诞生》)│杜老毕竟年近八旬了,在这样一个艰巨的任务面前,他真的感到了力不从心。

〔辨析〕"杯水车薪、力不从心"都有力量不够的意思。"杯水车薪"重在强调力量极其微弱,即使行动,投入这股力量也于事无补,一点问题都解决不了。"力不从心"重在强调内心十分想做,而力量和能力达不到,表现了无可奈何、深感遗憾的心态,相当于古语的"心有余而力不足"。

卑躬屈膝　奴颜婢膝

卑躬屈膝 bēigōng-qūxī 《淮南子·氾论训》:"夫君臣之接,屈膝卑拜,以相尊礼也。"后用"卑躬屈膝"指弯腰下跪。形容没有骨气,谄媚奉承。卑躬:弯腰。例但后来的朝廷是如此之衰弱,如此之腐化,卑躬屈膝,没有骨气。(徐迟《西陲纪游》)│每一个人都显示了自己在生活中的位置——舍身求法的,锲而不舍的,浑浑噩噩的,卑躬屈膝的。(陈建功《飘逝的花头巾》)

奴颜婢膝 núyán-bìxī 晋·葛洪《抱朴子·交际》:"以岳峙独立者为涩吝疏拙,以奴颜婢睐者为晓解当世。"睐(lài):看,此处为不敢正视。唐·陆龟蒙《江湖散人歌》:"奴颜婢膝真乞丐,反以正直为狂痴。"形容低三下四,谄媚讨好的样子。例为了取得自己所没有的宣传封建文化的地位,就对反动的封建统治者竭尽奴颜婢膝的能事,对这种丑恶行为,难道是我们所应当歌颂的吗?(毛泽东《新民主主义论》)│可是反过来看我们的统治者——他们荒淫无耻,他们对外奴颜婢膝,甘心卖国求荣。(杨沫《青春之歌》)

〔辨析〕"卑躬屈膝、奴颜婢膝"都有"巴结、奉承、没有骨气"的意思。"卑躬屈膝"的形象色彩比"奴颜婢膝"要强,形容弯腰下跪、竭力服从的无耻形象,侧重于表现竭力屈从的奴才相;"奴颜婢膝"的贬斥色彩比"卑躬屈膝"要浓烈。通过"奴""婢"二字体现了强烈的斥责意味,侧重于表现谄媚、讨好的奴才气。"卑躬屈膝"的反义成语一般是"宁折不弯、坚贞不屈";"奴颜婢膝"的反义成语一般是"守正不阿、刚正不阿、正气凛然"等。

悲愤填膺　义愤填膺

悲愤填膺 bēifèn-tiányīng 南朝梁·江淹《恨赋》:"置酒欲饮,悲来填膺。"后用"悲愤填膺"指悲痛和愤怒充满了胸膛。膺：胸膛。例对于这种"血的买卖"鲁迅悲愤填膺，鄙夷地斥之为"无耻"。（唐弢《友谊的选择》）｜草头朝露，贵贱都虚度，悲愤填膺莫诉，壮怀孤负。（清·伤时子《苍鹰击》第六折）

义愤填膺 yìfèn-tiányīng 对不合正义、不公正的事情所激起的愤怒，充满胸中。例你们从她那义愤填膺的神态，就看得出一副五四时代的面影。（欧阳山《苦斗》）｜可是太炎先生仍然是义愤填膺，骂不绝口。（冯玉祥《我的生活》）

〔辨析〕"悲愤填膺、义愤填膺"都有愤怒充满了胸膛的意思。"悲愤填膺"强调的是因悲惨痛苦的事情而引起悲痛、伤感和愤怒。"义愤填膺"强调的是对违反正义、不公正的事情产生的感情和情绪，它主要反映的是对非正义的事物表现出的愤怒和仇恨。

悲痛欲绝　痛不欲生

悲痛欲绝 bēitòng-yùjué 形容悲哀到了极点，以致悲伤到将要断气了。绝：气绝，指死。也作"悲恸欲绝"。例宝庆给大哥唱了一曲挽歌，直唱得泣不成声，悲痛欲绝。（老舍《鼓书艺人》）｜后羿悲痛欲绝，他久久地仰望天空，一遍又一遍的呼唤着嫦娥的名字。（《嫦娥奔月》第五节）

痛不欲生 tòngbù-yùshēng 形容万分悲痛，不想再活下去。例在孤寂的空房中，她念起日后这漫漫的岁月，有时痛不欲生，几要自杀。（曹禺《北京人》）｜诗人（屈原）的愁懑至于痛不欲生，其悲愤到了死不瞑目。（北大中文系编《中国文学史》）

〔辨析〕"悲痛欲绝、痛不欲生"都表示极其悲伤。"悲痛欲绝"偏重于悲伤，并用"欲绝"突出悲痛的程度之深，多指亲人去世等极其不幸的事所引起的悲哀、伤痛的感情，主观上要去死的意念不如后者强烈。"痛不欲生"偏重强调说痛苦得不想再活了，轻生之意较重，语意重。

背城借一　背水一战

背城借一 bèichéng-jièyī 《左传·成公二年》："请收合余烬，背城借一。"背靠自己的城池，借着它与敌人决一死战。也泛指用全力进行最后的拼争。借：凭借。也说"背城一战"。例形势确实很不妙，部队正在构筑工事，准备背城借一，在万不得已时，最后还可以下海。（廖传枢《蒋军第52军营口漏网记》）｜幸亏在万分危急之中，我的理智还不肯服输，它背城借一地坚决战斗。（韦君宜《牺牲者的自

白》）| 背城借一，我军人人怀必死之心。（徐兴业《金瓯缺》）

背水一战 bèishuǐ-yīzhàn 《史记·淮阴侯列传》记载：汉将韩信率军攻赵，出井陉口，命将士背靠大河列阵，以前临大敌、后退无路的处境来坚定将士拼死求胜的决心。后用"背水一战"指处在绝境中，为求生路而决一死战。背水：背靠江河，表示后退无路。例她想了想，觉得现在只有破釜沉舟，背水一战了。（杨沫《青春之歌》）| 挫折也有两重性，它可以把人置于死地，也可以使人置于死地而后生。他只能背水一战了。（理由《高山与平原——记数学家华罗庚》）

〔辨析〕"背城借一、背水一战"都有跟敌人作最后一次决战，尽最后一次努力的意思。"背城借一"现偏重用于书面语，口语中不常用，而"背水一战"则在书面语与口语中都经常使用；"背水一战"指已无退路，在绝境中拼死决战，破釜沉舟作最后一搏，而"背城借一"所借情况却不一定没有退路处于绝境，所以，"背水一战"的语意较"背城借一"重；"背水一战"可与"破釜沉舟"连用，而"背城借一"不这样用。

背道而驰　南辕北辙

背道而驰 bèidào-érchí 唐·白居易《为人上宰相书》："自贞元以来，斯道寝微，鲜能知者。岂唯不知乎，不行乎，又将背古道而驰者也。"朝着相反的道路奔跑。比喻彼此目标相反，距离越来越远。背：背向；驰：奔跑。例走到了不真实的地步的"拔高"和"理想化"……那和典型化完全是背道而驰的。（何其芳《战斗的胜利的二十年》）| 由此种种歪风，严重地败坏了我们党实事求是、艰苦奋斗、联系群众的作风，与四个现代化完全背道而驰。（张健、顾长华《会风·党风》）| 运河的水运跟这个风驰电掣的世界，看上去一起往前走，实际上在背道而驰。（徐则臣《北上》）

南辕北辙 nányuán-běizhé 《战国策·魏策四》："今者臣来，见人于大行，方北面而持其驾，告臣曰：'我欲之楚。'臣曰：'君之楚，将奚为北面？'曰：'吾马良。'臣曰：'马虽良，此非楚之路也。'曰：'吾御者善。'此数者愈善，而离楚愈远耳。"心里想往南去，却驾车往北走。比喻行动和目的相反。辕：车前驾牲口的两根直木；辙：车轮轧出的痕迹。例起哄式的传扬，转化为起哄式的贬损，两种起哄都起源于自卑而狡黠的觊觎心态，两种起哄都与健康的文化氛围南辕北辙。（余秋雨《苏东坡突

围》）｜人人都希望长寿,但却不是人人都能常乐的。欲长寿却常忧,岂非南辕北辙乎？（严林《常乐者长寿》）

〔辨析〕"背道而驰、南辕北辙"都有朝相反方向行动的意思。"南辕北辙"用来指同一件事情的两个方面方向相反,即行动与目的相反。"背道而驰"经常是就两种不同的事情说的,即彼此的方向、目的都相反。"背道而驰"作谓语时,前面常有表示对象的介词结构作状语,而"南辕北辙"不一定这么用。

背井离乡　流离失所

背井离乡 bèijǐng-líxiāng 指被迫远离家乡,流落他方。背:离开;井:古制八家为井,引申指乡里、家宅。例他们背井离乡,千里迢迢来到重庆,是不愿当亡国奴,是要抗日啊！（邵冲飞《报童》）｜内是反动统治,外是强敌入侵,兵荒马乱,背井离乡,妻离子散,家破人亡！（王景山《三个好人,一出悲剧》）｜有的在本国时还可能是他们的敌人,是他们要实行专政的人,否则,干吗背井离乡逃到中国来呢？（梁晓声《人世间》）

流离失所 liúlí-shīsuǒ 《诗经·王风·葛藟》首章宋·朱熹集传:"世衰民散,有去其乡里家族,而流离失所者,作此诗以自叹。"因灾荒战乱而到处流浪,没有居住的地方。流离:流落他乡;失所:没有安身之处。例他说他的父亲接到家乡的来信,说家乡闹饥荒,许多人流离失所。（陈残云《热带惊涛录》）

〔辨析〕"背井离乡、流离失所"都有离开原住所、流落他乡的意思。"背井离乡"偏重于指离别故土、生活多年的乡里和家宅,隐含对故居的眷恋和无可奈何。"流离失所"偏重于到处流浪,失去安身之处,流露出无家可归、漂泊不定的悲苦。

背信弃义　忘恩负义

背信弃义 bèixìn-qìyì 《周书·武帝纪下》:"背惠怒邻,弃信忘义。"不守信用,不遵道义。背:违背;弃:丢弃。例明天清早可以派人出城来从长计议……国姓爷是决不背信弃义,决不失信的。（郭沫若《郑成功》）｜鹿兆海说："我们继续团结合作,与背信弃义的行为作对！"（陈忠实《白鹿原》）｜张守基背信弃义,居然和汉奸黄国权同流合污了。（郭明伦、张重天《冀鲁春秋》）

忘恩负义 wàng'ēn-fùyì 《汉书·张敞传》:"舜本臣敞素所厚吏,数蒙恩贷,以臣有章劾当免,受记考事,便归卧家,谓臣'五日京兆',背恩忘义,伤化薄俗。"指背弃恩德，忘掉信义，做出对不起别人的事。后多作"忘恩负义"。负：背弃；义：信义。例太太待我的好处我都晓得，我如果还不知足，那么我就是忘恩负义了。(巴金《秋》)｜想不到此人是个忘恩负义的软骨头，把我出卖了。(陈残云《山谷风烟》)｜这本是朋友间非常正常的小事往来，没想到他竟然忘恩负义地给皇帝写了一封莫名其妙的检举揭发信。(余秋雨《苏东坡突围》)

〔辨析〕"背信弃义、忘恩负义"都有不讲道义的意思，都含有较强的贬义色彩。"背信弃义"中的"信""义"讲的是"信用"与"道义"，而"忘恩负义"中的"恩"与"义"讲的是"恩德、恩惠"和"情谊、道义"；"背信弃义"偏重在"背"与"弃"，即"违背"与"放弃、抛弃"，"忘恩负义"偏重在"忘"与"负"，即指"忘却"和"辜负"，语意程度没有"背信弃义"重。"背信弃义"的反义成语是"言而有信"，而"忘恩负义"的反义成语有"感恩戴德""结草衔环""饮水思源"等。

本末倒置　舍本逐末

本末倒置 běnmò-dàozhì　把树根、树梢颠倒放置。比喻把主要和次要、轻和重的位置弄颠倒了。本：树根，比喻根本；末：树梢，比喻枝节。例不管自己的皮肉受没受伤，倒先顾眼镜，真是本末倒置。(浩然《山水情》)｜该简者你却详而不简，该详者你又简而不详，本末倒置，批评你还不愿意？(曲波《林海雪原》)｜"他不在产品上下功夫，却乞求于行政命令，真是本末倒置！"(蒋子龙《开拓者》)｜舞台一旦不能为演员提供服务，那就是本末倒置了。再好看的布景，再炫目的灯光，看上几眼，也都会不新鲜的。(陈彦《主角》)

舍本逐末 shěběn-zhúmò　《吕氏春秋·上农》："民舍本而事末，则不令。"《汉书·食货志下》："铸钱采铜，一岁十万人不耕……弃本逐末，耕者不能半，奸邪不可禁，原起于钱。"指舍弃农耕从事工商。古时以农耕为本，工商为末。比喻做事不注意根本，只抓细枝末节。例不找出为什么有贫民的原因，永不改变贫民生活，只从施舍者那里，拿点剩余来救济，根本就是舍本逐末。(《聂绀弩杂文集》)｜如果作者本没有什么新颖的独创之见，却勉强去雕砌一些警句、格言之类来等读者喝彩，那就是舍本逐末的做法。(施东向《义理、考据和辞章》)

〔辨析〕"本末倒置、舍本逐末"都有"轻重倒置、主次不分"的意思。"本末倒置"指把主要的与次要的弄颠倒了。"舍本逐末"多指舍弃了根本的追求枝节的，含有舍弃主要方面的意思，而"本末倒置"并无舍弃一方的意思。"本末倒置"的反义成语是"主次分明"，"舍本逐末"的反义成语"追本穷源"。

笨鸟先飞　勤能补拙

笨鸟先飞　bènniǎo-xiānfēi　元·关汉卿《陈母教子》："我似那灵禽在后，你这等坌鸟先飞。"坌（bèn）：同"笨"。比喻能力差的人做事要比别人先行一步。常作谦辞用。例这个笨鸟先飞的办法，往往可助你解决燃眉之急。（萧乾《我爱新闻工作》）｜俗话说是笨鸟先飞，我还得笨鸟多飞。（余华《活着》）

勤能补拙　qínnéngbǔzhuō　宋·邵雍《弄笔吟》："弄假像真终是假，将勤补拙总输勤。"指勤奋能够弥补笨拙。勤：勤奋，勤快；拙：笨拙，能力差。例勤能补拙，熟能生巧。（理由《高山与平原》）｜他自幼聪明，又从小接受了父亲"勤能补拙，俭以养廉"的家训。（冈夫《草岚风雨》）｜我的座右铭：勤能补拙是良训，一分辛苦一分才。

〔辨析〕"笨鸟先飞、勤能补拙"都有因笨拙而努力的意思。"笨鸟先飞"强调的是因能力差，所以做事要比别人先下手，先走一步，重在"先"字，即提前行动，显示出主动，有自知之明。"勤能补拙"强调勤奋、勤快、勤劳，意为用"勤"即可弥补笨拙、能力差的弱点，重在"勤"和"补"，显示出自信和自励。"笨鸟先飞"常作谦辞，"勤能补拙"常作自励和激励他人用。

逼上梁山　铤而走险

逼上梁山　bīshàngliángshān　《水浒传》中有林冲等人为官府所迫，上梁山造反的情节。后用来比喻被迫反抗或不得不做某种事。梁山：在今山东省梁山、郓城等县间。例可以说差不多的人都是逼上梁山的。人们要是能够活下去，谁肯跟着别人造反？（姚雪垠《李自成》）｜想当初，他第一次拿手术刀是被"逼上梁山"的。（高原《深情的手术刀》）

铤而走险　tǐng'érzǒuxiǎn　《左传·文公十七年》："铤而走险，急何能择！"后用来指在走投无路时被迫采取冒险行动。铤：快跑的样子。例人民……难以生活，因此有机会出洋的，就出洋去了，一部分没机会出洋的就铤而走险。（司马文森《风雨桐江》）｜无业可食，懦弱者或成饿莩，强暴者铤而走险。（清·百一居士《壶无录》）

〔辨析〕"逼上梁山、铤而走险"都有因无路可走而被迫冒险的意思。"逼上梁山"的冒险反抗多指正义的行动，含褒义，还比喻在不得已的情况下做某件事。常用于被动句中。"铤而走险"偏重于无路可走而冒险，这种冒险可为好事为正义而做，也可为坏事为邪恶而为，在特定语境中含贬义，常用于主动句中。

比比皆是　俯拾即是

比比皆是　bǐbǐ-jiēshì　《战国策·秦策》："犯白刃，蹈煨炭，断死于前者，比是也！"后用"比比皆是"指到处都是同类事物、现象，为数很多。比比：处处。例公路上，敌军人仰马翻，遗弃的武器，比比皆是，填满沟底。（聂荣臻《首战平型关》）｜我以为那块肥沃茂盛的土地上福贵这样的人比比皆是。（余华《活着》）

俯拾即是　fǔshí-jíshì　唐·司空图《诗品·自然》："俯拾即是，不取诸邻。"意思是艺术作品的构思，包括叙事、抒情等都能得之于自然，就像俯下身体拾东西一样，随时可得。后用来形容某类事物极多，容易得到。也说"俯拾皆是"。例这东西也是俯拾即是的。（郭沫若《虎符》）｜我们聚精会神地听到末尾，原来是一个平淡无奇，在我们现实生活中俯拾即是的龙门阵，一个尽人皆知的运鸦片烟的黑幕。（马识途《夜谭十记》）

〔辨析〕"比比皆是、俯拾即是"都可用来形容数量很多。"比比皆是"形容到处都是，到处都有，偏重指"多而广"；"俯拾即是"指只要弯下身子来捡，到处都是，偏重指多而易得。"比比皆是"可以指人，也可以指事物，适用范围广；"俯拾即是"只能用于可以拾取、捕捉、拿来的东西，可以是具体的，也可以是抽象的。"俯拾即是"后面可接名词或名词性短语，"比比皆是"一般不这样用。

比翼齐飞　并驾齐驱

比翼齐飞　bǐyì-qífēi　《尔雅·释地》："南方有比翼鸟焉，不比不飞，其名谓之鹣鹣。"比：并列、挨着；翼：翅膀。后以"比翼齐飞"比喻男女情投意合，结为伴侣或夫妻恩爱，相伴不离。比翼：古时传说的鸟名，此鸟一目一翼，两鸟并着翼，才能起飞。例而他愿找个文化水平比他高的女子就是希望能相互取长补短，比翼齐飞。（张万华《征婚启事与58名女大学生》）｜海枯石烂同心永结，地阔天高比翼齐飞。｜同一片蓝天，与你比翼齐飞；同一方土地，与你心手相牵。

并驾齐驱　bìngjià-qíqū　南朝梁·刘勰《文心雕龙·附会》："并驾齐驱而一毂统辐。"毂（gǔ）：车轮中心的圆木，可以插轴。几匹马并排驾车一齐奔跑。比喻齐头并进，不相上下。也用于比喻水平、成就不分高下。并驾：并排驾车；驱：奔跑。例希望蔡将军努力救国，使中国得以同列强并驾齐驱。(《蔡廷锴自传》)｜祁勇经过不懈努力，终于与全年级学习最好的同学并驾齐驱了。

〔辨析〕"比翼齐飞、并驾齐驱"都有并肩一起行动齐头并进的意思。在使用对象上有明显区别。"比翼齐飞"多指夫妻恩爱，结为伴侣后相伴不离，双宿双飞，或形容鸟群结队而飞，多和谐、幸福的感觉。"并驾齐驱"的使用范围比较广，虽强调齐头并进，但有竞争、竞赛的意思。

闭关锁国　闭关自守

闭关锁国　bìguān-suǒguó　封闭关口，封锁国门。指不同他国交往。例帝国主义的俄国变为社会主义的苏联，封建的闭关锁国的日本变为帝国主义的日本，这些国家的地理和气候并没有变化。(毛泽东《矛盾论》)｜他们的技术很先进，我们应该好好学习，再不能办从前那样闭关锁国、妄自尊大的糊涂事了。(张锲《热流》)

闭关自守　bìguān-zìshǒu　紧闭关口不与别国交往。也泛指封闭保守，排斥外界事物。自守：自己守持。例中国地大物博之说，此人认为没有根据，他只是清朝的闭关自守、自大与无知所造成的。(徐迟《祁连山下》)｜我劝青年同志多读一点外国作品，我们不能闭关自守。(孙犁《秀露集·文学和生活的路》)｜而且厦大也太过于闭关自守，此后还应该与其他大学往还。(鲁迅《两地书》)

〔辨析〕"闭关锁国、闭关自守"都有封闭关口，不与别国为来往的意思。在这个意义上，适用对象都是国家，它们的反义成语都可以是"门户洞开""门户开放"。"闭关自守"还泛指封闭保守不与外界往来，排斥外界事物。在这个意义上，"闭关自守"还可用于指人和群体、组织等，"闭关锁国"没有这个意义和用法。

闭门思过　三省吾身

闭门思过　bìmén-sīguò　《汉书·韩延寿传》："是日移病不听事，因入卧传舍，闭阁思过。"后用为"闭门思过"。关起门来，反省自己的过失。例出狱后匿居乡里，非但不闭门思过，改恶从善，反而变本加厉，横行不法，鱼肉乡民。(刘绍棠《春草》)｜常嘉劝她："你不要仅仅是闭门思过，最要紧的是振作起来，投身到火热的现实中去。"

三省吾身 sānxǐng-wúshēn 《论语·学而》:"曾子曰'吾日三省吾身:为人谋而不忠乎?与友交而不信乎?传不习乎?'"原指每天从三个方面检查自己,后指多次自觉地检查自己。省:反省、检查;身:自身、自己。例"吾日三省吾身",对所从事的理论研究自身予以解剖、检讨和反思,不失为一条摆脱困境,调整心理平衡,发展学术业绩的出路。(周鸿善《困惑中的自省》)|中国人讲究"独善其身","每日三省吾身",即通过自我的修炼来保持心灵的平衡,从而促进人格的完善。

〔辨析〕"闭门思过、三省吾身"都有反省、检查自己的意思。"闭门思过"强调的一是"闭门",即关起门来、不与外界接触;二是"思过",即认真思考自己有哪些错误和罪恶,为什么会有?怎样改正?从整个状态来看都比较消极。"三省吾身"强调经常自觉检查自己在品德、学问等方面哪些做得好,当发扬;哪些有问题,当改进。境界和态度都比"闭门思过"高,是严于律己的人才能做到的,含褒义。

闭目塞听　充耳不闻

闭目塞听 bìmù-sètīng 汉·王充《论衡·自纪》:"闭目塞听,爱精自保。"闭上眼睛,堵住耳朵。比喻拒绝接受外界事物,对外界事物不闻不见或不去了解。例一个闭目塞听,同客观外界根本绝缘的人,是无所谓认识的。(毛泽东《实践论》)|我们要学习和吸收外国文化中一切好的,于我们有益的东西,我们不能闭目塞听,安于落后。(《周扬文集》)

充耳不闻 chōng'ěr-bùwén 《诗经·邶风·旄丘》:"叔兮伯兮,褎如充耳。"毛传:"褎(xiù,同'袖'),盛服也。"汉·郑玄笺:"充耳,塞耳无闻知也。"后用"充耳不闻"指塞住耳朵不听。形容存心不听别人的话或意见。例然而听他的答话便觉得淡而无味,终至于充耳不闻。(叶圣陶《隔膜》)|尽管老师苦口婆心非常耐心地给他讲道理,他仍旧是充耳不闻。

〔辨析〕"闭目塞听、充耳不闻"都有堵住耳朵不听的意思。"闭目塞听"侧重强调拒绝接受外界事物,不仅不听而且不看不问,是典型的自闭,结果是根本无法了解客观世界,语意重。"充耳不闻"强调成心堵着耳朵不听别人的话或意见,表现出轻视、蔑视、鄙夷和不耐烦的感情和态度。

筚路蓝缕　风餐露宿

筚路蓝缕 bìlù-lánlǚ 《左传·宣公

十二年》："筚路蓝缕，以启山林。"驾柴车，穿破烂衣裳，去开辟山林。后用"筚路蓝缕"形容艰苦创业。筚路：用荆竹树枝等制成的大车；蓝缕：褴褛，破烂衣服。也作"荜路蓝缕"。例那些航空的拓荒者，很多已经离开人世，但他们筚路蓝缕的感人形象一直深深印在人们的记忆中。（2016年全国高考语文全国试卷试题）｜筚路蓝缕创伟业，初心不忘再起航。（《北京晚报》2021年6月29日）｜吴镇说："先生是侠儒。处蛮夷之地，筚路蓝缕，传播中国儒学，非有侠之精神者，不可为也。"（李洱《应物兄》）

风餐露宿 fēngcān-lùsù 在风中吃饭，在露天睡觉。形容在旅途中和在野外生活、工作的辛劳和艰苦。例顷刻之间便上了车，无非风餐露宿，不久便到了登州。（清·刘鹗《老残游记》）｜一路上虽然风餐露宿，不免辛劳，但幸而天气晴朗……倒也方便。（姚雪垠《李自成》）

〔辨析〕"筚路蓝缕、风餐露宿"都有艰难辛苦，在路上奔波的意思。"筚路蓝缕"偏重于说为了创业，不怕驾着柴车，穿着破衣裳在艰难困苦的环境中奋斗。侧重于创业的艰辛，有一种主观上不畏艰辛要开创一番事业的精神。虽然衣着破烂不堪，精神却是高昂的。"风餐露宿"偏重说旅途和野外生活、工作的辛苦，不表现其外部衣着和内心追求。而对风餐露宿可能甘之如饴，视为平常，也可能觉得苦不堪言、难以忍受。

避实就虚　避重就轻

避实就虚 bìshí-jiùxū 《孙子·虚实》："水之形避高而趋下；兵之形避实而击虚。"后也说"避实就虚"。避开坚实之处，攻击虚弱之处。就：靠近。例捻军避实就虚，倏然北上，使左宗棠的围剿计划宣告破产。（凌力《星星草》）｜在游击战中，避实就弱，专找敌人的薄弱环节下手是取胜的不二法门。

避重就轻 bìzhòng-jiùqīng ①避开较重的责任，拣轻的承担。例如果避重就轻，弃难择易，则一事无成。（徐特立《纪念"五四"对青年的希望》）②躲开要害问题，只谈次要的。例流苏听她母亲这话风，一味的避重就轻，自己觉得好没意思，只得一言不发。（张爱玲《倾城之恋》）｜他不敢无保留地揭发老冯，只是避重就轻，因此他也受到同志们的严肃批评。（草明《乘风破浪》）

〔辨析〕"避实就虚、避重就轻"都含有避开重点或要害的意思。"避实就虚"常用于军事作战方面，指避开敌军主力，而接近敌方薄弱环节加以攻击。"避重就轻"多用于接受任务时或谈论问题时的态度：在任务面前避开繁重的而选择轻松的，谈论问题时回避主要的而只谈无关重要的方面。

敝帚千金　敝帚自珍

敝帚千金　bìzhǒu-qiānjīn　《东观汉记·光武帝纪》："家有敝帚，享之千金。"自家的旧笤帚，也被视为价值千金的宝贝，异常珍爱。比喻把自己的东西看得极其贵重。敝帚：破旧的笤帚。例又加上我们的文化落后，会写点东西的人实在不多，更容易敝帚千金，发表了一两篇作品便目空一切。（老舍《论才子》）｜因循守旧，敝帚千金的态度是要不得的。

敝帚自珍　bìzhǒu-zìzhēn　宋·陆游《初夏幽居》："寒龟不食犹能寿，敝帚何施亦自珍。"比喻自己的东西即使不好，也十分的珍惜，把它看得很珍贵。珍：珍惜。例一位朋友却说鲁迅先生好比大海，大海是不拒绝细流的，他劝我留着，我犹敝帚自珍的留着了。（朱自清《〈论雅俗共赏〉序》）｜"敝帚自珍"在句子中可充当谓语、定语、状语；比喻自己的东西不值钱舍不得扔掉。

〔辨析〕"敝帚千金、敝帚自珍"都有比喻东西不好，自己却很珍视。多用于诗。"敝帚千金"重在比喻东西虽然轻贱，自己却把它看得十分贵重，它可用于规劝、批评，含有劝人不要自我估价过高之意。"敝帚自珍"多用为谦辞，意为我的作品、东西虽不一定好，但我自己很珍惜，没有劝诫之意，倒有自我满足之感。

鞭长莫及　望洋兴叹

鞭长莫及　biāncháng-mòjí　《左传·宣公十五年》："虽鞭之长，不及马腹。"指鞭子虽长，但打不到马肚子上。后用"鞭长莫及"比喻力量达不到。例慈禧的旧党势力也很快就要崩溃了，他们自顾不暇，对南方各省更是鞭长莫及。（任光椿《戊戌喋血记》）｜操刀主罚的王涛用脚内侧打出一记精准的弧线球，球越过人墙，直挂大门左上角，令符宾鞭长莫及，为国安队拔得头筹。（《北京晚报》2000年11月6日）

望洋兴叹　wàngyáng-xīngtàn　《庄子·秋水》："于是焉，河伯始旋其面目，望洋向若而叹曰。"原为"望洋向若（而叹）"，仰望大海而生出感叹。指看见人家广博伟大，才感到自己渺小。比喻自己力量不够或缺乏条件而感到无可奈何。望洋：仰视的样子。洋：海洋。例当时地价比较高，六七十元钱，最多能买一亩地，长松虽然省吃俭用地

攒着钱，也只能望洋兴叹。(李准《黄河东流去》) | 《顺天时报》载北京辟才胡同女附中主任欧阳晓澜女士不许剪发之女生报考，致此等人多有望洋兴叹之慨云云。(鲁迅《而已集忧"天乳"》)

〔辨析〕"鞭长莫及、望洋兴叹"都有比喻力量达不到，力量不够的意思。"鞭长莫及"重在强调力量达不到，没有办法和能力顾及。"望洋兴叹"重在指出自己和大海在力量的对比上差别太大，自身显得过于渺小和无能为力，因而更加无可奈何。语意比"鞭长莫及"重。

鞭辟入里　入木三分

鞭辟入里　biānpì-rùlǐ　宋·程颢《河南程氏遗书》："学只要鞭辟近里，著己而已。"后多作"鞭辟入里"。鞭策剖析到最里层。形容探求透彻，深入精微。鞭辟：鞭策；里：里头。[例]他们的思力不足，不足剖析野微，鞭辟入里。(朱自清《山野掇拾》) | 努力学习掌握这样的文字功夫，描绘事物时，形象生动；倾注感情时，激越感人；发挥议论时，鞭辟入里。(秦牧《散文创作谈》)

入木三分　rùmù-sānfēn　唐·张怀瓘《书断·王羲之》："晋帝时，祭北郊，更祝版，工人削之，笔入木三分。"渗透进木板三分深。原本形容书法的笔力很遒劲。后借以比喻描写或议论很深刻。[例]啥事体都逃不过他的眼睛，他看人，入木三分。(周而复《上海的早晨》) | ……三婶儿在大江大海中漂过十几年，经的多，见的广，看事物入木三分。(姚雪垠《李自成》) | 在他的《正红旗下》那篇自传体的文章中，曾对早年旗人生活作了绘声绘色、入木三分的揭露。(秦牧《哀"八旗子弟"》)

〔辨析〕"鞭辟入里、入木三分"都含有见解深刻、透彻，言辞精辟、犀利的意思，都适用于写文章和发议论。"鞭辟入里"指学问要做得切实，能透彻说明问题，深中要害，探求到精微之处；"入木三分"形容书法笔力强势。"鞭辟入里"的常用意义是由做学问切实透彻引申为探求、剖析问题切实、透彻、切中要害；"入木三分"的常用意义是由其本义比喻而来。"入木三分"的比喻义有两方面的意义：一方面是比喻文学描写、绘画等生动、深刻，有惟妙惟肖、栩栩如生之义，"鞭辟入里"没有这种含义和用法；另一方面是比喻议论、见解深刻、精辟，与"鞭辟入里"相近。"入木三分"多用于比喻看人、看事物方面，"鞭辟入里"多用于剖析、探求问题方面。"鞭辟入里"的反义成语是"浅尝辄止、浮光掠影、言不及义、蜻蜓点水"；"入木三分"的反义成语是"春蚓秋蛇、轻描淡写、蜻蜓点水"等。

变幻莫测　变化无穷　变化多端

变幻莫测　biànhuàn-mòcè　变化多端，难以预测。形容事物极其复杂多变，难以预先从中看出问题，摸清情况。例这个敌人不单顽强异常，而且变幻莫测，不要说打他，你连摸清他们踪影都很困难。(魏巍《地球的红飘带》)｜吾"红水阵"内夺壬癸之精，藏天乙之妙，变幻莫测。(明·许仲琳《封神演义》第四十四回)

变化无穷　biànhuà-wúqióng　战国楚·宋玉《高唐赋序》："须臾之间，变化无穷。"形容处于不断的、各种各样的变化之中，没有穷尽，没有止境。例这个市场上的商品和价格变化无穷，谁能驾驭它，谁就可以发财。(蒋子龙《赤橙黄绿青蓝紫》)｜事物的发展虽然变化无穷，但也有一定规律可循。

变化多端　biànhuà-duōduān　形容变化各种各样。例旧朋友是变化多端，几乎不剩一个了。(鲁迅《致曹靖华》)｜这些石钟乳和石笋，形状变化多端，再加上颜色各异，即使不比做什么，也很值得观赏。(叶圣陶《记金华的双龙洞》)

〔辨析〕"变幻莫测、变化无穷、变化多端"都有变化各种各样的意思。"变幻莫测"偏重于对各种变化难以预测，真相和假相在交替变化中迷惑了自己，使其难以搞清楚。"变化无穷"偏重于变化样式多，无止境，各样的变化无止无休地在变。"变化多端"仅强调变化的多种多样，没有无法预测和无止无休的意思。

遍体鳞伤　体无完肤

遍体鳞伤　biàntǐ-línshāng　浑身伤痕如同鱼鳞一样密。形容伤势极重。例天完全黑了，四周什么都没有，只有遍体鳞伤的汽车和遍体鳞伤的我。(余华《十几岁出门远行》)｜后来虽经……设法保出，但已遍体鳞伤，背上打得血肉纷飞了。(邹韬奋《患难余生记》二)

体无完肤　tǐwú-wánfū　形容遍体鳞伤，全身没有一块完好的皮肤。多比喻被批驳、抨击得一无是处。例从此每天就由几个人轮流来逼她，打她，把她打得体无完肤。(司马文森《风雨桐江》)｜对什么事，他总有自己的意见，除非被人驳得体无完肤，他决不轻易的放弃自己的主张和看法。(老舍《四世同堂》)｜黄炎培撰写了《延安归来》一书……按当时形势，如送检，必被扣押，至少被删得体无完肤。(宋庆龄《书海殊尘·漫话老版本书刊》)

〔辨析〕"遍体鳞伤、体无完肤"都可以用来形容浑身受伤、伤势严重。"遍体鳞伤"偏重指"伤多",而"体无完肤"更偏重"伤势重"。"体无完肤"还可比喻论点被批驳、抨击得很厉害,或文章被删改了很多;"遍体鳞伤"没有这层意思。"遍体鳞伤"中的"体"只指人的身体,而"体无完肤"中的"体"可指"肉体""观点""论点""文章"等。

便宜行事　见机行事　相机行事

便宜行事　biànyí-xíngshì　《汉书·魏相传》:"数条汉兴已来国家便宜行事。"后指根据情况变化的需要,采取适当的新措施,而不必请示。便宜:方便适宜,多指上级已授权,不必请示。也说"便宜从事"。例既然大权交代给你,你就得便宜行事。(清·李宝嘉《官场现形记》)｜汝既为水军都督,可以便宜行事,何必禀我。(明·罗贯中《三国演义》第四十五回)

见机行事　jiànjī-xíngshì　看准和把握适当的时机和机会才采取行动。例你自己见机行事,无论如何要把事情办成功。(姚雪垠《李自成》)｜临走时,老板一再叮咛……莫要与引路的人多说话……要是遇见意外,才好见机行事。(罗广斌、杨益言《红岩》)

相机行事　xiàngjī-xíngshì　根据自己和对方的情况,把握机会来采取行动。例快去吧,遵照闯王的计策相机行事。(姚雪垠《李自成》)｜面对这种复杂的局面,你也只好相机行事了。

〔辨析〕"便宜行事、见机行事、相机行事"都有根据情况变化的需要,再采取行动的意思。"便宜行事"专指上级授权后,不用请示,自己经斟酌后采取措施,以适应情况变化。"见机行事"偏重于寻找、发现变化的状况,及时看准和把握时机和机会来采取行动。偏重于主观的能动。"相机行事"偏重要根据变化时双方各自不同的情况,经思考、权衡后再采取行动。

彪炳千古　彪炳史册

彪炳千古　biāobǐng-qiāngǔ　南朝梁·钟嵘《诗品》:"晋弘农太守郭璞诗,宪章潘岳,文体相辉,彪炳可玩。"后用"彪炳千古"形容伟大的业绩,流传千秋万代。彪:虎身上的斑纹,借指文采;炳:照耀。例人们为那些在事业上彪炳千古的人立碑塑像,永远瞻仰。｜你用意气方遒的一生谱就的金石之功,彪炳千古,永载青史。

彪炳史册　biāobǐng-shǐcè　明·懒道人《李闯小史》九:"东晋之兴,王导之功居多,擅美江左,彪炳史

册。"形容伟大的业绩,被载入史册,从而流传千秋万代。也可释为:(功勋、业绩)在历史记载上呈现耀眼的光芒。例昔东汉之世,江夏黄琼偕其孙琬,并至宰相、封侯,直节强谏,彪炳史册。(清·吴伟业《吴梅村全集》)|脱贫攻坚,殉职人员的付出和贡献,彪炳史册。

〔辨析〕"彪炳千古、彪炳史册"都形容业绩的伟大,可以传诸后世。"彪炳千古"更强调这样的业绩可以流传千秋万代,在时光的长河中能流传更远、更久。"彪炳史册"更多形容业绩、功勋被载入史册,在历史上呈现耀眼的光芒。

标新立异　与众不同

标新立异　biāoxīn-lìyì　南朝宋·刘义庆《世说新语·文学》:"支卓然标新理于二家(指郭象、向秀)之表,立异义于众贤之外。"原指独创新意,立论与他人不同。后多指提出新奇的见解和主张。有时也指为了显示自己,故意另搞一套。标:表明,显示;异:独特,与众不同的见解,或另搞一套。例人家都这样讲,这样做,要是你一个偏偏标新立异,人家就要派你不是了。(巴金《春》)|那些工地有的主体建筑已成,显示出标新立异的风貌;有的正在挖坑打桩;猜不出未来的模样。(莫言《蛙》)

与众不同　yǔzhòng-bùtóng　跟大家不一样。很特别、很特殊。例偶一看,它会给你带来一些喜悦的情绪;但仔细再瞧瞧,你又会觉得它有与众不同的地方。(萧殷《龙门印象》)|在当今竞争激烈的餐饮界里要想独树一帜,与众不同,要有真本事才做得到。

〔辨析〕"标新立异、与众不同"都有与他人不同,跟大家不一样的意思。"标新立异"重在指提出新奇的见解和主张或为显示自己,故意另搞一套,既可有褒义,也可有贬义。"与众不同"是强调特别、特殊,强调和其他事物的区别,不一样,褒贬色彩较轻。

表里如一　言行一致　心口如一

表里如一　biǎolǐ-rúyī　宋·朱熹《朱子全书·论语》:"……以忠,则表里如一。"外表与内心一样。形容思想和言行完全一致。例他为人诚恳朴实、表里如一,是全社同志共有的印象。(叶圣陶《吴伯箫散文选序》)|他表里如一,内外通明。你无论如何也不会想到有半句假话会从他的嘴中流出。(季羡林《牛棚杂忆》)

言行一致　yánxíng-yīzhì　《墨子·兼爱下》:"言必信,行必果,使言行之合,犹合符节也。"后用"言行一致"，指说的与做的相一致。例虽然无补于社会，可是至少也愿言行一致，不落个假冒伪善。（老舍《骆驼祥子》）｜白孝文插言解释说："姑夫从来是言行一致的……"（陈忠实《白鹿原》）

心口如一 xīnkǒu-rúyī 宋·汪庆辰《题续池阳集》："使士大夫心口如一，岂复有纷纷之患哉！"心里想的和嘴上说的一样。形容为人诚实。例"心口如一"向来是难得的，"口是心非"恐怕大家有时难免。（朱自清《论老实话》）｜心口如一，不说假话，本是做人起码应有的品质。

〔辨析〕"表里如一、言行一致、心口如一"都有一致的意思，都含褒义。"表里如一"强调的是思想和言行完全一致，包括了思想、语言、行动，词意重。"言行一致"侧重的是说的和做的相一致，重在说到做到，而不是说一套做一套。言和行是相匹配的。"心口如一"强调的是内心想的和嘴里说的是一致的，表现一个人的真诚，不虚伪。它不涉及行为、行动、做法。虽强调思想、想法用语言表达时两者是一致的，不是口是而心非、言不由衷的。

别具一格　独树一帜

别具一格 biéjù-yīgé 另有一种独特的风格。别：另外；格：格调，风格。例在他的吟诵山川风月的《滋水集》里，这是唯一一首讽喻时政的词作，别具一格。（陈忠实《白鹿原》）｜山上有乌尤寺,建筑顺山势设计，曲折高低，玲珑雅致，别具一格。（何礼逊《壮哉，乐山大佛》）

独树一帜 dúshù-yīzhì 独自树起一面旗帜。指建立一支独立的队伍、不受他人节制。后多比喻与众不同、自成一家。例我们如其不能独树一帜，与群雄逐鹿中原，真不如去投闯王。（姚雪垠《李自成》）｜诗歌在文艺领域上独树一帜。旗帜上高标着两个大字：抒情。（臧克家《学诗断想》）｜中国画在世界绘画中独树一帜，自成体系。（老舍《福星集》）

〔辨析〕"别具一格、独树一帜"都有不同于一般的含义。"别具一格"指另有一种风格；"独树一帜"指单独树立起一面旗帜，比喻自成一家，语意比"别具一格"重。"别具一格"多用于艺术作品的构思或对问题的见解等方面；"独树一帜"应用范围更广一些，既可指艺术创作、学术思想、政治道路与众不同，也可指工业产品等不同一般。"独树一帜"还指建立一支独立的队伍，在政治上不受他人节制，"别具一格"没有这种含义和用法。"别具一格"的反义成语是"千篇一律""陈陈相因"等；"独树一帜"的反义成语是"傍人门户""步人后尘"等。

别开生面　别有天地

别开生面　biékāi-shēngmiàn　唐·杜甫《丹青引》："凌烟功臣少颜色，将军下笔开生面。"后多作"别开生面"。指开创新的风格、形式或局面。生面：新的面貌。例这着实是鲁班故事中别开生面的一个。（秦牧《艺海拾贝》）｜这无疑是滋水县历史上别开生面的一张历史性照片。（陈忠实《白鹿原》）

别有天地　biéyǒu-tiāndì　唐·李白《山中问答》："桃花流水杳然去，别有天地非人间。"另有一种境界，多形容风景幽雅，引人入胜。也指另有一种不同的境界、氛围。别：另外；天地：境界、氛围。例二人出洞朝外一望，果然鲜花齐放，四处青红满目，艳丽非常，迥然别有天地。（清·李汝珍《镜花缘》）｜满山古树成荫，郁郁葱葱，别有天地，给远方来客以难忘的印象。（赵家璧《编辑忆旧》）｜桂林山水，别有天地，置身其中，如同进入仙境一般。

〔辨析〕"别开生面、别有天地"都有与原先或一般事物不同，展现了新面貌的意思。"别开生面"重在指开创了新风格、新形式、新局面。主观能动的色彩很浓。多用于通过努力创造形成了与原先不同的新面貌。"别有天地"则强调境界、氛围与其他的不同，且多形容风景别致，较少主观能动的色彩。

彬彬有礼　文质彬彬　温文尔雅

彬彬有礼　bīnbīn-yǒulǐ　《论语·雍也》："文质彬彬，然后君子。"后用"彬彬有礼"形容举止文雅，对人有礼貌。彬彬：形容文雅。例她是一个麻利的女人，并且在有身份的人面前，谈吐文雅，彬彬有礼。（路遥《路遥全集·人生》）｜苗夫人见鸿远彬彬有礼，且面容英俊，心里很喜欢。（杨沫《青春之歌》）

文质彬彬　wénzhì-bīnbīn　《论语·雍也》："质胜文则野，文胜质则史。文质彬彬，然后君子。"指形式（文）和内容（质）配合得当。后形容人文雅，质朴有礼貌。例满贵一反原告那种文质彬彬的常态，露出狰狞面孔。（俊然《长之的乌拉银河》）｜这些带驳壳枪的年轻的干部们，他们在一起会餐与众不同。一般说文质彬彬、慢条斯理是没有的，吃起来就是风卷残云。（魏巍《火凤凰》）

温文尔雅　wēnwén-ěryǎ　形容态度温和有礼貌，举止文雅端庄。温文：温和有礼貌；尔雅：文雅。例头略微左偏，徐徐地俯下去，温文尔雅，正是学者的态度。（叶圣陶

《城中演讲》）｜温文尔雅的人让人感到温暖有教养。

〔辨析〕"彬彬有礼、文质彬彬、温文尔雅"都有礼貌文雅的意思。"彬彬有礼"重在强调举止有礼、得体，主要反映在外貌及举止的表现上。"文质彬彬"强调外貌、形式与内在气质、内容配合得当，显示出内外一致的高雅、有礼，很斯文，从容。"温文尔雅"偏重指态度温和有礼，和蔼可亲，举止端庄得体，更多的是强调一种风度。

兵多将广　兵强马壮

兵多将广　bīngduō-jiàngguǎng　兵士多将领也多。形容武力强大。广：多。例咱们这儿兵多将广，连你这种有本事的人也请来做军师，能说明老张不延揽英雄？（姚雪垠《李自成》）｜曹玉德占天时，兵多将广，领人马下江南，兵扎在长江。（京剧《借东风》）

兵强马壮　bīngqiáng-mǎzhuàng　《新五代史·安重荣传》："天子宁有种耶？兵强马壮者为之尔。"形容军队实力雄厚，战斗力强。现泛指实力强。强：强悍。例昔高辛氏时，有房王做乱，忧国危亡，帝乃召募天下，有得房氏首者，赐金千金，分赏美女，群臣见房氏兵强马壮，难以获之。（晋·干宝《搜神记》）｜真是一支浩浩荡荡兵强马壮的文艺队伍。（阳翰笙《风雨五十年》）｜俺弟兄俩兵强马壮，可能把这块地播弄好哩！（柳青《创业史》）｜工地上开来了一支生力军，这个工地就更加兵强马壮。（徐迟《搜尽奇峰打草稿》）

〔辨析〕"兵多将广、兵强马壮"都用来形容军力强。"兵多将广"指兵士将领很多，侧重于将才兵源的充足。"兵强马壮"指军队战斗力很强，侧重于实力的雄厚。"兵强马壮"还可泛指其他实力雄厚的事物，"兵多将广"一般不这样用。

兵荒马乱　兵戈扰攘

兵荒马乱　bīnghuāng-mǎluàn　形容战乱时动荡不安的混乱景象。例此时四处兵荒马乱，朝秦暮楚，我勉强做了一部《旧唐书》，哪里还有闲情逸致弄这笔墨。（清·李汝珍《镜花缘》）｜20世纪上半叶，中国处在兵荒马乱的时代，天下大乱，民不聊生。

兵戈扰攘　bīnggē-rǎorǎng　《后汉书·冯衍传下》："遭扰攘之时，值兵戈之际。"后用"兵戈扰攘"形容战争时期社会动荡混乱。兵戈：兵器，借指战争；扰攘：混乱、动荡不安。例十余年兵戈扰攘，富者悉化为贫，贫者复困而死。（清·张集馨《道咸宦海见闻录·庚申六十一岁》）｜她在兵戈扰攘中早已见惯了杀儿掠女的场面,如今已是见怪不怪了。

〔辨析〕"兵荒马乱、兵戈扰攘"都形容战乱时社会的动荡与不安。"兵荒马乱"重在强调因战争带来的民不聊生,田园荒芜,经济衰败,百姓流离失所,衣食无着,生活在恐慌、动荡之中,生命和财产没有保障。"兵戈扰攘"重在强调战争带来的骚扰,正是这种骚扰造成了社会的混乱和动荡不宁。"兵荒马乱"在口语和书面语中都常用,"兵戈扰攘"只见于书面语,且不太常用。

冰天雪地　天寒地冻

冰天雪地 bīngtiān-xuědì　冰雪漫天盖地。形容天气异常寒冷。例冰天雪地风如虎,裸而泣者无栖所。黄昏万语乞三钱,鸡毛房中买一眠。(清·蒋士铨《鸡毛房》)｜你们围炉的人,怎知我正在冰天雪地中,与造化挣命。(冰心《寄小读者》)

天寒地冻 tiānhán-dìdòng　形容天气十分寒冷。例且今天寒地冻,军马难以久住。(明·施耐庵《水浒传》)｜最后,在一个天寒地冻的晚上,斑鸠冷得全身僵硬。(欧阳山《苦斗》)

〔辨析〕"冰天雪地、天寒地冻"都有形容天气很冷的意思。"冰天雪地"着重形容天地之间一片冰封雪锁的极端寒冷的景象,因有象征严寒的冰雪充塞于天地间,给人以具体、鲜明、强烈的感觉。这两个成语可连用,"冰天雪地"的语意要更重一些,更具体、鲜明些。"天寒地冻"只着重形容天气十分寒冷,冷得把大地都冻上了,在寒冷的程度上不如"冰天雪地"。

病入膏肓　无可救药

病入膏肓 bìngrùgāohuāng　《左传·成公十年》:"公疾病,求医于秦……医至,曰:'疾不可为也,在肓之上,膏之下,攻之不可,达之不及,药不至焉,不可为也。'"认为膏肓之间为药力所不能达到之处。后用"病入膏肓"指病重到了无法医治的地步。也比喻情况严重到了不可挽救的地步。膏肓:我国古代医学家指心尖脂肪为膏;心脏和隔膜之间为肓。例到达建康后,明诚果然因服用了大量寒药,发疟下痢,病入膏肓。(郁雯《李清照》)｜钱良见姑娘毫不买账,方知她中毒太深,病入膏肓。(徐慎《四书房》)｜"……一大批国有企业病入膏肓,早晚都得动手术!"(梁晓声《人世间》)

无可救药 wúkějiùyào　《诗经·大雅·板》:"多将熇熇,不可救药。""多将熇熇(hèhè)"形容病情严重到不能用药救治。比喻人或事物坏到无可挽救的地步。药:治疗。例

她（萧红）的病是相当复杂，而大夫也荒唐透顶，等到诊断明白是肺病的时候，就宣告已经无可救药。（茅盾《〈呼兰河传〉序》）|她看明白，他已无可救药了；至死，他也还是这么无聊！（老舍《四世同堂》）|历史无情，现在证明，他的灵魂早已无可救药，也根本不可能改造。（陈荒煤《惊雷一声迎新春》）

〔辨析〕"病入膏肓、无可救药"都有病情严重到无法治疗的程度的意思，都适用于人。"病入膏肓"侧重指病重，无法医治；"无可救药"侧重指无药可治。"病入膏肓"多比喻情况、事态严重的程度，仅适用于事物，且一般不含贬义；"无可救药"多比喻人或事物坏到了无法挽救的地步，既适用于人，也适用于其他事物，且一般含贬义。

并行不悖　齐头并进

并行不悖　bìngxíng-bùbèi　《礼记·中庸》："万物并育而不相，道并行而不悖。"后用"并行不悖"形容同时进行，互不冲突。悖：违背、抵触、冲突。例用兵安民，并行不悖。（明·海瑞《启刘带川两广军门》）|这是一个古怪时代：粗俚和文雅在一个角落并行不悖。（李健吾《莫里哀的喜剧》）

齐头并进　qítóu-bìngjìn　多方面同时进行。例采取合法与秘密的方式，争取上层与打入下层齐头并进的工作方针，扩大党的政治影响争取和领导他们抗日。（周保中《忆东北抗日游击战争》）|"这没有齐头并进的。谁先通了谁先说，人家这么着没错。"夏太太斩钉截铁的说。（王朔《我是你爸爸》）

〔辨析〕"并行不悖、齐头并进"都有同时进行的意思。"并行不悖"重在指出事物同时进行中彼此互不排斥，尽管并行的事物可能有大小强弱、雅俗之分，但并行时并不互相冲突，有一种包容各种不同事物于一体的宽容的氛围。"齐头并进"仅指几件事同时进行，强调步伐一致的同时向前进。

波澜壮阔　汹涌澎湃

波澜壮阔　bōlán-zhuàngkuò　水势浩大。比喻声势浩大，规模宏伟。澜：大浪。例整个四川都沸腾起来，形成了波澜壮阔的全省规模的带有民众性的大起义。（吴玉章《从甲午战争前后到辛亥革命前后的回忆》）|他晚年写的律诗虽然更"细"了，但如同他的生活一样，再也没有那波澜壮阔的感人气势了。（臧克家《学诗断想·诗的朗诵》）

汹涌澎湃　xiōngyǒng-péngpài　汉·司马相如《上林赋》："沸乎暴怒，

汹涌澎湃。"形容声势浩大，不可阻挡。汹涌：波涛翻涌的样子；澎湃：大浪相撞击的声音。例云海五座，如五大洋，汹涌澎湃。（徐迟《黄山记》）｜西斜的月光下面，看得见它那无边无际的剧烈的波动。满海里都是汹涌澎湃的白花花的浪涛。（峻青《怒涛》）｜内心的激动是抑制不住的，汹涌澎湃的感情还是在不知不觉中流露出来。（杨植霖《若飞同志在狱中》）

〔辨析〕"波澜壮阔、汹涌澎湃"都指水势浩渺，也多比喻声势浩大。"波澜壮阔"偏重于雄伟壮阔，常用来形容规模宏大、有气势的场面或事物。"汹涌澎湃"偏重于势头猛烈，常用来形容感情激荡。

拨乱反正　正本清源

拨乱反正 bōluàn-fǎnzhèng 《公羊传·哀公十四年》："君子曷为为《春秋》？拨乱世，反诸正，莫近诸《春秋》。"指治理乱世，恢复国家和社会的正常秩序。拨乱：治理混乱；反正：回复到正道上。例……百孔千疮的中国和中国文化，要拨乱反正，真是百废待举。（陈白尘《五十年集》）｜今天运将转，不过数十年，真人当出，拨乱反正。（明·冯梦龙《古今小说》卷三十二）

正本清源 zhèngběn-qīngyuán 《汉书·刑法志》："岂宜惟思所以清源正本之论，删定律令。"扶正树的根本、清理水的源头。比喻从根本上加以清理整治。正：扶正；本：树根；源：水的源头。例我们的古哲和今贤，虽然满口"正本清源"，"澄清天下"，但大概是有口无心的。（鲁迅《坟·坚壁清野主义》）｜但愿经过这次大调查、整顿，能够真正"正本清源"……（徐铸成《风雨故人》）

〔辨析〕"拨乱反正、正本清源"都有恢复、扶植正确东西的意思。"拨乱反正"偏重于改变混乱的状态，从而走上正轨；用于要治理乱世或某种混乱现象时，它强调的是要恢复到正常的状况下，必须先"拨乱"，把"乱""拨"走了，正确的东西、正常的秩序就回来了。"正本清源"偏重于澄清本源，从解决问题的根子和源头上入手。

勃然大怒　大发雷霆

勃然大怒 bórán-dànù 《史记·鲁仲连邹阳列传》："齐威王勃然怒。"后多作"勃然大怒"，突然间愤怒至极，大发脾气。勃然：突然之间脸色骤变的样子。例她勃然大怒了，抓起桌上一只茶杯，狠狠地摔到地上。（喻彬《女大学生宿舍》）｜秉昆不听则罢，一听更是勃然大怒。不待玥玥说完，他一巴掌扇在了她脸上。（梁晓声《人世间》）

大发雷霆 dàfā-léitíng 《三国志·吴志·陆逊传》:"今不忍小忿,而发雷霆之怒,违垂堂之戒,轻万乘之重,此臣之所惑也。"后作"大发雷霆"。形容高声呵斥,大发脾气。霆:响雷。例邓主任在大发雷霆——说要枪毙你们呢!(郭沫若《北伐途次》)|彭德怀一看38军军长梁兴初因故贻误战机,大发雷霆,将他猛批一顿。

〔辨析〕"勃然大怒、大发雷霆"都有大发脾气的意思。"勃然大怒"突出愤怒爆发的突然,瞬间脸色骤变,大发脾气,愤怒至极,给人猝不及防、没有预料到的感觉,强调暴怒的突然性和不可预测。"大发雷霆"突出愤怒时的高声呵斥,因为怒不可遏,呵斥的声音像打响雷一样。是通过高声呵斥来宣泄和表达愤怒。

博古通今　博学多才

博古通今 bógǔ-tōngjīn 《孔子家语·观周》:"吾闻老聃博古知今,通礼乐之源,明道德之归,则吾师也。"后多作"博古通今"。有广博的古代知识又通晓当代世事。通:通晓、透彻了解。例君博古通今,父子皆能诗,有《真窨》、《听蛙》二集。(宋·刘克庄《方隐君墓志铭》)|他的学问渊博,不愧是博古通今的历史学家。|井底之蛙也自称博古通今,真是贻笑大方。

博学多才 bóxué-duōcái 有渊博的学识和多方面的才能。例贯忠博学多才,也好武艺,有肝胆。(明·施耐庵《水浒传》)|李毓钟博学多才,不仅理工科学得顶呱呱,诗词歌赋、琴棋书画也都身手不凡。

〔辨析〕"博古通今、博学多才"都有知识广博,有学问、有能力的意思。都含褒义。"博古通今"偏重强调不仅有广泛、深厚的古代知识,在历史、传统方面知识极其丰富,有很深的底蕴。而且对当代的世事也十分通晓,看得明、看得深、看得透,集"博古"和"通今"于一身,重在形容学养极高。"博学多才"偏重强调,不仅因学习广泛、深入而具备了渊博的学识,而且具有多种的才能,有学能致用、多才多艺的意思,且博闻强记,除强调见闻广博,还有记忆力强的意思。

博览群书　饱尝诗书

博览群书 bólǎn-qúnshū 《隋书·令狐熙传》:"(令狐熙)博览群书,尤明《三礼》,善骑射,颇知音律。"广泛地阅读各种书籍,形容读书极多。例博览群书贯九经,凤凰池上敢峥嵘。(元·无名氏《延安府》)|我们必须多读书,可是工作又很忙,不易博览群书。(老舍

《谈读书》)

饱尝诗书 báocháng-shīshū 指大量阅读诗书，学识丰富，有很深的理解和体会。例高老一生饱尝诗书，通经史善诗文，精书法。｜赵鹏程自幼饱尝诗书，后来虽然身居乱世，贫苦交加，仍旧手不释卷。
〔辨析〕"博览群书、饱尝诗书"都有读书多的意思。"博览群书"偏重阅读面的广泛，政治、经济、文化、军事，古今中外的各种书都读。强调读的多样和广博。"饱尝诗书"偏重于在读书中品味，"诗书"二字多指文学类的。强调的是体会、理解，品尝读书中的道理、感情等很充分。

博闻强识　见多识广

博闻强识 bówén-qiángzhì 《荀子·解多》："博闻强志，不合王制，君子贱之。"后用为"博闻强识"，意为见识、学问广博，记忆力强。识：读 zhì 音，记住、记忆。也说"博闻强记"。例先生博闻强记，在笔写的讲稿之外，随时引证许多作品，大部分他都能背诵得出。(梁实秋《记梁任公的一次演讲》)｜福新体格魁梧，性格爽朗，博闻强记，过目成诵。(端木蕻良《曹雪芹》)
见多识广 jiànduō-shíguǎng 形容阅历深，经验丰富。也指见过大世面，经历的事情多。例他见多识广，肚子里有的是故事。(周立波《翻古》)｜她是每天上街去买菜，自然见多识广，知道这东西（猪油年糕）的时价。(茅盾《过年》)
〔辨析〕"博闻强识、见多识广"都有知道多、见识广的意思。"博闻强识"主要强调有关文化、学问方面的知识看得多、见得广，而且记忆力强，把这些知识、学问都记在脑子里了，含褒义，多用于书面语。"见多识广"强调在世上的阅历、生活经验方面非常丰富，因而对世道、人世看得深透，生活方面的知识很多、很宽，也指见过大世面。含褒义，多用于口语。

捕风捉影　道听途说

捕风捉影 bǔfēng-zhuōyǐng 《管子·兵法》："善者之为兵也，使敌若据虚，若搏景。"景：同"影"。即扑空捉影子。比喻说话、做事只从虚妄不实的迹象出发，而毫无确凿的根据。例自然，捕风捉影的记载，也是在所不免。(鲁迅《南腔北调集·经验》)｜你们当面都被姚辉瞒了过去,那些捕风捉影的情报就更不可靠了。(郭明伦、张重天《冀鲁春秋》)｜什么都敢说,什么也都是捕风捉影地乱说。(陈彦《主角》)
道听途说 dàotīng-túshuō 《论语·

阳货》："道听而塗说，德之弃也。"塗：通"涂"。在路上听说，又在路上传播。指路途上辗转流传的、没有根据的话或事。例今后凡是遇到这样的事情，务必要把具体情节反复查考得清清楚楚，千万不要道听途说，就信以为真。（马南邨《燕山夜话·替〈宝岛游记〉更正》）｜我要对党对同志负责。即使严赤、杨曙是内奸，我也该对他们负责，不能把道听途说都写上。（方之《内奸》）｜但是我并未肯定地说她已经死亡，我只是暗示，我又声明这是道听途说。（巴金《第四病室》）

〔辨析〕"捕风捉影、道听途说"都含有"说话没有根据"的意思，都含贬义。"捕风捉影"偏重于"说话、做事毫无根据"，其含义近似于"凭空想象""捏造"和"无中生有"，语意较重，"道听途说"偏重于"话的来源不可靠"，语意较轻；"捕风捉影"既可以指说话，也可指做事，"道听途说"只指妄听无凭证的传说，不指做事；"捕风捉影"后可带"之谈""的描绘""的捏造"一类词语，"道听途说"不这样用；"道听途说"有时可用来形容人的无知欠思考或知之甚少，如"道听途说的一知半解……""捕风捉影"没有这种用法。"捕风捉影"是比喻性成语，"道听途说"是陈述性成语。

不动声色　无动于衷

不动声色 bùdòng-shēngsè　宋·欧阳修《相州昼锦堂记》："垂绅正笏，不动声色，而措天下于泰山之安。"内心活动不从话语脸色流露出来。形容镇静、沉着。声：说话的声音；色：脸上的表情。也说"不露声色"。例众忧以为甚难，而先生为之沛然。虽当仓卒，不动声色。（宋·程颐《明道先生行状》）｜他不动声色地走过去，坐下来，扭头和来的常委们聊起来。（谌容《光明与黑暗》）｜这个朱乔甫，从受害者揭发的触目惊心的事实看，无疑是个恶棍。可他却不动声色，沉得住气，是什么力量使他有恃无恐？（杨旭《检察官汤铁头》）

无动于衷 wúdòngyúzhōng　宋·欧阳修《送秘书丞宋君归太学序》："夫生而不溺其习，此盖出其天性，其见焉而不动于中者，由性之明，学之而后至也。"后多作"无动于衷"，指内心一点不受触动，对事情毫不在意。例初听初看时我感到精神振奋，可是多了，久了，我也就无动于衷了。（巴金《随想录》）｜大自然对两月来这个角隅人们的遭遇似乎无动于衷。（萧乾《宿羊山麓之哀鸿》）

〔辨析〕"不动声色、无动于衷"都可以用来形容"不为外界所动"，但基本意义有所不同："不动声色"偏重指外部表情，"无动于衷"偏重指内心活动；"不动声色"多形容态度镇定，情绪冷静，"无动于衷"则形容内心毫无触动，不表态，感情麻木。

不孚众望　不负众望

不孚众望　bùfúzhòngwàng　不为大家所信服。孚：使人信服。例只说你"不孚众望"，其余的事，概没谈起。（茅盾《动摇》）｜明武自上任以来独断专行，各行其是，最终落了个不孚众望的下场。

不负众望　bùfùzhòngwàng　不辜负大家的期望。负：辜负；望：期望。例但愿学校里的学生们不负众望，努力前进，为本村，为国家尽上自己全部学力。（冰心《为河南灵宝市安家坻村题词》）｜建民经过三年的努力，终于不负众望取得了圆满成功。

〔辨析〕"不孚众望、不负众望"这是一组字形读音都极其相似的成语。但它们的意思却完全不同。"不孚众望"强调因自身的缺点、弱点、错误等不被大家看好，得不到大家的信任、支持和服从，从而使众人看不起、失望，含贬义，多用于书面语。"不负众望"强调是做人做事不辜负众人的期望，即满足了众人的期待、要求，被人信任、看得起，含褒义。

不负韶华　只争朝夕

不负韶华　bùfù-sháohuá　不辜负美好的时光、美好的年华。负：辜负、违背、背弃；韶华：指美好的时光（常指春光）、美好的年华（指青年时期）。见于海子的《以梦为马》。意思是让人们珍惜光阴，在有限的年华里为自己的梦想去拼搏。例文远不禁赞道："慧香真是个有志气、要强上进的好孩子，她不负韶华，朝着既定目标，奋力拼搏，才取得了这么骄人的成绩。"（程胜之《慧香》）｜祁老师说："不负韶华，就是说同学们要乘着自己还年青，珍惜这美好的时光，去奋斗、拼搏，去实现生命最宝贵的价值。"（仁兴《万山红》）

只争朝夕　zhǐzhēng-zhāoxī　明·徐复祚《投梭记》："今朝宠命来首锡，掌枢衡只争旦夕。"一朝一夕，指短暂的时间。比喻抓紧时间，力争在最短时间内完成任务，达到预期目的。朝：早晨；夕：晚上。例天地转，光阴迫。一万年太久，只争朝夕。（毛泽东《满江红·和郭沫若同志》）｜让我们只争朝夕，不负韶华，共同迎接2020年的到来。（习近平《2020年新年献辞》）

〔辨析〕"不负韶华、只争朝夕"都强调要抓紧时间，去努力奋斗。"不负韶华"更侧重激励年轻人，不要辜负了青年时期的大好时光，要在奋斗中实现人生价值。"只争朝夕"更多是用于强调抓紧时间，不懈奋斗，争取在最短的时间内达到目的。

不甘示弱　争强好胜

不甘示弱　bùgān-shìruò　不甘心显示出自己软弱怯懦。示：显示；弱：软弱。例台下有人骂起来。师父不甘示弱，也给他们一个回骂。（鲁迅《且介亭杂文附集·我的第一个师父》）｜似此紧锣密鼓，一声比一声高，谁也不甘示弱，造成了长沙城山雨欲来的紧张气氛。（陶菊隐《记者生活三十年》）

争强好胜　zhēngqiáng-hàoshèng　宋·陆九渊《与邓文范》："此与自任私智，好胜争强，窃近似以为外饰者，天渊不侔。"后多做"争强好胜"，指总想在所能涉及的方面压倒、胜过别人，争当强者。例他争强好胜，不甘人后。但他决不是个看风向、赶浪头的投机之辈。（谌容《赞歌》）｜这帮街头混混，平日里个个都喜争强好胜，好出风头。真正遇到了厉害角色，跑起来比兔子都快。（王强《胡同趣事》）

〔辨析〕"不甘示弱、争强好胜"都有不服输、要强的意思。"不甘示弱"重在强调在强者或对手面前不愿意表现出软弱和怯懦来。有和对手较量的信念和愿望，不承认自己是弱者，或知道自己是弱者也不肯服输、被欺侮。"争强好胜"重在强调要争做强者，喜欢胜过别人，要在与对手的较量中显示自己的强大，要取得胜利。语言的感情色彩比"不甘示弱"强烈。

不攻自破　不堪一击

不攻自破　bùgōng-zìpò　不待攻击，就自行破灭。形容防御薄弱，也形容观点、情节等站不住脚。经不起反驳。例而吴三桂的开门揖盗引清入关，更是不攻自破，多尔衮的铁骑，不就是从这洞开的大门下蜂拥而来席卷中原的吗？（峻青《雄关赋》）｜只要你把事情的前因后果讲清楚，他的话就不攻自破。（王川民《师范生》）

不堪一击　bùkān-yījī　指力量薄弱，经不起打击。不堪：承受不了；击：攻、打。例这个政府又是一个十分无能的政府，一百五十万以上的大军不堪一击，仅仅在两个星期的时间中，就葬送了自己的国家。（毛泽东《苏联利益和人类利益的一致》）｜民强原以为这个整天欺男霸女，横行乡里的祁老虎有多凶，

原来这样不堪一击，三下五除二就被自己打得直求饶。（济贤《足音》）

〔辨析〕"不攻自破、不堪一击"都有薄弱，经不起打击的意思。"不攻自破"强调不用攻击、攻打自己就破灭了，说明被攻击对象的极度虚弱，而且它也用于形容谬论和流言的站不住脚。"不堪一击"重在强调经不起一次或重打击，只要实施了打击就一定承受不了，注定要失败，它强调的是经不起任何打击。

不共戴天　你死我活　势不两立

不共戴天 bùgòngdàitiān 《礼记·曲礼上》："父之仇，弗与共戴天。"不能与仇人同在一个天底下并存。比喻仇恨极深，誓不两立。戴：顶着。例杀吾弟之仇，不共戴天！欲朕罢兵，除死方休！（明·罗贯中《三国演义》）｜也许当我咽这口气的时候，在我眼前的是我的不共戴天的仇人。（沅君《隔绝》）｜很多年里我都没想明白，为什么咱们中国人一离了婚就成了仇人，完全不共戴天。（徐则臣《北上》）｜无论谁企图从他的人生中夺走她，都将成为他不共戴天的仇敌，他也将与那个人拼到死为止。（梁晓声《人世间》）

你死我活 nǐsǐ-wǒhuó 形容双方斗争非常激烈，势不两立，不能并存。例武松当时是在你死我活的斗争中，他的精神是在斗争中表现出来的。（《冯雪峰论文集》）｜三山五岳的好汉们各引着同系同派，摆开了阵势，拼一个你死我活。（茅盾《我们的文坛》）｜结果会是开了，但争了个你死我活，还是只有一小部分同学同意去参加。（杨沫《青春之歌》）

势不两立 shìbùliǎnglì 《战国策·楚策一》："楚强则秦弱，楚弱则秦强，此其势不两立。"对立的双方不能并存。指双方矛盾不可调和。例总之，薪水与创作，是势不两立的。（鲁迅《书信集·致李霁野》）｜他们是在洋钱堆上长起来的，咱是脱掉毛的光屁股鸡，势不两立！（梁斌《红旗谱》）

〔辨析〕"不共戴天、你死我活、势不两立"都有双方不能共存的意思。"你死我活"的口语色彩比"不共戴天"与"势不两立"都强。"不共戴天"侧重于人与人之间的仇恨极深，只适用于人。"势不两立"侧重于对立双方的不可调和，既适用于人，也适用于事物，其适用范围较"不共戴天"宽泛。"你死我活"其含义侧重于斗争的激烈，有时还用来形容争论、争吵得很激烈，它既适用于人与人之间，也适用于人与事物之间，其适用范围更为宽泛。

不寒而栗　毛骨悚然

不寒而栗　bùhán'érlì　《史记·酷吏列传》："是日皆报杀四百余人。其后郡中不寒而栗。"不冷而发抖。形容非常恐惧。栗：打战，发抖。[例]想着那些阴暗的日子，我真是不寒而栗。（巴金《第二次的解放》）｜现在想着从死尸上越过的事，真是不寒而栗呵！（朱自清《执政府大屠杀记》）｜宁静的深夜，遇到敌人这种喝呼喊叫的声音，实在令人不寒而栗。（李英儒《野火春风斗古城》）

毛骨悚然　máogǔ-sǒngrán　毛发竖起，脊梁骨发冷。形容极度恐惧。悚然：害怕的样子。[例]我就想起两句诗："冷月破云雾，白衣坐幽女。"不禁毛骨悚然。（冰心《秋风秋雨愁煞人》）｜真不知比汉武帝还要厉害多少倍，读起来实在使人毛骨悚然。（林非《询问司马迁》）

〔辨析〕"不寒而栗、毛骨悚然"都可以用来形容非常害怕，并且都能放入"使（或'令'）人（或能代表人的名词与代词）……"的格式中。"毛骨悚然"比"不寒而栗"语意重。"毛骨悚然"可以形容非常寒冷，如："寒冷的天气令他毛骨悚然。"而"不寒而栗"不能；"毛骨悚然"可以成为松散结构，如可以说"毛骨便悚然"起来，而"不寒而栗"不能。

不即不离　若即若离

不即不离　bùjí-bùlí　原为佛教用语。指既不同一，又不相异。后用来指对人的关系、态度不太亲密，也不疏远；在事情的处理上，也不疏远，分寸恰当。即：接近；离：疏远。[例]到了夫妻之间，便和她论房帏资格，自己居右，处得来天然合拍，不即不离。把安老夫妻两个乐得大称心怀，眉开眼笑。（清·文康《儿女英雄传》）｜中国人长于处世，"不即不离""和光同尘"，这似乎已经是标准的"善士"了。（王统照《听潮梦语·浊子清》）｜对四号与六号的人们，祁老人永远保持着不即不离的态度，有事就量力相助，无事便各不相扰。（老舍《四世同堂》）

若即若离　ruòjí-ruòlí　晋·成公绥《啸赋》："故能因形创声，随事造曲……若离若合，将绝复续。"后多作"若即若离"，似乎接近，又似乎分离。若：好像，似乎；即：接近。①形容关系不疏不密，保持一定距离。[例]最好的初恋，有点兴奋，更有点不好意思，若即若离之间，雨不妨下大一点。（余光中《听听那冷雨》）②形容诗文内容有些相合，又有些不相合。[例]他的书虽然和《了凡纲鉴》也有些相合，但大段又很不相同，若即若离，令人不知道半日起来应该怎样拉在一处。（鲁迅《彷徨·高老夫子》）｜自然签上的诗句，多半是若即若离，在似可解与似不可解之间。（姚雪垠《李自成》）

〔辨析〕"不即不离、若即若离"都含有关系不远不近的意思，都可用在人与人之间或人与事物之间关系的处理分寸方面。"不即不离"所表示的对人的关系态度是明确的，即不太亲密也不太疏远；"若即若离"所表示的对人的关系、态度较为含混，使人难以捉摸。"若即若离"除上述的意义外，还可形容诗文内容有些相合，又有些不相合，"不即不离"没有这种意义和用法。

不计其数　不可胜数

不计其数 bùjì-qíshù　无法计算数目。形容数量极多。计：计算。例致秋这辈子经手操办过的拜师仪式，真是不计其数了。（汪曾祺《大淖记事·云致秋行状》）｜有这么一个人，他解放前为非作歹，奸污妇女不计其数，逼死和杀害群众有十人之多，这种人应该怎么办？（王英先《枫香树》）｜被踩坏的椅子不计其数，它们被分解成了形状不一的板子。（李洱《应物兄》）

不可胜数 bùkě-shèngshǔ　《墨子·非攻中》："百姓饥寒冻馁而死者不可胜数。"不能数尽。形容数量非常多，数不过来。胜：尽；数：计算。例这触目都是不可胜数的名菊……花工们一年劳动的结晶。（周瘦鹃《苏州游踪》）｜古今中外赞美读书的名人和文章，多得不可胜数。（季羡林《季羡林散文精选》）

〔辨析〕"不计其数、不可胜数"都有数量极多，数不过来的意思。"不计其数"一般用于可数的具体事物，它强调面对这些具体事物时，无法计算数量有多少，只能用"不计其数"来形容数量极多，这个"数"是数量、数目。"不可胜数"不仅可以用于具体事物，还可以用于抽象的事物，它偏重"数"，即"计算"，是说多得计算不过来，多用于人、物，也用于事。

不胫而走　不翼而飞

不胫而走 bùjìng'érzǒu　汉·孔融《论盛孝章书》："珠无胫而自至者，以人好之也，况贤者之有足乎？"后用"不胫而走"指没有腿却能跑。比喻事物不待推行，就迅速传播、流传开来。胫：小腿；走：跑。例这个新闻可以说是不胫而走，妇孺咸知。但作为当事人之一的吴春茂却稳如泰山，保持神秘的缄默。（叶君健《火花》）｜几天后，一个可怕的流言在各个村巷里不胫而走，那三个被打死的"白狼"其实是三个要饭的。(陈忠实《白鹿原》)｜在《白蛇传》演出轰动北山时，这个谣言又不胫而走。(陈彦《主角》)

不翼而飞 bùyì'érfēi 没有翅膀却能飞。翼：翅膀。①形容诗文、言论、消息等传播迅速。例最重要的，是因为这种以民族革命战争为内容的，和全国人民的热流相交流的文学，必将不翼而飞地扩大它的影响。(冯雪峰《关于抗日统一战线与文学运动》)｜"梁永生大闹黄家镇"的消息，不翼而飞，早在这运河两岸的各个村庄传开了。(郭澄清《大刀记》) ②比喻东西突然不见了。例他坐起来，习惯地伸手到枕边去摸他那支左轮手枪，这下子吓了他一惊，那手枪已经不翼而飞。(黄谷柳《虾球传》)

〔辨析〕"不胫而走、不翼而飞"都用来比喻事物不待推行就迅速传播。"不翼而飞"所表达的传播速度比"不胫而走"更迅速。"不翼而飞"还常常比喻东西突然不见了，"不胫而走"没有这种意思。

不堪设想　不可思议

不堪设想 bùkān-shèxiǎng 未来的情况不能想象。预料事态的发展可能很坏或很危险。堪：可，能够。例还不肯改换一套新的干法，前途的危险是不堪设想的。(毛泽东《国共合作后的迫切任务》)｜如果没有你们帮助，那么我现在过的什么日子，真不堪设想了。(巴金《春》)｜要是换一个人，在狂风暴雨中搏斗这么久，后果早已不堪设想了。(张扬《第二次握手》)

不可思议 bùkě-sīyì 晋·释慧远《维摩诘所说经义记》："不思据心，不议就口，解脱真德，妙出情妄，心言不服，是故名不可思议。"佛教用语，指道理玄妙，不可用心意思忖，也不能用言语评论。后多指不可想象，难于理解。例多么可怕呀！多么不可思议，但是——又多么有趣！(柯岩《奇异的书简》)｜一片澄澈的蔚蓝色的天宇，高深得不可思议。(郭沫若《少年时代·黑猫》)

〔辨析〕"不堪设想、不可思议"都有不可想象的意思。"不堪设想"强调的是因对未来的情况无法认知，推测可能产生坏结果，或预先想到，事情会发展得很糟，因而事前都不可想象以后会变成什么糟糕的样子。适用于前景危险或后果不好的事物。"不可思议"是指对事情难以理解，适用于奥妙神秘的事物或深奥的道理。"不堪设想"有贬义，"不可思议"多褒义。

不刊之论　不易之论

不刊之论 bùkānzhīlùn 汉·扬雄

《答刘歆书》："是悬诸日月，不刊之书也。"形容言论观点精当，无懈可击。刊：消除。古代在竹简上写字，有错就刮掉。不刊：不能改动，不可磨灭的言论。例那位著名学者去年在北京大学所作的关于人与自然相互关系的演讲中，观点鲜明，切中时弊，真可谓不刊之论啊！（2012年全国高考语文江西试卷试题）｜六七十年前胡适先生提出来的"大胆的假设，小心的求证。"我认为是不刊之论，是放之四海而皆准的方针。（季羡林《牛棚杂忆》）

不易之论 bùyìzhīlùn 指完全正确的论断或意见，不能更改的言论。易：更改。例此千古不易之论，指破迷团不小。（清·李汝珍《镜花缘》）｜他在学术研究方面……其中许多论断，经过长期的实践检验，证明是符合历史实际的不易之论。（《王国维学术研究论集·前言》）

〔辨析〕"不刊之论、不易之论"都有因正确而不能更改，经得起实践检验的意思，都含褒义。"不刊之论"重在强调言论、论点、理论的精粹正确，无错可挑，无懈可击，是不可以消除和改动的。侧重言论、理论的不可磨灭性。"不易之论"强调论断或意见的完全正确。语意较"不刊之论"略轻。

不可开交　难分难解

不可开交 bùkě-kāijiāo 形容无法解决或摆脱。表示没完没了或达到极点。开：打开，解开；交：相错，纠缠；开交：解决，结束。例登记户口田亩的，计算各级田亩产量的，填写分田小票的，砍削分田竹签的……都忙得不可开交。（马烽、西戎《吕梁英雄传》）｜正闹得不可开交的当儿，先生，一个身穿黑裙，蒙黑纱的女人走进了病室。（莫言《蛙》）

难分难解 nánfēn-nánjiě 形容双方矛盾分歧相持不下，难以分辨或解决，也形容双方关系十分紧密。也说"难解难分"。例炽热的战斗在荒凉的江边上打得难分难解。（黎汝清《叶秋红》）｜只要你肯去亲近她，她也肯俯身下就，和你打得火热，难分难解。（马识途《夜潭十记》）

〔辨析〕"不可开交、难分难解"都有无法摆脱和解决的意思。"不可开交"多用于矛盾错综复杂，相互纠缠在一起无法分开，或形容局面、场面上各种事物交叉同时紧张地进行的那种情景。从语法上看，只作"得"后面的补语。"难分难解"可用来形容战斗的激烈和双方关系的亲密。吵架、争吵无法摆脱常用"不可开交"，也可用"难分难解"，但表示夫妻亲密，就用"难分难解"。

不可企及　望尘莫及

不可企及　bùkě-qǐjí　唐·柳冕《答衢州郑使君论文书》："即圣人可企而及之者，文也，不可企而及之者，性也。"后用作"不可企及"，没有赶上的希望，意思是相距很远。企：踮起脚后跟，引申为盼望。企及：希望赶上。例郑教授在学术上的成就，是我不可企及的。｜欧洲的生活品质并非不可企及，要达到那种水平，先要从文化素养修炼起。

望尘莫及　wàngchén-mòjí　《后汉书·赵咨传》："（曹暠）迎路谒候，咨不为留。暠送至亭次，望尘不及。"后多用作"望尘莫及"。指远望前面车马飞跑扬起的尘土而追赶不上。比喻远远落在后面。例这是他的一些前僚所望尘莫及的，这也正是山本之所以为陆军部器重之所在。（峻青《海啸》）｜此人确有许多非凡之处，为当今群雄所望尘莫及。

〔辨析〕"不可企及、望尘莫及"都有赶不上的意思。"不可企及"偏重强调内心虽有所企盼，但仍没有赶上的希望，说明差距、距离太大了，尽管有愿望，也难以追上，多用于和对方在品质、成就、水平等方面的比较，多用于书面语。"望尘莫及"偏重强调因追赶不上而远远落在后面，有一种无可奈何、无能为力的意思。

不可名状　不可言传

不可名状　bùkě-míngzhuàng　晋·葛洪《神仙传·王远》："衣有文采，又非锦绮，光彩耀目，不可名状。"无法用语言来叙说和描写。表示无法说清，无法形容。名：说出；状：形容、描绘。例真是明月灯彩，人气香烟，晶艳氤氲，不可名状。（清·曹雪芹《红楼梦》）｜张焕之昏昏沉沉，感到一种不可名状的困倦。（谌容《光明与黑暗》）

不可言传　bùkě-yánchuán　指对某些事情可能揣摩领会它的意思，却难以用语言表达。例凡行文多寡长短，抑扬高下，无一定之律而有一定之妙，可以意会，不可以言传。（清·刘大櫆《论文偶记》）｜这种微妙的话表达的感情，只可意会，不可言传。（王火《战争和人》）

〔辨析〕"不可名状、不可言传"都有难以用语言表达的意思。"不可名状"重在强调无法叙说和描写。表示说不清楚，无法形容要想说明的具体事物或情感是个什么样子。"不可言传"重在形容内心明白了，也能领会或揣摩到但仍然难以表达，常和"只可意会"连用。两者在对事物、情感的认知上，后者的程度要深一些。

不可胜数　不胜枚举

不可胜数　bùkěshèngshǔ　《墨子·非攻中》："百姓饥寒冻馁而死者不可胜数。"不能数尽。形容数量非常多，数不过来。胜：尽；数：计算。例每百姓一队，间军一队，互相拖押，死于沟壑者不可胜数。（明·罗贯中《三国演义》）｜这触目都是不可胜数的名菊……花工们一年劳动的结晶。（周瘦鹃《苏州游踪》）｜因此，在中国古代诗文中，月亮总有什么东西当陪衬，最多的是山和水，什么"山高月小""三潭映月"等，不可胜数。（季羡林《牛棚杂忆》）

不胜枚举　bùshèngméijǔ　无法一个一个都列举出来。形容同一类的人或事物为数极多。胜：尽；枚举：一一列举。例而宋人撰述不见于志者，又复不胜枚举。（清·钱大昕《十驾斋养新录·艺文志脱漏》）｜……许多事实不胜枚举，世间的一切事，利与害总是相对地存在。（王统照《三位黑衣僧》）｜然而，这还不能完全说明问题，可以成为祥瑞的东西多得很，麒麟、凤凰、白鹿、丹鹤……不胜枚举。（秦牧《说龟蛇》）

〔辨析〕"不可胜数、不胜枚举"都形容数量非常多。"不胜枚举"偏重"举"，形容多到列举不过来；"不可胜数"偏重"数"，形容多到数不过来。"不胜枚举"一般适用于可以列举的事实、事理、事例等，通常是前面已经列举了一些事例，后面用"不胜枚举"，"不胜枚举"一般不用来形容人多；"不可胜数"适用对象比较广泛，多用于人、物，也用于事。

不可一世　目空一切　旁若无人

不可一世　bùkěyīshì　指当世没有自己能看得上的。形容极端地狂妄自大。可：认为可以，赞许；一世：当世，同时代。例有时这边得到侄儿一点资助，买了一堆骄傲的货色，盛气凌人，不可一世。（汪曾祺《大淖记事·戴车匠》）｜肖下唇考上大学后……气焰嚣张，不可一世。（莫言《蛙》）

目空一切　mùkōng-yīqiè　一切都不放在眼里，形容骄傲自大，什么人都看不起。例但他恃着自己学问，目空一切，每每把人不放眼内。（清·李汝珍《镜花缘》）｜那时候我年轻力壮，目空一切，似乎太阳月亮都将要听我的指挥。（王蒙《青春万岁》）

旁若无人　pángruòwúrén　《史记·刺客列传》："高渐离击筑，荆轲和而歌于市中，相乐也。已而相泣，旁若无人者。"虽然有人在旁边却好像没有人一样。①形容神色自若，不以为意。例他的眼睛直直地瞪着前方，露出旁若无人的神气。（欧阳山《苦斗》）②形容态度傲慢，目中无人。例想到每次校务会议时志荆那种旁若无人的态度，真叫人难受。（茅盾《路》）｜乔克朴讨厌在公共场合故意旁若无人的高声谈笑，只是摇摇头没吭气。（蒋子龙《乔厂长上任记》）

〔辨析〕"不可一世、目空一切、旁若无人"都可用来形容狂妄自大。"不可一世"侧重于形容人（或集团）狂妄到气焰嚣张，语意最重；"目空一切"侧重于形容人骄傲到一切都看不起，语意较"不可一世"次之；"旁若无人"侧重于形容人很傲气，心目中没有别人，语意又次之。"目空一切""旁若无人"的主体一般是人；"不可一世"的主体除了人之外，还可以是国家或集团等。"旁若无人"的适用范围较窄，一般仅用于有人的场合；"不可一世""目空一切"的适用范围则较宽泛。"旁若无人"除形容骄傲自大外，还形容说话做事从容自然，不受拘束，而另两个成语没有这种用法。

不劳而获　坐收渔利　坐享其成

不劳而获　bùláo'érhuò　自己不劳动却获取别人劳动的成果。获：获得，取得。例我蔑视那些不劳而获的人。（巴金《谈〈憩园〉》）｜你如不愿吃剥现成的山胡桃肉，也就不稀罕人家的"不劳而获"了。（傅东华《山胡桃》）

坐收渔利　zuòshōu-yúlì　《战国策·燕策二》："（鹬蚌相争）两者不肯相舍。渔者得而并擒之。"后多用为"坐收渔利"。坐收渔翁之利。比喻第三方利用别人的争斗，从中获得利益。例日本帝国主义乃从而协助之，鼓舞之，借可作起风浪，坐收渔利。（冯玉祥《我的生活》）｜他二人同室操戈，大打出手，完全没想到已被仇家坐收渔利。

坐享其成　zuòxiǎng-qíchéng　坐着不干事，却享受别人的劳动成果。享：享受；成：成果。例他没有立足于新时代的条件，而坐享其成的要吃新时代的果实。（老舍《四世同堂》）｜如果能够坐享其成，她连指头都懒得动弹的。（李国文《涅槃》）

〔辨析〕"不劳而获、坐收渔利、坐享其成"都有不通过自己的努力就获得利益的意思。都含贬义。"不劳而获"偏重指不劳动就获得了利益，多用于形容人的品质，指责其懒惰。"坐收渔利"强调利用别人的争斗，使第三者从中获取利益，偏重于形容人的阴险和工于心计。"坐享其成"偏重于指比"不劳而获"更心安理得地享受他人的劳动成果。语意较"不劳而获"还重。

不伦不类　不三不四

不伦不类　bùlún-bùlèi　唐·刘知幾《史通·杂说上·公羊传》："所以乐正行事，无理辄书，致使编次不伦，比喻非类，言之可为嗤怪也。"后用"不伦不类"指不像这一类，也不像那一类。形容不规范，或不正经，不像样子。伦：类。例把永王李璘比成匈奴，比成秦始皇，比得都有点不伦不类。（郭沫若《李白与杜甫》）｜虽然不伦不类，不中不西，但解决了几十个人的就业问题，所以是一桩好事。（莫言《蛙》）

不三不四　bùsān-bùsì　形容不正经，不正派，不像样子。例结果，到于今，不三不四的剧本，还数得上几个，至于表演同布景的成绩，便几乎等于零了。（闻一多《戏剧的歧途》）｜她在酒馆里，常接触些不三不四的人，是不是她造的谣言还很难说。（李云德《沸腾的群山》）

〔辨析〕"不伦不类、不三不四"都有不像样的意思，且都含贬义。差异在于"不伦不类"偏重于不规范，含有不得体的意思，多指不确切的类比，不协调的配合，不恰当的相提并论；"不三不四"偏重于不正经，往往含有品德不端、下流的意思，多指不正经的人或事，如：品德不端的人，不正经的言谈、举止，不成样子的讲话或作品等，其贬斥色彩较"不伦不类"重。

不落窠臼　不落俗套

不落窠臼　bùluò-kējiù　不落入老框子。比喻文章等不落俗套，独具一格，有创意。窠：鸟兽巢穴；臼：舂米的器具；窠臼：比喻旧格式，老框框。例这"凸"、"凹"二字，历来用的人最少，如今直用作轩馆之名，更觉新解，不落窠臼。（清·曹雪芹《红楼梦》）｜《水浒》三次写打虎，一次和一次不同，所谓不落窠臼，不复冗套，这才是高手的本领。（唐弢《小说创作随笔》）

不落俗套　bùluò-sútào　义同"不落窠臼"。俗套：陈旧的格调，人们已然见惯，无新意的办法、方式。例他这类文章，不论长逾万言，或短如"兔尾巴"，都是……不落俗套的耐人寻味的文章。（曹靖华《采得百花酿蜜后》）｜我学习写点评论文章，给自己立了两个标准。一个是独立思考，另一个是不落俗套。（臧克家《京华练笔三十年》）

〔辨析〕"不落窠臼、不落俗套"都有不落俗套，突破老框框、陈旧格调的意思。"不落窠臼"多用于书面语意，多用于作品的创作，显得典雅，有突破陈腐、有创意、独具一格之意，词意略重。"不落俗套"多用于口语，多用于办事的做法、办法与惯用的、无新意的做法,办法不同。

不能自拔　不能自已

不能自拔　bùnéng-zìbá　《宋书·刘义恭传》:"世祖前锋至新亭,劭挟义恭出战,恒录在左右,故不能自拔。"自己不能摆脱出来,指深陷于某种境地,自己无法从中解脱。拔:摆脱。例我望她一眼,她也大胆地望我一眼,这样,我就落入她眼睛的深渊不能自拔了。(阿来《尘埃落定》)｜他陷于情网之中,不能自拔。

不能自已　bùnéng-zìyǐ　指无法克制自己的感情,自己不能控制感情的流露,自己无法从沉浸于其中的感情中解脱出来。已:停止,中止。例慨然而咏"富贵他人合,贫贱亲戚离"。因泣下交颐,不能自已。(唐·卢照邻《寄裴舍人书》)｜想起现代那些在枪林弹雨中冲锋陷阵的手足兄弟……更使我伤感交集,不能自已。(《张治中回忆录》)

〔辨析〕"不能自拔、不能自已"都有表示自己无法解脱出来的意思。"不能自拔"多用于境地、行为、思想,强调陷于其中无法摆脱。"不能自已"多用于行为、感情,重在表现自己无法控制、不能中止,只能任其发展,流露。

不期而遇　邂逅相遇　萍水相逢

不期而遇　bùqī'éryù　《穀梁传·隐公八年》:"不期而会曰遇。"未事先约定而意外相遇。期:约定时日。例就怕与巡逻队不期而遇,那可就没一点咒念了!(徐怀中《牵风记》)｜两个人在饭馆里不期而遇,双方又惊诧又喜悦。

邂逅相遇　xièhòu-xiāngyù　《诗经·郑风·野有蔓草》:"有美一人,清扬婉兮,邂逅相遇,适我愿兮。"指偶然在途中意外地遇见。例她只擦擦眼角,没有说一句话,好像我们并不是邂逅相遇的老同学。(蒋子龙《血往心里流》)｜这两个邂逅相遇的老朋友就站在路旁,亲热地交谈起来。

萍水相逢　píngshuǐ-xiāngféng　唐·王勃《滕王阁序》:"关山难越,谁悲失路之人;萍水相逢,尽是他乡之客。"浮萍随水漂动,偶然聚在一处。比喻素不相识的人,偶然聚在一处。例我与足下未遇之前,已受先施之惠;乃至萍水相逢,怎好为我破格!(清·吴趼人《二十年目睹之怪现状》)｜这样萍水相逢,我们彼此不但有共同的语言,而且有共同的爱好。(曹靖华《飞花集》)

〔辨析〕"不期而遇、邂逅相遇、萍水相逢"都有偶然相遇的意思。"不期而遇"指熟人未经约定偶然相遇。"邂逅相遇"既可指生人也可指熟人的偶然相遇。"萍水相逢"只指生人从未谋面,原先并不认识的人偶然相遇。

不求甚解　浅尝辄止

不求甚解 bùqiú-shènjiě　晋·陶潜《五柳先生传》:"好读书,不求甚解。"指读书注重领会精神,而不刻意于咬文嚼字。后也指不去深刻理解。甚:深入,透彻。例他识得几个汉字,可是又是不求甚解的。(瞿秋白《乱弹》)｜我有个很大的毛病:读书不求甚解。(老舍《出口成章》)

浅尝辄止 qiǎncháng-zhézhǐ　清·彭养鸥《黑籍冤魂》:"此物非不可尝,苟文人墨客,浅尝辄止,用以悦性陶情,有何不可?"稍微尝试一下便停住了。比喻学习或工作不能深入。辄:就,便。例事实告诉我们,艾芜不是那种"浅尝辄止"的作家,他是一位严肃而勤勉的作家。(冯牧《耕耘文集》)｜做事不能浅尝辄止,要持之以恒,这样地才能成功。

〔辨析〕"不求甚解、浅尝辄止"都有不深入的意思,"不求甚解"偏重指读书和对事物的认知不去深刻理解,缺乏认真深入的钻研和探究。"浅尝辄止"则偏重指稍微尝试一下便停住了,没有继续深入下去。

不容置辩　不容置喙　不容分说

不容置辩 bùróng-zhìbiàn　不允许辩白。指不让人有申辩的余地。容:容许;置:安放;辩:辩白。例吾合休矣。既而俘者尽释,惟某后至,不容置辩,立斩之。(清·蒲松龄《聊斋志异》)｜公诉人陈述的事实确凿,有理有据,真的是不容置辩。

不容置喙 bùróng-zhìhuì　不允许插嘴。指不让人有讲话的机会。容:容许;置:安放;喙:鸟兽的嘴,借指人的嘴。例高谈阔论,旁若无人,不容置喙,这是极不礼貌的。｜他发表言论时,滔滔不绝,又不容置喙,谁劝得了他?

不容分说 bùróng-fēnshuō　不容许辩解。多用于强加于对方。容:容许;分说:分辩,辩解。例宝钗不容分说,笑灌了湘云一杯。(清·曹雪芹《红楼梦》)｜那罗刹不容分说,双手轮剑,照行者头上乒乒乓乓,砍上十数下。(明·吴承恩《西游记》第五十九回)

〔辨析〕"不容置辩、不容置喙、不容分说"都有不让人讲话的意思。"不容置辩"重在强调不允许为自己辩解、辩白,根本不听人申诉,说明情况。"不容置喙"重在强调只许自己滔滔不绝,让人没有机会讲话或指自己说起话来，别人找不到说话的理由，难以应答。多用于书面语。"不容分说"多强调比较霸道，要把自己的意志强加于对方，而不允许对方分辩、解释。多用于口语。

不容置疑　毋庸置疑

不容置疑　bùróng-zhìyí　不允许有什么怀疑。多指绝对可信。置疑：有怀疑（多用于否定）。例盖其灵响暴著，亦有不容置疑者矣。（宋·陆游《渭南文集·严州乌龙广济庙碑》）| 冷先生只用一个手势就表示出不容置疑的坚决拒绝。（陈忠实《白鹿原》）| 实践是检验真理的唯一标准，这是不容置疑的。（彭大正《实践出真知》）

毋庸置疑　wúyōng-zhìyí　不用有什么怀疑，不需要有怀疑。多指非常可信，没有怀疑的必要。毋庸：不用，不需要。例西藏自古以来就是中国的一部分，这是毋庸置疑的事实。| 发言人的话事实明显，理由充分，毋庸置疑。

〔辨析〕"不容置疑、毋庸置疑"都有非常可信、无须怀疑的意思。"不容置疑"强调不允许怀疑，态度上更斩钉截铁些，突出绝对可信，一点怀疑都不能有，绝对肯定，语意重。"毋庸置疑"偏重于说无须怀疑，非常可信，没有必要去怀疑，多用于书面语。在用语态度上也较"不容置疑"显得平和典雅。

不识好歹　不识抬举　不识时务

不识好歹　bùshí-hǎodǎi　指分不出好坏，不辨是非，不了解内情，不明事理。识：懂得，知道；歹：坏。例老匹夫……你这般不识好歹的，枉费俺一片热心。（明·冯梦龙《警世通言》）| 好些事情我都是帮着你的，你不要不识好歹，狗咬吕洞宾。（叶茹冰《有缘千里来相会》）

不识抬举　bùshí-táijǔ　指不懂得或不重视别人的好意。识：认识，理解；抬举：提拔，器重。例这蔡状元不识抬举，恁般一头好亲事作成他，他倒千推万阻。（元·高则诚《琵琶记·激怒当朝》）| 你这姑娘不识抬举，送你上学你不去。（曲波《山呼海啸》）

不识时务　bùshí-shíwù　指认不清当前形势和时代潮流。也用于指不识趣，不知进退、惹人厌。识：认识；时务：当前的形势和潮流。例魏征书生，不识时务。信其虚说，必乱国家。（唐·白居易《为人上宰相书》）| 这时候，不但买卖人要报你憎恶的眼光，连同车的客人也往往不免显出以为你不识时务的脸色。（鲁迅《准风月谈·揩油》）

〔辨析〕"不识好歹、不识抬举、不识

时务"都有弄不清情况，分不清是非、事理的意思。"不识好歹"偏重强调对好坏、善恶、是非不明，因此而糊涂不明事理，或指不了解内情，不知事情的深浅和利弊。"不识抬举"偏重讲不接受或不珍视别人对自己的好意，不认可别人对自己的器重和提拔。"不识时务"重在强调对时事、形势、潮流看不清，缺乏眼光，因而言行不合潮流，也指因看不清形势，不懂好坏，乱说乱为而惹人讨厌。

不同凡响　与众不同

不同凡响　bùtóng-fánxiǎng　不同于平常的声响。形容事物不同凡俗，很出色。多指文艺作品。也用于形容人才能出众、本领高强。凡响：平凡的音乐。例他的创作固然是清艳雄奇，而他的译诗译文，也是青出于蓝，不同凡响。(冰心《悼郭老》)｜好，绅士三家，不同凡响，不是保南世家，还有谁闹得起这么大的排场！(梁斌《播火记》)

与众不同　yǔzhòng-bùtóng　跟大家不一样，和平常的东西不同。例偶一看，它会给你带来一些喜悦的情绪，但仔细再瞧瞧，你又会觉得它有与众不同的地方。｜这孩子从小做事就有板有眼，而且十分认真，确实是与众不同。

〔辨析〕"不同凡响、与众不同"都有不同于平常的意思。都含褒义。"不同凡响"偏重指人或文学艺术不平凡，很出色。异于凡俗之作。不仅和一般的人或文学艺术作品不同，而且显得很优秀，给人的感觉和效果很强烈。"与众不同"偏重指与大家不一样、和平常的事物不同，显得很特别。褒义色彩更浓。

不闻不问　装聋作哑

不闻不问　bùwén-bùwèn　既不听，也不问。形容毫不关心。也说"不问不闻"。例(唐明皇)为了一个杨贵妃，焚香密誓……除了选色征歌之外，一概付之不闻不问。(清·文康《儿女英雄传》)｜也不想想，朝廷家平空的丢了一个太守，也就不闻不问，焉有是理？

装聋作哑　zhuānglóng-zuòyǎ　假装耳朵听不见，嘴巴不会说。形容有意置身事外，不闻不问或形容故意不理睬。例可怎生装聋作哑？(元·马致远《青衫泪》)｜常常深更半夜的在外跑，自己还当年轻人想找一个媳妇，这也是在理的，所以她就装聋作哑的当做不晓得。(茹志鹃《关大妈》)

〔辨析〕"不闻不问、装聋作哑"都有不闻不问，就是既不听，也不问的意思。"不闻不问"重在强调行为是真的不去听，也不去问，因此表现出态度冷淡、毫不关心的样子。

"装聋作哑"却是装成聋子听不见，装成哑巴不会说，想把自己置身于事外，从而摆脱出来，区别是明显的。而且它还形容人为了故意不理睬某人、某事而装聋子、装哑巴。常用于防御躲避人的目的。

不务正业　游手好闲

不务正业　bùwù-zhèngyè　不从事正当的职业或指把本职工作放在一边而去做别的事情。务：从事。例主事的家长要不是个不懂种庄稼的外行，或者就是个不务正业的二流子，你还能让他主千口之家的家事吗？（陈忠实《白鹿原》）｜文章讽刺一个厂长不务正业，不抓产品生产，却去追猪，批评厂长的事务主义。（丁玲《文学创作的准备》）

游手好闲　yóushǒu-hàoxián　游荡懒散，好逸恶劳。游手：闲着手不干事；好闲：喜欢悠闲。例朱五经有三个儿子……各自少年不肯学习经书，专事游手好闲。（《新编五代史评话·梁史上》）｜第二个姓谢名希大……自幼儿没了父母，游手好闲。（明·兰陵笑笑生《金瓶梅》）｜这个熊孩子，不好好念书，还结交了一帮游手好闲的子弟，晚上去马路飙车。

〔辨析〕"不务正业、游手好闲"都有不干正事，不去从事正当职业的意思。都含贬义。"不务正业"强调不干正当的工作或把本职工作扔在一边去干另外的事情。"游手好闲"偏重形容人的好安逸、喜悠闲、不干事、不劳动的具体表现。形容因闲着手不干事、不劳作而到处游荡，无所事事，给人以懒散可鄙的印象。词意较"不务正业"重。

不屑一顾　不值一提

不屑一顾　bùxiè-yīgù　不值得一看。表示轻视，看不起。不屑：不值得；顾：回头看。例无知的嘲讽钻进了他的耳道，他不屑一顾，他未予理睬。（徐迟《哥德巴赫猜想》）｜李晖不屑一顾地冷笑着，没有丝毫的震惊和警悟。（郑万隆《当代青年三部曲》）｜蜜蜂、蝴蝶飞绕着花秧，看着快活，可它不屑一顾，绝不肯在喇叭花堆里降低自身。（董华《大地知道你的童年》）

不值一提　bùzhí-yītí　不值得提起来说一说。可表示谦虚，认为事情很小，不足挂齿，也可表示轻视，看不起。例你过奖了，这点小事，根本不值一提，您不要总挂在嘴上。｜他这个人从来办事不靠谱，根本就不值一提。

〔辨析〕"不屑一顾、不值一提"都有看不起、轻视的意思。"不屑一顾"强调不值得看一眼，更不用说用语言表达了，语意较重且多用于书面语。"不值一提"不仅有因轻视、看不起，不愿说一说、问一问的意思，还可以表示谦逊、客气。多用于口语。

不修边幅　不拘小节

不修边幅　bùxiū-biānfú　比喻不注意仪表、仪容，衣着随便，给人的形象不美观，不整洁。也形容不拘小节，懒散随便。修：修饰；边幅：布帛的边缘，比喻人的仪表、衣着。例不修边幅，常发蓬蓬而衣褴褛。(邹韬奋《患难余生记》)｜平时一贯沉默寡言，不修边幅，衣着也很朴素。(叶君健《英特纳雄耐尔》)

不拘小节　bùjū-xiǎojié　《后汉书·虞延传》："(延)性敦朴，不拘小节，又无乡曲之誉。"不拘泥于与原则无关的琐事。多指在生活细事上不太在乎。拘：拘束；小节：指无关大体的生活细节。例然先生意气自负，豪爽不拘小节。(明·归有光《吴纯甫行状》)｜张总是个不拘小节的人，但在原则问题上从不敷衍草率。

〔辨析〕"不修边幅、不拘小节"都有对生活细节不重视，不在乎的意思。"不修边幅"指不注重仪容、衣着，给人以外表不美观不整洁的形象，使人感觉懒散随便。范围较宽。"不拘小节"偏重指不注意生活小事，多用作形容不屑于在无原则的琐事上纠缠、用心，使用范围较广。"不修边幅"贬义稍重，"不拘小节"褒义重些。

不学无术　胸无点墨

不学无术　bùxué-wúshù　《汉书·霍光传赞》："然光不学亡术，暗于大理。""亡"通"无"。本指霍光不能学古，故所行不合于道术。后用来泛指缺少学问、本领。例悲观论足以否定浅薄轻易、恬嬉自满、不学无术的乐观。(贺麟《乐观与悲观》)｜苏东坡的出身引起他的不服且不去说它，硬说苏东坡不学无术，文辞不好，实在使我惊讶不已了。(余秋雨《苏东坡突围》)

胸无点墨　xiōngwú-diǎnmò　宋·释惟白《续传灯录》："师自赞曰：'匙挑不上个村夫，文墨胸中一点无，曾把虚空揣出骨，恶声赢得满江湖。'"后用"胸无点墨"指胸中没有一点墨水。形容人读书少，没文化，没学问。例(马子青)金眼镜，西装黄皮鞋，然而胸无点墨，谁瞧得起他。(李六如《六十年的变迁》)｜你别看他每天滔滔不绝的，实际是一个胸无点墨之人。

〔辨析〕"不学无术、胸无点墨"都有读书少，学识浅薄的意思。"不学无术"强调因不学习、不钻研、不实践而缺乏学问和本领及能力，范围较广。"胸无点墨"只强调读书少，肚子里没有墨水，即没有文化、没学问，和文化一点都不沾边。

不徇私情　铁面无私

不徇私情　bùxùn-sīqíng　不屈从私人的情面而做不合理、不合法的事。指行事公正不阿。徇：顺从，曲从。例大家发挥法治精神，不徇私情，放弃面子……以遵法守法为光荣。(《蔡廷锴自传》)｜王局长为人刚正，一向不徇私情，执法如山，为大家所称道。

铁面无私　tiěmiàn-wúsī　形容公正严明，不讲私情。铁面：威严、正派，严肃的态度。例我想必得你去做个"监察御史"，铁面无私才好。(清·曹雪芹《红楼梦》)｜现在是共产党的天下，人家办事铁面无私，送钞票送金条不派用场。(周而复《上海的早晨》)

〔辨析〕"不徇私情、铁面无私"都有不讲私人情面，办事公正的意思。"不徇私情"重在强调不屈从于私人的情面，即不为照顾人情面做不合理不合法的事，侧重形容办事、执法的公正，语意较轻。"铁面无私"强调办事执法时有一种威严、正派、严肃的态度，一点个人的私利都不顾及，一点个人的情面都不讲，完完全全地秉公办事，执法如山。

不由自主　身不由己

不由自主　bùyóuzìzhǔ　由不得自己，控制不住自己。例她不由自主地站住了，离总办公室的进口不满三尺。(茅盾《第一个半天的工作》)｜我也不很记得了。但觉得自己身子不由自主，倒像有什么人，拉拉扯扯，要我杀人。(清·曹雪芹《红楼梦》)

身不由己　shēnbùyóujǐ　自己的行动不能由自己做主，被某种力量控制住了，自己不能支配。由：听从，顺从。例在慌张中，身不由己地竟用了在电影上见过的方法了。(鲁迅《彷徨·伤逝》)｜老李想上城外，跳了冰窟窿，可是身不由己的走回家去。(老舍《离婚》)｜他是个身不由己的人，生死都捏在别人手里……(王西彦《春回地暖》)

〔辨析〕"不由自主、身不由己"都有自己的言行由不得自己的意思。"不由自主"多指由于受到某种力量或思想的影响，而自己失去控制，可形容整个人也可形容人体某一部分不能听从自身的控制。还可以用来形容人的感情。"身不由己"不能用来形容人的感情，多用来指整个人言行不能由自己支配。

不约而同　不谋而合

不约而同　bùyuē'értóng　事先没有

约定而彼此看法或言行相同。例三个人同时惊喜地"哦呀"一声,不约而同地转过溢着泪花的眼来看着冷先生。(陈忠实《白鹿原》)|他们俩互相看看,微微笑笑,不约而同地,小心翼翼,用门牙啃下一点煤,咀嚼着……(莫言《蛙》)|古存孝和苟存忠老师几乎不约而同地说:"不行不行。"(陈彦《主角》)

不谋而合 bùmóu'érhé 事先不商量而在此意见或言行完全一致。例他们的确有共同语言,的确有对于我国文学的不谋而合的一整套看法。(茅盾《鼓吹集》)|面对如此险恶的处境,刘、陈二人不谋而合地都提到了"三十六计走为上计"这句话。

〔辨析〕"不约而同、不谋而合"都有事先双方没有约定或商议,却发现彼此看法或言行完全一致的意思。"不约而同"适用范围较广,可指生活中一切人和事;"不谋而合"适用于某些问题的解决、处理的办法等,彼此往往是常在一起商讨问题、谈论看法的志同道合的人。

不以为然　不闻不问　漠不关心

不以为然 bùyǐwéirán 轻视或不同意。例姑姑装出不以为然的样子把衣袖放下,说:不就是块手表吗?咋呼什么?(莫言《蛙》)|听他说洋人的不是,口虽不言,心下却老大不以为然。(清·李宝嘉《官场现形记》)

不闻不问 bùwén-bùwèn 既不听,也不问,形容毫不关心。例"(唐明皇)为了一个杨贵妃,焚香秘誓……除了选色征歌之外,一概付之不闻不问。"(清·文康《儿女英雄传》)|"也不想想朝廷家平空的丢了一个太守,也就不闻不问,焉有是理?"(《三侠五义》)

漠不关心 mòbùguānxīn 态度冷淡,不放在心上。漠:冷淡。例她对于县太爷的叨叨,根本没往耳朵里去……所以显出一副漠不关心、置若罔闻的样子。(李国文《冬天里的春天》)|对同志对人民不是满腔热忱,而是冷冷清清,漠不关心,麻木不仁。(毛泽东《纪念白求恩》)

〔辨析〕"不以为然、不闻不问、漠不关心"都有态度冷淡、不关心的意思。"不闻不问",重在强调行为,用既不听也不问这样的做法来形容对事、对人不关心,只涉及表面现象的态度冷漠,不完全涉及对人对事的根本态度。"漠不关心、不以为然"更强调在思想感情上的冷淡,从根本上就没有一点儿热情。"不以为然"还有不认为是正确的意思,后两个词意更重。

不枝不蔓　要言不烦

不枝不蔓 bùzhī-bùmàn 宋·周敦

颐《爱莲说》："予独爱莲之出淤泥而不染，濯清涟而不妖，中通外直，不蔓不枝。"指莲茎不蔓延不生枝杈。多形容说话、写文章简洁流畅，不拖泥带水。枝：枝杈；蔓：蔓生植物的茎，引申为蔓延。例然毕竟从何写起，真是难以措笔，却于新妇礼节上生波，乃觉近情着理，不枝不蔓。（清·吴敬梓《儒林外史》）｜孩子其实是一副不事张扬，不枝不蔓的谦和、内敛相。（陈彦《主角》）

要言不烦 yàoyán-bùfán 《三国志·魏志·管辂传》裴松之注引《管辂别传》："辂寻声答之曰：'夫善《易》者，不论《易》也。'晏含笑而赞之：可谓要言不烦也。"后用"要言不烦"指说话、作文简要明了，不啰唆。例是的，那——《中国国粹义务论》，真真要言不烦，百读不厌。（鲁迅《彷徨·高老夫子》）｜此文短小精悍，提纲挈领，简明扼要，真可谓要言不烦。

〔辨析〕"不枝不蔓、要言不烦"都指说话、作文简洁明了。"不枝不蔓"偏重强调说话、作文时不别生枝杈，不说不写与主题不相干的东西而紧扣主题中心。"要言不烦"强调说话、作文所用的语言因抓住要点而准确、明了，一语中的，所以不啰唆。

不知进退　不知深浅

不知进退 bùzhījìntuì 指应进而不知进，应退而不知退。形容言语行动冒失，没有分寸。进退：前进和后退。例他们已经多嫌着我呢，如今我还不知进退，何苦叫他们咒我。（清·曹雪芹《红楼梦》）｜你这个人说话，真是有些不知进退。（张恨水《春明外史》）

不知深浅 bùzhīshēnqiǎn 指不知道说话做事的适当限度，不会掌握分寸。深浅：指深浅的程度。例这里头万一有一句半句不知深浅的话，求姐姐原谅妹子糊涂。（清·文康《儿女英雄传》）｜这老者笑道："这和尚不知深浅！那三个魔头，神通广大得紧哩！"（明·吴承恩《西游记》）

〔辨析〕"不知进退、不知深浅"都有形容言行失措的意思。"不知进退"侧重形容当说当做的不说不做，不当说不当做的偏说偏做，因而造成言语行动冒失，缺少分寸。"不知深浅"侧重指说话、做事不能掌握分寸，不了解事情及其复杂性，不知其中的利害，故而造成言语行动冒失。

不知所措　手足无措

不知所措 bùzhīsuǒcuò 《管子·七臣七主》："振主喜怒无度，严诛无赦，臣下振怒，不知所错。"错：同"措"。后作"不知所措"。不知道该怎么办才好。多形容受窘或惊慌失度。措：安排、处理。例佐佐木望着这位又熟悉又不熟悉的中国妇人，有点不知所措了。（杨沫《东方欲晓》）｜他们没见过火车的呼啸曾经怎样叫她惧怕，叫她像只受惊的小鹿那样不知所措。（铁凝《哦，香雪》）｜理发师不知所措，一失手，真把胡子刮掉一块。（季羡林《牛棚杂忆》）

手足无措 shǒuzú-wúcuò 《论语·子路》："刑罚不中，则民无所措手足。"手脚不知如何安放。形容惊慌得不知如何是好。措：安放。例听说一两日国民军便要进城，住在城里的旗人更吓得手足无措。（许地山《女儿心》）｜在生活中，面对手足无措的突发情况时，不要慌张，应冷静地分析、判断势态，迅速作出正确的反应。

〔辨析〕"不知所措、手足无措"都有惊慌中不知怎么办才好的意思。"不知所措"多指在受窘或惊慌时，不知道用什么办法来对付或应付，偏重心理刻画，指心中没有主意时面对困境产生的惊慌失措。"手足无措"侧重形容慌张得不知如何是好，连手脚都不知怎么放了，偏重动作刻画，较形象具体。

不置可否　模棱两可

不置可否 bùzhì-kěfǒu 既不说可以，也不说不可以。指不明确表示态度。置：安放。例朱先生不置可否地听着妻弟发牢骚，从抽屉里取出一份抄写工整的文章，交给嘉轩……（陈忠实《白鹿原》）｜（我）征求德谟的同意，他黑着一个面孔不置可否。（郭沫若《革命春秋》）

模棱两可 móléng-liǎngkě 《旧唐书·苏味道传》："尝谓人曰：'处事不欲决断明白，若有错误，必贻咎谴，但模棱以持两端可矣。'"后用作"模棱两可"。形容态度含糊不明确，这样也可以，那样也可以。指对事情没有明确的态度和主张。模棱：（态度、意见等）含糊、不明确。例过了一会，他才模棱两可地说："可以说有，也可以说没有。"（罗广斌、杨益言《红岩》）｜新任的支部书记……在支部发生争论时，常常是模棱两可，摇摆不定。（魏巍《东方》）

〔辨析〕"不置可否、模棱两可"都表示没有明确的态度。"不置可否"用不表态、不说话来表示自己态度的暧昧，易给人以蔑视、不屑或神秘莫测的感觉。"模棱两可"主要用于表态、说话时观点不明确。重在形容心中没有正确主张，是非虚实不清，于是就说这也可，那也可，常和"指示""说话""说"等词搭配。

不着边际　漫无边际

不着边际　bùzhuóbiānjì　挨不上边儿。形容言论空泛，不切实际，没有重点，也指写文章或谈话离题太远。着：接触，挨着；边际：边缘。例周氏和张氏又谈了些不着边际的闲话。(巴金《春》)｜可是，今天的会又算什么呢？字斟句酌的表态，千篇一律的拥护，不着边际的联系实际……(谌容《真真假假》)

漫无边际　mànwúbiānjì　非常广阔，一眼望不到边，也用来比喻谈话、写文章的内容空泛，没有中心。漫：水涨的样子。水满外溢，引申为不受约束，没有限制。例(他)注视着漫无边际的雪海。(齐同《新生代》)｜他们……讲空话，讲假话，讲一些似是而非和漫无边际的套话。(李瑞环《为人民办实事随语》)

〔辨析〕"不着边际、漫无边际"都有形容言论空泛的意思。"不着边际"重在指所言所写不切实际，无关紧要，和主题不沾边儿。"漫无边际"有形容非常广阔，一眼望不到边的意思，也用来比喻说话、作文不围绕中心，不受约束，没有限制的乱扯，把话题扯得很远，令人摸不到边儿。"不着边际"不能用来形容一眼望不到边的草原、大海之类。

不自量力　螳臂当车
蚍蜉撼树　以卵击石

不自量力　bùzì-liànglì　《管子·戒》："桓公内不量力，外不量交，而力伐四邻。"后多用作"不自量力"。不能正确估计自己的力量。指过高地估计自己的力量。量：估量。例那么，唐吉诃德的立志去打不平，是不能说他错误的；不自量力，也并非错误。(鲁迅《集外集拾遗·〈解放了的唐吉诃德〉后记》)｜今诸外道不自量力，结党连群，敢声论鼓。惟要大师摧诸异道。(唐·玄奘《大唐西域记》)

螳臂当车　tángbì-dāngchē　《庄子·人间世》："汝不知夫螳螂乎，怒其臂以当车辙，不知其不胜任也。"螳螂用臂膀阻挡前进的车子。比喻不自量力。当：同"挡"，阻拦。也说"螳臂挡车"。例几根铅条，半边竹子，你就想把我打死，你简直是螳臂当车！(郭沫若《高渐离》)｜正是泰山压卵，不须辗转之劳，螳臂当车，岂有完事之理？(清·俞万春《荡寇志·第四十二回》)

蚍蜉撼树　pífú-hànshù　唐·韩愈《调张籍》："李杜文章在，光焰万丈长。不知群儿愚，那用故谤伤。蚍蜉撼大树，可笑不自量。"后多作"蚍蜉撼树"，比喻自不量力，妄想动摇强大的事物。蚍蜉：大蚂蚁。例蚂蚁缘槐夸大国，蚍蜉撼树谈何易。（毛泽东《满江红·和郭沫若同志》）｜区区五十营兵力，就想夺天下，它不蚍蜉撼树！（沈默君《孙中山广州蒙难记》）

以卵击石 yǐluǎn-jīshí 《墨子·贵义》："以其言非吾言者，是犹以卵投石也。尽天下之卵，其石犹是也，不可毁也。"后作"以卵击石"，拿蛋碰石头。比喻自不量力或力量对比悬殊而自取失败或灭亡。例刘豫州不识天时，强欲与争，正如以卵击石，安得不败乎？（明·罗贯中《三国演义》）｜二先生一听敌人"扫荡"被消灭了七百多，高兴地摸着胡子说："灯蛾扑火，以卵击石，能不自毁乎！"（马烽、西戎《吕梁英雄传》）

〔辨析〕"不自量力、螳臂当车、蚍蜉撼树、以卵击石"都有不自量力的意思，都含贬义。"不自量力"重在指不能估量或高估了自己，语意较轻。"螳臂当车"着重形容力量微小的一方妄图阻止对方前进，重在指其在阻挡中失败或自取灭亡。"螳臂当车"的"车"多指（像车轮那样可以滚动前进的）潮流运动、历史车轮、时代列车等。"蚍蜉撼树"重在指其太自不量力了，妄图以极小的力量去动摇根基强大的事物（如：强大的国家、组织、集团、政权，及个人的声望、地位等）。"以卵击石"重在比喻以弱击强，弱者绝无幸存的希望。"卵"和"石"力量对比太悬殊，以卵击石，无卵不碎，"卵"却要主动击"石"，结果当然是自取灭亡。"以卵击石"比前三个成语"自取灭亡"的意思都明显很多。

不足挂齿　何足挂齿

不足挂齿 bùzúguàchǐ 不值得一提。表示事情微不足道。用于对人表示轻蔑，也用于表示自谦。足：值得；挂齿：谈及。例些少薄礼微物，不足挂齿。（明·施耐庵《水浒》）｜在历史的长河中，个人命运的沉浮不足挂齿。（徐仁骥《沧桑人世》）

何足挂齿 hézú-guàchǐ 哪里值得放在口头上。指事情很小，不值得一提。多用作客套语。何足：哪里值得；挂齿：放在口头上。例区区薄意，何足挂齿？（姚雪垠《李自成》）｜抓个把朱子炎，区区小事，何足挂齿，当不起嫂夫人这杯酒哪！（杨佩瑾《霹雳》）

〔辨析〕"不足挂齿、何足挂齿"都有事情微小，不值得一提的意思。"不足挂齿"还可用于对人表示轻蔑，意为某人低劣，不配从自己口中说出，不配让自己议论他。"不足挂齿"是以肯定句的语气来表示。"何足挂齿"是用疑问句的语气来表示，更显出客气和敬重对方，意为事情太小没有任何理由挂在口中，语意比"不足挂齿"重。

不足为奇　司空见惯

不足为奇 bùzúwéiqí　不值得奇怪、惊奇。形容事物或现象极为平常、普通，非常一般。足：值得；奇：奇怪、惊奇。[例]这些都是小事情，不足为奇，不过偶然想到，举例而已。（鲁迅《鲁迅书信·致李霁野》）｜不知道内幕的人觉得奇怪，知道内幕的人也就不足为奇了。（司马文森《风雨桐江》）

司空见惯 sīkōng-jiànguàn　唐·刘禹锡（卸任和州刺史）："司空见惯浑闲事，断尽江南刺史肠。"意思是这种场面（指席间歌伎劝酒）你看惯了，觉得很平常，而我却颇有感慨，觉得很不一般。后用"司空见惯"形容见的次数多了就不以为奇了。司空：古代官名。[例]"文革"期间传来她被"四人帮"迫害致死的消息，这在当时是司空见惯的事。（赵清阁《南国琼珊》）｜在一头一尾两个地区将一封信压住三四天是司空见惯之事。（梁晓声《人世间》）｜因为支气管扩张，所以感冒啊，都是司空见惯。（李洱《应物兄》）

〔辨析〕"不足为奇、司空见惯"都有不以为奇的意思。"不足为奇"偏重指事物或现象太普通、太平凡了，根本不值得引起人们的惊奇，多用于口语。"司空见惯"突出的是常见的，看惯了，偏重于因见多而习惯了就不以为奇了，所见事物不一定是普通的平凡的，多用于书面语。

布衣之交　贫贱之交

布衣之交 bùyīzhījiāo　平民之间的交谊。也指未显贵时的结交。布衣：平民的服装。[例]寡人闻君高义，愿与君为布衣之交。（明·冯梦龙《东周列国志》）｜臣有一布衣之交，西蜀人士，姓李名白，博学多才。（清·褚人获《隋唐演义》）

贫贱之交 pínjiànzhījiāo　《后汉书·宋弘传》："（光武帝）因谓弘曰：'谚言贵易交，富易妻，人情乎？'弘曰：'臣闻贫贱之交不可忘，糟糠之妻不下堂。'"后用"贫贱之交"形容不能忘记在贫穷、地位低下时结交的朋友和友谊。贫贱：贫穷、社会地位低下。[例]我和她又是贫贱之交，又有半师之分。（清·曹雪芹《红楼梦》）｜这些书籍，有不少正是我的贫贱之交，正是我的患难之交哩。（唐弢《晦庵诗话》）

〔辨析〕"布衣之交、贫贱之交"都指未显贵时结交的朋友和友谊。"布衣之交"除了指平民百姓之间的朋友和友谊，还可表示双方都不以地位尊卑为标准，无论对方地位高低都相互看作普通的地位对待的朋友。"贫贱之交"则强调双方在结交时都处于社会底层，且十分贫困，因而这种朋友和友谊十分珍贵，不应忘却。

步步为营　稳扎稳打

步步为营　bùbù-wéiyíng　军队每前进一步，就设置一道营垒。比喻行动谨慎、防备严密。步步：古时五尺为步，步步表示距离近。例益中是抱的步步为营的政策，虽然计划很大，眼前却用不到三百万的巨款。（茅盾《子夜》）｜这回他孤注一掷……采取了步步为营，用层层碉堡围困根据地的方针。（成仿吾《长征回忆录》）

稳扎稳打　wěnzhā-wěndǎ　稳当而有把握地作战。也比喻有步骤有把握地行事。扎：扎营。例按部就班，稳扎稳打，向四外发展，这种开展工作的方法，真是太好了。（梁斌《红旗谱》）｜它们采取了"步步为营，稳扎稳打"的打法，想引诱红军脱离根据地。（刘亚楼《横扫七百里》）

〔辨析〕"步步为营、稳扎稳打"都形容进军谨慎，也比喻行动小心稳妥。"步步为营"侧重强调戒备森严，防备严密，向前推进时要探明敌情再行动。含夸张语气，显得形象生动。"稳扎稳打"则着重在有把握有步骤地行事，稳当而有把握地作战。强调用稳妥、可靠的战术或办法。"稳扎稳打"的词意更重一些，显得更主动一些。

步履艰难　步履蹒跚

步履艰难　bùlǚ-jiānnán　指行走困难。也说"步履维艰"。例当我站起来告辞时，突然发现自己像个孕妇一样步履艰难了。（余华《活着》）｜经过这场灾难，国家的经济形势、国计民生都显得步履艰难了。

步履蹒跚　bùlǚ-pánshān　宋·龚熙正《释常谈·步履蹒跚》："患脚谓之步履蹒跚。"形容腿脚不灵便，走路摇摆的样子。例只见一个大脚老婆子，生得又肥又矮，手里捧着一对大蜡烛，步履蹒跚地走了过来。（清·吴趼人《二十年目睹之怪现状》）｜他的腿脚不灵活，有点儿步履蹒跚，浑身经常这里痛那里酸的。（梁晓声《人世间》）

〔辨析〕"步履艰难、步履蹒跚"都是形容走路困难。"步履艰难"适用于一切行走不便的人，"步履蹒跚"多指老人走路困难时的姿态。

C

才华出众　才华横溢

才华出众　cáihuá-chūzhòng　形容才能，文采超出一般人之上。才华：表现于外的才能、文采，多指文学艺术方面。例由于他才华出众，再加上落生在"芙蓉国"的洞庭湖畔，江南水乡把他造就成一个俊逸青年。(从维熙《远去的白帆》)｜他因为才华出众，成了这个著名文学团体的台柱子。

才华横溢　cáihuá-héngyì　形容人很有才能并能在各方面充分显露出来。才华：表现于外的才干、能力，多指文学艺术方面的。例抗大是人才集中的地方，有端庄娴淑的大家闺秀，才华横溢的作家、记者，能歌善舞、俊俏艳丽的演员……(她们)向许光达求爱，但都被婉言谢绝了。(王嘉翔等《大将之恋》)｜我读了你给杂志写的文章，真是才华横溢。｜老师才华横溢的独唱，真所谓余音绕梁啊。

〔辨析〕"才华出众、才华横溢"都是很有才华的意思。"才华出众"指才干能力超出众人之上，重在强调个人才华和周围其他人的比较，称赞的是与众不同，是表示出类拔萃。"才华横溢"指的是很有才干有能力且能从各方面表现出来，强调的是极具才华，有各种各样的才能而且能彰显于大众之中。

才貌双全　才貌出众

才貌双全　cáimào-shuāngquán　既有教养，又有美貌。例再要象青一样的丈夫，才貌双全……只怕世界上找不到第二个了。(清·曾朴《孽海花》)｜苏小姐，有空到舍间来玩儿啊，鸿渐常讲起你是才貌双全。(钱锺书《围城》)

才貌出众　cáimào-chūzhòng　才能和容貌均超出众人。例家老爷有个外甥女，是家老爷夫人自小抚养大的，今年十九岁，才貌出众，现在署中，家老爷意欲招匡爷为甥婿。(清·吴敬梓《儒林外史》)｜昨日见那新科状元蔡邕，才貌出众，蒙圣上作主，命我招他为婿。(《周信芳演出剧本选·赵五娘·三场》)

〔辨析〕"才貌双全、才貌出众"都用来形容既有才学，又有美貌的人。

"才貌双全"重在说无论是才学还是容貌都很出色，强调才能高、容貌美集于一身，很全面，很难得，很可贵。"才貌出众"指才能和容貌与众人相比，无论是才学还是容貌都超过众人，重点形容的是才干和容貌与众不同。

才疏学浅　不学无术

才疏学浅 cáishū-xuéqiǎn　南朝梁·刘勰《文心雕龙·神思》："若学浅而空迟，才疏而徒速，以斯成器，未之前闻。"后用作"才疏学浅"，形容才识不广，学问浅薄，没有什么本事，不是一个太有用的人。多用于自谦。才：才能，知识；疏：空虚，浅薄。例那几个工人……七嘴八舌热情欢迎"石先生"去给他们讲课。石评梅谦虚地说："我才疏学浅，只怕胜任不了。"（柯兴《风流才女——石评梅传》）｜在下虽有此志，只是才疏学浅，年纪又轻，经炼更少。（清·吴趼人《痛史》第十一回）

不学无术 bùxué-wúshù　《汉书·霍光传赞》："然光不学亡术，暗于大理。""亡"通"无"。本指霍光不能学古，故所行不合于道术。后来用"不学无术"来泛指缺乏学问、本领。例最可恶的是行里的同人背后骂我是个老糊涂，瞎了眼，叫一个不学无术的三等货来做我的襄理。（曹禺《日出》）｜若干个贪官都是不学无术之徒，干起坏事来却诡计多端，邪招叠出。

〔辨析〕"才疏学浅、不学无术"都有缺乏学问和本领的意思。"才疏学浅"只说才识不广，学问浅薄，但多少还具备一点，不过是不深厚罢了，且常用于自谦，语意浅。"不学无术"则重在指出由于不学习，不钻研，不实践而缺乏学问和本领，根本就没什么学问和本领，语意重。

残羹冷炙　残渣剩饭

残羹冷炙 cángēng-lěngzhì　指已动用或吃剩下的东西。也用来比喻权贵的施舍或冷遇，有时还可指饮食节俭，生活清苦。羹：用肉、菜等做成像糊状的汤；炙：烤肉。例我安分了，没有奢望了，假如有可爱的女人肯大发慈悲，赏赐我些剩余的温柔，我像叫花子讨得残羹冷炙，感激涕零。（钱锺书《人·兽·鬼》）｜他们拿不出东西来，只好磕头贺喜，讨一点残羹冷炙做奖赏。（鲁迅《拿来主义》）

残渣剩饭 cánzhā-shèngfàn　别人已完全吃过，只剩下像渣滓一样的东西。指极不堪入口的食物残余。比喻已没有利用价值的东西。渣：渣滓。例兵荒马乱的年月，哀鸿遍野，饿殍满地，能讨到残渣剩饭已

是万幸了。| 我听妈妈说过，那几个舅妈对姥姥照料得一点都不尽心，害得姥姥常常只能吃点残渣剩饭。

〔辨析〕"残羹冷炙、残渣剩饭"都是别人吃剩下的东西。"残羹冷炙"只说是动用过了，吃剩下了，且动用、吃剩的东西档次较高。它还可用来比喻权贵把吃不了、用不了的东西施舍给他人，或用"残羹冷炙"来冷遇他人。还可用来形容穷人生活的清苦。多用于书面语。"残渣剩饭"是像泔水一样的食物残渣了，语意重，多用于口语。

惨淡经营　苦心经营

惨淡经营 cǎndàn-jīngyíng 唐·杜甫《丹青引》："诏谓将军拂绢素，意匠惨淡经营中。"原指画家作画前先用浅颜色勾画出轮廓来，苦心构思、安排画面。现常指苦心谋划或从事某项艰苦的工作或事业。惨淡：苦费心思；经营：从事，谋划，组织。例这房子是先人的产业，一草一木都是祖上敬德公惨淡经营留下的心血。（曹禺《北京人》）| 由于他努力不懈，惨淡经营，他的小说为读者所喜爱。（张友鸾《章回小说大家张恨水》）

苦心经营 kǔxīn-jīngyíng 《诗经·大雅·灵台》："经始灵台，经之营之。"后用"苦心经营"指费尽心思地筹划、安排和管理。经营：筹划，管理。例李铭山苦心经营的修堤计划就要全部破产了，他在王庄就很难再站住脚。（胡天亮、胡天培《山村新人》）| 这个叔叔苦心经营的小店，在疫情的影响下，终于倒闭了。

〔辨析〕"惨淡经营、苦心经营"都有费心思谋划，苦心从事某项艰苦工作或事业的意思。"惨淡经营"原用于文学艺术创作，后偏重指经营艰苦的工作或事业，从筹划组织到安排经营，其间困难重重十分艰辛。"苦心经营"重在强调费尽心思经营，多用做对企业、事业的管理和运作。

仓皇失措　惊慌失措

仓皇失措 cānghuáng-shīcuò 因匆忙慌张而举动失常，不知怎么办才好。形容极度慌张。仓皇：匆促慌张。也作"苍惶"；失措：举止失常。例而鲁迅呢，觉得他是近视眼又为自己提心而不安，弄得彼此"仓皇失措的愁一路"。（臧克家《鲁迅写的纪念文章》）| 联大的学生，以及住在昆明的人，对跑警报太有经验了，从来不仓皇失措。（汪曾祺《跑警报》）

惊慌失措 jīnghuāng-shīcuò 义同"仓皇失措"，即因害怕慌张而失去常态。例郭祥他们乘势一阵猛打，惊慌失措的敌人已经忘了抵抗,只顾往坦克上乱爬。(魏巍《东方》)｜我们若是惊慌失措,必然要动摇军心。(陈登科《赤龙与丹凤》)

〔辨析〕"仓皇失措、惊慌失措"都有因慌张失去常态而不知怎么办才好的意思。"仓皇失措"重在指事出匆促,完全没有思想准备,就出现了令人无法应对的局面从而造成因慌张而举动失常,多用于书面语,语意略重。"惊慌失措"偏重因害怕而惊恐慌乱,造成不知该怎么办,多用于口语。

藏头露尾　含而不露

藏头露尾　cángtóu-lùwěi　形容说话办事故意露一点,留一点,不完全表露出来。例最后,按照你藏头露尾,用好几个笔名投稿的习惯,你该来生做个累犯盗案遭通缉的积贼,非得常常改姓换名不可。(钱锺书《人·兽·鬼》)｜好,事到如今,我也不必藏头露尾。(阮章竞《赤叶河》)

含而不露　hán'ér-bùlù　形容说话办事把真相或真实意图隐藏起来,不暴露。但在说话办事中又给人某种暗示。例他这个人城府很深,说话办事常常是含而不露,令人费解。｜老王听了上级的指示,十分谨慎,别人向他打听,他都是含而不露,非常神秘。

〔辨析〕"藏头露尾、含而不露"都有不表露、不彰显出来的意思。"藏头露尾"偏重故意露一点,留一点,表现得躲躲闪闪,显得有些鬼鬼祟祟,不很光明正大,想显示又想卖关子,藏也没藏住,露出没露完整。"含而不露"偏重根本不想把真相和真实意图表露出来,最多有点隐约的暗示。

操之过急　急于求成

操之过急　cāozhī-guòjí　《汉书·五行志中》:"遂要崤厄,以败秦师,匹马觭轮无反者,操之急矣。"要(yāo):拦截;觭(jī):只,单。原指作战时操之过急打了败仗。现用为"操之过急",形容做事和处理问题过于急躁。操:持,从事。例栾菊杰求胜心切,操之过急,在进攻中露出破绽,被对方连刺两剑,追成4:4。(理由《扬眉剑出鞘》)｜"疾恶太严""操之过急",汉的清流和明的东林,却正以这一点倾败。(鲁迅《论"费厄泼赖"应该缓行》)

急于求成　jíyú-qiúchéng　形容心情焦急,想马上取得成功或成效。成:成功,成效。例王叔文等在这种情况下执掌政权,思想上还以为大有可为,未免急于求成,见利忘害。(范文澜、蔡美彪等《中国通史》)｜她怎样呢?还是那样急于求

成，不甘寂寞吗？（陆地《牙科大夫》）

〔辨析〕"操之过急、急于求成"都有急着要办事的意思。"操之过急"指在做事和处理问题的过程中，所采取的办法不等时间、条件俱备就急着去干，或指在做事和处理问题中表现得过于急躁，不慎重，不稳妥。"急于求成"多形容想马上取得成功或成效时焦急、迫不及待的心情，急于看到立竿见影的效果。

草草了事　草率从事

草草了事　cǎocǎo-liǎoshì　唐·杜甫《送长孙九侍御赴武威判官》："问君适万里，取别何草草。"《南史·蔡撙传》："臣撙少而仕宦，未尝有不了事之目。"后来四字成文，指匆忙草率地把事情处理完毕。草草：匆促，急急忙忙；了事：原指晓事，后也指事情结束。例师资培训不好，将来学生也教不好，短训班质量不行，人家会骂你草草了事。（周恩来《关于外语教学的谈话》）｜他还要抽时间雕出一些新的来，刻得却不那么尽心了，草草了事，人家照样抢着要。（冯骥才《雕花烟斗》）

草率从事　cǎoshuài-cóngshì　指不认真不负责任地做某件事。草率：轻率、不慎重；从事：办事、做事。例采访丢三落四，收集资料零乱，草率从事，拿不出解决的问题和办法，采访只能浮光掠影。（谭举先《怎样培养记者的竞争意识》）｜务必纠正一切草率从事的倾向。（毛泽东《镇压反革命必须打得稳，打得准，打得狠》）

〔辨析〕"草草了事、草率从事"都有不认真，马虎办事的意思。"草草了事"重在形容结果，是说在急急忙忙中马马虎虎地把事情处理完毕，草草把事情结束。"草率从事"重在描述过程，是说在整个办事、处理问题的过程中不负责任，不认真细致地去做，只是应付差事，没有严肃认真的态度。

草菅人命　视如草芥

草菅人命　cǎojiān-rénmìng　《大戴礼记·保傅》："其视杀人若艾草菅然，岂胡亥之性恶哉？"原指把杀人看成像割茅草一样。后用为"草菅人命"，指把人命看得像野草一样。形容轻视人命，随意杀害。菅：茅草。例特务的违法横行，草菅人命，用绑票的方法，用秘刑的拷打，都是在偷偷摸摸、鬼鬼祟祟中进行的。（邹韬奋《患难余生记》）

视如草芥　shìrú-cǎojiè　《孟子·离娄》："君之视臣如土芥，则臣视君如寇仇。"后多用为"视如草芥"。意为看作像土和草一样，形容极为轻视。草芥：小草。比喻轻微、不值钱的东西。例任其生死，视如草芥。（鲁迅《且介亭杂文·病后杂谈之余》）｜知道别人是人……就不会于己有利者，笑容可掬，一副媚相，于己不利的视如草芥。（陆剑珑《也谈执法和施礼》）｜在执法过程中，不少的执法者不依法行事，草菅人命的事时有发生。（王泆《执法者》）

〔辨析〕"草菅人命、视如草芥"都有轻视的意思。"草菅人命"专指任意残害人命，是说把杀人看得像割野草一样，极端轻视人命，语意较重。"视如草芥"广泛用于对人、对事的十分轻视，强调根本不把某人某事放在眼里。

草莽英雄　绿林好汉

草莽英雄 cǎomǎng-yīngxióng 旧时指出没在野草或水泽的农民起义武装或强盗中的著名人物。草莽：草丛，莽野。例他们蓄着长发……缠着眩着人眼的红色标帜，真是"草莽英雄"的气概。（冯铿《红的日记》）｜赖文光、张宗禹这些捻军史上的英雄，起自于民间，但不是那种绿林豪杰式的草莽英雄。（凌力《星星草》）

绿林好汉 lùlín-hǎohàn 旧时指聚集山林反抗统治者的武装力量，也指打家劫舍的强盗。绿林：西汉王莽年间湖北地区的饥民起义曾经据守绿林山，他们的起义军因此称"绿林军"。例后来遇着施世纶施按院，放了漕运总督，收了无数的绿林好汉，查拿海寇。（清·文康《儿女英雄传》）｜失却了公平，也就不能做"绿林好汉"。（茅盾《石碣》）

〔辨析〕"草莽英雄、绿林好汉"都多指旧时的农民起义武装中的有名人物或占山为王的人物。意义十分相近，但由于来源不同，即"草莽""绿林"不同，意义上有微细的差别，可根据具体表达的需要加以选用。

层见叠出　层出不穷

层见叠出 céngxiàn-diéchū 指屡次出现。也说"层出叠见"。例由于政治的不进步，民族统一战线只具形式，没有内容，不仅未能逐渐巩固，反而每况愈下，纠纷时起，党派摩擦事件层见叠出。（邹韬奋《〈抗战以来〉附录》）｜满桌摆设酒器，多是些金银异巧式样，层出叠出。（明·凌濛初《初刻拍案惊奇》卷十八）

层出不穷 céngchū-bùqióng 唐·韩愈《贞曜先生墓志铭》："神施鬼没，间见层出。"后用作"层出不穷"。形容同类事物不断出现，没有穷尽。也指花样变化很多。例杂戏之技，层出不穷，如立竿、吞剑、走索、壁上取火……一时难以尽记。（清·钱泳《履园丛话·艺能·杂戏》）｜那时川北一带，道路极不平静，匪人侦伺军队过境，于险途抢掠械弹军火的事层出不穷。（冯玉祥《我的生活》）｜创作剧目也是层出不穷，见天有"礼花弹升空"。（陈彦《主角》）

〔辨析〕"层见叠出、层出不穷"都有屡次出现的意思。"层见叠出"仅指同类事物或现象反复出现。"层出不穷"不仅形容同类事物或现象反复出现，而且没有穷尽，在语意和程度上都较"层见叠出"重。"层见叠出"没有花样变化很多的意思。

层峦叠嶂　层峦叠翠

层峦叠嶂　céngluán-diézhàng　北魏·郦道元《水经注·江水》："自三峡七百里中，两岸连山，略无阙处。重岩叠嶂，隐天蔽日。"后用作"层峦叠嶂"。重叠的山峰和峭壁。形容山峦重叠，峻岭相接。层峦：山接着山；叠嶂：重叠的险峻山峰。例层峦叠嶂，出没碧涛。（明·袁宏道《西洞庭》）｜昨天下午我们从加德满都的大街上看到城北面崇山峻岭，层峦叠嶂，个个都戴着一顶顶的白帽子。（季羡林《季羡林散文精选》）｜小车在层峦叠嶂中穿行，两旁是密密层层的参天绿树。（冰心《绿的歌》）

层峦叠翠　céngluán-diécuì　明·王绂《北京八景·图居庸叠翠》："山崖峻绝，层峦叠翠。"重叠的山峰上长满了层层叠叠的树木，好像堆积的翡翠。形容重叠的山峦林木茂密，风景秀美。例进入黄山，层峦叠翠的奇峰迎面扑来，令人好似进入了人间仙境。｜泛舟漓江上，放眼望去，两岸层峦叠翠，一座座山峰恰似一块块巨大的碧玉巍然屹立于天边。

〔辨析〕"层峦叠嶂、层峦叠翠"都形容山峦重叠。"层峦叠嶂"只强调山连山，峰连峰，重在突出山势的雄伟、峻峭，极具其阳刚之美。"层峦叠翠"重在形容峰峦相连的山上，一派生机，长满了树木。不仅有山体雄伟的阳刚之美，而且深具俊秀的阴柔之美。

插翅难飞　插翅难逃

插翅难飞　chāchì-nánfēi　唐·韩愈《寄崔二十六立之》："安有巢中鷇，插翅飞天陲。"鷇（kòu）：初生的鸟。后用为"插翅难飞"。安上翅膀也难飞出去，比喻难以逃脱。例徐义德不但后悔徐守仁回来，他还后悔没有完全把厂迁到香港，更后悔自己留在上海滩受这份罪。现在得不到出境许可证，插翅难飞了。

（周而复《上海的早晨》）｜咱哥俩到那里，先把他稳住，再等他们文武衙门的人，料他插翅难飞。（《施公案》第一百二十八回）

插翅难逃 chāchì-nántáo 插上翅膀也难以逃跑。比喻无法逃脱。例 吕大夫守在前门，郤大夫守住后门……重耳虽插翅难逃也。（明·冯梦龙《东周列国志》）｜几个便衣特务眼珠不错地盯着黄秀娟，她知道，现在自己已是插翅难逃。（丁涛《曙光》）

〔辨析〕"插翅难飞、插翅难逃"都常形容难以逃脱。"插翅难飞"除了形容无法逃脱，还可用于无法摆脱某种困境，或即使创造了某种条件也无法成功。"插翅难逃"没有上述意思。

察言观色　察颜观色

察言观色 cháyán-guānsè 《论语·颜渊》："夫达也者，质直而好义，察言而观色，虑以下人，在邦必达，在家必达。"指察看言谈和表情来揣摩对方的想法。例 成熟是一种明亮而不刺眼的光辉，一种圆润而不腻耳的音响，一种不再需要对别人察言观色的从容，一种终于停止向周围申诉求告的大气……（余秋雨《苏东坡突围》）｜越是坏家伙们，心眼越灵，他们会察言观色。（梁斌《红旗谱》）｜他觉得，善于察言观色的侯为贵，一定是捕捉到了他的情绪变化，听出了他的弦外之音，出于讨好他的目的，才说出那么一番话的。（李洱《应物兄》）

察颜观色 cháyán-guānsè 清·唐甄《潜书·食难》："吾老矣，岂能复俯首于他人之宇下，察颜观色，以求无拂于人，吾不能也。"指观察别人的脸色，来揣测其心意。例 我和皇帝一起喝酒，察颜观色，随机应变……乘机进言。（秦纪文《再生缘》二八回）｜他的眼盯住了太太的脸，细细地察颜观色，不敢冒昧的张口。（老舍《四世同堂》）

〔辨析〕"察言观色、察颜观色"都有通过观察来揣摩对方心意的意思。"察言观色"不仅要观看别人的脸色，还要体味别人的语言，把二者结合起来综合判断。"察颜观色"仅是从观察、审视对方的脸色和表情来进行揣测和判断。

尝鼎一脔　窥豹一斑　一叶知秋

尝鼎一脔 chángdǐng-yīluán 《吕氏春秋·察今》："尝一脟（脔）肉而知一镬之味、一鼎之调。"指尝鼎里的一片肉，便可以知道整个鼎里的肉味。比喻由部分可以推知全部。脔：切成小块的肉。例 可惜这部诗选又是一部未完书，我们只能尝鼎一脔。（朱自清《闻一多先生

怎样走着中国文学的道路》）| 那上等的,自有一班王孙公子去向津;那下等的,也有那些逐臭之夫,垂涎尝鼎一脔。(清·吴趼人《二十年目睹之怪现状》第一回)

窥豹一斑 kuībào-yībān　《晋书·王献之传》:"此郎亦管中窥豹,时见一斑。"看见豹子的一个斑点。常指只见局部未见整体;或以部分可以推知整体。豹:豹子;斑:斑点。也说"窥见一斑"。例予童而可之,于今老矣,尚未窥见一斑。(清·李渔《闲情偶记》)| 明代吴中山歌的风靡流布,还可以从明代小说的描写中窥见一斑。(吴德栋《〈山歌〉序》)

一叶知秋 yīyè-zhīqiū　汉·刘安《淮南子》:"以小明大,见一叶落而知岁之将暮,睹瓶中之冰而知天下之寒。"唐·李子卿《听秋声赋》:"一叶落兮天地秋。"看见一片落叶,就知道秋天将要来了。比喻从事物的某些细微迹象可预料事物的发展趋向。例看到梨枣,人们便有"一叶知秋"之感,而开始要晒一晒夹衣与拆棉袍了。(老舍《四世同堂》)| 山僧不解数甲子,一叶落叶天下秋。(宋·唐庚《文录》引唐人诗)

〔辨析〕"尝鼎一脔、窥豹一斑、一叶知秋"都有由局部可以推知全部的意思。"尝鼎一脔"比较典雅,常用作对事物的味道、品位水平高低的认知。"窥豹一斑"除了有部分推知全体的意思,还有另外两个词不具备的只见部分未见整体的意思,因而常为谦辞,形容见识的短浅和疏漏。"一叶知秋"重在表现从事物的细微变化而预测其发展趋向,这一点是前两个成语所没有的。

长驱直入　直捣黄龙

长驱直入 chángqū-zhírù　《战国策·燕策二》:"轻卒锐兵,长驱至国。"后用"长驱直入"指长途快速策马奔跑,直达纵深地区。有时用来形容自然现象,如狂风、暴风雪等。驱:策马快跑。例中国人民解放军正是从这条大道长驱直入,重新解放这座英雄城市的。(秦牧《长河浪花集》)| 这股强冷空气长驱直入,给大半个中国降了温。

直捣黄龙 zhídǎo-huánglóng　《宋史·岳飞传》:"飞大喜,语其下曰:'直抵黄龙府,与诸君痛饮耳。'"一直打到黄龙府。比喻直接攻入或捣毁敌人的巢穴。黄龙:黄龙府(今吉林龙安),金朝勃兴的腹地,岳飞所指的敌人的巢穴。例(黄兴)……直捣黄龙,灭此虏而朝食。(李书城《辛亥前后黄克强先生的革命活动》)

〔辨析〕"长驱直入、直捣黄龙"都有

深入敌人纵深地区的意思。"长驱直入"重在形容神速地向敌人进军，且可形容军事行为以外的现象。"直捣黄龙"则偏重指攻入和捣毁敌人的巢穴，一般只用在战争中。

长治久安　国泰民安

长治久安　chángzhì-jiǔ´ān　《史记·李斯列传》："凡古圣王，饮食有节……加费而无益于民利者禁，故能长治久安。"指国家长期太平，社会秩序安定。治：太平。例诚可谓一经革命之后，其国体则一成不变，长治久安，文明进步，经济发展，为世界之冠。(孙中山《建国方略》)｜要维持民族和国家的长久地位，还有道德问题，有了很好的道德，国家才能长治久安。

国泰民安　guótài-mín´ān　国家太平，人民生活安定。泰：平安。例自从圣上登基，相爷入阁，真是风调雨顺，国泰民安。(欧阳予倩《桃花扇》)｜有一天，沟不臭，水又清，国泰民安，享太平。(老舍《龙须沟》)

〔辨析〕"长治久安、国泰民安"都是指国家太平，人民生活安定。"长治久安"偏重指出要长期的太平，永久的安定，多用作治理国家的目标。"国泰民安"不反映太平、安定的长短，偏重形容经过治理后国家和百姓存在的一种状态。在词意上较"长治久安"为轻。

怅然若失　惘然若失

怅然若失　chàngrán-ruòshī　《淮南子·原道训》："罢酒彻乐，而心忽然若有所丧，怅然若有所亡也。"后用"怅然若失"形容心情非常沮丧，好像丢失了什么一样。怅然：不如意或内心迷茫、心情忐忑的样子。例宁姗怅然若失，脑袋里成了一片空洞的废墟，好像一切记忆、一切追求都消失了。(张笑天《得失》)

惘然若失　wǎngrán-ruòshī　《后汉书·黄宪传》："是时同郡戴良，才高倨傲，而见宪未尝不正容，乃归，惘然若有失也。"形容不得意，心中很不舒畅，好像丢了什么一样。惘然：失意的样子。例杨九拾起两枝枯枝，惘然若失地在树底下搁着的空碗上敲打着什么音乐。(康濯《水滴石穿》)｜一想起从此之后，那些失去了不禁心中惘然若失，有种说不出的烦恼。

〔辨析〕"怅然若失、惘然若失"都形容因心情不快而好像丢失了什么东西一样。"怅然若失"偏重指因心情沮丧，感到迷茫，在忐忑不安中感到若有所失。"惘然若失"偏重形容因失意、不得意，而引起心情不舒畅、不痛快，从而感到若有所失。

畅所欲言　各抒己见

畅所欲言 chàngsuǒyùyán　宋·黄庭坚《与王周彦长书》："纸穷不能尽所欲言。"后多作"畅所欲言"。尽情地说出心里想说的话。畅：畅快，尽情。例为了韵，每每不能畅所欲言，时有呆滞之处；为了韵，乃写得很慢，费力而不讨好。（老舍《我怎样写〈剑北篇〉》）｜因为当场记，你影响了他讲话的情绪，使他拘束，不能畅所欲言。（艾芜《练习写小说，先从哪里开始》）

各抒己见 gèshū-jǐjiàn　唐·李翱《李文公文集》："先儒穿凿，各伸己见，皆托古圣贤之名，以信其语，故其所记，各不同也。"后多作"各抒己见"。各自充分表达自己的见解。抒：发表，表达。例课上和课外，师生们可以自由交流，各抒己见，相互问难。（戴逸《初进北大》）｜据我主意，何不各抒己见，出个式子，岂不新鲜些？（清·李汝珍《镜花缘》第七十四回）

〔辨析〕"畅所欲言、各抒己见"都有想说出自己想说的话的意思。"畅所欲言"重在形容痛快地、毫无保留地说出心里想说的话。"各抒己见"重在形容人人都充分表达出自己的意见。一个强调个体的全部表达，一个强调集体中每个人的充分表达。

超尘拔俗　惊世骇俗

超尘拔俗 chāochén-bású　清·秦祖永《桐阴画诀》："九龙山人笔墨神逸……且于笔墨之外另有一种超尘拔俗之概。"形容人品、作品、行为超过一般，不同凡俗。尘：尘世，指现实社会。拔俗：超出流俗。例让全个泸州城开开眼，知道新人物的行径是怎样的超尘拔俗，能够异想天开尊重女性的。（茅盾《虹》）｜孟明登太华山，至明星岩下，果见一人羽冠鹤氅，玉貌丹唇，飘飘然有超尘拔俗之姿。（明·冯梦龙《东周列国志》）

惊世骇俗 jīngshì-hàisú　宋·苏洵《上韩枢密书》："言语朴直，非有惊世绝俗之谈。"后多用为"惊世骇俗"。指行为或言论不同寻常，使世人震惊。骇俗：使人惊惧，惊讶。例以上所言，或不免惊世骇俗，然兄等必能平情加以考虑。（恽代英《致舒新城书》）｜它美得雍容华贵，美得绚丽娇艳，美得惊世骇俗。（张抗抗《牡丹的拒绝》）

〔辨析〕"超尘拔俗、惊世骇俗"都有不寻常，不同凡俗的意思。"超尘拔俗"重在形容人品、作品超越现实社会的水平，境界很高，是一般人无法理解和超过的。"惊世骇俗"则重在形容行为或言论由于不同于流俗而引起的震撼，令世俗之人感到惊惧或惊讶。

超群绝伦　卓尔不群

超群绝伦 chāoqún-juélún　汉·蔡邕《陈寔碑》："群僚贺之，皆举手曰，颍川陈君超世绝伦。"后也用作"超群绝伦"。超出寻常，没有人可以相比的。群：寻常的，普通的；伦：同类，同辈。例自经略到晋，克服平阳，会剿陈汝，他二人便超群绝伦，为经略赏识了。（清·魏秀仁《花园痕》第一回）｜陈景润在数学上的贡献，说明他数学才能超群绝伦。

卓尔不群 zhuó'ěr-bùqún　《汉书·景十三王传赞》："夫唯大雅，卓尔不群，河间献王近之矣。"优秀卓越，超出寻常。卓尔：突出，特殊的样子。不群：与众不同。例我们在封建气味浓厚的乡村，卓尔不群，狂傲不羁。（《臧克家全集》）｜你叹服牡丹卓尔不群之姿，方知"品位"是多么容易被世人忽略或漠视的美。（张抗抗《牡丹的拒绝》）

〔辨析〕"超群绝伦、卓尔不群"都有超出寻常、与众不同的意思。"超群绝伦"强调的是水平极高，无人可以与之相比，既可用于形容人品、作品，也可以形容才能，词意重。"卓尔不群"强调在众人之中显得很突出，很特别。多用于形容人的才华、才能。

车水马龙　华盖云集

车水马龙 chēshuǐ-mǎlóng　《后汉书·明德马皇后纪》："前过濯龙门上，见外家问起居者，车如流水，马如游龙。"后用"车水马龙"形容车马往来不断，一派繁华热闹的景象。例政变夭折后的北京，虽然仍旧人群熙攘，车水马龙，但是……使人感到变幻莫测的战争的政治风云，依旧笼罩在古都的上空。（柯兴《风流才女石评梅》）｜今天，在这里，几乎日夜车水马龙，熙熙攘攘，街两旁店铺鳞次栉比，如雨后春笋，经营的几乎都是先进产品。（季羡林《牛棚杂记》）｜在人来人往、车水马龙的大街上讨论学术，是不是不合时宜？（李洱《应物兄》）

华盖云集 huágài-yúnjí　有着华丽车篷的车辆多得像云彩集中一样。华盖：华贵美丽的车篷，多为古代帝王所用。云集：像云一样聚集。例一刹时大门前华盖云集，豪门巨贾都来府上祝寿。｜一时福州城内冠盖云集，热闹非凡。（高阳《胡雪岩全传·红顶商人》）

〔辨析〕"车水马龙、华盖云集"都有车辆众多，场面十分热闹的意思。"车水马龙"不仅形容车如流水，也形容马如游龙，且重在形容车马往来不断，十分繁华热闹，呈现动态之美。"华盖云集"形容华贵之车很多，重在形容地位显赫，场面气派豪华，呈现静态之美。

车载斗量　不可胜计

车载斗量　chēzài-dǒuliáng　《三国志·吴主传》裴松之注引《吴书》："聪明特达者八九十人，如臣之比，车载斗量，不可胜数。"用车装用斗量。形容数量多。例这不算什么，要是像今天，好墨水，车载斗量，就不再会为一个空瓶子争吵了。（孙犁《白洋淀纪事》）｜珍贵的珠宝，又岂止是车载斗量呢？（峻青《万斛珠》）

不可胜计　bùkě-shèngjì　《墨子·非攻中》："百姓饥寒冻馁而死者不可胜数。"《战国策·韩策一》："秦带甲百余万，车千乘，骑万匹……至不可胜计也。"不能数尽。形容数量非常多，数不过来。胜：尽；计：计算。例且三秦王为秦将，秦弟子数岁所杀亡，不可胜计。（汉·刘向《新序·善谋下》）｜府内亭台楼榭不可胜计，假山异卉遍布其间。｜九流三教，出乎其类、拔乎其萃者，不可胜计，岂能尽数！

〔辨析〕"车载斗量、不可胜计"都有形容数量多的意思。"车载斗量"偏重于有可计量可计数的情况下数量很多。"不可胜计"则强调多得无法计数，词意重。

沉默寡言　少言寡语

沉默寡言　chénmò-guǎyán　形容不爱说话，一声不响。也形容人个性沉静。寡：少。例王和甫总是带几分玩笑似的笑嘻嘻，和孙吉人的沉默寡言是很相反的。（茅盾《子夜》）｜从那时起，我便在想象：冼星海是怎样一个人呢？我曾经想象是木刻家马达那样一位魁梧奇伟、沉默寡言的人物。（茅盾《忆冼星海》）

少言寡语　shǎoyán-guǎyǔ　平时说话不多。寡：少。例在苗文珍的眼里，潘翠枝的少言寡语、温柔娴静是内心里安宁的反映。（刘亚舟《男婚女嫁》）｜想不到少言寡语的青年司机，说起他的老赵叔来，竟这般滔滔不绝。（林雨《你喜欢谁》）

〔辨析〕"沉默寡言、少言寡语"都有说话不多，不爱说话的意思。"沉默寡言"多形容在静默中，一声不响或话语极少，还可形容人个性沉静。"少言寡语"只强调话语不多，没有静默不语之意，词意较轻。

瞠目结舌　张口结舌

瞠目结舌　chēngmù-jiéshé　瞪着眼睛说不出话来。形容气愤、惊呆或窘迫的表情。瞠：直瞪着眼。例他

问每个同学的时候,别的同学也不得不倾耳静听,注意前后情节的线索,否则突然问到,便不免瞠目结舌,不知所答。(邹韬奋《经历》)|他这番话说得和颜悦色,表情和蔼可亲,使我们几个瞠目结舌,面面相觑。(从维熙《走向混沌》)|周秉昆忘了姐姐托付他的那档子事,一口气把自己家迫在眉睫的事从头到尾讲了一遍,听得个周秉义瞠目结舌。(梁晓声《人世间》)

张口结舌 zhāngkǒu-jiéshé 《庄子·秋水》:"公孙龙口呿而不合,舌举而不下。"张着嘴说不出话来,形容理屈词穷或因紧张、惊恐说不出话的样子。结舌:舌头不能转动。例凶手感到这声音像是一个铁棒打在他的头上,他转身一看,大惊失措,张口结舌。(曲波《林海雪原》)|张雪被问得张口结舌,说不出话来。

〔辨析〕"瞠目结舌、张口结舌"都用来形容人受到惊吓时的表情和神态。"瞠目结舌"形容激怒或受窘而又一时无法对付的样子,刻画了两眼直瞪或怒或窘的神态。"张口结舌"重在形容因吃惊或理屈,说不出话来或说话结结巴巴不成句子,没有对眼神的刻画。

诚惶诚恐　惶恐不安

诚惶诚恐 chénghuáng-chéngkǒng 汉·许冲《上说文解字书》:"臣冲诚惶诚恐,顿首顿首,死罪死罪。"表示尊敬、服从。小心谨慎,惶恐不安。本为封建时代臣下给君主奏章中的所用套语。后泛指心中惶恐不安,极端小心的样子。诚:实在,的确;惶、恐:恐惧,惊慌。例申天锡等赶紧整衣正帽,肃立两厢……诚惶诚恐地恭候山本的到来。(峻青《海啸》)|她是诚惶诚恐而去,失魂落魄而归。儿子人家还是想认,并且希望他养,以便得到更好的教育。(陈彦《主角》)|曹水儿对迷信观念那一套从无兴趣,他还是诚惶诚恐双膝跪地,咚咚咚磕了三个响头。(徐怀中《牵风记》)

惶恐不安 huángkǒng-bù'ān 《汉书·王莽传下》:"人民正营,无所措手足。"唐·颜师古注:"正营,惶恐不安之意也。"惊慌害怕,不得安宁,心神不定。例周珠继续说:"除非离婚,否则,你将堕为绑匪的妻室,过着整日惶恐不安的日子,有钱,也是不快乐的。"(珠珊《爱与分》)|父亲威严的神情,着实让我感到芒刺在背般惶恐不安。|她对这件事大惊小怪,惶恐不安。

〔辨析〕"诚惶诚恐、惶恐不安"都有恐惧不安的意思。"诚惶诚恐"还有表示尊敬、服从的意思,还用来形容极端小心谨慎的样子。"惶恐不安"没有表示尊敬、服从和极端小心谨慎的意思，重在形容惊慌，害怕，不得安宁。

成绩斐然　成绩卓著　卓有成效

成绩斐然　chéngjì-fěirán　取得的成绩很显著。斐然：显著的样子。例关君山月，有志于画道革新……成绩斐然。(郭沫若《蜩螗集·〈题关山月画〉序》)│新兵已练得成绩斐然。(姚雪垠《李自成》)

成绩卓著　chéngjì-zhuózhù　取得的成绩很卓越，非常突出，十分显著。卓：卓越，突出；著：显著。例周卫丁接管了这个濒临破产的企业三年以来，将其打造成全市第一流的先进企业，真可谓成绩卓著。│这个研究所连续解决了国家急需的几个重要课题，真可谓成绩斐然。

卓有成效　zhuóyǒu-chéngxiào　有十分突出的成绩和效果。卓：卓越，突出。例他留意他的生物研究所。在那设备齐全的科研所里，他的工作卓有成效。(《十月》1981年第5期)

〔辨析〕"成绩斐然、成绩卓著、卓有成效"都有成绩显著的意思。"成绩斐然"较"成绩卓著"词意轻，但较典雅。"成绩卓著"是形容成绩非常卓越，突出，显著。二者都偏重对成绩、成果的形容，而"卓有成效"除了形容成绩卓越，突出外，还强调成效，即效果和效率的不一般。

成年累月　穷年累月

成年累月　chéngnián-lěiyuè　形容经历的时间很长。成年：整年，多年；累月：月复一月。例人参，鹿茸，人奶都是热性补品，他却成年累月在吃，日子长了，是不会不影响他的健康的。(袁静雪《我的父亲袁世凯》)│他成年累月笔耕不辍,学术成绩斐然，硕果累累。

穷年累月　qióngnián-lěiyuè　《荀子·荣辱》："然而穷年累月，不知满足，是人之情也。"形容历事很长久。穷年：一年到头。例退而思之，穷年累月，愈见其说之必然而不可易也。(明·徐光启《泰西水法序》)│有了学者的态度,穷年累月地锲而不舍，自然有相当造诣。(梁实秋《秋室杂文·谈学者》)

〔辨析〕"成年累月、穷年累月"都形容经历的时间很长。"成年累月"强调"多年"的意思更重一些，比"穷年累月"用得通俗、普遍，既用于口语，也用于书面语。"穷年累月"在强调"一年到头"上意思更多一些。多用于书面语。

乘风破浪　劈涛斩浪

乘风破浪　chéngfēng-pòlàng　《宋

书·宗悫传》："愿乘长风破万里浪。"现常用来比喻不畏艰险，勇往直前；也形容事业迅猛地向前发展。例我如今就好像困在了群峭环绕的峡中——但只要我一出了夔门，我便要乘风破浪。（郭沫若《巫峡的回忆》）│共祝中国体育乘风破浪，夺取更大胜利。（《人民日报》2000年9月30日）

劈涛斩浪 pītāo-zhǎnlàng 船只行进时冲开波浪。比喻在前进的道路上或创业过程中扫除障碍，克服困难。劈：劈开；斩：砍掉。也说"劈波斩浪"。例中国——这艘东方的巨轮，正劈涛斩浪向着中华民族伟大复兴的目标胜利前进。│我们一定要打破成规，劈涛斩浪，开拓我们科学发展的道路。

〔辨析〕"乘风破浪、劈涛斩浪"都形容不畏艰险，扫除障碍，乘着波浪勇往直前。"乘风破浪"除了表示主观的努力，还有在险恶环境中善于借助风力，变不利条件为有利条件的意思。"劈涛斩浪"更强调全凭主观努力扫除障碍，没有借助外力的意思，也不能用来形容事业迅猛发展。

乘虚而入　乘机而入

乘虚而入 chéngxū-érrù 宋·王十朋《论用兵事宜札子》："万一金人乘虚而入，使川、陕隔绝，则东南之势孤矣。"乘着对方空虚或疏于防范时侵入。例同情心稍有不丰，仁爱稍有不诚，信心稍有不坚，希望稍有不真，而为退化观的旧说所动，则悲观思想便乘虚而入，无能自拔。（贺麟《乐观与悲观》）│今曹操东征刘玄德,许昌空虚,若以义兵乘虚而入,上可保天子,下可救万民。（明·罗贯中《三国演义》第二十四回）

乘机而入 chéngjī-érrù 趁着适当的时机采取行动。例这个科研所几年没有招工进人了。今年终于在网上公布了招聘的消息，渴望进这个科研所而一直没有机会的王兵决定，这次一定要乘机而入。│赵明义乘黄佳尚未准备充分，他看准了这件事之后，便捷足先登，乘机而入，结果大获成功。

〔辨析〕"乘虚而入、乘机而入"都是形容通过利用某种态势，采取行动从而达到目的。"乘虚而入"侧重强调要根据敌人或对方的弱点和失误来采取行动。"乘机而入"强调要看准时机，抓住机会来采取行动。

吃瓜群众　平头百姓　闲杂人等

吃瓜群众 chīguā-qúnzhòng 网络用语。2016年，有人将"不发言只围观的普通网民"称为"吃瓜群众"，用来表示一种事不关己，不发表意见仅围观的状态。瓜：实际是"瓜子"的意思，在论坛、IM 群中，经常有人发言讨论一些问题，后面就有一堆人围观，此时就会出现一些词语："前排出售瓜子""前排吃瓜子""前排吃瓜""吃瓜群众"……词语，于是就将"不明真相的吃瓜群众"用于形容不关己事，不发言仅围观某事物的人们，再后来"吃瓜群众"就已经几乎等同于"群众"一词。例"吃瓜群众"在中国国内网民中，占据了绝大多数的比例。｜"吃瓜群众"即草根群众，"吃瓜群众"喜欢的，就是人民群众喜闻乐见的。

平头百姓　píngtóu-bǎixìng　普通人，平常百姓。平头：指普通、平常（人）。例王二叔官司输了，只好无奈地说道："咱们这些平头百姓和有权势的人打官司，是必输无疑。"（梁平《造反》）｜《平头百姓》这部话剧，讲述了普通百姓张明华一家和街坊邻居在改革开放转型期的普通生活。

闲杂人等　xiánzárénděng　明·罗贯中《三国演义》第一○三回："若七日内主灯不灭，吾寿可增一纪；如灯灭，吾必死矣。闲杂人等，休教放入。"指与工作无关的人员。闲杂：指没有职务或与某事无关的（人员）。例大相国寺仰委管菜园僧人鲁智深前来住持，自明日为始掌管，并不许闲杂人等入园搅扰。（明·施耐庵《水浒传》）｜今天，这条道路被封闭了，专供首长通行。社会车辆、闲杂人等一律禁止通行。

〔辨析〕"吃瓜群众、平头百姓、闲杂人等"都形容普通人，而非专业人士、有权阶层。"吃瓜群众"由网络语言引申为比喻不明真相、局外围观的群体，进而引申为"群众"。"平头百姓"就是明确肯定这个群体就是普普通通的老百姓，无权无势，平常至极。"闲杂人等"强调没有职务或与某事无关的人员，带有轻视、嘲笑、自嘲的味道。

痴心妄想　痴人说梦

痴心妄想　chīxīn-wàngxiǎng　痴呆的心思，不可能实现的想法。形容一心想着根本不可能实现的事。痴心：入迷的心思；妄想：荒唐的不切实际的想法。例对于先前痴心妄想，想做孝子的计划，完全绝望了。（鲁迅《朝花夕拾》）｜白灵明白姑夫失望的根本症结并不在此，是在于两个女儿都没有跟上一位可以光耀门庭的女婿，但他并不知道，这几乎是痴心妄想。（陈忠实《白鹿原》）

痴人说梦　chīrén-shuōmèng　宋·耐得翁《就日录》："陶渊明有云：

'痴人前不可说梦，而达人前不可言命。'"指不可对傻人说梦话，因为傻人会信以为真。后用"痴人说梦"讽刺不可能实现的荒唐话。痴人：傻子。例当然这只不过是痴人说梦而已。也决不会真有人做这样的想法。(马南邨《燕山夜话》)｜有人妄想将台湾从中国分裂出去，这简直就是痴人说梦。

〔辨析〕"痴心妄想、痴人说梦"都有形容荒唐、不可能实现的意思。两者语意侧重不同。"痴心妄想"语意侧重一心想着不能实现的事，是指想法荒唐，不切实际。"痴人说梦"是讽刺说的话荒唐，不能实现。"痴心妄想"书面语、口语都常用。"痴人说梦"多用为书面语，因为源于典故，具文言色彩。

迟疑不决　举棋不定　优柔寡断

迟疑不决 chíyí-bùjué 《宋史·侯益传》："尔往至彼，如益来，即里勿问，苟迟疑不决，即以便宜从事。"形容拿不定主意。迟疑：犹豫。例我在南京的确不想再耽留。现在迟疑不决的是，有两条路可走，不知走哪一条。｜台湾同胞们，祖国的统一是历史的潮流，在这个大是大非面前，千万不要迟疑不决，更不能听信"台独"分子的谎言。

举棋不定 jǔqí-bùdìng 《左传·襄公二十五年》："弈者举棋不定，不胜其耦。"弈（yì）：下棋；耦（ǒu）：此指下棋的对方。拿起棋子不知下哪一着才好。比喻犹豫不决，拿不定主意。例你这一说，又教我举棋不定。(陈残云《香飘四季》)｜一个多月来，到底是该怎么办，苗教授一直举棋不定。

优柔寡断 yōuróu-guǎduàn 《韩非子·亡徵》："缓心而无成，柔茹而寡断，好恶无决，而无所定立者，可亡也。"形容办事犹豫，不果断。优柔：犹豫不决；寡：少。例他颇显得优柔寡断，那亦不是因为那时还"幼稚"，而是因为他不肯不顾信用。(茅盾《大鼻子的故事》)｜他做什么事都没有主见，是一个优柔寡断的人。

〔辨析〕"迟疑不决、举棋不定、优柔寡断"都形容拿不定主意。不能当机立断。"迟疑不决"偏重迟疑动摇，多形容人一时的表现。"举棋不定"多指在重大决策问题上拿不定主意。"优柔寡断"偏重拿不定主意，不果断，多形容人的性格。

叱咤风云　呼风唤雨

叱咤风云 chìzhàfēngyún 《三国志·贾诩传》裴松之注引《九州春秋》："将军权重于淮阴，指麾可以振风云，叱咤足以兴雷电。"后用"叱咤风云"形容声威极大。叱咤：

大声怒喝。例又有多少自以为叱咤风云、睥睨不可一世的横行人物，到头来为时代的怒涛所卷没，变成垃圾一堆。（秦牧《长街灯语》）｜没想到，这位妇孺皆知、叱咤风云的将军，竟是这样一个人：中等以下的身材，长眉秀眼，高高的额头。（汪曾祺《汪曾祺短篇小说选》）

呼风唤雨 hūfēng-huànyǔ 原指神仙道士的法力使刮风下雨，后指具有支配大自然的非凡本领；也指大显身手，大有作为；还可比喻进行煽动性的不正当活动。例也许有人还相信她会呼风唤雨呢！（老舍《柳屯的》）｜春暖花开，正是英雄用武之时，大好河山，正是呼风唤雨之地。（郭小川《春暖花开》）｜这位杨秘书最近跟着县里的一些人呼风唤雨。（《人民文学》1989年第3期）

〔辨析〕"叱咤风云、呼风唤雨"都有本领大、声势大、威力大的意思。"叱咤风云"重在形容在政治、军事、经济等领域内具有震撼力的声威和影响，呵斥一声，就会使风云变色，含褒义。"呼风唤雨"重在形容有支配大自然的本领，手段高强不平凡，可比喻进行煽动性的不正当活动，含贬义。

赤胆忠心　忠心耿耿

赤胆忠心 chìdǎn-zhōngxīn 形容极其忠诚。赤：赤诚。例特别是抗战以来，他在极其残酷艰难的敌后环境下，赤胆忠心，为国为民，劳瘁的工作着。（朱德《悼左权同志》）｜那沈公赤胆忠心，令人钦佩，却为何又可恨呢？（老舍《青霞丹雪》）

忠心耿耿 zhōngxīn-gěnggěng 形容十分忠诚。多用来赞扬人对事业、对组织或对主人忠贞不贰的品德。耿耿：忠诚的样子。例伯伯不正是忠心耿耿，为革命事业、为党工作吗？（茹志鹃《第二步》）｜因此，他对生意是兢兢业业，忠心耿耿的。（汪曾祺《异秉》）

〔辨析〕"赤胆忠心、忠心耿耿"都形容非常忠诚。"赤胆忠心"既可形容极其忠诚，有时也指忠诚之心，多用于对国家民族等大的群体。语法功能上相当于一个名词。"忠心耿耿"因在语法功能上相当于一个形容词，故常用来形容人的品德。所忠诚的对象可以是国家、民族等，也可以是个人，而"赤胆忠心"一般不用于对个人。

充耳不闻　置若罔闻

充耳不闻 chōng'ěr-bùwén 《诗经·邶风·旄丘》："叔兮伯兮，褎如充耳。"毛传："褎（xiù），盛服也。"汉·郑玄笺："充耳……塞耳无闻知也。""充耳不闻"指塞住耳朵不听。后用来形容故意不听别人

的话或意见。例白嘉轩充耳不闻,只顾干着手里或脚下的活儿,被他们咄咄得累了也就急躁了。(陈忠实《白鹿原》)|然而听他的答话便觉得淡然无味,终至于充耳不闻。(叶圣陶《隔膜》)

置若罔闻 zhìruò-wǎngwén 明·周顺昌《福州高珰纪事》:"复严谕速出迎诏,竟置罔闻,其悖逆至是,他奚论耶!"后用作"置若罔闻",意为放在一边,没听见似的。指不过问、不关心。置:放,放置;罔:没有。例不料沿途岗哨,居然熟视无睹,置若罔闻。(李六如《六十年的变迁》)|我每责以大义,冀望他悔过,无奈他置若罔闻,转瞬又故态复萌。(蔡廷锴《蔡廷锴自传》)

〔辨析〕"充耳不闻、置若罔闻"都有听不进别人话的意思。都含有贬义。"充耳不闻"重在表示故意堵着耳朵不听,是很明显地拒绝听取别人的话或意见,态度较鲜明。"置若罔闻"重在表示虽然听了别人的话或意见,却将其放在一边,不过问,不关心,好像根本就没听见,态度较隐蔽。

重蹈覆辙　故态复萌

重蹈覆辙 chóngdǎo-fùzhé 《后汉书·窦武传》:"(上书谏曰)今不虑前事之失,复循覆车之轨,臣恐二世之难,必将复及,赵高之变,不朝即夕。"后用为"重蹈覆辙",指再走翻过车的老路。比喻不吸取失败的教训,重犯以前的错误。蹈:踏;辙:车轮走过留下的轨迹。例塔拉哈在南山口就吃了这个亏,我们不能重蹈覆辙呀!(俊然《长长的乌拉银河》)|"革命阵营称同志,团上过去叫娃叫出事的教训还不深刻,你还要重蹈覆辙、故伎重演,是吧?"(陈彦《主角》)

故态复萌 gùtài-fùméng 旧时的习惯或老毛病重又出现。故态:过去的状态。萌:生发。例马阮心上好不痛快,便又故态复萌横征暴敛,报复冤仇,享受着这小朝廷的大臣们的最高权威。(郑振铎《毁灭》)|黄新这已经是第三次出错了,前两次失败之后,他口头上也认错,表示要改,不料这次还是故态复萌,屡犯不改。

〔辨析〕"重蹈覆辙、故态复萌"都有重犯错误、过失的意思。都含贬义。"重蹈覆辙"重在表示不吸取原先失败的教训,还按原先错误的老路子走,从而会再犯错误。"故态复萌"重在表示老毛病又重犯了。在重犯之前或暂时改正或隐蔽了,但后来又生发,显露出来。

臭名昭著　声名狼藉

臭名昭著 chòumíng-zhāozhù 坏名

声人人皆知。昭著：明显、显著。[例]他们是贺衷寒系统的人，在前方打狗吃，臭名昭著。（郭沫若《洪波曲》）｜我说，我半生落魄，劣迹斑斑，除了闹了一场臭名昭著的恋爱，别的一无所成。（莫言《蛙》）

声名狼藉 shēngmíng-lángjí 形容人的名声坏到极点。声名：名誉；狼藉：乱七八糟的样子。[例]因汪太史平日声名狼藉，最不见重于官场，日前新督帅参劾劣绅十七名，实以汪某居首。（清·黄小配《廿载繁华梦》）｜陈绛在福建，据说贪赃枉法，声名狼藉。（马南邨《燕山夜话》）

〔辨析〕"臭名昭著、声名狼藉"都是形容一个人有坏名声，都含贬义。"臭名昭著"重在表现坏名声流传很广，人人皆知，不直接涉及名声坏到什么程度。"声名狼藉"重在强调名声很坏，名声不好的程度很深，已经坏到乱七八糟、糟糕透顶的地步了。

初出茅庐　少不更事　涉世不深

初出茅庐 chūchū-máolú 明·罗贯中《三国演义》第三十九回："博望相持用火攻，指挥如意笑谈中。直须惊破曹公胆，初出茅庐第一功。"指诸葛亮离开隐居的茅屋，辅佐刘备，第一次和曹军交战就大胜曹操。后用"初出茅庐"指刚刚走上社会或工作岗位，还缺乏经验。[例]傅二棒锤虽然是世家子弟，毕竟是初出茅庐，阅历尚浅，一切都亏王观察指教。（清·李宝嘉《官场现形记》）｜做一个真正能干的高级指挥员，不是初出茅庐式仅仅善于在纸上谈兵的角色能办到的。（毛泽东《中国革命战争的战略问题》）

少不更事 shàobùgēngshì 《晋书·周凯传》："君少年未更事。"后指年纪轻，经历过的事不多，缺乏经验。更事：经历世事。[例]平常老于世故的中年人稍不留神还会上当受骗，何况少不更事的孩子呢！（《新民晚报》2000年5月31日）｜张达看他年轻，以为他少不更事，难当此任，不料李炼把事情办得如此漂亮。

涉世不深 shèshì-bùshēn 在世上的经历很浅，缺乏社会经验。[例]他虽年过半百，因长期在书斋生活，也算涉世不深，没什么社会经验。｜刚到成都学艺时，他还是一个涉世不深的少年，为此真吃了不少苦头，但他终于坚持下来，学了一身本领。

〔辨析〕"初出茅庐、少不更事、涉世不深"都形容缺乏经验。"初出茅庐"重在强调刚刚开始干，因而缺少经验。"少不更事"强调因为年纪轻、阅历少而缺少经验。

"涉世不深"强调和社会、世俗接触不多,了解认知不够而缺少经验。

出尔反尔　反复无常

出尔反尔　chū′ěr-fǎn′ěr　《孟子·梁惠王下》:"戒之,戒之!出乎尔者,反乎尔者也。"原指你怎样对待别人,别人也会怎样对待你。后多用来指责反复无常,言行前后自相矛盾。例贵国大王已经应允下来。当时并不见相国拔剑相待,今天都在我们背后出尔反尔,动起手来。(曹禺《胆剑篇》)|他出门之前,几次向玉慧表示,不管怎样困难,他都会坚持原则,如今竟然出尔反尔,完全背离了初心。

反复无常　fǎnfù-wúcháng　时而这样,时而那样,来回变,没有定准。例叫我怎么能赦你这反复无常的罪呢。(清·曾朴《孽海花》)|这个冬天的奇特之处还有气候的反复无常:有时冰冻三尺,有时又突然化冻。(张炜《柏慧》)

〔辨析〕"出尔反尔、反复无常"都形容来回变化。"出尔反尔"只用于形容人的品质反复无常,言行前后自相矛盾,重在指责其自己否定自己原先肯定的言行。"反复无常"重在形容来回变化没有定准,不仅用于形容人的品质,也可用于其他方面。

出乎意外　出其不意　始料不及

出乎意外　chūhū-yìwài　《世说新语·赏誉》:"(王汝南)答对甚有言辞,出王(济)意外。"出乎意料;没料想到。例出乎意外,口试的委员是一个短小的说话声音很低的洋服少年,并不穿军装。(茅盾《幻灭·一〇》)|几天后,果然遇见了,在他们可算是出乎意外了。(郭沫若《洪波曲》第一章)

出其不意　chūqí-bùyì　《孙子·计篇》:"攻其无备,出其不意。"趁对方意想不到(就采取行动)。也用作泛指出乎别人的意料。不意:意料之外。例琴出其不意地敲了一下淑华的头,笑骂道:"三丫头,你那嚼舌头的病又发作了,是不是?"(巴金《秋》)|那一天雪中游山,出其不意,在山顶遇见他。(冰心《鸟兽不可同语》)

始料不及　shǐliào-bùjí　事先没有料到。例黑娃和他的弟兄们也不知该怎么办,这种场面是始料不及的。(陈忠实《白鹿原》)|小明竟然没有获得比赛的冠军,这是所有同学始料不及的。

〔辨析〕"出乎意外、出其不意、始料不及"都有没有料想到的意思。"出乎意外"只强调没料想到,结果在意料之外。"出其不意"有令对方想不到而采取行动的意思。

"始料不及"重在强调开始就未曾料想到会发生什么变化,会有什么没有料想到的结果。

出类拔萃　鹤立鸡群

出类拔萃 chūlèi-bácuì 《孟子·公孙丑上》:"出于其类,拔于其萃。"后用来形容超出同类之上。拔:超出;萃:聚在一起的人或物。例……盖留学者未必皆出类拔萃,出洋多由家庭关系而已。(林语堂《林语堂散文》)│以后一个时期,她的学习成绩忽然特别的,简直出类拔萃起来,分明是用了功。(宗璞《知音》)│当然,姑姑的容貌也是出类拔萃的。(莫言《蛙》)│那要求自己必须是那么一种男人——不论时代如何风云多变,自己在风云中都不但要努力争取出类拔萃,而且还要始终是一个好人。(梁晓声《人世间》)

鹤立鸡群 hèlì-jīqún 晋·戴逵《竹林七贤论》:"昨天稠人中始见嵇绍,昂昂然若野鹤之在鸡群。"仙鹤立在鸡群中。比喻一个人的仪表或才能超出一般人。例他不但活泼而诙谐,单是那浑身雪白这一点,在红红绿绿中就有"鹤立鸡群"之概。(鲁迅《朝花夕拾·无常》)│正在谈论,谁知女儿国王忽见林之洋杂在众人中,如鹤立鸡群一般。(清·李汝珍《镜花缘》第三十九回)

〔辨析〕"出类拔萃、鹤立鸡群"都形容与众不同,超出他人之上。"出类拔萃"多形容品德、才能、学业等内在修养超出众人。"鹤立鸡群"则多形容体态、仪表等外形方面超出众人。有时也用作形容太突出,与周围的境况不和谐。

出奇制胜　克敌制胜

出奇制胜 chūqí-zhìshèng 《孙子·势》:"凡战者,以正合,以奇胜。故善出奇者,无穷如天地,不竭如江河。"后用"出奇制胜"形容用奇兵奇计战胜敌人。现也指在竞赛场合用新奇、巧妙的方法取胜。出奇:制定奇计,用出人意料的方法;制胜:取胜。例姑母和大姐的婆婆若在这种场合相遇,她们就必须出奇制胜,各显其能,用各种笔法,旁敲侧击,打败对手,传为美谈。(老舍《正红旗下》)│这才是真有出奇制胜随机应变的本事。(老舍《赵子曰》)

克敌制胜 kèdí-zhìshèng 打败敌人,取得胜利。克:战胜。例林冲道:"只今番克敌制胜,便见得先生妙法。"(明·施耐庵《水浒传》)│常言说,射人先射马,擒贼先擒王,就是说的要抓住要害,才能……克敌制胜。(罗国士、刘迪华《黑水》)

〔辨析〕"出奇制胜、克敌制胜"都有通过努力战胜敌人的意思。"出奇制胜"重在强调用智慧、计谋,用对手意料不到的办法去战胜敌人。"克敌制胜"只突出打败了敌人,取得了胜利。

出人头地　高人一等

出人头地　chūréntóudì　宋·欧阳修《与梅圣俞四十六首》:"读轼书,不觉汗出。快哉,快哉! 老夫当避路,放他(苏轼)出一头地也。"意思是让他高出一头。后用"出人头地"形容高人一等,超出一般的人。头地:高出别人的地位。例想出人头地,不是从帮助别人着手,而是想踩着别人上去。(孙犁《风云初记》)|他对儿子说道:"要想人前显贵,必得人后受罪。你只有刻苦学习,将来才能出人头地。"

高人一等　gāorényīděng　《礼记·檀弓上》:"献子加于人一等矣。"后多用"高人一等",指比一般人高出一个等级,胜过别人。例他也不居功自傲、高人一等,他自然而然地把自己置身于普通人的行列。(《人民日报》1992年3月1日)|我们只有使自己操练得高人一等,才有战略胜利的可能。(毛泽东《中国革命战争的战略问题》)

〔辨析〕"出人头地、高人一等"都形容超出一般的人。"出人头地"多指因施展才华或有人推荐提拔而崭露头角,从而超出众人,取得高出别人的地位。"高人一等"多用来形容与他人在地位、本领等方面等级、层次的不同。

出神入化　炉火纯青

出神入化　chūshén-rùhuà　《易·系辞下》:"精义入神,以致用也……穷神知化,德之盛也。"孔颖达疏:"言圣人用精粹微妙之义入于神化。"后用为"出神入化",形容文字、绘画、技艺等达到高超的神奇绝妙的境地。出:超出。例作者或自以为写得出神入化,但从现在看起来,是连新奇气息也没有的。(鲁迅《准风月谈·查旧账》)|他在晚会上出神入化的近景魔术表演,不仅令无数观众惊叹不已,还引发了魔术道具的热销。(2013年全国高考语文大纲试卷试题)

炉火纯青　lúhuǒ-chúnqīng　道家炼丹,炉里火焰变为纯粹蓝色时,就算成功。后用来比喻道德修养、学问、技术等达到成熟、完美的地步。例有的人技术纯熟,像袁廷发那样算到了炉火纯青。(艾芜《百炼成钢》)|"川菜圣手"罗国荣,他的厨艺被人们誉为"炉火纯青、出神入化"。(罗开玉《四川烹饪》)

〔辨析〕"出神入化、炉火纯青"都用

来形容达到了完美的地步，进入了高超的境界。"出神入化"重在形容其神奇绝妙，词意似略重。"炉火纯青"重在形容其完美和成熟达到了很高的境界，词意似略轻。

出头露面　抛头露面

出头露面 chūtóu-lòumiàn　指显现出来，常用于在人多的场合出现。有时有出风头表现自己的意思。例我怕见生人，怕办杂事，怕出头露面。（老舍《我的母亲》）｜他比张裕民会说话，一到出头露面的时候，他总是走在张裕民头里，接着他便当了治安员。（丁玲《太阳照在桑干河上》）

抛头露面 pāotóu-lùmiàn　原指妇女违背封建礼教，在公开场合出现。现泛指在大众中公开露面。例几次欲待要往公门诉状……诚恐抛头露面，有失先夫名节。（明·兰陵笑笑生《金瓶梅》）｜她这样的小姐出来抛头露面给人画一些画赚钱，也是出于不得已，你就让她在这儿给大家画一些画吧！（樊天胜《阿孔与哈利》）

〔辨析〕"出头露面、抛头露面"都有在人多的场合出现，于大众面前公开露面的意思。"出头露面"有时有出风头、表现自己的味道，且无男女之分。"抛头露面"有无奈和被迫的味道，没有出风头、表现自己的意思，旧时多指妇女在公众场合露面，含贬义。

出言不逊　出口伤人　恶语伤人

出言不逊 chūyán-bùxùn　《史记·外戚世家》："栗姬怒，不肯应，言不逊。""出言不逊"指说话没礼貌，傲慢，不客气。逊：恭顺，谦让。例苏志毅一听他出言不逊……便单刀直入地说道："专员先生，危险摆得很清楚……"（曲波《山呼海啸》）｜对于年长几岁的文德能，郏象愚向来是尊重的，此时却一反常态，出言不逊："谈别的我谈不过你。但是谈黑格尔，我至少跟你打个平手。"（李洱《应物兄》）

出口伤人 chūkǒu-shāngrén　一张口说话就污辱人，伤害人。例"啥人讲漂亮活？不要出口伤人！"林宛芝忍不住质问朱瑞芳。（周而复《上海的早晨》）｜周明动辄就爱出口伤人，什么难听的话都敢说。不料今天脏话刚出口就让赵兴儿用拳头教训了一顿。（吕驰《赵兴儿》）

恶语伤人 èyǔ-shāngrén　用恶毒的话语伤害人。例利刀割肉疮犹合，恶语伤人恨不销。（宋·释普济《五灯会元·洪州法昌倚遇禅师第四十卷》）｜良言一句三冬暖，恶语伤人六月寒。｜祸从口出，恶语伤人，有如矛刺心，若能话到口边留半句，则是积口德也。

〔辨析〕"出言不逊、出口伤人、恶语伤人"都有说话不好听给对方带来伤害的意思，都含贬义。但在用法、程度上有区别。"出言不逊"重在表示说话没有礼貌，不客气，词意轻。"出口伤人"重在表示用言语污辱人，伤害人，词意较重。"恶语伤人"重在表示说话不仅伤害人，而且是用恶毒的语言来污辱人，词意最重。

处乱不惊　临危不惧

处乱不惊 chǔluàn-bùjīng 面对变乱的状态不惊慌。形容十分镇定。处：置身在（某地、某种情况中）；乱：混乱，没有秩序。也说"处变不惊"。例面对国际局势的大动荡，我国政府处乱不惊，提出了既有利于我国和平发展，又有利于世界安定的外交政策。｜公安干警面对突如其来的劫持人质的歹徒，处乱不惊，迅速、稳定地将歹徒抓获，顺利解救了被扣的人质。

临危不惧 línwēi-bùjù 《庄子·秋水》："知穷之有命，知通之有时，临大难而不惧者，圣人之勇也。"面对危难丝毫不畏惧。例他对人民有过贡献，又是一个坚贞不屈，临危不惧的革命者。（巴金《等着，盼着》）｜在重庆红岩的日日夜夜，你英勇斗争，临危不惧。（郭小川《痛悼敬爱的周总理》）

〔辨析〕"处乱不惊、临危不惧"都有在变乱时，不惊恐、不害怕的意思。都含褒义。"处乱不惊"重在表现在混乱、无序甚至危险的情况下，镇定自若，不惊慌，沉得住气。"临危不惧"重在表现在面临危险、危难时毫不畏惧的英雄气概，词意较重。

触景生情　即景生情

触景生情 chùjǐng-shēngqíng 元·无名氏《闺怨》曲："风吹灭残灯，不由得见景生情，伤心。"被眼前的景物所触动而引起某种感情。触：接触，感触。例黑娃领头走向祠堂大门，突然触景生情想起跪在院子里挨徐先生板子的情景。（陈忠实《白鹿原》）｜在那种地方，当时的人们触景生情，不知写下了多少如怨如慕，如泣如诉的诗篇。（秦牧《艺海拾贝》）

即景生情 jíjǐng-shēngqíng 根据眼前的情景有所感触而产生某种思想感情。即：靠近，接触。例现场直播，要求即景生情、出口成章，往往派经验丰富，资格老，年龄大的人担任，而眼前的这位小姐竟这样年轻。（王庚虎《卢静的风度》）｜这一句句即景生情的俏皮话，引得一些哭丧着脸的投机失败者也破声

笑了。(茅盾《子夜》)

〔辨析〕"触景生情、即景生情"都指看到某种情景后而产生感情。"触景生情"多半用在回忆或联想方面，因眼前之景而忆及往昔之情。"即景生情"一般不用于回忆和联想，而是用于抒发心情和感受。

触类旁通　举一反三

触类旁通　chùlèi-pángtōng　《周易·系辞上》："引而伸之，触类而长之，天下之能事毕矣。"又同书《乾》："六爻发挥，旁通情也。"后用"触类旁通"指掌握了关于某一事物的知识，而推知同类中其他事物。触类：接触某一方面的事物；旁通：相互贯通。例所以在课堂上引东证西或引西证东，触类旁通，头头是道，毫无牵强之处。(季羡林《牛棚杂忆》)｜陈欣天分高，善思考，学习时常常都能触类旁通，举一反三。

举一反三　jǔyī-fǎnsān　《论语·述而》："举一隅（角）不以三隅反，则不复也。"从一个角落，不能类推到其他三个角落，这种人就不能再教了。后用"举一反三"，比喻以一件事情类推而知道相似的许多事情。形容善于类推，由此及彼。反：类推。例也许这种"师承"是偶然得之于他人、他事、他物的某种启发，举一反三而有所悟于新的事物和新的道理。(吴南星《三家村札记》)｜我是凭着一卷《诗韵》学说话，倒可以有"举一反三"的效验。(清·吴趼人《二十年目睹之怪现状》)

〔辨析〕"触类旁通、举一反三"都有善于类推，由此及彼的意思。"触类旁通"侧重于接触某一方面的事物，对于同类问题可以类推了解，突出"通"字，即了解，知道。"举一反三"侧重从所举一方面类推到其他方面。

穿针引线　牵线搭桥

穿针引线　chuānzhēn-yǐnxiàn　比喻从中拉拢、撮合，使双方联络。有时也用于描述用针线缝纫。例张富英和小糜子相好，他穿针引线。他当我不知道。(周立波《暴风骤雨》)｜他不但生活完全自理，而且还练出一套用嘴打乒乓球和用脚穿针引线缝补的本领。(陈传烈《记浙江省伤残人林成姆》)

牵线搭桥　qiānxiàn-dāqiáo　比喻从中撮合，使建立某种关系。牵线：原指耍木偶时，牵引提线，有背后操纵的意思。也指撮合；搭桥：建立联系沟通人、事的渠道。例冷冰冰最善于牵线搭桥，好几对素不相识的男女青年，在她的撮合下都喜结良缘了。｜中美两国建交的事，当年是秘密进行的，虽然两国政治家的智慧是最重要的，但巴基斯坦等国牵线搭桥的努力，也是功不可没的。

〔辨析〕"穿针引线、牵线搭桥"都有从中拉拢、撮合的意思。"穿针引线"重在表示使双方进行联系、联络，且可用于表现用针线缝纫。"牵线搭桥"重在表示在撮合中使双方建立某种关系，搭建起沟通的渠道和桥梁。

穿凿附会　牵强附会

穿凿附会 chuānzáo-fùhuì　把讲不通的道理硬要讲通，把没有的某种意思硬说成有某种意思。例我们应该避免穿凿附会，把那些并无寄托的作品说成是比兴寄托之作。这只能破坏鉴赏的趣味而无助于对作品的理解。（袁行霈《中国文学的鉴赏》）｜现在多有文章为了溜须拍马讨好领导，不惜穿凿附会，阿谀奉承。

牵强附会 qiānqiǎng-fùhuì　把不相关的事扯在一起强作解释。例民间流传的杨家将的故事本身，有许多牵强附会，不合历史事实。（马南邨《燕山夜话》）｜关于孟姜女，这儿有不少牵强附会的事迹。（杨朔《杨朔散文选》）

〔辨析〕"穿凿附会、牵强附会"都有把没有关系、没有某种意思的事物说成有关系，有某种意思。"穿凿附会"强调硬性，"牵强附会"侧重于勉强，"穿凿附会"语意要更重些。

传为美谈　传为佳话

传为美谈 chuánwéi-měitán　《公羊传·闵公二年》："桓公使高子将南阳之甲，立僖公而城鲁……鲁人至今以为美谈。"后用作"传为美谈"，指成为人们称道的好事而流传开去。美谈：人们乐于谈论、称颂的好事。例古之元勋硕德，好与文士往来者，莫如裴晋公（度）之于白乐天，千古传为美谈。（清·袁枚《小仓山房尺牍》）｜史家为了史实而牺牲生命，传为美谈。微言大义的写法，也一直被沿用。（孙犁《耕堂读书记》）

传为佳话 chuánwéi-jiāhuà　流传开来，当作谈话资料的好事或趣事。佳话：有关好事或趣事的谈资。例（邱）汉生研究的这些特点，今天被思想史研究界的许多同志传为佳话。（侯外庐《韧的追求》）｜强生和阿丽几经磨难，终成眷属的动人故事，在厂里传为佳话。

〔辨析〕"传为美谈、传为佳话"都有因被人称道而流传开来的意思。都含褒义。"传为美谈"略偏重时间较久远的为人称颂的好事，多用于政治、军事、文化方面。"传为佳话"多用于有趣闻、趣味让人觉得有意思的事，并且被当作人们乐于谈论的话而流传。

串通一气　沆瀣一气

串通一气 chuàntōng-yīqì　暗中勾结，彼此连成一气。例鸳鸯听了，便红了脸，说道："怪道，你们串通一气来算计我！"（清·曹雪芹《红楼梦》）｜只因时常听见人家说起，说维新党同哥老会是串通一气的。（清·李宝嘉《文明小史》）

沆瀣一气 hàngxiè-yīqì　宋·钱易《南部新书》戊集记载：唐朝崔瀣参加科举考试，考官崔沆取中了他。时人嘲笑为"座主门生，沆瀣一气"。后用来指气味相投者结合在一起。例方鸿渐出了苏家，自觉已成春天的部分，沆瀣一气，不是两小时以前的春天门外汉了。（钱锺书《围城》）｜呸！还让我当你的助手，沆瀣一气，为虎作伥！（祖慰《被礁石划破的水流》）

〔辨析〕"串通一气、沆瀣一气"都有连成一气，结合在一块儿的意思。都含贬义。"串通一气"重在表示连成一气是通过联络，暗中勾结，使彼此的语言行动互相配合。"沆瀣一气"重在表现因气味相投而结合在一起。

吹毛求疵　求全责备

吹毛求疵 chuīmáo-qiúcī　《韩非子·大体》："古之全大体者，……寄治乱于法术，托是非于赏罚，属轻重于权衡；不逆天理，不伤情性；不吹毛而求小疵，不洗垢而察难知。"后用"吹毛求疵"指故意挑毛病寻找差错。疵：小毛病。例死硬派可能利用这一机会，反对山西进步势力，并吹毛求疵地寻找八路军某些弱点……（《陈赓日记·1938年9月28日》）｜旧版《辞源》上说：国学，一国所固有之学术也。话虽简短朴实，然而却说到了点子上。七八十年以来，这个名词已为大家所接受。除了"脑袋里有一只鸟"的人（借用德国现成的话），大概不会再就这个名词吹毛求疵。（季羡林《季羡林散文精选》）

求全责备 qiúquán-zébèi　宋·刘克庄《代谢西山启》："窃谓……君子未尝持求全责备之论。"指对人苛责，要求完美无缺。例他们可能有些缺点，领导工作者要经常同他们谈谈心，政治上思想上帮助帮助，不要求全责备。（邓小平《关于科学和教育工作的几点意见》）｜不要对这些作品求全责备。（陈荒煤《解放集》）

〔辨析〕"吹毛求疵、求全责备"都有对人要求过分严格，爱批评别人的意思。"吹毛求疵"侧重于故意找毛病，"求全责备"强调完美的不切实际的过分要求。

垂手可得　唾手可得　轻而易举

垂手可得　chuíshǒu-kědé　垂着双手就能得到。形容很容易到手，不费力气。也说"垂手而得"。例因为攻下南昌，九江即可垂手而得；九江下，安庆即易得手。（冯玉祥《我的生活》）｜那个资性，读不上三二年，功名是可以垂手而得的。（清·李绿园《歧路灯》第三十八回）

唾手可得　tuòshǒu-kědé　只需往手上吐唾沫，就可以得到。比喻很容易得到。唾：往手上吐唾沫。例对于谭一楠所在的公司来说，这是一笔唾手可得的生意。（理由《子爵号》）｜眼见得关内无人，此关唾手可得也。（清·如莲居士《说唐》）

轻而易举　qīng'éryìjǔ　《诗经·大雅·烝民》："人亦有言，德輶（yóu，轻）如毛，民鲜克举之。"朱熹注："言人皆言德甚轻而易举，然人莫能举也。"举：向上托。后用"轻而易举"形容不费力，很容易做到。例自杀其实是不很容易，决没有我们不预备自杀的人们所渺视的那么轻而易举。（鲁迅《且介亭杂文二集·论人言可畏》）

〔辨析〕"垂手可得、唾手可得、轻而易举"都有容易做到不费力气的意思。"垂手可得"最轻松，重在表现无须做一点点努力，没有一点作为就可得到。"唾手可得"表示在得到之前还要做出要努力的样子，但也不过是往手上吐唾沫罢了。前两个成语都强调容易得到。"轻而易举"重在表示做事容易，所做之事不在办事人的话下。

垂死挣扎　负隅顽抗

垂死挣扎　chuísǐ-zhēngzhá　临死时的最后挣扎。也比喻将近灭亡时的孤注一掷。垂：接近。例蒋介石置于云南的第八军、第二十六军两军，不知悔悟，继续与人民为敌……进行垂死挣扎。（穆欣《南线巡回·滇南追歼战》）｜台独分子无论怎样垂死挣扎，终究逃脱不了覆灭的命运。

负隅顽抗　fùyú-wánkàng　《孟子·尽心下》："有众逐虎，虎负嵎，莫之敢撄（yīng，触犯）。"嵎：同"隅"。指凭借险要的地势顽强抵抗。负：依靠、凭借；隅：山势弯曲险要处。例扼守在堑壕中的敌人想负隅顽抗。（李存葆《高山下的花环》）｜于是，他们就在孤山下面安营扎寨，埋锅做饭，准备养精蓄锐，天明出战，消灭孤山负隅顽抗的敌人。（峻青《怒涛》）

〔辨析〕"垂死挣扎、负隅顽抗"都有在紧要关头要挣扎一下，要拼命的意思。都含贬义。"垂死挣扎"重在表示行将灭亡拼命支撑，但灭亡是不可避免的。"负隅顽抗"重在表示在挣扎、顽抗时，对手有可恃的条件和力量，而且结果不一定是灭亡。

垂死挣扎　苟延残喘

垂死挣扎　chuísǐ-zhēngzhá　临死时最后挣扎，也比喻将近灭亡时的孤注一掷。垂：将近。例炸成重伤的蒋子金，垂死挣扎地用手里的小剜刀去刺她的玉腿。(冯德英《迎春花》)｜……敌人将近十万人马麇(qún)集在这个狭小地区，围兽犹斗，敌人是会做垂死挣扎的。(阎长林《胸中自有雄兵百万》)

苟延残喘　gǒuyán-cánchuǎn　北宋·欧阳修《与韩忠献王》："遽来居颖，苟存残喘，承赐恤问，敢此勉述。"勉强拖延一口没断的气。比喻勉强维持生存。苟：勉强，苟且；延：拖延。例泉州城里，汽车不通的古巷，"李贽故居"苟延残喘……20平方米的庭园厅房，只见寂寞，只见凄凉。(《南方周末》1992年3月20日)｜穷得当卖全无，虽只区区四金，到也不无小补，又可以苟延残喘得好几日了。(清·李宝嘉《官场现形记》第二十八回)

〔辨析〕"垂死挣扎、苟延残喘"都是形容临死前的状态。都含贬义。"垂死挣扎"主要表现临死前用力支撑，拼命或比喻灭亡前的孤注一掷，行为较激烈。"苟延残喘"重在表现拖延，勉强延续临死前的喘息，行为较消极。

唇齿相依　血肉相连

唇齿相依　chúnchǐ-xiāngyī　《三国志·魏志·鲍勋传》："王师屡征而未有所克者，盖以吴蜀唇齿相依，凭阻山水，有难拔之势故也。"比喻像嘴唇和牙齿一样，关系密切，相互依存。例原因很清楚，他们自身同中国的旧秩序是唇齿相依的。(萧乾《斯诺与中国新文艺运动》)｜中朝两国是山水相连，唇齿相依的兄弟邻邦。

血肉相连　xuèròu-xiānglián　宋·洪迈《雷击王四》："趋视之，二百钱乃在其胁下皮内，与血肉相连。"像血和肉连在一起一样，形容关系极为密切。例你和党的关系，不能不是这样息息相关、血肉相连呵！(闻捷《布沙热，我要为你唱一支歌》)｜尽管他们近几年也吃过官兵的亏，也长了些见识，他们毕竟是豪门巨富，同官府血肉相连。(姚雪垠《李自成》)

〔辨析〕"唇齿相依、血肉相连"都形容关系密切。"唇齿相依"重在表示双方利害与共，相互依存，相互支持，相互支援，如果失去对方，自身就很不安全,甚至也就难存在了。"血肉相连"重在表示双方实际上是紧密联系的整体,根本不能分离,词意较重。

唇枪舌剑　针锋相对

唇枪舌剑 chúnqiāng-shéjiàn　金·丘处机《神光灿》:"不在唇枪舌剑,人前斗,惺惺也要跟他旁边多知。"嘴唇和舌头如枪似剑。形容争辩或争吵时,言辞尖刻、激烈而犀利。例无论是唇枪舌剑的谈判桌上,还是在隐蔽斗争的特殊战场,他始终勤勤恳恳,任劳任怨,无私无畏地忘我斗争。(杨尚昆《丹心留人间,勋业传后世》)｜当时空气已紧张到一百二十分,唇枪舌剑,各显身手,好像刀光闪烁,电掣雷鸣。(邹韬奋《抗战以来·关于宪政提案的一场舌战》)｜兄妹俩你一言我一语,周蓉一张小嘴像连珠炮,振振有词地与哥哥理论,唇枪舌剑,绝不甘下风,驳得秉风一愣一愣的近乎理屈词穷。(梁晓声《人世间》)

针锋相对 zhēnfēng-xiāngduì　针尖对针尖。比喻针对对方的论点或行动进行回击。也比喻双方的观点、策略等尖锐对立。针锋:针尖。例他句句话与你针锋相对,分明是豪客剑侠一流人物,岂为财色两字而来。(清·文康《儿女英雄传》)｜冯老兰是锁井镇上的大土豪,他和农民的矛盾针锋相对。(梁斌《红旗谱》)

〔辨析〕"唇枪舌剑、针锋相对"都可用来形容辩论时言辞犀利、激烈。"唇枪舌剑"重在表示争辩或争吵时的激烈程度和用语的尖刻,不涉及行动。"针锋相对"重在表现针对对方的论点或行动进行回击。比喻观点策略的尖锐对立。

愁肠百结　愁肠寸断

愁肠百结 chóucháng-bǎijié　《敦煌变文集·王昭君变文》:"日月无明照覆盆,愁肠百结虚成着。"愁闷的心肠好像打了许多结。形容极其忧愁、烦恼。例色不迷人人自迷,愁肠百结太情痴。(秦纪文《再生缘》)｜明黄色,辫子,三跪九叩织成的气氛,使我不禁伤感万分,愁肠百结。(溥仪《我的前半生》)

愁肠寸断 chóucháng-cùnduàn　唐·张鷟《游仙窟》:"泪脸千行,愁肠寸断;"愁得肠子一寸寸断开。形容忧愁到了极点。例吴老八望着李贵嫂涨红了面孔,不禁愁肠寸断。不是满心希望把车如期地开走?但是完了,他已经隐隐地感到,这一辆车恐怕是很难开走了。(何士光《远行》)｜自从炒股赔了个精光,他如今已是愁肠寸断,不断又听说了老婆在农村病重的消息，不意雪上加霜。

〔辨析〕"愁肠百结、愁肠寸断"都形容非常忧愁的状态。"愁肠百结"重在表示内心愁闷郁结，好像有成百的疙瘩，无法消解。"愁肠寸断"重在表示极度忧愁给人带来巨大的痛苦，这种忧愁和痛苦好像把肠子一寸寸地切断。

从容不迫　从容淡定

从容不迫　cōngróng-bùpò　《庄子·秋水》："鲦鱼出游从容，是鱼之乐也。"鲦（tiáo）：一种条状的小白鱼。后用"从容不迫"形容不慌不忙，沉着镇定。从容：不紧不慢，舒缓的样子。例在各种谈判桌上他……从容不迫，指挥若定，樽俎折强权，谈知驭风云。（袁鹰《飞》）｜先生，匆匆忙忙讲述大爷爷的故事，是为了从容不迫地讲述姑姑的故事。（莫言《蛙》）

从容淡定　cóngróng-dàndìng　形容不慌不忙、淡然处之、恬淡镇定的样子。淡：安静，恬淡的样子；定：镇定，沉着。例尽管小李大吵大闹，言辞十分激烈，老贾还是那样一副从容淡定的样子，心平气和，从容自若地和她讲道理。｜秦蓉听到了这个不幸的消息，并没有显得惊慌失措，而是表现得从容淡定。

〔辨析〕"从容不迫、从容淡定"都形容不慌不忙，沉着镇定。都含褒义。"从容不迫"重在表现不着急，不紧张，不窘迫。言行都不紧不慢，张弛有度。"从容淡定"重在表现不把事态看得那么严重，以一种淡然处之、恬然镇定的态度来处理。

从善如流　从谏如流

从善如流　cóngshàn-rúliú　《左传·成公八年》："君子曰：'从善如流，宜哉！'"听从好的意见就像水从高处流下那样自然。形容乐于接受别人的正确意见。也可形容学习他人长处，学得快。从善：听从好的意见、主张；学习他人长处。例他耿介无私，从善如流。当"出身"成为压倒一切的资本时，他从不告诉他是位刻字工人的儿子。（萧乾《赞孙用》）｜"韬奋同志从善如流、虚怀若谷的精神，对我至今是一个深刻的教育。"（柯灵《感激与祝愿》）｜"幸赖袁将军居心仁厚，礼贤下士，闻过则喜，从善如流，故两年来小袁营所到之处，尚能做到平买平卖，秋毫无犯。"（姚雪垠《李自成》）

从谏如流　cóngjiàn-rúliú　汉·班彪《王命论》："从谏如顺流。"指听从善意规劝，就像水从高处流下一样顺畅，形容乐于接受别人的意见。

多用于对帝王、尊长。谏：规劝君主、尊长，使改正错误。例咱们既要齐心打江山，我就应该做到从谏如流，你们就应该做到知无不言。（姚雪垠《李自成》）｜唐太宗李世民显然有时也让大臣弄得下不来台，但多数情况下，他都能从谏如流。

〔辨析〕"从善如流、从谏如流"都形容乐于接受别人的意见，都含褒义。"从善如流"重在表示乐于接受别人正确的意见，使用范围广。"从谏如流"重在表示接受规劝。只用于君主、尊长有错误时接受臣属、晚辈的规劝意见。

从善如流　择善而从

从善如流 cóngshàn-rúliú　《左传·成公八年》："君子曰：'从善如流，宜哉！'"听从好的意见就像水从高处流下那样自然。形容乐于接受别人的正确意见。也可形容学习他人的长处，学得快。从善：听从好的意见；学习他人的长处。例从善如流，尚恐不逮；饰非拒谏，必是招损。（唐·吴兢《贞观政要·规谏》）｜改过不吝，从善如流，此尧舜汤之所勉强而力行，秦汉以来之所绝无而仅有。（宋·苏轼《上皇帝书》）

择善而从 zéshàn-ércóng　《论语·述而》："三人行，必有我师焉。择其善者而从之，其不善者而改之。"选择好的而听从，指善于学习别人的长处。择：选择；从：服从。例遇事必详为考虑，而后与部下商议，择善而从。（老舍《张自忠·剧中重要人物说明》）｜一个成功的好的领导，一定是择善而从，择不善而改，万不可听不得不同看法，固执己见。

〔辨析〕"从善如流、择善而从"都形容善于学习他人之长，善于选择，接受好的事物。"从善如流"偏重于能乐于接受别人的正确意见和学习他人长处学得很快。"择善而从"重在表示主动学习他人长处，善于选择正确的东西来学习。

从头至尾　自始至终

从头至尾 cóngtóu-zhìwěi　宋·朱熹《答林正卿》："盖读书之法，须是从头至尾，逐句玩味。"从开头到结尾，指全部。多指事情从开始到结束或谈话、文章从开头到结尾。例从头至尾听缘因，怎不叫人不怒嗔！（元·无名氏《冯玉兰》三折）｜晁盖把胸中之事，从头至尾，都告诉王伦等众位。（明·施耐庵《水浒传》）

自始至终 zìshǐ-zhìzhōng　《宋书·谢灵运传》："（太祖）以晋氏一代，自始至终，竟无一家之史，令灵运撰《晋书》。"从开头到结尾，表示

一贯到底。例每一事物的发展过程中存在着自始至终的矛盾运动。(毛泽东《矛盾论》)|在这一系列的战斗中,反对封建势力的战斗,又是自始至终,贯串于他的著作中的一根最长的红线。(秦牧《鲁迅投射在新时代的光辉》)

〔辨析〕"从头至尾、自始至终"都表示从开头到结尾。"从头至尾"多用作口语,多用于具体的物像或形容谈话、文章从开头到结尾。"自始至终"多用于书面语,多指一种做法、思想、精神一贯如此。

粗茶淡饭　家常便饭

粗茶淡饭 cūchá-dànfàn 宋·黄庭坚《〈四休居士诗〉序》:"四休笑曰:'粗茶淡饭,饱即休。'"指简单的、不讲究的饮食,与"山珍海味"相对。有时用来形容生活清苦、简朴。粗:粗糙,简单;淡:没什么味道。例你们小子们凭力气,凭身子骨,粗茶淡饭总能挣一碗饭吃。(乔扫竹《今夜霜降》)|农家女栉风沐雨、粗茶淡饭,却生活得结结实实。(段扫平《顺乎自然》)|假若这是在战前,我无论怎样,可以找一点兼差,供给她们点粗茶淡饭。(老舍《四世同堂》)

家常便饭 jiācháng-biànfàn 指平时居家吃的普通饭菜,也用来比喻不足为奇,十分平常的事情。例我喜欢吃故乡农村的家常便饭,一听见吃宴会就会感到是一种负担。(路遥《早晨从中午开始》)|因为,在这儿,在黄沙茫茫的兰考大地上,风沙是司空见惯的家常便饭,又有谁会去注意它的去向呢?(峻青《秋色赋》)

〔辨析〕"粗茶淡饭、家常便饭"都表示简单的饭食。"粗茶淡饭"强调饮食简单、粗糙,不讲究,还可用来形容生活清苦。"家常便饭"除指家中日常饮食外,多比喻经常发生的、习以为常、不足为奇的事。

促膝谈心　抵掌而谈

促膝谈心 cùxī-tánxīn 唐·田颖《揽云台记》:"即有友人,不过十余知音之侣,来则促膝谈心……"靠近坐着,面对面倾心交谈。促膝:两人对坐膝盖挨着膝盖。例会外我们又常串门促膝谈心,愉快地度过了难得的二十多天。(方敬《地之子》)|他立即策马奔回,同李侔相见,促膝谈心,如对故人。(姚雪垠《李自成》)

抵掌而谈 zhǐzhǎng'értán 《战国策·秦策一》:"苏秦见说赵王于华屋之下,抵掌而谈,赵王大悦。"形容无拘无束地畅谈。抵掌:击掌,鼓掌。例每与五叔抵掌而谈,相视而笑。(明·归有光《〈五岳山人前集〉序》)|退而饮,至夜半,抵掌

而谈，乐甚，旦日别去。（清·顾炎武《吴同初行状》）

〔辨析〕"促膝谈心、抵掌而谈"都有交谈融洽的意思。都含褒义。"促膝谈心"重在表现关系很密切、态度很亲切，谈的都是心里话。气氛较为宁静。口语、书面语都用。"抵掌而谈"重在表示无拘无束，畅所欲言，谈得有声有色，气氛较为热烈，多用于书面语。

摧山坼地　摧枯拉朽

摧山坼地　cuīshān-chèdì　高山崩塌大地开裂。形容大自然遭到了巨大的毁灭性的破坏。摧：折断；坼：裂开。例 2008年5月12日四川汶川发生里氏八级地震，霎时间摧山坼地，房倒屋塌，大量人员伤亡，百姓流离，造成了极其巨大的灾难。｜这次大海啸真是闹了个天翻地覆，摧山坼地，给这些岛屿带来了毁灭性的打击。

摧枯拉朽　cuīkū-lāxiǔ　《晋书·甘卓传》："将军之举武昌，若摧枯拉朽，何所顾虑乎。"比喻敌人或事物很容易摧毁。摧：折断；枯：枯草；拉：用力移动；朽：朽木。例 曹氏父子凭借他们的文学才能和政治地位，摧枯拉朽地把汉朝的形式主义的宫廷文学一扫而空，在当时确实造成一种新的文风，这便是后人称道的"建安风骨"。（茅盾《夜读偶记》）｜淮海战役后期，解放军以排山倒海、摧枯拉朽之势将国民党军赶到了长江以南。

〔辨析〕"摧山坼地、摧枯拉朽"都有用巨大的力量去摧毁事物的意思。"摧山坼地"多用于地震等自然力造成的破坏，多用于书面语。"摧枯拉朽"重在比喻敌人和腐朽的事物不堪一击而被摧毁。

淬炼成钢　百炼成钢

淬炼成钢　cuìliàn-chénggāng　是指反复经受考验、磨炼使人成才。淬炼：原指一种工艺，把加热至红热的金属（如钢）立刻浸入冷水，增加物体的强度和硬度，引申为反复经受考验、磨炼。例 老黄看着这群累得上气不接下气的小伙子，一本正经地说道："你们别觉得吃了这么点苦，就不得了了，就跟打铁一样，不淬炼成钢，你们哪儿就成才了。"（穆兴《凯里的山峦》）｜楚一鸣笑着对师弟说道："昨天师父正夸你，说你练得认真、刻苦，只有这样练下去，才能淬炼成钢。"（王浩之《仙风道骨》）

百炼成钢　bǎiliàn-chénggāng　汉·应劭《汉官仪》："今取坚钢砂炼而不耗。"比喻久经锻炼，变得非常坚强。例 他周大勇的战士却在战斗中百炼成钢，精通了打击敌人的本领。（杜鹏程《保卫延安》）｜不信

你看世界的名人，好多穿过军装，天高地广经受些风浪，我们百炼成钢。(阎肃《军营男子汉》)

〔辨析〕"淬炼成钢、百炼成钢"都有在艰苦的条件下，经过考验、磨炼，才能成功的意思。"淬炼成钢"更侧重强调成才时需要经历的考验和磨炼的艰辛、痛苦，重在形容成才环境的条件的恶劣，多形容如何成才。"百炼成钢"侧重强调成才要经过多次的锻炼，不能一蹴而就，多用于形容久经锻炼，变得坚强。

寸步难行　步履维艰

寸步难行　cùnbù-nánxíng　原指行走非常困难。现多比喻处境十分艰难，无力摆脱。例我们一点也不知道，在城市里没有钱真是寸步难行。(叶君健《别离》)｜石油供应少了，油价就可以高抬……倒霉的还不是离开了汽车寸步难行的住在郊外的这些住户吗？(费孝通《访美掠影·能源危机》)

步履维艰　bùlǚ-wéijiān　形容迈步困难。维：文言句中助词，无实义；艰：艰难。例譬如祖母的脚是三角形，步履维艰的，小姑娘的却是天足，能飞跑。(鲁迅《华盖集·这个与那个》)｜王老年逾八旬，虽然步履维艰，生活处理都有困难，然而他仍然笔耕不辍，坚持写作。

〔辨析〕"寸步难行、步履维艰"都有行走困难的意思。"寸步难行"重在表示一点路都走不了，词意重，多用于口语，且用来比喻处境十分艰难，无力摆脱。"步履维艰"重在形容迈步困难，还不到寸步难行的地步。词意轻，多用于书面语。

蹉跎岁月　虚度年华

蹉跎岁月　cuōtuó-suìyuè　晋·阮籍《咏怀诗(其七)》："娱乐未终极，白日忽蹉跎。"指虚度光阴。蹉跎：光阴白白地过去。例无所藉手，蹉跎岁月，寸功不展。(孙中山《中国民主革命之重要》)｜不能让自己沉浸在一种痛苦、消沉的情绪中蹉跎岁月。(王火《战争和人》)

虚度年华　xūdù-niánhuá　白白地耗费时光。例青年只有顺应社会发展的潮流，把个人的前途和命运与国家、民族的前途和命运紧紧地联系在一起，并为之奋斗不息，才能创造无悔的青春和取得毕生的成功。畏惧劳作，贪图安逸，坐享其成，最终只能虚度年华。(《北京日报》2002年5月16日)｜他深情地望着恩师说道："老师您放心，我虽然被迫辍学，离校后我绝不会虚度年华。"

〔辨析〕"蹉跎岁月、虚度年华"都有光阴白白过去的意思。"蹉跎岁月"偏重强调在艰难、痛苦、消沉的状态下，因主观或客观的原因使光阴白白过去，多用于书面语。"虚度年华"多指因主观原因，白白地耗费时光，没有成就，没有作为。

措手不及　猝不及防

措手不及　cuòshǒu-bùjí　来不及应付。措手：着手处理、应付。例如不能活捉，就趁他措手不及时将他杀掉。（姚雪垠《李自成》）｜敌人看我们是渔船，一定没有战斗准备，我们又给他个突然袭击，打他个措手不及。（黎汝清《海岛女民兵》）

猝不及防　cùbùjífáng　事情来得突然，使人来不及防备。猝：突然。例……秋瑾猝不及防，不幸就擒。（柯灵《访问秋瑾的乡亲》）｜他满脸凶相，魔术般地手里亮出一把匕首，猝不及防地在我左臂上扎了一刀。（李健吾《姊妹花店》）

〔辨析〕"措手不及、猝不及防"都有事出突然，来不及应对的意思。"措手不及"重在表示来不及应付，不知怎么办才好。"猝不及防"重在表示突然之间威胁出现来不及防备。

错落不齐　参差错落

错落不齐　cuòluò-bùqí　汉·班固《西都赋》："随侯明月，错落其间。"后用"错落不齐"形容事物交错纷杂不整齐。错：交错纷杂。例这是一个贫瘠的山村，加之高低不平的地势，从高处望去只见错落不齐，十分简陋的民居交错杂呈。｜士兵们累得不行，在树荫下，道路旁歇息，有站着的，有蹲着的，有坐着的，索性还有躺在地上的，那错落不齐、疲惫不堪的样子，真叫人心疼。

参差错落　cēncī-cuòluò　《诗经·关雎》："参差荇菜，左右采之；窈窕淑女，寤寐求之。"后用"参差错落"形容事物长短、高低、大小、先后等交错纷杂。例我们看韩愈的……理论和他参差错落的文句，也正是多多少少在口语化。（朱自清《论雅俗共赏》）｜荷塘中的荷花开得参差错落，亭亭玉立，显得别有风韵。

〔辨析〕"错落不齐、参差错落"都有排列不整齐，不一致的意思。"错落不齐"多用于形容有具象的事物，一般不形容时间的先后。"参差错落"既可用于形容有具象的事物，也可用于形容抽象的事物。它还可用来形容时间先后不同而出现的分布、排列的不一致，不规则。

错失良机　失之交臂

错失良机　cuòshī-liángjī　错过，失去了宝贵的机会。错：相对行动时，避开而不碰上。例小王得知启功先生要出席这次笔会，十分兴奋，心想只要自己按时赶到现场，一定能目睹大师的风采。不料将时间记错,最后错失良机,感到非常遗憾。｜万灵因为听信了某些不实之言,几次在股市错失良机,不仅没有赚到钱,还赔了不少。

失之交臂 shīzhī-jiāobì 指错过时机。交臂:胳膊碰胳膊,相互擦肩而过。例这个千载一时的机会,便失之交臂。(梁启超《民国初年之币制改革》)｜用人者不务取其大而专取其小知,则卓荦俊伟之材失之交臂矣。(清·魏源《默觚下治篇一刀》)

〔辨析〕"错失良机、失之交臂"都有错过了机会的意思。"错失良机"偏重强调机会非常好,因错误、失误、误会等原因而未把握住。"失之交臂"强调因未发觉未看准而失去机会,且可表示与人当面错过,而未能见面,语意范围较广。

错综复杂　盘根错节

错综复杂 cuòzōng-fùzá 《周易·系辞上》:"参伍以变,错综其数。"形容人或事物关系复杂,头绪繁多。例因而在广大国土内,形成了各个地区间、部族部落间发展的极端不平衡与相互间错综复杂的关系和影响。(吕振羽《简明中国通史》)｜在近代工业的错综复杂的工艺过程中,往往就不像泡茶喝这么简单。(华罗庚《统筹方法》)

盘根错节 pángēn-cuòjié 晋·司马彪《读汉书·虞羽传》:"志不求易,事不避难,臣之职也。不遇盘根错节,何以别利器乎!"指树根盘绕,枝节交织。比喻事情错综复杂,不易处理。盘:盘绕;错:交错。例河水又浑又急,两岸长满盘根错节的老树,把那条河遮得冷森森的。(杨朔《杨朔散文选》)｜封建社会延续几千年,封建专制主义盘根错节,到处渗透。(程树榛《大学时代》)

〔辨析〕"错综复杂、盘根错节"都有头绪繁多,相互纠结,情况复杂的意思。"错综复杂"常跟"头绪""斗争"等词配搭,多形容形势难以判断、把握,局面上呈现多种复杂、变幻的状况,多强调动态。"盘根错节"偏重强调人际关系和事物的交叉,互相牵扯,不易处理。

D

大打出手　大动干戈　兴师动众

大打出手　dàdǎ-chūshǒu　形容逞凶打人或互相斗殴。大：表示程度、规模之甚；打出手：戏曲中的一种武打场面，由一个主角同时与几个对手相互抛掷接踢武器。例可是正当肩上插着旗子，头上挺着长羽毛的演员在喧天的锣鼓声中举着刀枪在台上转悠时，忽然在观众席上也大打出手了。(萧乾《一本褪色的相册》)｜由于对裁判的判罚不认同，双方的运动员由争吵发展到大打出手，演了一出"全武行"。

大动干戈　dàdòng-gāngē　《论语·季氏》："邦分崩离析，而不能守也；而谋动干戈于邦内。"原指发动战争。后作"大动干戈"，多比喻大张声势地吵闹或兴师动众地做某事。干、戈：古代的两种兵器。例当晋、奉两军在京汉线上作战的时期，冯、鲁两军也在陇海线上大动干戈。(陶菊隐《北洋军阀统治时期史话》)｜根本无须这样子大动干戈，直截了当谈判就成了。(高阳《胡雪岩》)

兴师动众　xīngshī-dòngzhòng　《吴子·励士》："夫发号布令，而人乐闻；兴师动众，而人乐战；交兵接刃，而人乐死。此三者，人主之所恃也。"本指出动大批兵马。后多指动用很多人力。兴：发动；师：军队。例回乡扫墓，本来是属于个人的私事，用不着兴师动众。(季羡林《季羡林散文精选》)｜这一点活我们几个人干就行了，用不着兴师动众。

〔辨析〕"大打出手、大动干戈"都可以表示打人，斗殴。"大打出手"只形容打人，不能形容表示发生战争。"大动干戈"不仅形容打人、斗殴且能形容发生战争和比喻大张声势地吵闹或兴师动众地做某事。"大动干戈、兴师动众"都有大造声势，大张旗鼓去做某事的意思。"大动干戈"偏重形容争斗、吵闹，动手开打。"兴师动众"偏重形容发动、动用大批人力。

大刀阔斧　雷厉风行

大刀阔斧　dàdāo-kuòfǔ　宋·曾巩《亳州谢到任表》："昭不杀文武，

雷厉风行。"原形容军队威猛的气势。后多用来比喻办事果断而有魄力。[例]世界上原有两种人：一种是大刀阔斧的人，一种是细线密针的人。（朱自清《山野掇拾》）| 那就得赶快做，而且要大刀阔斧去做！（茅盾《子夜》）

雷厉风行 léilì-fēngxíng 像雷鸣那样猛烈，像风吹一样快速。形容行动坚决而迅速。厉：猛烈。[例]军队的作风要做个好样子……要雷厉风行，艰苦奋斗，紧张快干。（邓小平《在全军政治工作会议上的讲话》）| 你们部队作风，雷厉风行，猛打猛冲。（艾煊《山雨欲来》）

〔辨析〕"大刀阔斧、雷厉风行"都可以用来形容工作有气魄。"大刀阔斧"重在表示果断、痛快、魄力大，所用的手段很重、很干脆。"雷厉风行"重在表示迅猛、严格，多用于政令的贯彻执行，强调实施时的及时、迅速和严肃认真。

大道至简　大音希声

大道至简 dàdàozhìjiǎn 五代《还金述》："妙言至径，大道至简。"大道理极其简单，一句话就能概括。道：在中国哲学中，"道"是一个重要的概念，表示"终极真理"；至：最、极。[例]"大道至简"是做人的智慧，做人做事要将一件复杂的事情化为简单，那是需要智慧的。| 大道至简是咱们会听到比较具有哲理性的话，其实大道至简的含义并不难理解，就是说一些看似复杂的事物，其实多数情况下它的发展、变化和规律都是简单的。真正的大道理，一句话就可以说清楚，不必搞得故弄玄虚，神乎其神。

大音希声 dàyīn-xīshēng 《老子》第四十一章："大音希声，大象无形。"古今学者对"大音希声"的理解，大约有七种解释：一是认为最大的声音是没有声音的；二是认为最大的声音听起来，反而是稀疏的；三是认为"希声"即"无声"，是在酝酿"大音"；四是认为"大音希声"是"天乐"，是不能用耳朵去听，而是感悟那永恒和谐的庞大"天乐"；五是认为"大音"即合道之音，主要是指对情感的超越；六是认为没有声音就是最强音，即什么都不说，就是最好的；七是认为强大的声音是很让人仰慕和稀奇的声音。[例]所谓"大音希声"，应是大音若无声，已经到了和自然融为一体的境界，反倒给人以无声的感觉。| 大音希声，提出的追求自然的思想，也有助于音乐的自由发展。

〔辨析〕"大道至简、大音希声"都包含了哲学的意义。都意在说明，那些大道理，大美的音乐，其实并不复杂。"大道至简"所包含的辩证法是启迪人们，通过智慧、能力将复杂的事情，化为简单的事情。一些看似复杂的事物，在多数情况下，它的发展、变化和规律都是简单的。真正的大道理，一句话就能说清楚。"大音希声"是一个有多种解释的成语，最主要还是说最大的声音是没有声音的，或者是听起来是稀疏的，是在"无声"的情况下，酝酿"大音"，等等。

大彻大悟　翻然悔悟

大彻大悟　dàchè-dàwù　元·郑德辉《伊严耕莘》楔子："盖凡升天之时，……大彻大悟后，才得升九天朝真而观元始。"佛教指看破红尘，断绝一切欲念。现多形容彻底明白、领悟，彻底醒悟。彻：明白，透彻。例他穿上鞋子，大大喝了一口浓茶，于是大彻大悟地自言自语起来。（沙汀《淘金记》）｜仔细思考一下这个问题，人们就会大彻大悟，雄心壮志就会油然而生。（秦兆阳《艰难的起飞》）

翻然悔悟　fānrán-huǐwù　唐·韩愈《与陈给事书》："退而惧也不敢进，今则释然悟，翻然悔。"很快就彻底地醒悟，悔改自己的过失。翻然：迅速而彻底地改变。也作"幡然悔悟"。例如能认清是非，翻然悔悟，出于真心实意，确有事实表现……准于取消战犯罪名，给以宽大待遇。（周恩来《关于和平谈判的报告》）｜听了老师摆事实、讲道理，苦口婆心地一番开导，她终于翻然悔悟，承认了错误。

〔辨析〕"大彻大悟、翻然悔悟"都有醒悟，明白事理的意思。"大彻大悟"多指对人生或哲理等重大问题的理解，醒悟。"翻然悔悟"意义偏重在认识到自己的过错而醒悟，多指犯有重大错误或有罪的人很快地转变悔悟。

大发雷霆　怒不可遏

大发雷霆　dàfā-léitíng　《三国志·吴志·陆逊传》："今不忍小忿，而发雷霆之怒，违垂堂之戒，经万乘之重，此臣之所惑也。"后作"大发雷霆"。形容大发脾气，高声呵斥。霆：响雷。例邓主任在大发雷霆——说要枪毙你们呢！（郭沫若《北伐途次》）｜盘三旺虽然动不动就横眉立眼、大发雷霆，但儿子个头比他高，力气比他足，打打不得，骂骂不服，压压不住。（古华《丝竹园歌女》）

怒不可遏　nùbù-kě'è　《资治通鉴·后唐明宗天成二年》："众怒不可遏也。"现形容愤怒异常，难以抑制。例"我们如果要收回领土，当先从大的地方起。"他受了我这一番反驳，就怒不可遏。（孙中山《民权主义第四讲》）｜他……在这一

次,的确是表示着怒不可遏的神气。(郭沫若《洪波曲》)

〔辨析〕"大发雷霆、怒不可遏"都形容非常愤怒。"大发雷霆"偏重强调愤怒时发出的声响大,高声地呵斥、指责。"怒不可遏"强调愤怒到了极点,无法抑止,从而在情绪上、表情上流露出来。

大方之家　饱学之士　行家里手

大方之家 dàfāngzhījiā 《庄子·秋水》:"吾长见笑于大方之家。"本指见多识广、懂得大道的人。后多指学识渊博的专家学者或精通某种技艺的行家。大方:大道。例烟有好有坏,味有浓有淡,能够辨味的是内行,不择烟而抽的是大方之家。(朱自清《谈抽烟》)| 钱锺书先生学识渊博,堪称大方之家。

饱学之士 bǎoxuézhīshì 指那些学识广博的人。饱学:学识广博。例那位老先生也许是个饱学之士,一笔字也写得挺好。(张天翼《新生》)| 这个教私塾的先生是这边十里八乡有名的饱学之士。

行家里手 hángjiā-lǐshǒu 指在某一方面的内行、能人。例王刚喜爱古玩,潜心研究多年,在鉴赏瓷器方面也渐成行家里手。| 那日在云南赌石,利益于一位行家里手的指点,我收获了一块质地极佳的玉石。(王若明《彩云之南》)

〔辨析〕"大方之家、饱学之士、行家里手"都形容在某方面知识丰富,有学问,是内行的人。"大方之家"多指学识渊博或精通某种高超技艺,褒义重。"饱学之士"多强调学得多,知识面广。"行家里手"多指在某一领域、行业中懂行又有某种特长之人,褒义较"大方之家"轻。

大腹便便　心广体胖

大腹便便 dàfù-piánpián 《后汉书·边韶传》:"边孝先,腹便便,懒读书,但欲眠。"形容人肚子肥大凸起的样子。便便:肥大的样子。例那些大腹便便的资本家,不但喝本国人民的鲜血,更喝世界各地人民的鲜血。(秦牧《说狼》)| 从楼窗望过去,憧憧人影,尽是一些被迫出卖灵魂、肉体的舞女,和一些大腹便便的商贾、脑满肠肥的官僚。(冯伊湄《未完成的画》)

心广体胖 xīnguǎng-tǐpán 《礼记·大学》:"富润屋,德润身,心广体胖。"本指内心宽阔坦然,则身体舒泰安适。后形容因内心安逸舒畅或无所用心而身体肥胖。广:宽广,开朗;胖(pán):舒适安详。也说"心宽体胖"。例你是足智多谋,心广体胖——你看你这副身架,活一百岁也绰绰有余。(欧阳山《柳暗花明》)| 人,只要能够乐天知命,或者说听天由命,就无论

怎样的环境里头，都会心广体胖的吧。（聂绀弩《风尘》）
〔辨析〕"大腹便便、心广体胖"都有形容身体肥胖的意思。"大腹便便"重在形容肚子肥大，多含贬义。"心广体胖"重在强调心胸开朗，心情舒畅而发福，多含褒义。

大公无私　铁面无私

大公无私 dàgōng-wúsī　汉·马融《忠经·天地神明》："忠者中也，至公无私。"形容一心为公，丝毫没有私心。也指办事公平正直，不偏袒任何一方。例要教育全党同志发扬大公无私、服从大局、艰苦奋斗、廉洁奉公的精神。（邓小平《贯彻调整方针，保证安定团结》）｜一个大公无私的领导者应该办事公正、不偏不袒，事事出以公心去处理问题。

铁面无私 tiěmiàn-wúsī　形容严明公正，不徇私情，不惧权势。铁面：比喻不畏权势，刚直无私。例至于包公执法如山，铁面无私的事例，史籍记载就更多了。（庄葳《历史上的包公》）｜我想必得你去做个"监察御史"，铁面无私才好。（清·曹雪芹《红楼梦》）

〔辨析〕"大公无私、铁面无私"都含没有私心、公正的意思，也都可用于处理问题的场合。"大公无私"偏重公平、正直，常修饰"胸怀""心怀"等词。"铁面无私"多指执法态度，强调执法时不惧权势，不讲情面，刚直无私。

大快人心　皆大欢喜

大快人心 dàkuài-rénxīn　明·许三阶《节使记·诛佞》："李秦授这厮，今日圣旨杀他，大快人心。"（振奋人心的事）使人心里非常痛快。多指坏人坏事受到打击和惩罚后的高兴。例他高兴得几乎不是走，而是跳着跑回社里来，把这大快人心的消息第一个报告给我。（西戎《丰产记》）｜后来孤岛也几次出现爱国者惩罚汉奸的大快人心的壮举。（巴金《探索与回忆·关于〈火〉》）

皆大欢喜 jiēdà-huānxǐ　都非常快乐。皆：都。例真是一个愿打，一个愿挨，皆大欢喜。（陈登科《赤龙与丹凤》）｜既美化了"战士之家"，又伪装了阵地，真是一举两得，皆大欢喜。（袁静《伏虎记》）

〔辨析〕"大快人心、皆大欢喜"都有令人高兴、快乐的意思。"大快人心"偏重强调在非常痛快时令人振奋，且多用于见到恶势力受挫和失败后有一种解恨和出气的快感。"皆大欢喜"多强调让所有的人都感到高兴都十分快乐。

大巧若拙　大智若愚

大巧若拙 dàqiǎo-ruòzhuō　《老子》

第四十五章："大直若屈，大巧若拙，大辩若讷。"王弼注："大巧因自然以成器，不造为异端，故若拙也。"极为灵巧的人表面上好像很笨拙。拙：愚笨，不灵巧。[例]影片中的一切都是那么普通，似乎就是作者随意拍下来的几个镜头，实则是大巧若拙；平淡中含深度，平凡中有意趣，平常中藏新意。(姚晓濛《电影观念的现代化》)|七夕送巧，祝福巧立名目，只为送你幸福。愿你心灵手巧有风度，愿你大巧若拙有深度，愿你巧夺天工有气度。别说我花言巧语，七夕咱俩共度。

大智若愚 dàzhì-ruòyú 宋·苏轼《贺欧阳少师致仕启》："大勇若怯，大智如愚，至贵无轩晃而荣，至仁不导引而寿。"后用"大智若愚"指非常聪明的人表面上好像很愚笨。形容才智极高的人不露锋芒，不卖弄自己。[例]大智若愚、大巧若拙，这时候我看到巴金神态质朴、虚怀若谷。(徐迟《法国，一个春天的旅行》)|那日去袁汉家，只见一位老者衣着朴素，满脸皱纹，看样子是个庄稼人，一经交谈，才知是个大智若愚之人。(陈金柱《神农架》)

〔辨析〕"大巧若拙、大智若愚"都形容有智慧、有才能而不露锋芒不卖弄从而外表显得笨拙。"大巧若拙"重在形容心思灵敏或技艺高超，手法巧妙。"大智若愚"重在强调有大智慧，有学问，有见识。

大势所趋　势在必行

大势所趋 dàshì-shuǒqū 宋·陈亮《上孝宗皇帝第三书》："天下大势之所趋，非人力之所能移也。"后用"大势所趋"指整个局势发展的趋向。[例]大势所趋，人心所向，这已无可阻止。(周恩来《在延安各界举行的"双十二"纪念会上的讲演》)|真实的消息虽然很少，可是大致的我已经清楚了大势所趋。(老舍《四世同堂》)

势在必行 shìzài-bìxíng 指情况已发展到必须采取措施的程度。也指事态发展的必然趋向。[例]这一切都势在必行，因为中国人的社会心理素质已经发生了根本变化。(甘铁生《都市的眼睛》)|多极世界是全球政局势在必行的趋势，是美国这个独家超级大国无法阻挡的时代潮流。

〔辨析〕"大势所趋、势在必行"都有局势必然向某方面发展的意思。"大势所趋"多强调不以人们的主观意志为转移的必然趋势。"势在必行"则多强调在事情进展到某种程度时，必须采取措施，必须有所作为，有行动。

大庭广众　众目睽睽

大庭广众 dàtíng-guǎngzhòng 《公

孙龙子·迹府》："使此人广庭大众之中，见侵侮而终不敢斗，王将以为臣乎？"现用为"大庭广众"，指人数众多的公开场合。大庭：旧时官署的厅堂，泛指庭院、场地。例不过这种话怎么可以公开地在大庭广众之前说出来呢？（汪曾祺《大淖记事·云致秋行状》）｜他感到就像要在大庭广众面前学一声狗叫唤一样受辱。（路遥《路遥全集·人生》）｜他算是在大庭广众场合受了侮辱。以他的脾气，要是别人这样待他，他是会暴跳如雷，奋起还击的。（陈彦《主角》）｜孟真先生不讲情面，不分场合，在光天化日之下，大庭广众之中，痛快淋漓地揭露孔家的丑事，引起了人民对孔家的憎恨。（季羡林《季羡林散文精选》）

众目睽睽 zhòngmù-kuíkuí 唐·韩愈《郓州溪堂诗》："而公承死亡之后，掇拾之余，剥肤椎髓，公私扫地赤立，新旧不相保持，万目睽睽；公于此时能安以治之，其功为大。"后用"众目睽睽"表示大家都在注视着。睽睽：睁大眼睛注视的样子。例大街上人来人往，众目睽睽，光天化日之下，盗贼也不敢明目张胆地下手。｜其中有位约摸四十开外的女同志……处于众目睽睽之中，倒像坐在自己家里一样平静。（周克芹《许茂和他的女儿们》）

〔辨析〕"大庭广众、众目睽睽"都表示是在人数众多的场合。"大庭广众"强调是人多的公开场合，场面大，人数多。"众目睽睽"则强调这是有许多人注视的场合，强调众人集中目光在注意地看着，有无法隐藏的意思。

大同小异 相去无几

大同小异 dàtóng-xiǎoyì 《庄子·天下》："大同而与小同异，此之谓小同异；万物毕同毕异，此之谓大同异。"后用"大同小异"指事物大体相同，稍有差异。例这些地区的建筑和中国中心地区的建筑，或同属于一个体系，或是大同小异，如弟兄之同属于一家的关系。（梁思成《中国建筑的特征》）｜只要一些大同小异的传单、小册子，便已足用。（朱自清《那里走》）｜虽说"一畦萝卜一畦菜，个人孩子个人爱"，孩子天真无邪，大同小异，却也有标准衡量，若不是真好，怎么开口去夸？

相去无几 xiāngqù-wújǐ 《老子》二十章："唯之与阿，相去几何？"意思是答应和呵斥，相差多少呢？"阿"今作"呵"，大声呵斥。后用"相去无几"指两相比较，相差不大。去：距离。例是今之税与周之税相去无几也。（宋·苏洵《衡论下·田制》）｜二者皆非良法，

相去无几也。(宋・苏轼《苏东坡集・奏议集三》)

〔辨析〕"大同小异、相去无几"都有差不多的意思。"大同小异"侧重强调大的方面、总的方面相同,在小的、局部上有区别,书面与口语上均常用。"相去无几"重在强调差别不大,还可反其意用,作"相去有间",强调两者有差距,有区别,多用于书面语。

大显身手　大显神通

大显身手　dàxiǎn-shēnshǒu　充分显示出自己的本领。身手:武艺、本领。例但这里还十分热闹,也正是旅馆里的人大显身手的时候。(巴金《关于〈龙、虎、豹〉》)|还有算灵卦的、捏面人儿的、摔跤能手宝三和练十八般武艺的各路把式,都在这里大显身手。(萧乾《一本褪色的相册》)

大显神通　dàxiǎn-shéntōng　充分显示高超的神奇的本领。神通:比喻高超、神奇、与众不同的本领。例他两个吆吆喝喝,就在花园内斗起;后却大显神通,各驾云雾,杀在空中。(明・吴承恩《西游记》)|本来,以为今天可到了大显神通的时候,没想到闹了一场狗咬尿脬(suīpāo,膀胱)空欢喜,真他妈倒霉!(姜树茂《渔港之春》)

〔辨析〕"大显身手、大显神通"都是说充分表现和展示出自己的本领、才能。"大显身手"多指凡人的表现,把凡人的能耐本事、才干、技艺等充分的表现。语意较"大显神通"轻。"大显神通"多强调非凡的、特殊的高超的本领,甚至是无所不能的力量充分展示出来。

大相径庭　天壤之别

大相径庭　dàxiāng-jìngtíng　《庄子・逍遥游》:"吾惊怖其言,犹河汉而无极也。大有径庭,不近人情焉。"径窄庭宽,相差甚远。比喻差别很大,甚至完全相反。径:门外路;庭:堂外地。例那些学科或有交叉,那些知识或相渗透,但他们的观点却常常大相径庭。(李洱《应物兄》)|见到的情形,与他路上胡思乱想大相径庭——吴倩与国庆一块儿在外屋煮饺子……两个寡妇正小声说着什么。(梁晓声《人世间》)

天壤之别　tiānrǎng-zhībié　形容差别极大,有天上和地下的差别。例不走翰林这途,同一科甲,就有天壤之别了。(清・文康《儿女英雄传》)|大艺术家心胸宽广,技艺高超,而那些伪艺术家,只知哗众取宠,展示雕虫小技,还心胸狭窄,再者相较,真有天壤之别。

〔辨析〕"大相径庭、天壤之别"都意在形容事物之间的差别之大。用路径作比喻,是横向比,说明差别大；用天地作比喻，是纵向比，说明差别大。比较的角度不同，都强调了所比事物的巨大区别。"天壤之别"还有些许贬义色彩。

大有可为　大有作为

大有可为　dàyǒu-kěwéi　指事物有发展前途，值得去做。可为：值得做。[例]他们喜气洋洋地向农林部寄回了调查报告：黄河故道发展果树生产，大有可为。(叶文玲《绿色长廊的构图人》)｜对一个男人来说，正是最重要的年月，今后还大有可为。(余秋雨《苏东坡突围》)

大有作为　dàyǒu-zuòwéi　《孟子·公孙丑下》："故将大有为之君，必有所不召之臣。"朱熹注："大有为之君，大有作为，非常之君也。"指充分发挥才能干一番事业，做出重大成绩。作为：成就。[例]你这富有经验的老导演正是大有作为的时候，你却不幸被病魔夺去了生命！(杨沫《悼念》)｜只有把自己投身到中华民族伟大复兴的洪流中，才能大有作为。

〔辨析〕"大有可为、大有作为"都有事情可为、值得做的意思。"大有可为"重在强调所为之事的有价值，有前途，非常值得去做。"大有作为"重在强调做事之人的才能、本领能得到充分发挥，从而取得成绩和成就。

呆头呆脑　呆若木鸡

呆头呆脑　dāitóu-dāinǎo　形容反应迟钝傻乎乎的样子。[例]他娘又说："人中吕布，马中赤兔，人家吉利生得一表人才，又脾气温柔；看那火把，呆头呆脑，只比石人石马多一口气。"(刘绍棠《鱼菱风景》)｜是呵，假如他转过去，随她走进家门，呆头呆脑地听凭她介绍给他的父母，顺子会一百个瞧不上他。(庞天舒《秋天总有落叶》)

呆若木鸡　dāiruò-mùjī　《庄子·达生》记载："纪渻(shěng)子为国王驯养斗鸡，训出的鸡心神专注，'望之似木鸡矣'。"木鸡原比喻极有涵养，以镇定取胜的人。后用"呆若木鸡"比喻因恐惧或惊讶而发愣的样子。[例]在长辈面前，她不敢多说话，又不能老在那儿呆若木鸡地侍立。(老舍《正红旗下》)｜(黄省三)呆若木鸡，低得几乎听不见的声音……(曹禺《日出》)

〔辨析〕"呆头呆脑、呆若木鸡"都有形容呆傻的意思。"呆头呆脑"强调表情、动作的笨拙、愚钝、不灵活，多形容反应迟钝，呆傻。"呆若木鸡"重在形容因恐惧或惊讶时不知所措，瞬间惊呆的样子。

代人受过　替罪羔羊

代人受过　dàirén-shòuguò　替别人

承担所犯过失的责任。例各省系军阀慑于人民的巨大力量，都不肯代人受过，曹锟也就不敢一意孤行。(陶菊隐《北洋军阀统治时期史话》)｜不料袁世凯是惯于将别人当做工具的阴谋家,他才不肯代人受过，更不甘心把这笔血账写在自己的账上。(唐人《北洋军阀演义》)

替罪羔羊 tìzuì-gāoyáng 语出自《圣经》,说耶稣为替人向上帝赎罪,用羊羔做牺牲代替,用"替罪羔羊"比喻替别人顶罪。例贪官恶吏为了掩盖自己的罪行，逃避法律的严惩,常常嫁祸于无辜之人做他们的替罪羔羊。｜杨志清说道：你难道不知道有的国家总爱把自己经济危机的责任推给别国,给自己找个替罪羔羊。

〔辨析〕"代人受过、替罪羔羊"都有替人承担过失、罪过的意思。"代人受过"重在表示替人承担所犯过失的责任,本人不一定没有过错,语意也较轻,是动词性成语。"替罪羔羊"更多强调承担罪责的人完全无辜,是非常冤枉地替人顶罪,语意较重,是名词性成语。

单刀直入 直截了当 开门见山

单刀直入 dāndāo-zhírù 《宋书·前废帝纪》："寿寂之怀刀直入,姜产之为副。帝欲走,寂之追而殒之。"后多用作"单刀直入",禅宗语录指摆脱依傍,勇猛精进。现多比喻说话、办事直截了当,不绕弯子。例我也没有多大的功夫和她兜圈子,单刀直入,我就用话冒他一冒。(茅盾《腐蚀》)｜为了缩小斗争面,萧队长单刀直入,提到韩老六家。(周立波《暴风骤雨》)

直截了当 zhíjié-liǎodàng 说话、做事爽快,不绕弯,直率。例他认为老张回答得还是含糊,就直截了当地问……(茹志鹃《同志之间》)｜这个姑娘说话、办事不绕弯子,直截了当,认真干脆。(马烽《刘胡兰传》)

开门见山 kāimén-jiànshān 宋·严羽《沧浪诗话》："……太白发句,谓之开门见山。"打开门就能看见山。比喻说话、写文章一开头就直入正题。例江华坐在桌子边,他又开门见山地问道静："最近的形势你清楚吗？"(杨沫《青春之歌》)｜为怕因祁老人提起陈谷子烂芝麻而忘了正事,他开门见山的说明了来意。(老舍《四世同堂》)

〔辨析〕"单刀直入、直截了当、开门见山"都有直接、不绕弯的意思。"单刀直入"更强调一下子就抓住问题的要害而发表议论解决问题,付诸行动。有时还比喻作战时直接杀入。"直截了当""开门见山"一般指一开始就进入所要谈论的主题。"直截了当"语意较广可用于说话、写文章以外的地方。"开门

单枪匹马　孤军奋战

单枪匹马　dānqiāng-pǐmǎ　《敦煌变文集·张淮深变文》："年初弱冠即登庸,匹马单枪突九重。"后多用"单枪匹马"指孤军奋战。多指一个人单独行动,没有别人帮助。例现在的社会,单枪匹马,各干各的是不行了。(叶圣陶《皮包》)｜长坂坡上的赵云——单枪匹马。

孤军奋战　gūjūn-fènzhàn　《隋书·虞庆则传》："庆则按营不救,由是长儒孤军独战,死者十八九。"现用作"孤军奋战"。形容孤立无援的军队单独奋勇作战。多指个人或集体在孤立无援的情况下奋力斗争。例乌云已经习惯了在这个战场上孤军奋战。(邓一先《我是太阳》)｜十五连的战士孤军奋战在汾河滩上种水稻。

〔辨析〕"单枪匹马、孤军奋战"都有没有人帮助,仅靠自身力量的意思。"单枪匹马"重在强调独自一人,势单力孤,是个人单独行动。"孤军奋战"强调尽管孤立无援但仍奋斗抗争。"单枪匹马"多指个人行为,"孤军奋战"既可用于个人也可用于集体。

殚精竭虑　呕心沥血

殚精竭虑　dānjīng-jiélǜ　唐·白居易《策杖一·策头》："殚思极虑,以尽微臣献言之道乎!"后多作"殚精竭虑",形容用尽精力、费尽心思。殚、竭:尽;精:精力;虑:思虑、心思。例我一定要殚精竭虑,尽我一切能力,来为国家民族奋斗牺牲,来为地方人民奋斗牺牲。(张治中《张治中回忆录》)｜足见此书确是一部殚精竭虑的著作,自有其价值在。(周祖谟《音学王书前言》)｜"蒙葛校长不弃,负责此重大课题,怎能不殚精竭虑?"(李洱《应物兄》)

呕心沥血　ǒuxīn-lìxuè　形容费尽心血,极其辛劳。呕心:形容用心过度;沥血:滴血,表示竭尽忠诚。例后来我认识了你,呕心沥血地指导你,你却不明白我内心赎罪的深意。(张扬《第二次握手》)｜多年来,他呕心沥血写了很多讴歌祖国和人民的好作品。

〔辨析〕"殚精竭虑、呕心沥血"都有费尽心思的意思。"殚精竭虑"重在强调用尽精力,思虑尽心,未涉及对身体的伤害,词意较轻。"呕心沥血"则强调在费尽心血时极度辛劳给身心带去了危害,词意较重。

胆战心惊　毛骨悚然

胆战心惊　dǎnzhàn-xīnjīng　《敦煌变文集·维摩诘经讲经文》："闻说便胆战心惊,岂得交吾曹为使。"

形容非常害怕。战：发抖。也说"心惊胆战"。例听见包弟尖声吠叫，我就胆战心惊，害怕这种叫声会把抄"四旧"的红卫兵引到我家里来。（巴金《小狗包弟》）｜以周进和范进为代表的那一批举人进士，其窘态难道还不能让你胆战心惊，啼笑皆非吗？（季羡林《季羡林散文精选》）｜有时有人回房取东西，刚胆战心惊地摸进门，就有人在后面大喊："地震了——！"（陈彦《主角》）

毛骨悚然 máogǔ-sǒngrán 形容毛发竖起，脊梁骨发冷极度恐惧。悚然：害怕的样子。例我就想起两句诗："冷月破去雾，白衣坐幽女。"不禁毛骨悚然。（冰心《秋风秋雨愁煞人》）｜望望对面烟火冲天，从那里飞跑出一个个火人，有人跳入石油河，有人半路就倒下了，同声惨叫，使人毛骨悚然。（张天民《创业》）

〔辨析〕"胆战心惊、毛骨悚然"都形容非常害怕。"胆战心惊"偏重强调心理上的感受，形容因内心的恐惧而发抖，不一定有悲惨的氛围。"毛骨悚然"强调内心的恐惧已经完全反映在身体的相关部位了，而且常和悲惨的场面相关联，语意也较"胆战心惊"重。

弹丸之地　立锥之地

弹丸之地 dànwánzhīdì 《战国策·赵策三》："此弹丸之地，犹不予也。"像弹丸般大小的地方。形容地方很小。弹丸：打弹弓所用的泥、石或铁制的小球。例香港又是一个海岛，小小弹丸之地，你逃来逃去都会吃到炮弹，何必多此一举。（茅盾《回忆之一页》）｜你只有谷城县弹丸之地。池塘小，难养大鱼。（姚雪垠《李自成》）

立锥之地 lìzhuīzhīdì 《庄子·盗跖九》："尧、舜有天下，子孙无置锥之地。"插一个锥子那么大的一点地方。比喻地方极小。例如今大户田连阡陌，小民无立锥之地，有田者不耕，欲耕者无田。（明·冯梦龙《喻世明言》）｜天地如此之大，难道竟连一个十八岁女孩子的立锥之地都没有？（杨沫《青春之歌》）

〔辨析〕"弹丸之地、立锥之地"都形容地方狭小，面积不大。"弹丸之地"只形容地域极小，多用于受空间的限制，难以保全和发展。"立锥之地"一般只用于否定句为"无立锥之地"，形容在社会上无立足之地、经济上极端贫穷。

当仁不让　义不容辞

当仁不让 dāngrén-bùràng 《论语·卫灵公》："当仁，不让于师。"指面对合乎仁义的事，就是老师也不必和他谦让。现指遇到应做的事，不推诿，主动承担。例孔繁礼请殷森先训话，殷森照例客套地推让了一下，马上就当仁不让地走到台前。（艾煊《山雨欲来》）｜在全国比赛中屡获金奖的我省杂技团，当仁不让地承担了这次出国演出任务。（2014年全国高考语文新课标试题）

义不容辞 yìbù-róngcí 道义上不容许推辞。例常二爷正在地里忙着，可是救命的事是义不容辞的。（老舍《四世同堂》）｜她想，自己所在的工厂是造动力机械的，应该义不容辞地为解决农村的动力问题出一把力。（焦祖尧《总工程师和他的女儿》）

〔辨析〕"当仁不让、义不容辞"都有遇事不推辞，积极主动承担的意思。"当仁不让"指承担者理直气壮，认为理所应当；"义不容辞"从道义上强调承担的理由。二者适用语境有所不同。

当头一棒　当头棒喝

当头一棒 dāngtóu-yībàng 比喻促人猛醒的警告，也可比喻给人以突然打击，还可比喻直截了当，不含蓄。例孔子好像受了当头一棒，亡魂失魄地坐着，恰如一段呆木头。（鲁迅《故事新编·出关》）｜假如在我们观念上"情节总是这样固定的"，川剧、淮剧、潮剧就会狠狠地给我们当头一棒。（秦牧《艺海拾贝》）｜《水浒传》的作者常用"当头一棒"的手段激发读者的情绪。

当头棒喝 dāngtóu-bànghè 原为佛教用语。禅宗和尚对待初学的人，常常当头一棒或大喝一声，以促使人猛醒。后用来比喻促人猛醒的警告或给人沉重的打击。例这声音如晴天霹雳，当头棒喝，使叛徒们心惊胆战，无地自容。（袁鹰《悲欢，用生命和血写成的诗》）｜自幼把儿子娇惯得野腔无调，打天骂地，花轱辘老头儿被儿子当头棒喝，真是自作自受。（刘绍棠《鱼菱风景》）

〔辨析〕"当头一棒、当头棒喝"都有促人猛醒的警告和给人以打击的意思。"当头一棒"给人的打击既可以是心理上的，也可以是生理上的，它还可以形容直截了当，不含蓄。"当头棒喝"给人的打击一般仅限于心理上，它一般也不形容直截了当，不含蓄。

当务之急　燃眉之急

当务之急 dāngwùzhījí 《孟子·尽心上》："当务之为急。"意思是当前应当做的事才是最紧要的。例我们目下的当务之急是：一要生存，二要温饱，三要发展。（鲁迅《华盖集·忽然想到》）｜当务之急是学习，充实自己，提高自己。（谌容《减去十岁》）

燃眉之急 ránméizhījí 《三国志·吴志·张昭传》："张昭谓孔明曰：'先生每以管、乐自比，今玄德得先生，及弃新野，走樊城，败当阳，走夏口，有燃眉之急，岂有管、乐万分之一耶？'"像火烧眉毛那样的紧急。形容情况非常紧迫。例他向比利时银团接洽成立了这笔小借款，以济燃眉之急。（陶菊隐《袁世凯演义》）｜看来局势真如燃眉之急，大师兄黑塔他们哪里还坐得住呢！（冯骥才、李定兴《义和拳》）

〔辨析〕"当务之急、燃眉之急"都有事情紧急需要马上办理和解决的意思。"当务之急"重在强调当前应该做的是最迫切的事。"燃眉之急"是强调事情的万分急迫，刻不容缓。俗语有说"火烧眉毛"。

当之无愧　受之无愧

当之无愧 dāngzhī-wúkuì 宋·欧阳修《回丁判官书》："夫人有厚己而自如者，恃其中有所以当之而不愧也。"后多作"当之无愧"，指完全能够承当得起某种荣誉或称号，丝毫没有可惭愧的地方。例他给我们树立了一个光辉的榜样，"卓越的无产阶级文化战士"，这是当之无愧的。（巴金《永远向他学习——悼念郭沫若同志》）｜至于军师一席，弟有一好友当之无愧，敢为冒昧推荐。（姚雪垠《李自成》）

受之无愧 shòuzhī-wúkuì 对接受别人的东西或奖励，丝毫没有可惭愧的地方。例就许光达的战功和贡献，授予他大将军衔，他是受之无愧的，但是在授衔之前他还是再三向中央恳辞。高风亮节，令人钦佩。｜这笔钱是老朋友的赠款，不是民国的官俸，所以这位相国也就受之无愧了。（陶菊隐《袁世凯演义》第二十六回）

〔辨析〕"当之无愧、受之无愧"都指理应接受上级、别人给予的奖赏而不感到惭愧。"当之无愧"只用于非物质性的荣誉、称号等。"受之无愧"则多指物质性的礼品或奖励。

荡气回肠　感人肺腑

荡气回肠 dàngqì-huícháng 三国魏·曹丕《大墙上蒿行》："女娥长歌，声协宫商，感心动耳，荡气回肠。"形容文辞、音乐等感人肺腑。荡：摇动，振荡；气：心绪，情绪。也说"回肠荡气"。例这里面有个关键性的问题，就是作品应该有荡气回肠的感人力量。（秦牧《艺海拾贝》）｜民间的歌咏自然更是不可多得的好诗……一词一调都使人荡气回肠。（张长弓《漠南魂》）。

感人肺腑 gǎnrén-fèifǔ 形容使人内

心深处受到感动。脏腑：内心。[例]庆祝解放的游行行列浩浩荡荡……那真是催人泪下，感人肺腑的场面。（刘白羽《第二个太阳》）｜汶川大地震时，灾区处处是感人肺腑的动人场景，广大军民抗震救灾，谱写了一曲曲感天动地的英雄赞歌。

〔辨析〕"荡气回肠、感人肺腑"都形容令人感动。"荡气回肠"多用于被文辞、音乐所触而有感。重在强调心绪、情绪的激荡、起伏。"感人肺腑"不限于被文辞、音乐所感染，使用范围更广，它更强调发自内心的感动、感受、感触。

倒背如流　滚瓜烂熟

倒背如流 dàobèi-rúliú　把诗文等倒过来背诵也像流水一样顺畅。形容诗文等读得滚瓜烂熟。[例]他有个死去的舅舅是说大鼓书的，给他留下一部《三国演义》，日久天长，竟能倒背如流。（刘树德《老四友》）｜她把说明小册子的英文部分似乎已经读得倒背如流了。（郭沫若《苏联纪行·六月二十七日》）

滚瓜烂熟 gǔnguā-lànshú　滚圆的瓜熟透了。常用来形容读书或背文章非常流利纯熟。[例]他不吃不睡，一口气把它背得滚瓜烂熟。（陈登科《赤龙与丹凤》）｜肚子里装满唐诗，滚瓜烂熟。（张中行《负暄续话·集句》）｜杨过早已将《玉女心经》练得滚瓜烂熟，这心经正是全真武功大对头。（金庸《神雕侠侣》）

〔辨析〕"倒背如流、滚瓜烂熟"都形容诗文等读得很熟。"倒背如流"重在强调背诵，而且是把文章、诗词等倒过来背诵都很流畅，是夸张性成语，语意重。"滚瓜烂熟"重在强调读或背诵时十分流畅，有时含对文章的理解，还可用于对武术、技艺的掌握。

倒打一耙　反咬一口

倒打一耙 dàodǎ-yīpá　《西游记》中的猪八戒用钉耙作武器，常用倒打一耙的战术取胜。后用"倒打一耙"指不但不接受对方的批评，反而指责对方，反咬一口。[例]得啦，你不要倒打一耙，我真是为你好。（杨沫《青春之歌》）｜王奎万没料到这家伙来了个倒打一耙。（康濯《东方红》）

反咬一口 fǎnyǎo-yīkǒu　指自己做了坏事反过来诬陷别人。[例]袁世凯卖国也要一手包办，替他做掮客的人会被他反咬一口，说是汉奸！（茅盾《锻炼》）｜这件事触犯了吕夷简，吕夷简反咬一口，说范仲淹交结朋党，挑拨君臣关系。（曹余章《上下五千年》）

〔辨析〕"倒打一耙、反咬一口"都有

干了坏事或错事，自己不承认而诿过于人的意思。"倒打一耙"多用于形容对付别人的批评和指责，是比喻性成语，生动活泼，语意较轻。"反咬一口"多用于对检举、控诉、见证人的诬陷，是直陈性成语，直截明确，语意重。

道貌岸然　一本正经

道貌岸然　dàomào-ànrán　鲁迅《准风月谈·吃教》："宋儒道貌岸然，而窃取禅师的语录。"外表神态庄重，一本正经的样子。多为贬义。道貌：正经严肃的外貌；岸然：高傲的样子。例后来，又有几个道貌岸然的君子，站在路边，口中喊打，身体并不靠前。(莫言《蛙》)｜谁如果想要爬上这专制王朝金字塔的顶层，不揣摩那些无耻而又狠毒的权谋，恐怕无法实现自己的利欲熏心的目标，因此像那些看起来是道貌岸然的人们，却早已衍变成了跨起双腿走路的野兽。(林非《询问司马迁》)

一本正经　yīběn-zhèngjīng　形容很规矩，很庄严的样子。有时含讽刺或诙谐意味。例她介绍得很熟练，但她这一本正经的神态，和她那圆鼓鼓的红脸颊很不相称。(茹志鹃《高高的白杨树》)｜……在他们的心中，似乎我们中国人多半是一本正经的，不喜欢幽默。(马南邨《燕山夜话》)

〔辨析〕"道貌岸然、一本正经"都用来形容正经、严肃的样子。"道貌岸然"偏重于庄重、高傲，多用于讽刺假正经、表里不一的伪君子。"一本正经"偏重于形容庄严、规矩、认真。

德高望重　众望所归

德高望重　dégāo-wàngzhòng　《晋书·司马元显传》："元显因讽礼官下议，称己德隆望重，既录百揆，内外群僚皆应尽敬。"后多作"德高望重"，指品德高尚，名望很大。例定大爷，咱们这一带就属您德高望重，也只有您肯帮助我们。(老舍《正红旗下》)｜白鹿仓辖管的百余个村庄的官人，德高望重的绅士贤达，十几个大村的私塾先生和唯一一所新制学校的几名教员，济世粮店的丁掌柜和白鹿中医堂的冷先生等头面人物都在被邀之列。(陈忠实《白鹿原》)｜学术界的泰斗、德高望重、被著名的史学家郑天挺先生称之为"教授的教授"的陈寅恪先生也不能例外。(季羡林《牛棚杂忆》)

众望所归　zhòngwàng-suǒguī　《隋书·高祖纪上》："内史上大夫郑泽……以高祖皇后之父众望所归，遂矫诏引高祖入总朝政。"大家的希望归向于一处。形容威望极高，

得到众人敬仰。例常二爷被自己的话绕在里边了！他非去不可！众望所归，还有什么可说的呢？（老舍《四世同堂》）|……这是共产党领导的社会主义中国成为众望所归的缘故。（顾笑言《李宗仁归来》）

〔辨析〕"德高望重、众望所归"都有名声很大，受人尊敬的意思。"德高望重"重在强调一个人因品德高尚而受人尊重、敬重。"众望所归"重在强调在大众之中因很有威望、威信而被认可、信赖和景仰。

得心应手　运用自如

得心应手　déxīn-yìngshǒu　《庄子·天道》："斫轮，徐则甘而不固，疾则苦而不入。不徐不疾，得之于手而应于心……"后多作"得心应手"，指心里怎么想，手就能怎么做，运用自如。形容技艺娴熟或做事顺手合乎心意。得：得到；应：配合。例即使这些都做到了，还不能说在写作时就一定十分得心应手。（秦牧《艺海拾贝·在词汇的海洋里》）|在和他略逊一筹的棋手对阵时，他得心应手，步步顺畅。（黎汝清《叶秋红》）

运用自如　yùnyòng-zìrú　运用得极熟练、自然。例幅员稍狭，故得厉行专制，而运用自如。（梁启超《开明专制论》）|这三个歌儿都令官兵朝夕歌诵……以便作战时可以运用自如。（冯玉祥《我的生活》）

〔辨析〕"得心应手、运用自如"都有娴熟，运用熟练的意思。"得心应手"多强调想法和做法的高度一致和配合的协调，还可形容做事顺手，合乎心意。"运用自如"多强调运用的熟练、自然，在活动和操作时不受阻碍。

得心应手　左右逢源

得心应手　déxīn-yìngshǒu　《庄子·天道》："不徐不疾，得之于手而应于心。"后多做"得心应手"，指心里怎么想，手就能怎么做，运用自如。形容技艺娴熟或做事顺手合乎心意。得：得到；应：配合。例只有练得透熟，才能心忘枪，手忘枪，也就是人们常说的"得心应手"。（姚雪垠《李自成》）|有办法，而且办法颇多的角色，自可得心应手，扶摇直上。（茅盾《"雾重庆"拾零》）

左右逢源　zuǒyòu-féngyuán　《孟子·离娄下》："自得之，则居之安；居之安，则资之深；资之深，则取之左右逢其原。""原"同"源"。逢：遇到；源：水源。原指功夫深厚，自然取之不竭。也可比喻技艺纯熟，做事顺利。还常用作讽刺人圆滑，巧于应付。例八面驶风，左右逢源，真乃诸葛亮也！（老舍《神拳》）｜因为是目前的环境，人和物都和以前的不同，因而不能左右逢源的顺应。（茅盾《虹》）

〔辨析〕"得心应手、左右逢源"都有运用自如或技艺熟练的意思。"得心应手"强调是想法和做法的一致和协调。"左右逢源"强调学识广，造诣深而取之不竭，还可用于讽刺人善于应付，圆滑老练。

得鱼忘筌　卸磨杀驴　过河拆桥　鸟尽弓藏　兔死狗烹

得鱼忘筌　déyú-wàngquán　《庄子·外物》："筌者，所以在鱼，得鱼而忘筌。"筌：通"荃"。捕到鱼就忘记了用来捕鱼的筌。比喻达到目的就忘了本。筌：捕鱼用的竹器。例后人之未有不学古人而能为诗者也。然而善学者，得鱼忘筌；不善学者，刻舟求剑。（清·袁枚《随园诗话》）｜故目的既达，得鱼忘筌，其手腕峭紧敏捷又如此。（梁启超《外交失败之原因及今后国民之觉悟》）

卸磨杀驴　xièmò-shālǘ　比喻达到目的后，就抛开甚至伤害曾帮助过自己的人。例他早把过去忘了，过河拆桥，卸磨杀驴，端起热饭碗，连自己姓什么都忘了。（浩然《艳阳天》）｜冯文光说："要是这么办，管保有坏分子造谣。这不是卸磨杀驴、过河拆桥吗？"（梁斌《翻身记事》）

过河拆桥　guòhé-chāiqiáo　宋·大慧宗杲禅师《大慧普觉禅师语录》："过桥便拆桥，得路便塞路。"比喻达到目的后，就把帮助过自己的人一脚踢开。例祥子受了那么多累，过河拆桥，老头子翻脸不认人……（老舍《骆驼祥子》）｜解放前，一年还不是有八个月在外边讨饭，共产党来了他才翻了身，这种人就是过河拆桥，好了伤疤忘了疼。（陈登科《风雷》）

鸟尽弓藏　niǎojìn-gōngcáng　《史记·越王勾践世家》："飞鸟尽，良弓藏；狡兔死，走狗烹。"鸟打光了就把弹弓收起来不用了。比喻事情办成后就把出过力的人一脚踢开，弃之不用。例辛亥、癸丑之役，大总统注意南方，皆作霖坐镇北方之力。今天下底定，以逸夫之排挤，鸟尽弓藏，思之寒心！（陶菊隐《袁世凯演义》）｜文种不听范蠡鸟尽弓藏的劝告，最后被越王勾践赐死。

兔死狗烹　tùsǐ-gǒupēng　把兔子捕杀后，捕兔的猎狗就被烹煮吃掉。比喻事情成功之后，出过力的人就被抛弃或杀掉。例一旦义军战败，将军对朝廷已无用处，鸟尽弓藏、兔死狗烹的时候就要到来。（姚雪

垠《李自成》)

〔辨析〕"得鱼忘筌、卸磨杀驴、过河拆桥、鸟尽弓藏、兔死狗烹"都有达到目的之后,对曾有用的人或物,弃之不用的意思。"得鱼忘筌"重在强调忘本,忘记了曾经有用的东西和帮过自己的人,也可形容有所成就后的一种心情,语意轻。"卸磨杀驴"强调对曾经有用的人用过后下黑手,手段毒辣,语意较重。"过河拆桥"和"卸磨杀驴"意思很接近,常连用,且多用于俗语、口语。"鸟尽弓藏"和"兔死狗烹"原来多用于帝王在成就事业之后,开始抛弃杀戮有功之臣。"鸟尽弓藏"偏重形容有用的人、物遭到废弃,语意较轻。"兔死狗烹"重在形容曾经为主子卖命的人,事成之后遭迫害,被杀害,语意重。

灯红酒绿　纸醉金迷

灯红酒绿　dēnghóng-jiǔlǜ　明·顾梦游《辛卯元六日集黄眉房离中……慨然百赋》:"去住同为飘泊人,红灯绿酒倍情柔。"形容都市或娱乐场所夜晚的繁华景象,也常形容寻欢作乐的腐化生活。例只有绝少数的人们,灯红酒绿,歌舞升平地享受着。(丁玲《真》)｜宴会厅里灯红酒绿,觥筹交错。(柯兴《使命与情网》)

纸醉金迷　zhǐzuì-jīnmí　宋·陶穀《清异录》记载:唐末孟斧"有一小室……器皆金饰,纸光莹白,金彩夺目,所亲见之,归语人曰:'此室暂憩,令人金迷纸醉。'"后多用"纸醉金迷"比喻骄奢淫逸、腐朽糜烂的生活方式。例我来到日本不久,听的不多,见的不广,但在那五光十色、纸醉金迷的纷乱生活中,有些事物给我的冲激特别深。(杨朔《樱花雨》)｜你们灯红酒绿、纸醉金迷,舒坦得要死,我呢,无非是你们的一条狗。(俊然《安图的后代》)

〔辨析〕"灯红酒绿、纸醉金迷"都可形容尽情享受、骄奢淫逸、腐化堕落的生活场景。"灯红酒绿"常可用作中性词,形容特定的繁华景象。"纸醉金迷"是完全的贬义词,只用作对腐朽糜烂、骄奢淫逸生活的讽刺。

登峰造极　叹为观止

登峰造极　dēngfēng-zàojí　南朝宋·刘义庆《世说新语》:"佛经以为祛治神明,则圣人可至。简文云:'不知便可登峰造极不?'"指登上山峰的最高处。比喻达到最高的境界或程度。峰:山顶;造:达到;极:顶点。例其用心之恶毒,居心之毒辣,实在到了登峰造极的地步。(岳夏《难忘的教诲》)｜人物

画有多样的表现形式,以瞬息万变的画幅为登峰造极之作。(徐迟《祁连山下》)| 说轻了,是不要脸;说重了,那就是厚颜无耻到了登峰造极的地步。(陈彦《主角》)

叹为观止 tànwéi-guānzhǐ 《左传·襄公二十九年》:"观止矣,若有他乐,吾不敢请矣。"赞赏所见的事物美好到极点。也可形容事物已发展到极致。观止:看到最好的了,不再看别的了。例 漩门山的壮美是不待言的,那怪异的峻拔的巉岩,长年飞跃的山泉,都令人叹为观止。(叶文玲《绿色的漩门港》)| 如果你把帝国主义的性格和狼的性格逐一作一个比较,可以说,那种酷肖的程度着实使人叹为观止。(秦牧《说狼》)

〔辨析〕"登峰造极、叹为观止"都形容事物达到了极高的境界和程度。"登峰造极"的比喻义有褒贬不同的两种用法:指学问、技艺、成就等达到最高境地,含褒义;指坏事做尽或错误倾向,混乱局势、邪恶势力发展到顶点,含贬义。"叹为观止"多用于赞叹所见事物好到极点或形容事物已发展到极致。

登堂入室 升堂入室

登堂入室 dēngtáng-rùshì 《论语·先进》:"(仲)由也升堂矣;未入于室也。"比喻人的学识、技能等造诣很高。堂、室:古代宫室的前屋为堂,后屋为室。故也用于深入事物的内部。例 访问这种人家的时候,他们决定不登堂入室,只在门外谈一谈。(吴组缃《山洪》)| 深深埋在地下的油层是看不见摸不清的,邵元良决定登堂入室,把油层在注水后的变化规律摸清,从中探求出一条增产原油的新路子。(《花城》1981年第3期)

升堂入室 shēngtáng-rùshì 《论语·先进》:"由也,升堂矣,未入于室。"后用"升堂入室"指仲由(子路)所学等已有成就,但还不够精深。比喻学问、技艺达到高水平。例 娱心黄老,游志六艺,升堂入室,究其阃奥。(《三国志·魏志·管宁传》)| 我们且推想:孔门弟子三千人,即算那升堂入室的七十二子,他们该有七十二种不同的《论语》。(曹聚仁《中国学术思想史随笔》)

〔辨析〕"登堂入室、升堂入室""登堂入室"是"升堂入室"的变式,两者常可通用。"登堂入室"除比喻人的学识、技能造诣高,还可形容进入了事物的内部。"升堂入室"多用于比喻学问、技艺达到高水平。

等闲视之 漠然置之

等闲视之 děngxián-shìzhī 宋·周

密《齐东野语》："视官爵如等闲。"指看作平常小事，不予重视。例但是确实存在这种典型，而且为数相当的多，危害相当的大，不可等闲视之的。(毛泽东《改造我们的学习》)｜对她决不可像对一般姑娘那样等闲视之。(蒋子龙《赤橙黄绿青蓝紫》)｜但是，我却认为，凡事都必须问一个"为什么"，事出有因，不应当马马虎虎，等闲视之。(季羡林《季羡林散文精选》)

漠然置之 mòrán-zhìzhī 形容对人对事漠不关心。将其冷漠地放在一边。漠：冷漠，淡漠。例见群众不宣传，不鼓动，不演说，不调查，不询问，不关心其痛痒，漠然置之，忘记了自己是一个共产党员。(毛泽东《反对自由主义》)｜彼而漠然置之，犹可言也。(梁启超《少年中国说》)

〔辨析〕"等闲视之、漠然置之"都有不予重视的意思。"等闲视之"重在形容虽然将人或事纳入了视野之内，却看着平平常常，不予重视，词意轻。"漠然置之"强调根本就不把人或事看在眼里，放在心上，而是冷淡地搁置在一边，词意重。

低三下四　低声下气　低眉顺眼

低三下四 dīsān-xiàsì 清·孔尚任《桃花扇》："只怕到那里低三下四还干旧营生。"原指社会地位低下，后多用来形容卑贱没有骨气，对人态度卑恭。例不，她不喜欢低三下四地向债主求情；还！还清！就是一个不剩，也比叫掌柜的或大徒弟高声申斥好得多。(老舍《正红旗下》)｜想当初，我在城里头作艺，不肯低三下四地侍候有势力的人，教人家打了一顿不能再在城里登台。(老舍《龙须沟》)

低声下气 dīshēng-xiàqì 形容说话恭顺小心不敢大声说话和出气的样子。例他先前怕孩子们，比孩子们见老子还怕，总是低声下气的。(鲁迅《彷徨·孤独者》)｜婆婆摔锅打碗，嫂嫂比鸡骂狗，自己还是低声下气哩，还是该再和她们闹起来呢？(赵树理《三里湾》)

低眉顺眼 dīméi-shùnyǎn 形容非常温驯的神态或卑恭屈从的样子。例但中国一般的趋势，却只在向驯良之类……发展，低眉顺眼，唯唯诺诺，才算一个好孩子。(鲁迅《且介亭杂文》)｜谁是他的主子，他就对谁低眉顺眼，无条件服从。(老舍《鼓书艺人》)

〔辨析〕"低三下四、低声下气、低眉顺眼"都有态度卑顺，小心谨慎的意思。"低三下四"原有社会地位或职业低下的低人一等的意思，现多用来表示没有骨气，语意范围广。"低声下气"重在表现说话态度的卑顺，小心，语意范围窄。

"低眉顺眼"着重表现驯服温和、屈从的神态。

滴水不漏　天衣无缝

滴水不漏 dìshuǐ-bùlòu　一点水也不会漏下去。形容说话办事非常周到严密，一点疏漏都没有。例这也是王春宇几年江湖上精细，把这宗事，竟安插的滴水不漏。(清·李绿园《歧路灯》)｜阿庆嫂真不愧是开茶馆的，说出话来滴水不漏。(现代京剧《沙家浜》)｜周秉义目不转睛地看着她，听着她像背熟了腹稿似的从容不迫、滴水不漏的声明，身上一阵阵发冷，同时心里暗暗替陶平叫苦不迭。(梁晓声《人世间》)

天衣无缝 tiānyī-wúfèng　《太平广记》卷六八引《灵怪录·郭翰》："仰视空中，见有人冉冉而下，乃一少女也……女微笑曰：'吾上天织女也。'……徐视其衣并无缝，翰问之，谓翰曰：'天衣本非针线为也。'"原意指神仙的衣服没有缝儿。现比喻事物完美自然，没有破绽。多形容诗文浑然天成，无雕琢痕迹。例潘信诚究竟是与众不同，一番话说得多么天衣无缝，又多么干净利索。(周而复《上海的早晨》)｜白话的散文并不排斥文言中的用语，但必须巧为运用，善于结合，天衣无缝。(老舍《戏剧语言》)

〔辨析〕"滴水不漏、天衣无缝"都是比喻说话、办事周密，没有缺陷。"滴水不漏"偏重无疏漏，掌握的东西控制得十分严密。"天衣无缝"重在形容事物无一点破绽，自然、完美。

地老天荒　海枯石烂

地老天荒 dìlǎo-tiānhuāng　义同"天荒地老"。唐·李贺《致酒行》："吾闻马周昔作新丰客，天荒地老无人识。"天地荒芜衰老。形容经历的时间极其久远。例凤凰台上望乡关，地老天荒故将闲。(丘逢甲《有感赠义军旧书记》)｜织女临河，仙郎对岸，地老天荒，海枯石烂，永劫同灰。(明·汤显祖《紫箫记·胜游》)｜灯光没有调到最大亮度，粉白中透出毛茸茸的橘黄。地老天荒的静寂与安详。(徐则臣《北上》)｜不必说话，什么话都不用说，如果能这么一直地老天荒地沉默下去，你那世界上任何好东西，我都不会换。(徐则臣《北上》)

海枯石烂 hǎikū-shílàn　元·王实甫《西厢记》："这天高地厚情；直到海枯石烂时。"海水枯干，石头粉碎。形容经历千万年长久的时间，环境发生了巨大变化。多用于盟誓，表示坚贞不渝，意志坚定。例干就干到底，粉身碎骨，海枯石烂，心不变。(李建彤《刘志丹》)｜从此成为忠诚的共产党人，历尽艰险磨

难，海枯石烂，矢志不渝。（柯灵《送别夏公》）

〔辨析〕"地老天荒、海枯石烂"都用来形容经历时间的久远。"地老天荒"重在强调历时长久，而"海枯石烂"多用于盟誓，表示意志坚定，对事业、情感的矢志不渝。

颠倒黑白　混淆是非

颠倒黑白　diāndǎo-hēibái　把黑的说成白的，把白的说成黑的。形容歪曲事实，混淆是非。例公事大小，一概不问，任着幕宾胥吏颠倒黑白。（《黑籍冤魂》第七回）｜《海内奇谈》揭露了国民党统治者颠倒黑白的种种怪现象。（黄修己《中国现代文学简史》第二十五章）

混淆是非　hùnxiáo-shìfēi　把对的说成错的，把错的说成对的。故意颠倒事实，制造混乱；混淆：使混乱，使界限模糊。例你想他们有甚弄钱之法？无非是包揽词讼，干预公事，鱼肉乡里，倾轧善类，布散谣言，混淆是非。（清·吴趼人《二十年目睹之怪现状》）｜他们颠倒黑白，混淆是非，结帮营私，横行霸道。（巴金《一封信》）

〔辨析〕"颠倒黑白、混淆是非"都有故意造成混乱的意思。"颠倒黑白"重在强调故意歪曲事实，把原本分得很清楚的善恶、是非、利害都颠倒过来了。"混淆是非"则重在把对错、是非、善恶等混为一谈，有把水搅浑，从而达到卑鄙目的的意思。两词常连用。

颠三倒四　语无伦次

颠三倒四　diānsān-dǎosì　形容说话语无伦次，或办事失去常态，无条理，无次序。例石志海病得颠三倒四的，前言不搭后语。（杨朔《桃树园》）｜如今也不必大动干戈，只小要他一场，先弄得他颠三倒四，再打得他头破血出……（清·名教中人《好逑传》）

语无伦次　yǔwúlúncì　宋·苏轼《付僧惠诚游吴中代书》："信笔书纸、语无伦次。"说话或作文颠三倒四，毫无条理。伦次：条理。例他语无伦次，不知道怎样对师傅们解说才能解释清楚。（徐迟《哥德巴赫猜想》）｜我想，这或者也是使他写信时惊惶失措，语无伦次的原因之一吧。（唐弢《尺素书》）

〔辨析〕"颠三倒四、语无伦次"都有失去常态、无条理、无次序的意思。"颠三倒四"使用范围广，可形容办事、说话作文等方面，而"语无伦次"范围窄，只用于说话和作文。

雕章琢句　字斟句酌

雕章琢句　diāozhāng-zhuójù　形容刻意修饰诗文等作品的词句。例我

们为校正旧时雕章琢句的恶习，说小说要"写"，有人就误会为"写"是提起笔就写了。（茅盾《致汤在新》）|《黎明的通知》像土地一样纯朴，像麦苗一样清新，诗中丝毫没有雕章琢句的痕迹，但却蕴含着丰富的内涵，富有启示性。（崔新民《情的感染，美的享受——读艾青的〈黎明的通知〉》）

字斟句酌 zìzhēn-jùzhuó 清·纪昀《阅微草堂笔记》："《论语》、《孟子》，宋儒积一生精力；字斟句酌；亦断非汉儒所及。"对每一字每一句都仔细推敲。形容写作或说话的态度慎重，措辞严谨。斟、酌：反复考虑、推敲，以决定取舍。例齐同志字斟句酌地十分认真，有些地方我劝他马虎一点，然而他决不马虎。（郭沫若《苏联纪行》）|然而他却认为即使写了宣言，只要写得字斟句酌，也就不会出什么毛病。（魏金枝《编余丛谈》）

〔辨析〕"雕章琢句、字斟句酌"都有对文章的字句精心推敲、修饰的意思。"雕章琢句"一般指忽略文章的内容、气韵，片面地在字句上下功夫，含贬义。"字斟句酌"一般指对说话或对文章字句细加推敲，认真修改，多含褒义。

调兵遣将　排兵布阵

调兵遣将 diàobīng-qiǎnjiàng 调动兵马，派遣将领。进行作战准备。泛指安排和使用各方面的人力。例梁中书的夫人躲得在后花园中逃得性命，便教丈夫写表申奏朝廷，写书教太师知道，早早调兵遣将，剿除贼寇报仇。（明·施耐庵《水浒传》）|这次内务比赛她们更是憋足了劲，调兵遣将整整用去了半天功夫。（魏巍《火凤凰》）

排兵布阵 páibīng-bùzhèn 排列军士队伍，摆布军阵。指谋划军务。也喻指安排、布置事情。例执锐披坚领大兵，排兵布阵任非轻。（元·无名氏《衣锦还乡》）|安老爷、安太太便在这边暗暗的排兵布阵，舅太太便在那边密密的引线穿针。（清·文康《儿女英雄传》）

〔辨析〕"调兵遣将、排兵布阵"原都指作战前的准备，后也用来比喻安排事情。"调兵遣将"偏重于选择、调动和分派，"排兵布阵"侧重于安排、部署和马上实施。

调虎离山　引蛇出洞

调虎离山 diàohǔ-líshān 诱使老虎离开山林。比喻用计引诱对方离开原来的有利位置，以便乘机行事。例我使个调虎离山计，哄你出来争战，却着我师弟取水去了。（明·吴承恩《西游记》）|表面上是为了关怀朱延平和马丽琳，实际上是调虎离山，好让林宛之出面招待客

人。(周而复《上海的早晨》)

引蛇出洞 yǐnshé-chūdòng 诱使蛇离开藏身的山洞。比喻用计引诱对方离开原先躲藏的地方,把自己暴露出来,以便对其实施攻击。例艾虎对智化说道:"徒儿在前面引蛇出洞,师父您从后面下手,您看好不好?"(石玉昆《三侠五义》)|邬先生对胤祥说:"十三爷,这事还是要引蛇出洞才好。"(二月河《雍正皇帝》)

〔辨析〕"调虎离山、引蛇出洞"都有用计诱使离开原来的有利位置,以便乘机行事的意思。"调虎离山"偏重形容使凶猛的对手离开后到一个不利于它的地方,强调调遣、调动。"引蛇出洞"偏重使阴险的对手暴露自己,无法躲藏,便于行事。

叠床架屋　画蛇添足

叠床架屋 diéchuáng-jiàwū 北齐·颜之推《颜氏家训·序致》:"魏晋已来所著诸子,理重事复,递相模效,犹屋下架屋,床上施床耳。"指在屋下架屋、床上叠床。比喻模拟仿效,因而重复雷同。后用来比喻重复累赘。例咏桃源诗,古来最多,意义俱被说过,作者往往有叠床架屋之病,最难出色。(清·袁枚《随园诗话·补遗》)|讲到成语,有些人的脑子里不是没有若干成语,但是用起来叠床架屋,拖泥带水。(邹韬奋《经历》)

画蛇添足 huàshé-tiānzú 《战国策·齐策二》:楚有祠者,赐其舍人卮酒。舍人相谓曰:"……请画地为蛇,先成者饮酒。"一人蛇先成,引酒且饮之,乃左手持卮,右手画蛇,曰:"吾能为之足。"未成,一人之蛇成,夺其卮曰:"蛇固无足,子安能为之足!"遂饮其酒。卮:酒壶。画蛇添上了脚,比喻多此一举,弄巧成拙。例"将军功绩已成,声威大震,可以止矣。今若前进,倘不如意,正如'画蛇添足'也。"(明·罗贯中《三国演义》)|他想接上去说,又觉得是画蛇添足,只好惋惜地坐着没动。(周而复《上海的早晨》)

〔辨析〕"叠床架屋、画蛇添足"都含贬义,有多余,多此一举,没有必要那样做的意思。"叠床架屋"重在形容重复、累赘,把事情办复杂了,说或写意思雷同的话。"画蛇添足"重在形容办没用的事,说没用的话,多此一举,费力不讨好。

鼎鼎大名　赫赫有名

鼎鼎大名 dǐngdǐngdàmíng 形容名声很大。也指很大的名气。鼎鼎:盛大,显赫。例展览会由鼎鼎大名的斯密兹将军开幕。(朱自清《三家书店》)|民族英雄岳飞的鼎鼎大

名几乎没有人不知道。(无名氏《西湖揽胜》)

赫赫有名 hèhèyǒumíng 《汉书·何武传》："其所居亦无赫赫名,去后常见思。"后用"赫赫有名"形容名声极大。赫赫:显著盛大的样子。例陶渊明先生是我们中国赫赫有名的大隐,一名"田园诗人"。(鲁迅《且介亭杂文二集·隐士》)｜爱罗先珂并非世界上赫赫有名的诗人。(茅盾《向鲁迅学习》)

〔辨析〕"鼎鼎大名、赫赫有名"都有名气很大的意思。"鼎鼎大名"重在强调因为名声无人不晓而具有很高的知名度,为名词性成语。"赫赫有名"重在强调因在某方面十分显赫而成就了极大的名声,为形容词性成语。

鼎足而立　鼎足三分

鼎足而立 dǐngzú'érlì 《汉书·蒯通传》："参分天下,鼎足而立。"参:同"叁""三"。像鼎的三只足相对各自而立。鼎:古代煮东西的青铜器,三足两耳。比喻三方面对立相持的局面。例三个主峰,高峰峻骨,鼎足而立,撑起青天。(徐迟《黄山记》)｜东汉末年,军阀混战,群雄并起,后来经过兼并争斗只剩下魏、蜀、吴三家鼎足而立。

鼎足三分 dǐngzúsānfēn 像鼎的三只脚,三者各立一方。比喻三方面

相对峙的情况。例你们两个一东一西,咱老子专驻镇地,来它个鼎足三分。(凌力《星星草》)｜刘备若无诸葛,天下难以鼎足三分。(卢履范《西蜀旅游闲话》)

〔辨析〕"鼎足而立、鼎足三分"都指三方面各立一方,相互对峙,都是谓语性成语。"鼎足而立"在使用时多偏重于静态的三方对立,强调一种对立相持的局面。"鼎足三分"让人感到有动态,分割,在相峙中争斗,在争斗中相峙的意味。

丢盔弃甲　弃甲曳兵

丢盔弃甲 diūkuī-qìjiǎ 丢掉了头盔,脱弃了铠甲。形容打败仗后仓皇逃跑的狼狈相。盔:头盔。甲:铠甲。例邓二弄了个丢盔弃甲,一败涂地,投靠了梁钦山。(向春《煤城怒火》)｜喊杀声震动山谷,到处旌旗招展,鼓声不绝,把龟儿子们杀得尸横遍野,丢盔弃甲。(姚雪垠《李自成》)

弃甲曳兵 qìjiǎ-yèbīng 《孟子·梁惠王上》："填然鼓之,兵刃既接,弃甲曳兵而走。"丢掉铠甲,拖着兵器。形容战败逃跑的狼狈相。曳(yè):拖。例到了傍晚,弃甲曳兵,狼狈而回,还跟着几副担架,躺着流血的伤兵。(楼适夷《沦陷生活》)｜那位王敬轩被《新青年》迎头一顿痛击,弃甲曳兵,狼狈而

走，从此再也不敢出头。(苏雪林《东方曼倩第二的刘半农》)

〔辨析〕"丢盔弃甲、弃甲曳兵"都形容打了败仗后逃跑的狼狈相。"丢盔弃甲"中"盔"和"甲"是士兵的标志和防身的衣帽，全部丢弃，完全不像当兵的了，词意略偏重。"弃甲曳兵"仅弃甲而还拖着兵器逃跑，似乎程度上要轻一些。

东窗事发　泄漏天机

东窗事发　dōngchuāng-shìfā　明·田汝成《西湖游览志余》卷四记载：宋朝秦桧在他家东窗下定计杀害岳飞后不久也死去。他老婆请方士做法事。方士见秦桧在地狱受苦。秦桧对方士说："可烦传语夫人，东窗事发矣。"后用"东窗事发"指罪行、阴谋败露。例你这婚离得太及时了，你大舅子东窗事发，倒台已定，他倒咱就得吃亏。(红柯《刺玫》)｜闻圣谕，怦一惊，依稀霹雳打头顶，东窗事发难收拾。(秦纪文《再生缘》)

泄漏天机　xièlòu-tiānjī　比喻暴露了人所不知的秘密。天机：迷信的人指神秘的天意。也作"泄露天机"。例往常恐东风吹与外人知，怎样这里泄漏天机。(元·王伯成《贬夜郎》)｜若泄漏天机，是那不是？(金·董解元《西厢记诸宫调》)

〔辨析〕"东窗事发、泄漏天机"都有不为人知的秘密暴露了的意思。"东窗事发"多用于事先有预谋的罪行、阴谋或欺骗行为败露，后果可能很严重，贬义重。"泄漏天机"偏重人所不知的秘密被泄露，被不应知道的人知晓，贬义轻。

东施效颦　邯郸学步

东施效颦　dōngshī-xiàopín　《庄子·天运》："故西施病心而矉其里，其里之丑人见而美之，归亦捧心而矉其里。其里之富人见之，坚闭门而不出；贫人见之，挈妻子而去走。彼知矉美，而不知矉之所以美。"矉：同"颦"，皱眉。后人把这个丑女叫东施。意思是丑女模仿美女西施的姿态，结果更令人反感。后用"东施效颦"比喻生硬模仿，效果更糟。例我们的作家一向只忙于追逐世界文艺的新潮，几乎成为东施效颦。(茅盾《从牯岭到东京》)｜但要研究滋生他们的土壤，不必为之吹嘘、标榜，或东施效颦，用作自己写作的榜样。(丁玲《根》)

邯郸学步　hándānxuébù　《庄子·秋水》："且子独不闻夫寿陵余子之学行于邯郸欤？未得国能，又失其故行矣，直匍匐而归耳。"后用"邯郸学步"比喻跟在别人后面一味模仿照办，既没把别人的长处学到手，反而把自己的长处也丢掉了。例论文要得文中天，邯郸学步终不然。（宋·姜夔《送项平甫倅池阳》）｜……鲁迅表示自己要改变这种类似"邯郸学步"的"正爬着"的状态，"再学下去，站起来"。（王西彦《第一块基石》）

〔辨析〕"东施效颦、邯郸学步"都有模仿他人而产生不良后果的意思。"东施效颦"偏重于不知自身的条件、水平盲目模仿，结果招致众人的反感和厌恶。"邯郸学步"偏重于机械照搬，不仅没有学到对方的长处、优点，反而连自身的特点、优势也弄没了。

洞若观火　明察秋毫

洞若观火　dòngruò-guānhuǒ　《尚书·盘庚上》："予若观火。"孔颖达疏："我见汝情若观火，言见之分明如见火也。"后用"洞若观火"指像着火一样清晰，比喻观察事物清楚透彻。洞：深远，透彻。例凡人永远看不透眼前一步的世事，而圣人对纷纭的世事洞若观火。（陈忠实《白鹿原》）｜"……一笔糊涂账。不过糊涂点也好，所有账都一五一十地摆在那里，一眼看过去几百年洞若观火，那人类活着可能意思也不太大。"（徐则臣《北上》）

明察秋毫　míngchá-qiūháo　《孟子·梁惠王上》："明足以察秋毫之末，而不见舆薪，则王许之乎？"可以看见秋天鸟兽新生的细毛，形容目光敏锐眼力好。明：眼力好；秋毫：秋天鸟兽身上新长出的毛，很细，比喻微小的东西。例批评家应当是明察秋毫，坚持真理的况钟。（王朝闻《物无一量》）｜贺立德，作为一个全县十万人的主宰，能向他魏天贵一语道出韩玉梅的名字，说明贺书记还是明察秋毫、事无巨细皆存于心的父母官。（张贤亮《河的子孙》四章）

〔辨析〕"洞若观火、明察秋毫"分别用"观火""看秋毫"作比喻，说明眼力好，看事物清楚、透彻。"洞若观火"强调对所看事物观察、了解透彻，无丝毫可被掩埋隐藏。"明察秋毫"强调眼光的敏锐、精细，不会放过一切蛛丝马迹。

独出机杼　独具匠心　匠心独运

独出机杼　dúchūjīzhù　《北史·祖莹传》："作文须自出机杼，或一家风骨，不可能共人同生活也。"比喻诗文的构思和布局有独到之处，不用流俗，新颖独特。机杼：织布机。在此比喻构思和布局。例鲁迅先生写文章经常是独出机杼，构思与布局均不同凡响。（《中国电视报》）｜"当年明月"写的《明朝那些事儿》确有独出机杼的功力，构思缜密，布局严谨。

独具匠心　dújù-jiàngxīn　具有独特

的想法和创造性。匠心：灵巧的心思，多指在文学、艺术方面的创造性的构思。也说"别具匠心"。例诗味的浓淡，与"比兴"之运用关系非常密切。李贺的诗歌在这方面是独具匠心的。(《诗刊》1978年第3期)｜他总是满腔热情地并且独具匠心地把它表现好。(《人民文学》1978年第5期)

匠心独运 jiàngxīn-dúyùn 如同能工巧匠的构思一样有独到的巧妙心思，多指文学艺术的创作。也说"匠心独具"。例他望着那一片花海……人们选择和布置这么一个场面来作迎春的高潮，真是匠心独运。(秦牧《花城》)｜至匠心独运之作，色韵古雅，掌故淹通，实足与荆川方驾。(清·平步清《霞外攟屑·七上》)

〔辨析〕"独出机杼、独具匠心、匠心独运"都形容构思独到。"独出机杼"重在形容构思和布局新颖独特。"独具匠心"重在强调灵巧的心思和富有创造性，因而有别于流俗的奇思妙想。"匠心独运"重在形容艺术构思精巧，设计别具一格，能体现一种艺术构思或高超的精妙的用意。

独断专行　一意孤行

独断专行 dúduàn-zhuānxíng 做事自作主张，一意孤行，不考虑别人的意见。形容行事作风专横。也说"专行独断"。例朕为天子，未尝敢专行独断，每事遍问卿等，可行则行，不可则止也。(《金史·石琚传》)｜他们……排斥了毛泽东等同志的正确领导，由李德的独断专行取代了军委的集体领导。(伍修权《我的历程》)｜企业领导者如果想不独断专行，不给企业造成危害，就该多听听群众的意见和建议。

一意孤行 yīyìgūxíng 《史记·酷吏列传》："公卿相造请禹，禹终不报谢，务在绝知友宾客之请，孤立行一意而已。"后多作"一意孤行"，指不听别人的劝告，顽固地按照自己的想法行事。例说不定他一片好心劝杜竹斋抑制着吴荪甫的一意孤行那番话，杜竹斋竟也已经告诉了荪甫。(茅盾《子夜》)｜如今，我把个人得失置之度外，开脱了他们，你却又埋怨我一意孤行，简单草率……(刘波泳《秦川女儿》)

〔辨析〕"独断专行、一意孤行"都有不考虑别人的意见，坚持按自己想法行事的意思。"独断专行"偏重行事作风专横，不民主，独断独行，词意较重。"一意孤行"偏重于自作主张，我行我素，固执己见，词意偏轻。

独断专行　专横跋扈

独断专行 dúduàn-zhuānxíng 做事

自作主张，一意孤行，不考虑别人的意见。形容行事作风专横。例他是个大好人，从不独断专行，和他一起工作是再愉快不过的。（青锋《绿妍的清晨》）｜她好像完全看不见他的显著的成绩，而成天提醒他不要骄傲，不要独断专行。（草明《乘风破浪》）

专横跋扈 zhuānhèng-báhù 《后汉书·梁冀传》："帝少而聪慧，知冀骄横，尝朝群臣，目冀曰：'此跋扈将军也。'"后作"专横跋扈"，形容独断专行，蛮不讲理。专横：独断蛮横，任意妄为；跋扈：霸道，不讲理。例他对明末官兵的专横跋扈大抵是略而不述的。（王元化《帮闲文学与帮忙文学》）｜那是《关公战秦琼》里韩复榘他爹式的专横跋扈，盲目无知而又乱搞瞎指挥的人物！（陈白尘《五十年集》）

〔辨析〕"独断专行、专横跋扈"都有行事作风专横的意思。"独断专行"多强调一意孤行，不考虑别人的意见而自作主张。"专横跋扈"多形容任意妄为，专断强横，十分嚣张。词意较重。

独具只眼　独具慧眼

独具只眼 dújù-zhīyǎn 宋·释道元《景德传灯录》："许你具一只眼。"形容对人或事物见解深刻，具有独到的见解和眼力。只眼：佛教指大自在天神的顶门眼，在双眉上面，有卓异的功能。也说"别具只眼"。例这篇大文，除用戚施先生的话，赞为"独具只眼"之外，是不能有第二句的。（鲁迅《准风月谈·后记》）｜吉力先生独具只眼，挥起板斧前进，我们正拍手赞之不暇。（巴人《"无关"而"有关"》）

独具慧眼 dújù-huìyǎn 为"独具只眼"的变式。形容对人或事物有洞穿一切的能力，深谙世界各种事物的来龙去脉，对事物有深刻的见解和眼力。慧眼：佛教中仅佛和菩萨才有的看透一切的智慧之眼。例孙承宗独具慧眼发现了这个广西来的文弱书生——袁崇焕。（王玥《袁崇焕》）｜只有孩子们保住天真，独具慧眼，其言行多足供我欣赏者。（丰子恺《谈自己的画》）｜你要在工作和生活中形成敏锐的洞察力，在常人熟视无睹的情况下独具慧眼，洞察先机。

〔辨析〕"独具只眼、独具慧眼"都形容一个人有眼力，对人对事有深刻、独到的见解。"只眼"源于大自在天神，而在佛教中佛、菩萨的地位高于大自在天神，所以"慧眼"的层次要更高。使用"独具慧眼"时更彰显赞美、敬仰、崇拜的意味。

独善其身　明哲保身

独善其身 dúshàn-qíshēn 《孟子·

尽心上》："古之人……穷则独善其身，达则兼善天下。"原指做不上官，处于穷困境地，也要搞好自身的修养，使自己的德行提高完善。后用来指为保持自身的节操而不顾他人，不顾大局。甚至作为怕招惹是非的借口。[例]仙客既居相位，独善其身，唯诺而已。(《旧唐书·朱仙客传》)｜细想起来,我们的独立不倚不过是独善其身，但求无过而已。(老舍《悼念罗常培先生》)｜一个念头是马上辞职，眼不见为净，所谓危邦不入，独善其身；另一个念头是，跟他们斗下去，大不了同归于尽，所谓杀身成仁，舍生取义。(李洱《应物兄》)

明哲保身 míngzhé-bǎoshēn 《诗经·大雅·烝民》："既明且哲，以保其身。"指明智的人善于避祸以保全自己。现多指为了个人利益而丧失原则的态度。明哲：明智，深明事理。[例]事不关己高高挂起；明知不对，少说为佳；明哲保身，但求无过。(毛泽东《反对自由主义》)｜这就是李白的一整套人生观……不得志时拼命想做官，得志后便尽可能明哲保身，功成身退。(郭沫若《李白与杜甫》)

〔辨析〕"独善其身、明哲保身"都有善于保全自己的意思。"独善其身"重在强调保持自己的节操，搞好自身的修养来实现。特定情况下有褒义。"明哲保身"强调靠明智、明白事理来实现保全自己。但现多用于为保全自己而丧失原则。贬义较重。

独树一帜　独辟蹊径

独树一帜 dúshù-yīzhì 独自树起一面旗帜，比喻自成一家，独开新路。[例]诗歌在文艺领域上独树一帜。旗帜上高标着两个大字：抒情。(臧克家《学诗断想》)｜他的创作风格似乎很难言说，清丽、典雅、豪放、幽默都不足以概括。在当今文坛上，他的创作可谓独树一帜。(2013年全国高考语文重庆试题句)｜数学界的人们仍不会忘记在三十年代独树一帜，影响强大的苏步青。(刘征泰《苏步青》)

独辟蹊径 dúpì-xījìng 清·叶燮《原诗·外篇上》："抹倒体裁，声调、气象、格力诸说，独辟蹊径。"蹊径：小路，途径。独自开辟新路。比喻独创一种方法，自成一种风格。[例]近世书家多受董文敏流风熏染，不能独辟蹊径。(姚雪垠《李自成》)｜川菜一代儒宗黄敬临大师，他具有高明的事厨理念，常常独辟蹊径，创制出令人称绝，别具风味的菜肴。

〔辨析〕"独树一帜、独辟蹊径"都用于比喻，用旗帜、蹊径代表一种方法、风格，表达各自开辟的都是一条独特的新路。适用语意环境不同:"独树一帜"多用于文化艺术、科学研究、技术工艺等的创作方面;"独辟蹊径"适用范围更广,意在强调独出心裁,与众不同。

独一无二　举世无双

独一无二 dúyī-wú'èr　只此一个,没有第二个。表示唯一的,没有相同或可以相比的第二个。例春秋战国间剧烈的变化,百家争鸣,最后又以暴力完成统一,在世界历史上是独一无二的现象。(黄仁宇《孔孟》)| 香雪的小木盒呢,尽管那是当木匠的父亲为她考上中学特意制作的,它在台儿沟还是独一无二的呢。(铁凝《哦,香雪》)

举世无双 jǔshì-wúshuāng　整个世上(全世界,全中国)没有第二个,独一无二,绝无仅有。例历年既久何曾老,举世无双莫漫夸。(明·无名氏《英烈传》)| 从防守上的完整性来看,这座中国皇宫的设计,几乎可以说是举世无双的。(任光椿《戊戌喋血记》)

〔辨析〕"独一无二、举世无双"都表示只此一个,别无第二,强调唯一。"独一无二"适用范围广,既可用于整个世界或整个国家,也可以用于比世界或国家小的地域。"举世无双"只能用于特定范围,如整个世界或整个国家。

顿开茅塞　豁然开朗

顿开茅塞 dùnkāimáosè　《孟子·尽心下》:"山径之蹊间,介然用之而成路;为间不用,则茅塞之矣。今茅塞子之心矣。"意思是山间小路有一段时间没有走,茅草就会堵塞。现在茅草把你的心也堵住了。后来用"顿开茅塞"比喻因受到启发而恍然大悟,解开了心中的疑团。茅塞:被茅草堵塞。也说"茅塞顿开"。例玄德闻言,避席而谢之曰:"先生之言,顿开茅塞,使备如拨云雾而睹青天。"(明·罗贯中《三国演义》)| 这边探索的眼光也就表示出顿开茅塞的欢喜。(叶圣陶《席间》)

豁然开朗 huòrán-kāilǎng　晋·陶渊明《桃花源记》:"初极狭;才通人。复行数十步,豁然开朗。"形容由狭窄阴暗一下子变得开阔明亮起来。也比喻一下子明白某个道理,心情顿时舒畅起来。豁然:形容开阔或通达。例一出峡谷,豁然开朗,只见前面有一个深潭。(王英先《枫香树》)| 好像大雨住后的天空那样,我的心豁然开朗了。(巴金《我的眼泪》)

〔辨析〕"顿开茅塞、豁然开朗"都有突然间明白了道理的意思。"顿开茅塞"只用来形容因受启发而恍然大悟,心中的疑团被解开。"豁然开朗"既形容一下子明白了某个道理，心情顿时舒畅起来，也形容从狭窄阴暗一下子变得开阔明亮。

多如牛毛　浩如烟海

多如牛毛　duōrúniúmáo　《北史·文苑传序》："及明皇御历，文雅大盛，学者如牛毛，成者如麟角。"后用"多如牛毛"指多得像牛毛一样。形容数量极多。例文件多如牛毛，领导干部不可能都看，哪能管得上"抄写"？（谢觉哉《"部长"与"抄写"》）｜劳动人民挣扎在死亡线上，不少人就去拉杆子，投土匪，所以当时陕北土匪多如牛毛。（王子宜《和刘志丹同志相处的日子》）

浩如烟海　hàorúyānhǎi　《荀子·富国》："一而成群，然后飞鸟凫雁若烟海。"清·王先谦《集解》："远望如烟之覆海，皆言多。"后用来形容文献、资料等非常丰富。浩：广大、繁多；烟海：烟雾弥漫的大海。例他们死后，朝廷照例"交国史馆立传"，然后就湮没在浩如烟海的列传中，再也无人理会。（姜鸣《秋风宝剑孤臣泪》）｜《天雨花》在浩如烟海的弹词唱本中被流传下来，是偶然的吧？（秦牧《艺海拾贝》）

〔辨析〕"多如牛毛、浩如烟海"都有数量极多的意思。"多如牛毛"可用于人、事、物，较少形容文献、书籍的丰富，使用范围较广。"浩如烟海"仅用于形容文献、书籍的丰富、繁多。

夺人眼球　引人注目　引人入胜

夺人眼球　duórén-yǎnqiú　采用某种方法或手段吸引别人的注意力，从而取得别人更多关注。例真正好的、美的人和事夺人眼球是很正常、很好的事，倘若为了夺人眼球而做出弄虚作假、哗众取宠的丑态就令人不爽了。｜引人注目和夺人眼球，实际上意义很近，都是形容某人、某事非常亮眼，让大家非常感兴趣，从而聚焦了大家的目光。

引人注目　yǐnrén-zhùmù　毛泽东《湖南农民运动考察报告》："也有敲打铜锣，高举旗帜，引人注目的。"形容人或事物很具特色，能吸引人们的注意。引：吸引；注目：注视。例摆在商店橱窗里那条漂亮的公主裙十分引人注目。｜在动物园里，最引人注目的是那只高大的长颈鹿。

引人入胜　yǐnrén-rùshèng　南朝宋·刘庆义《世说新语·任诞》："王卫军云，酒正自引人着胜地。"十分吸引人的、使人沉醉的优美境界，多用来指风景或文艺作品特别吸引人。胜：胜境，佳境。例这画面设计得清新活泼，引人入胜。｜

溶洞里到处是奇形怪状的石笋和石钟乳,引人入胜,令人惊叹。

〔辨析〕"夺人眼球、引人注目、引人入胜"都是因为与众不同,具有吸引力,引发人们对其关注、吸引。"夺人眼球"重在表示采用某种方法和手段吸引人的注意力。"引人注目"和"夺人眼球"很近似,但语意要轻一些,也不如"夺人眼球"形象直接。而"引人入胜"在褒义上更重,也较典雅,多用于书面语,常用于特别吸引人的文艺作品。

E

阿谀奉承　曲意逢迎

阿谀奉承 ēyú-fèngchéng　明·东鲁古狂生《醉醒石》第八回："他却小器易盈,况且是个小人。在人前不过一味阿谀奉承。"形容竭尽全力向别人献媚讨好。阿谀:迎合别人说好听的话;奉承:用好听的话恭维人。例他能当面说真话,不阿谀奉承,就不容易了,老夫就是佩服这种人。(陈明韬《卧虎令传奇》)｜某些干部以家臣、奴才的姿态,不讲原则,阿谀奉承上级。(秦牧《晴窗晨笔》)｜寅恪先生不懂什么阿谀奉承,不会吹捧,胸中的愤懑一抒之于诗中,这有什么难以理解的呢?(季羡林《季羡林散文精选》)

曲意逢迎 qūyì-féngyíng　宋·叶绍翁《四朝闻见录》："如用兵之谋,不惟不能阻止;乃以而附合,曲意逢迎,贻害生民,恬不知恤。"违反自己的本心去迎合别人。曲意:违反本心。例卓偶染小疾,貂蝉衣不解带,曲意逢迎,卓心愈喜。(明·罗贯中《三国演义》)｜天祥暗地里着急非凡,只好虚与敷衍,曲意逢迎。(郑振铎《桂公塘》)

〔辨析〕"阿谀奉承、曲意逢迎"都有迎合别人,讨好的意思。"阿谀奉承"是真心尽全力献媚,恭维对方。贬义较重。"曲意逢迎"是违反自己的本心,委屈自己去奉承迎合别人,有不得已、不自愿的成分。

恶语伤人　血口喷人

恶语伤人 èyǔ-shāngrén　用恶毒的话语伤害人。例那知令徒不肯相容,并且恶语伤人,以致争执,亦乞高僧原谅!(蔡东藩《宋史演义》)｜利刀割肉疮犹合,恶语伤人恨不消。(宋·释普济《五灯会元》)

血口喷人 xuèkǒu-pēnrén　比喻用恶毒的语言辱骂、诬蔑、陷害人。血口:含血的口,比喻污秽的口。例她镇静起来……用生硬的口吻说:"你别血口喷人!你,你不安好心……"(冯德英《苦菜花》)｜你打老娘的主意,碰到了钉子,你就造谣血口喷人。(巴金《春》)

〔辨析〕"恶语伤人、血口喷人"都有用恶毒的话伤害别人的意思。"恶语伤人"仅限于用难听的话,使对方受辱、难堪,因而受到伤害,词意较轻。"血口喷人"则重在用恶毒的语言陷害、诬蔑对方。使诬蔑、陷害都更显得卑鄙、无耻,词意较重。

恩将仇报　以怨报德

恩将仇报 ēnjiāngchóubào 明·冯梦龙《醒世恒言》："亏这官人救了性命;今反恩将仇报;天理何在!"受人恩惠却用仇恨来报答。例我若一口说出,他就把公主杀了,此却不是恩将仇报?(明·吴承恩《西游记》)|她也不想想是谁把她领大的,她如今可恩将仇报,这畜生!(张天翼《夏夜梦》)

以怨报德 yǐyuànbàodé 《国语·周语》："以怨报德,不仁。"用怨恨来报答恩德。多用来斥责人忘恩负义。例你自己想一想,你们做的事合理不合理?是不是以怨报德?是不是不顾大局?(冰心《斯人独憔悴》)|吴荪甫想起了恨得牙痒痒地,他是向来公道,从没亏待了谁,可是人家都"以怨报德"。(茅盾《子夜》)

〔辨析〕"恩将仇报、以怨报德"都是用恶劣的、不道德的方式来回报别人的恩德。"恩将仇报"不仅是忘恩负义,而且变本加厉用仇恨来伤害恩人,是非常无耻下作的。贬义重。"以怨报德"多用作指责人忘恩负义,用抱怨、不满去回应别人给自己的恩情、好处。贬义较"恩将仇报"轻。

耳提面命　谆谆教导

耳提面命 ěrtí-miànmìng 《诗经·大雅·抑》："匪手携之,言示之事,匪面命之,言提之耳。"后多用作"耳提面命"。提着耳朵叮嘱,当面教导。形容教诲殷切。例更何况专制帝王无比神圣的思想,早已通过无数圣贤的典籍,和多少前辈导师的耳提面命,浓浓地融化和凝聚在自己的头脑里面,成为无法跨越的崇山峻岭。(林非《询问迁》)|但是艺术给人的教育只能潜移默化,决不能耳提面命。(柯灵《印花与药》)|但是对老年人也不必天天絮絮叨叨,耳提面命："你们已经老了!你们已经不行了!对老龄社会的形成你们不能辞其咎呀!"这样做有什么用处呢?(季羡林《季羡林散文精选》)

谆谆教导 zhūnzhūn-jiàodǎo 恳切耐心地教导。谆谆:恳切而不厌倦的样子。例父亲,您生前谆谆教导我们,不要那种脱离人民的虚无主义、个人主义,要到群众中去参加革命实践。(毛岸青、邵华《我们

爱韶山的红杜鹃》）｜每到假日，手拉手领着女儿去公园，去少年宫，一路谆谆教导。（柯云路《衰与荣》）

〔辨析〕"耳提面命、谆谆教导"都形容教诲殷切。"耳提面命"强调贴近、亲切，有因不放心而郑重叮咛，反复嘱咐的意思。"谆谆教导"强调庄重、严肃而又恳切不厌倦的样子。

F

发号施令　颐指气使　指手画脚

发号施令 fāhào-shīlìng 《尚书·冏命》:"发号施令,罔有不臧。"《文子·下德》:"内能治身,外得人心,发号施令,天下从风。""发号施令"指发布命令。例我可以任着本国的人去发号施令,而不能看着别国的人来作我的管理人!(老舍《四世同堂》)｜郭祥……像一位威严的将军一样,在那儿发号施令。(魏巍《东方》)

颐指气使 yízhǐ-qìshǐ 唐·元稹《追封李逊母崔氏博陵郡太君》:"今逊等有地千里,有禄万钟,颐指气使,无不随顺……"用面部表情示意,指使别人。形容权势人物的骄横傲慢。原作"目指气使"。颐指:不说话而用面部表情示意;颐:颊、腮。例他大概有四十岁了,身材魁梧、举止威严,一望而知是颐指气使惯了的"大亨"。(茅盾《子夜》)｜不顾一切,依靠权势、蛮横逞强,颐指气使,巧取豪夺,就是所谓霸道了。(马南邨《燕山夜话·王道与霸道》)

指手画脚 zhǐshǒu-huàjiǎo 说话时手脚做出各种动作示意。多形容轻率地指点,批评,胡乱发号施令,也形容说话时放肆或得意忘形的样子。也作"指手划脚"。例他们都静静的听着老人指手画脚的说。(老舍《四世同堂》)｜这就用不着你指手画脚了,我们当然要交给领导处理。(浩然《艳阳天》)

〔辨析〕"发号施令、颐指气使、指手画脚"都有指使别人的意思。"发号施令"多强调权威,郑重,威严,不容商量和反对。"颐指气使"重在强调蛮横傲慢,不可一世,盛气凌人。"指手画脚"更多用在轻率地指责、批评,还形容说话时放肆,得意忘形的样子。前两个成语都没这种意思。

发人深思　发人深省

发人深思 fārénshēnsī 启发人深刻地思考。例字里行间充满作者对于被毁坏和凌辱的弱者的同情,并寄寓着对于弱者能以抗争求生存的期望,同时还蕴含着一些发人深思的人生和哲理。(佘树森《谈谈散文》）｜色狼被抓判刑，受到了应有的惩罚。然而此案反映的女大学生家教安全问题，不由得发人深思。（《人民日报》2002年9月23日）

发人深省 fārénshēnxǐng　唐·杜甫《游龙门奉先寺》："欲觉（jiào）闻晨钟，令人发深省。"后用"发人深省"指启发人深思而有所醒悟。也作"发人深醒"。例这一个"故事"颇可发人深省。（茅盾《为民营出版业呼吁》）｜这个合作社位于河南省封丘县，叫作应举社，很有些发人深省的东西。（毛泽东《介绍一个合作社》）｜在某种程度上，也采取了"征服自然"的办法，结果也受到了大自然的报复，前不久南北的大洪水不是很能发人深省的吗？

〔辨析〕"发人深思、发人深省"都是指文字、语言或事情对人有启发思考的作用。"发人深思"侧重于深入地思考，"发人深省"进一步，除启发思考还有所醒悟。"发人深省"引起人思考的作用较"发人深思"更强。

翻江倒海　排山倒海

翻江倒海 fānjiāng-dǎohǎi　形容波涛汹涌，水势浩大。比喻力量或气势很大。也说"倒海翻江"。例东温而层冰澌散，西烈则百卉摧残；鼓怒而走石飞砂，翻江倒海。（唐·李筌《太白阴经·祭风伯文》）｜且说薛姨妈家中被金桂搅得翻江倒海，看见婆子回来，说起岫烟的事，宝钗母女二人不免滴下泪来。（清·曹雪芹《红楼梦》）｜听到这个消息，他脑中一片空白，内心如翻江倒海一般不知该如何是好。

排山倒海 páishān-dǎohǎi　《魏书·高闾传》："昔世祖以回山倒海之威，步骑数十万南临瓜步，诸郡尽降。"后作"排山倒海"，推开山，翻倒海。形容声势浩大，有气势。例牡丹开花时犹如解冻的大江，一夜之间千朵万朵纵情怒放，排山倒海，惊天动地。（张抗抗《牡丹的拒绝》）｜一个人的声音是轻微无力的。十万人的集体声音便要响彻云霄，有着排山倒海的气概了。（邹韬奋《民众歌咏会前途无量》）

〔辨析〕"翻江倒海、排山倒海"都有力量雄伟、声势浩大的意思。"翻江倒海"可用于形容水势浩大，还可比喻达到的程度非常严重以及内心翻滚激荡，极不平静。"排山倒海"多用于形容气势或力量巨大，不可阻挡。

翻来覆去　辗转反侧

翻来覆去 fānlái-fùqù　来回翻身。多指难于入睡。也用作一次次，多次重复。还可形容多变，反复无常。例林冲把这口刀翻来覆去看了一回，喝采道："端的好把刀！"（明·施耐庵《水浒传》）｜我不扭开电灯，黑暗可以帮助我思索，我在床上翻来覆去想了许久。（巴金《还魂草》）｜他翻来覆去想过无数次，只有卖地一条路可循。（陈忠实《白鹿原》）

辗转反侧 zhǎnzhuǎn-fǎncè 《诗经·周南·关雎》："悠哉悠哉，辗转反侧。"指因为心中有事，翻来覆去睡不着。例熄灯时，夜已深了。好一阵子我还听见他在床上辗转反侧。（魏钢焰《忆铁人》）｜他在被上只是辗转反侧地呻吟，又不断地呕气。（郭沫若《行路难》）

〔辨析〕"翻来覆去、辗转反侧"都有睡不着来回翻身的意思。"翻来覆去"尚有形容一次次、多次重复和形容多变、反复无常的意思，且较口语化。"辗转反侧"不形容无法入睡以外的事。多用于书面语。

翻然悔悟　洗心革面

翻然悔悟 fānrán-huǐwù 唐·韩愈《昌黎集·与陈给事书》："退而惧也不敢复进，今则释然悟，翻然悔。"现用作"翻然悔悟"。很快地醒悟过来，深悔所犯的错误。也作"幡然悔悟"。例切望虚心平气，细考而徐思之。若能于此翻然悔悟，先取旧图分明改正。（宋·朱熹《答袁机仲》）｜如能认清是非，翻然悔悟，出于真心实意，确有事实表现……准予取消战犯罪名，给予宽大待遇。（周恩来《关于和谈判问题的报告》）｜周秉昆已经获悉，周楠并未去日本；他在机场幡然悔悟，挣脱扯拽回家了。（梁晓声《人世间》）

洗心革面 xǐxīn-gémiàn 《周易·系辞上》："圣人以此洗心，退藏于密。"《周易·革》："小人革面，顺以从君也。"今用作"洗心革面"。洗涤邪恶污秽之心，改变旧面目。比喻改过自新，彻底改变面貌。例我终于锒铛入狱……奉命洗心革面和脱胎换骨去了。（马识途《夜谭十记》）｜他又叫人把绑张富英三人的绳子都松了，叫他们回去，洗心革面，坦白完了好好种庄稼。（周立波《暴风骤雨》）

〔辨析〕"翻然悔悟、洗心革面"都有知错后悔的意思。"翻然悔悟"重在形容醒悟快，后悔深，一下子明白道理。"洗心革面"重在形容要彻底从内心深处改变面貌，改过自新，词意较"翻然悔悟"重。

翻天覆地　改天换地

翻天覆地 fāntiān-fùdì 唐·刘商《琴曲歌辞·胡笳十八拍》："天翻地覆谁得知，如今正南看北斗。"形容变化巨大而彻底,也用于哭、闹、翻腾等极为厉害。也说"天翻地覆""覆地翻天"。例真象翻天覆地的变动,就快要临头了。(沙汀《兽道》)｜从现在起,五十年内外到一百年内外,……是一个翻天覆地的时代。(毛泽东《在扩大的中央工作会议上的讲话》)

改天换地 gǎitiān-huàndì 使天地都改变了原状。比喻彻底改造社会或大自然,使其面貌焕然一新。也作"改地换天"。例外边的惊天动地,改天换地,并没有震动过这偏僻的山沟。(丁玲《杜晚香》)｜这里以前是一片荒凉的沙漠,通过植树造林,有了改天换地的大变化。(松雨《沙峪口的祁老汉》)｜只有依靠亿万群众的共同努力,才能完成这改天换地的千秋伟业。

〔辨析〕"翻天覆地、改天换地"都比喻变化巨大而彻底。"翻天覆地"侧重用于对原来的社会状态和自然状况的颠覆和摧毁。"改天换地"侧重强调对原来状态的更改、变化。人为的成分要多一些,在比喻的程度上更轻于"翻天覆地"。

繁花似锦　花团锦簇

繁花似锦 fánhuā-sìjǐn 色彩缤纷的鲜花,好像华丽的织锦。也常比喻事物、局面的美好,兴旺。例中饭后,我们坐在……繁花似锦的花丛中,听他谈起沙村公社来。(曹靖华《点苍山下金花娇》)｜它一经从理论付诸实践,从愿望化为现实,短短的两三年的时间,就出现了繁花似锦、人才辈出的大好形势。(张光年《发展百花齐放的新局面》)

花团锦簇 huātuán-jǐncù 宋·释道原《景德传灯录》:"若无恁么事,饶你攒花簇锦,亦无用处。"像花朵、锦绣聚在一起。形容五彩缤纷,特别华丽的景象。常用作形容百花齐放,争奇斗艳或服饰精美,色彩艳丽。有时还可用于形容文章精美。簇:聚集。例人民大会堂宴会厅上,花团锦簇,数以千计的灯盏构成璀璨的图案。(秦牧《中国人的足迹》)｜街巷园林千株万株牡丹竞放,花团锦簇香云缭绕——好一座五彩缤纷的牡丹城。(张抗抗《牡丹的拒绝》)

〔辨析〕"繁花似锦、花团锦簇"都有色彩缤纷,十分美丽的意思。"繁花似锦"重在指鲜花像华丽的织锦或比喻事物、局面美好、兴旺。"花团锦簇"重在形容花朵、锦绣这些美好的事物聚在一起,争奇斗艳,而且可形容服饰、装潢的艳丽色彩或形容文章的华美,"繁花似锦"则不能。

繁衍生息　休养生息

繁衍生息 fányǎn-shēngxī 使逐渐

增多或增广,从而使群体繁殖、壮大成长。例五十六个民族,几千年来经历无数奋斗、劫难和辉煌在华夏大地上顽强的繁衍生息。|袁隆平培育的"超级水稻"经过多年推广,已不仅在全国各地繁衍生息,取得了丰产,而且走出国门,为世界解决粮食问题做出了贡献。(贾芝《袁隆平》)

休养生息 xiūyǎng-shēngxī 唐·韩愈《平淮西碑》:"高祖、太宗,既除既治;高宗、中(宗)、睿(宗),休养生息;至于玄宗,受报收功,极炽而丰。"指大动荡或战乱后减轻人民负担,使国力得到恢复和发展。例我们收拾烂摊子,休养生息,在空地上盖厂房,在废墟上造住宅。(柯灵《时间》)|多少宝贵的鲜血生命,才赢来了抗战胜利,换得了一个休养生息的时间。(峻青《傲霜篇》)

〔辨析〕"繁衍生息、休养生息"都有使增多、繁殖、成长的意思。"繁衍生息"使用范围广,人和动植物都可用。"休养生息"特指人类在大动荡和战乱后的生产恢复、人口繁殖、国力增强。

反本归真 返璞归真

反本归真 fǎnběn-guīzhēn 回归到原本的状态,恢复到最初的、自然的、真实的面貌。"反"同"返",返回。例中国的道家很早就提出了"反本归真"的主张,引导人们去过上古时代那样的生活,清静无为,与世无争。(任继愈《道法自然》)|在喧嚣的都市里住久了,他十分想往过一种反本归真的生活,就在远郊的山边上租赁了一户农舍。(施媛《农居》)

返璞归真 fǎnpú-guīzhēn 指去其外饰,恢复到最初的、质朴的、自然的面貌。"璞":尚未雕琢的玉,喻指自然状态。也说"归真返璞""归真反朴"。朴:质朴。例归真返璞,则终身不辱。(《战国策·齐策》)|归真反朴是要回到现在的口语。(朱自清《鲁迅先生的中国语文观》)|在"波涛式","如意髻"已经风起云涌的时代,这十分稀有的小辫,真有返朴归真的美哩!(叶文玲《拐角》)

〔辨析〕"反本归真、返璞归真"都有回归、恢复到原本状态的意思。"反本归真"强调返回到本初、自然、真实的状态中去。"返璞归真"强调去掉一切外表的装饰,要返回到像尚未雕琢的璞玉那种纯自然状态。

反戈一击 倒戈相向

反戈一击 fǎnggē-yījī 《尚书·武成》:"前徒倒戈,攻于后以北。"后用作"反戈一击"。掉转戈来,向自己原属的阵营进攻。比喻回过头来打自己原属的一方。戈：古代一种横刃长柄的兵器。例又因为从旧垒中来，情形看得较为分明，反戈一击，易制强敌的死命。(鲁迅《坟·写在〈坟〉后》)｜对立派又阴使人偷出呆子，用了呆子的名义，对先前的造反团反戈一击。(阿城《棋王》)

倒戈相向 dǎogē-xiāngxiàng 把兵器倒放或掉转兵器与自己原属的一方对峙，表示停止和自己原来敌人进行的战斗。相向：互相向着对方。例见大势已去，伪军头目刁福生不得不倒戈相向，投降了八路军。(崇义《山渣的战斗》)｜美军事先收买了伊拉克的若干将领，战事一起，这些将领纷纷倒戈相向，向美军缴械、投降。(《环球通讯》)

〔辨析〕"反戈一击、倒戈相向"都有临阵时掉转兵器、放弃与敌军作战的意思。"反戈一击"重在表示掉转兵器后反过来攻打自己原属的一方，有明显主动赎罪的意思。可比喻假装退败，再杀"回马枪"。"倒戈相向"只强调放下武器，表示认输或掉转兵器与自己原属的阵营对峙，不一定要攻打自己原属的阵营。

反客为主　喧宾夺主

反客为主 fǎnkèwéizhǔ 客人反过来变为主人。也比喻变被动为主动。例(夏侯)渊为人轻躁，恃勇少谋……诱渊来战而擒之；此乃反客为主之法。(明·罗贯中《三国演义》)｜(安公子)心里正在为难，只听得那女子反客为主，让着说道："尊客，请屋里坐。"(清·文康《儿女英雄传》)

喧宾夺主 xuānbīn-duózhǔ 客人的声音压倒了主人的声音。比喻客人占据了主人的位置；外来的、次要的事物占据了原有的、主要的事物的位置。喧：声音大。例主要人物老有戏一定比次要人物喧宾夺主强。(老舍《我怎么写的〈春华秋实〉剧本》)｜淮河边的天下，是我们姓严的打下来的，今天你鲁大和尚想来喧宾夺主，那是万万做不到的。(陈登科《淮河边上的女儿》)

〔辨析〕"反客为主、喧宾夺主"都有由客人变成主人，由外来的、次要的占据了原有的、主要的事物的位置的意思。"反客为主"重在形容主客双方地位的变化，还常比喻被动变主动。"喧宾夺主"则强调客人一方或外来的次要的一方对主人、原有的主要的地位的抢夺，占据。

方兴未艾　如日中天

方兴未艾 fāngxīng-wèi'ài 宋·陆佃《太学案问》："大学之道，方兴未艾也，士之来学者，盖以千数。""方兴未艾"指正在兴起发展，还没有终止。形容事物正处在兴盛阶段。方：正当；艾：停止。例甲骨文字的研究，是方兴未艾的一种学问。（郭沫若《古代研究的自我批判》）｜如今视觉文化方兴未艾，在这图像和文本相互转换、相互模仿，共同存在的现实状况下，图文关系正在成为中外学者共同关注的跨学科研究热点。（2013年全国高考语文安徽试卷试题）｜相声方兴未艾，并没有过时，他们想通过相声在南方打开局面。（梁晓声《人世间》）

如日中天 rúrìzhōngtiān 《诗经·邶风·简兮》："日之方中，在前上处。"像太阳升到了正午的时候。比喻事物正处于最兴盛的阶段。例那时，正当梅兰芳、余叔岩、杨小楼三位艺员如日中天的时候，梅的号召力自然最大。（徐铸成《报海旧闻·进京》）｜这时的西汉帝国真是如日中天，达到它发展的最高峰。（北京大学中文系1955级《中国文学史》）

〔辨析〕"方兴未艾、如日中天"都有事物处在兴盛阶段，正在上升发展的意思。"方兴未艾"偏重指发展的势头还未停止。"如日中天"偏重指事物、事业上升发展到了极盛时期，兴旺至极了，褒义重。

防患未然　防微杜渐

防患未然 fánghuàn-wèirán 《汉书外戚列传下》："事不当时固争；防患于未然。"在事故或灾害发生前就采取措施预防。患：灾祸；未然：没有这样。例消防工作必须立足于防患未然，从提高公众的防火意识做起。（2014年全国高考语文新课标试题）｜家子防患未然，按了按俘房的肩，意在警告他一下。（李英儒《游击队长》）

防微杜渐 fángwēi-dùjiàn 晋·韦溲《启谏冉闵》："请诛屏降胡，去单于之号以防微杜渐。"在错误或坏事萌芽状态时及时制止，不让它发展。微：细小，指事物发展的苗头；杜：杜绝、阻止；渐：事物的开头、发端。例兄弟以为振兴女学是顺应世界的潮流，但一不得当，即易流于偏，所以天曹不喜，也许不过是防微杜渐的意思。（鲁迅《彷徨·高老夫子》）｜如果我们不从小事做起，防微杜渐，那些细小的苗头最终可酿成大祸。（2014年全国高考语文新课标试题）

〔辨析〕"防患未然、防微杜渐"都有把隐患、细小错误尽早消除的意思。而两者在"防"的对象上有所不同："防患未然"多指灾难、祸患发生之前；"防微杜渐"指小错误、不良风气等刚露头时。从防范程度上看，"防患未然"更为彻底。

放荡不羁　为所欲为

放荡不羁　fàngdàng-bùjī　《晋书·王长文传》："少以才学知名，而放荡不羁，州府辟命皆不就。"形容行为放纵，不受拘束。羁：约束。例两个孩子都是神态端庄，对一切人都彬彬有礼，不苟言笑，绝无放荡不羁的举止言行，明显地有别于一般乡村青年自由随便的样子。（陈忠实《白鹿原》）｜因为爱伦·坡秉受了他生父的江湖流浪血统，从小就喜欢过着放荡不羁的生活，而且爱好赌钱和喝酒。（叶灵风《文艺随笔》）

为所欲为　wéisuǒyùwéi　《资治通鉴·周威烈王二十三年》："……以子之才，臣事赵孟，子乃为所欲为，顾不易耶？"想干什么就干什么。形容任意行事。例（奸人）于是乎为所欲为，莫有顾忌。（《明史·黄尊素传》）｜上公特达之资，而恭俭礼下，使得为所欲为，岂惟一变至鲁，虽至于大道之行，亦自无难。（清·朱之瑜《朱舜水集》）

〔辨析〕"放荡不羁、为所欲为"都有任意行事，不受约束的意思。"放荡不羁"偏重形容在性格上不检点，不愿受拘束，而放纵自己的行为，以图自由自在，无拘无束。"为所欲为"偏重形容想干什么就干什么，想怎么干就怎么干，不管不顾，不计后果，含贬义。

放虎归山　养虎遗患

放虎归山　fànghǔ-guīshān　《三国志·蜀志·刘巴传》裴松之注引《零陵先贤传》："（刘）璋遣法正迎刘备……既入，巴复谏曰：'若使备讨张鲁，是放虎于山林也。'璋不听。"把猛虎放回山林。后比喻放走威胁自己安全的人，从此留下后患。也说"纵虎归山"。例武夫千辛万苦，方获此囚……放虎归山，异日悔之晚矣！（明·冯梦龙《东周列国志》）｜倘他逃了出去，岂不是放虎归山，异日悔之晚矣！（明·冯梦龙《东周列国志》）

养虎遗患　yǎnghǔ-yíhuàn　《史记·项羽本纪》："……此天亡楚之时也，不如因其机而遂取之。今释弗击，此所谓养虎自遗患也。"包庇、纵容坏人，给自己留下后患。也作"养虎贻患"。例此所谓引贼入家，养虎贻患，是何等计策乎？（明·张居正《答宣大巡抚计处黄把二虏》）｜他非常恨陕西地方文武大员的糊涂无用，竟敢长期不明贼情，"养虎遗患"。（姚雪垠《李自成》）

〔辨析〕"放虎归山、养虎遗患"都有纵容坏人，以致留下后患的意思。"放虎归山"侧重不惩戒、放纵，放归到仍易作恶之处。"养虎遗患"

侧重不仅不惩戒，而且养起来，严重包庇纵容，相对"放虎归山"更认不清后果的严重，词意重。

放任自流　听之任之

放任自流 fàngrèn-zìliú 《淮南子·修务训》："……禾稼春生，人必加工焉，故五谷得遂长。听其自流，待其自生，则鲧、禹之功不立，而后稷之智不用。"后作"放任自流"。任其自由行动、自然发展而不干预、不过问。例（张之洞）对全国人民的筹款赎路运动不是采取领导与鼓励的办法，而是采取放任自流的态度。（陶菊隐《北洋军阀统治时期史话》）｜平日，爸爸极少跟我们交流，绝不是让我们放任自流。（母国政《我们家的炊事员》）

听之任之 tīngzhī-rènzhī 听任其自己发展，不加控制。例此等逆迹种种，岂可听之任之。（端木蕻良《曹雪芹》）｜家庭间的是非……她一贯的态度是听之任之。（陈学昭《工作着是美丽的》）

〔辨析〕"放任自流、听之任之"都有不加控制，任其自由的意思。"放任自流"重在形容任对方自由行动，自然发展而不干预、不过问，视而不见，听而不闻，根本撒手不管。"听之任之"强调虽听见看见对方的行为仍然采取放纵、不加控制的态度和做法。

飞黄腾达　一步登天

飞黄腾达 fēihuáng-téngdá 唐·韩愈《符读书城南》诗："飞黄腾踏去，不能顾蟾蜍。"飞黄：古代传说中神马的名字；腾达：形容飞马奔驰、腾空的姿势。后用于比喻官职、地位上升得很快，现也多比喻人骤然得志。例明楼不愿让高加林回来，宁愿他在外面飞黄腾达去！（路遥《路遥全集·人生》）｜二十年之后，你儿子飞黄腾达，你当老太爷，享清福，不是一样吗？（莫言《蛙》）

一步登天 yībùdēngtiān 一步就登上了天。比喻一下子就达到很高的境界或程度，也形容突然得志，升到很高的职位。例自从和你家结为亲眷，你的爹你姑父一步登天。（赵树理《十里店》六场）｜黄存对野心勃勃的赵申佳说道："就你那点能耐，还想一步登天？"

〔辨析〕"飞黄腾达、一步登天"都有官职、地位飞快上升的意思。"一步登天"适用范围更广些。除了比喻人升职快，还可形容人突然得志，境界、状态升得快的情形。"飞黄腾达"多指人官爵、位置的骤然升高。

飞短流长　风言风语

飞短流长 fēiduǎn-liúcháng 散布流

言蜚语，无中生有地说别人坏话。飞：散布；流：传布；短、长：是非善恶。例我已是久厌风尘……只是外间的飞短流长，未免令人闻而生厌罢了。(清·吴趼人《二十年目睹之怪现状》)｜他……用了恳切的声调接着说："飞短流长，在这里是家常便饭。"(茅盾《腐蚀》)

风言风语 fēngyán-fēngyǔ 没有根据的话。形容私下议论或暗中流传的话或含有讥讽、恶意中伤的话。例我从潼关乡下路过的时候，听到风言风语，纷纷传说满鞑子又打进来啦，把北京城围了三面。(姚雪垠《李自成》)｜没多久就传出风言风语：小牟家跟某某相好啦，跟某某在皮行在客栈里如何如何啦。(陈大诚《乡里故人》)

〔辨析〕"飞短流长、风言风语"都有散布、流传话语的意思。"飞短流长"重在形容散布流言蜚语，无中生有地说别人坏话。"风言风语"偏重指流传的话没有根据，在私下议论或暗中流传含有讥讽和恶意中伤的话。为名词性成语。

飞蛾扑火　以卵击石

飞蛾扑火 fēi'é-pūhuǒ 《梁书·到溉传》："如飞蛾之赴火，岂焚身之可吝。"比喻不顾性命地奔赴向往的目标。也比喻自寻死路、自取灭亡。例他走了，我一向寻他不着；他今日自来投到，岂不是飞蛾扑火，自讨死吃的？(《元曲选·临江驿潇湘秋夜雨》)｜飞蛾扑火而杀身，春蚕作茧以自缚，此种现象，岂彼虫物之灵知不足以见及危害？(石评梅《王薇》)｜为什么总有人飞蛾扑火、以身试法呢？就是因为他们思想蜕变、心存侥幸。

以卵击石 yǐluǎn-jīshí 《墨子·贵义》："以其言非吾言者，是犹以卵击石也，尽天下之卵，其石犹是也，不可毁也。"拿鸡蛋碰石头。比喻力量悬殊或自不量力，自取灭亡。例刘豫州不识天时，强欲与争，正如以卵击石，安得不败乎？(明·罗贯中《三国演义》)｜二先生一听敌人"扫荡"兴县被消灭了七百多，高兴地摸着胡子说："灯蛾扑火，以卵击石，能不自毁乎！"(马烽、西戎《吕梁英雄传》)

〔辨析〕"飞蛾扑火、以卵击石"都有自寻死路、自取灭亡的意思。"飞蛾扑火"偏重形容不顾性命地奔赴向往却是坟墓的目标，有自投罗网的意思。"以卵击石"重在形容不自量力的疯狂和双方力量对比的悬殊。

飞来横祸　无妄之灾

飞来横祸 fēilái-hènghuò 指凭空而来，意想不到的灾祸。横：意外，突然。例在大街上飙车的恶少把吴运撞飞后，横尸路旁，真是飞来横

祸啊！(《法制天地》) | 言外之意，看你这位编辑大人，只能唉唉业余作者，除此之外，唯有战战兢兢，提着一颗心过日子，不定什么时候飞来横祸。(李国文《钓鱼》)

无妄之灾 wúwàngzhīzāi 《周易·无妄》："六三，无妄之灾。或系之牛，行得人之，邑人之灾。"意思是有人把牛拴在路边，被过路人牵走了，住在邻近的人家都有嫌疑而蒙受不白之冤。后指意想不到的灾祸。无妄：出其不意，无法预料。例在感情生活方面，我是吃尽苦头才找到归宿的，有些属无妄之灾，有些是咎由自取。(萧乾《终身大事》) | 子培这无妄之灾已经够他受了，谁知他那位大千金又给他夫妇俩添些烦恼。(茅盾《直上岗位》)

〔辨析〕"飞来横祸、无妄之灾"都有遭到意想不到的灾祸的意思。"飞来横祸"更强调灾祸发生的突然、意外，凭空而来。"无妄之灾"偏重灾祸来得毫无根据，毫无道理，完全令人无法预料。

非分之想　想入非非

非分之想 fēifènzhīxiǎng 不是分内的、本分的想法；希望得到意外好处的妄想。例不信运命，就不能"安分"，穷人买奖券，便是一种非分之想。(鲁迅《且介亭杂文·运命》) | 他自己仿佛也感到人微言轻，很少发言，从来不敢存有非分之想。(谌容《赞歌》)

想入非非 xiǎngrù-fēifēi 语本佛经说的"非想非非想处……"语见《楞严经》、"涅槃经"等。原指非一般思维所达到的境界。非非：佛家常指人意识不能达到的玄妙境界。故常形容人的思绪进入虚幻离奇的境界或脱离实际的胡思乱想。例其至离奇变幻者，莫如《临川梦》，竟使若士先生身入梦境，与四梦中人一一相见，请君入瓮，想入非非，娓娓清言，犹余技也。(清·梁廷枏《曲话》) | 霈儿就爱想入非非，不理他就没事了。(端木蕻良《曹雪芹》) | 我忽然灵机一动，想入非非。(季羡林《季羡林散文精选》)

〔辨析〕"非分之想、想入非非"都有想法虚幻，不切实际的意思。"非分之想"重在强调不安分，妄想获得意外的好处。"想入非非"重在形容想法的离奇已超过正常的思维或脱离实际的胡思乱想。

非驴非马　不伦不类

非驴非马 fēilǘ-fēimǎ 《汉书·西域传下》记载："龟兹王学习汉家制度礼仪，被外国胡人称为驴非驴，马非马，若龟兹王，所谓骡也。"骡：驴和马交配所生的杂种。意思是驴不像驴，马不像马。后用

"非驴非马"形容不伦不类的东西。例这封信非驴非马不文不白的乱扯一通,该值一把火。(鲁迅《两地书》)｜若是随便一写,非驴非马,总非上策。(老舍《赵旺与荷珠》)

不伦不类 bùlún-bùlèi 唐·刘知几《史通·杂说上》:"所以乐正行事,无理辄书,致使编次不伦,比喻非类,言之可为嗤怪也。"后用"不伦不类"指不像这一类,也不像那一类。形容不规范,或不正经,不像样子。例看来这位李宜之除了心术不正之外,智力也大成问题。你看他连诬陷的口子都找得不伦不类。(余秋雨《苏东坡突围》)｜把永王李璘比成匈奴,比成秦始皇,比得都有点不伦不类。(郭沫若《李白与杜甫》)

〔辨析〕"非驴非马、不伦不类"都有不像此也不像彼,不成样子的意思。"非驴非马"重在指非此非彼,是彼此的一个混合杂乱的结合,不能用来形容人不正经、不正派。而"不伦不类"重在指不规范、不正经、不正派,可用于形容人。

非同小可　非同一般

非同小可 fēitóng-xiǎokě 不同于一般。表示程度深或高;也表示关系重大,不容轻视。小可:寻常。例此剑非同小可,既到我国,也是天使其然,岂可便与他去。(元·郑廷玉《楚昭公》)｜群芳圃司花太监来报,各处群花大放,武后这一喜非同小可! (清·李汝珍《镜花缘》)｜我这一惊非同小可,赶快稳住脚。(茅盾《脱险杂记》)

非同一般 fēitóng-yībān 不同寻常。表示人或事超出一般水平,或事情较为严重。例他把这件事琢磨以后,感觉王炎办事的水平非同一般,这人可能是个人才。(顾东《春之梦》)｜今年的旱灾非同一般,接连几个月没下一滴雨,禾苗干枯,村民们忧心如焚。(李恬《春灾之后》)｜秋天,总给人们带来喜庆,带来诗意,带来遐想,带来憧憬,更带来希望。而今年的秋天,非同一般,更不寻常。

〔辨析〕"非同小可、非同一般"都有不寻常,不同于一般,不容轻视的意思。"非同小可"偏重强调事情的重要或情况的严重,多用作形容人的学问、本领超凡出众,不可小看。赞赏或警示的程度深,多用于书面语。"非同一般"重在形容人或事超出一般水平。程度上较"非同小可"略轻,多用于口语。

匪夷所思　不可思议

匪夷所思 fěiyísuǒsī 《周易·涣》:"涣有丘,匪夷所思。"意思是因为不平坦而有所顾虑。后来指超出寻常,不是一般人能想象到的。多形容思想、言行、事情等怪异离奇。匪：非，不是；夷：平坦，平常。[例]其他如舞灯，十数人手携一灯，忽隐忽现，怪幻百出，匪夷所思，令唐明皇见之，亦必瞠目口开。(明·张岱《陶庵梦忆》)｜知识青年中，什么匪夷所思的事儿没有啊！(梁晓声《雪城》)

不可思议 bùkěsīyì 晋·释慧远《维摩诘所说经义记》："不思据心，不议就口……是故名不可思议。"佛教用语。指道理玄妙，不可用心意思忖，也不能用言语评论。后多指不可想象，难于理解。[例]多么可怕呀！多么不可思议，但是——又多么有趣！(柯岩《奇异的书简》)｜这样的事，在外国几乎不可能发生，对一些外国人来说，是不可思议的！(东瑞《朱丝汀的世界》)

〔辨析〕"匪夷所思、不可思议"都有一般人不好想象的意思。"匪夷所思"重在形容超出寻常，按平常的想法难以理解。"不可思议"重在形容既不可用心意思忖，又无法用语言评论。

沸反盈天　人声鼎沸

沸反盈天 fèifǎn-yíngtiān 清·夏敬渠《野叟曝言》："只见外面的人雪片般打进来，沸反盈天，喊声不绝。"像哗哗开着的水一样，翻滚的声浪喧天。形容喧哗吵闹，乱成一片。沸反：沸腾翻滚；盈：满。[例]刚刚到门，听见里面哭的沸反盈天。(清·李嘉宝《中国现在论》)｜你自荐她来，又合伙劫她去，闹得沸反盈天的，大家看了，成个什么样子。(鲁迅《祝福》)

人声鼎沸 rénshēng-dǐngfèi 《汉书·霍光传》："今群下鼎沸，社稷将倾。"人声像开水在鼎里沸腾一样。形容人声喧嚣嘈杂。鼎：古代用青铜制成的炊具，圆形、三足两耳；沸：沸腾。[例]猛抬头看钟，已是十二时半，南屋新房里还是人声鼎沸。(冰心《关于女人》)｜我们出了洞子，只见周围山上红旗飘扬，人声鼎沸。(马忆湘《朝阳花》)

〔辨析〕"沸反盈天、人声鼎沸"都形容喧哗嘈杂，声音多而杂乱。"沸反盈天"更强调乱成一片，不仅有人声，乱中还有别的杂音，局面完全无法控制，词意较重。"人声鼎沸"仅形容人声的喧嚣嘈杂，词意稍轻。

费尽心机　煞费苦心

费尽心机 fèijìn-xīnjī 挖空了心思，用尽了计谋。[例]而近年一种议论，乃欲周旋于二者之间，回互委曲，费尽心机。(宋·朱熹《与杨子直书》)｜我们不必再去费尽心机，学说古代的死人的话，要说现代的活人的话。(鲁迅《三闲集·无声的

中国》)

煞费苦心 shàfèi-kǔxīn　辛辛苦苦的费尽心机。例文章虽然冗长，做得也煞费苦心。（郭沫若《摩登唐吉诃德的一种手法》）｜他煞费苦心，把这残疾人训练成一个能写能算，全场第一个用机器缝衣的模范裁缝。（沙汀《范老师》）

〔辨析〕"费尽心机、煞费苦心"都有"用尽心思"的意思。"费尽心机"重在强调想尽了一切办法，挖空了心思，用尽了计谋，多用于贬义。"煞费苦心"侧重于费尽了心思、心意，为中性成语，既可以用于好事，也可用于坏事。

废寝忘食　宵衣旰食

废寝忘食 fèiqǐn-wàngshí　《列子·天瑞篇》："杞国有人忧天地崩坠，身亡所寄，废寝食者。"后多作"废寝忘食"，顾不上睡觉，忘记了吃饭。形容用全部精力专心干某件事。例他废寝忘食，昼夜不舍，潜心思考，探测精蕴，进行了大量的运算。（徐迟《哥德巴赫猜想》）｜他对于牲口的照料，无微不至，常常是废寝忘食。（冰心《一个最高尚的人》）｜功夫不负苦心人，秉昆重拾起来的快板技艺，经过十多天废寝忘食的临阵磨枪，连他都吃惊自己表演水平的迅速精进。（梁晓声《人世间》）

宵衣旰食 xiāoyī-gànshí　唐·李世民《命皇太子监国诏》："宵衣旰食，忧六宫之未安。"天不亮就穿衣起床，天黑了才吃饭。多形容君王勤于政务，日夜操劳。宵：夜晚；旰：天色很晚。例换言之，崇祯的宵衣旰食，励精图治，反而加速了明王朝覆灭的进度。（茅盾《关于长篇历史小说〈李自成〉》）｜为了表示自己"宵衣旰食，不遑暇逸"，那拉氏形成了一个习惯，在早膳之前便率先处理国家大事。（鲍昌《庚子风云》）

〔辨析〕"废寝忘食、宵衣旰食"都有顾不上睡觉、吃饭，认真而辛苦做事的意思。"废寝忘食"重在强调用全部精力专心干事，使用范围广。"宵衣旰食"多专指君王日夜操劳勤政，使用范围窄。

废寝忘食　孜孜不倦

废寝忘食 fèiqǐn-wàngshí　《列子·天瑞篇》："杞国有人忧天地崩坠，身亡所寄，废寝食者。"后多作"废寝忘食"，顾不上睡觉，忘记了吃饭。形容用全部精力专心干某件事。例梁元帝在江、荆间，复所爱习，召置学生，亲为教授，废寝忘食，以夜继朝。（北齐·颜之推《颜氏家训·勉学》）｜他废寝忘食，昼夜不舍，潜心思考，探测精蕴，进行了大量的运算。（徐迟《哥德

巴赫猜想》）|他对于牲口的照料，无微不至，常常是废寝忘食。（冰心《一个最高尚的人》）

孜孜不倦 zīzī-bùjuàn 《尚书·君陈》："惟日孜孜，无敢逸豫。"勤奋努力，不知疲倦。孜孜：勤勉；倦：疲倦、劳累。例这是因为他孜孜不倦地追求着的目标："究天人之际，通古今之变，成一家之言。"始终在猛烈地拨动着我的心弦……（林非《询问司马迁》）|但有一件事实则是十分确定的，有人在孜孜不倦地努力于这座高塔的建造。这些人是科学家。（巴金《生》）

〔辨析〕"废寝忘食、孜孜不倦"都有十分辛苦、勤奋、专心干某件事的意思。"废寝忘食"重在强调辛苦的程度，且使用范围较广。"孜孜不倦"重在强调不知疲倦地奋斗努力，多用于学习和研究领域。范围较"废寝忘食"略窄。

分道扬镳　各奔东西

分道扬镳 fēndào-yángbiāo 《魏书·元志传》："（志）为洛阳令不避强御，与御史中尉李彪争路，俱入见，面陈得失……高祖曰：'洛阳，我之丰、沛，自应分路扬镳。自今以后，可分路而行。'及出，与彪折尺量道，各取其半。"分路驱马前行。比喻目的、志趣不同，各走各的路，各奔前程。镳：马嚼子两头露在嘴外的部分。例他们来到装车场，白广利要到山上去找一块引火的松木明子，而胡兆远直接回林场，于是两人分道扬镳。（董玉振《精明人的苦恼》）|是不是夫妻两个决不能清醒，清醒了就会分道扬镳呢？（张贤亮《男人的一半是女人》）

各奔东西 gèbèn-dōngxī 清·石玉昆《小五义》第72回："在家撒腿就跑，各奔东西。"分手后各自奔赴要去的地方。常形容目的、志趣完全相反。例两人争吵一番，谁也说不服谁，只好各奔东西了。（黄洁《一路走来》）|自从上次在靠山集各奔东西之后，二十多年来，俩人从未见面。（刘云《靠山集》）

〔辨析〕"分道扬镳、各奔东西"都有分手后各走各路的意思。"分道扬镳"多形容目的、志趣不同，各奔前程。多用于思想、学术等方面的分歧，多用于书面语。"各奔东西"多强调分手后，向相反的方向目标走，使用范围较广，且多用于口语。

纷至沓来　接踵而来

纷至沓来 fēnzhì-tàlái 宋·朱熹《答何叔京》："……则虽事物纷至而沓来，岂足以乱吾之知思。"形容接连不断地到来。沓：重复。例送礼的人纷至沓来。（郑振铎《三

年》）｜一想到袁第光，像万缕千丝的话头纷至沓来，她陷入沉思了。（杨纤如《伞》）

接踵而来 jiēzhǒng'érlái 《晋书·段灼传》："由是四方雄俊继踵而至，故能世为强国，吞灭诸侯，奄有天下，兼称皇帝，由谋臣之助也。"形容人接连不断地来或者事情连续不断地发生。接踵：后面人的脚尖接着前面人的脚跟。例近日接踵而来的西南地区的严重旱灾，再次给人类敲响了警钟，生态环境已到濒危边缘。（《京华日报》2010年）｜当举行婚筵的时候，宾客盈门，接踵而来。（余绍荣《名人轶事·契诃夫的婚礼》）

〔辨析〕"纷至沓来、接踵而来"都有人或事不断到来的意思。"纷至沓来"偏重形容人或事来得多而杂乱，无秩序不分先后。"接踵而来"侧重形容一个接一个地到来，强调紧跟着，不间断。

焚膏继晷　夜以继日　悬梁刺股

焚膏继晷 féngāo-jìguǐ 唐·韩愈《进学解》："焚膏油以继晷，恒兀兀以穷年。"兀兀（wùwù）：刻苦用功的样子，后用"焚膏继晷"指没有日光就点上灯烛照明。形容夜以继日地工作学习、娱乐等。膏：点灯用的油；晷：日光。例世儒于此十三部，或焚膏继晷，钻仰终身。（清·纪昀《阅微草堂笔记》）｜现在我已经到了望九之年……仍然能写能读，焚膏继晷，兀兀穷年，仿佛有什么力量在背后鞭策着自己，欲罢不能。（季羡林《牛棚杂忆》）

夜以继日 yèyǐjìrì 《庄子·至乐》："夫贵者，夜以继日，思虑善否。"夜晚接上白天。形容日夜不停地学习或工作。例正当他夜以继日为指挥部设计工程蓝图的时候，召开了那个三结合会议。（张天民《创业》）｜我们应该不惜风霜劳苦、夜以继日……地去研究人民中间的生活问题，生产问题。（毛泽东《必须给人民看得见的物质福利》）

悬梁刺股 xuánliáng-cìgǔ 《战国策·秦策一》："（苏秦）读书欲睡，引锥自刺其股，血流至足。"东汉·班固《汉书》："孙敬字文宝，好学，晨夕不休。及至眠睡疲寝，以绳系头，悬屋梁。"把头发系在屋梁上，用锥子刺大腿。股：大腿。后用"悬梁刺股"形容发愤读书、意志坚强、刻苦自学。例岂不闻古人之悬梁刺股，以志于学。（明·徐霖《绣襦记》）｜我们要发扬古人悬梁刺股的精神，努力学习。

〔辨析〕"焚膏继晷、夜以继日、悬梁刺股"都可形容日夜不停地勤奋工作或学习。"焚膏继晷"多用于书面语，色彩典雅。"夜以继日"适用范围广,较通俗流行。"悬梁刺股"强调学习时发愤不怕苦、意志坚强,只用于学习上,使用范围窄。

奋不顾身　舍生忘死

奋不顾身　fènbùgùshēn　汉·司马迁《报任安书》:"……分别有让,恭俭下人,常思奋不顾身以殉国家之急。"奋勇向前,不顾自己个人的安危。例工作队员在冯均的带引之下,走在群众的最前面,奋不顾身地扑火抢险。(陈残云《山谷风烟》)|五四时期,革命青年为救亡图存,振兴中华而奔走呼号,奋不顾身,表现出高尚的爱国情操和不屈的斗争精神。(2012年全国高考语文山东试卷试题)

舍生忘死　shěshēng-wàngsǐ　舍弃生命,忘掉死亡。形容不顾个人生命危险。例舍生忘死家将,一个个顶盔摆甲,一个个押箭弯弓。(元·关汉卿《哭存孝》)|我……以为你虽然身上有一堆的毛病,但为帮助别人还是舍生忘死的大丈夫。(王朔、冯小刚等《编辑部的故事》)

〔辨析〕"奋不顾身、舍生忘死"都有不顾个人安危的意思。"奋不顾身"重在强调奋勇向前,义无反顾,在行进、奋斗中不考虑自己。"舍生忘死"重在强调不顾个人生命危险,不怕死,敢于舍弃生命。

奋发图强　卧薪尝胆

奋发图强　fènfā-túqiáng　振作起精神,勇于进取,谋求强盛。也说"发奋图强"。例我祝愿中年一代的科学工作者奋发图强,革命加拼命,勇攀世界科学高峰。(郭沫若《科学的春天》)|电视广播员……说他是经历了磨难,奋发图强的中国知识分子的代表。(从维熙《春之潮汐》)

卧薪尝胆　wòxīn-chángdǎn　《史记·越王勾践世家》:"越王勾践反国,乃苦身焦思,置胆于坐,坐卧即仰胆,饮食亦尝胆也。"勾践战败被吴国所俘,他立志报仇雪耻,夜卧柴草,品尝苦胆,最后如愿以偿。睡在柴草上,尝苦胆的味道。比喻刻苦自励,发愤图强。例为臣子者,须当卧薪尝胆,带甲枕戈,为国家出一死力,排难解纷。(明·吾邱瑞《运甓记》)|曾淮在凤兆丽的眼里是个古怪、倔强的人,是个为了报复对手能卧薪尝胆的人。(蒋子龙《开拓者》)|勾践卧薪尝胆的故事告诉我们,有志者事竟成。

〔辨析〕"奋发图强、卧薪尝胆"都有奋发振作,勇于进取,谋求强盛的意思。"奋发图强"强调振作起精神,为谋求强盛而不断努力。"卧薪尝胆"强调忍辱负重,刻苦自励。

风声鹤唳　草木皆兵

风声鹤唳 fēngshēng-hèlì 《晋书·谢玄传》："（苻）坚众奔溃，自相蹈藉投水，死者不可胜计，肥水为之不流。余众弃甲宵遁，闻风声鹤唳，皆以为王师已至。"形容极端惊恐、疑惧。唳：鹤叫。例直到后来，听到了那些风声鹤唳的传说，见到了举世仓皇的不安状态，当正在打算逃难出发的前几日，婉珍才又隐隐想起了这一位青年。（郁达夫《出奔》）｜同一切非正义的统治者一样，他们色厉内荏，十分害怕中国老百姓，简直害怕到风声鹤唳、草木皆兵的程度。（季羡林《牛棚杂忆》）｜中国居民和邻国逃亡侨民的日子更加提心吊胆，风声鹤唳了。（梁晓声《人世间》）

草木皆兵 cǎomù-jiēbīng 《晋书·苻坚载记下》："坚与苻融登城而望王师，见部阵齐整，将士精锐，又北望八公山，草木皆类人形，顾谓融曰：'此亦勍敌也，何谓少乎？'怃然有惧色。"形容极度惊恐，疑神疑鬼。皆：都，都是。例本来一向安闲旷逸的白音泰来，现已弄得草木皆兵。（范长江《塞上行·行纪·忆西蒙》）｜抗日军民用"地雷战""地道战""麻衣战"……游击战术，弄得鬼子和伪军草木皆兵。

〔辨析〕"风声鹤唳、草木皆兵"都有非常惊恐、疑惧的意思。"风声鹤唳"更多情况是形容敌军到来时的惊恐气氛和疑神疑鬼的紧张心态。"草木皆兵"用夸张拟人手法形容敌军之众，阵势之强，较"风声鹤唳"更为具体。

风姿绰约　婀娜多姿

风姿绰约 fēngzī-chuòyuē 形容女子风度姿态美好的样子。也作"丰姿绰约"。例京剧大师梅兰芳先生不仅舞台上风姿绰约，在日常生活中也气度不凡，无论何时何地，他总能让人为之倾倒。（2013年全国高考语文新课标试题句）｜秉昆觉得有那么一位哥哥实在是荣幸之至，而不再觉得自己是相形见绌的丑小鸭，哥哥是风姿绰约的白天鹅了。（梁晓声《人世间》）

婀娜多姿 ēnuó-duōzī 三国·魏·曹植《洛神赋》："华容婀娜，令我忘餐。"姿态优柔而美好。多用于形容女子，也可形容花木姿态柔软而美好。婀娜：柔美的样子。例她步态轻盈，婀娜多姿。（陆文夫《美食家·口福不浅》）｜对着那些婆娑、婀娜多姿的翠竹，你定会情不自禁地啧啧赞叹！（王正湘《居山竹奇》）

〔辨析〕"风姿绰约、婀娜多姿"都用

于形容女子风度姿态柔和而优美。"风姿绰约"多从风度上,后者多从姿态上;"婀娜多姿"还可用以形容草木的姿态,而"风姿绰约"不可用。

风餐露宿　栉风沐雨

风餐露宿　fēngcān-lùsù　在风中吃饭,在露天睡觉。形容旅途或野外工作的辛劳。例顷刻之间便上了车,无非风餐露宿,不久便到了登州。(清·刘鹗《老残游记》)｜一路上,虽然风餐露宿,不免辛苦,但幸而天气晴朗……倒了方便。(姚雪垠《李自成》)

栉风沐雨　zhìfēng-mùyǔ　《庄子·天下》:"(禹)沐甚雨,栉急风。"风梳头,雨洗发。形容奔波劳碌,不避风雨。栉:梳头发。沐:洗头发。也说"沐雨栉风"。例农民终年栉风沐雨,胼手胝足,是根本没有休息日的。(柯灵《香雪海》)｜我真舍不得同这个全身浸透了硝烟、瓦斯、一生栉风沐雨的刚强的老同志分手。(王汶石《通红的煤》)

〔辨析〕"风餐露宿、栉风沐雨"都有在野外备受艰辛的意思。"风餐露宿"用强调食、宿条件的困难、艰苦来形容旅途或野外工作的辛劳。"栉风沐雨"以自然环境,天气的恶劣来强调不避风雨,奔波劳碌的情景。

风尘仆仆　长途跋涉

风尘仆仆　fēnchén-púpú　在路上奔波,受风尘吹打,十分劳累。仆仆:奔波劳累的样子。例三人拣了一家客店住下,一路上风尘仆仆,到了此时,不免早些歇息。(清·吴趼人《痛史》)｜道静见老头风尘仆仆又冷又饥的神色,连忙找个凳子让老头靠火炉坐下。(杨沫《青春之歌》)

长途跋涉　chángtú-báshè　清·钱采《说岳全传》第六十六回:"妾身身犯国法,理所当然,怎敢劳贤姐长途跋涉?决难从命。"常用来形容旅途的艰辛。跋涉:翻山越岭,徒步涉水。例我背痛腰酸,真像经过了长途跋涉似的。(巴金《沉默集》)｜有的冒着大雨大雪,有的不顾长途跋涉,充满着满腔的热烈情绪来探望我们。(邹韬奋《经历》)

〔辨析〕"风尘仆仆、长途跋涉"都有旅途奔波,十分辛劳的意思。"风尘仆仆"重在强调被风吹打,在恶劣天气和环境下奔波劳累的样子,而且不一定用于在野外步行,也可以用于车船之行。"长途跋涉"强调徒步翻山涉水走了很长的路程。

风度翩翩　风流倜傥

风度翩翩　fēngdù-piānpiān　《史记·平原君列传》："平原君，翩翩浊世之佳公子也。"后用作"风度翩翩"，形容仪表气度潇洒文雅，言谈举止美好风流。风度：美好的举止姿态；翩翩：轻快飞舞的样子。形容风流潇洒。例她现在心疼地看见，一个风度翩翩的男人，一下子就像衰老了许多。(路遥《路遥全集·人生》)｜诗人穿了一件灰色绸子的棉袍，外罩一件深灰色外套，戴着阔边眼镜，风度翩翩，自有一种玉树临风之致。(苏雪林《我所认识的诗人徐志摩》)

风流倜傥　fēngliú-tìtǎng　有文才，风度洒脱，不为礼法所拘。倜傥：卓异，洒脱，不拘束。例以前捧孙瑜的，现在对他那种风流倜傥、谈情说爱的老一套开始不满了。(田汉《影事追怀录》)｜真不信他便是当年名闻四海，风流倜傥的"关刀王"。(金庸《鹿鼎记》)

〔辨析〕"风度翩翩、风流倜傥"都有潇洒风流，异于俗流的意思。"风度翩翩"重在强调仪表、气度的潇洒文雅，言谈举止的美好。"风流倜傥"强调有文才，风度洒脱，不受礼教和世俗规矩的约束。

风卷残云　狼吞虎咽

风卷残云　fēngjuǎn-cányún　唐·戎昱《霁雪》："风卷残云暮雪晴，江烟洗尽柳条轻。"大风一下子刮走了残留的浮云。比喻迅速地消灭干净或一扫而光。例我军勇猛追逃敌，势如风卷残云，摧枯拉朽，所向披靡。(穆欣《历史的脚步声》)｜风卷残云，顷刻之间包子与烧饼踪影全无。(老舍《正红旗下》)

狼吞虎咽　lángtūn-hǔyàn　像狼吞，像虎咽一样大口吃东西。形容吃东西又猛又急。例每个人都狼吞虎咽地吃了几大碗，气氛马上活跃起来。(魏巍《东方》)｜她们无数次慈祥地注视一个端着她们的饭碗狼吞虎咽的孩子。感叹没娘的孩子多么可怜。(张晓伟《母亲的形象》)

〔辨析〕"风卷残云、狼吞虎咽"都用于形容吃东西又猛又急的样子。"风卷残云"还可用于迅速消灭敌对势力或自然界的实际景象，而且常形容将对象一扫而光，多用于褒义。"狼吞虎咽"仅用于形容吃东西又猛又急，本身没有一扫而光的意思，多用于中性和贬义。

风生水起　风光无二

风生水起　fēngshēng-shuǐqǐ　风从水面吹过，水面掀起波澜。形容事情做得了有生气，蓬勃兴旺。比喻事情做得特别好，一定时间里发展特别快，迅速壮大起来。风生：刮风；水起：水面上泛起波浪。例自从改革开放以来，这家企业因为规划科学、管理有方，又逢国家的政策鼓励，把生意做得风生水起，兴旺发达。（祁英《小镇的故事》）｜王兴笑道："辛庄子李书记来了不到半年，借着国家建设新农村的东风，村子里的各项事业也都风生水起，越来越有起色了。"（张秋霞《绿水青山》）

风光无二 fēngguāng-wúèr 非常光彩、荣耀、体面，没人能比。风光：原指月光照射之下，草木被风吹动而呈现出闪烁的光色。后转指景色，也用于形容荣耀、光彩；无二：没有第二个（可以和它比的）。例由于面临生态建设和企业转型，曾有长达百年历史的宣化钢铁企业，曾经风光无二，如今命运难测。（今日头条《百年宣钢兴衰史》）｜为了炫耀，他家将婚事大操大办，极尽奢华铺张之能事，一时间在镇上真是风光无二。（云枫《笛音袅袅》）

〔辨析〕"风生水起、风光无二"都形容事情好，光彩、体面，令人夸赞，喜悦的意思在其中。"风生水起"多强调借某种力量迅速兴旺发达，在短时间内就发展壮大起来。"风光无二"重在说明光彩、荣耀到了无人可比的程度。

风言风语　流言蜚语

风言风语 fēngyán-fēngyǔ 在私下议论或散布某种说法。多指没有根据的话或含有讥讽和恶意中伤的话。例我从潼关乡下路过的时候，听到风言风语，纷纷说满鞑子又打进来了，把北京城围了三面。（姚雪垠《李自成》）｜没多久便传出风言风语：小牟家跟某某相好啦，跟某某在皮行在客栈里如何如何啦。（陈大斌《乡里故人》）

流言蜚语 liúyán-fēiyǔ 《明史·马孟桢传》："……雌黄信口，流言蜚语，腾入禁廷，此士习可虑也。"多指背后议论、挑拨、诬蔑的话。流言：无根据的话；蜚语：没根据的话。"蜚"同"飞"。例九老，你不要以长安的流言蜚语陷人。（姚雪垠《李自成》）｜整个蛤蟆滩的庄稼人都夸她行为光明，稻地里没有一句关于她的流言蜚语。（柳青《创业史》）

〔辨析〕"风言风语、流言蜚语"都形容没有根据的话。"风言风语"指可实可虚的传闻，也可指含有讥讽或恶意中伤的话，词意较"流言蜚语"轻。"流言蜚语"多指背后议论，诽谤或挑拨离间的坏话。多指诬蔑性的恶毒语言，词意较重。

风雨飘摇　摇摇欲坠

风雨飘摇　fēngyǔ-piāoyáo　《诗经·豳风·鸱鸮》:"予室翘翘,风雨所漂摇。"漂:同"飘"。意思是鸟巢在风雨中摇摇欲坠。后用"风雨飘摇"比喻动荡不安,现多用于形容时局。例风雨飘摇日,予怀范爱农。(鲁迅《集外集拾遗·哀范君三章》)|那时虽有也先之患,经过土木之变,但国家的根子依然强固,全不似如今这样风雨飘摇。(姚雪垠《李自成》)

摇摇欲坠　yáoyáoyùzhuì　《大戴礼记·武王践阼》:"若风将至,必先摇摇。"《战国策·楚策》:"寡人卧不安席,食不甘味,心摇摇如悬旌,而无所终薄。"后用"摇摇欲坠"多形容不稳固,马上要掉下来,要坍塌,十分危险。例这一段话真具有极可宝贵的史料价值,把奴隶制旧政权的摇摇欲坠,在几句话中典型地表现了出来。(郭沫若《奴隶制时代》)|过道里倚着墙,两边都堆满了书。我十分小心地移动着脚步,深怕碰散了那摇摇欲坠的书。(柯岩《天涯何处无芳草》)

〔辨析〕"风雨飘摇、摇摇欲坠"都有摇摆不定,不稳固,危险的意思。"风雨飘摇"强调"风雨"的作用,多形容时局、政治气候,使用范围较窄。"摇摇欲坠"既可形容具体物件摇晃要倒塌的样子,也可比喻处境、地位、政权等极不牢固,随时会垮台、崩溃,使用面较广。

风雨如晦　风雨如磐

风雨如晦　fēngyǔ-rúhuì　《诗经·郑风·风雨》:"风雨如晦,鸡鸣不已。既见君子,云胡不喜?"原意是风雨一同袭来,天地昏暗。晦:夜晚。后用"风雨如晦"比喻社会黑暗,局势动荡。例风雨如晦,益励匪躬之诚;夙夜惟寅,愈定致君之志。(宋太宗《王显除枢密使制》)|特别是在那风雨如晦大雾弥天的日子里,他……总是对前途充满了乐观和信心。(峻青《〈望云海〉跋》)

风雨如磐　fēngyǔ-rúpán　唐·贯休《侠客》:"黄昏风雨黑如磐。"风雨交加,像一块大石头压在头上。形容天气恶劣。有时也比喻政治气候恶劣。例灵台无计逃神矢,风雨如磐闇故园。(鲁迅《自题小像》)|当我们从泰和进入井冈山区的时候,重云如盖,风雨如磐。(杜宣《井冈山散记》)

〔辨析〕"风雨如晦、风雨如磐"都形容风雨齐来,天气恶劣,也都可以比喻政治气候、社会环境的恶劣。"风雨如晦"重在强调风雨交加时,地暗天昏,也比喻社会政治黑暗混乱。"风雨如磐"重在强调风雨交加时或在恶劣的社会、政治环境中给人心理上带来的沉重压力。

风雨同舟　和衷共济

风雨同舟　fēngyǔ-tóngzhōu　《孙子·九地》："夫吴人与越人相恶也,当其同舟而济,遇风,其相救也如左右手。"后用"风雨同舟"比喻共历艰险,共渡难关。例在滔滔河水面前……具有革命良心的人,应该风雨同舟,患难与共。(袁鹰《邻与壑》)｜在抗日战争和解放战争时期,我和健吾共过一大堆风雨同舟的岁月,可以算做熟朋友了。(柯灵《磨墨人·舞台生涯六十年》)

和衷共济　hézhōng-gòngjì　《尚书·皋陶谟》："周寅协恭和衷哉。"和衷:同心。《国语·鲁语下》:"夫苦匏不材于人,共济而已。"济:渡水。大家一条心,共同渡河。比喻同心协力,克服困难。例大家也真能和衷共济的讨论救济的方法。(老舍《赵子曰》)｜李玉亭并没有理会到,还想引吴荪甫注意大局的危险,应该大家和衷共济。(茅盾《子夜》)

〔辨析〕"风雨同舟、和衷共济"都有同心协力,共同克服困难,渡过难关的意思。"风雨同舟"多强调面临的环境恶劣,困难大,不容易,适用范围广且较口语化。"和衷共济"强调齐心合力,团结一心,多用于关系到全局安危的大事上,多用于书面语。

风雨同舟　同心同德

风雨同舟　fēngyǔ-tóngzhōu　《孙子·九地》："夫吴人与越人相恶也,当其同舟而济,遇风,其相救也如左右手。"共同在雨打风吹的船上。比喻同心合力,共渡难关。例在抗日战争和解放战争时期,我与健吾共过一大堆风雨同舟的岁月,可以算是熟朋友了。(柯灵《墨磨人·舞台生涯六十年》)｜戈玲严肃地说:"李东宝,咱们一直是风雨同舟的好同事,仅此而已,你要不珍惜这种纯洁的友谊,我就给别人做搭档了。"(王朔、冯小刚等《编辑部的故事》)

同心同德　tóngxīn-tóngdé　《书·泰誓》:"受有亿兆夷人,离心离德;予有乱臣十人,同心同德。"思想认识一致,行动一条心。心、德:都是指思想、心智。例惟是同心同德之人,乃可委以政事。(宋·刘安世《尽心集》)｜周人的榨取比较温和,所以能一方面赢得自己奴隶的同心同德。

〔辨析〕"风雨同舟、同心同德"都有团结一心、共同从事、应对某种事态的意思。"风雨同舟"重在强调在艰险、危险之时,齐心协力,共渡难关；"同心同德"侧重强调同一心意、同一信念，思想和行动都一致。"风雨同舟"表明，大家都同处在艰险、困难的环境中，而"同心同德"就不一定有这种环境。

风烛残年　风中之烛

风烛残年　fēngzhú-cánnián　《乐府诗集·怨诗行》："天德悠且长，人命一何促，百年未几时，奄若风吹烛。"后用"风烛残年"指像风中飘摇易灭的灯烛一样的晚年。比喻临近死亡的垂暮之年。也比喻事物凋残破败，毫无生气。例西太后已是风烛残年，如果死了这个靠山，满族少年亲贵必然对他更有所不利。（陶菊隐《北洋军阀统治时期史话》）| 酒泉那点风烛残年的商业，军人们还要和他们竞争。（范长江《中国的西北角·祁连山北的旅行》）

风中之烛　fēngzhōngzhīzhú　三国魏·刘桢《诗》："天地无期竟，民生甚局促……低昂倏忽去，炯若风中烛。"指风中的灯烛易于熄灭。比喻将近死亡的人或随时可能消灭的事物。例老拙夫妇年近七旬，如风中之烛，早暮难保。（明·冯梦龙《醒世恒言》）| 你看我年未五旬，须发已白，老病衰残，竟似风中之烛。（清·李汝珍《镜花缘》）

〔辨析〕"风烛残年、风中之烛"都指像风中飘摇易灭的灯烛，比喻临近死亡。"风烛残年"更偏重强调垂暮之年临近死亡，还可比喻事物凋残破败。"风中之烛"还用于随时可能被消灭的事物。

风烛残年　桑榆暮景

风烛残年　fēngzhú-cánnián　《乐府诗集·怨诗行》："天德悠且长，人命一何促，百年未几时，奄若风吹烛。"后用"风烛残年"指像风中飘摇易灭的灯烛一样的晚年。比喻临近死亡的垂暮之年。也比喻事物凋残破败，毫无生气。例玉麟又想起风烛残年的外婆晚年丧子，不知有几多悲痛。（唐浩明《曾国藩·血祭》）| 酒泉那点风烛残年的商业，军人们还要和他们竞争。（范长江《中国的西北角·祁连山北的旅行》）

桑榆暮景　sāngyú-mùjǐng　南朝宋·刘铄《拟古二首》："愿垂薄暮景，照妾桑榆叶。"后作"桑榆暮景"，指落日的余晖照在桑树和榆树上。比喻年老的时光。景：日光。也说"桑榆晚景"。例松竹门幽，桑榆暮景，明年知他健否安否？（明·高则诚《琵琶记》）| 桑榆暮景，为日无多，身后之计，不能不时萦心曲。（苏雪林《母亲》）

〔辨析〕"风烛残年、桑榆暮景"都用

于比喻人的晚年时光。"风烛残年"比喻随时临近死亡,还可比喻事物凋残破败,毫无生气,语意重。"桑榆暮景"仅用于比喻人的晚年,语意轻。

烽火连天　烽火四起

烽火连天　fēnghuǒ-liántiān　指战火或战争爆发。烽火:古时边防报警的烟火。连天:与天空相接。例倾城名士,两两相遇,虽然是件韵事,倘使相遇在烽火连天之下,便不欢乐了。(清·曾朴《孽海花》)│他……记不得他父亲一代所参加过的那种烽火连天狼烟遍地的战争年月。(峻青《乡音》)

烽火四起　fēnghuǒ-sìqǐ　指战火燃烧到各地,战争全面爆发,烽烟不断。例中东地区是世界能源的重要产地,又处于欧、亚、非三大洲的要冲,是各种势力争夺的焦点,连年烽火四起是意料中事。(之俊《中东的战争》)│民国初年,军阀混战,你争我夺,烽火四起,举国尽遭战乱之灾。(时远峰《民初的那些事儿》)

〔辨析〕"烽火连天、烽火四起"都指战火或战争。"烽火连天"不仅有报警之意,也可形容军情的紧迫和严重。"烽火四起"强调战争进行的范围之广,战火到处燃烧,接连不断。

封妻荫子　光宗耀祖

封妻荫子　fēngqī-yìnzǐ　《旧五代史·唐书·明宗纪八》:"封妻荫子,准格合得者,亦与施行。"妻子得到封号,子孙得袭官爵,特权。旧指建功立业,光耀门庭。荫:封建君主时代子孙因先世有功而受封。例将来到疆场,一刀一枪,博得个封妻荫子,也不枉了一个青史留名。(清·吴敬梓《儒林外史》)│杨志一心想做官,"博个封妻荫子",结果是赔尽小心,依然落得一场空。(茅盾《谈〈水浒〉的人物和结构》)

光宗耀祖　guāngzōng-yàozǔ　指取得功成名就,为祖先、宗族增添光彩。例可以还俗为官,在京师图个荫子封妻,光宗耀祖,报答父母劬劳之恩。(明·施耐庵《水浒传》)│我以为受了大选入宫,总算得是光宗耀祖的事体了。(郭沫若《王昭君》)

〔辨析〕"封妻荫子、光宗耀祖"都有因自己的功成名就而惠及亲人的意思。"封妻荫子"重在因建功立业使妻子受到皇家的封号,子孙承袭官爵、特权来彰显门庭。受惠的人亲近,对象范围窄。"光宗耀祖"重在强调功成名就,使祖先和宗族都增添光彩,且不一定都是皇家认可的事,使用对象、范围都较"封妻荫子"宽。

逢凶化吉　遇难成祥

逢凶化吉 féngxiōng-huàjí　清·施耐庵《水浒传》第四十二回："豪杰交游满天下；逢凶化吉天生成。"遇到危难和凶险又转化为吉祥和顺利。迷信认为因运气好或有神灵保佑就能化凶为吉。例我今叩求天皇保佑，在监的逢凶化吉，有病的早早安身。(清·曹雪芹《红楼梦》)｜剧协叫我张罗着弄两晚上杨派专场,正没咒念呢,听说你来了,这可真是逢凶化吉,遇难成祥。(邓友梅《铁笼山·一曲谢知音》)

遇难成祥 yùnàn-chéngxiáng　昆曲《十五贯》第七场："若是想逢凶化吉,遇难成祥,打人能逢,谋事能成……便知分晓。"遇到困难、难处,危难却能转化为吉祥。也作"遇难呈祥"。例愿他诸事如愿,遇难成祥。(清·李汝珍《镜花缘》)｜观众有这种心理,好人不怕落难,却要逢凶化吉,遇难成祥。(《光明日报》1992年12月2日)

〔辨析〕"逢凶化吉、遇难成祥"两者的意思非常接近,且常常连用。都形容遇到困境、危难之后,事态向好的方向转化。"逢凶化吉"更多地强调处境、事态的凶险,看似未来后果极其严重,最后都化凶为吉,词意偏重。"遇难成祥"多强调遇到困难、难处、危难后,转化为吉祥,词意稍轻。

奉公守法　遵纪守法

奉公守法 fènggōng-shǒufǎ　奉行公事,以公事为重,遵守法令。多指官吏公正无私。例会长在与不在,他们各位都是奉公守法,丝毫不苟的。(欧阳予倩《屏风后》)｜只要他们老老实实,奉公守法,有困难也可以帮助想办法。(于敏《第一个回合》)

遵纪守法 zūnjì-shǒufǎ　遵守纪律和法令。多指公民在社会生活中应遵循的原则和规矩。例遵纪守法是社会主义国家每个公民,做人的起码标准。｜他理直气壮地对顺华说："你不遵纪守法,我就要管。决不允许你这样的害群之马干坏事。"(长源《邻里之间》)

〔辨析〕"奉公守法、遵纪守法"都有遵守国家法律、法令的意思。"奉公守法"强调以国家、公众的利益为重,遵照法令的要求办事、做人,且常指官吏公正无私、依法办事。词意较重。"遵纪守法"只要求遵守纪律和法令,不违反即可,词意较轻。

奉为圭臬　奉若神明

奉为圭臬 fèngwéi-guīniè　清·钱泳《履园丛话》："三公者,余俱尝亲灸，奉为圭臬，何敢妄生议论。"指以某种言论或学说作为信奉的准则。圭臬：圭表。古代用来测日影的天文仪器，比喻准则和法度。例适应之说，迄今学人犹奉为圭臬。（鲁迅《坟·人之历史》）｜我们绘画史上有一个时期把王石谷等四人奉为圭臬，凡是学画，都以他们为宗，有的甚至照摹照搬。（2016年全国高考语文全国试卷试题）

奉若神明 fèngruòshénmíng 原作"敬若神明"。《左传·襄公十四年》："民奉其君……敬之如神明，畏之如雷霆。"像对待神一样的崇敬。信奉某人某事就像迷信的人崇拜神一样。形容极端崇拜。也作"奉为神明"。例清代治《汉书》者对于颜师古注奉若神明，不敢置点。（王庆祥《陈真和他的〈摹庐丛著〉》）｜当年被奉若神明的老拔贡……回北京孵豆芽儿去了。（刘绍棠《瓜棚柳巷》）

〔辨析〕"奉为圭臬、奉若神明"都有以崇敬的心情来信奉的意思。"奉为圭臬"专指对某种言论或学说的遵从信奉，认之为真理，多用于书面语，语意较轻。"奉若神明"强调极端崇拜到了迷信的程度，书面、口头都用，语意较重。

浮光掠影　蜻蜓点水　走马观花

浮光掠影 fúguāng-lüèyǐng 唐·褚亮《临高台》诗："浮光随日度，漾影逐波深。"像水面上的反光和掠过的影子，一晃而过。比喻观察不细致，印象不深，只得到表面肤浅的东西。例可是这回只是浮光掠影地看看，写不成名副其实的游记。（叶圣陶《游了三个湖》）｜是这么深入了解一个单位的全面生活好呢？还是……浮光掠影地去体验生活好呢？（老舍《青年作家应有的修养》）

蜻蜓点水 qīngtíng-diǎnshuǐ 唐·杜甫《曲江》诗之二："穿花蛱蝶深深见，点水蜻蜓款款飞。"指蜻蜓飞行水面产卵，尾部触水便起。后用来比喻做事肤浅不深入。也可形容动作、笔触等轻巧自如。例我们要和他们交流，那就必须弄清楚这些新名词，这却不是这一个月蜻蜓点水式的访问所能做到的。（费孝通《访美掠影》）｜远处一艘小艇拉着两个运动员在急流中冲浪，像蜻蜓点水，也像海燕掠浪。（丁玲《约翰·迪尔——我看到的美国之七》）

走马观花 zǒumǎ-guānhuā 唐·孟郊《登科后》诗："春风得意马蹄疾，一日看尽长安花。"骑在奔跑的马上看花。形容愉快、得意的心情。也比喻粗略地观察一下，不深入，不细致。也说"走马看花"。例外忆戊午榜后，曲江秋宴，彼此

少年，极走马看花之乐。（清·袁枚《小仓山房尺牍》）｜就只在各处，走马观花看了一下。（李六如《六十年的变迁》）

〔辨析〕"浮光掠影、蜻蜓点水、走马观花"都有不细致、不深入的意思。"浮光掠影"多用于比喻只得到表面肤浅的东西，只见到事物最外层的表象。"蜻蜓点水"常比喻表面接触而不曾深入，重在"肤浅"，还可形容动作、笔触的轻松自如。"走马观花"多比喻粗略地观察事物，重在"粗略""不细致"，还可形容愉快、得意的心情。

拂袖而去　扬长而去

拂袖而去　fúxiù'érqù　《后汉书·杨彪传》："（融曰）孔融鲁国男子，明日便当拂衣而去，不复朝矣。"后多作"拂袖而去"，一甩衣袖就走了。形容因生气或不满而愤然离去。例我是愿意人对我反抗，不合则拂袖而去的。（鲁迅《两地书》）｜韩复榘听了勃然大怒，拂袖而去，忿忿地说："我跟党棍子说不通。"（周而复《长江还在奔腾》）

扬长而去　yángcháng'érqù　形容丢下别人，大模大样地离开。例新嫂嫂明知留也无益，任其扬长而去。（清·李宝嘉《官场现形记》）｜至于骂一句爹娘，扬长而去，还自以为胜利，那简直是"阿Q式的战法"了。（鲁迅《二心集·辱骂和恐吓决不是战斗》）

〔辨析〕"拂袖而去、扬长而去"都有不计后果、不管不顾，突然离去的意思。"拂袖而去"偏重因生气或不满而愤然离开。"扬长而去"偏重形容旁若无人，大模大样地离开。

辅车相依　唇齿相依

辅车相依　fǔchē-xiāngyī　《左传·僖公五年》："谚所谓辅车相依，唇亡齿寒者，其虞虢之谓也。"颊骨和牙床互相依附。比喻两者关系密切，相互依存。辅：颊骨，一说用来夹持车轴、承受车厢的方木；车：牙床。例我们山水相连，友好相处，我们是辅车相依的国家。（魏费兴《圣诞节致友人》）｜你们管生产，我们管推销，生产和推销辅车相依，关系极为密切。（梁朝欣《同心协力》）

唇齿相依　chúnchǐ-xiāngyī　《三国志·魏志·鲍勋传》："……益以吴蜀唇齿相依，凭阻山水，有难拔之势故也。"像嘴唇和牙齿那样互相依靠。例当时在中国的洋人，从外交官、商人到传教士，都是一个旧秩序的维护者。原因很清楚，他们自身同中国的旧秩序是唇齿相依的。（萧乾《斯诺与中国新文艺运动》）｜唇齿相依关世运，戚欣与共

胜天伦。(朱德《送朝鲜最高人民会议代表团归国》)

〔辨析〕"辅车相依、唇齿相依"都有两者关系密切，相互依存的意思。两者在用法上有细微的区别。"辅车相依"偏重强调两者完全对等的关系，一样重要，多用于书面语。"唇齿相依"偏重强调"唇"一方对"齿"有保护作用，书面语、口语均用。

富丽堂皇　金碧辉煌

富丽堂皇　fùlì-tánghuáng　形容建筑、陈设雄伟壮观或场面盛大豪华，也形容文章华丽，气派大。富丽：繁富华丽；堂皇：宏伟、盛大。例连忙灯下一看，只见当朝圣人出的三个富丽堂皇的题目。(清·文康《儿女英雄传》)｜我发现了富丽堂皇的建筑物，我也发现了简单的房屋，据说这都是被称为学校一类的东西。(巴金《狗》)

金碧辉煌　jīnbì-huīhuáng　形容建筑物或器皿、陈设装饰华丽，光彩夺目。金碧：金黄色和绿色。例洞窟的每一个角落都充满彩绘，真是珠玑满目，金碧辉煌。(刘白羽《芳草集》)｜李自成在宫中只走了一半地方，看见到处是雕梁画栋金碧辉煌。(姚雪垠《李自成》)

〔辨析〕都有建筑、陈设华丽异常的意思。"富丽堂皇"偏重气势大，还可用于形容场面和文辞，前面可受程度副词的修饰。"金碧辉煌"偏重色彩艳丽，不能形容场面和文辞，前面一般不能受程度副词修饰。

妇孺皆知　家喻户晓

妇孺皆知　fùrú-jiēzhī　妇女儿童都知道。指众所周知或形容人、事的知名度很高。例上海滩上有名的店：五芳斋的汤团；协大祥、宝大祥的布；浦五房的酱肉；新长发的栗子大王……这是妇孺皆知的。(胡考《上海滩》)｜"滥竽充数"的故事，恐怕是妇孺皆知的，而南郭先生也由此出了名。(朱红秀《看〈南郭后传〉有感》)

家喻户晓　jiāyù-hùxiǎo　唐·白居易《策林十三·号令》："苟不行之于己，虽家喻户晓，而人不信矣。"每家每户都知道。形容人人都知道。喻：明白、了解；晓：知道。例喻户晓、人人明白。(毛泽东《镇压反革命必须实行党的群众路线》)｜《三国演义》里众多脍炙人口的故事，最家喻户晓的也许要数"空城计"。(沈玉成《"空城计"和"实城计"》)

〔辨析〕"妇孺皆知、家喻户晓"都有知道的人很多的意思。"妇孺皆知"偏重指连较少获得信息的人都知道，且多指较具体、形象的人或事物。"家喻户晓"所指事物一般相对较抽象，而且知晓的范围、人群更广。

覆水难收　木已成舟

覆水难收　fùshuǐ-nánshōu　《后汉书·何进传》："国家之事亦何容易？覆水不收，宜深思之。"泼在地上的水很难再收回来。比喻夫妻关系已断绝，难以复合或比喻事情已成定局，无法挽回。例覆水难收，往者不复，他日欲补救，已无及矣。（梁启超《记内地杂居与商务关系》）｜据说她是被改嫁给一位做生意的人，北京娘姨虽然受了委屈，也没法对付，因为覆水难收了。（陈友琴《内地的两家房东》）

木已成舟　mùyǐchéngzhōu　木头已经做成船。比喻事情已成定局，无法挽回。例事情到了这样，可说木已成舟。姑少爷再不好，大小姐也只得耐着好好活下去。（巴金《春》）｜"木已成舟"，我们再不情愿也只好在那木架子里安身了。（章含之《那随风飘去的风月》）

〔辨析〕"覆水难收、木已成舟"都有事态已成定局，无法挽回的意思。"覆水难收"偏重于关系的断绝，彻底决裂。"木已成舟"偏重被迫认可既成事实。

G

改弦更张　改弦易辙

改弦更张　gǎixián-gēngzhāng　汉·董仲舒《贤良策》："窃譬之琴瑟不调，甚者必解而更张之，乃可鼓也；为政而不行，甚者必变而更化之，乃可理也。"更换调整乐器上的弦，使琴声和谐。比喻改变方针、计划、办法和态度等。[例]孟子有时候被人称为有"革命性"，这也是因为战国时代的动乱，使他知道，只是恢复故态而不改弦更张是不能济事的。(黄仁守《孔孟》) | 分析的方法有限度，要把一切都弄得清清楚楚是办不到的。必须改弦更张，另求出路，这样人类文化才能继续向前发展。(季羡林《季羡林散文精选》)

改弦易辙　gǎixiányìzhé　宋·王楙《野客丛书·张杜皆有后》："使其子孙改弦易辙，务从宽厚，亦足以盖其父之愆。"更换乐器的弦，改变行车的道路。比喻改变方向、计划、做法和态度。[例]待老臣同进朝歌，直谏天子，改弦易辙，以救祸乱。(《封神演义》) | 若干杂石工厂竟因而改弦易辙，更换设备，也投入这一群情激昂的队伍。(沈荫华《玉之旅·乘风破浪》)

〔辨析〕"改弦更张、改弦易辙"都有改旧求新的意思，且都用于对方法、计划、态度的改变。"改弦易辙"针对的事物要比"改弦更张"针对的更重大些，往往更侧重于方向、道路的改变。"改弦更张"侧重具体、较小范围的改变。

改过自新　痛改前非　洗心革面

改过自新　gǎiguò-zìxīn　《史记·孝文本纪》："妾伤夫死者不可复生，刑者不可复属，虽复欲改过自新，其道无由也。"改正过错，重新做人。[例]我也和万思平先生谈过，只要你们改过自新，个个前程无量！(黎汝清《滴血的夕阳》) | 不是要教育犯人改过自新吗？真正需要洗脑筋的人来了，为什么又不给洗呢？(蒋子龙《收审记》)

痛改前非　tònggǎi-qiánfēi　《大宋室和遗事》："陛下倘传微臣之言，痛改前非，……宗社之幸也。"坚决改正以前的错误。[例]如你能痛改前

非，我军首长表示，此事可以不向人民公布。（曲波《山呼海啸》）｜只求你能放过我这一次，我一定痛改前非。（慕湘《满江红》）

洗心革面 xǐxīn-gémiàn 《周易·系辞上》："圣人以此洗心。"《周易·革》："小人革面，顺以从君也。"后用"洗心革面"比喻改过自新，彻底改变面貌。例叫他们回去，洗心革面，坦白完了好好种庄稼。（周立波《暴风骤雨》）｜我终于锒铛入狱……奉命洗心革面和脱胎换骨去了。（马识途《夜谭十记·后记》）

〔辨析〕"改过自新、痛改前非、洗心革面"都有改正过错的意思。"改过自新"强调自觉改正错误，重新做人。"痛改前非"偏重彻底改正错误，没有"重新做人"这层意思。前两者口语、书面语均用。"洗心革面"偏重彻底从思想上、灵魂深处得到了清洗，除去污秽，彻底改变面貌，多用于书面语。

感恩戴德　感激涕零

感恩戴德 gǎn'ēn-dàidé 《三国志·吴志·骆统传》："令皆感恩戴义，怀欲报之心。"对别人所给的恩德给予感谢。戴：尊奉、推崇。例疤瘌四一面向石黑送着感恩戴德的笑脸，一面油嘴滑舌地说开了。（郭澄清《大刀记》）｜若不是靠你们，庄子还不知道被鬼子糟蹋成什么样子呢，大伙真是感恩戴德呀！（郭明伦、张重天《冀鲁春秋》）｜对来自全国各地的大力支持，灾民们无不感恩戴德。

感激涕零 gǎnjī-tìlíng 唐·刘禹锡《平蔡州三首》："路傍老人忆旧事，相与感激皆涕零。"因感激而流泪。形容非常感激。例如果没有最近的隔膜，薪大概要感激涕零了，但现在薪至多只能承认蓉并非是嘲笑。（茅盾《路》）｜他那一片关切的热忱，委实使父亲感激涕零，曾不止一次的在背后对他致深切的谢意。（冯玉祥《我的生活》）

〔辨析〕"感恩戴德、感激涕零"都有对别人给予的恩德表示感谢的意思。"感恩戴德"重在表现心理，把别人的恩德铭记于心。"感激涕零"重在表现流露于外的感情，是内心的感激在外貌上表现出来了。

刚愎自用　固执己见

刚愎自用 gāngbì-zìyòng 《吕氏春秋·孟夏记·诬徒》："失之在己，不肯自非；愎过自用，不可证移。"后用为"刚愎自用"。指自以为是，固执任性而不愿接受别人的意见。愎：执拗、固执；自用：凭主观意图办事。例刚愎自用，小则杀人，大则误国。（鲁迅《中国小说史略》）｜有时候，她的暴乱奢侈，她

的刚愎自用,看来甚至滑稽好笑。(林语堂《武则天正传》)

固执己见 gùzhí-jǐjiàn 顽固地坚持自己的意见,不肯改变。例经再三的劝说,但张国焘固执己见。(王维舟《我的回忆·一二》)|如果苏甫一定要固执己见,那就拉倒。(茅盾《子夜》)|因为你一个人固执己见,把负有严肃政治任务的一场阵地慰问演出给搞黄了。(徐怀中《牵风记》)

〔辨析〕"刚愎自用、固执己见"都有顽固坚持己见,不愿接受别人意见的意思。"刚愎自用"更强调自以为是,执拗地要凭个人主观意图办事,词意重。"固执己见"仅强调顽固而执着地坚持个人的意见和看法,词意较轻。

纲举目张　提纲挈领

纲举目张 gāngjǔ-mùzhāng 《吕氏春秋·离俗览·用民》:"……壹引其纲,万目皆张。"后用"纲举目张"指把网上的大绳提起来,所有的网眼就都张开了。比喻抓住事物的关键环节就可以带动其他部分。也比喻文章条理清晰,主次分明。纲:网上的大绳;目:网眼。例其间大小相维,相重相制,纲举目张,周详细密。(清·顾炎武《日知录·里甲》)|有句古语,"纲举目张"。拿起纲,目才能张,纲就

是主题。(毛泽东《关于农业互助合作的两次谈话》)

提纲挈领 tígāng-qièlǐng 《荀子·劝学》:"若挈裘领,诎五指而顿之,顺者不可胜数也。"《韩非子·外储说右下》:"善张网者引其纲,不一一摄万目而后得。"后用"提纲挈领"指说话或写文章抓住要点处理问题,抓住事物的关键。挈(qiè):提、取;纲:渔网总绳;领:衣领。纲、领比喻事物的关键。例现在改进本题,或者较为提纲挈领,于诸君有益吧。(梁启超《治国学的两条大路》)|此事头绪繁杂,如果不是提纲挈领,拣要紧之处下手,只怕漫游全球,三五年也考察不完。(高明《瀛台落日》)

〔辨析〕"纲举目张、提纲挈领"都比喻抓住事物的关键环节,就可以较轻松、明晰地解决问题。"纲举目张"强调抓主要环节,以带动其他次要环节,牵一发而动全身。"提纲挈领"强调要抓住概念,简明扼要,不在枝节上纠缠。

高不可攀　不可企及　望尘莫及

高不可攀 gāobùkěpān 高得没有办法可以攀上。形容很难达到。例铺面都没有了,仍然是高不可攀的砖墙。(巴金《谈〈憩园〉》)|共产党条件虽高,但也不是高不可攀的。(《新华月报》1965年第12期)

不可企及 bùkěqǐjí 唐·柳晃《答衢州郑使君》："不可企而及之者性也。"（宋·张元幹《跋苏诏君楚语后》）："凡所形容，不蕲合于屈宋，政自超诣，不可企及。"意思是相距很远或没有希望达到，形容远远赶不上。企及：希望赶上。例复之谦逊地直摇头道："剑青先生的境界，我不可企及，不可企及。"（祖延《画之魂》）｜一轮孤月下一株孤独的树，这是一种不可企及的妩媚。｜他一生追求，总觉得幸福离之遥远不可企及。

望尘莫及 wàngchén-mòjí 《后汉书·赵咨传》："（曹暠）迎路谒候，咨不为留。暠送至亭次，望尘不及。"后多做"望尘莫及"。指远望前面飞跑扬起的尘土而追赶不上。比喻远远地落在后面，根本赶不上。例这是他的一些前僚所望尘莫及的，这也正是山本之所以为陆军部器重之所在。（峻青《海啸》）｜……可是大小枪眼之多，层层密布，平常的小城，实望尘莫及。（茅盾《归途杂拾》）

〔辨析〕"高不可攀、不可企及、望尘莫及"都有达不到目标的意思。"高不可攀"重在指因自己与目标之间，上下的差距太大不能达到。"不可企及"重在指没有赶上的希望，强调企图、意愿、希望无法实现。"望尘莫及"重在指在平面距离上，看得见、追不上，常用作谦辞，表示自己与他人相差很远。

高光时刻　人生巅峰

高光时刻 gāoguāng-shíkè 网络流行语，来源于英文单词 high light，指的是巅峰时刻、精彩时刻的意思，经常在体育比赛中使用，当有运动员在比赛中表现非常出色时，大家就会把这一瞬间称为"高光时刻"。其他人在某一段时间内有精彩、出彩表现，也可以借用。大概就是值得骄傲的瞬间。例每个人的高光时刻，就像是遗失在时间洪流里的珍珠，等着我们去一一捡起珍藏，也感谢这些珍珠，在黑暗的时刻，给予我们光明的力量。｜人这一生总是起起伏伏，你认为的自己的高光时刻是什么？

人生巅峰 rénshēng-diānfēng 意思是指生活的强者，达到了幸福、美满的程度，经济、家庭、工作等事态都样样完美。巅峰：山顶、山峰的意思。例那个明星，因为占了天时、地利、人和，特别是他坚持不懈的奋斗，他的生活几乎走上了人生巅峰的程度。（程云荣《追星族》）｜经过二十多年的努力，他成了真正的人生赢家，事业、家庭、财产，样样都那么称心如意，十分圆满，真可以说达到了人生巅峰。（马远之《回眸人生》）

〔辨析〕"高光时刻、人生巅峰"都是形容人生的辉煌。"高光时刻"原来的使用范围是用在体育赛事出现非常出色的表现时，即使后来扩大了使用范围，也多用于瞬间的精彩。"人生巅峰"多用于形容全方位的、全程的、较长时间的精彩与辉煌。

高朋满座　宾客满堂

高朋满座　gāopéng-mǎnzuò　唐·王勃《滕王阁序》："千里逢迎，高朋满座。"高贵的朋友坐满了席位。形容宾客很多。例自从炮声频繁以来，这样一个地方也是经常高朋满座。（茅盾《生活之一页》）｜今日高朋满座，胜友如云来参加小儿的婚礼，老夫不胜荣幸！（巨野《山村之雾》）

宾客满堂　bīnkè-mǎntáng　客人来得很多，把屋子都占满了。例老栓给孙子办满月，亲友们齐来庆贺，一大早就宾客满堂了。（齐颈《老栓》）｜一个月前华瑜就张罗唱堂会，请了"春喜班"的名角儿，今儿还真是宾客满堂，热闹非凡。（万成之《京油子》）

〔辨析〕"高朋满座、宾客满堂"都形容客人很多。"高朋满座"不仅指客人来得多，更重指来客身份的高贵，表示对客人的尊敬，多用于书面语。"宾客满堂"仅形容客人来得多，不涉及客人身份和主人的敬意，多用于口语。

高深莫测　深不可测

高深莫测　gāoshēn-mòcè　《汉书·严延年传》："吏民莫能测其意深浅，战栗不敢犯禁。"无法测量高度和深度。形容无法揣测究竟高深到什么程度，多指招数变化多端，让人难以捉摸。也说"莫测高深"。例王晓初说着鲁迅先生，发音重实有力，表示他对于那位高深莫测的学问家的钦敬。（叶圣陶《乡里善人》）｜同时，他也纳闷祁瑞宣有什么高深莫测的办法，何以一点不慌不忙的在家里蹲着。（老舍《四世同堂》）

深不可测　shēnbùkěcè　水深得难以测量。比喻道理极为深奥。也比喻人心隐晦，难以捉摸。例要弄得别人把你不明其妙，那你就显得微妙神玄，深不可测了。（郭沫若《前期法家的批判》）｜这双眼睛，以前也许闪烁过机智、快乐和生命的光彩，但现在一切光彩都消失了，剩下的只是一个深不可测的枯井。（蒋子龙《维持会长》）

〔辨析〕"高深莫测、深不可测"都有无法测量其深度，难以捉摸的意思。"高深莫测"偏重既指深度也指高度，具立体感，有崇敬、崇拜的意味，且强调变化多端。"深不可测"本义就是水深得难以测量，而"高深莫测"无此意。

高谈阔论　夸夸其谈

高谈阔论　gāotán-kuòlùn　指见识高深、内容广博的谈论，也指脱离实际、漫无边际的空洞议论。例喷！生宝同志的草棚屋里却蛮热闹，开什么会呢？高谈阔论。（柳青《创业史》）｜男人带笑地高谈阔论，她注意地听着。（巴金《寒夜》）｜或回忆故乡风物，或臧否一代名流，行云流水不知所以来，也不知向何处去，高谈阔论，聊起来没完，而以一烛为度，烛尽则散。（汪曾祺《汪曾祺短篇小说选》）

夸夸其谈　kuākuāqítán　形容说话或写文章浮夸，不切实际。例我这不是夸夸其谈，总之请大家认真读一读就可以体会得到。（郭沫若《谈蔡文姬的〈胡笳十八拍〉》）｜没有真才实学，只会夸夸其谈地讲几句政治术语，能够赶上世界先进水平吗？（程树榛《大学时代》）

〔辨析〕"高谈阔论、夸夸其谈"都有谈论脱离实际，空洞浮夸的意思。"高谈阔论"有时可用于褒义，指见识高深，内容广博。作贬义时也偏重形容谈话的内容漫无边际，语意轻。"夸夸其谈"只用于贬义，偏重指浮夸，不切实际，语意重。

高瞻远瞩　远见卓识

高瞻远瞩　gāozhān-yuǎnzhǔ　汉·王充《论衡·别通篇》："夫闭户塞意，不高瞻览者，死人之徒也哉！"高瞻：站在高处望。张渊《观象赋》："尔乃凝神远瞩，曬（xǐ 看，视）目八荒。"后用"高瞻远瞩"形容站得高，看得远，目光远大。例我们要顽强地学，要仔细地学。既要高瞻远瞩，又要心灵手巧。（谢觉哉《学习常谈》）｜真看不出这个细长脖子的小脑袋里倒怀着那样的高瞻远瞩的气魄。（茅盾《子夜》）

远见卓识　yuǎnjiàn-zhuóshí　远大的目光，卓越的见识。例共产党员应是实事求是的模范，又是具有远见卓识的模范。（毛泽东《中国共产党在民族战争中的地位》）｜金厂长既有远见卓识，又敢作敢为。（蒋子龙《一个工厂秘书的日记》）

〔辨析〕"高瞻远瞩、远见卓识"都有目光远大的意思。都用于褒义。"高瞻远瞩"偏重形容站得高，看得远，目光远大。"远见卓识"偏重形容见识高明，卓越，不同凡响。

高枕无忧　高枕而卧

高枕无忧　gāozhěn-wúyōu　垫高了枕头睡觉，无所忧虑。比喻平安无

事,不用担忧。也形容思想麻痹,放松警惕。例南京的陷落与武汉的成为首都,已使她相信她可以高枕无忧的作她的事情了。(老舍《四世同堂》)| 养斋兄,这无异是一次很大的胜利,可是我们还不能高枕无忧。(夏衍《烈火中永生》)

高枕而卧 gāozhěn'érwò 垫高枕头安心睡觉,形容无忧无虑。例这话如真说得出,我们做老百姓的真乐得高枕而卧。(邹韬奋《国府迁回南京》)| 他从李总那里得了实底,满天忧愁早已烟消云散。此时早已在家高枕而卧了。(安景之《商战》)

〔辨析〕"高枕无忧、高枕而卧"都有垫高了枕头、无所忧虑睡觉的意思。"高枕无忧"强调无忧,偏重于认为太平无事,放松警惕的心理。"高枕而卧"强调卧,偏重于无所顾虑的表现。

膏粱子弟　纨绔子弟

膏粱子弟 gāoliáng-zǐdì 指过着奢华生活的富家子弟。膏粱:肥肉细粮,泛指精美的食品。例他是一个膏粱子弟,家中极其富有,挥霍钱财,不在话下。(马楚明《远方的黎明》)| 不过承袭先人聚敛所得的膏粱子弟当要倾家荡产。(还珠楼主《杜甫》)

纨绔子弟 wánkù-zǐdì 指只图享受的富贵人家的子弟。纨绔:用细绢做成的裤子,借指富贵人家。例我试问如果你母亲要把你嫁给一个目不识丁的俗商……或者一个纨绔子弟,你难道也不反抗?(巴金《家》)| 这帮纨绔子弟每日斗鸡走狗,狂赌滥饮,把个长安城搞得乌烟瘴气。

〔辨析〕"膏粱子弟、纨绔子弟"都指过惯奢华生活,只图享受的富家子弟。"膏粱子弟"从饮食方面来强调,贬义轻。"纨绔子弟"从衣饰方面来强调,并带有玩乐浮华的意思,贬义稍重。

各美其美　美美与共

各美其美 gèměiqíměi 1990年著名社会学家费孝通先生在演讲时,总结出了"各美其美,美人之美,美美与共,天下大同"这一处理不同文化关系的十六字"箴言"。"各美其美"就是说各个民族都要继承、弘扬本民族优美的文化。"各美"的"美":热爱、继承、弘扬;"其美"的"美":优美、优秀的文化。例春天的大地,桃红李白,梨花娇艳,百花齐放,真是各美其美,装扮春天。(王楠《小溪潺潺》)| "各美其美,美人之美,美美与共,天下大同"这句话,就和如今国家提倡的构建人类命运共同体是一样的理念,这是一个很理想的状态。|

中国各民族文化丰富多彩，每个民族应该各美其美，美美与共，向世界传递中国风采。

美美与共 měiměiyǔgòng 将各自之美和别人之美拼合在一起，社会实现理想中的大同美。出处同"各美其美"。第一个"美"：尊重、热爱、学习、继承、弘扬；第二个"美"：美好、优美、优秀的文化。例历史纪录片总会让人学到很多东西，比如坚韧、耐性和隐忍。外圆内方，中庸之道。再一次感叹中华之美，美美与共。(电视片《河西走廊·解说词》)

〔辨析〕"各美其美、美美与共"两个成语同出一处，原意都是说对本民族文化和其他民族的文化应抱的正确态度和实践。"各美其美"主要强调对各个不同的民族，都认为本民族的文化最美，都应该热爱、学习、继承、弘扬本民族优美、优秀的文化。"美美与共"是强调要尊重、热爱各民族优美优秀的文化，让全世界的人共享，进而构建人类命运共同体，走向世界大同。

各执一词　各执己见

各执一词 gèzhí-yīcí 双方都坚持自己的说法，各有各的主张，意见不统一。例她看见王氏和觉氏各执一词，不能断定谁是谁非。(巴金《春》)｜你看看，才过了四五年，对这么件小事就各执一词，众说纷纭，可见中国历史的复杂性。(古华《芙蓉镇》)

各执己见 gèzhí-jǐjiàn 各人都坚持自己的意见。也说"各执所见""各持己见""各持所见。"例有些同志对于某一次战斗……各执己见，不停止地争论下去。(刘少奇《论党内斗争》)｜我们和其他朋友聚在傅雷家相当幽雅的客厅里各执己见，也好比开开窗子，通通空气，破一破日常生活里的沉闷苦恼。(杨绛《傅译传记五种·代序》)

〔辨析〕"各执一词、各执己见"都有坚持自己的意见而意见不统一的意思。"各执一词"偏重各自坚持一种说法，说法不一定是自己提出的。"各执己见"偏重各自坚持自己的意见、主张，不一定是一种意见、主张。

各自为政　各行其是

各自为政 gèzì-wéizhèng 《诗经·小雅·节南山》："不自为政，卒劳百姓。"孔颖达疏引王肃云："言政不由王出也。"后用"各自为政"指各自按照自己的主张办事，行动不统一，不互相配合。为政：处理政事，泛指办事。例经济和财政工作机构中的不统一，闹独立性，各自为政等恶劣现象，必须克服。

（毛泽东《抗日时期的经济问题和财政问题》）│以前各小国多多自为政，里面主持国政的卿和大夫以及担任下级军官的士，全部世袭……（黄仁宇《孔孟》）│"散了"，就是鸭子不服从指挥，各自为政，四散逃窜，钻进芦丛里去了，而且再也不出来。（汪曾祺《汪曾祺短篇小说选》）

各行其是 gèxíng-qíshì 《庄子·徐无鬼》："天下非有公是也，而各是其所是。"后用"各行其是"指各自都按照自己认为对的方法或观点去做。例有些地方开发已对外来人员的落户政策各行其是……增加了县级人民代表大会代表选举中选民登记和组织选举的难度。（史卫民、雷兢璇《直接选举：制度与过程》）│李哥！咱们各行其是，请不要这样骂我。（姚雪垠《李自成》）│作为团队的一分子，必须认真执行集体的决议，而不能自作主张，各行其是。

〔辨析〕"各自为政、各行其是"都有按自己认为对的来办事的意思。"各自为政"偏重指行动不统一，不互相配合，且多指政事。"各行其是"偏重坚持干自己认为正确的事情，可用于生活、思想、艺术等方面，使用范围较广。

赓续旧好　赓续以往

赓续旧好 gēngxù-jiùhǎo 《唐·敦煌曲校录·皇帝感·新集〈孝经〉》十八章十八首："始皇无道焚书尽，赖得仙人壁里藏。拾得故文多损坏，孔生赓续巧相当。"后用"赓续旧好"指继续保持原有的感情、爱好。例两国经济和文化交流已有千年历史，如今更是赓续旧好，发扬光大。│陈坚和张光伟虽多年不见，今日重逢不仅喜出望外，而且赓续旧好，感情比过去更深了。

赓续以往 gēngxù-yǐwǎng 宋·王安石《序》："赓续以终之，至于后世，无以复加。"后用"赓续以往"指把过去曾有的事物继续坚持下去。例新任县委书记到任后，采取了萧规曹随、赓续以往的工作方针，局面很是平稳。│如今的形势之下，两国关系想要赓续以往，恐怕是力不从心了。

〔辨析〕"赓续旧好、赓续以往"都有继续的意思。"赓续旧好"重在强调将曾经的美好、友好、爱好，继续保持、坚持下去。"赓续以往"所继续保持、坚持下去的范围更广，不仅包括美好的人与事。"赓续旧好"强调的是坚持将过去的好东西继续下去，而"赓续以往"强调过去的所有。

绠短汲深　力不从心

绠短汲深 gěngduǎn-jíshēn 《庄子·至乐》："褚小不可以怀大，绠短者不可以汲深。"吊桶的绳子短，却要打深井的水。原比喻才学短浅，不易理会高深的道理。后多用来比喻力量薄弱，不能胜任。绠：提水用的吊桶绳子；汲：从井中打水。例诚智小谋大，绠短汲深。（唐·萧颖士《赠韦司业书》）｜红先专后尝共励，绠短汲深愧仔肩。（茅盾《挽郑振铎》）

力不从心 lìbùcóngxīn 《后汉书·西域传》："今使者大兵未能得出，如诸国力不从心，东西南北自在也。"心里想做，可是能力、力量不够。例假如不曾做到相当地步，那是力不从心无可奈何的。（朱自清《选诗杂记》）｜他努力使自己蹲得稳一点，可是力不从心。（余华《一个地主的死》）

〔辨析〕"绠短汲深、力不从心"都有力量、能力薄弱不能胜任的意思，也常常作为谦辞。"绠短汲深"多用为目标高难，才力不足，且比喻不易理会高深的道理，多用于书面语。"力不从心"重在强调内心的主观愿望，想尽力而为，却无法完成，多用于口语。

耿耿于怀　念念不忘

耿耿于怀 gěnggěngyúhuái 《诗经·邶风·柏舟》："耿耿不寐，如有隐忧。"形容事情老是放在心里，不能忘怀。也指总是对一些事情斤斤计较，始终不能忘记。耿耿：有心事的样子。例在敌人监狱里，方志敏耿耿于怀，念念不忘的，正是党的事业。（穆欣《南线巡回·又照秦淮一叶枫》）｜寻求帮助未果，内心极大的不满仅需要极小理由，也足以让人耿耿于怀——朋友间如此，兄弟间也如此。（梁晓声《人世间》）｜在那苦难的两年里，父亲耿耿于怀的是他蒙受的冤屈，几乎过三天五天就要我来写一份翻案材料寄出去。（贾平凹《祭父》）

念念不忘 niànniàn-bùwàng 《朱子全书·论语》："言其于忠信笃敬，念念不忘。"形容牢记心上，永远不忘。念念：时刻思念。例因其中有个柳湘莲，薛蟠自上一次会过一次，已念念不忘。（清·曹雪芹《红楼梦》）｜我们历代的文人学士，对于江南总是念念不忘，恋恋不舍。（冰心《塞北变江南》）

〔辨析〕"耿耿于怀、念念不忘"都有放在心里，不能忘怀的意思。"耿耿于怀"强调记挂在心，且常用于对事情斤斤计较，始终不忘，多描述不愉快的心情。"念念不忘"强调牢记不忘，多描述对恩仇利害、道理等的不能忘怀。

亘古未有　旷古未有

亘古未有 gèngǔ-wèiyǒu 自古至今从来没有。亘古：整个古代。例在朝鲜战场上，白天行车自然是亘古未有的事情。(杨朔《三千里江山》)｜以上各花，皆为稀世之宝，今俱遵旨立时齐放……可谓亘古未有之盛事。(清·李汝珍《镜花缘》)

旷古未有 kuànggǔ-wèiyǒu 《北齐书·王纮传》："冒死效命之事，反见屠戮，旷古未有此事。"自古以来就没有。旷古：自古以来。例臣谓今日之事，旷古未有。(《新唐书·颜真卿传》)｜只是西太后性好繁华，满拟万寿届期，做一场旷古未有的盛事。(蔡东藩《慈禧太后演义》)｜挣脱了枷锁的劳动者终于创造出旷古未有的奇迹。(丁立泉《劳动创造世界》)

〔辨析〕"亘古未有、旷古未有"都有自古以来就没有，形容极其少见的意思。"亘古未有"的"亘古"更强调贯穿在空间上或时间上的延续不断。"旷古未有"的"旷古"更强调空间的宽阔，时间的久远。

功德圆满　大功告成

功德圆满 gōngdé-yuánmǎn 原为佛教语。指法会、善事完满结束，也泛指祭祀等圆满完成。后指事情做完，某件事情已圆满结束了。例那时候李顿调查团功德圆满，全中国都成了共管下的太平世界。(茅盾《惊人发展》)｜大家都热烈地握着手，边笑边说，这回总算"功德圆满"了。(阳翰笙《阳翰笙日记选》)

大功告成 dàgōng-gàochéng 《汉书·王莽传》："十万众并集，平作二旬，大功毕成。"后多作"大功告成"，指巨大的工程、事业或重要任务宣告完成。例这个程大咬子也真倒霉，眼看就要大功告成，他却中箭死了。(蒋和森《风萧萧》)｜"那就择个黄道吉日喝喜酒！"金大戬眉开眼笑，恨不得马上大功告成。(刘绍棠《荇水荷风》)

〔辨析〕"功德圆满、大功告成"都有事情做完，圆满结束的意思。都具褒义。"功德圆满"还可用于法会、善事及祭祀的圆满完成。有向神、佛祈福的意味。"大功告成"重在指人类社会实实在在的巨大工程、事业成功了。

功亏一篑　前功尽弃　功败垂成

功亏一篑 gōngkuī-yīkuì 《尚书·旅獒》："为山九仞，功亏一篑。"堆九仞高的山，只差一筐土而不能完成。比喻惋惜一件大事只差最后一点儿人力、物力而不能完成。篑：古代盛土的筐子。例鄙人乃是个半吊子，读过几间学堂，都是功亏一篑，中途辍学。说来惭愧！(陆地《瀑布》)｜他只知道他的手必须攥紧，如若稍微松一下，就意味着功亏一篑，全盘皆输。(刘白羽《第二个太阳》)｜周秉义还真看出了问题。其中一段写道："一个国家的教育事业如果落后，其他各项事业的长期发展必将被拖后腿，种种目标都会功亏一篑……"(梁晓声《人世间》)

前功尽弃 qiángōng-jìnqì 《战国策·西周策》："一攻而不得，前功尽灭。"《史记·周本纪》："一举不得，前功尽弃。"以前的功劳或努力全部白费。例他对这个问题的思路才刚刚展开，马上撂下，就前功尽弃了。(程树榛《大学时代》)｜一腔报国之心，竟成画饼，前功尽弃，化为乌有。(茅盾《祖逖闻鸡起舞论》)

功败垂成 gōngbài-chuíchéng 《晋书·谢安等传论》："功败垂成，时其遗文，经纶远矣。"事情快要成功的时候遭到失败。垂：即将，快要。例他苦心经营了多年的重大科研项目"新一号"无法进行，功败垂成。(陈国凯《代价》)｜以致新政无法推行，功败垂成，至为可惜。(蔡廷锴《蔡廷锴自传·爱妻逝世》)

〔辨析〕"功亏一篑、前功尽弃、功败垂成"都有接近成功时事情没做完就停下来的意思。"功亏一篑"重在就功力上说，指只差一点功因没有坚持到底未能成功。含有惋惜之意。"前功尽弃"语意最重，指以前所做的全部白费，更多痛惜、无奈之意。"功败垂成"重在就时间上说，指临近成功时却失败了，也含惋惜之意。

狗尾续貂　画蛇添足

狗尾续貂 gǒuwěi-xùdiāo 《晋书·赵王伦传》："每朝会，貂蝉盈坐，时人为之谚曰：'貂不足，狗尾续。'"因为"貂蝉"本是为官者的冠饰，再后世译为官衔爵位。此语指封官太滥。后比喻拿不好的东西接到好的东西后面，显得好坏不相称。常用来指文学作品。例圣叹断定《水浒》只有七十回，而骂罗贯中为狗尾续貂。(胡适《〈水浒传〉考证》)｜……前年抛出的《玉观音》已成强弩之末，必是狗尾续貂。(海岩《平淡生活》)

画蛇添足 huàshé-tiānzú 《战国策·齐策二》："楚有祠者，赐其舍人卮酒。舍人相谓曰：'……请画地为蛇，先成者饮酒。'一人蛇先成，引酒且饮之，乃左手持卮，右手画蛇曰：'吾能为之足。'未成，一人之蛇成，夺其卮曰：'蛇固无足，子安能为之足！'遂饮其酒。"卮(zhī)：酒壶。画蛇添上了脚，比喻多此一举，弄巧成拙。例"将军功绩已成，声威大震，可以止矣。今若前进，倘不如意，正如

'画蛇添足'也。"（明·罗贯中《三国演义》）|他想接上去说，又觉得是画蛇添足，只好惋惜地坐着没动。（周而复《上海的早晨》）

〔辨析〕"狗尾续貂、画蛇添足"都有好的、正确的东西或事情在前，不好的错误的东西或事情在后的意思。"狗尾续貂"强调拿不好的东西接到好的东西的后面，常用于文学作品中。"画蛇添足"强调本来已经好了，却要多此一举，弄巧成拙。后来的举动反把事情弄坏了。

沽名钓誉　欺世盗名

沽名钓誉　gūmíng-diàoyù　故意做作或用某种欺骗手段谋取名誉。沽：买；钓：用手段骗取。例浅尝辄止和沽名钓誉的人，是注定要碰钉子的，是注定要失败的。（杜鹏程《漫谈生活和创作》）|要说他是想沽名钓誉,借学敛财，培植势力,结党营私，那也未必尽然。（欧阳山《苦斗》）|省委又接到了一些信件，不是联名上书，而是匿名揭发——揭发他沽名钓誉，在自己长期担任市委书记的城市导演了万民挽留的闹剧。（梁晓声《人世间》）

欺世盗名　qīshì-dàomíng　《宋史·郑丙传》："近世士大夫有所谓道学者，欺世盗名，不宜信用。"指欺骗世人，窃取名誉。例灵台董汉臣上书，语多指斥时事。御史陶式五，劾汉臣撼浮词，欺世盗名。（易宇夔《新世说·逸险》）|"欺世盗名"有之，盗卖名以欺世者又有之，世事也真是五花八门。然而受损失的却只有读书。（鲁迅《花边文学·大小骗》）

〔辨析〕"沽名钓誉、欺世盗名"都有用不正当的手段谋取名誉的意思。"沽名钓誉"指用不正当的手段骗取名声或赞誉，语意较轻。"欺世盗名"指欺骗世人，窃取名誉，语意较重。

孤芳自赏　顾影自怜

孤芳自赏　gūfāng-zìshǎng　宋·张孝祥《念奴娇》："应念岭表经年，孤芳自赏，肝胆皆冰雪。"比喻自命清高，自我欣赏或自命不凡，自我陶醉。例那女人平日就有一种孤芳自赏、落落难合的神情。（钱锺书《围城》）|王冕笔下这株白梅高洁绝俗，而又不孤芳自赏，它愿意把自己的清香贡献出来以加快春天的到来。（袁行霈《中国文学的鉴赏》）

顾影自怜　gùyǐng-zìlián　形容自己望着自己的身影怜惜自己或自我欣赏。例眼眶中不知不觉的有些润湿起来，便独自顾影自怜地叹了一口气。（王以仁《流浪》）|这种精神上的顾影自怜使他写自传，写日记，好比女人穿中西各色春夏秋冬的服

装……照成一张张送人留念的照相。(钱锺书《围城》)|同时,他不免顾影自怜,羡慕妹夫蔡晓光的潇洒活法。(梁晓声《人世间》)

〔辨析〕"孤芳自赏、顾影自怜"都有自我欣赏,具自恋情结的意思。"孤芳自赏"偏重自我欣赏,以为只有自己是独秀一时的香花,含有自以为是、自命不凡、自命清高的意思。"顾影自怜"偏重对自己遭遇、处境不佳而怜惜自己,含无奈和凄凉感。

孤注一掷　破釜沉舟

孤注一掷 gūzhù-yīzhì 宋·辛弃疾《九议》:"于是乎'为国生事'之说起焉,'孤注一掷'之喻出焉。"指把所有的钱一次全部投作赌注,企图最后得胜。比喻在危急时刻把全部力量拿出来冒一次险。例随后听说坐山虎和他的亲信们正在秘密商议,可能作孤注一掷。(姚雪垠《李自成》)|硬干是我们最不幸的一着,这是所谓"孤注一掷"。(郭沫若《孔雀胆》四幕一场)

破釜沉舟 pòfǔ-chénzhōu 《史记·项羽本纪》:"项羽……皆沉船,破釜甑,烧庐舍,持三日粮,以示士卒必死,无一还心。"后用"破釜沉舟"指砸破锅,凿沉船。形容下定决心,一干到底,决不后退。例有志者,事竟成,破釜沉舟,百二秦关终属楚……(蒲松龄《自勉联》)|究竟一个怎样的男人,会使女儿宁愿让父母伤心、哥哥弟弟蒙羞,而破釜沉舟、一意孤行地追着他来到瘴气弥漫的贵州深山里,与他共同生活呢?(梁晓声《人世间》)

〔辨析〕"孤注一掷、破釜沉舟"都有在紧急关头,下决心作最后一搏的意思。"孤注一掷"多含贬义,形容绝望时的最后冒险。"破釜沉舟"形容决一死战的决心和勇气,含褒义。

姑妄听之　姑妄言之

姑妄听之 gūwàngtīngzhī 明·沈德符《万历野获编·外国》:"并功德国亦伪造美名;天朝姑妄听之耳。"姑且随便听听,不一定就相信。姑:姑且;妄:随便。例即使是饭后的公评,酒后的宏议,也何尝不可姑妄听之呢?(鲁迅《华益集续编·送灶日漫笔》)|我只是姑妄言之,你就姑妄听之,千万不要太认真。

姑妄言之 gūwàngyánzhī 《庄子·齐物论》(集释本):"予尝为女妄言之,女亦妄听之。(女(rǔ)同"汝",你)"姑且随便说说。后来用"姑妄言之"表示自己说的不一定多有道理,要人家说话不必过多考虑,不妨试着说一说。例英嗤气味秀才酸，三十余年不服官……姑妄言之供一笑，几时谒选到长安？（清·赵翼《瓯北诗钞·七言律·自戏》）｜您如果不介意，愿意多听各种意见，不妨让我姑妄言之，供您参考。（马强《三叔的画眉》）

〔辨析〕"姑妄听之、姑妄言之"是两个结构、词意都很相近的成语。"姑妄"二字是它们共同的东西，无论后面是什么，"姑妄"二字都说明了是随便的，不一定是靠谱的，不必太认真。"姑妄听之"中的言者，说此语，又希望对方听，又告诉对方不要太认真。"姑妄言之"中的听者，说此话的意见是我只不过随便听听，对你说的我会有选择性地取舍。

姑息养奸　养虎为患

姑息养奸　gūxī-yǎngjiān　《礼记·檀弓上》："君子之爱人也以德，细人之爱人也以姑息。"后用作"姑息养奸"。指由于过分宽容而助长坏人坏事。姑息：无原则地宽容；养奸：扶植奸邪。例封建暴政孕育了奴性，奴性又姑息养奸纵容暴政，二者可谓同轨合辙声应气求。｜如果我们优柔寡断、姑息养奸，则将遗祸人民，脱离群众。（毛泽东《镇压反革命必须打得稳、打得准、打得狠》）

养虎为患　yǎnghǔwéihuàn　《史记·项羽本纪》："（张良、陈平说曰）楚兵罢（疲）食尽，此天亡楚之时也……今释弗击，此所谓'养虎自遗患'也。"后多用为"养虎为患"，也说"养虎遗患""养虎贻患"。喂养老虎，留下祸患。比喻庇护纵容坏人，给自己带来后患。例美国当年支持扶植阿富汗的地方武装对抗苏联，没想到养虎为患，现在"塔利班"的成员大都是当年美国支持的地方武装。（《新华文摘》）｜何大头今天终于尝到了养虎为患的苦头，何二顺拉起队伍和他对着干起来了。（海生《海岛的捕杀》）

〔辨析〕"姑息养奸、养虎为患"都有庇护、纵容坏人的意思。"姑息养奸"重在强调过分宽容、不讲原则从而助长了坏人坏事，在主观意愿上不十分明显。"养虎为患"重在强调对坏人的庇护、培养、扶植，主观意愿重。且只用作对坏人而言，不比喻坏事情。

蛊惑人心　造谣惑众

蛊惑人心　gǔhuò-rénxīn　《元史·刑法志》："诸阴阳家者流，辄为人燃灯祭星，蛊惑人心者，禁之。"用欺骗引诱、煽动等手段毒害、迷惑人心，毒害人的思想。蛊惑：毒害、迷惑。例洪秀全：你们作战将的就应不顾生死，去把清兵打退。

撞钟擂鼓，蛊惑人心，就是犯了天条。（欧阳予倩《忠王李秀成》）｜"一贯道"这个反动组织就是利用群众的无知，用蛊惑人心、造谣生事的手段为害大众。（刘云《"一贯道"的毁灭》）

造谣惑众 zàoyáo-huòzhòng 汉·郑玄《周礼》注："造言，讹言惹众惑。"制造谣言，迷惑众人。例她只是一味子拨弄是非，造谣惑众。（欧阳山《万年春》）｜一天上午,这家报馆的发行所，便上来百数的军人……冲进去打了个稀烂，说是"造谣惑众，损害军人名誉"。（李劼人《大波》）

〔辨析〕"蛊惑人心、造谣惑众"都有迷惑人心的意思。"蛊惑人心"多指用欺骗、引诱的手段去迷惑别人，搅乱人心或使人的思想受到毒害。"造谣惑众"多指无中生有，制造谣言，使人迷惑和受骗。

骨肉相残　同室操戈

骨肉相残 gǔròu-xiāngcán 《晋书·刘元海载记》："今司马氏骨肉相残，四海鼎沸，兴邦复业，此其时矣。"比喻自己人互相残害。例家门不幸，骨肉相残，诚有愧于邻国。（明·冯梦龙《东周列国志》）｜洛阳城的这家名门望族，因兄弟不和，骨肉相残，三五年间就败落得一塌糊涂了。岂不令人可叹！（杨阳《讼棍》）

同室操戈 tóngshì-cāogē 《后汉书·郑玄传》载："何休专治《公羊传》，郑玄著论以难之。何休叹息曰：'康成（郑玄字）入我室操吾矛以伐我乎？'"自家人动起刀枪。比喻内部争斗兄弟争吵。同室：自家人；戈：兵器。例千古奇冤，江南一叶，同室操戈，相煎何急？！（周恩来《题词》）｜同室操戈，事更甚于他姓之相争，自此之后，他恨他的兄长竟同蛇蝎一样。（郁达夫《沉沦》）

〔辨析〕"骨肉相残、同室操戈"都有内部发生矛盾、斗争相互伤害的意思。"骨肉相残"更偏重强调具有血缘关系的亲属之间的争斗与伤害。"同室操戈"既可用于具有血缘关系的人，也可用于同一阵营、同一战线之人，使用范围较大，且强调动用武力。

骨瘦如柴　瘦骨嶙峋

骨瘦如柴 gǔshòu-rúchái 宋·陆佃《埤雅·释兽》："瘦如豺。豺，柴也。豺体瘦，故谓之豺。"瘦得就像干枯的木柴。形容非常消瘦。例刘姥姥看着凤姐骨瘦如柴，神情恍惚，心里也就悲惨起来。（清·曹雪芹《红楼梦》）｜她妈妈真叫做骨瘦如柴！不，瘦得像芦柴棒！（石言《秋雪湖之恋》）

瘦骨嶙峋 shòugǔ-línxún 形容瘦弱到了极点。嶙峋：山石突兀的样子。这里形容人消瘦露骨。例这次，这只瘦骨嶙峋的黑狗的干嗥竟然使形神枯槁的老马也竖了一下耳朵。(王蒙《杂色》)｜今年已是七十四岁高龄的老父亲,瘦骨嶙峋,佝偻着腰……(唐浩明《曾国藩·血祭》)

〔辨析〕"骨瘦如柴、瘦骨嶙峋"都形容非常瘦。"骨瘦如柴"强调瘦得干枯，不丰满，可形容病态也可形容非病态。"瘦骨嶙峋"强调骨头像山石一样突兀，瘦弱到了极点，多用于书面语。

固若金汤　铜墙铁壁

固若金汤 gùruò-jīntāng 《汉书·蒯通传》："边地之城，必将婴城固守，皆为金城汤池，不可攻也。"坚固得像金城汤池那样。形容城防或阵地无比坚固。金：金城，指坚固的城墙。汤：汤池，指防守严密的护城河。例阎锡山吹嘘的固若金汤的河防，被撕开几道大口子。(萧华《汾河东征》)｜他真没想到，固若金汤的第一道防线，就这样被轻易地打破了。(李丰祝《解放石家庄》)

铜墙铁壁 tóngqiáng-tiěbì 比喻防守严密坚固的工事或建筑物，也比喻坚不可摧的强大力量。也说"铁壁铜墙"。例孩儿此去，随他铜墙铁壁，也不怕不拆倒了他的。(元·无名氏《谢金吾》)｜真正的铜墙铁壁是什么?是群众，是千百万真心实意拥护革命的群众。(毛泽东《关心群众生活，注意工作方法》)

〔辨析〕"固若金汤、铜墙铁壁"都形容坚固无比。"固若金汤"多用于城防或阵地，形容防御的严密，不易攻破。常用作谓语或定语。"铜墙铁壁"重在比喻坚固而难以摧毁，常比喻防守严密的工事或建筑物，还可比喻坚不可摧的强大力量，是名词性成语，常用作主语和宾语。

顾此失彼　捉襟见肘

顾此失彼 gùcǐ-shībǐ 顾了这个，丢了那个。形容头绪繁多，不能兼顾。例像经济与教育、科学，经济与政治、法律等，都有相互依存的关系，不能顾此失彼。(邓小平《目前的形势和任务》)｜于是敌军陷于一种恐怖气氛中，顾此失彼，疲于奔命。(冯玉祥《我的生活》)｜四个巡逻兵顾此失彼，不得不分散开来，向几处进行搜索。(徐怀中《牵风记》)

捉襟见肘 zhuōjīn-jiànzhǒu 《庄子·让王》："曾子居卫……十年不制衣，正冠而缨绝，提衿而肘见。"

后用作"捉襟见肘",指拉一下衣襟就露出了胳膊肘。形容衣衫破烂。比喻生活困难,缺吃少穿难以应付。也比喻顾了这儿顾不了那儿,境遇尴尬,穷于应付。例平时所过的早就是捉襟见肘的生活,哪有余钱来做归国的路费呢?(郭沫若《学生时代·创造十年》)|知道的少,偏要写的多,必定捉襟见肘。(老舍《和工人同志们谈写作》)
〔辨析〕"顾此失彼、捉襟见肘"都有顾了这儿顾不了那儿的意思。"顾此失彼"可适用于各个方面,重在强调无法兼顾,有得有失。"捉襟见肘"可比喻生活困难,处境尴尬,难以应付,还可直接形容衣衫褴褛。

故伎重演　老调重弹

故伎重演　gùjì-chóngyǎn　旧办法又一次搬出来使用。伎:伎俩,手法。也作"故技重演"。例柳生解开包袱,故伎重演,取出笔墨纸砚,写几张字,画几幅花卉,然后贴在墙上,卖于过往路人。(余华《古典爱情》)|和四娃上次得手之后,自以为得计,这回故伎重演对老王实施诈骗,没想到却进了公安局。(苗晔《"金色"的陷阱》)|团上过去叫娃叫出事的教训还不深刻,你还要重蹈覆辙、故伎重演,是吧?(陈彦《主角》)

老调重弹　lǎodiào-chóngtán　再弹一次老的曲调。比喻把旧话、过时的理论、主张又重新提出来。例如今不过是略换花样,老调重弹罢了。(邹韬奋《无政府与民主政治》)|谁也不喜欢千篇一律的东西,谁也不喜欢老调重弹。(艾青《谈诗》)
〔辨析〕"故伎重演、老调重弹"都有老的东西又拿出来使用的意思。"故伎重演"重在形容使用老伎俩、老手段,多用于旧办法、旧手法的重新使用。"老调重弹"指旧话题,过时的理论、主张又重新提出。

故态复萌　旧病复发

故态复萌　gùtài-fùméng　旧时的习惯或老毛病重又出现。故态:老习惯,老毛病,老样子;萌:发生。例遇见抚台下来大阅,他便临时招募,暂时弥缝;只等抚台一走,仍然是故态复萌。(清·李宝嘉《官场现形记》)|马阮心上好不痛快,便又故态复萌,横征暴敛,报复冤仇,享受着这小朝廷的大臣们的最高权威。(郑振铎《毁灭》)

旧病复发　jiùbìng-fùfā　老毛病又发作了。例哥哥果然要经历正事,倒也罢了;只是他在家里说着好听,到了外头,旧病复发,难拘束他了。(清·曹雪芹《红楼梦》)|老张经过这场风波,旧病复发,早已是骨瘦如柴,精神全无了。(石图《江湾渔村》)

〔辨析〕"故态复萌、旧病复发"都有老毛病又重犯的意思。"故态复萌"重在指老习惯、老毛病、老样子重又出现。语意稍轻。不大形容生理上的状态。"旧病复发"既可形容思想、行为、习惯上的毛病又发作了,也指人身体的疾病再次发作。

寡廉鲜耻　厚颜无耻

寡廉鲜耻 guǎlián-xiǎnchǐ　司马相如《谕巴蜀檄》:"父兄之教不先,子弟之率不谨也;寡廉鲜耻,而不长厚也。"指不廉洁,不正派,不知耻,没有操守。寡、鲜:少。例若不是你一家寡廉鲜耻,她或者还不至于去冒险。她恨你们。(老舍《四世同堂》)│有的站在冯有三老婆一面,似乎那个寡廉鲜耻的女人罪得万死。(沙江《还乡记》)

厚颜无耻 hòuyán-wúchǐ　形容脸皮厚,毫无羞耻之心。例此种自私自利完全蔑视国家利益之理由,北平各团体竟敢说出,吾人殊服其厚颜无耻。(鲁迅《伪自由书·战略关系》)│我告诉你,不管你多厚颜无耻,也不管你会花言巧语,在我这儿没有你站的地方。(司马文森《风雨桐江》)

〔辨析〕"寡廉鲜耻、厚颜无耻"都有不知羞耻的意思。"寡廉鲜耻"包括不廉洁,不正派和不知耻几方面,词意也稍轻。"厚颜无耻"重在指脸皮厚,完全没有羞耻之心,语意较重。

拐弯抹角　迂回曲折

拐弯抹角 guǎiwān-mòjiǎo　指走的路弯弯曲曲或比喻说话、作文及办事不直截了当。还可比喻关系远,曲折复杂。例到拐弯抹角的地方,他整个身子硬拐,大家都替他攥把汗,他老像是只管身子往前钻,而不管车子过得去过不去。(老舍《骆驼祥子》)│战士跟战士说话……用不着拐弯抹角说那些让别人摸不清头脑的话。(浩然《洪涛曲·战士》)│他们之中有的是直接血亲,有的可就是拐弯抹角的亲戚了。(张虎《荒野之间》)

迂回曲折 yūhuí-qūzhé　指道路弯曲环绕。比喻事物的发展出现波折反复。迂回:回旋,环绕;曲折:弯曲。例的确,生活有如迂回曲折的画廊,一下是幽深的峡谷,一下是开阔的原野。(刘白羽《芳草集》)│下山的公路迂回曲折……仍然可以看见小簝姑娘……在向我们挥手。(碧野《山中驿站》)

〔辨析〕"拐弯抹角、迂回曲折"都有道路弯曲,事情多曲折、反复的意思。"拐弯抹角"多比喻说话、作文及办事不直截了当,还可比喻关系远。"迂回曲折"重在形容事物在发展的过程中出现波折反复和道路的弯曲环绕。

怪力乱神　邪魔鬼祟
妖魔邪祟　妖魔鬼怪

怪力乱神 guàilìluànshén　《论语·述而》："子不语怪、力、乱、神。"泛指违背常理或不易解说的事。也指荒诞不经，逆情悖理，于世道人心无补的事情。怪：怪异；力：勇力；乱：叛乱；神：鬼神。例孔子不语怪力乱神，非不语也，盖有未易语者耳。（宋·周密《齐东野语》卷十二）｜由于孔子不语怪力乱神，中国古代的儒生们常常对鬼神是敬而远之。

邪魔鬼祟 xiémó-guǐsuì　妖魔鬼怪之类的妖怪。邪魔：邪恶、魔鬼；鬼祟：鬼怪，比喻暗中害人的坏人。例以前过除夕时，常有人家在院子的影壁后面竖起一根天地杆儿，上贴一张红纸："姜太公在此。"据说：邪魔鬼祟就不敢登门骚扰了。

妖魔邪祟 yāomó-xiésuì　妖怪魔鬼，邪恶害人的东西。例原是迷信的人们把某些不明真相的灾祸，说成是因为妖魔邪祟造成的。实际上在人类社会中，还真有像妖魔邪祟那样可怕的坏人。｜张强指着这个老巫婆说道："你多年来搞些个妖魔邪祟的东西，欺榨民财，害人不浅。"

妖魔鬼怪 yāomó-guǐguài　元·李好古《张生煮海》第一折："我家东人你傻也；安知他不是个妖魔鬼怪；信着他跟将去了。"妖怪的意思。比喻各种干坏事或危害人民的人及邪恶势力。例不管对什么妖魔鬼怪，都不能心慈手软，务必铲除干净。｜任何妖魔鬼怪也逃不脱孙悟空一双火眼金睛。

〔辨析〕"怪力乱神、邪魔鬼祟、妖魔邪祟、妖魔鬼怪"都是贬义词，大都用来形容怪异、邪恶、害人，给人们带来灾祸的东西。"怪力乱神"多强调荒诞不经，逆情悖理，于世道人心无益。贬义的程度较浅。"邪魔鬼祟"和"妖魔邪祟"则侧重形容邪魔鬼怪暗中用邪恶的手段害人。"妖魔鬼怪"重在比喻各种各样的干坏事，祸害人民的人。

管中窥豹　管窥蠡测　管窥之见

管中窥豹 guǎnzhōng-kuībào　南朝宋·刘义庆《世说新语》："此郎亦管中窥豹，时见一斑。"通过竹管的小孔来看豹，只看到豹身上的一块斑纹。比喻见识狭小，看不到事物的全部。也可比喻从观察到某一部分可推知全貌。例陶孟和教授要发表一部著作，内容如何……幸而在《现代评论增刊》上提前发表了几节，所以我们竟能还"管中窥豹"似的，略见这一部新书的大概。(鲁迅《华益集续篇·有趣的消息》)｜怡福此次欧洲之行，虽然只有几天，只是游历了三个国家，但是管中窥豹，他已对欧洲的历史、文化有了真情实感的了解。(石楷《三国掠影》)

管窥蠡测 guǎnkuī-lícè 汉·东方朔《答客难》："以管测天，以蠡测海。"从竹管里看天，用瓢量海水。后用"管窥蠡测"比喻眼界狭窄，见识短浅。管：竹管；窥：从孔隙中看；蠡：贝壳做的瓢；测：测量。例我昨儿晚上的话，竟说错了，怪不得老爷说我是"管窥蠡测"！(清·曹雪芹《红楼梦》)｜师师心理也许是过于复杂……不是自作聪明的官家所能管窥蠡测。(徐兴业《冷遇》)｜如只举荦荦大端，又恐挂一漏万，有管窥蠡测之嫌；如只说几句笼统不着边际的话，则不仅不为平伯师所喜，且游谈无根也对不起读者。(吴小如《〈俞平伯序跋集〉序言》)

管窥之见 guǎnkuī-zhījiàn 见识就像从竹管的孔隙中去看一样，范围极其有限，看不到全貌，比喻见识短浅。多用作谦辞。例仰恃皇造宿眷之隆，敢陈愚昧管窥之见。(《魏书·王叡传》)｜语亦凿凿有精理。然管窥之见，终疑其别有故也。(清·纪昀《阅微草堂笔记》)

〔辨析〕"管中窥豹、管窥蠡测、管窥之见"都有所见有限，从一个局部较小范围来观察、认知整体而巨大事物的意思，都可用作谦辞。"管中窥豹"偏重只观察到事物的一小部分，极其片面，但也可用于从观察到部分就可推测全貌。"管窥蠡测"着重指观察事物狭隘，且理解肤浅、零碎。"管窥之见"着重指看不到事物的全貌、本质，因而见识短浅，看法片面。

光风霁月　高风亮节　海晏河清

光风霁月 guāngfēng-jìyuè 唐·无名氏《楚泊亭二首》："天垂六幕水浮空，霁月光风上下同。"指雨过天晴时风清月明的景象。常比喻开阔的胸襟和坦白的心地，也可比喻太平盛世、政治清明。光风：雨后初晴时的风；霁月：雨雪后的明月。例上下三千余年，兴废百千万事，大概光风霁月之时少，阴雨晦冥之时多。(宋·无名氏《大宋宣和遗事·元集》)｜胸无城府，光风霁月，我忆君之天真有如提孩。(陈毅《哭叶军长希夷同志诗》)

高风亮节 gāofēng-liàngjié 高尚的品格，坚贞的节操。形容品德、气节崇高。例蓝先生不佩服世界史中的任何圣哲与伟人，因而也就不去摹仿他们的高风亮节。(老舍《四世同堂》)｜那个卖身投靠的演员只是一个蚂蚁堆，而她的高风亮节，

抵得上一座入云的山峰。(徐迟《〈牡丹〉跋》)

海晏河清 hǎiyàn-héqīng 大海波平浪静，黄河水清，比喻天下太平。河：黄河；晏：平静。也说"河清海晏"。例正当海晏河清日，便是修交偃武时。(唐·薛逢《九日曲池游眺》全唐诗五四八)｜生当海晏之年，幸识河清之日。[无名氏《贺黄河清表》(全唐诗九六三)]

〔辨析〕"光风霁月、高风亮节"都可形容人因心地坦白而品德高尚。"光风霁月"偏重胸襟的开阔，且可比喻政治清明，形容雨雪放晴时的景象。"高风亮节"只用作形容人的品德、气节。"海晏河清"只用来比喻天下太平。"光风霁月"还可以用来描述自然界真实呈现的一种美景，雨雪之后，明净清新；"海晏河清"多作为比喻。

光明磊落　光明正大

光明磊落 guāngmíng-lěiluò 宋·朱熹《朱子语类》："譬如人，光明磊落底便是好人，昏昧迷暗底便是不好人。"形容胸怀坦白，正直无私。磊落：原为多而错杂，引申为开朗直率，心地坦诚。例以马伏波(援)这样光明磊落，功在国家的人，竟不能逃出梁某之手。(冯玉祥《我的生活》)｜我们一定要学习他实事求是、平易近人、虚怀若谷、光明磊落的作风(周扬《悲痛的怀念》)

光明正大 guāngmíng-zhèngdà 宋·朱熹《王梅溪文集序》："是以其心光明正大，疏畅洞达，无有隐蔽。"形容胸怀坦荡、公正无私。也表明正式的、公开的。例现在说起我仇猫的原因来，自己觉得理由充足，而且光明正大的。(鲁迅《朝花夕拾》)｜这是光明正大的事，不须乎隐讳。(巴金《家》)

〔辨析〕"光明磊落、光明正大"都有心地坦白、无私心的意思。都能用于人及其言行方面。"光明磊落"偏重于人的精神、品质，多跟"胸怀""态度"等词搭配。"光明正大"偏重于人的行为，且有表示正式、公开的意思。

广阔无垠　广袤无垠

广阔无垠 guǎngkuòwúyín 形容面积宽广没有边际。阔：(面积)宽、宽广；垠：界限、边际。例下车后，走了几里路，一片广阔无垠的大平原就展现在他面前。他顿时感觉自己小的像只蚂蚁。(永革《在北大荒军垦的日子里》)｜二贵的渔船驶出闽江口，进入了广阔无垠的大海，开始渔汛期紧张的捕捞。(三华《又是鲈鱼欲上时》)

广袤无垠 guǎngmào-wúyín 形容又长又宽，没有边际。袤：长度，也指南北的长度。〔例〕广袤的华夏大地，东西宽，南北长都在五千多公里。这辽阔、美丽的土地就是我亲爱的祖国。(游子《故国神游》)｜乌云其其格和卫东策马扬鞭并驾齐驱在这广袤无垠的呼伦贝尔大草原上奔驰，就像一双在蓝天翱翔的雄鹰。(程宝生《牧场晨曦》)

〔辨析〕"广阔无垠、广袤无垠"都形容面积宽广，没有边际。"广阔无垠"重在强调面积宽，平面的感觉强些。"广袤无垠"重在强调又长又宽，有纵深感，立体的感觉强些。

鬼使神差　阴错阳差

鬼使神差　guǐshǐ-shénchāi　元·关汉卿《蝴蝶梦》："也不是提鱼穿柳欢心大，也不是鬼使神差。"好像鬼神在暗地里差使一样。形容意外地发生某种凑巧的事或不由自主地做出意想不到的事。〔例〕今日得遇你个英雄剑客，恰便是鬼使神差。(元·马致远《还牢末》四折)｜正是呢，这是你一高兴起诗社，所以鬼使神差来了这些人。(清·曹雪芹《红楼梦》)

阴错阳差　yīncuò-yángchā　比喻由于偶然的因素致使事物出现差错或引起误会。也说"阴差阳错"。〔例〕不管以前的事是怎么阴错阳差，我们今天都要欢天喜地。(老舍《全家福》)｜突如其来的阴错阳差，一下子把她推到独立行动的境遇上来了。(邓友梅《追赶队伍的女兵们》)

〔辨析〕"鬼使神差、阴错阳差"都有事出意外，不由自主的意思。"鬼使神差"重在强调意外或凑巧好像是鬼神在暗地中安排、派遣。多神秘感。"阴错阳差"多强调把阴阳搞混了，因偶然的因素凑在一起而产生差错。

过江之鲫　多如牛毛

过江之鲫　guòjiāngzhījì　东晋王朝建立后，北方士族纷纷跑到江南，当时就有人说："过江名士多于鲫。"后用"过江之鲫"形容多而纷乱且连续不断。鲫：鲫鱼，淡水鱼。〔例〕大家都知道，日寇在泰国的顾问，多如过江之鲫。(《新华日报》1940年6月21日)｜现在川陕道上，这种"拉拉车"多如过江之鲫。(茅盾《拉拉车》)｜这一天来的多的如过江之鲫，到处人声喧阗，古寺的沉寂完全被打破。(季羡林《季羡林散文精选》)

多如牛毛　duōrú-niúmáo　《北史·文苑传序》："学者如牛毛，成者如麟角。"后用"多如牛毛"指多得像牛毛一样。形容数量极多。〔例〕文件多如牛毛，领导干部不可能都看，哪能管得上"抄写"？（谢觉哉《"部长"与"抄写"》）｜也正因为如此，大家才能在白色恐怖的暴政下，在特务、走狗多如牛毛的境遇中，总是同心同德，全力以赴。（曹靖华《怀念庆龄同志》）

〔辨析〕"过江之鲫、多如牛毛"都有数量很多的意思。"过江之鲫"偏重强调不仅数量多且连续不断，动感较强，而呈纷乱状。"多如牛毛"仅形容数量极多。

过甚其词　言过其实

过甚其词　guòshènqící　指话说得过分，不符合实际。过甚：很过分。例现在如果有人说，高甲戏的舞台，主要是丑角的舞台，这决非过甚其词。（邓拓《高甲戏的艺术特色》）｜可惜有的部分写得过于夸张了，反而使读者感到是过甚其词。（阿英《〈西湖集〉所反映的明代社会》）

言过其实　yánguòqíshí　言辞夸张，与实际不符。例他被梁大老汉言过其实的话吓唬住了。（柳青《创业史》）｜她……发现此人言过其实，作风轻佻，特别是发现他的眼睛后面还有一只眼睛，她生平最怕这种人，因此敬而远之了。（陈国凯《代价》）

〔辨析〕"过甚其词、言过其实"都有说话与实际不符的意思。"过甚其词"重在强调话说得过分，词意较轻，多用于书面语。"言过其实"重在强调言辞夸张，语意较重，口语、书面语均常用。

过眼烟云　转瞬即逝　昙花一现

过眼烟云　guòyǎn-yānyún　宋·苏轼《宝绘堂记》："见可喜者，虽时复蓄之，然为人取去，亦不复惜也。譬之烟云之过眼，百鸟之感耳，岂不欣然接之，然去而不复念也。"眼前飞掠而过的烟云。比喻很快就消失的事物。也说"过眼云烟"。例尽道是用不尽的金银，享不完的福禄了。谁知过眼烟云，容易消歇。（明·凌濛初《二刻拍案惊奇》）｜一九三二年盛夏，我和阿英同志带着盐湖摄影队到浙江澉浦盐场拍外景，现在回想，什么都成了过眼烟云。（柯灵《〈阿英散文选〉序》）

转瞬即逝　zhuǎnshùn-jíshì　转动眼珠的时间内就消逝了。比喻在极短的时间里就消失了。例历史的长河奔腾不息，很多风云人物显赫一时，煞是风光，但最终不免转瞬即逝，就像长河中的一朵浪花。（腾飞《在历史丰碑前》）｜刚才他还在这里滔滔不绝的说靳老财怎么好，远远看见我来了，立刻转瞬即逝，不见了人影儿。（孔耕《靳老财》）

昙花一现 tánhuā-yīxiàn 《妙法莲花经·方便品第二》："佛告舍利弗，如是妙法，诸佛如来，时乃说之，如优昙钵花，时一现耳。"后用"昙花一现"比喻事物一出现很快就消失。昙花：印度梵语优昙钵罗花的简称，开花时间仅数小时。例王观察撒手抛枪，一个身体望后便倒，真个是富贵无常，功名安在，昙花一现，四大皆空。(清·张春帆《宦海》)｜有的昙花一现，萎谢的好快呵。(徐迟《哥德巴赫猜想》)

〔辨析〕"过眼烟云、转瞬即逝、昙花一现"都有很快消失的意思。"过眼烟云"多指极容易消逝的事物，且该事物虚幻不实，飘浮不定。"转瞬即逝"多指在很短暂的时间内就消失了，形容消失之快，只在转动眼珠之间。"昙花一现"重在比喻稀有的事物或显赫一时的人物出现不久就消逝了，多形容事物存在期的短暂。

裹足不前　踟蹰不前　趑趄不前

裹足不前 guǒzú-bùqián 《史记·李斯列传》："使天下之士退而不敢西向，裹足不入秦。"后用"裹足不前"指把脚缠住，不再往前。多指因有顾虑而不敢前进。例我们不能做有名无实的党员，不能总在困难面前裹足不前。(杨沫《青春之歌》)｜上次我来京，素芬就总给我难堪，虽然你竭力劝我去找她，仍令我裹足不前，心有余悸。(王波《芳草地》)

踟蹰不前 chíchú-bùqián 徘徊犹豫不往前走。形容拿不定主意，或心神不安，不敢前进。踟蹰：心里迟疑，要走不走的样子。也作"踟躇不前"。例大白马连失前蹄，喘着粗气，打着响鼻，有时踟蹰不前，有时跳跃攀登。(陈皓《五月反"扫荡"的日日夜夜》)｜"快走吧！"他见刚钻出苇塘的严宝树踟蹰不前，还不动腿，便看看表催他。(王同禹《大地的投影》)

趑趄不前 zījū-bùqián 唐·韩愈《送李愿归盘谷序》："足将进而趑趄。"后用为"趑趄不前"指犹豫徘徊，不敢向前。趑趄：想往前走又迟疑不决的样子。例如果我们遇到问题，满腹牢骚，怨天尤人，遇到困难就蹙额低眉、趑趄不前，又怎能闯过新长征的"雪山""草地"呢？(《长江日报》1991年2月5日)｜玉树大地震之后，奔赴灾区的救援队都是日夜兼程，大步如飞地赶往抗震第一线，没有一支队伍趑趄不前。

〔辨析〕"裹足不前、踟蹰不前、趑趄不前"都有因顾虑而不敢前进的意思。"裹足不前"强调自己把脚缠住，多指自身的心理或自设障碍引起"不前"的后果。"踟蹰不前"多指面对艰难曲折,路不好走。因犹豫彷徨而"不前"。"趑趄不前"多用于描绘因犹豫徘徊,想迈步而又不敢,十分为难的样子,多用于书面语。

H

海底捞针　水中捞月

海底捞针　hǎidǐ-lāozhēn　在大海底下捞针。比喻极难找到，目的、愿望极难实现。也说"大海捞针"。例文字过目不旋踵（形容时间极短）就飞到九霄云外，再翻寻有如海底捞针。（梁实秋《老年》）｜前门附近有多大的范围？盲目去打听一个姓赵的，不等于是海底捞针吗？（英应丰《将军吟》）

水中捞月　shuǐzhōng-lāoyuè　在水里把月亮捞起来。比喻根本做不到，白费力气或劳而无功。例当然，这都是幻觉，是雾里看花，是水中捞月，是一场空啊！（鲍昌《庚子风云》）｜他自己也知道，没有正式工作，要在黄原找个如意对象，等于水中捞月。（路遥《平凡的世界》）

〔辨析〕"海底捞针、水中捞月"都有徒劳无功，白费力气的意思。"海底捞针"重在强调难以办到，语意较轻。"水中捞月"重在指根本办不到，语意较重。

海市蜃楼　空中楼阁

海市蜃楼　hǎishì-shènlóu　《本草纲目·鳞部一》："（蜃）能呼气成楼台城郭之状，将雨即见，名蜃楼，亦曰海市。"此系古人误解。实际是光线经折射或反射在不同密度的空气层时，把远处景色显示在空中或地面的奇异幻景。这种幻景常见于海边或沙漠地区。后用"海市蜃楼"比喻虚无缥缈，实际上并不存在的事物。蜃：大蛤蜊。例它们果真是岛屿？舰队？还是什么海市蜃楼？（徐迟《长江桥头》）｜没有革命现实主义作基础，革命浪漫主义也就无所寄托，只能是海市蜃楼罢了。（秦牧《读长篇小说〈李自成〉》）

空中楼阁　kōngzhōng-lóugé　悬在空中的楼台殿阁。比喻虚幻的事物或脱离实际的理论、计划等。例什么安内策，什么制外策，说得津津有味，其实多是纸上谈兵，空中楼阁。（蔡东藩《清史演义》）｜实者……有根有据之谓也；虚者，空中楼阁，随意构成，无影无形之谓也。（清·李渔《闲情偶寄·结构第一》）

〔辨析〕"海市蜃楼、空中楼阁"都比喻虚构、幻想的事物。都可作主语、宾语及定语。"海市蜃楼"多比喻虚无缥缈远离现实的事物、景象，侧重在虚幻方面，适用于难以实现的希望、空想。"空中楼阁"侧重形容脱离现实的理论、计划等。

酣畅淋漓　淋漓尽致　痛快淋漓

酣畅淋漓　hānchàng-línlí　原指喝酒喝得痛快、尽兴。后常用来形容畅快而尽情、尽兴。也比喻书法、作画笔意流畅，文学作品详尽透彻。酣畅：痛快；淋漓：形容畅快。例老舍先生写老张的"钱本位"的哲学，确乎是酣畅淋漓，阐扬尽致。(朱自清《〈老张的哲学〉与〈赵子曰〉》)｜在另一首里，他的耿耿丹心和峥嵘意志，更加表达得酣畅淋漓。(袁鹰《悲欢·不灭的诗魂》)

淋漓尽致　línlí-jìnzhì　形容文章、谈话、表演等表达得非常充分、透彻；也形容显露得彻底；尽致：达到极点。例真把刘邦这副游侠的嘴脸写得淋漓尽致，实在是极其强烈地揭露出了他内心的丑恶。(林非《询问司马迁》)｜只见他守中带攻，单掌翻飞，或拍或抓，挥洒自如，把大力金刚手的功夫发挥得淋漓尽致。(梁羽生《萍踪侠影》)｜他的伪善早已显露得淋漓尽致。

痛快淋漓　tòngkuài-línlí　清·吴趼人《二十年目睹之怪现状》第六十三回："买了一票砖，害得人家一个痛快淋漓。"形容非常尽兴、畅快。也形容写文章、说话的酣畅详尽。例(李博士)又引证许多中西古今的故事，说得痛快淋漓。(冰心《两个家庭》)｜随即集合官兵伙夫，痛快淋漓地讲了一番反对帝制的道理。(冯玉祥《我的生活》)

〔辨析〕"酣畅淋漓、淋漓尽致、痛快淋漓"都有尽情、尽兴，充分、畅快的意思。"酣畅淋漓"可指饮酒喝得痛快，比喻书法、绘画时重在强调笔意的流畅、充分，比喻文学作品则强调详尽透彻。"淋漓尽致"不能形容饮酒，多强调将其表达的情感、意思发挥到了极点。"痛快淋漓"重在表现尽兴、痛快、高兴、愉悦至极。

含情脉脉　温情脉脉

含情脉脉　hánqíng-mòmò　唐·李德裕《二芳丛赋》："一则含情脉脉，如有思而不得，类西施之容冶。"形容虽无话语，但缠绵的情意全都表现在眼神上。脉脉：默默地用眼神或行动表达情意的样子。例半响，微微抬起头来，含情脉脉地望了他一眼，然后飞一般地跑了。(周而复《上海的早晨》)｜一个白净的高个儿姑娘含情脉脉地站在弟弟身后。(王观胜《北方，我的北方》)｜当年轻的中年的妇女哭哭啼啼地与官兵们拥抱、亲吻，含情脉脉地惜别时，看热闹的中国妇女都转过了身，她们觉得众目睽睽之下太不成体统了。(梁晓声《人世间》)

温情脉脉 wēnqíng-mòmò 宋·辛弃疾《摸鱼儿》词："千金曾买相如赋，脉脉此情谁诉？"后用"温情脉脉"形容温柔的感情，意欲表露的神态。脉脉：含情欲吐地凝视的样子。例他温情脉脉地说着，又用手轻轻抚摸我的眉头。(《收获》1981年第4期)｜资本主义制度把无数家庭的温情脉脉的气氛都给败坏了。(秦牧《衰老》)

〔辨析〕"含情脉脉、温情脉脉"都有表达深情的意思。"含情脉脉"重在形容虽无话语，却用眼神表现了全部的缠绵之意。多用于男女相互爱慕的情态。"温情脉脉"强调表达的感情很温柔，可亲，更多深情体贴、关注的意味。

含沙射影　指桑骂槐

含沙射影 hánshā-shèyǐng 晋·干宝《搜神记·蜮》："有物处于江水，其名曰蜮，一曰短狐，能含沙射人。所中者，则身体筋急，头痛发热，剧者至死。"唐·白居易《读史》："含沙射人影，虽病人不知；巧言构人罪，至死人不疑。"后用"含沙射影"比喻暗中诽谤、造谣中伤。例他们一贯推心置腹，就是吵嘴，也从不含沙射影，指桑骂槐。(刘心武《班主任》)｜"……既然你还没谈过恋爱，在大街上扯着嗓子喊什么痛苦什么失恋？你是不是有含沙射影之嫌啊！……"(梁晓声《人世间》)

指桑骂槐 zhǐsāng-màhuái 指着桑树骂槐树。比喻表面上骂这个，实际上骂那个。例咱们家所有的这些管家奶奶，那一个是好缠的？错一点儿他们就笑话打趣，偏一点儿他们就指桑骂槐的抱怨。(清·曹雪芹《红楼梦》)｜王妍向来喜欢指桑骂槐，今儿静芳听了半响还是听不出名堂。(金华《雪原黎明》)｜父亲精通指桑骂槐的技艺，他这么一说，我就知道他在提醒我，该替他回一趟老家了。(徐则臣《北上》)

〔辨析〕"含沙射影、指桑骂槐"都有暗中骂人，攻击别人的意思。"含沙射影"比喻暗中攻击，造谣中伤，陷害别人。语意较重。"指桑骂槐"比喻表面骂甲，实则骂乙，是用语言曲折地进行攻击。口语色彩也较"含沙射影"浓。

含英咀华　咀嚼赏鉴

含英咀华 hányīng-jǔhuá 唐·韩愈《进学解》："沉浸醲郁，含英咀华。"品味花的芬芳。比喻仔细琢磨、体味事物的精华、要点。多用于对诗文的体会、鉴赏。咀：咀嚼。例庄生本南派巨子，而复北学于中国，含英咀华，所得独深。（梁启超《中国古代思潮》）｜含英咀华，钩玄提要，我看对于接受文学的遗产上，一定会有很切实的贡献。（郭沫若《今昔集·关于"接受文学遗产"》）

咀嚼赏鉴 jǔjué-shǎngjiàn 品味、鉴别、欣赏事物。比喻仔细体味、观察、鉴定事物的特征。咀嚼：比喻对事物反复体会；赏鉴：欣赏鉴别（多指艺术品）。例进得店来，他拿起一款青花瓷盘，反复把玩，一副聚精会神，咀嚼赏鉴的架式。（华泽三《捐客》）｜展厅内名画云集，人头攒动。参观者有的含笑赞许，啧啧称奇，有的目不转睛，神情专注，都露出了咀嚼赏鉴的神态。（亦野《观〈郭味蕖书画展〉》）

〔辨析〕"含英咀华、咀嚼赏鉴"都有仔细琢磨、体会事物的意思。"含英咀华"重在体味其精华、要点。"咀嚼赏鉴"重在仔细观察、鉴别、欣赏。

汗流浃背　挥汗如雨

汗流浃背 hànliú-jiābèi 流汗很多，湿透了背上的衣服。形容天热或剧烈运动后，浑身汗淋淋的样子。也形容十分惊恐或惭愧的样子。浃：透，遍及。例据说此等旧戏院……屋小，每场容一百人即挤得不亦乐乎；隆冬屋内生火，观戏者每每汗流浃背。（茅盾《新疆风土杂记》）｜这当然是极刻毒的恶谑，但我们一翻历史，怕不免要有汗流浃背的时刻罢。（鲁迅《坟·再论雷峰塔的倒掉》）

挥汗如雨 huīhàn-rúyǔ 《战国策·齐策》："连衽成帷，举袂成幕，挥汗成雨。"洒下去的汗就像下雨一样。例正是摩肩如云，挥汗如雨的时候，炎渴的了不得。（清·曾朴《孽海花》）｜沈金一副教授挥汗如雨在锅灶旁大显身手。（汪浙成、温小钰《苦夏》）

〔辨析〕"汗流浃背、挥汗如雨"都有出汗很多的意思。"汗流浃背"程度轻，但还用于形容因惶恐、惭愧而出汗。"挥汗如雨"无此用法，但语意重，是夸张性成语。

毫厘不爽　毫发不爽

毫厘不爽 háolí-bùshuǎng 宋·朱熹《朱子语类》卷十四："便是心中许多道理，光明鉴照，竟发不差。"一点儿都不差。比喻极少的数量都不差。没有一点儿差错。毫厘：计量。十毫为一厘，比喻极细微；爽：差失。例土改的时候，谁该怎么办，就得怎么办。毛主席公公道道，毫厘不爽的。（萧乾《土地回老家》）｜祁老汉一贯相信因果

报应,见熊二楞横尸旷野不禁大声说道:"这才是善有善报,恶有恶报,真是毫厘不爽啊!"(柳东挺《水流千里归大海》)

毫发不爽 háofà-bùshuǎng 像毫毛和头发丝儿那样细小的差错都没有。例坚贪者报以恶狗,毒害者报以虎狼,分厘不差,毫发不爽。(明·李贽《焚书·观音问·答自信》)|呼邻问之,则市肉方归。言其斤数片数,毫发不爽。(清·蒲松龄《聊斋志异·邑人》)|老张是二十多年的老木匠了,一看木料便知可以做多大的物件,毫发不爽。

〔辨析〕"毫厘不爽、毫发不爽"都有一点儿差错都没有,十分准确的意思。"毫厘不爽"的"毫厘"为计量单位,故偏重形容数量的准确无误。"毫发不爽"的"毫发"是用动物的毫毛和人的头发作比喻,故偏重形容具体事物连细微的差错都没有。

豪放不羁　狂放不羁

豪放不羁 háofàng-bùjī 《北史·张彝传》:"彝少而豪放,出入殿庭,步眄高上,无所顾忌。"气魄大而无所约束。形容人的性格乐观、通达而不拘小节。豪放:气魄大、豁达;羁:马笼头,引申为束缚。例明代的北京,有一位豪放不羁的文人,自称昆仑山人。(马南邨《燕山夜话》)|她的豪放不羁、机智而又妩媚,她的永远乐观、旺盛的生命力和方太太一比更显著。(茅盾《动摇》)

狂放不羁 kuángfàng-bùjī 形容人性格豪爽、任性,蔑视世俗礼法,不受约束。狂放:任性放荡。例待到辞官被许,他快活得如上九天……更广游东南,以恢复他原先的狂放不羁的精神。(阿英《袁中郎作官》)|祢衡表面上是因为狂放不羁侮辱曹操,被曹操逐走,实则是因为曹操并不想用这种并无实学却十分妄自尊大的人。(顾兴《魏晋文人的类别》)

〔辨析〕"豪放不羁、狂放不羁"都有形容人的性情、气质任性,豪爽不受约束,不拘小节的意思。"豪放不羁"重在形容气魄大,乐观、通达,多含褒义。"狂放不羁"重在形容蔑视礼法,放荡任性、狂妄,有时多含贬义。

豪情壮志　雄心壮志

豪情壮志 háoqíng-zhuàngzhì 豪迈的情怀,伟大的志向与抱负。形容人志向远大,豪情满怀。例他们大多数两鬓添霜,然而豪情壮志,更见坚强。(茅盾《温故以知新》)|那长街,那小巷,正有无限的豪情壮志拥塞其间。(郭小川《厦门风姿》)

雄心壮志 xióngxīn-zhuàngzhì 晋·陆机《吊魏武帝文》："雄心摧于弱情，壮图终于哀志。"后用"雄心壮志"指远大的理想，宏伟的抱负。例雄心壮志销难尽，惹得旁人笑热魔。（清·秋瑾《感时》）｜心里虽有这个雄心壮志，但两个多月下来，御政不久的慈禧太后深觉自己的能力不济。（唐浩明《曾国藩·黑雨》）

〔辨析〕"豪情壮志、雄心壮志"都有理想志向远大，抱负宏伟的意思。"豪情壮志"偏重指豪迈的情怀，因志向远大而满怀豪情，且用这种情感投入到所要实现的志向中。"雄心壮志"偏重指宏大的胸怀，多表现雄心勃勃，胸襟宽广，为实现理想而信心十足。

好高骛远　眼高手低

好高骛远 hàogāo-wùyuǎn 《宋史·程颢传》："病学者厌卑近而骛高远，卒无成焉。"后用来形容脱离实际追求过高的、难以实现的目标。骛：（马）纵横奔驰，引申为追求。也作"好高务远"。例牛大姐："年轻人嘛！刚开始生活都有点好高骛远，你原来不也这样么。"（王朔、冯小刚等《编辑部的故事》）｜我曾暗想，像子卿那样的同学，无论谈出多么伟大的理想，同学们也肯定不会嘲笑他好高骛远的吧？（梁晓声《泯灭》）

眼高手低 yǎngāo-shǒudī 眼界和标准很高而实际能力很低。例这个人自命不凡，眼高手低自以为比什么人都清高，却靠着父亲留下的将近一千亩田的遗产过安闲日子。（巴金《谈〈憩园〉》）｜田园一贯看不起吴奇眼高手低只会说、不会做的那种品性，瞪了他一眼，把门一关朝楼外走去。（史政《机关大院》）

〔辨析〕"好高骛远、眼高手低"都有要追求的目标与实际脱离，不匹配的意思。"好高骛远"重在形容不顾实际情况，不从实际出发，一味追求高远目标。"眼高手低"重在形容标准高而能力低。

好逸恶劳　好吃懒做

好逸恶劳 hàoyì-wùláo 贪图安逸，厌恶劳动。例你也应该学学人家眉妹子，不应四体不勤，好逸恶劳。（刘绍棠《瓜棚柳巷》）｜第十九种：革命意志衰退，政治生活蜕化；靠老资格，摆官架子；大吃大喝，好逸恶劳，游山玩水，走马观花。（周恩来《反对官僚主义》）

好吃懒做 hàochī-lǎnzuò 只讲吃喝，不愿意劳动。例这样好吃懒做的淫妇，睡到这等日高才起来！（明·凌濛初《初刻拍案惊奇》）｜咱们庄户人家以勤俭为本，不宜游荡。将来闲的好吃懒做的，如何使得。(清·石玉昆《三侠五义》)｜我们新时代的青年,不能好吃懒做,靠父母生活。

〔辨析〕"好逸恶劳、好吃懒做"都有喜欢舒适、享受,厌恶劳动的意思。"好逸恶劳"含有贪图安逸、舒适和厌恶劳动两方面意思,偏重形容人的品质,语意重,适用面广。"好吃懒做"重在贪图吃喝玩乐,偏重形容人好安逸、不劳动的具体表现,语意轻,适用面窄。

和而不同　求同存异

和而不同 hé'érbùtóng　《论语·子路》:(孔)子曰:"君子和而不同,小人同而不和。"能和睦地相处,但又不盲目苟同。和:和睦;同:苟同。例领导干部既要和群众打成一片,又要坚持原则,做到和而不同。｜我们提倡在同志和朋友之间,和而不同,相帮共勉,一起进步。

求同存异 qiútóng-cúnyì　在对事物的看法或态度上找出共同点,保留不同点。求:寻找,寻求;同:共同点;存:保留;异:不同意见。例为着一个共同目标,求同存异,共同抗日。(《革命回忆录(1)·烽火丹心》)｜共同点是基本的,分歧是局部的,可以求同存异。(《人民日报》1965年3月23日)

〔辨析〕"和而不同、求同存异"都要和睦相处。"和而不同"强调的是虽然能够和睦相处,但在原则问题上,决不随意苟同,要坚持原则,坚守正道。"求同存异"强调为了共同的目的和利益,在交往、合作时,要尽可能寻求双方的共同点,以利于团结、协作,同时要允许双方保留非原则的不同意见。以顾全大局为重。

和风细雨　心平气和

和风细雨 héfēng-xìyǔ　宋·张先《八宝装》词:"正不寒不暖,和风细雨,困人天气。"温煦的轻风,柔和的小雨。现多比喻温和的态度、和缓的方式,说话时态度、用语平和,不粗暴。也说"细雨和风"。例暮春三月,西子湖畔,和风细雨之中仍是一派游人如织、车水马龙的气象。(孟昭文《雨中游湖》)｜另一方面要和风细雨惩前毖后,治病救人。(毛泽东《在中国共产党全国宣传工作会议上的讲话》)

心平气和 xīnpíng-qìhé　原为"心平德和"。《左传·昭公二十年》:"君子听之,以平其心,心平德和。"原意指内心平静,德音和谐。后多作"心平气和"。心情平和、态度温婉。形容待人对事和气、不急躁。例以往他们没有出来寻事,大概因为起居安适,心平气和,故而与世相忘;这正是全镇的幸运。

(叶圣陶《倪焕之》）|临近门边，又回过头来，心平气和地说："小兄弟，我看你还是平心静气的想想！"（司马文森《风雨桐江》）

〔辨析〕"和风细雨、心平气和"都有平和、不粗暴、不急躁的意思。"和风细雨"可用于自然景象，多比喻说话时用语平和，方式方法温和，态度亲切不粗暴。"心平气和"不可用于形容自然景象，重在强调心态平静，不躁动且态度温和，对事情有一种不急不躁的平和心态。

和光同尘　与世无争

和光同尘 héguāng-tóngchén 《老子》第四章："和其光，同其尘。"高亨正诂："和其光者，混同民之德采，使之不表殊之异也。同其尘者，同一民之行迹，使之无舛驰异驱也。"后来用"和光同尘"表示不露本身光彩，混同于尘俗。以表示迎合世俗，不露锋芒，随波逐流。例妙在和光同尘，事须钩深入神。（宋·黄庭坚《送高子勉》）|象杜九皋他们不是在走这样的路吗?表面上和光同尘，骨子里灭满兴汉。（郭沫若《南冠草》）

与世无争 yǔshì-wúzhēng 《战国策·楚四》："自以为无患，与人无争也。"后世多作"与世无争"。与世人不发生争执。多指不慕名利，超然物外的处世态度。例独于古人之书，自谓可以饱足其嗜好与世无争。（清·方苞《与谢云墅书》）|他依然是随时和颜悦色的，带着宽厚慈祥的笑容。这种笑容，只有与世无争，生活上容易满足的人才会有。（汪曾祺《岁寒三友》）

〔辨析〕"和光同尘、与世无争"都有不刻意显示自己，不露锋芒的意思。"和光同尘"重在表示迎合世俗，随波逐流的意思；"与世无争"更多形容与世人相处时不去发生争执，超然物外的处世态度。"和光同尘"重在强调将自己隐藏于世俗之争，不露锋芒；"与世无争"强调不去和世人发生冲突。

和好如初　言归于好

和好如初 héhǎorúchū 捐弃前嫌，恢复友谊像原先那样。例直到二喜赶来解释，说清事情始末，才真相大白，老栓知道自己错怪了四婶，忙赔不是，四婶也不再计较，一场风波，顿时风平浪静，二人和好如初。（帅兵《山洼里的老爷们儿》）|李玉对陶济说："你老兄还不知道杜国明和赵伦早已和好如初，现在两家人走得近的很呢！"（蔡琪《都市晨曦》）

言归于好 yánguīyúhǎo 《左传·僖公九年》："凡我同盟之人，既盟之后，言归于好。"彼此发生冲突后，重新和好。言：助词，无义。例而

今吗，唯愿跟你言归于好，往事一笔勾销。（高缨《云崖初暖》）｜王晓燕温厚地一笑，两个人就言归于好了。（杨沫《青春之歌》）

〔辨析〕"和好如初、言归于好"都有发生矛盾、冲突之后，重新和好的意思。"和好如初"重在强调和好后的友谊和最初的、原来的一样好，语意较重。"言归于好"只强调在冲突后重新回到了友好的水平，可用于个人、团体、国家之间，使用范围对象较广，语意较轻。现常将"言归于好"的"言"字当作说话、语言来用，这是一个理解与使用的误区。

合情合理　顺理成章

合情合理　héqíng-hélǐ　符合人情事理。形容考虑、处理问题全面、周到。例由一个美丽的温顺的女子来嘲笑哲学家的不切实际，倒是合情合理的。（周国平《智慧的诞生》）｜学校认为这个方案合情合理，就订为制度。（柯岩《特邀代表》）｜黄为民……觉得周祺这个人很可爱，既有原则，又能合情合理地帮助他解除思想包袱。（陈残云《山谷风烟》）

顺理成章　shùnlǐ-chéngzhāng　宋·朱熹《朱子全书·论语》："文者，顺理而成章之谓也。"本指顺着一定的条理来写，自然成为文章。现多用来形容事情或言行符合情理，也指在某种情况下自然会产生某种结果。例一步一步说下来，顺理成章，要言不烦。（朱德熙《谈朱自清的散文》）｜按儒学说，礼乐刑政，到头来只是一个道理；这四件都顺理成章了，便是王道。（郭沫若《保卫大武汉》）

〔辨析〕"合情合理、顺理成章"都有说话、作文、办事合理的意思。"合情合理"重在形容考虑、处理问题因符合人情事理而全面、周到。"顺理成章"重在形容因符合情理而自然产生某种结果。

何足挂齿　不足挂齿

何足挂齿　hézúguàchǐ　《史记·孙叔通列传》："此群盗鼠窃狗盗耳，何足置齿牙间。"后用作"何足挂齿"。哪里值得挂在嘴上。表示事情很小，不值一提。例区区薄意，何足挂齿？（姚雪垠《李自成》）｜抓个把朱子炎，区区小事，何足挂齿，当不起嫂夫人这杯酒哪！（杨佩瑾《霹雳》）

不足挂齿　bùzúguàchǐ　不值得一提。表示事情微不足道。用于对人表示轻蔑，也用于表示自谦。挂齿：谈及。例些少薄礼微物，不足挂齿。（明·施耐庵《水浒传》）｜在历史的长河中，个人命运的沉浮不足挂齿。（徐仁骥《沧桑人世》）

〔辨析〕"何足挂齿、不足挂齿"都有事情很小，不值一提，表示自谦或轻蔑的意思。"何足挂齿"用疑问和反问的口气，实际表示更加肯定的意思。"不足挂齿"直接用肯定和陈述的语式，多用于表示轻蔑或自谦。

涸辙之鲋　虎落平阳　釜底游鱼

涸辙之鲋　hézhézhīfù　见于《庄子·外物》。处在干枯了的车辙里的鲫鱼。比喻处在困境危险中急待救助的人。鲋：古书上指鲫鱼。例先来引几句古书——也许记得不真确，庄子曰："涸辙之鲋，相濡以沫，相呴（xù，温暖）以温——不若相忘于江湖。"（鲁迅《〈译文〉复刊词》）｜我们可以说是相濡以沫，然而决不认为自己是涸辙之鲋。（曾卓《三人行》）

虎落平阳　hǔluò-píngyáng　清·钱彩《说岳全传》："虎落平阳被犬欺。"老虎离开了山林巢穴，到了平坦空旷之地。比喻失去了权势的或有本领而无法发挥的人，因困顿而没有了作为。也说"虎落平川"。例李广被罢官后，一个小小的灞陵尉居然对其大耍威风，难怪后人读史至此都有"虎落平阳"之叹。（陈洽《灯烟下读史》）｜他曾是京城赫赫有名的角儿，恰逢西太后的国丧，不但无法演出挣钱糊口，只因发了几句牢骚被官府抓进衙门，受尽凌辱。喜爱他的观众知道此事后都说道："真是虎落平阳被犬欺啊！"（张鑫《曲苑钩沉》）

釜底游鱼　fǔdǐ-yóuyú　《后汉书·张纲传》："若鱼游釜中，喘息须臾间耳。"后用"釜底游鱼"指在锅底游动的鱼。比喻处于死亡边缘的人或事物，多指面临死亡又无法逃脱的人。例镰刀斧头的红旗，飘荡在山山水水之间，只剩下枫镇一个白点。躲藏在镇上的土劣，成了釜底游鱼了。（曾秀苍《山鸣谷应》）｜他们已是飞鸟路绝，恰似釜底游鱼，或降或死，别无它途。（姚雪垠《李自成》）

〔辨析〕"涸辙之鲋、虎落平阳、釜底游鱼"都有身处困境，无所作为，十分危险的意思。"涸辙之鲋"重在形容在危难中急待救助。"虎落平阳"重在形容失势之后，遭遇悲惨，有本领难以发挥。"釜底游鱼"重在形容处境极其险恶，面临死亡而无法逃脱，词意最重。

黑白颠倒　阴差阳错

黑白颠倒　hēibái-diāndǎo　把黑的当成白的，把白的当成黑的。比喻不顾事实，把是非、善恶、优劣全都弄反了。形容歪曲事实，混淆是非。例赵满囤像输得精光的赌徒跑到镇上大骂郭汉文，什么黑白颠倒的污言秽语全都滔滔不绝地倾倒出来。(白浪《垦荒人》)｜西方那些"人权斗士"，睁着眼睛说瞎话，无中生有，黑白颠倒，竭尽造谣攻击之能事，诬蔑中国政府对西藏的各项政策。

阴差阳错 yīnchā-yángcuò 事物的阴、阳两面出现差错。比喻由某些偶然因素而造成差错。阴、阳：旧时认为事物皆可分为阴、阳两极，且各有定位。例他原来以为这事儿进展得很顺利，会按他事先谋划的那样，没想到阴差阳错，半路杀出个程咬金，事情全泡汤了。(之琳《钱明的如意算盘》)｜他被这阴差阳错、突如其来的事搞得晕头转向，不知所措。(梁江《钟鼓楼后》)

〔辨析〕"黑白颠倒、阴差阳错"都有事物的原貌发生了错位，事情弄反了的意思。"黑白颠倒"重在形容完全不顾事实，有意颠倒，把真相搞乱来达到歪曲事实、混淆是非的目的。"阴差阳错"多强调由于某些偶然的因素使事物出现错位、错误。

横行无忌　肆无忌惮

横行无忌 héngxíng-wújì 指为所欲为，毫无顾忌。例其时李傕自为大司马，郭汜自为大将军，横行无忌，朝廷无人敢言。(明·罗贯中《三国演义》)｜他们凭他们块头大，体力强，把什么都抢到手，自己称王称霸，横行无忌。(聂绀弩《天亮了》)

肆无忌惮 sìwújìdàn 宋·朱熹《与王龟龄书》："……肆行无所忌惮。"后用"肆无忌惮"指非常放肆，毫无顾忌。忌：顾忌；惮：害怕。例李公朴先生被刺后四天，闻一多先生父子又被刺，这完全是有计划的，而且是肆无忌惮的政治暗杀。(周恩来《反对扩大内战与政治暗杀的严正声明》)｜张家父子在镇上称王称霸，为非作歹，真到了肆无忌惮的程度。男女老少无不恨之入骨。(冯绍《古镇夕照》)

〔辨析〕"横行无忌、肆无忌惮"都有做事无所顾忌的意思。"横行无忌"重在形容为所欲为，横行霸道，偏重于指责其行为做法。"肆无忌惮"重在形容非常放肆，毫不顾及后果，既可形容人的行为、做法，也可形容人的思想、说话、观念。

横生枝节　节外生枝

横生枝节 héngshēng-zhījié 树木在旁侧生了枝节。比喻意外生出一些事端，使主要问题不能解决或解决受到阻碍。例在一次部务会议上提出这个决定来报告，有些人横生枝节。(郭沫若《洪波曲》)｜南京方面救将心切，背后又有英美和平解决的督促，不敢横生枝节……但也不免讨价还价。(罗瑞卿《西安事

迹与周恩来同志》）

节外生枝 jiéwài-shēngzhī 在原来的枝节上又长出新的枝杈。比喻在原来的问题上又生出新问题。例他总是怕临时有什么事情弄出差错来，节外生枝。(柳青《狠透铁》)｜他万万料不到劝诱杜竹斋做公债不成，却反节外生枝，引起了竹斋的不满。(茅盾《子夜》)

〔辨析〕"横生枝节、节外生枝"都比喻出现了新问题。"横生枝节"重在形容意外出现的问题阻碍了主要问题的解决或使主要问题无法解决。"节外生枝"重在形容在原来的问题上又生出新问题。"横生枝节"词意重，"节外生枝"词意轻。

鸿篇巨制　长篇大论

鸿篇巨制 hóngpiān-jùzhì 指篇幅很长，规模很大的著作。鸿、巨：大；制：著作。例此年余之中，名人著述，鸿篇巨制，贡献于学界者，固自不少。(梁启超《进化论革命者颉德之学说》)｜以新史学的立场所写出的古代史或古代学说思想史之类，不断地有鸿篇巨制出现。(郭沫若《我怎样写〈青铜时代〉和〈十批判书〉》)

长篇大论 chángpiān-dàlùn 指篇幅冗长的文章或滔滔不绝的言论。常形容写文章或讲话内容空泛，不切实际。例这个人引起了一点端绪，那个人就长篇大论地谈起来了。(叶圣陶《一个青年》)｜今天，我就想坐在这里，看一看北汉，听一听这个"卷毛仔"的长篇大论。(关民民《都是随想录》)

〔辨析〕"鸿篇巨制、长篇大论"都有文章篇幅很长的意思。"鸿篇巨制"含褒义，多形容篇幅长、规模大的著作，更具书面语特点。"长篇大论"含贬义，不仅指篇幅长的文章，也可指滔滔不绝的言论、谈话、讲演等，较口语化。

后患无穷　遗患无穷

后患无穷 hòuhuàn-wúqióng 指遗留下来的祸患没有穷尽。例（崇祯）又说："……梁山泊的山寨房屋要彻底拆毁，不留痕迹，倘有痕迹，以后再被乱民据守，后患无穷。"(姚雪垠《李自成》)｜当然也许不会"灾及其身"，可是必定逞一时痛快而后患无穷，后人倒霉。(金克木《从孔夫子到孔乙己》)

遗患无穷 yíhuàn-wúqióng 汉·魏伯阳《参同契》："炉鼎铅汞，皆是寓言，非言炼烧。方士转向附会，遂贻害无穷。"指遗留下来的祸患没有穷尽，后果极为严重。"遗"也作"贻"：遗留，留下。例西太后以卖国求苟安的政策，弄到国穷民困，真是遗患无穷，令人可恨。(汤英之《〈辛丑条约〉签订的背

景》）|王顺恨恨地说道："当初我说斩草要除根，你们不听，现在闹得遗患无穷，不可收拾，你们说咋办？"（胡佳《芸芸众生》）

〔辨析〕"后患无穷、遗患无穷"都指遗留下来的祸患没有穷尽。"后患无穷"重在"后"，强调时间，指事后可能或必然出现无穷祸患。"遗患无穷"重在"遗"，强调因果关系，指此事必然留下出现无穷祸患的结果，词意稍重。

后来居上　后起之秀　青出于蓝

后来居上 hòulái-jūshàng　《史记·汲郑列传》："陛下用群臣如积薪耳，后来者居上。"资历浅的反在资历深的之上。也赞扬后起的超过先前的。例人世间的事情总是不完全的，儿子比老子完全一些，孙子比儿子完全一些，后来居上。（毛泽东《"七大"工作方针》）|总经理笑着说："杨文喜，你虽然才来了几个月，工作成绩比几个老的都强，真可谓后来居上呵！"（曹谦《商战》）

后起之秀 hòuqǐzhīxiù　南朝宋·刘义庆《世说新语·赏誉》："卿风流俊望，真后来之秀。"后出现或新成长起来的优秀人物。例科学的发展势必要靠大批中青年的后起之秀。（苏步青《理想·学习·生活》）|我们还没有一个十分坚强的通俗文艺作家队伍，应当设法去组织，并培养后起之秀。（老舍《出口成章》）

青出于蓝 qīngchūyúlán　《荀子·劝学》："青，取之于蓝，而青于蓝；冰，水为之，而寒于水。"比喻学生或后辈超过老师或前辈，也指后人（的成就）超过前人。青：靛青；蓝：蓼蓝，一种可以做蓝色染料的草。靛青是从蓼蓝里提炼出来的，但颜色比蓝更深。例裴孝源《贞观公私画史》说他学张僧繇能青出于蓝。（潘絜兹《阎立本和吴道子》）|他的创作固然是清艳雄奇，而他的译诗译文，也是青出于蓝，不同凡响。（冰心《悼郭老》）

〔辨析〕"后来居上、后起之秀、青出于蓝"都有后来的很优秀的意思。"后来居上"重在赞扬后起的超过先前的。可用于个人、团体、事业等，语意较宽，能指落后的超过先进的，还指资历浅的超过资历深的。"后起之秀"重在形容新出现、新成长的优秀人物，没有和先前比较的意思。"青出于蓝"仅用于人，但不用于落后的超过先进的，语意虽较典雅生动，但用法较窄。

厚颜无耻　恬不知耻

厚颜无耻 hòuyán-wúchǐ　南朝齐·孔稚珪《北山移文》："岂可使芳杜厚颜，薜荔蒙耻。"意思是怎能因你经过此地而使芳草蒙受耻辱。后用作"厚颜无耻"。形容脸皮厚，毫无羞耻之心。例此种自私自利完全蔑视国家利益之理由，北平各团体竟敢说出，吾人殊服其厚颜无耻。(鲁迅《伪自由书》)｜清代有一官吏，一贯贪赃枉法，鱼肉百姓，而他却厚颜无耻地贴出一副对联自我标榜："爱民若子，执法如山。"(魏永贵《楹联的启示》)｜说轻了，是不要脸；说重了，那就是厚颜无耻到了登峰造极的地步。(陈彦《主角》)

恬不知耻 tiánbùzhīchǐ 对过失或不光彩的行为不以为耻，安然处之。恬：安然自得，满不在乎。例"打这个恬不知耻的走狗！"台下激怒的喊声，还是震动了台上的胡博士。(杨沫《青春之歌》)｜看到我们无价的国宝，被强盗们恬不知耻地陈列在玻璃柜里，当做自己的财富来炫耀的时候，总引起我心中熊熊的怒火。(冰心《戴着丝手套的贼手》)

〔辨析〕"厚颜无耻、恬不知耻"都形容没有羞耻之心，不知耻辱。"厚颜无耻"强调不要脸皮，无羞耻到了连人格、面子、名声都不要了。"恬不知耻"重在形容干了坏事有了错却满不在乎，泰然处之。

怙恶不悛　死不悔改

怙恶不悛 hù'èbùquān 《左传·隐公六年》："长恶不悛，从自及也。"后用"怙恶不悛"指坚持作恶，不肯悔改。怙：凭借，依仗；悛：悔改。例其或怙恶不悛，举众讨之，顾亦未晚也。(《金史·许古传》)｜奋勇向前，逮捕一切怙恶不悛的战争罪犯。(毛泽东、朱德《向全国进军的命令》)｜今日我最后劝你一次，你再怙恶不悛，可莫怪做师兄的无情。(金庸《碧血剑》)

死不悔改 sǐbùhuǐgǎi 宁死都不后悔自己的选择，不愿更改主张、做法。现多用作贬义，形容到死都不悔悟，不改正自己的罪过。例布鲁诺坚信哥白尼的"日心说"，最后被教会的"宗教裁判所"活活烧死。是个为真理殉道死不悔改的人。(南云《布鲁诺和哥白尼的"日心说"》)｜这个大毒枭，作恶多端，恶贯满盈，到了押赴刑场之时，仍然死不悔改，疯狂叫嚣，是个人性完全灭绝的家伙。(余国安《毒枭覆灭记》)

〔辨析〕"怙恶不悛、死不悔改"都有坚持自己的做法，不予悔改的意思。"怙恶不悛"重在形容坚持作恶，不肯悔改，只含贬义，多用于书面语。"死不悔改"重在形容坚持到底，死也不悔改，一般用于贬义时，词意较"怙恶不悛"重，多用于口语。

狐群狗党　狐朋狗友

狐群狗党 húqún-gǒudǎng 比喻勾

结在一起干坏事的人。例得了，你那些狐群狗党里头，又有谁是靠得住的。(张爱玲《金锁记》)|反正他们狐群狗党，各有所谓历史关系，而我是后进去的，我是孤立的。(茅盾《腐蚀》)

狐朋狗友 húpéng-gǒuyǒu 比喻勾结在一起游手好闲，吃喝玩乐，不干正经事的，行为不端的人。例恼的是那些混账狐朋狗友的扯是搬非、调三惑四的那些人。(清·曹雪芹《红楼梦》)|功夫不大，天就到了正晌午，刁世贵的狐朋狗友，差不多都来了。(刘流《烈火金钢》)

〔辨析〕"狐群狗党、狐朋狗友"都可指一伙坏人。都有坏人或行为不端的人勾结在一起不干好事的意思。"狐群狗党"重在强调勾结在一起干坏事，多指勾结在一起作恶多端的集团，团伙。"狐朋狗友"多指行为不端，不务正业的酒肉朋友。

华而不实 有名无实

华而不实 huá'érbùshí 《左传·文公五年》："且华而不实，怨之所聚也。"只开花，不结果。形容作风浮夸不切实际或形容说话、写文章辞藻华丽，而内容空泛。例两种果树两种风格："实而不华"与"华而不实"，在我们周围，不是有好些人也和它们依稀神似吗？(秦牧《长河浪花集》)|一个有力的行动，胜过一箩筐华而不实的方块字。(陈国凯《代价》)|华而不实，脆而不坚……这就是我们队伍中若干同志的作风。(毛泽东《改造我们的学习》)

有名无实 yǒumíng-wúshí 《管子·明法解》："……如此者，有人主之名而无其实。"后用"有名无实"指空有虚名而无实际内容。例还求太爷认真的管教管教他，才不至有名无实地白耽误了他的一世。(清·曹雪芹《红楼梦》)|我们不能做有名无实的党员，不能总在困难面前裹足不前。(杨沫《青春之歌》)

〔辨析〕"华而不实、有名无实"都有外表和实际不一致、不符合的意思。"华而不实"重在形容虚有其表，而无实际内容和结果，使用范围较广。"有名无实"主要形容徒有虚名，名不副实，没有与名称相称的实际。

化为乌有 付诸东流 化为泡影

化为乌有 huàwéi-wūyǒu 汉代司马相如《子虚赋》中有"乌有先生"，意思是根本没有此人，借指虚幻、不存在。后用"化为乌有"形容变得什么都没有了。例蔚蓝的天色，堆锦的白云，春气欣欣，冷酷的北地风雪化为乌有了。(瞿秋

白《赤都心史》)｜温情一霎间全部化为乌有……眼前这个品貌端正的爱人变得模糊不清了。(张抗抗《淡淡的晨雾》)

付诸东流 fùzhū-dōngliú 唐·李白《梦游天姥吟留别》："世间行乐亦如此，古来万事东流水。"唐·高适《封丘县作》："生事须依南亩田，世情尽付东流水。"后作"付诸东流"。指把东西交给东流的江河冲走。比喻希望落空，前功尽弃。也说"付之东流"。例……前此勤劳贮蓄所得之结果，遂付诸东流。(梁启超《再驳某报之土地国有论》)｜杨嗣昌和高起潜会全力对付他，会使他们的雄心壮志付诸东流。(姚雪垠《李自成》)

化为泡影 huàwéi-pàoyǐng 变成了像水泡、影子一样。形容待办的事情或希望全部落空。例陈庆祥借了几万元到马来福的公司去投资，原想好好赚一笔，没想到现在公司破产，他发财的希望也化为泡影。(王铭《梦幻的暴富》)｜你应该通过这次教训好好反省一下，如若不知改悔，你母亲望子成龙的企盼怕要化为泡影。(秦智文《醒悟》)

〔辨析〕"化为乌有、付诸东流、化为泡影"都有失去、落空，不再拥有的意思。"化为乌有"重在形容原有的东西变得什么都没有了。"付诸东流"重在形容前功尽弃，白费力气。"化为泡影"重在形容希望落空，待办的事情成为虚幻、瞬间湮灭的水泡，可望而不可即的影子。

化险为夷　转危为安

化险为夷 huàxiǎnwéiyí 唐·韩云卿《平奕颂序》："变氛镡为阳煦，化险阻为夷途。"使危机情况变为平安。夷：平安、平坦。例同样，一个人有了仁爱，他就可以化恶为善，化险为夷，看得见人性中最光明的一面。(贺麟《乐观与悲观》)｜这时，恰恰周玉枝回来了。是周玉枝一把将忆秦娥拉出房子，一场难以预料结果的当面质问，才暂时化险为夷了。(陈彦《主角》)

转危为安 zhuǎnwēiwéi'ān 把危险化成平安。例这次会议严正批判"左倾"机会主义路线，使我党我军转危为安。(马忆湘《朝阳花》)｜祸事已经来到面前……想尽一切办法转祸为福，转危为安。(刘波泳《秦川儿女》)

〔辨析〕"化险为夷、转危为安"都有化危险为平安的意思。但两词使用范围及强调点有所不同。"化险为夷"多用于所处环境方面，强调经主观努力后的平安结局。"转危为安"多用于时局、病情、事态；既指主观，又包括客观，两方面都呈现化解后的平安。

化险为夷　有惊无险

化险为夷　huàxiǎnwéiyí　唐·韩云卿《平蛮颂序》："变氛霪为阳煦；化险阻为夷途。"化危险为平安，转危为安。化：转化、变化；险：危险、险阻；夷：平坦。例除夕遇险的一幕，自然又回忆起来，但我们这一次是化险为夷了，虽然费了一些周折。（郭沫若《革命春秋·南昌之一夜》）｜飞机在降落前的两分钟，幸好驾驶员镇静沉着，才化险为夷，平安着陆。

有惊无险　yǒujīngwúxiǎn　看似惊心动魄，但没有任何危险。比喻事情虽有波折，但还算顺利。形容过程、形势虽然显得严峻，但是最终达到了预期的效果。惊：惊心、害怕、惊吓；险：危险。例他经历了一段有惊无险的旅行，幸好最后还是平安回家了。｜虽然高手如云，他还是有惊无险地卫冕成功。

〔辨析〕"化险为夷、有惊无险"都形容事后获得了平安和安全。"化险为夷"是确确实实遇到了困难和危险，却通过努力或别人的帮助克服了，化解了危险，使原来的危险、困境变成了安全、平安。"有惊无险"形容遇到了表面上看去令人惊心动魄，好像很吓人的情景，但实际上并没有真正的危险。

画饼充饥　望梅止渴

画饼充饥　huàbǐng-chōngjī　《三国志·魏志·卢毓传》："选举莫取有名，名如画地作饼，不可啖也。"画个饼来解饿。比喻凭借空想来自我安慰。也比喻徒有虚名，而无实惠。例官人今日见一文也无，提甚三五银子，正是叫俺"望梅止渴，画饼充饥"。（明·施耐庵《水浒传》）｜正当敌人沉醉于画饼充饥……梦幻着汉江东岸的胜利时……我军区野战大军……挥师鲁西南，腰斩陇海路……（柯岗《三战陇海》）

望梅止渴　wàngméi-zhǐkě　南朝宋·刘义庆《世说新语》载：曹操军士口渴难耐，操诈言前面有梅林，士卒闻之，口内皆出水。望着梅子，流口水以解渴。比喻愿望无法实现，只能用空话空想来安慰自己或别人。例吴人多谓梅为"曹公"，以其尝望梅止渴也。（宋·沈括《梦溪笔谈》）｜小王说："望梅止渴就是了，好比一说十四旅攻进来，就会腾地一下子站起来了。"（梁斌《红旗谱》）

〔辨析〕"画饼充饥、望梅止渴"都有用空想来安慰人的意思。"画饼充饥"偏重徒有虚名而无实际，虚空而令人无法得到。"望梅止渴"偏重以物示人而不落实，有点梅可望，总比虚空、不可捉摸要好一点。

画蛇添足　弄巧成拙

画蛇添足　huàshé-tiānzú　《战国策·齐策二》："楚有祠者，赐其舍人卮酒。舍人相谓曰：'数人饮之不足，一人饮之有余，请画地为蛇，先成者饮酒。'一人蛇先成，引酒且饮之，乃左手持卮，右手画蛇，曰：'吾能为之足。'未成，一人之蛇成，夺其卮曰：'蛇固无足，子安能为之足！'遂饮其酒。为蛇足者，终亡其酒。"后比喻多此一举，弄巧成拙。例他想接上去说，又觉得是画蛇添足，只好惋惜地坐着没动。(周而复《上海的早晨》)｜本来事情已经圆满，不料王元自作聪明画蛇添足，横插一杠子，把好事弄得不伦不类。

弄巧成拙　nòngqiǎo-chéngzhuō　宋·普济《五灯会元》："师归方丈，居士随后。曰：'适来弄巧成拙。'"原为禅宗用语。本想取巧，结果反而是坏了事。例不过公开出去，你还得多考虑一下。不要弄巧成拙，惹出些枝节问题来。(沙汀《老烟的故事》)｜这样一来，你们岂不弄巧成拙，白白赔本么？(罗广斌、杨益言《红岩》)

〔辨析〕"画蛇添足、弄巧成拙"都有因方法不当将事情办坏的意思。"画蛇添足"偏重指做法多此一举，没必要做不该做的事。"弄巧成拙"偏重指本想取巧，没想到反而坏了事。

欢天喜地　欢欣鼓舞

欢天喜地　huāntiān-xǐdì　元·王实甫《西厢记》第二本第二折："则见他欢天喜地，谨依来命。"形容非常欢喜。例本想是叔叔回来欢天喜地，想不到叫叔叔这般难过。(欧阳予倩《潘金莲》)｜是的，它们这一群就在森林里过着这样欢天喜地的日子。(秦牧《深山小猴》)

欢欣鼓舞　huānxīn-gǔwǔ　宋·苏轼《上知府王龙图书》："自公始至，释其重荷……是故莫不欢欣鼓舞之至。"形容非常高兴，精神非常振奋。例但一遇到推测天下大事，就不免糊涂得很，所以凡有欢欣鼓舞之词，从现在看起来大抵成了梦呓了。(鲁迅《两地书》)｜我国人民欢欣鼓舞，我们的外国朋友也为我们感到高兴。(《人民日报》1977年9月30日)

〔辨析〕"欢天喜地、欢欣鼓舞"都形容非常欢喜，十分高兴。"欢天喜地"仅形容极其欢喜、欢乐、欢快，且口语色彩浓。"欢欣鼓舞"除形容高兴外，还包括振奋、兴奋之意，重在形容高兴之中又受到鼓舞，色彩较庄重。

缓兵之计　权宜之计

缓兵之计 huǎnbīngzhījì　明·罗贯中《三国演义》："孔明用缓兵之计，渐退汉中，都督何故怀疑，不早追之？"使对方延缓进攻的计策。比喻暂时缓和事态并同时积极设法应付的策略。例所谓调和的只是敌人的缓兵之计。(瞿秋白《〈鲁迅杂感选集〉序》)｜目前他至多只能运用一点缓兵之计，以便他有充裕时间再仔细考虑这个问题。(叶君健《火花》)

权宜之计 quányízhījì　《后汉书·王允传》："及在际会，每乏温润之色，杖正持重，不循权宜之计，是以群下不甚附之。"为了应付某种情况而暂时采取的变通办法。例自成心中认为成立娘子军只是一时权宜之计，往后怎么个办法，他还没想妥当。(姚雪垠《李自成》)｜其实所取的未必定可取，所舍的未必须舍，只是出于没奈何的权宜之计。(俞平伯《杂拌儿之一·文学的游离与其独在》)

〔辨析〕"缓兵之计、权宜之计"都有暂时用一种计谋、策略、办法来应付一下的意思。"缓兵之计"重在强调用计策延缓对手、敌人的威胁与进攻，强调主动拖延，争取势态缓和。"权宜之计"强调用变通的方式、办法去应付特殊的情况。

患难与共　同甘共苦

患难与共 huànnàn-yǔgòng　《史记·越王勾践世家》："越王为人长颈鸟喙，可与共患难，不可与共乐。"后用"患难与共"指遇到祸患与困难时共同承担。例回想数年之交，一场拜把，患难与共，情同手足，竟一旦长别，能无悲痛。(蔡廷锴《蔡廷锴自传·粤军回粤》)｜他们只是新的相识，然而这若干日的出生入死，患难与共，使得彼此脏腑都照得雪亮。(郑振铎《桂公塘》)

同甘共苦 tónggān-gòngkǔ　《战国策·燕策一》："燕王吊死问生，与百姓同其甘苦。"后用"同甘共苦"指有欢乐、幸福共同享受，有苦难有痛苦共同承担。例就这样，他们在农村的土道上，同甘共苦地奔驰了三年。(张弦《记忆》)｜老两口同甘共苦，相濡以沫走过了五十多个春秋。(程博《我的父母亲》)

〔辨析〕"患难与共、同甘共苦"都有共同承担艰苦、困难的意思。"患难与共"偏重指共同克服所遇到的祸患、不幸、困难。"同甘共苦"强调既能同享受又能共患难。

患难与共　休戚与共

患难与共 huànnàn-yǔgòng　一起承受忧患与灾难。形容彼此一心，有

难同当。例作为参政党,民盟数十年来与中国共产党肝胆相照同舟共济,患难与共结下了深厚的战斗情谊。(吴梦之《忆"民盟"六十年》)|高桂英毕竟是他的患难与共的结发夫妻和好帮手。(姚雪垠《李自成》)

休戚与共 xiūqī-yǔgòng 《晋书·王导传》:"导曰:'吾与元规休戚是同,悠悠之谈,宜绝智者之口。'"后用"休戚与共"指彼此间共同承受欢乐忧愁,幸福祸患,同甘共苦。形容关系密切。休:欢乐;戚:忧愁。例中朝两国同志要亲如兄弟般地团结在一起,休戚与共,生死相依,为战胜共同敌人而奋斗到底。(毛泽东《中国人民志愿军要爱护朝鲜的一山一水一草一木》)|他们是我们的亲热的朋友,是休戚与共的兄弟姐妹。(丁玲《芝加哥夜谭》)

〔辨析〕"患难与共、休戚与共"都有共同承担忧愁、祸患的意思。"患难与共"强调有难同当共同承受忧患与灾难,"休戚与共"强调共同承受苦与乐,更强调关系密切,彼此同心。

涣然冰释 冰消瓦解

涣然冰释 huànrán-bīngshì 《老子》第十五章:"涣兮若冰之将释。"后用"涣然冰释"指像冰融化一样迅速地消除。比喻疑团、困难、误会等很快消除。涣:消散。例个人间的小小嫌疑,在这大时代的压榨之下,都应涣然冰释。(郭沫若《集外集·鼎》)|如果了解当年具体情况,任何疑惑,都会涣然冰释了。(曹靖华《无限沧桑怀遗简》)

冰消瓦解 bīngxiāo-wǎjiě 冰融化,瓦破碎。形容彻底崩溃、消失。消:融化;解:分解。例不久政局又发生了大变,国会解散……我们妇女同盟会也就冰消瓦解。(庐隐《何处之归程》)|陈老汉说出事实真相之后,刘霞恍然大悟,知道自己错怪了丈夫,满腔怒火顿时冰消瓦解。(穆斌《人民调解员》)

〔辨析〕"涣然冰释、冰消瓦解"都有疑团、误会很快消除的意思。"涣然冰释"仅用于疑团、困难、误会的迅速消失;多用于书面语。"冰消瓦解"还可形容事物因彻底崩溃,完全垮掉而不复存在了。

荒无人烟 人迹罕至

荒无人烟 huāngwú-rényān 形容十分荒凉,见不到人家。例黄满囤匆匆忙忙走了二十多里来到一片荒无人烟的草甸子,放眼望去只见漫无边际的荒草在风中摇曳。(祁智《草甸子的故事》)|部队指战员忍饥受寒,翻越高达四千二百多米荒无人烟的大山。(穆欣《南线巡

回》）

人迹罕至 rénjì-hǎnzhì 汉·荀悦《汉纪·孝武纪二》："而夷狄殊俗之国，辽绝异党之地，舟车不通，人迹罕至。"很少有人到来。形容荒凉偏僻的地方。例南城县东百余里龙门山山巅有寺，幽僻孤寂，人迹罕至。（宋·洪迈《夷坚丁志·龙门山》）｜他们所以不被人知，仅仅是因为他们处在人迹罕至，交通阻隔的地方。（冯牧《瀑布之歌》）

〔辨析〕"荒无人烟、人迹罕至"都有荒凉、人烟稀少的意思。"荒无人烟"重在形容荒凉、萧条、凄凉，没有生气。"人迹罕至"重在形容偏僻，交通不便，很少人去，所形容的地方可能荒凉，也可能并不荒凉。

荒诞不经　荒诞无稽

荒诞不经 huāngdàn-bùjīng 极不真实，极不合情理。荒诞：荒唐离奇；不经：不正常，没有根据。例故事本身很野蛮，且有些荒诞不经。（古华《冰水泡茶慢慢浓——自序》）｜他用一些荒诞不经的故事，揭露许多政治上、社会上丑闻秘幕。（张友鸾《章回小说大家——张恨水》）｜有关中国人的这些传说虽然有些荒诞不经，但反映出印度老百姓对中国既关心又陌生的情况。（季羡林《季羡林散文精选》）

荒诞无稽 huāngdàn-wújī 荒唐离奇，无法查考。形容无根无据，过于虚妄。稽：查考。例他的九大洲之说，在当年虽然荒诞无稽，而在现在则毫不足惊异了。（郭沫若《惠施的性格与思想》）｜此书则实出于游戏，亦非悟道……尤未学佛，故末回至有荒诞无稽之经目。（鲁迅《中国小说史略》）

〔辨析〕"荒诞不经、荒诞无稽"都有不真实、荒唐离奇的意思。"荒诞不经"偏重强调事情不合常理，错得不合情理。"荒诞无稽"偏重强调毫无依据，根本无法查考。

挥金如土　一掷千金

挥金如土 huījīn-rútǔ 宋·毛滂《祭郑庭诲文》："挥金如土，结客如市……"挥霍钱财如同抛撒泥土。形容花钱慷慨或极端挥霍。例诗人是中了魔的人……有的挥金如土，有的狂醉百悲歌。（老舍《诗人》）｜却不知克安在外面挥金如土，单单在张秀碧的身上花去的钱也就是一个很大的数目。（巴金《秋》）

一掷千金 yīzhì-qiānjīn 唐·吴象之《少年行》："一掷千金浑是胆，家无四壁不知贫。"一次就花费很大数目的金钱。形容投入或赌注极大或任意挥霍。掷：投、扔。例这个土佬儿，竟也肯为她一掷千金，也就十分难为他了。(白先勇《金大班的最后一夜》)｜仅仅这么几句话,那种奢侈豪华,觥筹交错,山珍海味,一掷千金的情景就给描绘出来了。(秦牧《艺海拾贝·神速的剪影》)

〔辨析〕"挥金如土、一掷千金"都有不吝惜钱财,花钱挥霍的意思。"挥金如土"侧重形容对钱财不在乎,随意花费。"一掷千金"侧重形容一次性花费巨大或形容一次就下极大的赌注。

挥洒自如　运笔自如

挥洒自如 huīsǎ-zìrú 形容写字、作文、作画时笔墨运用流利自然,毫不拘束。也形容举止潇洒,从容不迫。挥:挥笔;洒:洒墨,用墨。例福彭还和先前一样,前跳后跃,挥洒自如。(端木蕻良《曹雪芹》)｜早在"五四"时代,冰心大姐的作品,那些清丽飘逸,挥洒自如的诗歌和小说就已经风靡一时。(秦牧《一代女作家的光辉劳绩》)

运笔自如 yùnbǐ-zìrú 形容写字、作文作画时用笔流利自然,毫不拘束。例祁斌教导有方,孩子跟他学书法,虽然现在还不敢说运笔自如了,但是,才半年不到,孩子的字已是大有长进。(清源《又是一年春草绿》)｜大厅里,几位书画名家挥毫泼墨、运笔自如,一幅幅美轮美奂的作品赫然纸上,令人赞叹不已。(陈焕《文化馆的故事》)

〔辨析〕"挥洒自如、运笔自如"都可形容写字、作文、作画用笔流畅自然,毫不拘束。"挥洒自如"不仅包含用笔,也包括用墨的水平,褒义更重,还可形容举止潇洒,从容不迫。"运笔自如"仅能用于写字、作文、作画的用笔,褒义也较轻。

挥洒自如　行云流水

挥洒自如 huīsǎ-zìrú 形容写字、作文、作画时笔墨运用流利自然,毫不拘束。也形容举止潇洒。挥:挥笔;洒:洒墨,用墨。例福彭还和先前一样,前跳后跃,挥洒自如。(端木蕻良《曹雪芹》)｜早在"五四"时代,冰心大姐的作品,那些清丽飘逸,挥洒自如的诗歌和小说就已经风靡一时。(秦牧《一代女作家的光辉劳绩》)

行云流水 xíngyún-liúshuǐ 宋·苏轼《答谢民师书》:"所示书教及诗赋杂文,观之熟矣,大略如行云流水……文理自然,姿态横生。"飘浮的云,流动的水。比喻自然洒脱,无拘束,不做作。多形容诗文字画。例这时我真正体会到了李白的"轻舟已过万重山"的行云流水般的感觉了。(方纪《轻舟出南津矣》)｜这样,岂不又把自己和世界都看重了。不如行云流水似的,随

他去就完了。(冰心《超人》)
〔辨析〕"挥洒自如、行云流水"都可形容诗文字画自然洒脱,无拘束,也可形容人举止潇洒。"挥洒自如"偏重形容用笔时的功力,技巧。"行云流水"偏重形容呈现出的像飘浮的云、流动的水的那种状态。

回味无穷　耐人寻味

回味无穷 huíwèi-wúqióng　宋·王禹偁 chēng《橄榄》:"良久有回味,始觉甘如饴。"原指对曾吃过的东西,回忆起来还有余味。后用"回味无穷"指吃过之后,仍感余味不尽。比喻事后回想起来觉得兴味无穷。例听了他的戏,仿佛品饮珍藏多年的花雕酒一样,使人沉醉,回味无穷。(徐铸成《旧闻杂忆》)｜邱照靠锅台站着……回味无穷地说:"打得痛快,打得痛快,可惜少了一点,能够一天打他一回就好。"(欧阳山《苦斗》)

耐人寻味 nàirén-xúnwèi　经得起人们仔细地体会其中的意味。形容言语、动作及文字、艺术作品含义深长,值得玩味。寻味:仔细体会。例其所作诸诗……句句字字……耐人寻味。(清·无名氏《杜诗言志》)｜这些姿态所表现的性格,往往很耐人寻味。(叶圣陶《游了三个湖》)｜许多成语的背后,都有一个富有哲理的故事,发人深省,耐人寻味。
〔辨析〕"回味无穷、耐人寻味"都有让人思索玩味,值得回忆体会的意思。"回味无穷"重在形容事后想起时兴味无穷的感觉,不断重复那种美妙的体会。"耐人寻味"重在形容经得起琢磨,值得仔细玩味。

回头是岸　浪子回头

回头是岸 huítóu-shì'àn　出自佛家语"苦海无边,回头是岸。"意思是磨难和痛苦像大海一样无边无际,但只要皈依佛法,大彻大悟,就能得到解救。此用"回头是岸"比喻人只要觉悟,决心悔改错误,就有出路。例业海洪波,回头是岸。(清·纪昀《阅微草堂笔记》)｜一个人能不好高骛远,却每每会"回头是岸"的。(陈白尘《五十年集》)

浪子回头 làngzǐ-huítóu　比喻游手好闲,不走正道的人改邪归正。浪子:游荡子弟。例有一些曾经铸过大错,以后浪子回头的人物,现在彻底抛弃旧我,成了劳动模范和先进工作者,赢得了人们的尊敬。(秦牧《让青春发出光和热吧》)｜他怯生生地望着管教,半晌才说了一句:"我一定要浪子回头,痛改前非。"(舒益成《少管所的回忆》)
〔辨析〕"回头是岸、浪子回头"都有

悔改错误，回归正路的意思。"回头是岸"因出自佛家语，重在形容觉醒、觉悟和认清正确光明的前途。"浪子回头"重在形容改邪归正的难能可贵。"回头是岸"使用范围广，词意重；"浪子回头"范围窄，词意轻。

悔过自新　迷途知返

悔过自新 huǐguò-zìxīn　《新唐书·冯元常传》："剑南有光火盗，元常喻以恩信，约悔过自新，贼相率脱甲面缚。"改正错误，重新做人。自新：使自己成为新人。例犯了严重错误能悔过自新，大家还是欢迎的。(王新一《改了就好》)｜我当初把康顺风送到县上，让他悔过自新，我这是执行了宽大政策的原则。(马烽、西戎《吕梁英雄传》)

迷途知返 mítú-zhīfǎn　南朝梁·丘迟《与陈伯之书》："夫迷涂(同"途")知反(同"返")，往哲是与。"哲：先哲；与(yù)：赞许。虽然迷失了路途，但还知道返回正路。比喻犯了错误能知错改错。例聪明者迷途知返，死硬派则总想把它撑到最后。(赵健雄《天堂即地狱》)｜像宋祁这样的文学家，那还是迷途知返的。(秦牧《语林采英》)

〔辨析〕"悔过自新、迷途知返"都有知错能改的意思。"悔过自新"重

在强调对错误有认识，有悔恨，因而痛改前非，重新做人。"迷途知返"重在强调走错了路，迷失方向后能重新回到正确的路上来。

讳莫如深　守口如瓶

讳莫如深 huìmòrúshēn　《穀梁传·庄公三十二年》："讳莫如深，深则隐。"讳：隐瞒。指因有所顾忌而不敢或不愿明言。后指把事隐瞒得非常严密。例……以为家丑不可外扬，极力藏蔽，讳莫如深，如果是姑息养奸，渐成大祸而不可收拾。(冯玉祥《我的生活》)｜在女权包括性的解放在中国的其他地方还讳莫如深的时候，生活在上海的最早的这一批女作家早就应该得了风气之先了。(《南方周末》2002年11月8日)｜以前，她仅仅知道楠楠不是弟弟的亲生子，弟弟讳莫如深，她当然也不想多加了解。(梁晓声《人世间》)

守口如瓶 shǒukǒu-rúpíng　闭着嘴不乱讲话，像塞紧的瓶子一样。形容说话谨慎，严守秘密。例北虏防御得那末周密，他们的士兵是那末守口如瓶。(郑振铎《桂公塘》)｜你把自己的情况封锁得严严的对我们守口如瓶，让我们怎么相信你呢？(程树榛《大学时代》)

〔辨析〕"讳莫如深、守口如瓶"都有坚守秘密，不说话的意思。"讳莫

如深"强调因事情严重而不敢明言，形容因顾虑而有意隐瞒，书面语色彩浓。"守口如瓶"强调因利害或个人性格而说话谨慎，自觉坚守秘密，口语色彩浓。

诲人不倦　谆谆不倦

诲人不倦 huìrén-bùjuàn 《论语·述而》："子曰：'默而识之，学而不厌，诲人不倦，何有于我哉！'"指教育人极有耐心，不知疲倦。例老师知识渊博，又诲人不倦。他在数学课上，给同学们讲了许多有趣的数学知识。(徐迟《哥德巴赫猜想》)｜夏先生才真是一位诲人不倦的教育家。(朱自清《教育家的夏丏尊先生》)

谆谆不倦 zhūnzhūn-bùjuàn 宋·程颐《程归淳行状》："先生从容告语，谆谆不倦。"恳切耐心地教诲，不知疲倦。谆谆：恳切教导的样子。例父亲谆谆不倦的"庭训"，早就把他的青春情绪剥空。(茅盾《创造》)｜项铁军如今也是五十好几的人了，离开大学也三十多年，但项先生当年授课时谆谆不倦的教导似仍在耳边回响。(梅远之《三十年后的回忆》)

〔辨析〕"诲人不倦、谆谆不倦"都有耐心地教育人而不知疲倦的意思。"诲人不倦"强调教育人、开导人。"谆谆不倦"强调反复告诫，再三叮咛时那种亲切、诚恳的样子。

魂不守舍　失魂落魄

魂不守舍 húnbùshǒushè 《三国志·魏书·管辂传》裴松之注引《管辂别传》："何（晏）之视候，则魂不守宅，血不华色……谓之鬼出。"灵魂脱离开躯体。形容精神不集中，神情恍惚。魂：灵魂；舍：指人的躯体。例见他有点魂不守舍的样儿，平素那副精明、开朗的神态，完全没了。(克非《春潮急》)｜自从妞离了家，万宝海就终日没精打采，一副魂不守舍的样子，经常说出话来也是颠三倒四的。(白灵《打工妹的辛酸》)｜别说在他和郑娟之间楠楠这个儿子有多么重要，就是聪聪一日见不到哥哥也会魂不守舍的。(梁晓声《人世间》)

失魂落魄 shīhún-luòpò 好像魂魄都丢失了。形容极度惊恐不安、恐惧惊慌或精神恍惚，不知所措的情形。例这些失魂落魄的伪军们，全吓得身子一拌，站住了。(郭澄清《大刀记》)｜杰从满怀希望与快乐中，骤然下坠，他失魂落魄似的，一天哭好几次。(冰心《南归》)

〔辨析〕"魂不守舍、失魂落魄"都有精神恍惚、失去常态，缺乏精神力量支撑的意思。"魂不守舍"词意轻，偏重形容精神不集中，心神不定,紧张忧虑,精神失常等状态。"失魂落魄"词意重,偏重形容因极度恐惧或精神恍惚而不知所措。

浑然天成 天衣无缝

浑然天成 húnrán-tiānchéng 唐·韩愈《上襄阳于相公书》:"阁下负超卓之奇才,蓄雄刚之俊德,浑然天成,无有畔岸。"完全融合在一起,就好像是自然生成的。形容才德完美自然或诗文构建完美、自然、无斧凿痕迹。浑然:完全融合的样子;天成:自然形成。例为诗用事,浑然天成,不见痕迹。(明·集纮《玉堂丛语》)|这些石头姿态各异,千奇百怪,真是浑然天成。|桂林的山水美得浑然天成。

天衣无缝 tiānyī-wúfèng 《太平广记》卷六八引《灵怪录·郭翰》:"女微笑曰:'吾上天织女也。'……徐视其衣并无缝,翰问之,谓翰曰:'天衣本非针线为也。'"神仙的衣服没有缝儿。比喻事物完美自然,没有破绽。多形容诗文浑然天成,无雕琢痕迹。例潘信诚究竟是与众不同,这话说得多么天衣无缝,又多么干净利索。(周而复《上海的早晨》)|白话的散文并不排斥文言中的用语,但必须巧为运用,善于结合,天衣无缝。(老舍《戏剧语言》)

〔辨析〕"浑然天成、天衣无缝"都有自然完美,无人工痕迹的意思。"浑然天成"重在强调整体构件自成一体融合得好,且能形容才德完美。"天衣无缝"不形容才德完美,主要强调事物没有漏洞和拼接。

浑然一体 水乳交融

浑然一体 húnrán-yītǐ 融合成为一个整体。形容完整,不可分割。浑然:完整不可分的样子。例或借景生情,或因景生情,情景交融,浑然一体。(黄药眠《面向生活的海洋》)|一条弯弯曲曲的乡村大道,将这暮色沉沉浑然一体的田野切成两半。(郭澄清《大刀记》)

水乳交融 shuǐrǔ-jiāoróng 像水和乳汁融合在一起难以分离。比喻双方关系极其密切,融洽无间。例他对平郡王十分信托,两人可以说是水乳交融,合作无间。(端木蕻良《曹雪芹》)|他能让读者和他水乳交融——至少在读他的文字时如此。(朱自清《钟明〈怄心苦唇录〉序》)

〔辨析〕"浑然一体、水乳交融"都有融合成一个整体的意思。"浑然一体"重在形容一个物体完整不可分割。"水乳交融"重在形容两种事物交融后,成为不可分的,你中有我,我中有你的关系紧密的一个整体。

活灵活现　栩栩如生

活灵活现 huólíng-huóxiàn　明·冯梦龙《警世通言》卷五："再说王氏闻丈夫凶信，初时也疑惑，被吕宝说得活灵活现，也信了。"形容描述或模仿的人或事物生动传神逼真。例凡此种种，以及看灰疗病，娘娘托梦等最近的奇迹，他们却说得活灵活现。(郁达夫《皋亭山》)｜(旧烟斗)有的刻上一大群扬帆的船，有的雕出一只唧啾不已、活灵活现、毛茸茸的山雏雀。(冯骥才《雕花烟斗》)

栩栩如生 xǔxǔ-rúshēng　《庄子·齐物论》："昔者庄周梦为胡蝶，栩栩然胡蝶也，自喻适志兮！"后用"栩栩如生"形容艺术形象十分生动逼真，就像活的一般。栩栩：生动活泼的样子。例这些画里的虾所以生动，是由于他深刻观察过真正的虾的生活。(秦牧《艺海拾贝·虾趣》)｜雕像本来是静止的、无声的东西，把静态的东西写成了动态的东西，因此显得栩栩如生。(朱德熙《谈朱自清的散文》)

〔辨析〕"活灵活现、栩栩如生"都有表现得生动逼真的意思。"活灵活现"多形容把活人或事物模仿得很像，很生动传神，且较口语化。"栩栩如生"多形容文学、绘画、雕刻等艺术品惟妙惟肖，像活的一般，较典雅，多用于书面语。

火力全开　全力以赴

火力全开 huǒlì-quánkāi　战斗力开到最大。火力：战斗力，多形容热兵器(枪、炮等现代武器)；全开：全部使用。例上甘岭一仗，两方为了夺取和占领这块对战争胜负至关重要的山头，都是火力全开，拼死争夺，战斗打得十分惨烈。最后还是中国人民志愿军成功守住了阵地。｜有一款游戏就叫"火力全开"，好多人一玩上瘾了，总是爱不释手。

全力以赴 quánlì-yǐfù　清·赵翼《二十二史札记》："盖当时荐举徵辟；必采名誉；故凡可以得名者；必全力赴之；好为苟难，遂成风俗。"把全部力量都用上去。赴：前往。例他表示自己会全力以赴完成领导交付的任务。｜我们要全力以赴地搞好"希望工程"，绝不吝惜财力或物力。

〔辨析〕"火力全开、全力以赴"都有用尽全力，去解决问题的意思。"火力全开"强调的是把战斗力开到最大，多用于战争或类似战争的场景中，而"全力以赴"使用的范围和对象则要广泛一些，不仅可以用于战争或类似战争的场景，还可以运用其他的事件或环境中。使用的力量也比"火力全开"中的力量范围要广。

火烧眉毛　燃眉之急

火烧眉毛 huǒshāo-méimáo 宋·释惟白《续传灯录》："问：如何是急切一句？师曰：火烧眉毛。"比喻面临危险，形势非常急迫。也比喻只顾眼前。例我们认识到问题的严重性和紧迫性以后，的确有一种火烧眉毛的感觉。(聂荣臻《聂荣臻回忆录》)｜共产党是为全国老百姓都翻身，为了大家将来都过美满的日子，不是火烧眉毛，光顾眼前。(周立波《暴风骤雨》)

燃眉之急 ránméizhījí 《三国志·吴志·张昭传》："张昭谓孔明曰：'先生每以管、乐自比，今玄德得先生，及弃新野，走樊城，败当阳，走夏口，有燃眉之急，岂有管、乐万分之一耶？'"像火烧到了眉毛一样紧急。形容事情万分急迫。例此在目前，实救燃眉之急。(叶圣陶《前途》)｜看来局势如燃眉之急，大师兄黑塔他们哪里还坐得住呢？(冯骥才、李定兴《义和拳》)

〔辨析〕"火烧眉毛、燃眉之急"都有像火烧到眉毛一样，事情十分紧急的意思。"火烧眉毛"偏重形容面临的危险和后果的严重，且比喻只顾眼前，较口语化。"燃眉之急"偏重强调万分急迫，事情到了刻不容缓的地步，多用于书面语。

火中取栗　为人作嫁

火中取栗 huǒzhōng-qǔlì 法国拉·封丹的寓言《猴子与猫》中说，猴子看见火上烤着栗子，便骗猫去取。取出后，栗子都被猴吃了。猫不仅没吃到，却把脚上的毛烧掉了。后用"火中取栗"比喻被人利用，为他人冒险，吃了苦头却没捞到好处。也指冒险行事使自己蒙受损失。例陶叔冶……劝曾耿不要为他人火中取栗，做亲痛仇快的事，以免成为破坏和谈的千古罪人。(李栋、王云高《彩云归》)｜我们不能干这种为人火中取栗的傻事。(黎汝清《万山红遍》)｜我们目前自顾不暇，郑成功不来就是天主保佑了，我们还好去惹他么。我们不能为别人火中取栗。(郭沫若《郑成功》)

为人作嫁 wèirén-zuòjià 唐·秦韬玉《贫女》诗："苦恨年年压金线，为他人作嫁衣裳。"比喻为别人辛苦忙碌，自己却得不到好处。例妙玉叹道："何必为人作嫁？但是我进京以来，素无人知，今日你来破例，恐将来纠缠不休。"(清·曹雪芹《红楼梦》)｜正像这里的工作人员，他们的祖辈或父辈万里投荒，为人作嫁。(茅盾《海南杂忆》)

〔辨析〕"火中取栗、为人作嫁"都有为别人白白辛劳的意思。"火中取栗"偏重形容被他人利用，为他人冒险付了代价,自己却一无所获,甚至受到伤害,词意重。"为人作嫁"偏重形容为他人辛苦忙碌而自己无所获,词意较轻。

祸不单行　雪上加霜

祸不单行　huòbùdānxíng　汉·刘向《说苑·权谋》:"此所谓福不重至,祸必重来者也。"后用作"祸不单行",指灾祸一个个到来。常与"福无双至"连用。例然而祸不单行,掉在井里的时候,上面偏又来了一块大石头。(鲁迅《故事新编·采薇》)｜那年冬天,祖母死了,父亲的差使也交卸了,正是祸不单行的日子。(朱自清《背影》)

雪上加霜　xuěshàng-jiāshuāng　宋·释道原《景德传灯录》:"师云:'汝只解瞻前,不解顾后。'伊云:'雪上更加霜。'"后用"雪上加霜"比喻灾难、祸患相继而来,不断遭受打击。例一连断餐两日,并未遇着一船。正在惊慌,偏又转了迎面大风,真是雪上加霜。(清·李汝珍《镜花缘》)｜皇上这场外感,是雪上加霜,大凶!(林遐《小城的欢乐》)

〔辨析〕"祸不单行、雪上加霜"都有灾祸接连来到的意思。"祸不单行"多强调不仅是一个灾祸,下面接着还有,语意较轻。"雪上加霜"重在强调在受灾时又受到新的打击,祸上加祸,灾上加灾,语意较重。

J

鸡飞狗跳　鸡犬不宁

鸡飞狗跳　jīfēi-gǒutiào　鸡在飞，狗在跳。形容受到惊扰，不安宁，也可形容混乱、喧闹的情景。例然而陈克明却在这里想象，一方面畏惧怨恨所造成的鸡飞狗跳，人人自危的情形。(茅盾《锻炼》)｜饶大棒子带着手下进屯子时，常常是闹得鸡飞狗跳、人心惶惶。(蔡福宁《雪原春晓》)

鸡犬不宁　jīquǎn-bùníng　唐·柳宗元《捕蛇者说》："悍吏之来吾乡，叫嚣乎东西，隳突乎南北，哗然而骇者，虽鸡狗不得宁焉。"连鸡和狗都不得安宁。形容骚扰得非常厉害。例在一段时间内，外界并不安宁。军阀混战，鸡犬不宁。(季羡林《牛棚杂忆》)｜儿子们整天为一块瓦片吵架，一家子鸡犬不宁……总而言之，钱不是什么好东西。(汪曾祺《大淖记事·老鲁》)｜"你看，那么一件不好的事，如果处理不当，被小人当成把柄，上纲上线，起码会搞得一条街鸡犬不宁。……"(梁晓声《人世间》)

〔辨析〕"鸡飞狗跳、鸡犬不宁"都有受到骚扰，惊吓而不安宁的意思。"鸡飞狗跳"重在形容受扰后的混乱、喧嚣，侧重形容受惊吓时的肢体语言及外露的情感，词意较重。"鸡犬不宁"侧重形容受惊吓者的心态，内心的恐惧与不安。

机不可失　时不我待

机不可失　jībùkěshī　有利的时机难得不可错过。例机不可失，时不再来，过了这个村就没有这个店了。(姚雪垠《李自成》)｜现在农村正在起着巨大的变化，你们应该去，应该马上去，机不可失，时不再来啊！(杨宗镜《话剧演员的怀念》)

时不我待　shíbùwǒdài　《论语·阳货》："日月逝矣，岁不我与。"后多作"时不我待"，时间不等待我们，指不要错过时机，以致无可挽回追悔莫及。例忽而念及时不我待，只得像拉起一根"葛条"，不顾首尾，匆匆割取眼前一段，以求燃眉之急了。(曹靖华《智慧花开灿如锦》)｜他不待我说毕，就抢着说："医院好，可是住不惯，索性

出来写东西呢，时不我待。"（曹靖华《忆范文澜同志》）

〔辨析〕"机不可失、时不我待"都有不要错过有利时机的意思。"机不可失"重在强调要抓住某一重要时间段出现的好机会、机遇。"时不我待"重在强调因好时光不会等待我，因此要抓紧大好光阴迅速行动。

饥不择食　慌不择路

饥不择食　jībùzéshí　《五灯会元》："师乃问：'居士在否？'士曰：'饥不择食'。"饿急了就不选择食物了。比喻急需时顾不得选择。例那金桂原是个水性人儿，那里守得住空房？况兼天天心里想念薛蟠，便有些饥不择食的光景。（清·曹雪芹《红楼梦》）| 既不能过分强调规定的产品方向，也不能"饥不择食"，乱上产品。（人民日报1980年4月7日）| 管她愿意不愿意，他就那样打开几个盒子，硬是强迫她，把一盒饭菜吃了。她也真是太饿了，几乎饿得有些饥不择食。（陈彦《主角》）

慌不择路　huāngbùzélù　慌乱时，顾不上选择道路，有路就走。形容情急之中，为解决问题，顾不得有所选择。例自古有几般：饥不择食，寒不择衣，慌不择路，贫不择妻。鲁达惊慌抢路，正不知投那里去的是。（明·施耐庵《水浒传》）| 他慌不择路跑了一夜，以为自己已逃离魔掌，不料天不亮就被抓住了。（顺英《湖汊纵横》）

〔辨析〕"饥不择食、慌不择路"都有因情急而顾不上选择的意思。"饥不择食"多用于人生理上的需求或用于比喻被迫选择具体的事、物。"慌不择路"多用于在道路、去向、方向上因情急顾不上选择怎样走。

饥肠辘辘　食不果腹

饥肠辘辘　jīcháng-lùlù　肚子里发出像车轮滚动似的咕噜声。形容非常饥饿。饥肠：饥饿的肚子；辘辘：形容饥饿时肚子发出的响声。例度过了六十个露重雾浓的夜晚，熬过了六十个饥肠辘辘的白天。（张希平《雁翎队》）| 在战火中和饥肠辘辘之中坚持学习，需要何等的毅力啊！他选的是梵语和巴哩语，同时学习南斯拉夫语、俄语。（杨匡满《为了下一个早晨》）

食不果腹　shíbùguǒfù　吃不饱肚子。果：饱。例人民生活更加贫困，衣不蔽体，食不果腹。（郭沫若《中国史稿》）| 虽然他守着个金山银山，自己家里也是糟糠不继，过着衣不蔽体、食不果腹的生活。（李晓明、苗冰舒《风扫残云》）

〔辨析〕"饥肠辘辘、食不果腹"都有饥饿，吃不饱的意思。"饥肠辘辘"

重在强调肚子里完全没有食物,只剩下空气在肠胃的蠕动下声声作响,词意较重。"食不果腹"只指吃不饱,食物填不满肚子,词意较轻。

饥寒交迫　啼饥号寒

饥寒交迫 jīhán-jiāopò　晋·陶潜《劝农》:"宴安自逸,岁暮奚冀?担石不储,饥寒交至。"后多作"饥寒交迫",饥饿和寒冷一齐逼来,形容生活极度贫困。交:并,一齐,同时;迫:逼近。例起来,饥寒交迫的奴隶;起来,全世界受苦的人!(法·鲍狄埃《国际歌》)|同样不幸的童年,饥寒交迫的日子。(徐迟《牡丹》)

啼饥号寒 tíjī-háohán　唐·韩愈《进学解》:"冬暖而儿号寒,年丰而儿啼饥。"因饥饿寒冷而哭叫,形容生活极其困苦。例我们的祖国,曾经是黑暗沉沉,戴着半封建半殖民地的枷锁,血污满地,啼饥号寒。(刘白羽《芳草集》)|果然他听见很多老幼男女在营门外啼饥号寒,声音凄凄。(姚雪垠《李自成》)

〔辨析〕"饥寒交迫、啼饥号寒"都有又饥饿又寒冷,生活贫困的意思。"饥寒交迫"重在形容饥寒交加,语意较轻。"啼饥号寒"强调饥寒难熬的悲凄情景,语意重。

积毁销骨　众口铄金

积毁销骨 jīhuǐ-xiāogǔ　汉·邹阳《狱中上书自明》:"夫以孔、墨之辩,不能自免于谗谀,而二国以危,何则?众口铄金,积毁销骨也。"指众多的毁谤会把人置于死地。积:聚,多;毁:毁谤;销:熔化。例积毁销骨,巧言铄金,市虎成于三人,投杼起于屡至。(宋·苏轼《代滕甫辩谤乞郡书》)|可怜一与人世事,积毁销骨忧殉身。(清·黄景仁《翁覃溪先生以先文节公像属题像……》)|积毁销骨,一次次的造谣毁谤,也可以将真理埋没。(唐弢《琐忆》)

众口铄金 zhòngkǒu-shuòjīn　《国语·周语下》:"众心成城,众口铄金。"众人同声,足以熔化金属。比喻舆论力量极大。后来形容人多嘴杂可以混淆是非。铄:熔化。例中国有句成语叫做"众口铄金",好话使人增光,反过来就是"积毁销骨"……(唐弢《琐忆》)|在众口铄金的时刻,能够坚持党的正确路线和方针力排众议,直抒胸臆,不随风摇摆,是十分难能可贵的。(袁鹰《远行》)

〔辨析〕"积毁销骨、众口铄金"都形容舆论的力量极大。"积毁销骨"重在强调因毁谤的积累、积聚得太多而置人于死地。"众口铄金"偏重指人多嘴杂的强大舆论,混淆了是非,产生了摧毁正义的巨大能量。

掎角之势　内外夹击

掎角之势　jǐjiǎozhīshì　《左传·襄公十四年》:"譬如捕鹿,晋人角之,诸戎掎之,与晋踣之,戎何以不免?"意思是像捕鹿一样,晋抓住它的角,诸戎拉住它的腿,一起把鹿击倒。指两面夹击或牵制敌人的形势。掎:拉住,这里指拉住腿;角:指抓住角。例公子元列营于左殿,公子商人列营于朝门,相约为掎角之势。(清·冯梦龙《东周列国志》)│不若分兵屯小沛,守邳城,为掎角之势,以防曹操。(明·罗贯中《三国演义》)

内外夹击　nèiwài-jiājī　从里向外,从外向内同时一起攻击。例台儿庄正面之敌,经我军于六日夜开始总攻,内外夹击……战况之烈,空前未有。(郭沫若《洪波曲》)│不然,不惟害了你,并且她红娘子屯兵于坚城之下,明天大军一到,内外夹击,必将覆没无疑。(姚雪垠《李自成》)

〔辨析〕"掎角之势、内外夹击"都有相互配合、合作一起同时攻击敌人的意思。"掎角之势"强调兵分两路、相互配合形成夹击或牵制敌人的态势。"内外夹击"强调内向外、外向内同时出击,使敌人腹背受敌,难以招架。

激浊扬清　惩恶扬善

激浊扬清　jīzhuó-yángqīng　《尸子·君治》:"水有四德……扬清激浊,荡去滓秽,义也。"三国·魏·刘邵《人物志·利害》:其功足以激浊扬清,师范僚友。本指冲去污水,掀起清波。后多指发扬好的事物除去坏的事物。激:冲刷;浊:污水;扬:掀起;清:清水。例朝廷有顽钝无耻之大臣,而后草茅有激浊扬清之名士。(清·侯方域《朋党论下》)│纳谏求贤,有容乃大;激浊扬清,无欲则刚。│廉政文化犹如一股清泉,激浊扬清,遏恶扬善。

惩恶扬善　chéng'è-yángshàn　惩处、贬斥坏人坏事,赞扬、勉励好人好事。惩:惩处,贬斥;扬:赞扬、宣扬、勉励。例时县长到任三年来,坚持惩恶扬善把全县治理得井井有条,民心大悦。(刘云《时县长的遭遇》)│惩恶扬善,就是要对黑恶势力不手软,坚决打击,就是要对好人好事大加奖励,大为宣传。只有这样才能使正气发扬,民风淳厚。(汪龙之《曙光》)

〔辨析〕"激浊扬清、惩恶扬善"都有除去坏事物,发扬好事物的意思。"激浊扬清"多用于在思想、文章中对错误、谬论的抨击、批评以彰显正确的思想、观点。

"惩恶扬善"多用于在实际生活中对善的褒扬、奖励,对恶的贬斥、惩处。

急不可待　急不可耐

急不可待　jíbùkědài　急得不能再等待。形容心情急切、焦急或形势紧急。例"老九快点!快点……"八大金刚有点急不可待。(曲波《林海雪原》)｜好容易在一个僻静的小巷,找到一个自来水管龙头,他急不可待地把嘴伸进龙头之下,咕咚咕咚喝起凉水来。(从维熙《远去的白帆》)

急不可耐　jíbùkěnài　急得再也没有耐心了。形容心情急切、焦急得一点耐心都没有了。例六个人刚刚坐定,胡统领已急不可耐,头一个开口就说:"我们今日非往常可比,须大家尽兴一乐。"(清·李宝嘉《官场现形记》)｜不待双喜说完,郝摇旗已经急不可耐地策马过来。(姚雪垠《李自成》)

〔辨析〕"急不可待、急不可耐"都形容心情急切、焦急。"急不可待"多用于强调急得无法再等待,重在从时间上形容。"急不可耐"多用于强调急得无法在心理上承受,急得都耐不住性子了。

急难愁盼　当务之急　千方百计

急难愁盼　jínánchóupàn　百度:"急难愁盼是蝴蝶渡沧海发布在简书平台的一篇以扶贫为题材的小小说,然(后)获得超级权重两次点赞。"指的是严重影响人民生活和生产的难题。这句话的意思是盼望早日解决让人忧愁的紧急难题。例由于疫情,在平民百姓之中出现了很多急难愁盼的问题急需妥善解决。｜地震给这个地区带来了严重的灾难,除了紧急救援,抢救伤病员,对那些活着的灾民也有多少急难愁盼的问题需要尽快解决呀!

当务之急　dāngwùzhījí　战国·孟子《孟子·尽心上》:"知者无不知也,当务之为急仁者无不爱也,急亲贤之为务。"孟子的意思是,有智慧的人无所不知,但要知道当前应该做的事中急需要干的事,而不要面面俱到。指当前任务中最急切的要做的事。例衣食住行,生老病死都是事关民生的头等大事,各级领导都应该将这些事视为当务之急,认真、妥善解决,绝不可掉以轻心,视同儿戏。(万之生《清泉镇》)｜工程进入关键期,时间紧,任务重,当务之急就是要抓住主要矛盾,攻坚克难去争取最后的胜利。

千方百计　qiānfāng-bǎijì　宋·朱熹《朱子语类·论语十七》:"譬如捉贼相似,须是着起气力精神,千方百计去赶他。"形容想尽一切主意,用尽各种办法。例交通员千方百计地护送着联络员，使他顺利地通过了敌人的封锁线。｜她千方百计想要实现出国求学的心愿。

〔辨析〕"急难愁盼"除了形容事情比较紧急，急需解决之外，还有很难解决，令人忧愁，并急切盼望尽早尽快解决的意思。而"当务之急"重在强调在所有应该办的事情中最应该急于办理的事。"千方百计"则只是强调想方设法，想尽一切主意，用尽一切办法去解决问题。

这三个成语虽说是有相同或相似的意思，但是所强调的侧重点还是有较明显的区别的。

急于事功　急于求成

急于事功　jíyú-shìgōng　指办事急于取得功业或功利。事功：功业、功利。例我疑心她有点罗曼蒂克，急于事功；我又疑心柔石的近来要做大部的小说，是发源于她的主张的。（鲁迅《为了忘却的纪念》）｜改革开放以来，"一切向钱看"，急于事功，浮躁轻率的心态，在年轻人中有很大的市场。（张怡《我看当代青年》）

急于求成　jíyú-qiúchéng　着急想马上取得成功（含贬义）。例王叔文等在这种情况下执掌政权，思想上还以为大有可为，未免急于求成，见利忘害。（范文澜、蔡美彪《中国通史》）｜她怎样呢？还是那样急于求成，不甘寂寞吗？（陆地《牙科大夫》）

〔辨析〕"急于事功、急于求成"都有想急于成功的意思。"急于事功"多用于想成就大的功业或想获得大的利益，语意较重。"急于求成"则多泛指想把事情马上办好，使用范围较广，语意较轻。

集思广益　博采众议

集思广益　jísī-guǎngyì　三国蜀·诸葛亮《与群下教》："夫参署者，集众思广忠益也。"集中众人的智慧，广泛地汲取有益的意见。思：意见；广：广泛；益：好处。例他找人来开会，却事先并不告诉人开什么会，解决什么问题，也不提供有关的材料。这样仍然达不到集思广益的目的。（吴南星《三家村札记·论开会》）｜他召开许多座谈会……引导大家集思广益，畅所欲言，讨论剧本的主题思想。（丁玲《悼念刘芝明同志》）｜一次外交部礼宾司的人陪同几位外宾到了A市，参观了她们单位，一位礼宾司的女同志建议鼓励姑娘们集思广益，多从中国画中借鉴题材，使作品内容更加丰富多彩。（梁晓声《人世间》）

博采众议　bócǎi-zhòngyì　指广泛采纳群众意见。博：广泛；议：意见。例诚宜于将相大臣详择时宜，博采众议。（《三国志·吴书·孙登

传》）｜他虽是专家，但在设计、实施的过程中，他始终坚持博采众议，虚心听取方方面面的意见。（伯周《航天人的创业》）

〔辨析〕"集思广益、博采众议"都有广泛听取众人意见的意思。"集思广益"多强调集中众人的智慧，可以得到更多的好处。"博采众议"侧重形容能广泛听取、采纳众人的见解、意见等。相近的成语有"博采众长"。长：长处。

济济一堂　人才济济

济济一堂　jǐjǐ-yītáng　形容众多的人融洽地聚集在一起。济济：人多的样子；堂：大厅。例藩臬二司，河工漕运，当地耆绅，清客名士，济济一堂。（汪曾祺《大淖记事·金冬心》）｜许多人济济一堂，彼此相熟的中青年或政治水平较高的干部就不发言了，专听几位专家先生发表高论。（杨绛《洗澡》）

人才济济　réncái-jǐjǐ　《诗经·大雅·文王》："济济多士，文王以宁。"后用作"人才济济"。有才干的人很多。例闺臣见人才济济，十分欢悦。（清·李汝珍《镜花缘》）｜在解析数论，代数数论……等等的学科之中，已是人才济济，又加上一个陈景润。（徐迟《哥德巴赫猜想》）

〔辨析〕"济济一堂、人才济济"都形容很多人聚集在一起。"济济一堂"偏重指参加聚会的人众多，间或也指人才集于一处。"人才济济"重在强调众多聚集的人都是有才干的人，形容大量的人才聚集在一起了。

嫉恶如仇　深恶痛绝

嫉恶如仇　jí'è-rúchóu　《后汉书·陈蕃传》："又前山阳太守翟超、东海相黄浮，奉公不桡，疾恶如仇。"憎恨坏人坏事像痛恨仇敌一样。嫉：憎恨。也作"疾恶如仇"。例有万的绝对公正，嫉恶如仇，见公共事一马当先，使得生宝感到互助组有这个人，搞丰产的信心更强了。（柳青《创业史》）｜我万万没想到，他还有另一面：疾恶如仇、横眉冷对、疾风迅雷、金刚怒目。

深恶痛绝　shēnwù-tòngjué　极其厌恶，非常痛恨。形容厌恶和痛恨都到了极点。例所以儒家之反对道家，只是口头的，表面的，不像他对于墨家那样的深恶痛绝。（闻一多《关心儒、道、土匪》）｜人们对官僚主义、特殊化和一切不正之风，特别表示不满以至于深恶痛绝……（罗竹风《漫谈"保持一致"》）

〔辨析〕"嫉恶如仇、深恶痛绝"都有对人、对事表示痛恨的意思。"嫉恶如仇"多形容人的品质、性格，把坏人坏事当成自己的仇敌来痛恨，含褒义。"深恶痛绝"只强调对人对事厌恶、痛恨到了极点，侧重形容人的情感，好人对坏人，坏人对好人都可以用。

继往开来　承前启后

继往开来　jìwǎng-kāilái　继承前人的事业，开辟未来的道路。往：过去；来：未来。例但是真正继往开来的诗人是杜甫。（朱自清《经典常谈·诗第十二》）｜当前我国正处在继往开来的重要历史时期。（邓小平《建设强大的现代化正规化的革命军队》）

承前启后　chéngqián-qǐhòu　继承前人的，开创今后的。多用于学问或事业。例相声的语言非常精练、极生动不可。它的每一句都须起承前启后的作用，以便发生前后呼应的效果。（老舍《戏剧语言》）｜一直到现代的大画家齐白石和黄宾虹，才承前启后，继往开来……把中国画向前发展了一步。（方纪《江山如此多娇》）

〔辨析〕"继往开来、承前启后"都有继承前面的事，开创后面的事的意思。"继往开来"强调继承前人的事业，去开辟未来的道路，重在开辟未来。使用范围广。"承前启后"强调过去和未来的连接，经常用来指学问、事业的前后承接关系。

假公济私　假公营私　损公肥私

假公济私　jiǎgōng-jìsī　假借公家的名义，谋取私人的利益。假：借助；济：帮助。例他假公济私，我怎肯和他干罢了呵！（元·无名氏《陈州粜米》）｜例所以假公济私而又揽有大权的人，对于国家非常危险。（范长江《塞上行·从嘉峪关到山海关》）｜我知道……你这是假公济私……报复我……你盒子媳妇偷生怀孕……凭什么拔我的树。（莫言《蛙》）

假公营私　jiǎgōng-yíngsī　《元典章·礼部一·进表》："照得近年以来……以进表为由，假公营私，滥行给驿。"假借公家的名义，经营私人的事业。例应该先从他们开刀：渎职、贪污、假公营私，扰吾良民，违者罪之。（明·余继登《典故纪闻》）｜那些假公营私的人都是忘了自己的身份。

损公肥私　sǔngōng-féisī　以损害公家的利益来满足个人的利益。例损公肥私，不正之风，往后可要罪加一等。（刘绍棠《小荷才露尖尖角》）｜权贵们滥用职权，损公肥私，专门互相倾轧，把个朝政弄得乌烟瘴气。（余绍荣等《把遵纪守法作为考核企业的重要标准》）

〔辨析〕"假公济私、假公营私"都指

借助公家的名义、权力来谋取个人的好处。"假公济私"重在强调借助公权来谋私人之利益。"假公营私"重在强调借助公权来经营谋划，营造私人的事业。"损公肥私"重在强调为了谋取私利，以损害公家的利益为代价，以损害公益的做法来中饱私囊，语意较重。

驾轻就熟　轻车熟路

驾轻就熟　jiàqīng-jiùshú　唐·韩愈《送石处士序》："若驷马驾轻车就熟路，而王良、造父为之先后也。"驾：赶马车；轻：轻便的车；就：靠近，走上；熟：熟悉的道路。驾着轻便的车子，走上熟悉的道路。后用来比喻对所办事情非常熟悉，做起来就感到轻而易举。例以后，她又多次借故拜访他，两人从交谈投机到相见恨晚。老练的哈丽，不失时机驾轻就熟地向她表露"爱美之心"。(《读者文摘》1992年第3期)

轻车熟路　qīngchē-shúlù　唐·韩愈《送石处士序》："若驷马驾轻车就熟路，而王良、造父为之先后也。"驾着轻便的车，行走在很熟悉的路上。比喻从事很熟悉的事，不费大的气力。例代君在前，轻车熟路，从最便捷的路径，摸到了北角村头。(李英儒《女游击队长》)｜邵敬文连连作揖："还是您来还是您来，您已轻车熟路了，能者多劳啊！"(梁晓声《人世间》)｜"我在校长办公室已经习惯了，轻车熟路了，懒得动弹了。除非葛校长把我撵走。"(李洱《应物兄》)

〔辨析〕"驾轻就熟、轻车熟路"都常用来比喻对事情熟悉，办起来容易。"驾轻就熟"偏重于有经验，做起来容易、顺手，有"得心应手"的意思。"轻车熟路"偏重于路径熟悉，办起来轻松、容易，多适用于与途径、门道有关的事情。"驾轻就熟"多用于与驾驭、操控有关的事情，适用范围则广得多，可用于工作、学习、生活、交际、文艺创作等方面。

简明扼要　言简意赅

简明扼要　jiǎnmíng-èyào　形容说话、写文章简单明了，能抓住要点。扼要：抓住要点。例不管哪一出，他都能说出个二三，宫中大路是怎样的，梅在哪里改了改，程在哪里走的是什么，简明扼要，如数家珍。(汪曾祺《大淖记事·云致秋行状》)｜苏格拉底说得简明扼要："一无所需最像神。"(周国平《智慧的诞生》)

言简意赅　yánjiǎn-yìgāi　话语或文章简洁而意思完备。赅：完备。例于是，他抓住有利战机，言简意赅地说道……(张天民《创业》)｜魏晋

以前,著录的书牍多了吉光片羽,言简意赅而风味隽永。(朱光潜《艺文杂谈·谈书牍》)

〔辨析〕"简明扼要、言简意赅"都用于形容说话、写文章简洁明了。"简明扼要"偏重强调不但简单明了,不啰唆,还能抓住要点,突出重点。"言简意赅"偏重强调不仅简洁明了,而且是意思俱全,该说的都说了。

见缝插针　无孔不入

见缝插针 jiànfèng-chāzhēn 比喻抓紧时机,尽量利用一切可以利用的时间和空间。例"小钢炮后来打死敌人不少。"陈三又见缝插针地鼓励他。(魏巍《东方》)｜他1953年以前的经历,在作品中我是见缝插针地交代的……(孟伟哉《曲径通幽》)

无孔不入 wúkǒngbùrù 原指遇有空隙就钻进去。也比喻善于钻营;善于利用一切机会。例资产阶级对于利润的获得是无孔不入的。(邹韬奋《萍踪忆语》)｜我们大都愤愤不平,觉得旧家庭的专制,真是无孔不入,儿子取个无伤大雅的别号,父亲也要干涉。(张爱玲《必也正名乎》)

〔辨析〕"见缝插针、无孔不入"都有不放过一切可以利用的时间和空间的意思。"见缝插针"重在强调抓紧时机,最大限度地、有效地占有、利用时间和空间,多含褒义。"无孔不入"重在强调没有空子不去钻,多比喻抓住一切能钻的空子或比喻对事物的全面渗透和干预,含贬义。

见利忘义　利令智昏

见利忘义 jiànlì-wàngyì 《汉书·樊郦滕灌靳周传》:"当孝文明,天下以郦寄为卖友,夫卖友者,谓见利而忘义也。"看见有利可图,就忘掉了正义和原则。例这样一来,一些丧尽天良的资本家,就见利忘义,跃跃欲试。(毛泽东《新民主主义论》)｜贪得无厌的张作霖,见利忘义,自食诺言,入关后将河北一下攫夺到手。(冯玉祥《我的生活》)

利令智昏 lìlìng-zhìhūn 《史记·平原君虞卿列传》:"鄙语曰:'利令智昏。'平原君贪冯亭邪说,使赵陷长平兵四十万众,邯郸几亡。"因贪图私利,使头脑发昏,丧失了理智。例官做大了,也可以利令智昏。(毛泽东《在省市自治区党委书记会议上的讲话》)｜这几句铿锵作响的话……就像古老的中华民族的一双铁拳,打在任何无视中国人民的利令智昏的冒险家的身上。(冯骥才、李定兴《义和拳》)

〔辨析〕"见利忘义、利令智昏"都有

看见利益就贪图的意思。"见利忘义"重在强调看见有利可图，就把正义、道德、原则抛弃掉，贬义重。"利令智昏"则强调因贪图私利使头脑昏乱，丧失理智做出错误决定，贬义较轻。

见仁见智　各抒己见

见仁见智　jiànrén-jiànzhì　《周易·系辞上》："仁者见之谓之仁，知者见之谓之知。"知：同"智"。有的认为是仁爱，有的认为是智慧。指对待同一问题，其见解因人而异，各有道理。例至于这种名士风是好是坏……要看你如何着眼；所谓见仁见智，各有不同。(朱自清《燕知草序》)

各抒己见　gèshū-jǐjiàn　各自充分表达自己的见解。抒：发表，表达。例课上和课外，师生们可以自由交流，各抒己见，相互问难。(戴逸《初进北大》)｜文明合作社的志士们,在这空气里，自然也在各抒己见了。(李劼人《暴风雨前》)

〔辨析〕"见仁见智、各抒己见"都有各自从不同的角度发表不同见解、看法的意思。"见仁见智"强调对待同一问题，因人而异，所论之事各自都有各自的道理，含褒义。"各抒己见"强调人人都能充分表达出自己的意见，不涉及对、错和有无道理，多为中性成语。

见贤思齐　见贤不隐

见贤思齐　jiànxián-sīqí　《论语·里仁》："见贤思齐焉……"见到有才有德的人，就想向他学习，向他看齐。贤：德才兼备的人；齐：同样，一致。例只要我们具有见贤思齐的精神，就能不断进步。(陈浩《沙丘漫语》)｜见贤思齐,仰圭璋而有地；挥毫兴颂，镂琬琰之无惭。(唐·骆宾王《灵泉颂》)

见贤不隐　jiànxián-bùyǐn　汉·桓宽《盐铁论》："见贤不隐，食禄不专，此公叔之所以为文，魏成子所以为贤也。"见到贤能的人，不会加以埋没而不荐举。贤：贤能的人；隐：埋没，将其隐瞒、隐藏。例简栋为人厚道，下属中有德才兼备的人，他都积极、主动向领导推荐，真是一个见贤不隐的君子，深得大家的好评。(马涛《老简这个人》)

〔辨析〕"见贤思齐、见贤不隐"都是说见到了德才兼备的贤能之人。"见贤思齐"是说自己见到这种人之后，想到的是要向这样的人学习，向他看齐，让自己的德行和才能能够与贤者比肩。而"见贤不隐"是说见到了贤者要积极地举荐他，不埋没贤才，做一个伯乐。

见异思迁　朝三暮四

见异思迁　jiànyì-sīqiān　《管子·小

匡》："少而习焉，其心安焉，不见异物而迁焉。"后多作"见异思迁"。看到别的事物就想改变原来的主意。形容意志不坚定，爱好兴趣不专一。[例]凌校长说，让我转入别的科系并不难，他考虑的是希望我不要见异思迁。（张扬《第二次握手》）｜万清愤愤地对我说："小娟这个人就是这山望着那山高，太喜欢见异思迁了。"（唐贤文《中考的秘密》）

朝三暮四 zhāosān-mùsì 《庄子·齐物论》："狙公赋芋，曰：'朝三而暮四。'众狙皆怒。曰：'然则朝四而暮三。'众狙皆悦。名实未亏，而喜怒为用，亦因是也。"早上三个晚上四个。原指只颠倒数目不变实质的一种愚弄手段。后多比喻变化不定，反复无常。有时也可形容数目之多。狙（jū）：一种猴子；狙公：饲养猴子的人；芋：橡子。[例]她小心翼翼地试探着说："为了那么一个朝三暮四、喜怒无常的女子？"（欧阳山《苦斗》）｜可我心上有了一个人……我就要对他好一辈子，决不朝三暮四，水性杨花。（叶辛《蹉跎岁月》）

〔辨析〕"见异思迁、朝三暮四"都有变化不定、反复无常的意思。"见异思迁"重在强调看见不同的事物就想改变主意，不能坚定立场，形容意志薄弱，兴趣不专一。"朝三暮四"重在指使用名变实不变的欺骗手段和反复无常、变化多端的不良行为，还可形容数目之多。

箭在弦上　一触即发

箭在弦上 jiànzàixiánshàng 《太平御览》卷五九七引《魏书》记载：陈琳替袁绍写檄文，辱骂曹操的父亲和祖父。袁败，陈琳归附曹操。曹问陈："君昔为本初檄书，但罪孤而已，何乃上及父祖乎？"陈琳曰："矢在弦上，不得不发。"矢：箭；弦：弓弦。后多作"箭在弦上"，比喻事情到了不得不做或不得不说的时刻。也说"如箭在弦"。[例]这种举例是很危险的。然而这里仍得举，因为写到这里，必须有例。所谓"箭在弦上，不得不发"者也。（鲁迅《"题未定"草》）｜中央和西南似乎箭在弦上的内战危机得以清除了。（邹韬奋《患难余生记》）

一触即发 yīchù-jífā （箭扣在弦上，或子弹上膛，打开扳机）一碰就发射出去。形容事态已发展到一经触动就会爆发的紧张阶段。也指性情等一触到就会发作。[例]局势已到了一触即发的地步，空气仿佛就要爆炸了，一场流血的冲突即将展开了。（峻青《海啸》）｜自己这一年来,牢骚满腹，一触即发。（钱锺书《围城》）

〔辨析〕"箭在弦上、一触即发"都指事情到了十分紧迫的阶段，即将做出危险的举动。"箭在弦上"重在强调在情、事面前的迫不得已和事态的难于控制。"一触即发"多强调事态发展到十分紧张的程度，面临爆发的边缘。还可以形容性情、脾气、火气有将要发作、爆发的意思，"箭在弦上"无此意。

将功补过　将功赎罪　戴罪立功

将功补过 jiānggōng-bǔguò　拿功劳来弥补过失。例既容能改之非，许降自新之路，将功补过，舍短从长。（《旧五代史·钱镠传》）| 好在批判完了也就完了，公社主任白明川还在结束时对他们五个人说了点鼓励的话，让他们不要背包袱，回去好好抓生产，将功补过。（路遥《平凡的世界》）

将功赎罪 jiānggōng-shúzuì　拿功劳抵消罪过。赎：弥补、抵偿。例他想：假若给石队长作点事，然后戒了烟，他大概可以将功赎罪，也去作了敢抵抗日本人的人。（老舍《火葬》）| 田修……没想到自己的事这么快就露底。把柄捏在县令的手里……不能不好好干，将功赎罪。（陈明韬《卧虎令传奇》）

戴罪立功 dàizuì-lìgōng　在承当某种罪责的情况下建立功劳。例崇祯十一年夏，以平贼逾期戴罪立功。（《明史·史可法传》）| 老王，你来这里可是戴罪立功的，你看目前这种情况怎么办？（李建彤《刘志丹》）

〔辨析〕"将功补过、将功赎罪、戴罪立功"都是用功劳来弥补罪、错。"将功补过"强调用功劳来弥补过失，把造成的损失找回来，词意轻。"将功赎罪"强调用功劳来赎回、抵消自己犯下的罪行，使罪恶消除或减轻，词意重。"戴罪立功"强调在罪责、罪过在身的情况下，去建立功劳来拯救自己。

江郎才尽　黔驴技穷

江郎才尽 jiāngláng-cáijìn　据南朝梁·钟嵘《诗品·齐光禄江淹》记载，南朝文学家江淹（即江郎）晚年诗文无佳句，时人认为"才尽"。后用"江郎才尽"比喻才思减退或文思枯竭。例（刘）芙初本惊才艳艳，而近作大不如前，同人比之江郎才尽。（清·梁辛钜《浪迹丛谈·刘芙初编修》）| 不，他不能和菊子散伙。散了伙，他必感到空虚、寂寞、无聊，或者还落个江郎才尽，连诗也写不出了。（老舍《四世同堂》）

黔驴技穷 qiánlǘ-jìqióng　语出唐·柳宗元《三戒·黔之驴》，比喻有限的一点浅薄的本领已经用光。黔：贵州省。例他们不过是黔驴技穷，想求个活命罢了。（陈立德《前驱》）｜二道河子的三股土匪都已经黔驴技穷，覆灭的日子不远了。（冯文海《牡丹江剿匪记》）｜忽听石达开一阵哈哈大笑，说："清妖已黔驴技穷，请来泥菩萨守城。"（唐浩明《曾国藩》）

〔辨析〕"江郎才尽、黔驴技穷"都形容不再有什么能力了，本领很有限，能力用尽了。"江郎才尽"形容文思枯竭，才华用尽，大不如前，主要用于写作等与思想、思维有关的领域。"黔驴技穷"主要形容办法用光了，有限的一点本领全部展示后仍无济于事。使用范围较"江郎才尽"广。

将心比心　设身处地

将心比心 jiāngxīn-bǐxīn　用自己的心情去体会别人的心情。多用于相互的同情和谅解。例他能够将心比心，设身处地为人家着想，体贴人家。（刘少奇《论共产党员的修养》）｜咱们将心比心，若是你方太开的减肥中心，你也不希望每个人来都是减肥一次成功，那你才能赚几个钱？（张欣《伴你到黎明》）｜哪有父母不疼孩子……将心比心，想一想这四个无助的孩子。（符加雷《救救孩子》）

设身处地 shèshēn-chǔdì　设想自己处在别人的那种境地。指从别人的角度出发，替别人的处境着想。例你要替人物设身处地的想：我自己遇到那个困难该怎么办呢？（艾芜《浪花集》）｜老书记，您设身处地替我想想，我难不难？在这种情况下，我有什么办法？（周梅森《中国制造》）

〔辨析〕"将心比心、设身处地"都有为别人考虑的意思。"将心比心"偏重强调在自己考虑问题时想到别人，要多些同情、谅解、理解。"设身处地"偏重强调要把自己放在别人的处境中考虑问题，多为对方想困难，想解决问题的办法。

交口称赞　有口皆碑

交口称赞 jiāokǒu-chēngzàn　宋·朱熹《与刘共甫书》："政皆可观，近以事涉其境，见其士民交口称颂。"后用"交口称赞"指众人同声赞扬。交口：大家一同说。例他们当着曹千里的面，交口称赞，竖着大拇指。（王蒙《杂色》）｜样机一次性试机成功，在场的领导、专家无不交口称赞，潘琴如反而有些不好意思了。（史传续《研发的难题》）

有口皆碑 yǒukǒu-jiēbēi　宋·释普济《五灯会元·太平安禅师》："劝君不用镌顽石，路上行人口似碑。"所有人的嘴都是颂扬功德的纪念

碑。比喻人人都称赞颂扬。例单是这次赈灾，先生所作所为无论朝野有口皆碑。(陈忠实《白鹿原》)|你方先生的名声、医道、为人，那是有口皆碑的。(刘波泳《秦川儿女》)

〔辨析〕"交口称赞、有口皆碑"都形容众人的赞扬。"交口称赞"偏重大家一起说，共同表扬、称赞，有异口同声的意思，词意轻。"有口皆碑"重在强调众人的称赞颂扬像无形的纪念碑矗立在人心中，强调所有人的嘴都是颂扬功德的纪念碑。颂扬的范围和重量都更大，词意重。

交头接耳　窃窃私语

交头接耳　jiāotóu-jiē'ěr　形容人与人挨得很近，低声交谈。例还有七八个人，交头接耳议论我，又怕看见我。(鲁迅《呐喊·狂人日记》)|剧团到处喊喊喳喳，交头接耳。咬牙跺脚，两眼发直，整天就是这些事儿。(汪曾祺《大淖记事·云致秋行状》)

窃窃私语　qièqiè-sīyǔ　唐·白居易《琵琶行》："大弦嘈嘈如急雨，小弦切切如私语。"后用作"窃窃私语"，形容谈话声音细微，多指背地里低声说话。窃窃：形容声音细小，也作"切切"。例大营里天天有窃窃私语声，不知讲论些什么。(郑振铎《桂公塘》)|我们也曾为那些无端的嘲笑，有意的排斥，为了一些窃窃私语，带笑的逸言而愤懑过。(丁玲《一块闪烁的真金——忆柯仲平同志》)

〔辨析〕"交头接耳、窃窃私语"都有低声交谈的意思。"交头接耳"重在形容人与人挨得很近小声交谈的样子，也用来形容纷纷议论时的混乱情景。"窃窃私语"重在指暗中低声讲话，不愿别人听到，带有背地里低声说话神秘感。

矫揉造作　装腔作势

矫揉造作　jiǎoróu-zàozuò　《孟子·离娄下》宋·朱熹集注："所谓故者，又必其自然之势，如人之善，水之下，非有所矫揉造作而然者也。"过分做作，不自然。矫：使曲变直；揉：使直变曲。例经提倡而产生的幽默，一定是矫揉造作的幽默。(钱锺书《写在人生边上》)|与所有人比起来，他一点也不矫揉造作，有一种君子坦荡荡的劲头。(李洱《应物兄》)

装腔作势　zhuāngqiāng-zuòshì　装作某种腔调和姿态，形容装模作样。例至于以装腔作势来达到名誉和地位的目的，那更是劣卑的念头，不待说的了。(毛泽东《反对党八股》)|我眼见你慢慢倒地，怎么会摔坏呢？装腔作势罢了。(鲁

迅《呐喊·一件小事》）

〔辨析〕"矫揉造作、装腔作势"都含贬义，都是在表情达意时或过分、或故意假装，都是不自然、不真实的表达。"矫揉造作"强调的是"过分"，不自然；"装腔作势"是指装出的某种腔调、姿态不真实，贬的意味重于"矫揉造作"。在所用的范围上，"矫揉造作"仅限于书面语的表达，"装腔作势"除书面语外，也可用于口语中，较"矫揉造作"范围广些。

骄奢淫逸　穷奢极欲

骄奢淫逸　jiāoshē-yínyì　《左传·隐公三年》："石碏谏曰：臣闻爱子，教子以义方，弗纳于邪。骄奢淫泆，所自邪也。"生活放荡奢侈、荒淫无度。骄：骄横；奢：奢侈；淫：荒淫；逸：同"泆"（yì），放纵。例但在他成为暴发户后，就骄奢淫逸，顿时换了一个人。（茅盾《我走过的道路》）｜皇帝这种威风八面，骄奢淫逸的生活，就使一些人羡慕备至了。于是有皇帝瘾应运而生。（秦牧《皇帝瘾》）

穷奢极欲　qióngshē-jíyù　《汉书·谷永传》："失道妄行，逆天暴物，穷奢极欲，湛（沉）湎荒淫。"形容奢侈挥霍到了极点。穷、极：尽，极端；奢：奢侈。例穷奢极欲，无非行乐及时。（明·洪昇

《长生殿》）｜前人对于玩女子方面，真是穷奢极欲，现在可没有这一套了。（周瘦鹃《花木丛中》）

〔辨析〕"骄奢淫逸、穷奢极欲"都形容非常奢侈，荒淫无度，都含贬义。"骄奢淫逸"重在形容既骄傲、骄横奢侈又放荡荒淫，偏重形容性格的恶劣。"穷奢极欲"重在形容将奢侈挥霍发挥到了极致，无以复加，偏重形容行为的恶劣。

绞尽脑汁　搜索枯肠

绞尽脑汁　jiǎojìn-nǎozhī　比喻用尽了心机，苦思冥想，想尽了一切办法。绞：挤压，费尽；脑汁：指脑筋。例唯其如此，他才更能显示出绞尽脑汁的样子，替她思索。（老舍《四世同堂》）｜他冥思苦想，绞尽脑汁，终于悟出了一个道理。（谌容《赞歌》）

搜索枯肠　sōusuǒ-kūcháng　唐·卢仝《走笔谢孟谏议新茶》："……三碗搜枯肠，唯有文字五千卷。"后用"搜索枯肠"形容苦苦思索。多指文艺创作的构思枯竭而言。例我搜索枯肠，琢磨着还有点什么该做的事。（萧乾《梦之谷》）｜我觉得我掌握的匪特的素材太少，因此不能产生联想，只能搜索枯肠、绞尽脑汁了。（黎汝清《从生活到创作》）

〔辨析〕"绞尽脑汁、搜索枯肠"都有

用尽心机，苦苦思索的意思。"绞尽脑汁"重在形容冥思苦想，用尽心机是为了想出解决各种问题的办法来，可以是文艺创作的构思也可以是其他领域的，使用范围广。"搜索枯肠"重在形容进行文艺创作的构思时，在搜集素材、如何构思等方面怎样费尽心机，使用范围较窄。

叫苦不迭　叫苦连天

叫苦不迭　jiàokǔ-bùdié　叫苦声不停。不迭：不停止。例只是靠壁一个蓬头孩子，曲着身子，睡得好不自在。夫人暗暗叫苦不迭。（明·冯梦龙《醒世恒言》）｜黄安听得说了，叫苦不迭，便把白旗招动，教众船不要去赶，且一发回来。（明·施耐庵《水浒传》）

叫苦连天　jiàokǔ-liántiān　指不停地大声叫苦而且持续不断。形容十分烦恼、痛苦。连天：表示接连不断或程度强烈。例第二天，城里的人力车都变成了小划子，挑水夫都叫苦连天。（周立波《周立波短篇小说集》）｜你甭跟我这儿叫苦连天的，你那自由主义，我还不知道！（谌容《太子村的秘密》）

〔辨析〕"叫苦不迭、叫苦连天"都有叫苦声不停，不断叫苦的意思。"叫苦不迭"只形容连连叫苦，在程度和影响力上都较小、较轻。"叫苦连天"形容叫苦声大传得远而且接续不断，在程度和影响力上都较大、较强烈，富夸张、生动的色彩。

桀骜锋利　桀骜不驯

桀骜锋利　jié'ào-fēnglì　性情暴烈极富攻击性。形容因性格暴躁、倔强、任性经常伤害他人。桀骜：性情凶暴，倔强；锋利：富攻击性。例黄全发是湘西有名的"土匪头子"，虽说桀骜锋利，无人敢惹，间或也做些劫富济贫的事，当地的穷人对他还不算十分反感。（严剑《剿匪的那些日子》）｜他怒火中烧，一双桀骜锋利的眸子虎视眈眈盯着我，恨不得一口吞了我。（邹晋之《鹰击长空》）

桀骜不驯　jié'ào-bùxùn　宋·岳珂《桯史·燕山先见》："郭药师统其卒，曰常胜军，怙宠负众，渐桀骜不可驯。"形容性格暴烈，态度蛮横，不驯服、不恭顺，不服管教。桀骜：倔强；驯：驯服。例中国古代先圣先贤们的镂骨铭心的哲理，一层一层自外至里陶冶着这个桀骜不驯的土匪胚子。（陈忠实《白鹿原》）｜我看左贤王桀骜不驯，只好警告他一下。（郭沫若《蔡文姬》）

〔辨析〕"桀骜锋利、桀骜不驯"都有性情暴烈，态度倔强的意思。"桀骜锋利"重在形容这种性情富攻击性，易给他人带来伤害，间或还有气势汹汹不可阻挡之意。"桀骜不驯"重在形容因性情暴烈、倔强而不听从约束管教或难以管束。

洁白无瑕　完美无缺

洁白无瑕　jiébái-wúxiá　纯净洁白，没有一点瑕疵。原指美玉洁净纯白，十分完美，没有一点缺点。多用于形容人或事物纯洁、清白，没有任何毛病。瑕：玉上面的斑点，比喻缺点。例正当妙龄，洁白无瑕从农村来到大城市的三个姑娘，有的成功、有的彷徨，有的堕落，结局真是大不相同。（夏昭《进城打工的女人》）｜一夜大雪之后，整个山村一片银妆素裹，远远望去恰似一幅洁白无瑕的风景画。（曾昭康《山村雪融》）

完美无缺　wánměi-wúquē　完善美好没有缺点或缺陷。例利用铁路运输完成上述国防部署，就是完美无缺的。请你们十分注意粤汉湘桂两路的修复的守备。（毛泽东《关于兵力部署的几点意见》）｜有了这一段的入山险径……就便得龙湫景色千姿百态，完美无缺。（《古文鉴赏辞典·〈大龙湫记〉鉴赏》）

〔辨析〕"洁白无瑕、完美无缺"都形容十分美好，没有缺点。"洁白无瑕"多强调纯洁、纯净、洁白得像美玉一样，且无瑕疵，多比喻人或物，不用于比喻事情、方案、计划等。"完美无缺"强调因非常完整、完备且美好，因而没有缺点或缺陷，既可形容人或物也可形容事情、计划等，使用范围较广。

竭尽全力　全力以赴

竭尽全力　jiéjìn-quánlì　用尽全部力量。竭尽：用尽。例人民中国出现了！我们一定得竭尽全力，迅速建设它！（秦牧《凝视日历上的红字》）｜我们要竭尽全力为迎春医治眼疾！（从维熙《落红》）

全力以赴　quánlì-yǐfù　把全部的力量都投进去。赴：参与，投入。例拍这部片子，北影真是全力以赴，花了很大的力量。（夏衍《劫后影谈》）｜作者集中精神而全力以赴地来体现和描写的,也就是这次战争所以达到如此辉煌胜利的那种精神和力量。（冯雪峰《论〈保卫延安〉》）

〔辨析〕"竭尽全力、全力以赴"都形容把所有的、全部的力量都使出来。"竭尽全力"强调要用尽，即尽最大的力量，一丝一毫也不保留。重在形容用力的程度。"全力以赴"偏重把所有的力量投入进去、参与其中，重在强调用力的范围。

截然不同　迥然不同

截然不同　jiérán-bùtóng　形容两种事物毫无共同之处。截然：界限分明，断然分开的样子。例直到近来，经过许多学者的研究，才知道孩子的世界，与成人截然不同。（鲁迅《我们现在怎样做父亲》）｜兰花和牡丹的品格截然不同，是幽雅的象征。（林语堂《生活的艺术》）

迥然不同 jiǒngrán-bùtóng 宋·朱熹《答程允夫》："知吾儒之所谓道者，与释氏迥然不同，则如朝闻夕死之说矣。"形容差别很大，完全不同。迥：远。例韩常新的风度与刘世吾迥然不同。（王蒙《组织部新来的年轻人》）｜现在，这一带地形他还认识，但景物却迥然不同。（碧野《踏勘者的心愿》）

〔辨析〕"截然不同、迥然不同"都形容缺乏共同之处，差别很大。"截然不同"重在强调两种事物之间界限的分明，完全不能放在一起做比较，区别明显，毫不相同。"迥然不同"重在强调两种事物、思想相去甚远、距离很大，显然不一样，不可同日而语。

孑然一身　形单影只

孑然一身 jiérán-yīshēn 孤单单一人。形容无依无靠。孑：孤独的样子。例怎么曼桢现在弄得这样子然一身……沈世钧又到哪里去了呢？（张爱玲《十八春》）｜自从那一夜，从客店跑出之后，孑然一身，无以为生。（蒋光慈《少年漂泊者》）｜还在他才十几岁的时候，就像我故乡的许许多多为贫困所迫的农民一样孑然一身……下关东谋生去了。（峻青《雄关赋》）

形单影只 xíngdān-yǐngzhī 唐·韩愈《祭十二郎文》："吾上有三兄，皆不幸早逝。承先人后者，在孙惟汝，在子惟吾，两世一身，形单影只。"孤单单一个人一条影子。形容孤单寂寞，无依无靠。例他成了踽踽独行，形单影只，自言自语，孤苦伶仃的畸零人。畸零（jīlíng）：孤零零。（徐迟《哥德巴赫猜想》）｜别人都成双成对，有说有笑，唯独她形单影只，一片萧然。（琼瑶《月朦胧，鸟朦胧》）

〔辨析〕"孑然一身、形单影只"都形容孤独一人，孤单无伴侣。"孑然一身"偏重表现于"一个人"，只强调孤单的一个人。"形单影只"偏重表现形影相吊的那种孤独无援的情景。

借题发挥　小题大作

借题发挥 jiètí-fāhuī 假借某一事情为理由，大发议论，充分表达自己真正的见解。也指假借某事而做别的事情。例借题发挥，他文博士就是状元，应当享受一切的那一大套，又都说给唐先生听。（老舍《文博士》）｜那几个平时反对他的

人,会借题发挥,大作文章,拆他的台。(浩然《山水情》)

小题大作 xiǎotí-dàzuò 明清两代考八股,有小题、大题之分。以"四书"文句命题的叫小题,以"五经"文句命题的叫大题。用作"五经"文的章法来作"四书"文,就称为"小题大作"。后转指把小事看得很重,当作大事来办。有不值得做的意思。例迎春笑道:"没有什么,左不过他们小题大作罢了。何必问他?"(清·曹雪芹《红楼梦》)|为了一个黄毛丫头,就那么愤世嫉俗,真是小题大作。(钱锺书《围城》)

〔辨析〕"借题发挥、小题大作"都形容借一件事来做文章把它当作另一件事来办。"借题发挥"是假借某事为理由要充分表达自己的真正见解和自己真正要达到的目的,也可用于假借某事而做别的事。"小题大作"只强调把小事看得很重当大事来办,不值当。

津津乐道 侃侃而谈

津津乐道 jīnjīn-lèdào 很有兴趣地谈论某人某事。津津:形容有兴趣。例要是他不死,他一定津津乐道这一番的遭遇,觉得何幸而有此罢?(茅盾《忆冼星海先生》)|我们在背后常常谈到他,特别是他那些同别人不同的地方,我们更是津津乐道。(季羡林《牛棚杂忆》)|饭桌上的话题,难免有天下大事,家国大事,平民百姓向来就津津乐道。(梁晓声《人世间》)

侃侃而谈 kǎnkǎn-értán 从容不迫地谈论。侃侃:自如、从容的样子。例但是他好像把法庭看作救亡运动演讲大会,回答时侃侃而谈,口若悬河。(邹韬奋《患难余生记》一章)|她顿时获得了信心和力量,甩甩短发,朗声侃侃而谈起来。(刘心武《没有讲完的课》)

〔辨析〕"津津乐道、侃侃而谈"都意在形容说话人说话时的口吻、形态。"津津乐道"形容说话人饶有兴趣地说话的样子,"侃侃而谈"突出说话人说话时从容不迫的状态。"津津乐道"多用于气氛平和、轻松的环境中,谈话的内容应是谈话人有浓厚兴趣,引为自豪的;"侃侃而谈"没有这种意思,此成语多用于向对方陈述、讲道理,或条理分明,或理直气壮,表现说话人成熟、潇洒的姿态。

斤斤计较 锱铢必较

斤斤计较 jīnjīn-jìjiào 《诗经·周颂·执竞》:"自彼成康,奄有四方,斤斤其明。"形容过分计较无关紧要的小事。斤斤:看得清楚的样子,后引申为琐屑细小。例陆灼写出这等杜撰的故事,其目的是要教育世人不可吹牛。我们应该承认他是善意的，似乎不必用考证的方法，对它斤斤计较。（马南邨《燕山夜话》）｜他这人非常大度，从不斤斤计较。｜凡做人做事，都不要斤斤计较。

锱铢必较 zīzhū-bìjiào 北齐·颜之推《颜氏家训》："近世嫁娶，遂有卖女纳财，买妇输绢，比量父祖，计较锱铢，责多还少，市井无异。"像锱铢那样小的分量也要计较。形容对细微的小事也要计较，不肯马虎。也形容对很少的钱或很小的事都要计较，小气、气量小。锱：古代重量单位，四锱等于一两；铢：古代重量单位，二十四铢等于一两。例说来奇怪，那拉氏的性格中有着矛盾，一方面，她心地狭隘，真到了锱铢必较、睚眦必报的地步；另一方面，她又很想得开。（鲍昌《庚子风云》）｜这是个锱铢必较的人，最好不要跟他有金钱上的来往。｜他不但有强烈的市场判断能力，也有追求最大利润的决心，锱铢必较。

〔辨析〕"斤斤计较、锱铢必较"都常指对小事十分计较。"斤斤计较"在口语中使用频繁，比较通俗，"锱铢必较"书面语色彩很浓，语意比较重；"斤斤计较"形容过分计较微小的利益和琐碎细小的事物，"锱铢必较"多仅指对金钱财物等经济利益方面的计较，范围较狭窄，但也可用于褒义。

锦上添花　如虎添翼

锦上添花 jǐnshàng-tiānhuā 南唐·静筠二禅师《祖堂集·罗山和尚》："今日便是锦上更添花。"在美丽的丝织品上再绣上花。比喻美上加美，好上加好。例对于他们，第一步需要还不是"锦上添花"，而是"雪中送炭"。所以在目前条件下，普及工作的任务更为迫切。（毛泽东《在延安文艺座谈会上的讲话》）｜现在贾鸿年要把他这光荣历史写成书，在他看来更是一件锦上添花的好事。（赵树理《卖烟叶》）

如虎添翼 rúhǔ-tiānyì 三国蜀·诸葛亮《将范·兵权》："将能执兵之权，操兵之要势，面临群下，譬如猛虎加之羽翼……"好像老虎长了翅膀。比喻本领高强的人借助某种力量，变得更加强大。例这时红军突出重围，真是如虎添翼，勇往直前。（成仿吾《长征回忆录》）｜朱子炎在桃花尖一仗得枪三十余，如虎添翼。（杨佩谨《霹雳》）

〔辨析〕"锦上添花、如虎添翼"都比喻在原来就好的基础上，再增加好的东西。"锦上添花"强调美好的更美好。"如虎添翼"强调使高超强大的更高超、强大。

谨言慎行　三思而行

谨言慎行　jǐnyán-shènxíng　《礼记·缁衣》："则民谨于言，而慎于行。"说话和行动都小心谨慎。形容言行都极其慎重。[例]他这几年韬光隐晦，谨言慎行，做事越发仔细，没有把握的事，一时不敢答应。（高阳《红顶商人》）｜第一节为"道德精神"，偏重个人修养方面，如谨言慎行，努力为学，等等。（冯玉祥《我的生活》）

三思而行　sānsī'érxíng　《论语·公冶长》："季文子三思而后行。"经过反复考虑然后再采取行动。形容行事慎重。[例]（小文嫂）心里又有些懊悔自己做事太卤莽，不能三思而行。（许杰《邻居》）｜夫人，你说的全对。可是不管怎么说，这是一着险棋，能不走就不走。请你三思而行。（姚雪垠《李自成》）

〔辨析〕"谨言慎行、三思而行"都形容做事慎重。"谨言慎行"还强调说话、语言也要极其小心谨慎，偏重形容人的性格、修养。"三思而行"则强调经反复思考、深思熟虑之后才采取行动，不涉及说话、语言，偏重形容人的行为。

尽收眼底　一览无余

尽收眼底　jìnshōu-yǎndǐ　全部看到眼睛里。形容把眼前整个景物都看得非常清晰。[例]她……跑到最前头坐在草地上，舒舒服服地，把那些歌舞尽收眼底。（陈若曦《张爱玲一瞥》）｜四面设有固定的望远镜，游人每使用一次，需投入一个几毛钱的铅币。我们绕走廊一周，百里之外，尽收眼底。（丁玲《芝加哥夜谭——我见到的美国》）

一览无余　yīlǎn-wúyú　南朝宋·刘义庆《世说新语·言语》："江左地促，不如中国，若使阡陌条畅，则一览而尽……"中国：此指中原。形容眼界开阔，将事物的一切都看到了，没有遗漏。也形容诗文或言语等内容直白、平淡，没有回味。[例]水中岸上都光光的，亏得湖里有五个洲子点缀着，不然便一览无余了。（朱自清《南京》）｜他深深吸了一口气，向四周放眼望去，远近十里方圆的种种景物一览无余。（张扬《第二次握手》）

〔辨析〕"尽收眼底、一览无余"都形容全部看在眼里。"尽收眼底"强调全部看见，仅限于景物，只用于俯瞰、远眺，使用范围较窄。"一览无余"强调看得清清楚楚，全无遗漏，使用范围较广。

进退两难　进退维谷　骑虎难下

进退两难　jìntuì-liǎngnán　唐·李靖《卫公兵法》："凡攻城之兵……进退又难，前既不得上城，退而其师

（帅）逼迫。"既不能前进，也后退不得。形容处境很困难。例那个二十五岁上下的女人冻得满身乱颤，哭哭啼啼，看样子是满怀心腹事，处于进退两难的境地。（曲波《林海雪原》）｜他开始有点后悔，不该为闲扯而把自己弄得进退两难。（老舍《四世同堂》）

进退维谷 jìntuì-wéigǔ 《诗经·大雅·桑柔》："人亦有言，进退维谷。"进和退都陷于困难的境地。维：文言虚词，相当于"是"；谷：山谷，比喻困境。例……那进退维谷的严昌衡才利用了征讨西藏的名目，作以退为进的应付。（郭沫若《少年时代·黑猫》）｜惟知有钱用，则事事如意，左右逢源；无钱则万般棘手，进退维谷。（孙中山《建国方略》）

骑虎难下 qíhǔ-nánxià 《晋书·温峤传》："今之事势，义无旋踵，骑猛兽（唐人避高祖李渊之祖父李虎讳）安可中下哉？"骑在虎身上不敢下来。比喻遇事进退两难。也指事情进行到中途欲罢不能，只有硬着头皮干下去。例何况我军已入湘作战，骑虎难下，欲罢不能呢？（顾笑言等《李宗仁回忆录》）｜王自宝实在有点骑虎难下……实在不能坐坡了，就来了个顺水推舟地说……（浩然《花朵集》）

〔辨析〕"进退两难、进退维谷、骑虎难下"都形容进退两难，左也不是，右也不是。"进退两难"为陈述性成语，形容进也不是，退也不是。"进退维谷"为比喻性成语，比喻无论是进还是退都陷于困难之中。"进退两难"比较明显、通俗，多用于口语。"进退维谷"比较委婉，多用于书面语。"骑虎难下"还有事情进行到中途，欲罢不能，只好硬着头皮干下去的意思，也是比喻性成语，较前两者更形象、生动。

惊慌失措　仓皇失措

惊慌失措 jīnghuāng-shīcuò 害怕慌张，不知怎么办好。例有时一会有一只鸟儿突然出现在光柱里，惊慌失措地乱飞，仿佛一只掉到瓶子里的苍蝇。（莫言《蛙》）｜目下城里城外惊慌失措，谣传恩师要洗城。（陈忠实《白鹿原》）

仓皇失措 cānghuáng-shīcuò 宋·洪迈《夷坚志·铁塔神》："僧仓皇失措，不暇走，兵已大掠。"匆忙而慌张，不知如何是好。例曹操仓皇失措。（明·罗贯中《三国演义》）｜大家都仓皇失措的愁一路，所以倘不是万不得已，我是不大和他一同出去的。（鲁迅《为了忘却的纪念》）

〔辨析〕"惊慌失措、仓皇失措"都有遇到情况慌张又不知如何应对的意思。而"惊慌失措"指恐惧、慌张,致使行为失常;"仓皇失措"多用于面对紧急情况,由于极度慌张而手足无措。"惊慌失措"突出"惊","仓皇失措"强调"急",虽都表达了不知如何是好之意,但各自面对的情况有所不同。

精疲力竭　身心交瘁

精疲力竭　jīngpí-lìjié　精神、躯体疲乏,力气用尽。疲:疲惫;竭:尽。例既然昼夜兼行……自然精疲力竭,好酒贪眠,与死人无异了。(清·李渔《奈何天·攒羊》) | 他们东奔西走,抄近绕远,直走得精疲力竭。(刘绍棠《芳年》) | 理想是理想,事实又是事实,我相信你不久就会撞得精疲力竭。(杨沫《青春之歌》)

身心交瘁　shēnxīn-jiāocuì　躯体和精神都疲惫不堪。交:并,一齐;瘁:过度劳累。例他忧国忧民,发愤著书,因用脑过度,身心交瘁,以至须发皤然,齿根动摇。(顾孝悌《苏轼步月理发》) | 深夜抱着他去医院看急诊,由于休息不够,身心交瘁,第二天上班竟一头昏倒在十字街头。(王朔《我是你爸爸》)

〔辨析〕"精疲力竭、身心交瘁"都形容十分疲劳。"精疲力竭"偏重强调躯体疲乏,没有精气神,力气已全部用完,一点力气也没有了,多用于口语。"身心交瘁"偏重强调精神上躯体上的疲惫一齐袭来,躯体和心力都难以承受了,多用于书面语。

井底之蛙　坐井观天

井底之蛙　jǐngdǐzhīwā　《庄子·秋水》:"井蛙不可以语于海者,拘于虚也。"虚:井蛙栖居的地方。指生活在浅水井或水坑中的青蛙。井底下的青蛙看天,只能见到很小的一块。比喻眼界狭隘,见识短浅。例如今有等轻薄之子,重色轻贤,真所谓井底之蛙耳。(元·关汉卿《裴度还带》) | 但那时我们才知道真是井底之蛙,平常所见,真只有一点点!(茅盾《霜叶红似二月花》)

坐井观天　zuòjǐng-guāntiān　唐·韩愈《原道》:"坐井而观天,曰天小者,非天小也。"坐在井里看天。比喻眼界狭小,见识不广。例愚妹是女流之辈,坐井观天,望乞恩人恕罪则个!(明·冯梦龙《警世通言·赵太祖千里送京娘》) | 我常常把解放前的自己比作一个坐井观天的人。(《巴金选集·后记》) | 如果只看到眼下方寸之地,而不去看天下,那么至多也只是"坐井观天"而已。(《人民日报》1982 年 6 月 10 日)

〔辨析〕"井底之蛙、坐井观天"都形容眼界狭小,见识短浅。"井底之蛙"是比喻性成语，重在比喻眼界狭窄还自以为是的人。"坐井观天"是比况（跟某事物相比较，比照）性成语，重在指只观察到事物的一小部分，不能全面完整地看待事物，从而容易产生错觉。

久久为功　持之以恒　水滴石穿

久久为功 jiǔjiǔwéigōng　意思是要持之以恒，锲而不舍地将美好的德行坚持下去，方能成仁、成功。即美好的品德离不开坚守。例优良的作风不是挂在嘴上，写在纸上，而应该内化于心，见之于行，体现在解决问题的实践中，彰显于久久为功的行动上。（《人民日报》评论员文章《定位准、标准高、行之笃》）｜抓任何工作，都要有久久为功，利有长远的耐心和耐力。（习近平《2015年在中央党校座谈会上的讲话》）

持之以恒 chízhīyǐhéng　宋·楼钥《雷雨应诏封事》："凡应天下之事，一切行之以诚，持之以久。"意思是长久坚持下去。恒：恒心。例学习上没有什么秘诀，只有不懈努力、持之以恒才能取得好成绩。｜做事和学习一样，要有持之以恒的精神，否则便会前功尽弃。

水滴石穿 shuǐdī-shíchuān　水滴不止，最终将能把石板滴穿。比喻坚持不懈，事情就会成功。例没有群众性的努力，没有水滴石穿的功

夫，新的风气和作风是形成不起来的。（李欣《潜移默化》）｜我以为治学最主要的，就是得有毅力，水滴石穿、绳锯木断。（李国文《冬天里的春天》）

〔辨析〕"久久为功、持之以恒、水滴石穿"都强调要坚持不懈。"久久为功"重在强调只有把美好的德行坚持下去，时间长久了，才能成功。"持之以恒"强调做什么事都要有恒心，不可半途而废。"水滴石穿"更多强调，不要看弱小的一方力量不够明显，只要坚持不懈、锲而不舍，就能战胜强者或取得成功。

久闻大名　如雷贯耳

久闻大名 jiǔwén-dàmíng　旧时交际中的套话、客气话。指对方名气很大，久已听说。大名：盛名。对别人名字的尊称。例晚生久闻大名、如雷贯耳，要想拜见拜见。（清·文康《儿女英雄传》）｜国光兄虽是初会，却是久闻大名。（茅盾《动摇》）

如雷贯耳 rúléi-guàn'ěr　唐·权德舆《奉使宜春……路上遇风雨作》："震雷如在耳，飞电来照目。"后用"如雷贯耳"指像雷声传进耳朵。形容声音很大或人的名声很大。贯：贯穿。例吾兄大名，如雷贯耳，今日得拜识荆州，果然名下无虚。（《快心编》）｜喊声激昂慷慨，

充满院落，响彻全村，伪军和伪组织人员们，一时听来，如雷贯耳，一个个吓得直打哆嗦。(李英儒《女游击队长》)

〔辨析〕"久闻大名、如雷贯耳"都能形容人的名气很大，在旧时交际中作初次见面的客气话。"久闻大名"重在强调听说对方的大名由来已久，对方的大名传播的时间长久。"如雷贯耳"强调对方大名的震撼力很强，给人的刺激重，且能形容声音很大，具有穿透力。

咎由自取　罪有应得

咎由自取　jiùyóuzìqǔ　遭受责备、惩处或祸害是自己造成的。咎：过失、罪过，责备。例王仁美咎由自取。小狮子冷冷地说。(莫言《蛙》) | 作恶多端的黑社会老大，如今进了牢房、等待法律的严惩时才明白自己所做的一切完全是咎由自取。(《法制天地》) | 哥哥常说我是一根刺藤，别人怕亲近我，我的失败是咎由自取。(王西彦《人的世界》)

罪有应得　zuìyǒuyīngdé　根据所犯的罪过，理应得到的结果或下场。表示惩罚得一点也不过分。例白白地关了我三天，受了无穷的侮辱，但谁也没有向我道一声歉，仿佛我是罪有应得。(郭沫若《海涛集·我是中国人》) | 罪有应得惩治他

俩，世人不会觉得意外。(端木蕻良《曹雪芹》)

〔辨析〕"咎由自取、罪有应得"都形容因罪、错而受到惩处。都含贬义。"咎由自取"强调所受的责备、惩处或祸害是自己造成的，怨不得别人，多有自我反省、自我承担的意味。"罪有应得"重在形容因罪过而理所当然地受到相应的惩罚，而且惩罚得不过分，多用于口语。

鞠躬尽瘁　殚精竭虑

鞠躬尽瘁　jūgōng-jìncuì　三国蜀·诸葛亮《后出师表》："臣鞠躬尽瘁，死而后已。"形容小心谨慎，不辞劳苦，竭尽全部力量。鞠躬：弯着身子，表示恭谨；瘁：劳累。例臣只有一片愚忠，鞠躬尽瘁。(欧阳予倩《忠王李秀成》) | 他为之献出了毕生的心血，鞠躬尽瘁，战斗不止，孜孜以求，直到最后一息。(袁鹰《飞》)

殚精竭虑　dānjīng-jiélǜ　唐·白居易《策林一·策头》："殚思极虑，以尽微臣献言之道乎!"后多作"殚精竭虑"，用尽精力，费尽心思。殚、竭：尽；精：精力；虑：心思。例足见此书确是一部殚精竭虑的著作，自有其价值在。(周祖谟《音学五书前言》) | 我一定要殚精竭虑，尽我一切能力，来为国家民族奋斗牺牲，来为地方人民奋斗牺

牲。(张治中《张治中回忆录》)
〔辨析〕"鞠躬尽瘁、殚精竭虑"都形容竭尽全力。"鞠躬尽瘁"重在强调恭敬。谨慎，小心翼翼，不辞劳苦，不惜奋斗至死，词意重。"殚精竭虑"强调用尽精力和心思，全力以赴地去完成，词意较轻。

居心叵测　人心叵测

居心叵测 jūxīn-pǒcè　清·林则徐《使粤奏稿》："且其心怀叵测，反复靡常。"存心凶险可恶，不可测度。叵：不可。例懿贵妃恃子而骄，居心叵测；皇后忠厚，丽妃更不是他的对手。(高阳《慈禧前传》)｜咸丰帝道："洋人居心叵测，恰是难料。"(蔡东藩《慈禧太后演义》)

人心叵测 rénxīn-pǒcè　《旧唐书·严幡传》："吾门人多矣，尹子叵测也。"人的心地不可探测。多指人心险恶。例吴荪甫咬牙切齿地挣扎出一句话来道："真是人心叵测！"(茅盾《子夜》)｜众人暗自点头，想那江湖刀光剑影，人心叵测，实易让人心生倦意。(妙凡轩《醉梦江湖》)

〔辨析〕"居心叵测、人心叵测"都能形容人心险恶，难以测度。"居心叵测"只表示成心怀着险恶的意图，心存难以测度的凶险可恶的心思、计谋，让人防不胜防，完全是贬义。"人心叵测"多数情况下形容人心险恶，但更强调人的内心难以探测、琢磨。除含贬义外，有时也具中性色彩。

局促不安　忐忑不安

局促不安 júcù-bù'ān　形容神情拘谨、行动不自然的神态。局促：拘谨，拘束。例当工人搬出年糕汤来时，爱姑不由得越发局促不安起来。(鲁迅《彷徨·离婚》)｜吴荪甫狞起眼睛看了屠维岳一会儿，屠维岳自然很大方的站在那里，竟没有丝毫局促不安的神气。(茅盾《子夜》)

忐忑不安 tǎntè-bù'ān　形容心神不定的样子。例太阳偏西的时候，支书康守荣怀着忐忑不安的心情赶回雁落湖。(浩然《山水情》)｜我平素羡慕惯了有钱人家子弟出入学塾的生活……可是等到自己真要入学的时候，心里又不免忐忑不安起来。(冯玉祥《我的生活》)

〔辨析〕"局促不安、忐忑不安"都形容心中慌乱，难以安定。"局促不安"重在强调神情拘谨，因心中慌乱而行动不自然，神态与表情都显得惶惑。"忐忑不安"重在强调因心里没底，思绪七上八下，拿不定主意而心神不定，神色慌乱，多用于书面语。

举案齐眉　相敬如宾

举案齐眉 jǔ'àn-qíméi 《后汉书·梁鸿传》："每归，妻为具食，不敢于鸿前仰视，举案常齐眉。"端饭时把托盘举得和眉毛相齐。后用来形容夫妻之间相敬相爱。案：古时有脚的托盘。例次日，蘧公孙上厅谢亲，设席饮酒。席终，归到新房里，重新摆酒，夫妻举案齐眉。(清·吴敬梓《儒林外史》)｜中国人与妻尽管举案齐眉，以礼相守，但是要求才女的心，终未消灭。(林语堂《林语堂散文》)｜我只知道，司令对你很爱；您对司令，也是举案齐眉，很是敬。(柯兴《使命与情网》)

相敬如宾 xiāngjìng-rúbīn 《左传·僖公二十三年》："初，臼季使过冀，见冀缺耨。其妻馌之，敬，相待如宾。"馌(yè)：往田里送饭。指夫妻互相敬重，如同对待宾客一样。例两个人也算得齐眉举案，相敬如宾。(张天民《战士通过雷区》)｜每天，我和亦民一起上班下班，夫妻相敬如宾。(陈国凯《我应该怎么办?》)

〔辨析〕"举案齐眉、相敬如宾"都形容夫妻感情好，互相敬重。"举案齐眉"多偏重表现妻子对丈夫的尊重和用实际行动来表达感情。"相敬如宾"偏重从精神层面上来表现夫妻都把对方当作客人一样来敬重。

举不胜举　不胜枚举

举不胜举 jǔbùshèngjǔ 举也举不尽。形容数量多。胜：尽，光。例古代诗人墨客，称颂梅花的，更是举不胜举。(周瘦鹃《花前新记·我为什么爱梅花》)｜像这类艳词《饮水词》中极多，简直举不胜举。(苏雪林《清代男女大词人恋史之谜》)

不胜枚举 bùshèng-méijǔ 不能一个个全举出来。形容数量很多。枚举：一一列举。例诗词中鲜明的富于启示性的意境不胜枚举。(袁行霈《中国文学的鉴赏》)｜赫拉克利特、恩培多克勒拒绝上位，阿克萨戈拉散尽财产，此类事不胜枚举。(周国平《智慧的诞生》)

〔辨析〕"举不胜举、不胜枚举"都形容数量多，怎么列举都举不尽。"举不胜举"重在强调相同或类似的人、事、物多得举不完，适用对象比较广泛。"不胜枚举"重在强调不能一一列举出来，多用于可以列举的事实、事理、条例等，一般不用来形容人多。

举世闻名　闻名遐迩

举世闻名 jǔshì-wénmíng 全世界都知道。形容非常有名。举：全。例中国的象牙雕刻是杰出的，北京的山水人物和广州的花卉动物牙雕，尤其是举世闻名。（秦牧《高高翘起的象鼻子》）｜黑格尔、康德、歌德、贝多芬，都是举世闻名的文化巨人。（周扬《按照人民的意志和艺术科学的标准来评价作品》）

闻名遐迩 wénmíng-xiá'ěr 《南齐书·高帝纪上》："上流声议，遐迩所闻。"远近都能听到他的名声。形容名声很大。闻名：听到名声；遐：远；迩：近。例不过武大郎的手艺却是闻名遐迩的。（张凤洪《潘金莲》）｜家熹的书法越写越好，现在他已是闻名遐迩了。（齐洪《北京晚报·悼赵家熹兄》）

〔辨析〕"举世闻名、闻名遐迩"都形容有名、名气大，知道这个名声的人很多。"举世闻名"知名范围广，知名度更高。语意重，多用于人。"闻名遐迩"仅指远近知名，范围窄。可指人，也可指物。语意较轻。

举世无双　独一无二

举世无双 jǔshì-wúshuāng 世上没有第二个，独一无二，绝无仅有。例从防守上的完整性来看，这座中国皇宫的设计，几乎可以说是举世无双的。（任光椿《戊戌喋血记》）｜他说善于玩把戏，空前绝后，举世无双，人们从来也没有看见过。（鲁迅《铸剑》）

独一无二 dúyī-wú'èr 只此一个，没有第二个。表示唯一的，没有相同或可以相比的第二个。例春秋战国间剧烈的变化，百家争鸣，最后又以暴力完成统一，在世界历史上是独一无二的现象。（黄仁宇《孔孟》）｜尽管那是当木匠的父亲为她考上中学特意制作的，它在台儿沟还是独一无二的呢。（铁凝《哦，香雪》）

〔辨析〕"举世无双、独一无二"都形容只此一个，别无第二。"举世无双"的使用范围，只能用于特定的范围（整个世界或整个国家）。"独一无二"既可以用于整个世界或整个国家，也可用于比世界或国家小的地方，适用面较宽。

举重若轻　轻而易举　易如反掌

举重若轻 jǔzhòng-ruòqīng 举重物如同举起轻的东西那样容易。比喻能轻松愉快地胜任繁重的工作或料理困难的事务。例"真好玩"三字就是她的人生观，她的处世态度，别的女人觉得非常难做的工作，她以"真好玩"的精神，举重若轻的应付了过去。（冰心《我的学生》）｜论述大问题时举重若轻，明晰清畅；探讨具体作品时又举轻若重，擘肌析理。（曾卓《〈仙·鬼·妖·人〉序》）｜无论什么"兵器"、道具拿在手中，她都能举重若轻地把握自如。（陈彦《主角》）｜应物兄回答说："……程先生无需微言，只用一个数字，就让听众置身于儒家文化的仪式当中了。"葛道宏说："我也是这么看的。"栾庭玉说："这就叫举重若轻。治大国如若烹小鲜。"（李洱《应物兄》）

轻而易举 qīng'ér-yìjǔ 《诗经·大雅·烝民》："人亦有言，德輶（yóu，轻）如毛，民鲜克举之。"朱熹注："言人皆言德甚轻而易举，然人莫能举也。"可以轻易地举起。形容事情很容易做到。例自杀其实是不很容易，决没有我们不预备自杀的人们所渺视的那么轻而易举。（鲁迅《且介亭杂文二集·论人言可畏》）｜要写出和演出一个真正成功的戏，对于专业工作者也不是轻而易举的事。（丁玲《悼念刘芝明同志》）

易如反掌 yìrú-fǎnzhǎng 汉·枚乘《上书谏吴王》："便所欲为，易于反掌，安于泰山。"容易得像翻一下手掌那样。形容事情极易做到。例不消半年，希特勒打垮，掉转身来收拾东洋小鬼，真正易如反掌，我们等着最后胜利罢！（茅盾《时间换来了什么》）｜你去了，只要开课，把课时上满，评个副教授还不是易如反掌？（刘心武《钟鼓楼》）

〔辨析〕"举重若轻、轻而易举、易如反掌"都形容事情容易做。"举重若轻"强调即使是繁重、艰巨的事做起来也不费劲，重在褒扬人的能力强。"轻而易举"和"易如反掌"强调事情容易做到，不直接涉及事情的困难和人的能力。"易如反掌"较"轻而易举"语意重；"轻而易举"可受程度副词"多么""太"的修饰，而"易如反掌"一般不能。

捐弃前嫌　尽弃前嫌

捐弃前嫌 juānqì-qiánxián 抛弃从前的嫌怨。表示不再计较以前的不满和仇怨。捐：舍弃、抛弃。例自从听说得发的儿子小宝打鬼子时牺牲了，庆生就有了捐弃前嫌和得发重新和好的打算。（陈适书《静静的山村》）｜国共两党应以国家、民族大义为重，捐弃前嫌，加强沟通与交流，开创两岸关系的新局面。（张岳之《台海风云》）

尽弃前嫌 jìnqì-qiánxián 把从前所有的嫌怨都抛弃掉。表示彻底、完全不计较以前的不满和仇怨。例经过王书记的耐心工作，特别是把那次误会解释清楚后，小芳和文靖终于言归于好，都表示尽弃前嫌，携手同心把本职工作干好。（王楚汉《弄堂里的故事》）｜雄飞大度地对虞燕说道："以往都是小弟的不是，老兄你受委屈了！恳望老兄能尽弃前

嫌，多多原谅!"（李耘《鹊巢鸠占》）

〔辨析〕"捐弃前嫌、尽弃前嫌"都表示不再计较以前的恩怨。"捐弃前嫌"只在强调将以前的嫌怨舍弃掉、抛弃掉。词意较轻。"尽弃前嫌"强调将所有的不满和仇怨一点不剩地完全、彻底地抛弃掉。词意重。

K

开诚布公　推心置腹

开诚布公　kāichéng-bùgōng　晋·陈寿《三国志·蜀书·诸葛亮传论》：“诸葛亮之为相国也……开诚心，布公道。”诚意待人，坦白无私。开诚：显示诚意；布：宣布。例我办事就爱个爽快，开诚布公和我商量，我也开诚布公。（茅盾《子夜》）｜昨天，他终于开诚布公地向大伙袒露心扉，态度十分诚恳。（刘羽《故乡的月亮》）

推心置腹　tuīxīn-zhìfù　汉·班固《东观汉纪·光武皇帝》：“萧王（指刘秀）推赤心置人腹中，安得不投死乎！”推出自己的赤心，放置在人家的腹中，比喻真心待人。例不，她甚至不是一个母亲，而是推心置腹的朋友。（张洁《爱，是不能忘记的》）｜我已多年没有从别人嘴里听到这样推心置腹的话了。（唐弢《永恒的怀念》）

〔辨析〕"开诚布公、推心置腹"都有待人真诚、无私的意思。"开诚布公"强调一个"诚"字，胸怀坦荡；"推心置腹"强调一个"真"字，真心赤诚。在使用的语言环境中，"开诚布公"多用于较庄重、正式的场合；"推心置腹"感情色彩更浓，适用于双方关系较亲密的语境中。

开门见山　开宗明义

开门见山　kāimén-jiànshān　宋·严羽《沧浪诗话》："……太白发句，谓之开门见山。"开门就能看见山。比喻说话、写文章一开头就直入正题。例第三件事是写信要开门见山，不相干的话少说。（王力《和青年同志们谈写信》）｜副院长开门见山地向我们出示了账单，说陈鼻的抢救费、医疗费已累计到两万余元，他一再强调，这还是按成本计算的。（莫言《蛙》）

开宗明义　kāizōng-míngyì　《孝经·开宗明义》："开宗明义章第一。"现指说话、写文章一开始就点明主要的意思。开宗：阐发宗旨；明义：说明义理。例在这开宗明义的第一信里，请你们容我在你们面前介绍我自己。（冰心《寄小读者》）｜他在开宗明义地告诉读者：宜家家居和所有企业一样，都致力于专业和利润。

〔辨析〕"开门见山、开宗明义"都有在口头或文字表达开始时要直截了当的意思。"开门见山"强调开头直入正题，"开宗明义"强调开头点明主旨。正题，含题目或中心内容意思；主旨，不指内容，强调的是目的和意义。"开门见山"形象地比喻说话、为文不说废话，不兜圈子；"开宗明义"借用《孝经》这一词的含义，即说明全书的主旨，扩大到可用于一切表情达意的语言、文字中，强调表达时首先要阐明主旨，次要的在行文中居后。

看风使舵　随机应变

看风使舵　kànfēng-shǐduò　看风向掌舵。比喻根据形势的变化来改变态度或行动方向。例落井下石，看风使舵，以别人的痛苦为笑乐。（茅盾《腐蚀》）｜我对今天说白明天说红的完全看风使舵的理论，只有厌恶之感，没有同情之意。（季羡林《牛棚杂忆》）

随机应变　suíjī-yìngbiàn　《旧唐书·郭孝恪传》："此是天丧之时，请固武牢，屯军汜水，随机应变，则易为克殄。"随着情况的变化而采取新的措施，灵活对付。例他不晓得自己是时代的渣滓，而以为自己是最会随机应变抓住时机的人。（老舍《四世同堂》）｜黄冠缁衣大概只好各备一套，看"早晚市价不同"随机应变了。（茅盾《雨天杂写》之二）

〔辨析〕"看风使舵、随机应变"都形容因情况的变化而改变态度或采取新的措施。"看风使舵"多用于贬义，含有投机取巧的意思。"随机应变"多用于褒义，形容办事机智灵活善于应付。

慷慨解囊　解衣推食

慷慨解囊　kāngkǎi-jiěnáng　形容豪爽大方地拿出钱来帮助别人。慷慨：大方，不吝啬；解囊：解开钱袋。例这次居然前嫌冰释，慷慨解囊，资助侄女读书，那是再好也没有的事。（张爱玲《沉香屑——第一炉香》）｜因此只得不揣冒昧，向大公子求将伯之助，不知公子可慷慨解囊否？（姚雪垠《李自成》）

解衣推食　jiěyī-tuīshí　《史记·淮阴侯列传》："（韩信谢曰）汉王授我上将军印，予我数万众，解衣衣我，推食食我，言听计从，故吾得以至于此。"脱下衣服给别人穿，让出食物给别人吃。指慷慨地帮助和关心别人。解衣：脱衣；推：让，送。例他这原意真使我感激，想到了古人的解衣推食之举。（郭沫若《达夫的来访》）｜对鳏寡孤独之人，母亲必定解衣推食，厚加招待。

（苏雪林《棘心》）

〔辨析〕"慷慨解囊、解衣推食"都表示慷慨大方地帮助别人。"慷慨解囊"重在强调豪爽大方，助人时毫不吝啬，且偏重于钱财的帮助。"解衣推食"重在强调真诚地、不顾自己地去救助别人，连自己的衣食都可以让出来。

慷慨解囊　仗义疏财

慷慨解囊　kāngkǎi-jiěnáng　形容豪爽大方地拿出钱来帮助别人。慷慨：大方，不吝啬；解囊：解开钱袋。例今天挣扎在饥饿线上的人……仍望社会上的人们同情、慷慨解囊，救救在水深火热中的千百万的灾胞。（《蔡廷锴自传》）｜这几句章秋柳的悲痛忏悔，正和她慷慨解囊料理史循事件一样，很使曼青感动。（茅盾《追求》）

仗义疏财　zhàngyì-shūcái　讲义气，慷慨地分散钱财去帮助别人。仗义：讲义气；疏：分散。例众多兄弟，都说玉麒麟仗义疏财，一身好武艺，心地又直爽。（茅盾《石碣》）｜周鸿勋这人，是个仗义疏财的汉子，与我同事几年，彼此都很投合。（李劼人《大波》）

〔辨析〕"慷慨解囊、仗义疏财"都表示用钱财去帮助别人。"慷慨解囊"重在强调豪爽大方，不吝啬。"仗义疏财"偏重讲义气，主持正义，因激于道义而分财助人。

可想而知　不言而喻

可想而知　kěxiǎng'érzhī　可以从推想而知道。例他们行为如此，其平时家庭尽孝之处可想而知，所以至今名垂不朽。（清·李汝珍《镜花缘》）｜滂卑还只是第三等的城市，大户人家陈设的美术品已经像一所……博物馆，别的大城可想而知。（朱自清《滂卑故城》）

不言而喻　bùyán'éryù　《孟子·尽心上》："君子所性……施于四体，四体不言而喻。"施（yì）：延及。意思是君子本性的表现，延及四肢的动作上，无须言语，即可一目了然。不用说就可以明白。表示显而易见。例而且三十多年以后的今天，也还不是那么一回事，大家早已不言而喻。（茅盾《回忆之类》）｜草原上的人们爱马也是不言而喻的。他们最值得骄傲的事就是有匹名马。（费孝通《草原上的马》）

〔辨析〕"可想而知、不言而喻"都形容事情显而易见、容易知道。"可想而知"重在强调根据事情的具体情况，通过推理、想象、判断就可以明白。"不言而喻"重在指不用说就清楚。

刻骨铭心　镂骨铭心

刻骨铭心　kègǔ-míngxīn　刻在骨头

上和心里。形容永远记在心灵深处，表示感动、感受深切，永远不忘。例双方刻骨铭心想着的，只有彼此指认的优点。（叶圣陶《小病》）｜在凄惨、混浊和肮脏得像粪土般的人世中，低下头颅默默地咀嚼着刻骨铭心的痛苦……像如此剧烈和惨痛的身心交瘁，能不能把这个追求的目标，发挥得使自己异常满意呢？（林非《询问司马迁》）

镂骨铭心 lòugǔ-míngxīn 刻在骨头上和心里。形容感受极深，永志不忘。例钗分袂拆相看滴泪，镂骨铭心，难忘厚德。（明·张四维《双烈记·惜别》）｜真是镂骨铭心，没齿难泯。（明·陆采《怀香记·夕阳亭议》）｜他时常回忆起那段镂骨铭心的恋情。

〔辨析〕"刻骨铭心、镂骨铭心"都表示刻在骨头和心上，形容永志不忘，都表示感动、感受深切或作感激的谦辞。"刻骨铭心"口语、书面语均用，多用于口语，较直白。"镂骨铭心"多用于书面语，较典雅。

刻舟求剑　守株待兔

刻舟求剑 kèzhōu-qiújiàn 《吕氏春秋·察今》："楚人有涉江者，其剑自舟中坠于水，遽契其舟曰：'是吾剑之所从坠。'舟止，从其所契者入水求之。舟已行矣，而剑不行，求剑若此，不亦惑乎？"比喻办事拘泥刻板，不随情势而变化。例似你这样寻根究底，便是刻舟求剑，胶柱鼓瑟了。（清·曹雪芹《红楼梦》）｜至于以汉魏篇章，强分比兴，尤未免刻舟求剑，附合支离。（《四库总目提要·卷一八八》）｜"什么叫历史地看问题？简单地说，就是不能盲人摸象，要有一个整体主义观念；不能刻舟求剑，要有一个发展主义观念；不能削足适履，要有一个现实主义观念……"（李洱《应物兄》）

守株待兔 shǒuzhū-dàitù 《韩非子·五蠹》记载："宋国有个农夫看见一只兔子撞死在树桩上，从此他就守在树旁，希望能再得到撞死的兔子。"比喻死守成规，不知变通，也比喻妄想不通过努力而侥幸得到意外的收获。株：露出地面的树桩。例雨翔守株待兔半天，终于碰上一个自己懂的单词，不肯放过显示的机会。（韩寒《三重门》）｜这幻想实在太无聊、太幼稚，难道天上真会落下米来吗？守株待兔有哪个不上当受骗的呢？（高晓声《钱包》）

〔辨析〕"刻舟求剑、守株待兔"都形容拘泥刻板，不知变通。"刻舟求剑"重在指不知随变化的形势而变化，把自己主观确定的东西当成判断事物的标准。"守株待兔"重在指死守狭隘的经验，而且也讽刺心存侥幸，坐待意外的收获。

恪守不渝　忠贞不渝

恪守不渝　kèshǒu-bùyú　严格遵守，决不改变。恪守：严格遵守；渝：改变。例这家人三百多年来遵从先祖的遗愿，恪守不渝，代代相传为袁崇焕守墓，实乃人间的奇迹。（胡岩之《京城杂记·访袁崇焕墓》）｜黄宝生对从师父那里学来的规矩、要求，始终恪守不渝，一板一眼地认真坚持着。（梁欢《小巷中的手艺人》）

忠贞不渝　zhōngzhēn-bùyú　忠诚坚定，永不改变。贞：坚定，有操守；渝：改变。例战士自有战士的爱情：忠贞不渝，新美如画。（郭小川《团泊洼的秋天》）｜她是你的同事，你的同志，你在今后革命征途上和科学事业上忠贞不渝的伴侣和战友。（张扬《第二次握手》）

〔辨析〕"恪守不渝、忠贞不渝"都表现严格遵守、决不改变。"恪守不渝"多强调遵循，遵守规章、制度、办法，坚持原则、原貌不予改变，词意轻。"忠贞不渝"偏重指意志或操守坚定不移，强调永不变心，多用于精神、品德方面，词意重。

空洞无物　空空如也

空洞无物　kōngdòng-wúwù　空空洞洞，什么都没有。多形容文章没有内容或内容不充实。例写小说，我以为，不怕馅大皮薄，而怕空洞无物。（老舍《老舍选集》序）｜空洞无物，没答复人民所关切的任何一个问题，是蒋介石双十演说的特色之一。（毛泽东《评蒋介石在双十节的演说》）

空空如也　kōngkōng-rúyě　《论语·子罕》："吾有知乎哉？无知也。有鄙夫问于我，空空如也。"本形容诚实虚心的样子。后形容一无所有。空空的，什么也没有。空空：敦厚虚心的样子；如也：形容词词尾，相当于"……的样子"。例楼上"空空如也"，任我拣得最好的座位，可以眺望楼下的废园。（鲁迅《彷徨·在酒楼上》）｜本来没有或缺乏感性的知识，这正像母羊还没有生小羊，奶房里空空如也，没有奶汁任你怎么去榨也榨不出奶来。（秦牧《艺海拾贝》）

〔辨析〕"空洞无物、空空如也"都形容什么都没有，都指文章、讲话没有实际的东西或内容不充实，只有空话或指其他空间没有东西。"空空如也"还可形容脑中没有知识或大脑中空白一片的感觉，"空洞无物"不这样用。

口碑载道　有口皆碑

口碑载道　kǒubēi-zàidào　形容到处

都是称颂的声音，众口一词，人人说好。口碑：众口称颂，像文字刻在碑上一样；载道：整个路上。例自从老爷到任，并没见为国出力，倒先有了口碑载道。（清·曹雪芹《红楼梦》）｜我动员部队，在地方上做这种种的事，人民都口碑载道地表示感激。（冯玉祥《我的生活》）

有口皆碑 yǒukǒu-jiēbēi 宋·释普济《五灯会元·太平安禅师》："劝君不用镌顽石，路上行人口似碑。"所有人的嘴都是颂扬功德的纪念碑。比喻人人都称赞颂扬。碑：记功德的石碑。例单是这次赈灾，先生所作所为无论朝野有口皆碑。（陈忠实《白鹿原》）｜你方先生的名声、医道、为人，那是有口皆碑的。（刘波泳《秦川儿女》）

〔辨析〕"口碑载道、有口皆碑"都形容人人称赞颂扬的好人好事。"口碑载道"重在强调赞扬的话语充满了各条道路，极言范围之广。"有口皆碑"重在强调赞扬的话语出自众人之口，极言人数之多。

口是心非　阳奉阴违

口是心非 kǒushì-xīnfēi 汉·恒谭《新论·辨惑》："……如非其人，是而心非者，虽寸断友解，而道犹不出也。"嘴上说的和心里想的不一样，心口不一致。例叭儿之类，是不足惧的，最可怕的确是口是心非的所谓战友，因为防不胜防。（鲁迅《鲁迅书信集·致杨霁云》）｜阳奉阴违，口是心非，当面说得好听，背后又在捣鬼，这就是两面派行为的表现。（毛泽东《中国共产党在民族战争中的地位》）

阳奉阴违 yángfèng-yīnwéi 表面遵从，暗地里违背。阳：表面上；阴：暗地里。例那边陈胖却又说明道："不是派你去侦察一男一女么？现在你的罪状就是阳奉阴违。"（茅盾《腐蚀》）｜他这个人，为人处事，常常是阴一套，阳一套，爱搞阳奉阴违。（秦佳《千里驹》）

〔辨析〕"口是心非、阳奉阴违"都有待人接物心口不一、言不由衷的意思。"口是心非"语意有中性色彩，对敌可用，对友，出于善意也可用。"阳奉阴违"是一种虚伪甚至卑劣的为人处世手法。用于当面是人，背里是鬼；表面一套，暗地又一套的一种人，具有明显的贬义色彩。

苦尽甘来　否极泰来

苦尽甘来 kǔjìn-gānlái 苦难与不幸已经过去，美好和幸福来到了。例受彻了牢狱灾，今过个苦尽甘来。（元·关汉卿《蝴蝶梦》第四折）｜……若不是真心耐，至诚捱，怎能勾这相思苦尽甘来。（元·王实甫《西厢记》）｜你再这样不肯努力，将来如何能有苦尽甘来的一天？

否极泰来 pǐjí-tàilái 汉·赵晔《吴越春秋·勾践入臣外传》："时过于期，否终则泰。"否、泰：六十四卦中的两个卦名。否指不吉，泰指顺畅。后多作"否极泰来"，厄运、逆境到头了，好运就来了。指事物发展到极限，就会向它的反面转化。例莫非否极泰来，要转好运吗？（老舍《四世同堂》）｜今非昔比，否极泰来，旧貌换新颜了。（陈国凯《有这么一个人》）

〔辨析〕"苦尽甘来、否极泰来"都形容坏的不好的事要结束了，而好的事要开始了。"苦尽甘来"重在强调苦难与不幸即将结束，美好和幸福即将来临，较口语化。"否极泰来"重在强调厄运、逆境发展到了极点，就会向相反的方向转化。多用于书面语，较典雅。

苦心孤诣　煞费苦心

苦心孤诣 kǔxīn-gūyì 刻苦钻研，用心探讨，在学问或技术上达到了别人达不到的程度和水平。苦心：费尽心思；诣：学问或技术达到的程度。例此行将充分阐释自己多年苦心孤诣凿研程朱的独特见解，以期弘扬关中学派的正宗思想。（陈忠实《白鹿原》）｜从用字之讲究可以看出，这首诗的作者苦心孤诣，要在有限的篇幅中营造出一种深邃幽远的意境。（2016年全国高考语文全国试卷Ⅱ试题句）

煞费苦心 shàfèi-kǔxīn 形容费尽心思。煞：很、极；苦心：辛苦的用于某事上的心思或精力。例为了看一眼他乘的那辆小车、以及从汽车的后窗里看一眼他的后脑勺，她怎样煞费苦心地计算过他上下班可能经过那条马路的时间。（张洁《爱，是不能忘记的》）｜他煞费苦心，把这残疾人训练成一个能写能算，全场第一个机器缝衣的模范裁缝。（沙汀《范老师》）

〔辨析〕"苦心孤诣、煞费苦心"都形容办事的费心思，耗精力。"苦心"在"苦心孤诣"有了结果，达到了别人不能达到的程度；"煞费苦心"仅仅停留在强调"苦心"。"苦心孤诣"使用范围往往限于对某种学问和技术的钻研、探讨上，"煞费苦心"可用于更广泛的事情上。"苦心孤诣"为书面语，"煞费苦心"口语化明显。

脍炙人口　喜闻乐见

脍炙人口 kuàizhì-rénkǒu 五代·王定保《唐摭言》："李涛，长沙人也，篇詠甚著，如'水声长在耳，山色不离门'。又'扫地树留影，拂床琴有声'……皆脍炙人口。"美味的食物人人喜欢。比喻好的诗文受人称赞、传颂。脍：切得很细的肉；炙：烤肉。例《三国演义》里众多脍炙人口的故事，最家喻户晓的也许要数"空城计"。（沈玉成《"空城计"和"实城计"》）｜三大艺人俱入晚境，他们的歌腔却仍脍炙人口，韵味未歇。（老舍《看宽一些》）｜比如苏东坡的词："人有悲欢离合，月有阴晴圆缺，此事古难全"……这都是我们时常引用的，脍炙人口的。（季羡林《季羡林散文精选》）

喜闻乐见 xǐwén-lèjiàn 喜欢听，乐意看。指非常吸引人，极受欢迎。例我们必须勤于实践，不断提高，写出更多更好的为人民群众喜闻乐见的短篇小说。（艾芜《谈短篇小说》）｜厂甸庙会的这些玩意儿，都是老北京人喜闻乐见的。（马啸天《厂甸拾零》）

〔辨析〕"脍炙人口、喜闻乐见"都形容受人欢迎，招人喜欢。"脍炙人口"重在形容美味的食物，多用于比喻好的诗文备受赞赏。"喜闻乐见"重在指所有吸引人、受人欢迎的事，强调视觉、听觉的愉悦。

宽宏大度　宽宏大量

宽宏大度 kuānhóng-dàdù 形容待人宽厚。度量大，能容人。宽宏：宽阔宏大。例中令宽宏大度，不妄喜怒。（宋·张齐贤《洛阳缙绅旧闻记·安中令大度》）｜他清清楚楚地承认自己的宽宏大度，也清清楚楚地承认自己的嫉妒与偏狭。（老舍《且说屋里》）

宽宏大量 kuānhóng-dàliàng 形容待人宽厚，度量大。例只有你和白经理宽宏大量，还没忘了我是你们的朋友。（老舍《方珍珠》）｜鹿子霖站起来："承蒙诸位关照，特别是田总宽宏大量，明天受我一请。"（陈忠实《白鹿原》）

〔辨析〕"宽宏大度、宽宏大量"都可指人自身的度量或对人对事的度量。"宽宏大度"重在形容宽容的界限很广，对人对事宽容的程度很深。"宽宏大量"重在形容宽容的容量很大，能容纳、包容的人和事情多。

匡扶正义　伸张正义

匡扶正义 kuāngfú-zhèngyì 匡正扶持、辅佐正义的事。匡：纠正、救助、帮助；正义：公正的，有利于人民的。例老钱愤愤地说道："当初倒霉的时候，叫天天不应，叫地地不灵，他像个缩头乌龟，现在眼看成功，他就装出一副一贯匡扶正义的样子，想来摘桃子。"（章政茹《市井众生相》）｜打击黑恶势力，扶助弱势群体，匡扶正义，弘扬正气是我们公安干警义不容辞的天职。（郁风《一个警察局长的遭遇》）

伸张正义 shēnzhāng-zhèngyì 使正

义得以发扬、扩张。多用于坚持原则，主持公道，为正义而尽力。伸张：扩大（多指抽象事物）。例几十年来老杜都被大家看着是一个伸张正义，主持公道的人。（明霞《小镇"闲人"》）｜今天，我就是来请你们伸张正义的，那泼妇做了那么多坏事，你们管不管？（冼秋明《泼妇》）

〔辨析〕"匡扶正义、伸张正义"都形容对正义事业的支持。"匡扶正义"重在对正义的事给予扶持、辅佐、帮助。"伸张正义"重在使正义得到伸张、发扬。

狂放不羁　放荡不羁

狂放不羁　kuángfàng-bùjī　形容性格豪爽，蔑视世俗礼法，任性而不受约束。羁：约束。例待到辞官被许，他快活得如上九天……更广游东南，以恢复他原先的狂放不羁的精神。（阿英《袁中郎作官》）｜改革、开放三十年来，随着解放思想的深入，个性解放大为张扬，虽然挣脱了往昔的羁绊，但也伴有狂放不羁、放荡不羁等现象丛生，甚至有人以"个性解放"为幌子借机宣扬腐朽淫秽的思想。（齐理之《我观"个性解放"》）

放荡不羁　fàngdàng-bùjī　《晋书·王长文传》："少以才学知名，而放荡不羁，州府辟命皆不就。"形容行为放纵不受约束。例想到那放荡不羁的李白，却也心甘情愿地成为这样的人，实在有点令人难解。（郭沫若《李白与杜甫》）｜你难道不知道，高泰这孩子从小就放荡不羁？（匡乐义《高泰的故事》）

〔辨析〕"狂放不羁、放荡不羁"都形容不受约束，任性而为。"狂放不羁"重在强调性格豪爽，不把世俗礼法放在眼里，偏重形容人的性情、气质。"放荡不羁"重在强调任性，行为放纵，偏重形容人的行为。词的感情色彩较"狂放不羁"稍重。

困兽犹斗　狗急跳墙

困兽犹斗　kùnshòu-yóudòu　《左传·宣公十二年》："困兽犹斗，况国相乎？"被围困的野兽还要作最后的挣扎。比喻陷入绝境还要拼命挣扎、抵抗。例况困兽犹斗，背城一战，尚有不可测之事乎？（明·冯梦龙《东周列国志》）｜不过是署里几个科长的看法，认为此事必定能办成，赵守义困兽犹斗，徒然拖延日子罢了。（茅盾《霜叶红似二月花》）

狗急跳墙　gǒují-tiàoqiáng　比喻走投无路时，不顾一切地行动。例伯娘，不瞒你老人家说，如今真是逼得人狗急跳墙哪！（艾芜《黄昏》）｜他大声说道："现在的日本鬼子正是

狗急跳墙，垂死挣扎的时候。"（刘流《烈火金钢》）

〔辨析〕"困兽犹斗、狗急跳墙"都形容走投无路时要做最后的挣扎。"困兽犹斗"重在强调不屈服，要拼命抵抗，多用于贬义，也可有中性用法，较典雅。"狗急跳墙"重在强调狼狈，急红了眼不顾一切，含贬义，通俗、形象、直白，多用于口语。

L

拉家带口　拖儿带女

拉家带口　lājiā-dàikǒu　被一家老小拖累。[例]老李，我真再也没法过下去了，拉家带口的，可比不上那些光棍们好混。（苗培时《矿山烈火》）｜齐满囤拉家带口地跑来闯关东已经七八年了，到现在也没混出个人样儿来。（张江国《又是冰消雪融时》）

拖儿带女　tuō'ér-dàinǚ　带领着儿女。多形容生活艰难或旅途辛苦。[例]唉！拖儿带女的，起五更，熬半夜，这是造的什么孽呀！（丁玲《太阳照在桑干河上》）｜这时，从渭北高原漫下来拖儿带女的饥民，已经充满了下堡村的街道。（柳青《创业史》）

〔辨析〕"拉家带口、拖儿带女"都形容带着家人并因此受到拖累。"拉家带口"重在指受到全家老小的拖累，多形容生活上的负担重。"拖儿带女"仅指受到儿女的拖累，多形容生活艰难或旅途辛苦。

来龙去脉　前因后果

来龙去脉　láilóng-qùmài　明·吾邱瑞《这鐾记·牛眠指穴》："此间前岗有块好地，来龙去脉，靠岭朝山，种种合格，乃大富贵之地。"旧时迷信讲风水的说法。认为山形地势像龙的血脉一样连贯着。后比喻事情开端到结束发展的脉络或人及事物的来历。来龙：头所在之地。[例]当然，过去性急地要想一下子把一切事情的来龙去脉都知道得清清楚楚，也是不切实际的想法。（马南邨《燕山夜话》）｜焦裕禄严肃地说："要弄清它的来龙去脉，打垮它，说服它。"（峻青《焦裕禄的光辉》）｜几天之后，当应物兄知道了事情的来龙去脉，他将对自己这么说，对芸娘，他唯有感佩。（李洱《应物兄》）

前因后果　qiányīn-hòuguǒ　《南齐书·高逸传论》："今树以前因，报以后果。"前面的原因产生后面的结果，指事情的全过程。[例]慕琏听到此处，仿佛是已将此事的前因后果全明了了的一般，但他仍不言语，只听她的续言。（王统照《黄昏》）｜于是，辛楣坦白地把这事的前因后果讲出来。（钱锺书《围

城》)

〔辨析〕"来龙去脉、前因后果"都形容事情的全过程及其首尾的关联。"来龙去脉"为比喻性成语,重在强调人、事、物的脉络和变化。"前因后果"是直陈性成语,涉及人或事物开始、发展、结束之间的因果关系和关联线索。

来日方长　从长计议

来日方长　láirì-fāngcháng　宋·文天祥《与洪端明云岩书》:"某到郡后,颇与郡人相安……惟是力绵求牧,来日方长。"未来的日子很长,表示事情还大有可为。或劝人不要急于做事。方:正。例来日方长,只要他不是真心投降朝廷,以后携手共事的时候还多着哩!(姚雪垠《李自成》)｜且喜此关一过,来日方长,我所能告诉小朋友的,将来或不止于此。(冰心《寄小读者》)

从长计议　cóngcháng-jìyì　《左传·僖公四年》:"卜人曰:'筮短龟长,不如从长。'"古代用蓍草占卜叫筮,又认为蓍草的生长期没有乌龟的长,用龟甲来占卜更为灵验。意思是遇事慎重,多用些时间慢慢商议。也指从长远的角度考虑。例等打过这一仗,黑虎也来了,再从长计议。(姚雪垠《李自成》)｜她决定……调查调查,掌握些基本情况,再从长计议。(古华《芙蓉镇》)

〔辨析〕"来日方长、从长计议"都有劝人不要急于做事的意思。"来日方长"重在强调未来的时日还有很多,事情还大有可为。"从长计议"强调遇事要慎重,多用点时间来从长远的角度商议问题。

浪迹天涯　四海漂泊

浪迹天涯　làngjì-tiānyá　到处流浪,足迹遍天下。例如果自己一口答允下来,明天就会同他们一起去放船了。浪迹天涯,四海为家,他们不会亏待自己的。(鲍昌《庚子风云》)｜红拂自从见了李靖之后,就决心要跟着他,哪怕是浪迹天涯,居无定所,她也决不后悔。(翟剑辉《风尘三侠》)

四海漂泊　sìhǎi-piāobó　在各地到处飘荡、停留。形容因职业、生活不固定而东奔西走。例尤朝东从老家出来,四海漂泊,流浪异乡,吃尽了千辛万苦,如今终于熬出头了。(白雪《山沟里走出的汉子》)｜你再说这几年你很苦,总还是老婆孩子热炕头,一家子团团圆圆在一起。你兄弟可是四海漂泊,孤身一人在外打工,什么苦没吃过呀!(兰潇《柳条沟的变迁》)

〔辨析〕"浪迹天涯、四海漂泊"都形容到处流浪,四处漂泊。"浪迹天涯"重在形容行踪不定和走到了天边,极言其路途之远。"四海漂泊"

重在形容因职业、生活不固定而东奔西走，极言其范围之广。

劳而无功　事倍功半

劳而无功 láo'érwúgōng 《管子·形势》："毋与不可，毋强不能，毋告不知。与不可，强不能，告不知，谓之劳而无功。"付出了劳动却没有功效。例高虎这次跑深圳，花了好大力气，却是劳而无功，悻悻而归。（潘毅《南下经商》）｜史沫特莱有心眼，知道自己要是一个劲儿的说苏联好，必会劳而无功，或者弄到双方面红耳赤，下不来台。（老舍《大地的女儿》）

事倍功半 shìbèi-gōngbàn 指花费了加倍的劳力，收到的效果却很小。事：工作、措施；功：功效、成绩。例现在下面支部里各类问题很多，你如果一一用手工业的方法去解决，那是事倍功半的。（王蒙《组织部新来的年青人》）｜黄老汉那年搞养殖，因为没有经验，最后闹了个事倍功半的结果，差点儿把老本都赔光了。（齐晨《发家致富的人们》）

〔辨析〕"劳而无功、事倍功半"都表示付出的力气、劳动和应得的不匹配。"劳而无功"强调劳而无效，白费力气，语意重。"事倍功半"强调费力大而收获小，语意较轻。

老成持重　老于世故

老成持重 lǎochéng-chízhòng 唐·常衮《授郭晞左散骑常侍制》："以少年之才雄，有老成之持重。"老练成熟，办事稳重。老成：老练成熟；持重：办事稳重，不轻浮。例年轻的人也都喜欢学做老成持重，抱着和老年人相同的见解。（林语堂《生活的艺术》）｜哥哥就是这样，一个老成持重的人，当年偏偏娶了县剧团一个爱说爱笑的演员。（路遥《路遥全集·人生》）

老于世故 lǎoyú-shìgù 老练圆滑而富有处世经验。世故：处世经验。例这人老于世故，无是无非，任凭人家对他说什么，他都是好好的回答着。（冯玉祥《我的生活》）｜第七种：遇事敷衍，与人无争；老于世故，巧于应付；上捧下拉，面面俱圆。这是做官混饭吃的官僚主义。（周恩来《反对官僚主义》）

〔辨析〕"老成持重、老于世故"都有老练，能慎重处理问题的意思。"老成持重"强调成熟，不幼稚、不轻浮，办事稳重，含褒义。"老于世故"强调深谙处世之道，处世经验丰富，有时也用于形容老练圆滑之人，含贬义。

老气横秋　暮气沉沉

老气横秋 lǎoqì-héngqiū 宋·楼钥

《题杨子元琪所藏东坡古木》诗："东坡笔端游戏，槎牙老气横秋。"原指老年人气概不凡，自负而有傲气，现多指摆老资格或无朝气。也可形容青壮年自以为是，老练而自负的神态。老气：老成的样子；横秋：充满秋空。引申为气盛。例二弟……身材比我还高，翩翩年少，相形之下，我觉得自己真是老气横秋了。（冰心《关于女人》）｜适之先生是非常懂得幽默的，他绝不老气横秋，而是活泼有趣。（季羡林《牛棚杂忆》）

暮气沉沉 mùqì-chénchén 形容萎靡不振，不思进取。暮气：黄昏时的雾霭，比喻委靡消沉的精神状态。例为人民做工服役，士兵们无有不乐为的……若是官长暮气沉沉，根本没有此心，那自然无事可做。（冯玉祥《我的生活》）｜宋朝选拔官员一向总是选所谓的老成稳健之士，所以朝廷中就充满了须发苍苍，暮气沉沉的人。（蒲韧《二千年间·九》）

〔辨析〕"老气横秋、暮气沉沉"都形容缺乏朝气的精神状态。"老气横秋"现多用于形容摆老资格，或形容青壮年自以为是，老练而自负的神态。"暮气沉沉"重在形容消沉、委靡、精神不振作的样子和疲沓不求进取的作风。

老谋深算　深思熟虑　深谋远虑

老谋深算 lǎomóu-shēnsuàn 谋划周密，打算深远。形容人办事精明老练。例鸿渐老谋深算似地说："孙姐，我替你出个主意。"（钱锺书《围城》）｜这正是经验丰富的主教练在战术安排上的老谋深算之处：下半场比赛中想方设法消耗对方主力队员的体力，终于扭转劣势，赢得比赛。（2015年全国语文高考全国试卷试题）

深思熟虑 shēnsī-shúlǜ 宋·欧阳修《辞免第二状》："苟非深思熟虑，理须避让。"思考深入、细致。熟：仔细、周密。例深思熟虑的神气在吴荪甫的脸上摆出来了。（茅盾《子夜》）｜经过几天的深思熟虑，又和病人家属做了充分沟通，吴医生最终否定了治疗小组提供的保守治疗方案，决定尽快为病人进行肺部手术。（2015年全国语文高考全国试卷试题）

深谋远虑 shēnmóu-yuǎnlǜ 汉·贾谊《过秦论》："深谋远虑，行军用兵之道，非及向时之士也。"计策谋划周密，考虑深远。例朱延年很聪明又很调皮，遇到深谋远虑，老练圆滑的徐总经理，却感到局促不安。（周而复《上海的早晨》）｜早在上个世纪末，当地决策者就深谋远虑，提出了从单一的小农业向大

农业转移战略措施，于是一个个生态经济园应运而生。(2015年全国语文高考全国试卷试题)

〔辨析〕"老谋深算、深思熟虑、深谋远虑"都有考虑深入、周全的意思。"老谋深算"偏重在形容人策划周密、办事精明老练；"深思熟虑"偏重形容人考虑问题非常深入、细致；"深谋远虑"偏重于形容人考虑得比较长远。"老谋深算"多用于形容精于谋划，办事老道之人；"深思熟虑"多用于面对重大甚至生命攸关的问题时人的正确做法；"深谋远虑"是在做决策、规划时应抱的态度和做法。

老谋深算　神机妙算

老谋深算 lǎomóu-shēnsuàn　周密谋划，深远打算。形容人深沉精明，谋略周密严整。例现在他颇有点后悔刚才的"失态"，他的老谋深算走了这么一个方面。(茅盾《子夜》)｜鸿渐老谋深算似的说："孙小姐，我替你出个主意。"(钱锺书《围城》)

神机妙算 shénjī-miàosuàn　神奇的心智，巧妙的筹划。指有预见性的高明计谋。神机：神奇的计谋；妙算：巧妙的谋划。例（周）瑜大惊，慨然叹曰："孔明神机妙算，吾不如也。"(明·罗贯中《三国演义》)｜钓雪哥神机妙算，比张天师还灵呵！(马烽、西戎《吕梁英雄传》)

〔辨析〕"老谋深算、神机妙算"都形容谋划高明，谋略周密。"老谋深算"重在形容人深沉精明，遇事谋划周密、严谨。"神机妙算"重在形容计谋神奇巧妙而有效，极富预见性，褒义重。

老生常谈　陈词滥调

老生常谈 lǎoshēng-chángtán　晋·陈寿《三国志·魏书·管辂传》："此老生之常谭。"谭：同"谈"。原意是老书生常说的话，今指常说的无新意的老话。例我懒得应酬，说来说去，全是听腻了的老生常谈。(夏衍《心防》)｜其实这些话都属于老生常谈，都平淡无奇。(季羡林《牛棚杂忆》)

陈词滥调 chéncí-làndiào　陈旧不切实际的话。陈：陈旧、过时；滥调：令人腻烦、脱离实际的言辞、论调。例别以为文章是由一些陈词滥调组成的，也别以为文章是凭空想出来的。必须言之有物，也就是有生活。(老舍《怎样丢掉学生腔》)｜在新闻语言方面，有些陈词滥调，实在不能容忍，套仿术语太多。(辜晓近等《访穆欣同志》)

〔辨析〕"老生常谈、陈词滥调"都有语言陈旧的意思。"老生常谈"由原指的老书生常说的话，扩大到一切常说的无新意的老话。"陈词滥调"更偏重强调言论的脱离实际、过时,以至到了令人厌烦的地步,贬义的色彩比"老生常谈"更浓厚。

乐不思蜀　乐而忘返

乐不思蜀　lèbù-sīshǔ　《三国志·蜀志·后主禅传》裴松之注引晋·习凿齿《汉晋春秋》:"他日,王问禅曰:'颇思蜀否?'禅曰:'此间乐,不思蜀。'"快乐到不再想念故地——蜀国。比喻快乐得不再思念故土。蜀:三国时的蜀国。例那麦思敦更加气色傲然,或饮或食、忽诵忽歌,大有"此间乐不思蜀"之意。(鲁迅《月界旅行》)| 只是我那四岁的小外孙女,在美国的幼儿园里住得有点乐不思蜀。(刘绍棠《多吃了几年盐》)| 这两类我们的同胞,一经告别了泥草房,住入砖瓦房后,便都乐不思蜀,不再怀念故乡,一心想要扎根于斯了。(梁晓声《人世间》)

乐而忘返　lè'érwàngfǎn　《史记·秦本纪》:"造父以善御幸于周缪王……西巡狩,乐而忘归。"因高兴竟然忘记返回。例西湖的景色明媚宜人,使人乐而忘返。(何希泰《秀色可餐》)| 夕阳西下,山河似锦,虽然玩了一整天了,大家仍旧未曾尽兴,大有乐而忘返之意。(钟离浩《燕山之旅》)

〔辨析〕"乐不思蜀、乐而忘返"都形容因快乐而不去考虑其他。"乐不思蜀"是比喻性成语,因后主刘禅的原因,含忘本之意。"乐而忘返"是直陈式成语,只强调忘记返回,没有忘本的意思。

雷厉风行　闻风而动

雷厉风行　léilì-fēngxíng　宋·曾巩《亳州谢到任表》:"运独断之明,则天清水止;昭不杀之武,则雷厉风行。"像雷那样猛烈,像风那样迅速。比喻政策法令的执行严厉迅速。也比喻办事迅速果断。例你们部队作风,雷厉风行,猛打猛冲。(艾煊《山雨欲来》)| 老赵性急如火,干起工作雷厉风行。(徐慎《书记》)

闻风而动　wénfēng-érdòng　一听到风声就行动。形容听到消息或接到指令后行动迅速。例二连闻风而动的作风,我是知道的。(林雨《刀尖》)| 近些年来,山里人也习惯了闻风而动,不分白日黑夜,召之即来,参加各种紧急、重要的群众大会。(古华《芙蓉镇》)

〔辨析〕"雷厉风行、闻风而动"都形容动作迅速,不拖沓。都可形容个人或团队的作风。"雷厉风行"多用于比喻贯彻政策、法令时的坚决、严厉和刻不容缓,也常用于比喻办事迅猛果断。"闻风而动"多用于一听到消息就立刻行动,重在强调行动快。

冷眼旁观 漠然置之

冷眼旁观 lěngyǎn-pángguān 宋·朱熹《答黄直卿》:"……冷眼旁观,手足俱露,甚可笑也。"用冷淡或冷静的眼光、态度从旁边来观看。冷眼:观察事物时的冷静或冷淡的神情。例那先生看了这样光景,口中不语……却只是冷眼旁观,任主人家处置。(明·凌濛初《初刻拍案惊奇》)|没想到他小小年纪,竟然城府在胸,面对诱惑一言不发,只管冷眼旁观,暗中盘算。(毓鼎《小精豆儿》)

漠然置之 mòrán-zhìzhī 冷漠地放在一边。形容对人对事漠不关心。例自从小芹走后,原来待人热情的树生再遇到什么事都有一副漠然置之的神情。(常墨《张峪村的婚礼》)|这位极不负责任的领导,对职工所提出的要求漠然置之。

〔辨析〕"冷眼旁观、漠然置之"都形容对人、对事持冷淡、冷漠的态度,缺乏热情。"冷眼旁观"强调态度冷淡,坐观事态的发展,重在表示不关心、不热情、不激动却在冷静观察。"漠然置之"只强调不关心、不热情、不激动,冷漠得把事情扔到一边完全不放在心上。

冷眼旁观 袖手旁观

冷眼旁观 lěngyǎn-pángguān 宋·朱熹《答黄直卿》:"……冷眼旁观,手足俱露,甚可笑也。"用冷淡或冷静的目光观察而不介入。例欺人意气总难堪,冷眼旁观也不甘。(明·施耐庵《水浒传》)|我发现拍马屁跟恋爱一样,不容许有第三者冷眼旁观。(钱锺书《围城》)

袖手旁观 xiùshǒu-pángguān 唐·韩愈《祭柳子厚文》:"巧匠旁观,缩手袖间。"袖着手在一旁观看。比喻置身事外,不过问,也不相助。例我从未见过主人袖手旁观,反而让客人动手的道理!(巴金《秋》)|你师傅的事,我岂有袖手旁观之理?(茅盾《林家铺子》)

〔辨析〕"冷眼旁观、袖手旁观"都形容对某事采取不介入,只在旁观察。"冷眼旁观"强调态度、神情冷静或冷淡,坐视事态的发展。"袖手旁观"强调不伸手,不帮忙,不参与,含有该管而不管之意。

离愁别绪 离愁别恨

离愁别绪 líchóu-biéxù 分手时依依不舍的愁闷之情和离别后苦苦思念的心绪。多用于夫妻和情侣之间。例小倩一想起在美国留学的丈夫,一番离愁别绪的滋味就不禁涌上心

头。(顾小川《孔雀开屏》)｜两人昨夜的幽会欢洽,变作今朝的离愁别绪,不由得泪眼相向,难舍难分。(索连生《秋风袭人》)

离愁别恨 líchóu-biéhèn 指离时给人带来愁闷和怨恨。也说"别恨离愁"。例杳杳征轮何处?离愁别恨千般。不堪心绪正多端。(五代·孙光宪《临江仙·其一》)｜那孤灯只砚,郎君珍重,离愁别恨,奴自推排。(《宋·陈彦章妻〈沁园春〉》)｜明月圆圆照九州,几家欢乐几家愁。家家团圆共聚首,品尝月饼甜心头。我在外地忙工作,难以回家恨悠悠。但愿天涯共此时,离愁别恨一笔勾。

〔辨析〕"离愁别绪、离愁别恨"都形容离别分手的痛苦。"离愁别绪"强调离别后苦苦思念的心绪的矛盾与杂乱。"离愁别恨"强调离别时给人留下的愁闷、怨恨和遗憾。

李代桃僵　冒名顶替

李代桃僵 lǐdài-táojiāng 《乐府诗集·相和歌辞三·鸡鸣》:"桃生露井上,李树生桃傍。虫来啮桃根,李树代桃僵。树木身相代,兄弟还相忘。"原意是李树代替桃树而死。后比喻兄弟之间互爱相助,也比喻以此代彼或代人受过。僵:枯死。例移花接木、李代桃僵,真是一条绝妙好计。(郭明伦、张重天《冀鲁春秋》)｜甚至把作者的姓名任意改换,李代桃僵,偷梁换柱。(郭沫若《从典型说起》)

冒名顶替 màomíng-dǐngtì 假冒别人的名义,代他去干某事(多属于对自己有利的事)。例姑娘你本是那桑家班的陶红杏,怎敢冒名顶替要当雨点儿的娘?走江湖的好脸皮厚,也不该如此以假乱真,鱼目混珠呀!(刘绍棠《草莽》)｜查所征得壮丁,多是地方流氓……冒名顶替,一有机会即行逃跑。(蔡廷锴《蔡廷锴自传》)

〔辨析〕"李代桃僵、冒名顶替"都形容由此代彼。"李代桃僵"语意宽,既可喻兄弟互爱相助,也可喻代人受过。"冒名顶替"语意窄,仅用于假冒别人名义,顶替他人的身份来办事。

理所当然　天经地义

理所当然 lǐsuǒdāngrán 隋·王通《中说·魏相》:"非辩也,理当然耳。"宋·朱熹《朱子语类·孟子十》:"性,不是有一个物事在里面唤做性,只是理所当然者便是性。"从道理上说或从情理上讲,应当这样。例因此听说媳妇就定在那里,倒也仿佛理所当然,毫无意见。(朱自清《择偶记》)｜李红瞪着大眼冲他嚷道:"杀人偿命,借债还钱,理所当然,天经地义!"(邓胜

《花圃丛中》)

天经地义　tiānjīng-dìyì　《左传·昭公二十五年》："夫礼，天之经也，地之义也，民之行也。"后用"天经地义"指正确的，不可改变的原则和道理。经：原则；义：道理。例不劳动不得食这是新社会的章程，也是天经地义的道理。(浩然《艳阳天》)｜军队吃皇粮，战时打仗，平日操练，这是天经地义的事。(唐浩明《曾国藩》)

〔辨析〕"理所当然、天经地义"都表示应该如此。"理所当然"强调按道理或从情理上讲应当如此，语意较轻。"天经地义"强调本该如此，完全不可改变，根本不容置疑，绝对正确，必须如此。语意重。

理直气壮　义正辞严

理直气壮　lǐzhí-qìzhuàng　理由正确，充分，说话气势就壮，无所畏惧。例他理直气壮地笑了笑，站起踱着方步。(茅盾《尚未成功》)｜三娘理直气壮，挺了胸，仍带头走在前面。(茹志鹃《里程》)

义正辞严　yìzhèng-cíyán　道理正确，言语措辞严肃有力。也作"义正词严"。例而且，可能有人不以大人此举为然，只是义正辞严，不得不依国法处置，如果大人不依法律办，岂不是授人以柄，自取其咎。(高阳《玉座珠帘》)｜(他)真是义正辞严，把"伪寇"者们骂得有声有色。(郭沫若《摩登唐吉诃德的一种手法》)｜但你要在心里认识到，你说的是假话，能少说一句就少说一句，不要抢着说，不要先声夺人，慷慨激昂，理直气壮。(李洱《应物兄》)

〔辨析〕"理直气壮、义正辞严"都表示道理、理由正确，真理在握。"理直气壮"强调因理由正确、充分，说出话来就显得气势强盛，言辞有力。"义正辞严"强调因理由正大光明，措辞就严肃、犀利。

立德树人　百年树人

立德树人　lìdé-shùrén　培养有品德的人才。立德：坚持德育为先，树立良好的品德；树人：通过合适的教育来塑造人、培养人。例教育是国家大计，也是民生之基。建设教育强国是一项系统工程，其中的关键是落实立德树人这个根本任务。｜只有把立德树人贯彻到教育事业的各方面，做到以树人为核心、以立德为根本，才能培养合格的建设者和接班人。

百年树人　bǎinián-shùrén　《春秋·管子·权修》："一年之计，莫如树谷；十年之计，莫如树木；百年之计，莫如树人。"比喻培养人才是长期而艰巨的事。百年：形容培养人才的时间很长；树人：培养人才。例古人都知道百年树人的道理，我们更应该把培养人才这件大事抓好。｜这有什么不好？家里人更要言传身教，百年树人嘛？（王朔、冯小刚等《编辑部的故事》）
〔辨析〕"立德树人、百年树人"都说的是培养人才。"立德树人"重在强调要培养有品德的人才。在教育中要坚持德育为先，通过树立良好的品德，将受教育者培养成才。"百年树人"强调培养人才无论是国家，还是家庭，都是长远之计，而且是非常不易、非常艰巨的任务。

立功赎罪　将功折罪

立功赎罪　lìgōng-shúzuì　《旧唐书·王孝杰传》："使未至幽州，而宏晖已立功赎罪，竟免诛。"建立功绩来抵偿所犯罪过或弥补过失。赎：补偿。例赵衰曰："当革职，使立功赎罪。"（明·冯梦龙《东周列国志》）｜今晚是你立功赎罪的时候，看你的坦白是真的，还是假的。（陈残云《山谷风烟》）

将功折罪　jiānggōng-zhézuì　拿功劳来抵换，抵清罪过或过失。折：抵换、折合。例工业糟蹋了自然风景，再分出一部分利润来在原处建造花园供后人游览，将功折罪，我们不可再苛求了。（梁实秋《西雅图杂记》）｜"未出兵，先斩将，于军不利。姑赦令从征，将功折罪。"惠公准奏。（明·冯梦龙《东周列国志》）
〔辨析〕"立功赎罪、将功折罪"都有用功劳、功绩来抵偿所犯罪过或弥补过失的意思。"立功赎罪"强调有罪过后立刻建功来补偿。"将功折罪"强调用功劳来抵换，抵消罪、过。

历历在目　记忆犹新

历历在目　lìlì-zàimù　唐·杜甫《历历》："历历开元事，分明在眼前。"宋·楼钥《西汉会要序》："开卷一阅，而二百余年之事，历历在目。"清晰地展现在眼前。历历：清楚、分明。例可一想起故乡，母亲架设的桥就会在心中浮现。那座桥，至今历历在目。（水上勉《母亲架设的桥》）｜秋白的面影，浮现在我的心头，秋白的音浪，萦绕在我的耳边，半生往事，均历历在目。（曹靖华《罗汉岭前吊秋白》）｜讲演的内容，我已经完全忘记了，但是，他那把双手插在西装坎肩的口袋里的独特的姿势，却至今历历在目。（季羡林《季羡林散文精选》）

记忆犹新　jìyì-yóuxīn　回想过去的事情，仍然十分清楚，就像刚刚发生过的一样。犹：还，自然。例这一切恶梦似的现实，记忆犹新，到底为什么而竟然发生？（茅盾《温故

以知新》）｜直到现在,我对母亲当时的神态表情,做过的一些事,说过的一些话,还记忆犹新。(冯德英《苦菜花·后记》)

〔辨析〕"历历在目、记忆犹新"都形容对往事有清晰的印象。"历历在目"偏重于具体的物像,强调视觉画面的清楚,使用面偏窄。"记忆犹新"既能感知视觉的影像又能感知听觉等更多的层面,使用范围宽泛。

励精图治　发奋图强

励精图治　lìjīng-túzhì　《宋史·神宗纪赞》："励精图治,将有大为。"指振作精神,想办法把国家治理好或干好事业。励:振奋,奋勉;图:谋求。例故其政府不能不励精图治,以谋国之进步。(梁启超《论中国与欧洲国体异同》)｜这对于现在我国万众一心,励精图治的大好形势,是极不相宜的。(冰心《三寄小读者》)

发奋图强　fāfèn-túqiáng　振作精神,勇于进取,谋求强盛。也说"奋发图强"。例无如丕士麦才智过人,发奋图强,于一千八百六十六年,用很迅速手段,和奥国打仗,一战便打败奥国。(孙中山《民权主义》)｜他认为只有这样才能把兵练好,才算是奋发图强气象。(姚雪垠《李自成》)

〔辨析〕"励精图治、发奋图强"都有振作精神,谋求好结果的意思。"励精图治"重在强调想办法通过管理、治理来达到治国安邦或干好事业的目的。"发奋图强"重在强调精神抖擞,勇于进取,靠拼搏奋斗谋求强盛。

力透纸背　入木三分

力透纸背　lìtòu-zhǐbèi　唐·颜真卿《张长史十二意笔法意记》："当其用锋,常欲使其透过纸背,此功成之极矣。"形容书法刚劲有力。后也形容诗文立意深刻有力。例叙事和写景,胜于人物的描写,然而北方人民的对于生的坚强,对于死的挣扎,都往往已经力透纸背。(鲁迅《萧红作〈生死场〉序》)

入木三分　rùmù-sānfēn　唐·张怀瓘《书断·王羲之》："晋帝时,祭北郊,更祝版,工人削之,笔入木三分。"渗透进木板三分深。原本形容书法的笔力很遒劲。后借以比喻描写或言论很深刻。例啥事体都逃不过他的眼睛,他看人,入木三分。(周而复《上海的早晨》)｜他的眼光非常独到,无论分析什么事情都入木三分,非常透彻。｜这部电视剧的许多情节十分感人,人物刻画入木三分。

〔辨析〕"力透纸背、入木三分"都用作形容书法刚劲有力和形容诗文中描写的深刻。"力透纸背"偏重强调力量大,且不能用作对人或议论的形容。"入木三分"偏重强调程度深。多用于对他人的认知和见识、见解的深刻透彻。

利欲熏心　利令智昏

利欲熏心　lìyù-xūnxīn　宋·黄庭坚《赠别李次翁》:"利欲熏心,随人翕张。"贪欲迷住了心窍。熏:熏染,侵袭。例谁如果想要爬上这专制王朝金字塔的顶层,不揣摩透那些无耻而又狠毒的权谋,恐怕就无法实现自己利欲熏心的目标。(林非《询问司马迁》)|(牛教授)绝对不像个利欲熏心的人。(老舍《四世同堂》)

利令智昏　lìlìng-zhìhūn　《史记·平原君虞卿列传》:"鄙语曰:'利令智昏。'平原君贪冯亭邪说,使赵陷长平兵四十余万众,邯郸几亡。"因贪图私利使头脑发昏,丧失了理智。例官做大了,也可以利令智昏。(毛泽东《在省市自治区党委书记会上的讲话》)|这几句铿锵作响的话……就像古老的中华民族的一双铁拳,打在任何无视中国人民的利令智昏的冒险家身上。(冯骥才、李定兴《义和拳》)

〔辨析〕"利欲熏心、利令智昏"都有因贪欲和私利而被迷惑的意思。"利欲熏心"重在形容满脑子都是贪欲。"利令智昏"强调贪图私利使头脑昏乱,作出了错误的决定。

连绵不绝　绵绵不绝

连绵不绝　liánmián-bùjué　《孔子家语·观周》:"涓涓不壅,终为江河;绵绵不绝,或成网络。"连续不断,一直延续下去。也说"连绵不断"。例连绵不绝的烦闷,正就是由回忆引起。(叶圣陶《被忘却的》)|黄山有许多高峰都是成千尺的整块花岗石从地面生成,连绵不绝的长达半里多路。(林语堂《生活的艺术》)

绵绵不绝　miánmián-bùjué　《逸周书·和寤》:"绵绵不绝,蔓蔓若何?"连续不断的样子。也说"绵绵不断"。例绵绵不绝微风里,内外丹成一弹指。(苏轼《送蹇道士归庐山》)|眼望着绵绵不绝的青山和浩浩荡荡的流水,便不觉感到此身的飘飘然。(丁然《小火轮上》)

〔辨析〕"连绵不绝、绵绵不绝"都形容连续不断,一直延续下去的意思。"连绵不绝"更强调一个接一个连续不断。"绵绵不绝"在形容连续不断的同时,有情感、思绪缠绵、纠结、交织于一体的味道,给人以悠长、难舍的感觉。

恋恋不舍　流连忘返

恋恋不舍　liànliàn-bùshě　形容十分

留恋，舍不得离开。恋恋：留恋、眷恋；舍：放下、舍弃。例戏散了，孩子们恋恋不舍地跟到门口。（冰心《我们把春天吵醒了》）｜他说人间纵使是罪恶的，但因为有这歌声，已够叫他恋恋不舍。（叶圣陶《搭班子》）

流连忘返 liúlián-wàngfǎn 《孟子·梁惠王下》："从流下而忘反，谓之流，从流上而忘反谓之连。"从上游向下游的游玩乐而忘返叫作流；从下游向上游的游玩乐而忘返叫作连。返：也作"反"。形容留恋不舍，忘记返回。也作"留连忘返"。例你一旦进入了生活知识的宝库，你就会感到又惊又喜，流连忘返。（冰心《三寄小读者》）｜无家的也留在客馆中每日与同僚们招妓饮酒，看戏听曲，流连忘返。（姚雪垠《李自成》）

〔辨析〕"恋恋不舍、流连忘返"都表示"留恋、舍不得分离"的意思。"恋恋不舍"重在强调不愿舍弃，心中的眷恋之情难以割断。"流连忘返"重在形容因留恋不舍而忘记了返回。多指人对景物、地方的留恋，而"恋恋不舍"既可用于人与人之间，也可用于人对景物、地方的依恋。

量力而行　量体裁衣

量力而行 liànglì-érxíng 《左传·昭公十五年》："力能则进，否则退，量力而行。"指估算自己力量的大小去办事。例各位同学呢，大家量力而行，能捐多少就捐多少。（叶圣陶《英文教授》）｜到各地视察既是政府委员的权利，也是他们的义务，但是要量力而行，有的可以不去，也可以就近视察。（周恩来《把知识和经验留给后代》）

量体裁衣 liàngtǐ-cáiyī 按照身材大小裁剪衣服。比喻根据实际情况办事。量：衡量、估计。例这种量体裁衣地培养和使用人才的方法是比较科学的，也是从实际出发，符合实际需要的。（马南邨《燕山夜话》）｜俗话说……看菜吃饭，量体裁衣，我们无论做什么事都要看情形办理。（毛泽东《反对党八股》）

〔辨析〕"量力而行、量体裁衣"都强调根据实际情况出发去办事。"量力而行"重在强调要正确地估算、衡量自身的能力的高低，力量的大小去尽力而为。"量体裁衣"重在强调要按照客观事物的情形、规律来办事，不能主观臆断。

寥寥无几　屈指可数

寥寥无几 liáoliáo-wújǐ 形容非常稀少，没有几个。寥寥：稀疏、稀少。例除了他们几个"老知识分子"，旁听的寥寥无几。（杨绛《洗澡》）｜后来朱先生就催促他们快些

离开,乃至最后剩下寥寥无几的几个中坚分子时,他索性关闭了书院。(陈忠实《白鹿原》)

屈指可数 qūzhǐ-kěshǔ 唐·韩愈《忆昨行和张十一》:"自期殒命在春序,屈指数日怜婴孩。"弯曲手指就可数完。形容数量很少。例现在这一天已屈指可数了。(唐浩明《曾国藩·野焚》)| 他不仅在加拿大是第一等的专家,即在世界上也是屈指可数的人材。(周而复《白求恩大夫》)

〔辨析〕"寥寥无几、屈指可数"都形容非常稀少。"寥寥无几"是陈述性成语,形容的数目比较抽象,多用于指人或物,一般不用来计算时光。"屈指可数"形容的数目较具体,除用于指人或物之外,还可来计算日期。

了然于心　了如指掌

了然于心 liǎorányúxīn 《晋书·袁齐传》:"夫经略大事……智者了然于胸。"后作"了然于心"。心里很明白。了然:明白,清楚。例怎样钦差就赏识,怎样钦差就批驳,他能了然于心,预备停当。(清·李宝嘉《官场现形记》)| 以故口不读信史,而是非了然于心。(陈去病《论戏剧之有益》)

了如指掌 liǎorúzhǐzhǎng 《论语·八佾》:"或问禘(dì,古代天子、诸侯对天神、祖先的大祭。)之说。子曰:'不知也。知其说者之于天下也,如其示诸斯乎!'指其掌。"何晏集解引包咸曰:"孔子谓或人言知禘之说者,于天下之文,如指示掌中之物,言其易也。"后用"了如指掌"形容对情况了解得非常清楚。例工商界的基本情况,他是了如指掌的。(周而复《上海的早晨》)| 如所周知,他对于英国地质的构造体系是了如指掌的。(徐迟《地质之光》)| 谢平遥说,隔着一面墙,他对小波罗病情的每一点恶化都了如指掌。(徐则臣《北上》)

〔辨析〕"了然于心、了如指掌"都形容心里清楚明白。"了然于心"只重在强调心中清晰、明了,并不一定具体体现,语意较轻。"了如指掌"强调不仅把情况了解得非常清楚,而且就像指着手掌里的东西给人看一样,能具体体现,语意重。

两面三刀　阳奉阴违

两面三刀 liǎngmiàn-sāndāo 元·李行道《灰阑记》第二折:"岂知他有两面三刀,向夫主厮搬调。"比喻当面一套,背面一套,耍两面派手法,玩弄各种手段。例嘴甜心苦,两面三刀,上头笑着,脚底下就使绊子。(清·曹雪芹《红楼梦》)| 这种"非驴非马""两面三

刀"的人，在我们的队伍里并不是完全没有的。（刘少奇《论共产党员的修养》）

阳奉阴违 yángfèng-yīnwéi 明·范景文《革大户行召募疏》："如有日与胥徒比而阳奉阴违、名去实存者，断以白简随其后。"表面上服从，暗地里违背。形容表里不一。例那边陈胖却又说明道："不是派你去侦察一男一女么？现在你的罪状就是阳奉阴违。"（茅盾《腐蚀》）｜要……坚持不懈地纠正各种不正之风，特别要坚决反对对党中央的路线、方针、政策采取阳奉阴违、两面三刀的错误态度。（邓小平《贯彻调整方针，保证安定团结》）
〔辨析〕"两面三刀、阳奉阴违"都形容表里不一、口是心非。"两面三刀"偏重形容阴险狡猾，玩弄手段，语意更重，使用范围更广。"阳奉阴违"多指表面遵从，暗中违背。多用于下级对上级、晚辈对长辈。

淋漓尽致　酣畅淋漓

淋漓尽致 línlí-jìnzhì 形容文章谈话详尽、透彻。淋漓：形容畅快至极；尽致：达到极点。也指暴露得很彻底。例特派员不懂得这是什么意思，母亲则把这意思做了淋漓尽致的解释。｜中国这如许的城市中，最是江城得了个中滋味，且将它淋漓尽致挥洒出来。（2012年全国高考语文湖北试卷试题）｜有的好文章朴素，有的好文章色彩绚烂；有的文章以含蓄取胜，有的文章淋漓尽致。（施东向《义理·考据和辞章》）

酣畅淋漓 hānchàng-línlí 宋·欧阳修《欧阳文忠公文集·释秘注诗集序》："则往以布衣野花，酣喜淋漓，颠倒而不厌。"形容极其畅快。也形容文学作品畅达，尽情尽意。例老舍先生写老张的"钱本位"哲学，确乎是酣畅淋漓，阐扬尽致。（朱自清《老张的哲学与赵子曰》）｜有的隐晦曲折，言近旨远；有的明白晓畅，酣畅淋漓；有的亦庄亦谐，尖锐泼辣……（秦牧《杂文的阅读》）
〔辨析〕"淋漓尽致、酣畅淋漓"都可形容文字表达的畅快，用尽情意。"淋漓尽致"不仅用于形容文字表达，还可形容说话的详尽，透彻。"酣畅淋漓"仅是形容文字表现，特别是文学作品的表达畅快，尽情达意，一般不形容谈话。"淋漓尽致"偏重强调文字表达的详尽、透彻；"酣畅淋漓"一般是从读者感受上形容文学作品的畅快。

临危受命　临危授命

临危受命 línwēi-shòumìng 《三国志·蜀志·诸葛亮传》："受任于败军之际，奉命于危难之间，尔来二十有一年矣。"后用作"临危受命"。指在危险之际接受任命。[例]西部战场风雪激,法军惨败如卷席;低地国家遭践踏,临危受命执战旗。(解立夫《丘吉尔》)｜陈全保大义凛然、临危受命的壮举令在场之人无不动容,人人都对他赞佩不已。(黄烺《侠肝义胆》)

临危授命 línwēi-shòumìng 《论语·宪问》:"见利思义,见危授命。"后用作"临危授命"。指国家遭遇危难时,勇于献出自己的生命。授:交付。[例]故冀州刺史檀凭之,忠烈果毅,亡身为国……故临危授命,考诸心迹,古人无以远过。(《晋书·檀凭之传》)｜我想古往今来那些忠勇的烈士,在他们临危授命的时候,一定是心胸开朗,了无牵挂的。(欧阳山《三家巷》)

〔辨析〕"临危受命、临危授命"都形容面临危难,勇于担当责任。"临危受命"重在表现在危难时接受任务,承担使命,在危局中担起重任。"临危授命"重在表现在危难中,勇于付出生命,不怕牺牲。两个成语字形基本一样,读音完全相同。只因"受""授"两字字义的区别,词意就不同了,使用的对象和范围也相对变化。

零和博弈　和平共处

零和博弈 línghébóyì　是博弈论的一个概念,属非合作博弈,指参与博弈的各方,在严格竞争下,一方的收益必然意味着另一方的损失,博弈各方的收益和损失相加总和永远为"零"。双方不存在合作的可能。零和:原指赌博中,双方相同的获胜概率。常用在政治中,指两个国家势均力敌的实力,可以被称作"零和";博弈:古代指围棋,也指赌博,现多用于比喻为谋取利益而竞争。也说"零和游戏"。[例]零和博弈就是指不合作的博弈,即在博弈时,一方胜,一方败,一方"吃掉"另一方。｜中美两个大国只有合作共赢才是人间正道,如果搞零和博弈,必定是两败俱伤。可悲的是无论中美都有人看不到这一点。(哲会《中美的博弈》)

和平共处 hépínggòngchǔ　1953年12月31日周恩来同印度政府代表团谈话时,指出:新中国成立后就确立了处理中印关系的原则,那就是互相尊重领土主权、互不侵犯、互不干涉内政、平等互惠和和平共处。多用于国家与国家之间用和平方式解决彼此争端,不发生军事冲突而共存。也表示不去和任何人发生冲突。[例]处理国与国之间的关系,和平共处五项原则是最好的方式。(邓小平《和平共处原则具有强大生命力》)｜战火是疯子点燃的,而烧伤的多数是无辜的平民。

我们这个小小的地球村，只有各国和平共处，有了争端也是用和平方式来解决，人类才有希望。

〔辨析〕"零和博弈、和平共处"都常用在说明国与国的关系上。"零和博弈"重在指出实力相当的国与国之间相互竞争时，只斗争、不合作，一方必定要胜过对方，结果是双输，两败俱伤，没有真正的赢家。"和平共处"强调在处理国与国之间的争端时，不要诉诸武力，要用和平的方式交流、沟通，用相互尊重领土主权，互不干涉内政，互不侵犯，平等互惠和和平共处的方式去解决，才是唯一正确的途径。

伶牙俐齿　巧舌如簧

伶牙俐齿 língyá-lìchǐ　元·吴昌龄《张天师》："你休那里伶牙俐齿；调三千四，说人好歹；许人暧昧，损人行止。"形容口齿灵巧，能说会道。伶、俐："伶俐"，聪明灵活。例袭人本来老实，不是伶牙俐齿的人。(清·曹雪芹《红楼梦》)｜碰巧马吉儿又伶牙俐齿，样样都能解答，真使他喜上加喜。(欧阳山《高干大》)

巧舌如簧 qiǎoshé-rúhuáng　原作"巧言如簧"。《诗经·小雅·巧言》："巧言如簧，颜之厚矣。"后多作"巧舌如簧"，形容能说会道，就像乐器中发声的簧片。例世间有一种人，一生巧舌如簧，专说谎话，到头来一句真话就全盘推翻了它们。(柯灵《谁在撒谎》)｜徐芾巧舌如簧，大谈虚无缥缈的"三神山""长生不老药"。(张炜《柏慧》)

〔辨析〕"伶牙俐齿、巧舌如簧"都形容能说会道，善于表达，有口才。"伶牙俐齿"可根据不同环境、对象，可作轻度褒义词或作轻度贬义词，使用范围较广。"巧舌如簧"现多用于贬义，形容那些花言巧语、巧言令色的人，词意较"伶牙俐齿"重。

另立门户　另起炉灶

另立门户 lìnglì-ménhù　比喻放弃、脱离原先的家庭、组织、单位、门派，重新建立新的家庭、组织、单位、门派。例自从吉德娶了媳妇，他两口子就一心一意想搬出吉家大院另立门户，离爹妈和兄弟们远远的。(麦佳蕙《吉家大院》)｜"飞龙镖"韦铉觉得自己越来越老了，终于把两个徒弟叫到面前，让大徒弟钱彪做掌门人，允许二徒弟林鹤另立门户。两人都高高兴兴地给师父磕了头。(龙汉《龙吟虎啸》)

另起炉灶 lìngqǐ-lúzào　另外再搭起炉灶。比喻重新做起或另搞一套。例心想如要另起炉灶，那是很费事的，况且编辑部所希望的，就是这样一本书。（叶圣陶《城中·病夫》）｜中心学校的成立有两种方式都可以行。一是另起炉灶来创设，二是找那虚心研究……之学校特约改造，立为中心学校。（陶行知《中国师范教育建设论》）

〔辨析〕"另立门户、另起炉灶"都有放弃原先的，重新做起的意思。"另立门户"重在强调要完全脱离原先的单位和关系重新建立新的单位和关系，语意重。"另起炉灶"则强调要另搞一套有别于原先的做法。

流芳百世　流芳千古

流芳百世　liúfāng-bǎishì　《资治通鉴·晋简文帝咸安元年》："大司马温……尝抚枕叹曰：'男子不能流芳百世，亦当遗臭万年！'"形容好名声永久地传世于人间。流：流传；芳：芳香，此处比喻好名声。也作"留芳百世"。例将军若扶汉室，乃忠臣也，青史传名，流芳百世。（明·罗贯中《三国演义》）｜人生虽短，令名则长，大丈夫真是应该流芳百世。（冯文炳《黄梅初级中学同学录》）

流芳千古　liúfāng-qiāngǔ　形容美名长远流传于后世。千古：长远的年代。例贤哉，徐母！流芳千古。（明·罗贯中《三国演义》）｜张宝战死，全军战死者十余万人，但没有一个投降。英勇壮烈，足以流芳千古。（吕振羽《简明中国通史》）

〔辨析〕"流芳百世、流芳千古"都形容美好的名声长久地在人世间传扬，在很多情况下都可通用。"流芳百世"既可用于生者，也可用于逝者。"流芳千古"多用于逝者，基本不用于活人。因"千古"一词已被人们习惯用于哀悼死者。

流离失所　无家可归

流离失所　liúlí-shīsuǒ　《诗经·王风·葛藟》首章宋·朱熹集传："世衰民散，有去其乡里家族，而流离失所者，作此诗以自叹。"因灾荒战乱而到处流浪，没有居住的地方。流离：游落他乡；失所：没有安身之处。例他说他的父亲接到家乡的来信，说家乡闹饥荒，许多人流离失所。（陈残云《热带惊涛录》）

无家可归　wújiā-kěguī　没有家可回。例他看见东北无家可归的同胞，他看见黄河流域长江流域饥寒交迫的灾民。（叶圣陶《一篇宣言》）｜现在我真是无家可归，沿门托钵，同事和学生全瞧不起。（钱锺书《围城》）

〔辨析〕"流离失所、无家可归"都形容没有自己的家可以回去，没有安身之处。"流离失所"重在强调四处流浪，颠沛流离无安身之地，且多用于群体。"无家可归"侧重指无家室可归，回不了自己的家。可用于群体，也可用于个体。

勠力同心　同心协力

勠力同心　lùlì-tóngxīn　《左传·成公十三年》："昔逮我献公，及穆公相好，戮力同心，申之以盟誓，重之以昏姻。"指齐心协力。戮力：并力，合力。现写作"勠力同心"。例其宣谕各路领兵大小诸臣，勠力同心，刻期灭贼。（清·魏源《圣武记》卷九）｜经由武工队调解说合，李庄和周围几个村子化解了矛盾，和好如初。大家决定要勠力同心，坚决抗日。（孙英《在冀中平原上》）｜只要公司同人勠力同心，必然可以再创更为亮丽的佳绩。｜情况既已至此，大家只有勠力同心，才能渡过难关。｜勠力同心谋良策砥砺前进新征程（河北新闻网2022年1月17日）

同心协力　tóngxīn-xiélì　汉·贾谊《过秦论》："且天下尝同心并力攻秦矣，然困于险阻而不能进者，岂勇力智慧不足哉？"指大家一条心，共同努力。例如果是同心协力去打敌人，那就大家都不要管各人的私事。（欧阳予倩《忠王李秀成》）｜……干部、群众，特别是科技人员，大家同心协力，苦干三年。终于攻克了这座科学堡垒，给十年大庆献上了厚礼。（姚克明《攻坚拔寨的无名英雄》）

〔辨析〕"勠力同心、同心协力"都有齐心协力，共同奋斗的意思。"勠力同心"更强调将力量合并在一起，语意较重，且多用于书面语。"同心协力"重在指因心齐大家互相协作配合，多给对方支持、帮助，语意稍轻，且多用于口语。

碌碌无为　无所作为

碌碌无为　lùlù-wúwéi　《新五代史·郑珏传》："珏在相位既碌碌无所为……亟以疾求去职。"平庸无所作为。碌碌：平庸。例我早就这样想：与其碌碌无为地混这一生，不如壮烈地去死！（杨沫《青春之歌》）｜有许多人先天条件十分优越，可是因为他见异思迁，虎头蛇尾，结果却终身碌碌无为。（茅以升《学习研究十六字诀》）

无所作为　wúsuǒ-zuòwéi　宋·朱熹《魏甥恪字序》："夫人饱食逸居而无所作为于世，则蠢然天地一蠹也。"没有做出什么成绩和贡献。多指安于现状，缺乏进取精神。作为：做出成绩。例奉军既倒，关内军阀都已缩首敛翼，无所作为。（冯玉祥《我的生活》）｜到时你瞧吧，阿温不是无所作为的屠头。（陈残云《热带惊涛录》）

〔辨析〕"碌碌无为、无所作为"都形容没有什么作为，没做出什么成绩和贡献。"碌碌无为"重在强调因思想水平低，才能平庸、能力不足而做不出成绩和贡献。"无所作为"强调因安于现状，缺乏进取精神而无所事事，因此做不出成绩和贡献。

屡见不鲜　司空见惯

屡见不鲜　lǚjiàn-bùxiān　汉·司马迁《史记·郦生陆贾列传》："一岁中往来过他客，率不过再三过，数见不鲜，无久慁公为也。"慁（hùn）：扰乱。后多用"屡见不鲜"，指经常见到，并不新鲜、奇怪。屡：多次，经常；鲜：新鲜，新奇。也说"数（shuò）见不鲜"。例第二条是搜身的纠葛，在香港屡见不鲜。（鲁迅《而已集·略谈香港》）｜白鹿镇的游街景观随后便屡见不鲜见多不奇了，很快也就失去了观众，以至农协总部要游斗田福贤的消息传出，刚刚冷却下去的热情和新奇感又高涨起来。（陈忠实《白鹿原》）

司空见惯　sīkōng-jiànguàn　唐·孟棨《本事诗·情感》："李司空（绅）罢镇在京，慕刘（禹锡）名，尝邀至第中，厚设饮馔……刘于席上赋诗，曰：'……司空见惯浑闲事，断尽江南刺史肠。'"原指司空看惯了已成为平淡的事。后形容看惯了，不觉得奇怪。司空：古代中央政府中掌管工程的官。例幸亏洋提督早已司空见惯，看他磕头，昂不为礼。（清·李宝嘉《官场现形记》）｜这也许是生活中司空见惯的事情，但是我们从中却可以悟出一个道理：讲礼貌，使用礼貌用语是非常重要的。

〔辨析〕"屡见不鲜、司空见惯"都有事情常见不感新奇之意。"屡见不鲜"强调因经常见不感新鲜；"司空见惯"强调因常见不感怪异。"司空见惯"强调由于多次见而习以为常，积久成性，语意较"屡见不鲜"重，且多用于书面语。

落井下石　投石下井

落井下石　luòjǐng-xiàshí　唐·韩愈《柳子厚墓志铭》："一旦临小利害，仅如毛发比，反眼若不相识，落陷阱，不一引手救，反挤之，又下石焉者，皆是也。"见人落在井里，不去搭救，反而向井里投石头。比喻乘人危急时打击陷害。例为什么要在别人危急时刻，落井下石……太不讲做人的道德了。（周而复《上海的早晨》）｜佟大宝自称是刘先生的"发小儿"，刘先生被人陷害时，他不仅不伸出援手，反而落井下石，恶狠狠地使了一回坏。（香雨《又是一年春草绿》）｜反之，许

多恶习在自称知识分子的人身上并不缺乏，例如狭隘、虚伪、自以为是、落井下石。（阿城《威尼斯日记》）

投石下井 tóushí-xiàjǐng 把石头扔到井里去打伤在井下的人。比喻乘人之危加以陷害和打击。例他日复来，仍旧先咬老实人下手，投石下井，无所不为。（鲁迅《论"费厄泼赖"应该缓行》）| 刘荃彻底破产了，他的几个"哥们儿"为了赖账，投石下井，把陈庄的命案栽在他身上，又使刘荃身陷囹圄。（黄符信《三生石上》）

〔辨析〕"落井下石、投石下井"的意思十分接近，几乎没有区别，细微的区别只在动作、行为的先后上。

络绎不绝　摩肩接踵

络绎不绝 luòyì-bùjué 《后汉书·光武十王传》："皇太后、陛下哀怜臣疆，感动发中，数遣使者太医令丞方伎道术，络绎不绝。"形容接连不断。多指行人、车、马、船连续不断。例土司们空手而回，通往麦其领地的大路上又出现了络绎不绝的饥民队伍。（阿来《尘埃落定》）| 天南海北的看花人，依然络绎不绝地涌入洛阳城。（张抗抗《牡丹的拒绝》）| 从上午开始，嘉宾络绎不绝，有送字画的，有送花篮的。（梁晓声《人世间》）| 奔往这块"爱国主义教育基地"的人络绎不绝，参观者有白发老人，有男女青年，还有青葱少年，都以庄重面容向白公馆的石榴树表达敬意。（董华《大地知道你的童年》）

摩肩接踵 mójiān-jiēzhǒng 《晏子春秋·内篇杂下》："齐之临淄三百闾，张袂成阴，挥汗成雨，比肩继踵而在，何为无人？"唐·皇甫湜《编年纪传论》："自汉至今……其间贤人摩肩，史臣继踵……"后用"摩肩接踵"指肩挨肩，脚碰脚，一个跟着一个不间断。形容人多接连不断。踵：脚后跟。例在石板铺的街道上，摩肩接踵，挤满游人。（刘白羽《芳草集》）| 客人们在震耳欲聋的摇滚乐声中伸头踮脚，摩肩接踵，拥挤得连插足的地方也难找。（中英杰《怪摊》）

〔辨析〕"络绎不绝、摩肩接踵"都形容接连不断。"络绎不绝"更强调事情的持续性，一拨接一拨，且使用范围广，既可用于人也可用于车、马、船及其他。"摩肩接踵"更强调人多、拥挤，只用于形容人或动物。

M

麻木不仁　无动于衷

麻木不仁 mámù-bùrén 明·薛己《医案·总论》："一日皮死麻木不仁，二日肉死，针刺不痛。"肢体麻痹，失去知觉。比喻对外界事物反应迟钝，无动于衷。不仁：（肢体）失去知觉。例从头到脚尖都痒痒的，有些麻木不仁。（郑振铎《神的灭亡》）| 当一个文化熟到了稀烂的时候，人们会麻木不仁的把惊魂夺魄的事情与刺激放在一旁，而专注到吃喝拉撒中的小节目上去。（老舍《四世同堂》）| 汪参谋争辩说："首长！不要讲是我，换了另外任何人，也不会如此麻木不仁，情况这样危急，要四名担架队员抬着自己。"（徐怀中《牵风记》）

无动于衷 wúdòngyúzhōng 宋·欧阳修《送秘书丞宋君归太学序》："夫生而不溺其习，此盖出其天性，其见焉而不动于中者，由性之明，学之而后至也。"后多作"无动于衷"，指内心一点不受触动，对事情毫不在意。例弟弟从外头回来，我走过去呲他，他却无动于衷地钻进厨房去找吃的。（刘心武《醒来吧，弟弟》）| 大自然对两月来这个角隅人们的遭遇似乎无动于衷。（萧乾《宿羊山麓之哀鸿》）| 目今百姓辗转于水深火热之中，兄安能无动于衷。（姚雪垠《李自成》）

〔辨析〕"麻木不仁、无动于衷"都形容对外界事物没什么感觉。"麻木不仁"既可用于因身体某部病变时的感觉，也可比喻对外界事物反应迟钝，侧重于无感觉。"无动于衷"重在形容对外界事物毫不关心或理会，偏重于不动心。

马高镫短　山穷水尽

马高镫短 mǎgāo-dēngduǎn 马很高，用来蹬踏上马的镫子却很短，导致上马、下马都很困难。比喻上下两难、上下为难。镫：马镫子，骑马时，用于帮助人跨到马上、上马后又便于驾驭坐骑的用具。例有人志大才疏，狂妄胡为，将本来好好的一件事，搞得一塌糊涂，最后造成了马高镫短的尴尬局面。| 小高不仅固执、不听劝而且粗心大

意，常常干出一些马高镫短的事，弄得领导不满、下级叫苦，令人哭笑不得。

山穷水尽 shānqióngshuǐjìn 宋·陆游《游山西村》："山重水复疑无路，柳暗花明又一村。"山和水都到了尽头，没有路可走了。比喻陷入绝境。穷：尽，完；尽：尽头。也作"山穷水断""水尽山穷"。例你们已经到了山穷水尽的地步。（毛泽东《敦促杜聿明等投降书》）｜放着阳关大道你不走，偏要固执己见，一条道走到黑，如今已是山穷水尽，你难道还不知回头吗？

〔辨析〕"马高镫短、山穷水尽"都形容处境十分尴尬、为难。"马高镫短"强调需要恰当配合才能办好事情的两种事物，由于不匹配造成了上下两难、上下为难。虽然两难，但未必走到了绝境。"山穷水尽"是形容完全没路可走、进入绝境，语意更重。

马首是瞻　惟命是从

马首是瞻 mǎshǒushìzhān 《左传·襄公十四年》："荀偃令曰：'鸡鸣而驾，塞井夷灶，唯余马首是瞻。'"原指古代作战时，士兵看着主帅的马头决定进退。后比喻跟随别人行动或听从别人指挥。瞻：看。例江南的士大夫是中国读书人的领袖，天下的读书人都唯他们的马首是瞻。（郭沫若《南冠草》）｜不错，他们是以荣禄的马首是瞻，他们都赞成荣禄的意见。（鲍昌《庚子风云》）

惟命是从 wéimìng-shìcóng 《左传·昭公十二年》："今周与四国，服事君王，将惟命是从，岂其爱鼎？"只要有吩咐就听从。指绝对服从指挥，不敢有半点违抗。也作"唯命是从"。例大人以先生修德守约，故命贱妾侍执巾栉。既奉承君子，惟命是从。（《后汉书·列女传》）｜志摩好似舞台上的小丑，凡是小曼所喜欢的，固然惟命是从……（梁实秋《谈徐志摩》）

〔辨析〕"马首是瞻、惟命是从"都形容服从命令听指挥。"马首是瞻"重在强调甘心跟随别人行动或听从别人指挥，带一点主动性和默契。"惟命是从"强调绝对服从，叫怎么做就怎么做，完全没有主动性，词意较重。

满腹经纶　满腹珠玑

满腹经纶 mǎnfù-jīnglún 宋·洪炎《闻师川谏议至漳州》："满腹怀经纶，笔间含露雨。"形容人学识渊博，富于才干。也比喻有治国的才能。经纶：整理蚕丝时，整理出丝绪，编丝为绳，统称经纶。引申为学识与才干。例别装什么满腹经纶的怪样子，勇敢地调侃自己吧，至

少可以遮点丑。(韩石山《要会调侃自己》)｜仲老,真佩服,满腹经纶!这果然是奥妙!(茅盾《子夜》)

满腹珠玑 mǎnfù-zhūjī 比喻文辞优美,形容人富有才华。珠玑:珍珠,圆者为珠,不圆者为玑。例只知外貌乏粉泽,谁料满腹填珠玑。(宋·吴处厚《青箱杂记》)｜王总笑道:"你这个外甥不仅满腹珠玑写得一手好文章而且为人厚道,工作中也肯动脑筋。我很欣赏他呀!"(简尚之《舅甥之间》)

〔辨析〕"满腹经纶、满腹珠玑"都形容肚子里有学问,富有才华,学识渊博。"满腹经纶"重在形容学识渊博。显示出富有才干和才能,常用于比喻有治国的本领。"满腹珠玑"重在形容文辞优美,一般不用来比喻治国方面的能力。

满目疮痍　千疮百孔

满目疮痍 mǎnmù-chuāngyí 《辛亥革命·关于南北议和的清方档案》:"惟自武汉事起,各省响应,兵连祸结,满目疮痍。"充满视野的全是创伤。比喻到处都是遭受破坏的凄凉景象。疮痍:创伤。例这是一部典型的战争小说,也是一部爱国小说,它描绘出被敌军攻陷的祖国满目疮痍的图景。(杜渐《书海夜航》)｜汽车在阴雨连绵的路上不住地颠簸,满目疮痍的地震残景迎面而来。(《十月》1981年第6期)

千疮百孔 qiānchuāng-bǎikǒng 唐·韩愈《与孟尚书书》:"汉室以来,群儒区区修补,百孔千疮,随乱随失,其危如一发引千钧。"形容破损不堪,破坏得非常严重。或形容弊病很多,缺漏严重。也说"百孔千疮"。例让他们都显显身手,谁能把这个千疮百孔的中国从热火里救出来,算谁有本领。(梁斌《红旗谱》)｜由于为数众多的公司一年接一年地包装上市,在经过多年的"日晒雨淋"之后,中国股市的外包装破裂了,成了一个百孔千疮的"烂皮囊"……(《中国经济时报》2002年8月6日)

〔辨析〕"满目疮痍、千疮百孔"都形容破损、残败的凄凉景象。"满目疮痍"多用于视野开阔的场面,且不能用来比喻弊病很多,毛病百出的情形。"千疮百孔"多用于建筑物和较小物体,也可用来比喻弊病漏洞多。

漫不经心　掉以轻心

漫不经心 mànbùjīngxīn 形容对事随随便便,不认真。漫:随便;经心:留心,在意。也说"漫不经意"。例直到事完给了我教训,我才分明省悟了做今人也和做古人一样难。然而我还是漫不经心,随随便便。(鲁迅《两地书·序言》)｜我想完了，"那怎么办呢？"我问。"等着瞧吧。"他漫不经心地说。(余华《十八岁出门远行》)｜平常，他对什么事都显出漫不经心的样子，那并不表明他对什么事都满不在乎，那是在表现他的聪明。(阿来《尘埃落定》)

掉以轻心 diàoyǐqīngxīn 唐·柳宗元《答韦中立论师道书》："故吾每为文章，未尝敢以轻心掉之。"后用"掉以轻心"表示对某种事不当回事。掉：摇动、摆弄；以：用；轻心：不在意。例只要不掉以轻心，严谨的考证、辨析，总会有结果的。(朱自清《诗言志辨序》)｜由于这样，好些人对于文学作品中另一方面的道理——装饰的美掉以轻心了。(秦牧《两只青蛙》)

〔辨析〕"漫不经心、掉以轻心"都形容对某事的态度上不关心。"漫不经心"强调的是态度随随便便，不认真；"掉以轻心"强调对本该重视的事却不重视，不放心上。"掉以轻心"多用于对较重要的事情或事情的某一方面，这样的态度会造成坏的影响和后果；"漫不经心"只用于一般情况态度的冷漠、不关心，语意没有"掉以轻心"重。

漫无边际　无边无际

漫无边际 mànwúbiānjì 非常广阔，一眼望不到边。漫：水涨的样子。水满外溢，引申为不受约束、限制。比喻谈话、写文章内容空泛，没有中心。例皮短衣青年注视着漫无边际的雪海，往事像浪潮一般在他的心里翻起来了。(齐同《新生代》)｜悬梁、投水、吃毒药，被禁困着的萧萧，诸事漫无边际的全想到了。(沈从文《萧萧》)

无边无际 wúbiān-wújì 没有边际，极其广阔，边、际：边缘。例而这浓雾是无边无际的……车窗的玻璃变成了毛玻璃。(茅盾《子夜》)｜邻近都是农民的地，一望好像无边无际似的。(叶圣陶《友谊》)

〔辨析〕"漫无边际、无边无际"都形容极其广阔，没有边缘的限制。"漫无边际"多用其比喻义，指思绪、言谈、文章空泛或缺乏中心，为贬义成语。"无边无际"形容一切地域、言语等的范围最广，可用于望得见的地方和无法望见的东西，为中性成语。

毛骨悚然　不寒而栗

毛骨悚然 máogǔ-sǒngrán 明·冯梦龙《东周列国志》第九十七回："秦王闻之，不觉毛骨悚然。"毛发竖起，脊梁骨发冷。形容极端恐惧。悚然：害怕的样子。例河道里像怪兽一般咆哮的山洪声，令人毛骨悚然。(路遥《路遥全集·人

生》）| 姑姑不知道她何时改成了这样的姿态,也记不清她那种令人毛骨悚然的嚎哭是何时停止的。（莫言《蛙》）| 在这样一个摆着棺材的地方,这种鬼火的腾腾烈焰,以及时强时弱、时明时暗的变化莫测,很快就让青娥感到毛骨悚然。（陈彦《主角》）

不寒而栗 bùhán'érlì 《史记·酷吏列传》："是日皆报杀四百余人,其后郡中不寒而栗。"天不冷,躯体却发抖。形容非常害怕。栗：发抖,哆嗦。例在这种情况下,他一听到什么"先进""带头"的话,简直不寒而栗。（张贤亮《河的子孙》四章）| 想着那些阴暗的日子,我真是不寒而栗。（巴金《第二次的解放》）

〔辨析〕"毛骨悚然、不寒而栗"都用身体的外在表现来形容内心害怕的严重程度。从词意的轻重上比较,"毛骨悚然"更重,是极端恐惧的反应；"不寒而栗"略显轻些。

毛遂自荐　自告奋勇

毛遂自荐 máosuì-zìjiàn 《史记·平原君列传》记载：秦兵困赵,赵王命平原君到楚国求援,他的门客毛遂自我推荐随同前往。到了楚国平原君没能说动楚王,毛遂直陈利害,终于说服楚王,使楚发兵救赵。后用"毛遂自荐"比喻自告奋勇,推荐自己。例我毛遂自荐,自己任命自己当大会司仪。（程树臻《大学时代》）| 连里组成"文艺宣传队"时,他毛遂自荐。因为他是排长,大家不好意思打击他的积极性。（梁晓声《同学》）| 曹德宝看着秉昆说："我认为你干妹妹需要一名助手,我现在毛遂自荐,不知你这位干哥哥肯不肯恩准？"（梁晓声《人世间》）

自告奋勇 zìgàofènyǒng 自己主动要求承担某项任务。告：请求；奋勇：鼓起勇气。例我这时正愁工作插不上手,便自告奋勇讨了这个差事……（茹志鹃《百合花》）| 说到代表团有十几件行李不在车站上,他也连忙自告奋勇地说："我开起卡车去给你们取。"（郭沫若《洪波曲》）

〔辨析〕"毛遂自荐、自告奋勇"都形容主动要求去承担任务。"毛遂自荐"重在强调自己推荐自己,可用于竞选、比赛等领域,意在说明自己行能胜任。"自告奋勇"偏重为某事而主动请求,表明自己能鼓起勇气,勇于承担某项艰难的工作。

懋烈丰功　丰功伟绩　厥功至伟

懋烈丰功 màoliè-fēnggōng 金·胡祗遹（zhīyù）《木兰花慢》："其于善行名言,丰功懋烈,谁得而废之。"巨大隆盛的功业。懋：盛大；

丰：丰厚。例明朝初年，很多在创建明王朝立下了懋烈丰功的文臣武将，最后的下场都很惨。常遇春死得早，算是侥幸逃脱了。（杨绍玉《夕照堂小议》）| 全大哥激动地说："袁崇焕在清兵兵临北京城下时，倒是立下了懋烈丰功，解了北京之围，却不料中了离间计，惨死西市。"（陈逸京《明末杂谈》）

丰功伟绩 fēnggōng-wěijì 宋·包拯《天章阁对策》："睿谋神断；丰功伟绩；历选明辟，未之前闻。"指伟大的功劳和业绩。例纪念他在辛亥革命时期，领导人民推翻帝制，建立共和国的丰功伟绩。（毛泽东《纪念孙中山先生》）| 革命烈士的丰功伟绩，人民将永远铭记。（朱宏《瞻仰那座丰碑》）

厥功至伟 juégōngzhìwěi 宋·苏洵《六国论》："思厥先祖父，暴霜露，斩荆棘，以有尺寸之地。"后用"厥功至伟"指在某件事上，他（他们）的功劳很大。厥（jué）：代词，相当于"其"，"他的"。例他为这个民族做出了巨大贡献，厥功至伟。（钟秀《怡情山水》）| 特斯拉在科学领域取得了巨大成就，厥功至伟。

〔辨析〕"懋烈丰功、丰功伟绩、厥功至伟"都用来表达功劳、业绩、成就很伟大。"懋烈丰功"重在强调功劳的多。因为"懋"和"丰"分别形容盛大、丰厚，给人的感觉是强调多。"丰功伟绩"不仅强调多，而且强调功劳大，比"懋烈丰功"语意更重。"厥功至伟"不仅有明确的指代，强调"他的"，在语意上增强了敬重的意味，而且赞颂的程度更深。

冒名顶替　偷梁换柱

冒名顶替 màomíng-dǐngtì 假冒别人的名义，代他去干某事（于自己有利的事）。冒：冒充。例你走了像也罢，却怎么绑些柳树在此冒名顶替？决莫饶他，赶去来！（明·吴承恩《西游记》）| 查所征得壮丁，多是地方流氓，走差缆之徒，冒名顶替，一有机会即行逃跑。（蔡廷锴《蔡廷锴自传·重整军旅》）

偷梁换柱 tōuliáng-huànzhù 比喻暗中玩弄手法，以假充真，以次充好，暗中改换事物的内容或性质。例偏偏凤姐想出一条偷梁换柱之计，自己也不好过潇湘馆来，竟未能少尽姊妹之情，真真可怜可叹！（清·曹雪芹《红楼梦》）| 这个叫做偷梁换柱，实行投降之前的思想准备或舆论准备。（毛泽东《新民主主义论》）| 甚至把作者的姓名任意改换，李代桃僵，偷梁换柱。（郭沫若《从典型说起》）

〔辨析〕"冒名顶替、偷梁换柱"都能

形容冒充、替换。"冒名顶替"重在形容假冒别人的名义去代替别人做于己有利的事，使用范围较小，语意较轻。"偷梁换柱"重在形容以劣充优，以假充真，在暗中玩弄手法使事物的内容、性质改变。使用范围较大，语意较重。

美不胜收　目不暇接

美不胜收 měibùshèngshōu　清·曾朴《孽海花》："清词丽名，觉得美不胜收。"美好的事物太多，一时来不及领受，欣赏不尽。不胜：不能尽；收：接收。例……四壁挂满了寿联和寿屏，倒是有点琳琅满目、美不胜收的样子。（叶君健《火花》）｜他的院子里一片花红柳绿，美不胜收，我的园子里连草也不肯长一根。（三毛《这样的人生》）

目不暇接 mùbùxiájiē　宋·周密《武林旧事》："诸舞队次第簇拥前后，连亘十余里，锦绣填委，箫鼓振作，耳目不暇给。"美好新奇的事物太多，一时看不过来。暇：空闲；接：接触。例人们摆脱天寒地冻的威胁，看到了花团锦簇，云蒸霞蔚，千岩竞秀，万壑争流，目不暇接的气象。（柯灵《阿波罗降临人世》）｜一切艺术的道理也是这样……而丰富多彩、目不暇接则是绝大多数人所欢迎的。（秦牧《菊花与金鱼》）

〔辨析〕"美不胜收、目不暇接"都形容美好的事物太多不能全部欣赏。"美不胜收"使用范围广，不仅可形容视觉一时来不及领受，也可形容听觉、嗅觉、味觉等。"目不暇接"仅限于视觉，故范围较窄。

门可罗雀　门庭冷落

门可罗雀 ménkěluóquè　《史记·汲郑列传》："始，翟公为廷尉，宾客阗门；及废，门外可设雀罗。"阗（tián）门：满门。门前足可张网捕鸟。形容门庭冷落，没有宾客来访。罗：张网捕捉。例老板们都不知道被抓到哪里去了，留下门可罗雀的堂皇而冷落的店面。（杜埃《风雨太平洋》）｜两个毗邻的庙里，各塑着一个菩萨……一个菩萨是又凶又丑，就简直终年冷落，门可罗雀。（冯雪峰《两个菩萨》）｜雨过天晴，云开雾散，我不但"官"复原职，而且还加官晋爵，又开始了一段辉煌。原来是门可罗雀，现在又是宾客盈门。（季羡林《季羡林散文精选》）

门庭冷落 méntíng-lěngluò　家门前冷冷清清。形容被人冷落，来人稀少。门庭：门前空阔的地；冷落：冷清，不热闹。例门前冷落鞍马稀，老大嫁作商人妇。（唐·白居易《琵琶行》）｜冰心小姐道："我这

边因父亲不在家,门庭冷落久矣。"(清·名教中人《好逑传》)

〔辨析〕"门可罗雀、门庭冷落"都形容门前冷落、不热闹。"门可罗雀"指可在门外张网捕鸟,形容根本就没有人来,完全成为禽鸟的活动场地,语意较重,也较典雅。"门庭冷落"多形容来人稀少,不热闹,语意较轻,也较口语化。

弥天大罪　罪恶滔天

弥天大罪 mítiān-dàzuì 《敦煌变文集·李陵变文》:"虞臣计有弥天罪,今将草命献王前。"指极大的罪恶和罪过。弥天:满天。例你自己犯了弥天大罪,私买军火,谋为不轨,还想赖么?(清·曾朴《孽海花》)｜好像二十九岁没嫁人就犯了弥天大罪,就成了众矢之的,就该让人当成谈话资料。(谌容《减去十岁》)

罪恶滔天 zuì'è-tāotiān 形容罪恶极大。滔:漫,充满。例此贼累辱朝廷,罪恶滔天,今更赦宥罪犯,引入京城,必成后患。(明·施耐庵《水浒传》)｜日本侵略者在中国是罪恶滔天,田大姑对他们也是恨之入骨。(刘流《烈火金钢》)

〔辨析〕"弥天大罪、罪恶滔天"都形容罪恶极大。"弥天大罪"中的"罪"不仅指罪恶也用于指罪过,使用范围广,且多用于书面语。"罪恶滔天"专指罪恶极大,不仅强调有罪,而且强调了思想的邪恶、凶狠,使用范围和对象比"弥天大罪"窄,多用于口语。

弥天盖地　铺天盖地

弥天盖地 mítiān-gàidì 遮蔽了天空和大地。弥:布满。例江南冬天湿冷的大雾,弥天盖地。(张抗抗《隐形伴侣·三》)｜松江平原上一到隆冬时节,弥天盖地都是茫茫白雪,数月不化。(桂祁之《老屯儿》)

铺天盖地 pūtiān-gàidì 铺满整个天地。形容来势猛烈,声势浩大。例从它后面展开的就是我们现在铺天盖地的大进军……(孙犁《神谷的人》)｜他站在那高高的钟楼之上,向北望去,嗬,好吓人哪,那大海潮铺天盖地,盖地铺天,一望无边由北向南地向前推进。(峻青《海啸》)

〔辨析〕"弥天盖地、铺天盖地"都形容风雪、歌声等与气势相关的事物充满了天地。"弥天盖地"侧重强调布满和遮蔽的意思。词意在气势上较后者弱,且不用于形容人,多用于书面语。"铺天盖地"重在强调铺满天地时来势猛烈,声势浩大,语意重,使用范围较宽泛。

绵绵不断　源源不断

绵绵不断 miánmián-bùduàn 连接

不断，一直延续下去。绵绵：连续不断的样子。例初春季节，春雨淅淅沥沥，绵绵不断。（杨继仁《张大千传》）｜眼望着绵绵不断的青山，和浩浩荡荡的流水，我更感觉人融合于大自然之时的惬意与和谐。（秦文虎《山道悠悠》）

源源不断 yuányuán-bùduàn 形容接连不断的样子。例夜间，官军打通了由智亭山通往龙驹寨的大道，所以从天亮起就有军粮源源不断地从龙驹寨向西运送。（姚雪垠《李自成》）｜汽车缓缓地行驶着，尾随车子后面的又是源源不断的步兵。（杨沫《东方欲晓》）

〔辨析〕"绵绵不断、源源不断"都形容连续不断的样子。"绵绵不断"多形容事物或思绪等的连续状态。偏重在连接不中断。"源源不断"多形容事物连续不断地出现、增加、到来、离去等。偏重在连续且没完没了。

绵延不断　绵延万里

绵延不断 miányán-bùduàn 《孔子家语·观周》："涓涓不壅，终为江河；绵绵不绝，或成网罗。"接连不断，一直延续下去。绵延：持续不断地延伸。例我知道生命无处不在，我知道生命绵延不断。（巴金《怀念·悼范兄》）｜大兴安岭那绵延不断的林海在寒风的呼啸中，掀起了海浪似的波纹。（邹蒙文《黄老汉》）

绵延万里 miányán-wànlǐ 接连不断，一直延续到很远很远的地方。例绵延万里的长城，千百年来屹立在中华大地上，仿佛一条雄伟的巨龙。（夏岑《祖国，我赞美你》）｜撒哈拉大沙漠那绵延万里的沙丘，好像永远也望不到尽头。（林克《北非散记·撒哈拉》）

〔辨析〕"绵延不断、绵延万里"都形容接连不断。"绵延不断"可形容生命物体或思绪等，重在强调一直延续下去，使用范围较宽。"绵延万里"只形容与地形地貌相关的事物，重在强调延伸的距离极长、极远，使用范围较窄。

民不聊生　民生凋敝

民不聊生 mínbùliáoshēng 战国·秦·黄歇《上书说秦昭王》："百姓不聊生。"汉·司马迁《史记·张耳陈余列传》："……百姓罢敝，头会箕敛，以供军费，财匮力尽，民不聊生。"老百姓生活极其困苦，无所依赖。例在那些年月，军阀混战，土匪横行，民不聊生。（冯德英《迎春花》）｜何县长说："白狼是个人，是一帮子匪盗的头领，闹得河南民不聊生。"（陈忠实《白鹿原》）｜素净成为住持的时候，慈恩寺其实已经衰败了。这当然都是因

为兵荒马乱，民不聊生。(李洱《应物兄》)

民生凋敝 mínshēng-diāobì 汉·班固《汉书·循吏传序》："孝武之世，外攘四夷，内改法度，民用凋敝，奸轨不禁。"后多作"民生凋敝"，形容社会经济萧条，人民生活困苦。例这样……使得它自己和广大人民之间发生了深刻的裂痕，造成了民生凋敝、民怨沸腾、民变蜂起的严重危机。(毛泽东《论联合政府》)｜北洋军阀时期，民生凋敝，人们被军阀混战弄得怨声载道。

〔辨析〕"民不聊生、民生凋敝"都形容人民生活困苦。"民不聊生"仅限于形容老百姓生活贫穷，困苦而无所依。"民生凋敝"一般用于形容社会的整体状况，主要侧重强调经济上的萧条、衰败，从而造成老百姓生活困难、痛苦。

民怨沸腾　怨声载道

民怨沸腾 mínyuàn-fèiténg 指人民的怨气像开水一样翻腾。形容人民对统治者的怨恨和反抗的情绪达到顶点。例秦始皇以全国的人力物力仅仅连接原有的秦燕赵的长城并稍加增补，就引起了民怨沸腾。(翦伯赞《内蒙访古》)｜工厂、学校不断发展的斗争，和民生凋敝，民怨沸腾的局面，定会叫敌人手忙脚乱无法对付。(罗广斌、杨益言《红岩》)

怨声载道 yuànshēng-zàidào 《后汉书·李固传》："天下纷然，怨声满道。"怨恨之声充满道路。形容人民的不满和仇恨普遍而强烈。例我也看着不像样。这三天功夫，大家都怨声载道。(茅盾《锻炼》)｜又如这次岭东破坏公路，民众怨声载道。(萧乾《岭东的黑暗面》)

〔辨析〕"民怨沸腾、怨声载道"都形容民众的怨恨。"民怨沸腾"偏重表示怨恨的程度，即怨恨、愤怒的情绪已达到极点。强调怨恨的深度。"怨声载道"偏重表示怨恨的普遍，即到处都有怨声，强调怨恨的广度。

名不副实　盛名难副

名不副实 míngbùfùshí 三国魏·刘邵《人物志·效难》："中情之人，名不副实，用之有效……"（中情之人，指才情内蕴的人）名声与实际不相符。副：相称，符合。也说"名不符实"。例虽已名不副实，但老年人叫惯了，仍叫"京酒店"。(刘心武《钟鼓楼》)｜历史的大名虽然如此，但到过桂林之人，每有名不符实之感。(蔡廷锴《蔡廷锴自传》)

盛名难副 shèngmíngnánfù 《后汉书·黄琼传》："《阳春》之曲，和者必寡；盛名之下，其实难副。"名气太大与实际很难相符。指名实不符。盛：大。例至明太祖立武学，用武举，其秀才等名与文士同，尤觉盛名难副焉。(太平天国·洪仁玕《英杰归真》)｜社会上名字老被人提着，多是盛名难副，而我尤甚！(张恨水《写作生涯回忆》)

〔辨析〕"名不副实、盛名难副"都表示名声与实际不相符合。"名不副实"泛指所有名声与实际不符的人或事，使用范围广。"盛名难副"仅指名气太大与实际难以符合，重在强调有大名气的人或事物所享有的名望与真实状况难以匹配，使用范围较窄。

名垂千古　名垂青史

名垂千古 míngchuí-qiāngǔ 好名声永世流传。千古：长远的年代。例如果造了大孽，又安能名垂千古？(清·李汝珍《镜花缘》)｜你看袁世凯，他倒是想名垂千古呢！没想到最后落一个遗臭万年！(杨元星《民初轶事》)｜那些堂而皇之进行几十次偷鸡摸狗的大人物，都已名垂千古；我只给了雯雯一丁点人道的温存，就要被送上了道德法庭？(从维熙《方太阳》)

名垂青史 míngchuí-qīngshǐ 名字载入史册，美名在历史上流芳，永垂不朽。青史：古人在青色的竹简上书写，故习惯称史书为"青史"。例他先后两次带火扑敌，拼刺刀，毙敌数十的事迹，被写进了三连所在某部的军史，名垂青史。(范幼元《英雄本色》)｜孙中山领导辛亥革命推翻了延续二千多年的封建帝制。他是真正的名垂青史的伟人。(诸云川《追忆辛亥》)

〔辨析〕"名垂千古、名垂青史"都指好名声流传下来。"名垂千古"重在强调美名流传的时间长，能经历很多年代。"名垂青史"重在强调美名在历史上流芳，因被载入史册而永垂不朽。

名存实亡　徒有虚名　有名无实

名存实亡 míngcún-shíwáng 《韩非子》："惑主不然，计共入不计其出，出虽倍其入，不知其害，则是名得而实亡。"名义上还有，而实际却不存在了。例韩国早已是名存实亡的。赵国如果灭亡了，我看我们魏国是一定要遭受大患的。(郭沫若《虎符》)｜其实,他们毁坏的岂止是一架葡萄，那样巨大的实验场都名存实亡了。(李国文《冬天里的春天》)

徒有虚名 túyǒu-xūmíng 指空有好名声或名义，并无实际内容或与实际不符。例(司马)懿笑曰："徒有虚名，乃庸才耳！"(明·罗贯中《三国演义》)｜于是看花，说这个洛阳牡丹真是徒有虚名，于是洛阳人摇头说其实洛阳牡丹从未如今年这样失约……（张抗抗《牡丹的拒绝》）｜我同他们一个也不认识……但多半都是说话有头无尾，慌慌张张，半生不熟，徒有虚名的人物。（冯玉祥《我的生活》）

有名无实 yǒumíng-wúshí 《管子·明法解》："……如此者，有人主之名而无其实。"空有虚名而无实际内容。例倘或不听教训，还求太爷认真的管教管教他，才不至有名无实地白耽误他的一世。（清·曹雪芹《红楼梦》）｜听说那五分之三本月底也可以拿到。那倒还好，并不是完全有名无实的。（叶圣陶《席间》）

〔辨析〕"名存实亡、徒有虚名、有名无实"都形容名和实不相符。"名存实亡"的"名"多指"名义"，表示原有实际内容但现在没有了，只剩下名义，语意较重。"徒有虚名"的"名"多指"名声"，强调具有的名声、声誉和实际不相匹配或完全只有虚名而无实际内容。"有名无实"的"名"既可指"名义"，也可指"名声"，表示只有空名，本来就没有实际内容，语意也较重。

名列前茅　首屈一指

名列前茅 mínglièqiánmáo 《左传·宣公十二年》："军行，右辕左追蓐，前茅虑无，中权后劲。"名将排列在最前面。茅：原指古代行军时走在最前面负责侦察、探路的队伍，他们以茅草为旌旗，遇有敌情，便举茅旌向后面的大军示警。例他所饲养的那头水牛，每次评比总是名列前茅。（沙汀《青枫坡》）｜你父亲当年才华盖世，名噪四海，荣获全冠，誉为智宿。而今你又一鸣惊人，名列前茅。（张扬《第二次握手》）｜那所中学之所以能成为区重点中学并且在全市重点中学中名列前茅，他父亲功不可没。（梁晓声《人世间》）

首屈一指 shǒuqūyīzhǐ 清·颜光敏《颜氏家藏尺牍·施侍读章》："海论诗辄为首屈一指。"弯下手指头计算时，首先弯下大拇指。表示第一，居首位。例英国的报纸，在国际上最闻名的，大概要算《泰晤士报》首屈一指了。（邹韬奋《萍踪寄语初集》）｜其规模，在当时的出版界首屈一指。（《人民日报》1992年2月10日）

〔辨析〕"名列前茅、首屈一指"都用来表示"最好、拔尖儿"的意思。"名列前茅"只指一流水平，不一定是第一名，只能用于有名次的人或事物。"首屈一指"是确指第一名，既可用于有名次的人或事物，也可用于没有名次的人或事物。

名声赫赫　声名显赫

名声赫赫 míngshēng-hèhè 在社会

上流传的评价非常显著。赫赫：显著、盛大的样子。例谢伯谦这个孝子当年在内黄县也算是名声赫赫的一个人物了，故去快二十年了至今仍旧为人称道。（孙一哲《内黄趣事》）｜上世纪四十年代,后起之秀"颐之时"的兴起在成渝两地名声赫赫,成为四川餐饮业的一枝奇葩。（罗开钰《我所知道的"颐之时"》）

声名显赫 shēngmíng-xiǎnhè 在社会上因有名声、权势、地位而名气很大。显赫：（权势、名声等）盛大。例这个昔日声名显赫的大人物,他的丑恶面目终于被揭穿了。｜刘涌这个东北地区既声名显赫又臭名昭著的黑社会魁首最终还是被判了死刑。（金顺之《刘涌集体的覆灭》）

〔辨析〕"名声赫赫、声名显赫"都形容名声、名气在社会上影响很大,众所周知。"名声赫赫"重在强调在社会上流传的评价广泛而显著,不一定和权势、地位有联系。"声名显赫"强调因名声、权势、地位而造成名气很大,有一种压倒他人的气势。

冥思苦想　搜肠刮肚

冥思苦想 míngsī-kǔxiǎng 绞尽脑汁,深深地苦苦地思索、想象。冥思：深沉地思考。也说"冥思苦索""苦思冥想"。例那么写什么呢？难道冥思苦想、精雕细琢,为逝去的旧时代唱挽歌吗？（巴金《〈搜索集〉后记》）｜如果只关在屋子里冥思苦想,搜索枯肠,面壁九年,也决写不出好作品来。（王梓坤《科学发现纵横谈》）

搜肠刮肚 sōucháng-guādù 形容想尽一切办法。例似这作文,搜肠刮肚,可待写上什么？（清·蒲松龄《聊斋俚曲集·逃学传》）｜这情形逼得他们搜肠刮肚,不知想了多少主意,就差跪到白龙潭的大庙里烧香许愿这一手啦！（浩然《山水情》）

〔辨析〕"冥思苦想、搜肠刮肚"都形容费力思索,用尽心思。"冥思苦想"强调思考之深、之苦。"搜肠刮肚"形容苦苦思考,以"搜肠""刮肚"来具体描写,生动形象。

摩拳擦掌　跃跃欲试

摩拳擦掌 móquán-cāzhǎng 摩擦着拳头和手掌。形容在劳动或战斗之前精神振奋,急不可待的激奋情态。也作"磨拳擦掌"。例但有些人好像初生之犊不畏虎,摩拳擦掌地等候厮杀。（姚雪垠《李自成》）｜我们在拳头上吹了一口气,就是摩拳擦掌准备打架了。（秦牧《松鼠》）｜孙赶超与十几名车夫一起围过来,这些包裹在粗厚棉衣中的莽汉,个个须发皆白,摩拳擦掌,声

振屋瓦，气势上倒是先占了上风。（梁晓声《人世间》）

跃跃欲试 yuèyuèyùshì 形容急切地想试一试。跃跃：急于行动的样子。例她高兴得又像去年决定去贴卢嘉川留下的传单一样，浑身是劲，跃跃欲试。（杨沫《青春之歌》）｜她把各家眷属亲兵扫了一眼,看见这些人都已经自动地凑拢来,都在摩拳擦掌,跃跃欲试。（姚雪垠《李自成》）

〔辨析〕"摩拳擦掌、跃跃欲试"都形容一事当前急切的情态。"摩拳擦掌"偏重形容劳动或战斗前精神振奋，急不可待的样子，表现也较为直接，含褒义。"跃跃欲试"偏重形容急于想试试身手的心态和样子，表现不一定比"摩拳擦掌"直接，词意多为中性。

没齿不忘　没世不忘

没齿不忘 mòchǐ-bùwàng 汉·张衡《同声歌》："乐莫斯夜乐,没齿焉可忘。"终身难以忘记。没齿：终身。例娘娘一见垂泪，下座拜谢道："长老，你果是救得我回朝，没齿不忘大恩！"（明·吴承恩《西游记》）｜所以对苏先生的功德没齿不忘。（邓友梅《无事忙杂记》）

没世不忘 mòshì-bùwàng 《礼记·大学》："君子贤其贤而亲其亲，小人乐其乐而利其利，此以没世不忘也。"一辈子也不会忘记。没世：终身，至死。例二荀令之论人，久而益信，吾没世不忘。（《三国志·荀彧传》）｜我哀悼他，感谢他，我要没世不忘他的恩德。（郭沫若《桎下史入关》）

〔辨析〕"没齿不忘、没世不忘"都表示"至死都不会忘记"的意思。"没齿不忘"较典雅、含蓄，用"牙齿"的消失来表示终其一生，一直到死都不会忘记。"没世不忘"较为直接，表示终身、永远都不会忘记。

秣马厉兵　严阵以待

秣马厉兵 mòmǎ-lìbīng 《左传·成公十六年》："蒐乘、补卒、秣马、厉兵、脩陈、固列、蓐食、申祷，明日复战！"喂饱战马，磨快兵器。指做好战斗准备。秣：喂牲口；厉：磨（mó）；兵：兵器。例冯国璋和张勋闻道如此这般，于是又准备向南京攻击。双方秣马厉兵，大战一触即发。（唐人《北洋军阀演义》）｜后来的"八旗兵"已经变得腐败透顶，在战场上常常一触即溃，和清军初入关时那种秣马厉兵，能征惯战的景象完全不可同日而语了。（秦牧《哀"八旗子弟"》）

严阵以待 yánzhènyǐdài 《旧五代史·世宗纪》："有贼中来者，云：'刘崇自将骑三万，并契丹万余骑，

严阵以待官军。'"指把军队的阵势整顿得严整，准备迎击来犯之敌。严阵：严整的阵势。例那股偷袭的匪徒，看到这支严阵以待的队伍，犹豫了一阵之后，别转马头跑了。（李国文《月食》）|忙了一夜，严阵以待的战士们……心里都在想："怎么还不见动静？"（袁静《伏虎记》）

〔辨析〕"秣马厉兵、严阵以待"都形容战前做好战斗准备。"秣马厉兵"重在强调战前做好具体的各项战斗准备，属于战前的准备阶段。"严阵以待"强调战前的各项具体准备已经做完了，而且摆好了架势、阵势已经进入临战状态了。

默默无闻　无声无息

默默无闻 mòmò-wúwén 汉·蔡邕《释诲》："连光芒于白日，属类气于景云，时逝岁暮，默而无闻。"后用"默默无闻"指不声不响，不为人知。形容不出名或不被人知晓。默默：没有声音；无闻：不曾听说。例你把自己献给农村社会主义建设，默默无闻地工作着，这是真正的无名英雄。（王汶石《风雪之夜·土屋里的生活》）|（茅盾）后来调到国文部。这时候的他，在中国文坛上还默默无闻。（叶永烈《红色的起点》）

无声无息 wúshēng-wúxī 没有声音，没有气息。指没有什么动静或影响。声：声音；息：气息。例一到里面去，即酱在无聊的纠纷中，无声无息。（鲁迅《鲁迅书信集·致胡风》）|漫山遍野的、潮湿的雪花还在无声无息地飘落。（周立波《金戒指》）

〔辨析〕"默默无闻、无声无息"都形容没有声音、没有声响。"默默无闻"偏重形容不出名，无论是人或物都不被人所知晓。"无声无息"偏重形容人或物没有什么动静，没有什么影响，连一点表示存在的征兆都没有。

莫名其妙　不可名状

莫名其妙 mòmíngqímiào 清·宣鼎《夜雨秋灯录·陬邑官亲》："及进西瓜汤，饮兰雪茶，莫名其妙。"没人能说出它的奥妙。名：说出。形容事情奇怪，不可理解或不合情理、毫无根据。例书店把我的原稿送去审查，凡是涉及皇帝的地方……统统都给打上红杠子，删掉了。好几处还写着莫名其妙的批语。（唐弢《琐忆》）|"你就编吧"——我嘴上这样说，心里却感到一种莫名其妙的欣慰。（莫言《蛙》）

不可名状 bùkěmíngzhuàng 不能够用语言形容。名：说出；状：形容，描绘。例到那电灯再亮的时候，吴荪甫独自躺在沙发上，皱着眉头发楞，不可名状的狂躁是没有了。(茅盾《子夜》)｜张焕之昏昏沉沉，感到一种不可名状的困倦。(谌容《光明与黑暗》)

〔辨析〕"莫名其妙、不可名状"都有无法表达的意思。名，都作"说出"讲。"莫名其妙"是明知事情奥妙之处却无法表达。"不可名状"更多指一种心理感受，形容复杂的心情无法用语言表达明白。

莫逆之交　情投意合

莫逆之交 mònìzhījiāo 《庄子·大宗师》："四人(子祀、子舆、子犁、子永)相视而笑，莫逆于心，遂相与为友。"指彼此情投意合或志同道合的友谊，也指这样的知心朋友。莫逆：没有抵触。例在同吃苦，共患难的岁月里，老庆和老李的感情越来越深，很快便成了莫逆之交。(胡天培、胡天亮《山村新人》)｜从中药材的交易发展成相互之间的义气相交，传到冷先生和嘉轩的父亲秉德这时候，已经成为莫逆之交。(陈忠实《白鹿原》)

情投意合 qíngtóu-yìhé 汉·冯衍《与阴就书》："明圣修德，志士思名。是以意同情合，声比相应也。"后多作"情投意合"。彼此感情融洽，心意相通。投：相合，契合。例只因他虽说和黛玉一处长大，情投意合，又愿同生同死，却只心中领会，从来未曾当面说出。(清·曹雪芹《红楼梦》)｜好风景固然可以打动人心，但若得几个情投意合的人，相与徜徉其间，那才真有味。(朱自清《燕之草序》)

〔辨析〕"莫逆之交、情投意合"都形容知心知意，感情融和。"莫逆之交"强调朋友之间思想、感情上没有抵触，只限于形容朋友之间的感情，使用范围较窄。"情投意合"强调志趣、情感、思想都能很好地契合，偏重感情的融洽，不仅可用于朋友之间也可用于恋人、夫妻、亲属之间，使用范围较广。

莫衷一是　无所适从

莫衷一是 mòzhōng-yīshì 指意见有分歧。不能断定哪个说法对，得不出一致赞同的结论。衷：这里指作出判断、断定；是：对，正确。例《离骚》夕餐秋菊之落英，说者聚讼，莫衷一是。(清·黄协埙《锄经书舍零墨·落英》)｜由于在他所听到的批评中，有些意见是这样的分歧不一，简直使他感到莫衷一是，无所适从了。(冯牧《耕耘之集》)

无所适从 wúsuǒshìcóng 《左传·僖公五年》："狐裘尨茸，一国三公，吾谁适从？"不知跟从哪一方。比喻不知怎么办才好。尨茸(ménɡrónɡ)：蓬松、杂乱。例中国正是新旧潮流相冲突的时候，一般国民都无所适从。(孙中山《民族主义》)｜但现在呢，除了冤屈与烦恼，就完全只是那样无所适从的茫茫的情意了。(丁玲《小火轮》)
〔辨析〕"莫衷一是、无所适从"都形容找不到正确的东西。"莫衷一是"重在强调因意见分歧无法判定哪种说法正确，得不出一致赞同的结论。"无所适从"强调左右为难，没有主意，不知怎么办才好。

墨守陈规　墨守成规

墨守陈规　mòshǒu-chénguī　坚持按陈旧的已经不适用的规章制度。陈规：陈旧的规矩。例时代变化了，人与人之间的关系也变化了，如果墨守陈规，还拿那些过时的，不适用的规章制度来进行管理，肯定是行不通的。(齐骥《必须搞好现代管理》)｜王师傅虽然年岁大了，但决不是一个墨守陈规的人，他常常搞一些小发明、小创新，让我们年轻人都很佩服。(万长安《我的师傅》)

墨守成规　mòshǒu-chéngguī　《战国策·齐策六》："今公又以弊聊之民，距全齐之兵，期年不解，是墨翟之守也。"现用"墨守成规"形容思想保守，因循守旧，坚持按既有的规矩办事，不肯变通。墨守：战国时，墨翟善于守城，故称善守为墨守。后指固执不变为墨守。例学习别人的东西要善于"化"，不能墨守成规。(曹禺《读剧一得》)｜他了解龟田是个墨守成规的老军人，对上级的任何指令一向都是抱着绝对服从甚至是盲目服从的态度。(郭明伦、张重天《冀鲁春秋》)
〔辨析〕"墨守陈规、墨守成规"都形容按旧有的规章制度办事，不肯变化。"墨守陈规"词意更重，形容固执、坚持的是过时的陈旧不适用的规矩，而"墨守成规"只形容因循守旧，坚持按既有的规矩办事，不肯变通，词意较轻。

墨守成规　故步自封　抱残守缺

墨守成规　mòshǒu-chéngguī　《墨子·公输》："子墨子解带为城，以牒为械；公输盘九设攻城之机变，子墨子九距之。公输盘之攻械尽，子墨子之守圉有馀。"后用"墨守成规"形容思想保守，只按老规矩办事。墨守：战国时墨翟善守城，引申为固执保守；成规：现成的或久用的规则、方法。例学习别人的东西，要善于"化"，不能墨守成规。(曹禺《读剧一得》)｜他是一个心地善良的人，但性格优柔，谨小慎微，做起事来总是墨守成规，从来不敢越雷池一步。(2015年全国高考语文全国卷二试题句)

故步自封　gùbù-zìfēng　汉·班固《汉书·叙传上》："昔有学步于邯

郸者，曾未得其仿佛，又复失其故步，遂匍匐而归耳！"后用"故步自封"比喻安于现状，不求进步。故步：走老步子；封：限制住。也作"固步自封"。例当今世界科技突飞猛进，我们更要勇于开拓，不断进取，如果故步自封，最后甚至被时代潮流所淘汰。（2015年全国高考语文试题卷二试题句）｜我们反对不问实际情况便武断地加以评论的主观主义，反对不问好坏就一概拒绝一切外来影响的关门主义和故步自封的保守主义。（郭沫若《谈诗歌问题》）

抱残守缺 bàocán-shǒuquē 汉·刘歆《移书让太常博士》："犹欲保残守缺，挟恐见破之私意，而无从善服义之公心。"后用"抱残守缺"形容思想保守，不知改进。例想让中国传统戏曲焕发出新的生命力，决不能满足于现状，抱残守缺，唯有创新才是弘扬戏曲文化的康庄大道。（2015年全国高考语文全国试题卷二试题句）｜……打击新生力量，打击新的创造，以便他们抱残守缺，而自居优良传统的继承人与保卫者，称霸画界，垄断市场。（老舍《福星集》）

〔辨析〕"墨守成规、故步自封、抱残守缺"都有保守、不求进取的意思。"墨守成规"是守住老规矩不放手；"故步自封"是走的老路子不迈新步伐；"抱残守缺"是明知是落后、过时的却仍要守住不松手，在保守的程度上比前两成语还严密。

在使用的范围上，"墨守成规"适用于对待一般性整改的处理，胆小、谨慎，不敢有所改变；"故步自封"侧重强调一些人自甘走老路，不求上进的错误态度；"抱残守缺"多用在形容制定新政策和策略，或面对新生事物时，一些人顽固、落后的思想观念。

目光短浅　目光如豆　鼠目寸光

目光短浅 mùguāng-duǎnqiǎn 形容只看到眼前利益，看不见全局或长远利益。例"我可不是目光短浅的势利小人。"所长叫着屈，表白自己。（刘绍棠《鹧鸪天·二》）｜真定之事，俺本有部署，不想刘锜那厮，目光短浅，不以大局为重，竟然严词相拒，此时只好暂且搁下了。（徐兴业《金瓯缺》）

目光如豆 mùguāng-rúdòu 清·钱谦益《列朝诗集小传·丁集下》："世所推名流正人，深衷厚貌，修饰边幅，眼光如豆，宁是与论天下士哉。"眼光像豆子一样小。多形容目光短浅，没有远见。也可用于形容眼睛的光芒特别小的人。例一些家长目光如豆，是造成大量学生辍学经商的主要原因之一。（徐济

泉《学生经商之风不可长》）| 阴暗、潮湿的屋角边，病榻之上躺着一个老者，只见他目光如豆，两眼无神，一副凄苦无助的样子。（刘通《瑶寨琐忆》）

鼠目寸光 shǔmù-cùnguāng 清·蒋士铨《临川梦·隐奸》："吓得那一班鼠目寸光的时文朋友，拜倒辕门，盲称瞎赞。"形容眼光短浅。例在战略问题上，丁仁廷是一个鼠目寸光的武夫，但在耍阴谋诡计方面，他确比同类高出一筹。（高缨《云崖初暖》）|一个正直的，有良心的作家，绝不是一个鼠目寸光、胆小怕事的人。（巴金《探索与记忆·文学生活五十年》）

〔辨析〕"目光短浅、目光如豆、鼠目寸光"都指眼光短浅，缺乏见识没有远见。"目光短浅"重在强调只看重眼前利益和局部利害，看不见全局和长远，是直陈性成语。"目光如豆"把眼睛的光芒比作像豆粒般小，来比喻目光的短浅或用于形容人们的眼神。"鼠目寸光"更强调这种目光短浅之辈的猥琐、卑劣，贬义更重。

目空一切　盛气凌人

目空一切 mùkōng-yīqiè 一切都不放在眼里，形容骄傲自大，对任何人或事都看不起。例但他恃着自己学问，目空一切，每每不把人放在眼内。（清·李汝珍《镜花缘》）|那时候我年轻力壮，目空一切，似乎太阳月亮都要听我的指挥。（王蒙《青春万岁》）

盛气凌人 shèngqì-língrén 西汉·刘向《战国策·赵策》："左师触詟愿见，太后盛气而胥之。"骄横傲慢，气焰压人。凌：欺凌。例潘信诚看马慕韩和冯永祥那股盛气凌人的样子，厌恶地闭上了眼睛。（周而复《上海的早晨》）| 王氏轻蔑地看了陈姨太一眼，把嘴一扁，盛气凌人地答道："没有人跟你说话，哪个要你插嘴？"（巴金《春》）

〔辨析〕"目空一切、盛气凌人"都形容骄横自大，都是贬义词。"目空一切"重在形容什么都不放在眼里，十分狂妄。"盛气凌人"重在形容用骄横的气势欺压人，气势汹汹。

N

脑洞大开　天马行空

脑洞大开　nǎodòng-dàkāi　网络词汇。由日本动漫的"脑补"衍生而来。本指观剧者在大脑里通过自己的想象来补充或添加原剧中没有的情节和内容。后来词意扩大，意为想象天马行空，联想极其丰富、奇特。例"蓝眼泪"是厦门集美区龙舟池的一种难得一见的自然奇观，不料一位网友竟然脑洞大开，思维异于常人，竟然带了一盆"蓝眼泪"回家养着。｜今天我给大家推荐五本新鲜有趣的网络历史小说，真是写得令人脑洞大开，欢乐多多，别错过呀！

天马行空　tiānmǎ-xíngkōng　元·刘廷振《萨天锡诗集序》："其所以神化而超出于众表者，殆犹天马行空而步骤不凡。"意思是天马奔驰神速，像是腾起在空中飞行一样。多比喻诗文气势豪放，不受拘束。也比喻人浮躁、不踏实。天马：传说中的神马。例令人佩服的是他天马行空的想象力，让电影给我们展示了一个全新的外星生活。｜老师说齐喆想问题，说话办事，有时就像天马行空。其实就是含蓄地批评他有时太浮躁、不踏实。（王元安《课间小憩》）

〔辨析〕"脑洞大开、天马行空"都能形容联想丰富、奇特。"脑洞大开"更强调在思路大开时，通过想象有更多的内容补充或添加进来，有受到某种因素启发的含义。而"天马行空"多比喻诗文或书法，气势豪放，不受拘束，和外在的因素联系少，而且还可比喻人浮躁、不踏实。

恼羞成怒　气急败坏

恼羞成怒　nǎoxiū-chéngnù　由于羞愧愤恨而发怒。也说"老羞成怒""羞恼成怒"。例监工头把众人望了几眼，恼羞成怒地站在那里，心里在想报复的办法。（巴金《雪》）｜那排长恼羞成怒，拿着枪头的刺刀，向哥哥的手臂上扎了一下。（冰心《斯人独憔悴》）

气急败坏　qìjí-bàihuài　形容上气不接下气，慌乱、恼怒的样子。例且说关胜等军马回到金沙滩边，水军头领用船接济军马陆续过渡，只见一个人，气急败坏跑将来。（明·施耐庵《水浒传》）｜看了王家福气急败坏的样儿，申大嫂差一点笑出来。（沙汀《风浪》）

〔辨析〕"恼羞成怒、气急败坏"都形容人急了，十分恼怒。"恼羞成怒"重在形容因懊恼羞愤，下不了台而大发脾气。"气急败坏"重在形容上气不接下气的狼狈样子和极其慌张和恼怒的那种状态。

内外交困　内忧外患

内外交困　nèiwài-jiāokùn　内部和外部同时陷入困境。交：一齐，同时。例朕因流贼猖獗，东事日急，内外交困，不得不百计筹饷。（姚雪垠《李自成》）｜一百年前（1897）商务印书馆创业于沪滨。这是一个艰难的时刻。正所谓：大厦将倾，群魔乱舞，内外交困，民不聊生。每个有理想的中华儿女都在探索要走什么路才能振兴中华。（《人民日报》1997年5月7日）

内忧外患　nèiyōu-wàihuàn　《国语·晋语六》："不有外患，必有内忧。"内部有祸灾，而同时外部有祸患。一般指国家内起动乱，外受侵略。同时遭受祸患。忧、患：困难、祸患。例只因为本国太破烂，内忧外患，非常之多，自顾不暇了，所以只能将台湾这些事情暂且放下。（鲁迅《而已集·写在〈劳动问题〉之前》）｜可是，在旧中国，内忧外患，多事之秋，这样的日子实在太多，有时还不免重叠。（徐铸成《报海旧闻》）

〔辨析〕"内外交困、内忧外患"都形容内部和外部同时陷入困境，遭到祸患。"内外交困"使用范围较广，既可用于国家、集团，也可用于家庭、个人，词意稍轻。"内忧外患"一般只用于国家、集团等，词意较重。

O

藕断丝连　拖泥带水

藕断丝连　ǒuduàn-sīlián　唐·孟郊《去妇》诗："君心匣中镜，一破不复全；妾心藕中丝，虽断犹连牵。"藕被折断时还有许多丝连着不断。比喻表面上断了关系，实际上仍有牵连。多指男女之间的情思。例徐广泰的心里本来就是藕断丝连，被大伙儿一说又活动了，别人要去，他也没阻拦。（刘绍棠《蒲柳人家》）｜文坛本应是块"净土"，但素来总与名利藕断丝连。（梁晓声《京华闻见录》）

拖泥带水　tuōní-dàishuǐ　原指在泥水中蹒跚行走。后比喻言辞不简洁，做事拖拉。例知侬笠漏芒鞋破，须遣拖泥带水行。（宋·杨万里《竹枝歌》）｜千万不可拖泥带水，看到干不成，就不要动手，再等机会。（马烽、西戎《吕梁英雄传》）

〔辨析〕"藕断丝连、拖泥带水"都有和原先的事物表面上断了关系，实际上极有牵连的意思。"藕断丝连"多用在感情，特别是男女间的情感上，强调暗中的联系。"拖泥带水"比喻言辞不简洁，说话不干脆或办事拖拉，不利索，不果断。

呕心沥血　殚精竭虑

呕心沥血　ǒuxīn-lìxuè　唐·李商隐《李贺小传》记载：李贺白天外出，一有诗句就写下来，放在一个锦囊中，晚上回家去，其母见囊中诗多，叹道："是儿要当呕出心始已耳！"南朝梁·萧绎（梁元帝）《与诸藩令》："……沥血叩心，枕戈尝胆，其何故哉？"后用"呕心沥血"形容穷思苦索，费尽心思。呕心：形容用心过度；沥血：滴血，表竭尽全力，竭尽忠诚。形容费尽心思。呕：吐；沥：滴；心、血：心思精力。例如果不爱自己的祖国，巴老为什么以老迈龙钟之身，呕心沥血来写《随想录》呢？（季羡林《牛棚杂忆》）｜这十多年来,他写了多少东西啊，呕心沥血，讴歌社会主义……（臧克家《老舍永在》）

殚精竭虑　dānjīng-jiélǜ　唐·白居易《策杖一·策头》："殚精竭虑，以尽徵臣献言之道乎！"形容用尽了精力和心思。殚、竭：用尽；精、虑：精力和心思。例我国即使政治革新之目的既达，而此后所以谋进步者，固不可不殚精竭虑于此问题。(梁启超《新民说·附录·禁早婚议》)｜青岛医学院教授沈福彭,1982年2月因病去世，他生前殚精竭虑，尽瘁教学，亲嘱死后将遗体献给医学教育事业……(秦牧《哲人的爱》)

〔辨析〕"呕心沥血、殚精竭虑"都形容做事用尽心思和精力。"呕心沥血"侧重形容办事费尽心思，"殚精竭虑"侧重形容在事业上用尽精力。在使用范围上，"呕心沥血"多用在做较为具体的事情上，如形容文学写作、文学创作、科学研究，等等；"殚精竭虑"使用范围相对较宏观、概括，形容从事某种事业用尽全部精力和心血，语意比"呕心沥血"更重些。

P

攀龙附凤　趋炎附势

攀龙附凤　pānlóng-fùfèng　汉·扬雄《法言·渊骞》："攀龙鳞，附凤翼，巽以扬之，勃勃乎其不可及也。"攀附着龙和凤。比喻依附帝王以成就功业或扬威，也比喻依附有声望的人以立名。例两只攀龙附凤的大蜡烛在闪动，四面花篮已经堆成了百花阵图。(徐迟《财神与观音》)｜当时，袁手下的一般攀龙附凤之士……都主张乘此大权在握，早日黄袍加身。(陶菊隐《袁世凯演义》)

趋炎附势　qūyán-fùshì　宋·陈善《扪虱新话》："盖趋炎附势，自古然矣。"讨好、依附有权势的人。趋：趋向；炎：比喻气焰盛，权势大。例无奈他父亲又是个明理尚气节的人，不同那趋炎附势的世俗庸流。(清·文康《儿女英雄传》)｜他对名誉和地位是那样地无睹，那样不会趋炎附势，培植党羽，装腔作势，投机取巧。(丁玲《风雨中忆萧红》)

〔辨析〕"攀龙附凤、趋炎附势"都形容靠依附权势来达到自己的目的。"攀龙附凤"有攀附着龙和凤的图案的意思，既比喻依附帝王以成就功业或扬威，也比喻依附有声望的人以立名的意思，还可比喻巴结、投靠有权势的人。"趋炎附势"只有巴结、讨好、依附有权有势之人的意思。

盘根错节　犬牙交错

盘根错节　pángēn-cuòjié　晋·司马彪《续汉书·虞诩传》："志不求易，事不避难，臣之职也。不遇盘根错节，何以别利器乎！"树根盘绕，枝节交织。指事情错综复杂，不易处理。盘：盘绕；错：交错。例河水又浑又急，两岸长满盘根错节的老树，把那条河遮得冷森森的。(杨朔《杨朔散文选》)｜……往往忽视现实，把人世看得太单纯……不知盘根错节，艰难困苦，甚至处于覆巢积薪之下，不知危惧。(贺麟《乐观与悲观》)｜但她忘了这个大千世界，特别是她所属的那个阶层，本来是盘根错节，千丝万缕连系着的。(李国文《涅

槃》）

犬牙交错 quǎnyá-jiāocuò 《汉书·中山靖王传》："诸侯王自以骨肉至亲，先帝所以广封连城，犬牙相错者，为盘石宗也。"后用"犬牙交错"指像狗牙那样上下交错。常形容交界处参差不齐或泛指关系或局面错综复杂。例而苗疆多与邻省犬牙交错，又必归并事权，始可一劳永逸。（《清史稿·土司一》）｜由于现实生活斗争的复杂性，这种人物性格之间斗争，也是错综复杂、犬牙交错的。（陈荒煤《解放集》）

〔辨析〕"盘根错节、犬牙交错"都形容相互交错、情况十分复杂，不易分辨和处理。"盘根错节"重在形容因事情错综复杂不易处理。"犬牙交错"重在强调交界之处参差不齐，不易分清界限，"盘根错节"没这个意思。

旁敲侧击　指桑骂槐

旁敲侧击 pángqiāo-cèjī 在旁边和侧面敲敲打打。比喻曲折婉转地表达自己的意见或用若明若暗的语言影射、攻击。例云岫这东西，不给他两句，他当人家一辈子都是糊涂虫呢。只不过不应该这样旁敲侧击，应该要明亮亮的叫破了他。（清·吴趼人《二十年目睹之怪现状》）｜姑母和大姐的婆婆若在这种场合相遇，她们就必须出奇制胜，各显其能，用各种笔法，旁敲侧击，打败对手，传为美谈。（老舍《正红旗下》）｜学明起初还装傻充愣，只是对她旁敲侧击，提醒她别太当真了。再后来，华学明就觉得应该离掉了。（李洱《应物兄》）

指桑骂槐 zhǐsāng-màhuái 明·兰陵笑笑生《金瓶梅》："他每日那边指桑树骂槐树，百般称快；俺娘这屋里分明听见，有个不恼的？"指着桑树骂槐树。比喻表面上骂这个，实际上骂那个。例咱们家所有这些管家奶奶，哪一个是好缠的？错一点儿他们就笑话打趣，偏一点他们就指桑骂槐的抱怨。（清·曹雪芹《红楼梦》）｜据说骂人也是要讲点艺术的，幼稚的人剑拔弩张，阴险的人指桑骂槐。（郭沫若《创造十年续编》）

〔辨析〕"旁敲侧击、指桑骂槐"都形容不直截了当地表达意见。"旁敲侧击"强调从侧面曲折婉转地表达或是若明若暗地攻击、影射，语意较轻。"指桑骂槐"强调暗中骂人攻击人，语意重。

旁门左道　歪门邪道　异端邪说

旁门左道 pángmén-zuǒdào 明·许仲琳《封神演义》第三十四回："左道旁门乱似麻，只因昏主起波查。"原指非正统的宗教派别，后泛指学术或其他方面不正派的方法、途径等，有时也用来指不正经的东西。旁、左：不正，邪；门、道：指宗教或学术派别以及方法、途径等。也说"左道旁门"。例有两个歹徒窜入我草地来……妄图用旁门左道之术来诱惑我蒙人，而一些愚夫愚妇也竟然上当。（张长弓《漠南魂》）｜如果只是想些旁门左道的花样，可教他小心！（高阳《清宫外史》）

歪门邪道 wāimén-xiédào 原指不正当的会道门（封建迷信组织会门和道门的合称）。现多指不正当、不正派的途径、方法。也说"邪门歪道"。例蔡椿中翻了他一眼，问道："您是不是走歪门邪道?"（刘绍棠《烟村四五家》）｜五四就是从探索开始的，歪门邪道不能说完全没有出现过，但总的来说，还是闯出了路的。（萧乾《一个乐观主义者的独白》）

异端邪说 yìduān-xiéshuō 《论语·为政》："攻乎异端，斯害也已。"《孟子·滕文公下》："世道衰微，邪说、暴行有作……"后用"异端邪说"泛指不正当或非正统的学说。异端：与正统思想不同的主张；邪说：不符合正统思想的学说。例谁要是不跟随着他，不附和着他，他就说你是毁圣叛君，说你是异端邪说。（欧阳予倩《桃花扇》）｜孟子之功，在指出五性之端，使异端邪说无从置喙。（清·夏敬渠《野叟曝言》）

〔辨析〕"旁门左道、歪门邪道、异端邪说"都形容不正统、不正派、不正当的东西。"旁门左道"多用于宗教、学术及其他方面不正派的方法、途径。"歪门邪道"仅指不正当、不正派的方法、途径。使用范围较窄，也较口语化。"异端邪说"只限于与正统思想不符合、相抵触的学说和主张。

旁征博引　引经据典

旁征博引 pángzhēng-bóyǐn 清·王韬《淞隐漫录》："生数典已穷，而女旁征博引，滔滔不竭。"写文章或说话时，广泛地搜集依据，大量引用例证。例王太太旁征博引，为赵太太的理论下注解与作证。（老舍《老张的哲学》）｜《陶考》旁征博引，辨析精详，其所发明，尤在出处一事。（朱自清《陶渊明年谱中之问题》）

引经据典 yǐnjīng-jùdiǎn 《后汉书·荀爽传》："爽皆引据大义，正之经典。"引用经典著作作为依据。引：援引；据：根据。例在辩论会上，捧着一大摞列宁著作，一面翻书一面发言，说在什么书多少页上，列宁是怎么说的，引经据典、振振有辞地为托派辩护，很有煽动

性。(伍修权《我的历程》)｜世昌这番引经据典的高谈阔论取得了很大的成功。(黎汝清《叶秋红》)

〔辨析〕"旁征博引、引经据典"都有搜集依据，寻找证据的意思。"旁征博引"强调搜集的广泛和大量，突出了依据和例证的"量"，强调的是广博性。"引经据典"强调引用的都是经典著作中的东西，突出了依据和例证的"质"，强调的是权威性。

抛砖引玉　引玉之砖

抛砖引玉 pāozhuān-yǐnyù　宋·释道原《景德传灯录》："师曰：'比来抛砖引玉，却引得个墼（jī）子！'"墼子（jīzi）：土坯。抛出砖头，引来美玉。后常用作谦辞，比喻用自己拙劣的诗文或肤浅的看法，可引出别人的佳作或高见。例他原以为自己人微言轻，只起一个抛砖引玉的作用，想不到自己的话会有这么强烈的反响。(张抗抗《淡淡的晨雾》)｜我所做到的是畅所欲言而已，能起些抛砖引玉的作用，于愿足矣。(费孝通《访美掠影》)

引玉之砖 yǐnyùzhīzhuān　为引出别人的佳作或高明见解而发表的粗浅不成熟的作品或意见。例对于全国先进的文化工作者，我们的东西，只当作引玉之砖，千虑之一得，希望共同讨论，得出正确结论，来适应我们民族的需要。(毛泽东《新民主主义论》)｜我就两方面的问题谈谈个人的初步看法，引作"引玉之砖"。(冯牧《谈文学理论批评工作》)

〔辨析〕"抛砖引玉、引玉之砖"都比喻为引出佳作、高见先发表自己粗劣、不成熟的东西。都作谦辞用。"抛砖引玉"是动宾结构，强调的是两个有关联的动作，以"抛"来"引"，"抛"和"引"两个动词之间有产生因果关系的意思。"引玉之砖"是偏正结构，重在强调自己发表的东西，粗浅不成熟仅仅是一块"砖"罢了。

否极泰来　乐极生悲

否极泰来 pǐjí-tàilái　汉·赵晔《吴越春秋·句践入臣外传》："天道祐之，时过于期，否终则泰。"坏到了极点，好的就来了。指事物发展到了极点，就要转化到其对立面。否、泰：六十四卦中的卦名，"否"是坏卦，"泰"是好卦。例莫非否极泰来，要转好运吗？(老舍《四世同堂》)｜到了今天，天运转动，否极泰来，不知怎么一来，我一下子成为"极可接触者"，到处听到的是美好的言辞，到处见到的是和悦的笑容。(季羡林《牛棚杂记》)

乐极生悲 lèjí-shēngbēi　《淮南子·道应训》："夫物盛而衰，乐极生

悲。"快乐到了极点的时候，发生悲痛的事。例要知道，乐极生悲，悲极了也有喜哩！（康濯《三面宝镜》）|他正为自己中了头彩而高兴，结果乐极生悲，彩券居然飞到河水里去了。

〔辨析〕"否极泰来、乐极生悲"都用于说明一个共同的道理：事物到了极点会向相对立的方面转化。"否极泰来"说的是坏事到头了可招来好事，即"否"变"泰"；"乐极生悲"说的是好事到头了会发生坏事，即"乐"变"悲"。在使用上也不同，"否极泰来"多形容人的命运，事物的发展趋势等；"乐极生悲"使用范围较窄，一般只形容具体的人和事的发生、发展及结果。

平步青云　青云直上　一步登天

平步青云　píngbù-qīngyún　宋·袁文《瓮牖闲评》："廉宣仲才高，幼年及第，宰相张邦昌纳为婿。当徽宗时，自谓平步青云。及邦昌得罪，宣仲官竟不显，病废累年以死。"从平地登上青天。比喻突然升到了很高的地位。例他本人也可以说是平步青云，不久就当上了美孚公司的煤油灯制造厂的总管。（张天民《创业》）|马惠从此平步青云，当上了县自卫大队的副大队长。（严亚楚《龙感湖》）虽然是"有志者事竟成"，而且也应当谢谢夫人有那么一个"平步青云"的远亲。（茅盾《尚未成功》）|他能不能就和他幻想的那样在生活中平步青云？他这一辈子就会真的幸福吗？（路遥《路遥全集·人生》）

青云直上　qīngyún-zhíshàng　《史记·范雎蔡泽列传》："贾不意君能自致于青云之上。"后用"青云直上"指冲（chòng）着青天一直上升。比喻人的地位直线上升。例看起来杜晚香像开顺风船似地青云直上，实际同长江、大河一样有暗流险滩。（丁玲《杜晚香》）|那风筝刚放起来很快就顺着风势青云直上了。（韦宏《潍坊风筝节》）

一步登天　yībù-dēngtiān　清·徐珂《清稗类钞·三十四》："巡检作巡抚，一步登天。"清代的巡检是小官，巡抚是大官。比喻一下子就达到了最高的境界或程度，也形容突然得志，爬上高位。例岂不知连外国的总统有不少也是一步登天的"火箭干部"。（蒋子龙《乔厂长上任记·主角》）|自从和你家结为亲善，你的爹你姑父一步登天。（赵树理《十里店》六场）

〔辨析〕"平步青云、青云直上、一步登天"都指从地上一下升到了天上。都能比喻人的地位一下升到很高的地步。"平步青云"只用于比喻人地位的快速提升。"青云直上"还可以形容从地面升起的物体。

"一步登天"也可比喻达到最高的境界或程度。此外,"一步登天"更突出人是突然得志而爬到高位的,有些贬义色彩,而"平步青云""青云直上"没有这层意思,只是单纯比喻人的位置升高了。

平心静气　心平气和

平心静气　píngxīn-jìngqì　《淮南子·诠言训》:"善博者不欲牟,不恐不胜,平心定意,提得其齐,行由其理,虽不必胜,得筹必多。"牟(mòu):加倍,倍胜。心态平静,不感情用事。例一种孤寂,一种压抑,一种渴盼,一种恨怒交织着的心境,使她无法平心静气批阅学生们的作业,甚至怀疑自己不适宜做这种极端严密的工作。(陈忠实《白鹿原》)|看着怒气不止的张宏,他平心静气,不慌不忙地给张宏讲道理。

心平气和　xīnpíng-qìhé　宋·苏轼《菜羹赋》:"先生心平而气和,故虽老而体胖。"心情平静,态度温和。例直等到纺线的人心平气和了,左右手动作协调,用力适中,快慢均匀了,左手拇指和食指之间的毛线或者棉纱就会像魔术家帽子里的彩绸一样无穷无尽地抽出来。(吴伯箫《记一辆纺车》)|遇事别急躁,咱们还是心平气和地谈一谈。

〔辨析〕"平心静气、心平气和"都有心情平和的意思。"平心静气"侧重的是心境的平和、冷静,不冲动,不感情用事。"心平气和"侧重的是态度的温和,和颜悦色,不生硬,不暴躁。

迫不及待　迫在眉睫

迫不及待　pòbùjídài　急迫得不能再等待。例一个校长领着三四个先生迫不及待地住进潮湿的房子,开始着手招收学生和开学的准备工作。(陈忠实《白鹿原》)|同样的道理,也有的山水画家看到一个奇特的景色,马上构成一个美妙的画面,他迫不及待地要把它画下来。(马南邨《燕山夜话》)

迫在眉睫　pòzàiméijié　《列子·仲尼》:"虽远在八荒之外,近在眉睫之内来干我者,我必知之。"后多作"迫在眉睫",比喻危急的事情已临近眼前,非常紧迫。例眼看着一场众寡悬殊的大战迫在眉睫……高夫人如何能心情轻松。(姚雪垠《李自成》)|新的内战危机忽然又迫在眉睫了。(方纪《挥手之间》)|周秉昆忘了姐姐托付他的那档子事,一口气把自己家迫在眉睫的事从头到尾讲了一遍,听得个周秉义瞠目结舌。(梁晓声《人世间》)

〔辨析〕"迫不及待、迫在眉睫"都有事态急迫不容等待之意。"迫不及待"重在强调主观方面的情绪,内心急迫，感觉无法再拖延、等待。"迫在眉睫"多用于客观情况，指事情紧急，不容迟缓。

破茧成蝶　脱胎换骨

破茧成蝶　pòjiǎn-chéngdié　原指肉虫或者毛虫通过痛苦的挣扎和不懈的努力，化为蝴蝶的过程，用来比喻走出困境，重获新生。破茧：咬破茧子，从茧子中钻出来；成蝶：变化成蝴蝶。例人人都希望在现今竞争十分激烈的社会中，能破茧成蝶，出人头地。｜这个来自偏远山村的穷孩子，经过多年的打拼，不懈的努力，终于破茧成蝶，不仅摆脱了贫穷低下的地位，而且取得靓丽光鲜的成就。

脱胎换骨　tuōtāi-huàngǔ　宋·葛长庚《沁园春·赠胡葆元》："常温养；使脱胎换骨；身在云端。"原为道家语，指修道者得道，就能脱离凡胎而成为圣胎。现在多形容通过教育改造，根本改变一个人的立场和世界观。也比喻重新做人。脱胎：道家认为，通过修炼和服食丹药，可以脱去凡胎；换骨：换俗骨为仙骨。例那长老自服了草还丹，真是脱胎换骨，神爽体健。（明·吴承恩《西游记》）｜经过两年劳动改造，他已脱胎换骨。

〔辨析〕"破茧成蝶、脱胎换骨"都比喻发生了重大的、根本性的变化。"破茧成蝶"重在强调在困境中通过不懈努力和痛苦挣扎，最后走出困难，挣脱羁绊和束缚，获得重生，多用于形容人艰难成才。"脱胎换骨"重在形容要从根本上丢弃原来的状态，通过艰苦努力，获得一种新的生活状态，多用于形容原来有罪、错的人如何重新做人，在思想、立场上有根本的变化。

扑朔迷离　虚无缥缈

扑朔迷离　pūshuò-mílí　《乐府诗集·木兰诗》："雄兔脚扑朔，雌兔眼迷离，双兔傍地走，安能辨我是雄雌。"比喻事情错综复杂，不易弄清真相。扑朔：雄兔被抓起时，四脚乱扒的样子；迷离：雌兔被抓起时，两眼微合迷蒙的样子。例待敌部署就绪，我们却又打到别的地方去了。弄得敌人扑朔迷离，处挨打，疲于奔命。（刘伯承《回顾长征》）｜这样布置的，它打开了它的云库，拨给这区域的，有倏来倏去的云，扑朔迷离的雾，绚丽多彩的霞光，雪浪滚滚的云海。（徐迟《黄山记》）｜古今中外的哲学家谈人生者众矣。什么人生意义，又是什么人生的价值，花样繁多，扑朔迷离，令人眼花缭乱。（季羡林《季羡林散文精选》）

虚无缥缈　xūwú-piāomiǎo　唐·白居易《长恨歌》："忽闻海上有仙

山，山在虚无缥缈间。"形容空虚渺茫。缥缈：隐隐约约，若有若无。[例]这样，大自然把紫红的山峰……虚无缥缈的雾，苍翠的松，拿过来组成了无穷无尽的幻异的景。(徐迟《黄山记》)｜现在有一部分青年喜欢夸夸其谈的讲一些虚无缥缈的东西，以为凡是外国的什么东西，都是好的。(丁玲《根》)
〔辨析〕"扑朔迷离、虚无缥缈"都形容事情的真相不易辨别、证实。"扑朔迷离"强调事情的错综复杂，表面的现象使真相不易显露和识别，令人吃不准。"虚无缥缈"强调存在的若有若无，给人以虚幻不实的感觉。

Q

凄风苦雨　腥风血雨

凄风苦雨　qīfēng-kǔyǔ　《左传·昭公四年》:"春无凄风,秋无苦雨。"形容天气恶劣,比喻境遇悲惨凄凉。例在这广漠的大地上,他像一只凄风苦雨里不知疲倦的小爬虫,只是爬呀,爬呀,不停地向前爬去。(从维熙《雪落黄河静无声》)|她的散文,就是她那根纤细敏锐、多愁善感的心弦,在人生凄风苦雨中颤动。(佘树森《〈石评梅散文选〉序言》)

腥风血雨　xīngfēng-xuèyǔ　含有腥味的风带着鲜血的雨。形容杀戮与斗争的残酷。也说"血雨腥风"。例我们回到了那个长夜漫漫腥风血雨的时代。(峻青《怒涛》)|霎时间,一片腥风血雨,许多革命者惨遭杀戮,恐怖的气氛笼罩着羊城。(成仿吾《〈郑伯奇文集〉序》)

〔辨析〕"凄风苦雨、腥风血雨"都形容悲惨凄凉,令人悲伤。"凄风苦雨"既可形容天气的恶劣,又可用来比喻境遇的凄凉。"腥风血雨"不能用于形容天气,只用于形容杀戮与斗争的残酷而造成的氛围和环境,而这种环境比"凄风苦雨"更悲惨。

凄然泪下　潸然泪下

凄然泪下　qīrán-lèixià　因悲伤难过而流泪。凄然:悲伤难过的样子。例戚媛想起为自己吃了无数苦头的母亲,现在躺在医院抢救,自己还不能马上飞到母亲身边,禁不住凄然泪下。(王定一《七夕》)|齐东呆呆地看着米雅琪,千言万语不知从何说起,悔恨、伤心,一齐涌上心头。在两人默默地对视中,都不由得凄然泪下。(赵强《米雅琪的婚事》)

潸然泪下　shānrán-lèixià　《诗经·小雅·大东》:"眷言顾之,潸焉出涕。"形容因情感受触动而泪流不止。潸然:流泪的样子。例哥哥是个很坚强的人,不爱哭,但每次提及父亲的病情时都潸然泪下。(毛伟敏《父亲的病》)|见到自己找了二十多年的恩人,宗满紧紧地抓住朱红雨的手,一边不停地喊道:"恩人,我可找到你了!"一边不由

得潸然泪下。(孙强宇《小区二、三事》)｜周蓉向古思婷坦率讲述了自己不懂事的女儿与生父……讲到伤心处禁不住潸然泪下。(梁晓声《人世间》)

〔辨析〕"凄然泪下、潸然泪下"都形容泪流不止。"凄然泪下"只用于因悲伤难过而流泪,使用范围较窄。"潸然泪下"是凡因情感受触动,无论悲伤、悔恨、感激、激动都可以用,使用范围较广。

其乐融融　其乐无穷

其乐融融　qílè-róngróng　《左传·隐公元年》:"公入而赋:'大隧之中,其乐也融融。'"形容和睦快乐的样子。例春节团拜会上,老、中、青三代科技工作者欢聚一堂。互致祈福,真是其乐融融。(谭榕《航天人的春天》)｜马庆福去深圳打工,为了省路费、多挣钱,三年没回河南了,今年全家团圆,个个欢天喜地。三猴子还得意地对我说:"这就叫其乐融融!"把大家都逗笑了。(周奇清《深圳回来的人》)

其乐无穷　qílè-wúqióng　晋·葛洪《抱朴子·畅玄》:"故玄之所在,其乐不穷。"后多作"其乐无穷",指其中的快乐没有穷尽。例跟困难作斗争,其乐无穷!(吴伯庸《记一辆纺车》)｜还有一种是极其彻底的,说是……穷人挟了一条破席,铺在路上,脱衣服,浴凉风,其乐无穷。(鲁迅《安贫乐道法》)

〔辨析〕"其乐融融、其乐无穷"都形容非常快乐。"其乐融融"强调快乐中和睦融洽的氛围,给人以温暖、愉悦的感觉。"其乐无穷"只强调快乐的感觉很长没有穷尽。

起死回生　死而复生

起死回生　qǐsǐ-huíshēng　《太平广记·太玄女》引《女仙传》:"行三十六术甚效,起死回生,救人无数。"把快要死的人救活。形容医术高明,也比喻手段高超,能够扭转危局。例此人才欺管乐,智压孙吴,论医起死回生,论卜知凶定吉。(元·无名氏《诸葛亮博望烧屯》)｜总得听听郑永红的想法,就算她没有起死回生的灵丹妙药,也能给一口救急的水喝呀!(浩然《山水情》)

死而复生　sǐ'érfùshēng　死了之后又重新活过来。例母亲死去已经三年,死而复生的只有这些乱草,和我们相依为命的母亲却是永远不再回来。(郭沫若《棠棣之花》)｜家人见他死而复生,不胜之喜。(杜环《金珠玛米》)

〔辨析〕"起死回生、死而复生"都形容使死去或快死的重新复活。"起死回生"多用于形容医术或法术高明，也用于比喻能扭转危局，突出一个"救"字。"死而复生"仅指当时是死了，后来又重新活过来，不一定涉及医术和手段的高超，不一定包含"救"的含义。

起早贪黑　夙兴夜寐

起早贪黑　qǐzǎo-tānhēi　很早就起来干活，天黑了还想再干。形容不怕吃苦，辛勤劳动。例这样起早贪黑地一共干了九天九夜。（李德复《典型报告》）｜在延安，他（朱德）除了组织部队开荒生产，还有块"自留地"。起早贪黑，拾粪浇水，辛勤管理，种出的西红柿个头特别大。（徐向前《民族的骄傲，人民的光荣》）｜她是具有语言天赋的女人，如果说谙熟某国语言是她安身立命的前提，那么她会像中国古代的武林高手练高强武功般废寝忘食、起早贪黑地学习。（梁晓声《人世间》）

夙兴夜寐　sùxīng-yèmèi　《诗经·卫风·氓》："三岁为妇，靡室劳矣，夙兴夜寐，靡有朝矣。"早起晚睡。形容勤劳辛苦。夙：早；兴：起来；寐：睡觉。例寡人获先王之功，寄于众贤之上，夙兴夜寐，未尝敢怠也。（汉·东方朔《非有先生论》）｜今家道新创，非夙兴夜寐不可。（清·蒲松龄《聊斋志异》）

〔辨析〕"起早贪黑、夙兴夜寐"都形容早起晚睡地辛勤劳作，十分辛苦。"起早贪黑"较直白，口语化强，不仅强调干活儿起得早，而且强调天黑了还想再干。"夙兴夜寐"较典雅，多用于书面语，也不像"起早贪黑"那样直接强调，较含蓄。

气冲牛斗　气冲霄汉

气冲牛斗　qìchōng-niúdǒu　唐·杨炯《杜袁州墓志铭》："宝剑之沉，夜气冲于牛斗。"原指宝剑的光气射入空际。后多用于形容豪气或怒气、不平之气直冲云霄。气：气概、气势；牛、斗：二十八宿的牛宿和斗宿，借指天空。也说"气冲斗牛"。例这时的人民是脚踏海洋，气冲牛斗，铁丝网内的美军和日本警察，心馁气夺，颜色惨沮。（冰心《日本归来》）｜端王闻言，不禁气冲牛斗，大声道："都是这班汉奸，蒙蔽太后……我总要杀死了他，才见老子手段！"（蔡东藩《清史通俗演义》）

气冲霄汉　qìchōng-xiāohàn　《南齐书·高帝纪上》："精贯朝日，拥节和门，气逾霄汉。"气势直冲云天。形容英勇无畏的气概或怒气之盛。霄汉：云霄、银河，指天空。例穿林海跨雪原气冲霄汉，抒豪情寄壮志面对群山。（上海京剧院《智取威

虎山》）｜白玉堂一看,却是蒋平穿着水靠,不由的气冲霄汉。(清·石玉昆《三侠五义》)

〔辨析〕"气冲牛斗、气冲霄汉"都形容有一股极盛之气直冲上天。"气冲牛斗"现在可形容豪壮之气,更多用于怒气、冤气等不平之气。"气冲霄汉"现在多用于形容豪壮之气,较少用于形容怒气,几乎不用于形容冤气、不平之气。

气急败坏　恼羞成怒

气急败坏　qìjí-bàihuài　上气不接下气,狼狈不堪。形容十分惊慌或恼怒。例且说关胜等军马回到金沙滩边……只见一个人,气急败坏跑将来。(明·施耐庵《水浒传》)｜看了王家福气急败坏的样儿,申大嫂差一点笑出来。(沙汀《风浪》)

恼羞成怒　nǎoxiū-chéngnù　恼恨羞愧到极点而发怒。例监工头把众人望了几眼,恼羞成怒地站在那里,心里在想报复的办法。(巴金《雪》)｜那排长恼羞成怒,拿着枪上的刺刀,向哥哥的手臂上扎了一下。(冰心《斯人独憔悴》)

〔辨析〕"气急败坏、恼羞成怒"都指因某种刺激而惊慌或羞愧发怒。"气急败坏"在描绘惊慌发怒的形态,"恼羞成怒"偏重指出发怒的缘由:恼恨和羞愧,而且是在这种心理状态达到极致的情况下。在发怒的程度上,"恼羞成怒"较"气急败坏"重;在外在表现上,"气急败坏"是狼狈不堪,"恼羞成怒"仅是怒火中烧。

气势磅礴　气吞山河

气势磅礴　qìshì-pángbó　宋·文天祥《正气歌》:"是气所磅礴,凛冽万古存。"后用"气势磅礴"形容气势非常雄伟、盛大。磅礴:广大,没有边际。例叶挺将军就是关在这里,写下那气势磅礴,充满革命英雄气概的诗篇的。(罗广斌、杨益言《红岩》)｜这是中国近代史上气势磅礴的第一页。(秦牧《古战场春晓》)

气吞山河　qìtūn-shānhé　唐·薛逢《君不见》:"君不见,马侍中,气吞河朔称英雄。"河朔(shuò):泛指黄河以北广大地区。后用"气吞山河"形容极有威力和气魄。例背楚投汉,气吞山河,知音未遇,弹琴空歌。(元·金仁杰《追韩信》二折)｜他们那气吞山河的气概,定如秋风扫残叶,一口气怕会将敌人吹到汪洋大海里呢。(曹靖华《飞花集》)

〔辨析〕"气势磅礴、气吞山河"都形容气势盛大、雄壮。"气势磅礴"强调气势雄伟,可形容人的气概,多用于形容事物和山、水等。"气吞山河"着眼于气魄宏大,有威力，常形容人的气概、气势，不用于形容山、水。

恰到好处　恰如其分

恰到好处　qiàdào-hǎochù　宋·朱熹《朱子语类》："万物无一物失所，是使之各得其分，恰到好处。"指说话、做事正好达到最适当的地步。恰：恰巧，正好。例《左传》所记当时群臣的话，从容委曲，意味深长。只是平心静气的说，紧要关头却不放松一步，真所谓恰到好处。(朱自清《经典常说·春秋三传第六》)｜成语之类的东西，当然有用，可是要用得恰到好处。(吕叔湘《吕叔湘谈成语的使用》)

恰如其分　qiàrú-qífèn　清·李绿园《歧路灯》第一〇八回："赏分轻重，俱是阎仲端酌度，多寡恰如其分，无不欣喜。"指言行举止恰当不过分。例这两顶帽子对我都非常合适，不大不小，恰如其分。(季羡林《牛棚杂忆》)｜《说文》："庸，用也。"中庸即用中，指随时运用中的原则，自带恰如其分。(张岱年《文化传统与民族精神》)

〔辨析〕"恰到好处、恰如其分"都形容说话、办事采取措施恰当、妥帖。"恰到好处"强调正好，正合适。"恰如其分"的"分"，指分寸，限度，强调分寸把握准确合适，语意比"恰到好处"要重。

千秋万代　地老天荒

千秋万代　qiānqiū-wàndài　《韩非子·显学》："今巫祝之祝人曰：'使若千秋万岁。'"千万年，千万代。形容岁月长久。例臣等愿竭力以事陛下，以至千秋万代。(明·罗贯中《三国演义》)｜幸福花开人人爱，千秋万代开不败。(任德耀《马兰花》)

地老天荒　dìlǎo-tiānhuāng　唐·李贺《致酒行》："吾闻马周昔作新丰客，天荒地老无人识。"天地荒芜衰老。形容经历的时间久远。也说"天荒地老"。例凤凰台上望乡关，地老天荒故将闲。(清·丘逢甲《有感赠义军旧书记》)｜地老天荒，即使这个地球消逝了，而宇宙间的星云又重新结合成一个又一个新的地球，你却永远不会再接受到阳光和春雨的爱抚了……(王蒙《蝴蝶·海云》)

〔辨析〕"千秋万代、地老天荒"都形容时间久远，岁月悠长。"千秋万代"多用于赞美、祝福和发誓、祈愿，多用于褒义。"地老天荒"因有衰老、荒芜之意，一般不用于赞美、祈愿等义。"地老天荒"还含有天地从兴旺、繁荣走向衰老、荒芜的意思，而"千秋万代"是没这个意思的。

千姿百态　仪态万方

千姿百态　qiānzī-bǎitài　形容状态、形态极其丰富多彩。例管桦委员还送我一本由湖南人民出版社出版的《苍青集》画册，其中全是收集他画的各种墨竹，真是千姿百态，各具千秋。（沈醉《我这三十年》）｜进得院门，又是一番风光。奇花异卉，五光十色，千姿百态，发出幽香。（王文忠《依然虹影卧南旸》）｜洞顶裂隙透进阳光，逆光之下将钟乳石、石笋、石幔、石花以及顶天立地的巨大石柱勾勒出来，千姿百态，让两位稀客目不暇接。（徐怀中《牵风记》）

仪态万方　yítài-wànfāng　汉·张衡《同声歌》："素女为我师，仪态盈万方。"后用"仪态万方"多形容女子容貌美丽，风度动人。仪态：仪表，姿态；万方：各种姿态。也说"仪态万千"。例忽有一女郎诣祠焚香，翩然而入，仪态万方，容光回映。（清·王韬《淞滨琐话·真吾炼师》）｜天上的黑云已经披离四散了，孔雀的尾翎，仪态万方的在空中放射着光彩。（郑振铎《埃娥》）｜再拿孔雀来看，雄的倘一开屏，则遍体金碧耀目，非言语所能形象。仪态万方，令人久久不能忘怀。（季羡林《季羡林散文精选》）

〔辨析〕"千姿百态、仪态万方"都形容呈现出各种各样的姿态。"千姿百态"重在形容形态极其丰富，或娇美或雄壮或奇异都可以用，使用范围较广。"仪态万方"多形容容貌、姿态美丽动人，使用范围较窄。

前所未有　史无前例

前所未有　qiánsuǒ-wèiyǒu　宋·欧阳修《六一诗话》："松江新作长桥，制度宏丽，前世所未有。"后用"前所未有"指以前未曾有过。例其舞曲名《康乐》，声容皆出新制……前所未有。（明·冯梦龙《东周列国志》）｜大家见了她也好像带有一种前所未有的敬意，不过大家还是亲切地叫她谭家婶婶。（茹志鹃《静静的产院》）

史无前例　shǐwúqiánlì　历史上从未有过。指前所未有。例他们将来若肯动笔啊，必定会写成出色的作品。他们有生活，而且是史无前例的新生活。我多么羡慕他们呀！（老舍《我的经验》）｜"文革"变起，夏公历尽风霜，竟遭史无前例的大劫。（柯灵《送夏公返钱塘》）

〔辨析〕"前所未有、史无前例"都形容以前未曾有过。"前所未有"无论大事、小事均可用，也较口语化。"史无前例"则强调在历史上从未有过，多指大的事件和历史上没出现过的事。使用范围较窄，多用于书面语，也较典雅。

前瞻后顾　左顾右盼

前瞻后顾　qiánzhān-hòugù　清·梁章钜《归田琐记·七十致仕》："死期将至，尚留金紫之班，而必至日暮途远，夜休不休，前瞻后顾，无所栖归，不亦太可怜乎！"看看前面，再看看后面。瞻：往前或往上看；顾：回头。形容做事以前考虑周密、谨慎。也用于形容顾虑过多，犹豫不决。也说"瞻前顾后"。例斗争下去！不要前瞻后顾！（杨沫《青春之歌》）｜为了防后方，我就得横站，不能正对敌人，而且瞻前顾后，格外费力。（鲁迅《鲁迅书信集·致杨霁云》）｜小东西瞻前顾后地张望着，半响才低低地说："是那个大坏蛋对你说什么了吧！"（司马文森《风雨桐江》）

左顾右盼　zuǒgù-yòupàn　晋·左思《咏史》诗："左顾澄江海，右盼无房胡。"左看看，右看看。形容得意或打量、察看的神态，也用于因顾虑而犹豫。例他左顾右盼，乐极了，再没有心思去想别的事情。（巴金《沉默集·知识阶级》）｜他往那座桥的方向走了过去，他在过去时十分紧张地左顾右盼。（余华《爱情故事》）

〔辨析〕"前瞻后顾、左顾右盼"都形容前后左右仔细观察的状态，都能形容犹豫不决的神志。"前瞻后顾"多形容做事前考虑周密、谨慎。"左顾右盼"多形容得意或打量、察看时的神态。

潜移默化　耳濡目染

潜移默化　qiányí-mòhuà　北齐·颜之推《颜氏家训》："人在少年……言笑举动，无心于学，潜移暗化，自然视之。"后多作"潜移默化"。指人的思想或品格受其他方面影响而不知不觉发生变化。例虽然我当时还没有敢梦想当什么学者，然而这两门课的内容和精神却已在潜移默化中融入了我的内心深处。（季羡林《牛棚杂忆》）｜文学作品……通过艺术手段，使作品包含的主题对读者起潜移默化的作用。

耳濡目染　ěrrú-mùrǎn　唐·韩愈《清河郡公房公墓碣铭》："目濡耳染，不学以能。"后多说"耳濡目染"。形容人见得多听得多之后，无形中受到影响。濡：沾湿；染：沾染。例当然，出身在科学之家，从小便能接触科学，熟悉科学，耳濡目染，会养成浓厚的科学兴趣。（叶永烈《退票父亲世袭》）｜这大约因为常与大人在一起，没有小朋友之故。耳濡目染，知道的事就多起来。（鲁迅《鲁迅信集·致母亲》）

〔辨析〕"潜移默化、耳濡目染"都有因长期受周围影响，在不知不觉中思想、品性等发生变化的意思。区别在受到影响的方式有所不同。"潜移默化"多是在大的环境中受到熏陶、影响,而这种影响是潜在的,隐蔽的,默无声息。"耳濡目染"指受影响的人因是经常接触的身边人,他们的言谈举止他听到、看到后,天长日久受到了感染。

敲诈勒索　巧取豪夺

敲诈勒索 qiāozhà-lèsuǒ 用威胁、要挟的手段诈骗、逼取财物。例这个城市,在英国人统治的殖民时期,是一些冒险家、走私贩子和敲诈勒索的一类人物出没的地方。(叶君健《姐姐》)|他却坏下去的很快,敲诈勒索,以至奸污妇女。(孙犁《乡里旧闻》)

巧取豪夺 qiǎoqǔ-háoduó 指用欺诈手段或凭强力掠夺。巧取:骗取;豪夺:用暴力抢夺。例因为天位从禅让,即巧取豪夺而来……立论也难了,所以一定要以孝治天下。(鲁迅《魏晋风度及文章与药及酒之关系》)|人民的勤劳、画家的纯真和一壁之隔的贪婪自私、巧取豪夺,形成多么鲜明的对比!(理由《痴情》)

〔辨析〕"敲诈勒索、巧取豪夺"都形容用不正当和罪恶的手段来欺诈和掠夺。"敲诈勒索"重在指手段强硬,用威胁、要挟的办法来获得钱、财、物,使用范围较窄。"巧取豪夺"强调手段软硬兼施,既狡猾又凶恶,使用范围较广。

巧夺天工　天造地设

巧夺天工 qiǎoduó-tiāngōng 《列子·汤问》:"人之巧乃可与造化者同功乎?"后用"巧夺天工"形容技艺精巧胜过大自然。夺:胜过;天工:自然形成。例方块字的特点,甚至可以在诗文中营造巧夺天工、精美如绣的对仗,并用平仄交叉对称,达成声调铿锵的音乐效果。(柯灵《墨磨人·从郑正秋到蔡楚生》)|融化的蜡油堆集在罐头筒盖子上,凝结成了巧夺天工的形状,像白玉雕成的雪山景致,半透明,很好看。(孟伟哉《昨天的战争》)

天造地设 tiānzào-dìshè 唐·田颖《问道堂后园记》:"回思向所辟诸境,几若天造地设,极山湖之美。"自然形成设置,无须人工。也指事物配置得自然得体。例这三座名园,天造地设,都坐落在无锡。(碧野《太湖之春》)|凭姑娘的学问面貌,孙八的性格地位,我越看越是对天造地设的漂亮小夫妇。(老舍《老张的哲学》)

〔辨析〕"巧夺天工、天造地设"都形容精巧、得体到了极致。"巧夺天工"强调技艺精巧胜过自然。"天造地设"偏重指事物的自然地配合，多指配合得"好"与"巧"。

翘首以盼　拭目以待

翘首以盼 qiáoshǒu-yǐpàn　抬起头来望，盼望自己想要的人或事出现。形容急切盼望的心情。翘首：抬起头来望。[例]几代航天人翘首以盼的载人宇宙飞船终于运到了发射场，人人兴高采烈，个个喜气洋洋，都盼望着飞船成功飞天启航的时刻。(谭榕《酒泉记实》)｜自任俊考上大学，离开家乡，他爹妈就整日家翘首以盼，总觉得儿子明天就会回来。一等就等了四年，也没见个影儿。(竹心《儿子归家》)

拭目以待 shìmù-yǐdài　明·罗贯中《三国演义》："朝廷旧臣山林隐士，无不拭目而待。"擦亮眼睛等待。指期待某种情况出现。拭：擦拭。[例]怎么，你们不信吗？那请拭目以待。(朱春雨《沙海的绿荫·三枝花儿》)｜我们正在拭目以待，看竞事奢华、挥霍公款、大吃大喝之风将怎样被煞下去。(秦牧《中国人与吃》)

〔辨析〕"翘首以盼、拭目以待"都形容殷切期望事物的出现。"翘首以盼"既可用于盼望人，也可用于盼望事，使用范围较广。强调期望的急切。"拭目以待"一般只用于事物发展的结果，使用范围较窄。强调等着看结果的意思。

切中肯綮　切中时弊

切中肯綮 qièzhòng-kěnqìng　(言论或办法)正好击中最重要的关键处。切中：正好击中；肯綮：筋骨结合的地方，比喻事物的关键。[例]杨啸谷十分佩服，心悦诚服地说道："谢公对时局的分析，真可谓洞若观火，切中肯綮。国民政府要像谢公这样见地，局势焉能不好。"(向北高《谢无量先生二、三事》)｜十几位专家提出了三种方案，讨论的结果，大家公认还是高主任为代表的方案切中肯綮，可行性较强。(晋锐之《亮剑之前》)

切中时弊 qièzhòng-shíbì　正好击中当时弊病。指对当时社会弊病的评议非常中肯。[例]赵安仁言事，切中时弊。(《宋史·陈彭年传论》)｜(钟)羽正清介耿直，为时所重，故集中奏疏，多切中时弊。(《四库总目提要·卷一九七》)

〔辨析〕"切中肯綮、切中时弊"都形容能击中事物的要害。"切中肯綮"强调击中的正好是最重要、最关键的部位，既可形容言论，也可形容办法，使用范围较广。"切中时弊"只针对当时社会弊病的评议，使用范围较窄。

亲密无间　形影不离

亲密无间 qīnmì-wújiàn　《汉书·萧

望之传赞》:"萧望之历位将相,藉师傅之恩,可谓亲昵亡(古通无)间。"后用作"亲密无间"。形容十分亲密、没有任何隔阂。间:隔阂,嫌隙。例土豪诚可用也……结以恩信,厉以忠义,如家人父子,亲密无间,时出而用之。(宋·袁燮《絜斋集》)|大家都团结在毛泽东思想的红旗下,上下左右亲密无间。(张鼎丞《整风在延安中央党校》)

形影不离 xíngyǐng-bùlí 《吕氏春秋·首时》:"圣人之见时,若步之与影不可离。"后多作"形影不离",像物体同它自己的影子一样不可分离。形容彼此关系密切。也说"影形不离"。例天皇陛下,我愿意服侍您,但我还有一位母亲,我们形影不离的。(郭沫若《武则天》)|丧事过后,表婶开始和孙儿过形影不离的生活。(叶圣陶《苦辛》)

〔辨析〕"亲密无间、形影不离"都形容关系密切、亲密。"亲密无间"重在强调关系的亲密是建立在思想、兴趣、感情上的高度一致,两者之间没有隔阂。"形影不离"多强调时时刻刻在一起而不分离。

亲如手足　情同手足

亲如手足 qīnrú-shǒuzú 形容极其亲密,如同亲兄弟一般。手足:比喻兄弟。例咱俩八、九年来,同生死、共患难,亲如手足,你的秉性脾气我清楚。(姚雪垠《李自成》)|觉得革命既是大仁大义的崇高事业,而革命同志又复亲如手足,因此便要求加入同盟会。(吴玉章《从甲午战争到辛亥革命前后的回忆》)

情同手足 qíngtóngshǒuzú 《北齐书·神武帝纪下》:"朕既亲王,情如兄弟。"唐·李华《吊古战场文》:"谁无兄弟,如足如手。"后用"情同手足"指友谊深厚,彼此像兄弟一样。例王志嘉的父亲王德新和朱德泉从小跟着一个师傅学艺,师兄弟情同手足。(焦祖尧《总工程师和他的女儿》)|习旅长待黑娃情同手足。(陈忠实《白鹿原》)

〔辨析〕"亲如手足、情同手足"都形容关系好,如同亲兄弟一样。"亲如手足"重在强调关系亲近、亲密,重在讲亲和、密切。"情同手足"重在强调友谊深厚,感情融洽。

倾巢出动　倾巢而出

倾巢出动 qīngcháo-chūdòng 比喻出动全部力量。多含贬义。倾巢:把鸟巢倒过来,倒出巢里的鸟。例驻在保定城的鬼子急红了眼,倾巢出动向抗日根据地进行"围剿"。

正中了聂司令员的"调虎离山"之计。(廖佳《冀中抗日纪实》)｜行动特务早已倾巢出动,侦讯科又忙着策划一场最重大的审讯。(罗广斌、杨益言《红岩》)

倾巢而出 qīngcháo-érchū 比喻全部都出来了。多含贬义。例各处谍报亦谓贼数倍于从前,将来倾巢而出,其锋殆不易当。(清·刘坤一《书牍·复李少荃制军》)｜平日不大出门的人,这两天也倾巢而出。(端木蕻良《曹雪芹》)

〔辨析〕"倾巢出动、倾巢而出"都比喻全部都出来了,都含贬义。"倾巢出动"偏重出来后有所行动,有出来之后的动作、目的,词意稍重。"倾巢而出"只强调全部出来,不一定含有之后的动作,词意稍轻,也可作中性词用。

倾囊相助　倾其所有

倾囊相助 qīngnáng-xiāngzhù 把口袋里的钱全部拿出来帮助别人。倾:倒出来;囊:口袋。例青梅闻之,泣数行下,但求怜拯。女思良久曰:"无已,我私蓄数金,当倾囊相助。"(清·蒲松龄《聊斋志异》)｜杨先生感动万分,边作揖边说道:"向先生如此高义,倾囊相助,杨某没齿不忘!"说完拿起一千大洋向医院奔去。(向北高《宜君留痕》)

倾其所有 qīngqísuǒyǒu 把自己所有的都拿出来。例王延红这回生意赔大了,倾其所有还闹了个资不抵债,又向她哥借了十几万才把窟窿堵上。(清心《商海浮沉》)｜鸿铭说道:"兄亦清贫,竟然倾其所有去助燕来,实实令人佩服!有你这样的朋友也不枉一生。"(刘品一《京华旧事·恩仇录》)

〔辨析〕"倾囊相助、倾其所有"都有把东西全部拿出来帮助人的意思。"倾囊相助"仅指把口袋中的钱全部拿出来帮助人,不包括其他财物。"倾其所有"不仅包括钱还包括其他财物。而有时"倾其所有"不一定是帮助别人,使用范围较大。

轻而易举　手到擒来　易如反掌

轻而易举 qīng'éryìjǔ 《诗经·大雅·烝民》:"人亦有言,德輶如毛,民鲜克举之。"朱熹注:"言人皆言德甚轻而易举,然人莫能举也。"举:向上托。形容不费力,很容易做。例自杀其实是不很容易,决没有我们不预备自杀的人们所渺视的那么轻而易举。(鲁迅《且介亭杂文二集·论人言可畏》)｜要写出和演出一个真正成功的戏,对于专业工作者也不是轻而易举的事……(丁玲《悼念刘芝明同志》)｜我现在越来越感到,真是要想写

一篇准确、鲜明、生动的文章，绝非轻而易举。（季羡林《季羡林散文精选》）

手到擒来 shǒudào-qínlái 一出手就把敌人捉拿过来。比喻做事毫不费力就能成功。例趁如今酒醉饭饱，我共师兄去，手到擒来。（明·吴承恩《西游记》）｜行者道："这个容易。老孙去，手到擒来。"（明·吴承恩《西游记》）

易如反掌 yìrúfǎnzhǎng 汉·枚乘《上书谏吴王》："变所欲为，易于反掌，安于泰山。"像翻一下手掌那么容易。形容做某事极其容易，不费事。例不消半年，希特勒打垮，掉转身来收拾东洋小鬼，真正易如反掌，我们等着最后胜利罢！（茅盾《时间换来了什么》）｜你去了，只要开课，把课时上满，评个副教授还不是易如反掌。（刘心武《钟鼓楼》）

〔辨析〕"轻而易举、手到擒来、易如反掌"都形容很容易，不用费什么力气。"轻而易举"的语意较"易如反掌"轻，虽然都形容很容易，但"轻而易举"要比"易如反掌"多费一点力。"轻而易举"可受程度副词"多么""太"的修饰，而"易如反掌"一般不能。"轻而易举"和"易如反掌"较多用于事情，"手到擒来"偏重于捉到、拿到，较多用于人或东西。

清廉用权　勤政有为

清廉用权 qīnglián-yòngquán 为官者要清正、廉洁，依法履职用权。清：清白；廉：廉洁；用：使用、行使；权：权力。例明代有位贤臣叫杨澄，在家中逝世装殓时，找不到多余的衣服，没有做棺椁的材料。来凭吊的人，才知这个做过朝廷三品大员给子孙留下的只有清贫的家境与清白的风范，再看他在任上的政绩都赞他是一个清廉用权的好官。（石之好《清白传家》）｜就是要求党组织和干部在从事公务活动或其他与行使职权的有关活动中应该遵守"清廉用权"的行为准则。要做到干部清正、政府清廉、政治清明。

勤政有为 qínzhèng-yǒuwéi 东晋·常璩《华阳国志·费贻志》记载：费贻，东汉犍为（今四川南安）人，光武帝刘秀任命他为合浦郡守。因任太守期间，勤政有为，爱民廉洁，《华阳国志》等史籍称费贻是历史上清廉有气节的人。勤于政事而不懈怠，认真、负责地为国家为人民办实事、好事。例李克强总理在国务院常务会议上要求，要建立奖惩并举机制，以奖惩分明促进勤政有为，激发各地竞相推动科学发展。｜各级领导干部只有勤政有为，才能攻坚克难，才能抒民困，解民瘼，才能取得改革的成果，才能真正得到人民群众的拥护。

〔辨析〕"清廉用权、勤政有为"都是对为官者的要求。"清廉用权"重在强调只有干部清正、政府清廉、政治清明、依法履职，才能用好权。"勤政有为"强调为官者要勤于政事而不懈怠，只有勤勤恳恳、认认真真地为国为民办实事、好事，才能有所作为。

晴天霹雳　石破天惊

晴天霹雳　qíngtiān-pīlì　宋·陆游《四日夜鸡未鸣起作》："放翁病过秋，忽起作醉墨，正如久蛰龙，青天飞霹雳。"晴天响起了炸雷。比喻突然发生的令人震惊的意外事件。霹雳：巨大的响雷。例医院宣布他肺癌已到晚期，至多只能维持几个月。这对家里人来说，简直是晴天霹雳。（吴泰昌《阿英的最后十年》）｜这对我是一声晴天霹雳，这么一个充满了活力的人，怎么会死呢？（冰心《老舍和孩子们》）

石破天惊　shípò-tiānjīng　唐·李贺《李凭箜篌引》："女娲炼石补天处，石破天惊逗秋雨。"原形容箜篌（kōnghóu，古乐器）的乐音高亢激越，震动了整个天界。后多比喻诗文立意奇特惊人，或议论、事件等使人震惊。例尚秋听罢咋舌道："真是石破天惊的怪论！"（清·曾朴《孽海花》）｜就在这时，在五层楼上的一个犯人，用着石破天惊的声音唱了起来。（阿英《灰色之家》）

〔辨析〕"晴天霹雳、石破天惊"都形容声音很大，令人感到震动。"晴天霹雳"常比喻突然令人震惊的意外事件。"石破天惊"多比喻诗文立意奇特，"晴天霹雳"无此用法。

穷兵黩武　耀武扬威

穷兵黩武　qióngbīng-dúwǔ　《孙膑兵法·威王问》："用兵无备者伤，穷兵者亡。"《后汉书·刘虞传》："（公孙）瓒既累为（袁）绍所败，而犹攻之不已，虞患其黩武……因不许行。"后用"穷兵黩武"指动用全部兵力，任意发动战争。穷兵：无节制地用兵；黩武：滥用武力。例曹操虽然在军事上有很深的造诣，但他并不是一个穷兵黩武的好战分子。（戎笙《谈〈蔡文姬〉中曹操形象的真实性》）｜当今世界，穷兵黩武，到处称王称霸的国家非美国莫属。（高爽《今日美国之战略》）｜因为穷兵黩武，那个国家的经济已经处在崩溃的边缘。

耀武扬威　yàowǔ-yángwēi　炫耀自己的武力，向别人显示威风。例政府本来是有钱人的管家，一些警察和士兵便是他们平时豢养的走狗，现在是该他们耀武扬威的时候了。

(郭沫若《一只手》)｜平时他们那套耀武扬威的架势,这时也不知飞到哪里去了。(叶君健《火花》)

〔辨析〕"穷兵黩武、耀武扬威"都形容喜欢用武力去吓唬、压服别人。"穷兵黩武"强调任意发动战争,滥用武力,词意较重。"耀武扬威"仅强调炫耀武力,显示威风,词意较轻。

穷形尽相　惟妙惟肖

穷形尽相 qióngxíng-jìnxiàng　晋·左思《文赋》:"虽离方而遁员(通'圆'),期穷形而尽相。"把事物的形态样子完全描写出来。形容刻画描写细腻生动。也常形容丑态毕露或怪相百出。穷:竭尽无遗。例由是观之,人不可无财,有财则鬼且谢之拂之,跪之送之,穷形尽相,谄媚惟恐不及。(清·百一居士《壶天录》)｜伊东代治汉文修养颇高……仅用寥寥数万字便将春帆楼的价值穷形尽相地表达出来。(余杰《春帆楼与李鸿章》)

惟妙惟肖 wéimiào-wéixiào　宋·岳珂《英光堂帖赞》:"(智)永之法,妍以婉;(米)芾之体,峭以健。马牛其风,神合志通;彼妍我峭,惟妙惟肖。"形容描绘、模仿得十分像。惟:语气助词;妙:巧妙;肖:相像。例演得惟妙惟肖,活灵活现。(刘绍棠《村妇》)｜他聪明绝顶,学什么像什么,学起轩辕三光的口音,更是惟妙惟肖。(古龙《绝代双骄》)

〔辨析〕"穷形尽相、惟妙惟肖"都形容把事物的形态样子完全描写出来了。"穷形尽相"重在形容刻画描写细腻生动,还可形容丑态毕露和怪相百出,兼有褒、贬二义,依语境而定。"惟妙惟肖"只强调刻画、描写、模仿得很逼真,且无贬义用法。

全神贯注　专心致志

全神贯注 quánshén-guànzhù　全部精神都集中到一点。形容精神高度集中。贯注:集中在一点。例周恩来总理全面透彻地分析一些问题,时而全神贯注地听取程思远先生对于海外情况的介绍。(顾笑言等《李宗仁归来》)｜在寂静无声的时候,他那庄严肃穆、全神贯注的神情使他看起来更加英俊,更加奋发有力,更加令人敬慕。(欧阳山《苦斗》)｜三句话说完,依旧全神贯注地下棋,仿佛那事儿已如一阵耳旁风过去了。(梁晓声《人世间》)

专心致志 zhuānxīn-zhìzhì　《孟子·告子下》:"今夫弈之为数,小数也;不专心致志,则不得也。"形容一心一意集中精神。例我想如现在就专心致志做起来,一定能够成功。(鲁迅《鲁迅书信集·致山本

初枝》）｜古人读书,皆须专心致志,不出门户。如此痛下功夫,庶几可立些根本。(马南邨《燕山夜话》)
〔辨析〕"全神贯注、专心致志"都形容集中精神,一心一意。"全神贯注"有比喻色彩,即全部精力和精神都如液体般倾注、集中在一起,语意较重。"专心致志"只强调一心一意集中精神,但可用于长期从事的目标和活动,语意较轻,而"全神贯注"一般没有这种用法。

R

人才辈出　人才济济

人才辈出　réncái-bèichū　宋·张栻《西汉儒者名节何以不竞》："而中世以后，人才辈出。"有才干的人一批一批地涌现。例浙江是个物产丰富，风景秀丽，人才辈出的地方。(茅盾《可爱的故乡》)｜它一经从理论付诸实践，从愿望化为现实，短短的两三年时间，就出现了繁花似锦、人才辈出的大好形势。(张光年《发展百花齐放的新局面》)

人才济济　réncái-jǐjǐ　《诗经·大雅·文王》："济济多士，文王以宁。"后用作"人才济济"，指有才干的人很多。济济：众多的样子。例有解析数论、代数数论……等等的学科之中，已是人才济济，又加上一个陈景润。(徐迟《哥德巴赫猜想》)｜惟对梁鸿楷第一师李济深所部却认为人才济济，作风新颖，可引为将来革命的伙伴。(李宗仁《李宗仁回忆录》)

〔辨析〕"人才辈出、人才济济"都形容人才很多。"人才辈出"强调有才能的人成批成批接连不断地涌现；"人才济济"强调已经有很多的人才了。"人才辈出"多体现人才出现的时间感；"人才济济"多体现人才出现的空间感。

人迹罕至　人烟稀少

人迹罕至　rénjì-hǎnzhì　汉·荀悦《汉纪·孝武纪二》："而夷狄殊俗之国，辽绝异党之地，舟车不通，人迹罕至。"很少有人到来。指荒凉偏僻的地方。例他们所以不被人知，仅仅是因为他们处在人迹罕至、交通阻隔的地方。(冯牧《瀑布之歌》)｜亏得杨国栋在一个人迹罕至的村落里，寻得一位年迈九十的老郎中。(唐浩明《曾国藩·血祭》)

人烟稀少　rényān-xīshǎo　住户人家非常少，居住也不密集。人：住户；烟：炊烟。形容偏僻不热闹。例知青们顶着朔风，冒着严寒走了十多里才看到一座村庄，看着那零零散散的几所房子，不禁叹道："这地方真是人烟稀少呵！"(曲来义《陕北忆旧》)｜大草原上因人烟

稀少,谁家帐篷前要是站上十几个人,那可一定有大事。(高江《我的"额吉"》)

〔辨析〕"人迹罕至、人烟稀少"都形容人少地偏,不热闹、较荒凉。"人迹罕至"强调很少有人去,常形容荒凉偏僻,词意较重。"人烟稀少"多指人家、住户不多,词意较轻。

人杰地灵　钟灵毓秀

人杰地灵　rénjié-dìlíng　唐·王勃《滕王阁序》:"物华天宝,龙光射牛斗之墟;人杰地灵,徐孺下陈蕃之榻。"指有灵秀之气的地方常产生杰出的人才。也指杰出人物出生或到过的地方成为名胜之区。人杰:杰出的人;地灵:灵秀之地。例我的老家也在珠江三角洲,物华天宝、人杰地灵,实在是个好地方。(赵大年《大撤退》)｜晚年漫游南北,看过多少名胜,到头还是"山水观形胜,襄阳美会稽。"实在襄阳的人杰地灵,恐怕比它的山水形胜更值得人赞美。(闻一多《孟浩然》)

钟灵毓秀　zhōnglíng-yùxiù　清·曹雪芹《红楼梦》第三十六回:"真真有负天地钟灵毓秀之德了。"指美好的自然环境能产生和培养优秀杰出的人物。钟:聚集;灵:灵气;毓:养育。例不想我生不幸,亦且琼闺绣阁中亦染此风,真真有负天地钟灵毓秀之德了。(清·曹雪芹《红楼梦》)｜这是一棵生于道旁历尽春秋、枝繁叶茂的智慧树,钟灵毓秀,满树的玄想之花,心灵之果,任人随喜观赏,休息乘荫。(柯灵《墨磨人·钱锺书创作浅尝》)

〔辨析〕"人杰地灵、钟灵毓秀"都指有灵气之地会产生杰出人才。"人杰地灵"还可以指杰出人物出生或到过的地方成为名胜之区,"钟灵毓秀"没有这个用法。"钟灵毓秀"更强调所谓"灵气"的聚集和美好环境对产生、培育杰出人才的作用,而"人杰地灵"在这一点上是不明显的。

人人自危　人心惶惶

人人自危　rénrén-zìwēi　《史记·李斯列传》:"法令诛罚,日益深刻,群臣人人自危,欲畔者众。"人人都感到自己处境危险而惊恐不安。多形容气氛恐怖。例这种时候,人人自危,吉凶变幻莫测,他焉知贾大真给他的不是一种假象?(冯骥才《啊!》)｜清朝官吏下令紧闭武昌各城门,封锁新军各营房,不许士兵外出……困守营内的新军士兵人人自危。(陶菊隐《袁世凯演义》)

人心惶惶　rénxīn-huánghuáng　宋·

楼钥《雷雪应诏条具封事》："乃者水旱连年，人心惶惶。"形容人们内心恐惧不安的样子。例一时人心惶惶，谣言四起。（吴玉章《从甲午战争前后到辛亥革命前后的回忆》）｜再有一个多小时，北上火车就到，为什么不趁着人心惶惶的时候，离开这块肮脏的地方呢？（李英儒《还我河山》）

〔辨析〕"人人自危、人心惶惶"都形容众人心神不安。"人人自危"偏重指每个当事人都感到危险，气氛恐怖，语意较重。"人心惶惶"形容惊惶不安，不知所措的样子，语意较轻。

人心所向　众望所归

人心所向 rénxīn-suǒxiàng 《晋书·熊远传》："人心所向，惟道与义。"众人所向往的、拥护的和赞同的。例结束战乱，统一全国，已是人心所向，大势所趋。（范文澜、蔡美彪《中国通史》）｜祖国的统一事业，是人心所向、众望所归，总有一天要实现。（顾笑言《李宗仁归来》）

众望所归 zhòngwàng-suǒguī 《隋书·高祖纪上》："内史上大夫郑译、御正大夫刘昉以高祖皇后之父，众望所归，遂矫诏引高祖入总朝政，都督内外诸军事。"众人所期望和敬仰的。形容威望极高。望：希望；归：归向。例常二爷被自己的话绕在里边了！他非去不可！众望所归，还有什么可说的呢？（老舍《四世同堂》）｜这正是中国的希望所在，这是共产党所领导的社会主义中国成为众望所归的缘故。（顾笑言《李宗仁归来》）

〔辨析〕"人心所向、众望所归"都指被人们所看好、所期望、所拥护。"人心所向"既可用于人，也可用于事，而"众望所归"一般只用于人。在用于人时，"众望所归"的词意较重。

人声鼎沸　沸反盈天

人声鼎沸 rénshēng-dǐngfèi 汉·班固《汉书·霍光传》："今群下鼎沸，社稷将倾。"后用"人声鼎沸"形容人声喧嚷，像水在鼎里沸腾一样。鼎：古代一种铜铸的锅，三足两耳；沸：水开。例风夹雨的声音又加上满园子树木的怒号，杜竹斋默然坐着，恍惚又在人声鼎沸的交易所市场里了。（茅盾《子夜》）｜我坐在家中，听到南边人声鼎沸，口号震天。（季羡林《牛棚杂忆》）

沸反盈天 fèifǎn-yíngtiān 形容人声喧哗吵闹，像烧开的水那样翻滚着，充满了空间。例你自己荐她来，又合伙劫她去，闹得沸反盈天的，大家看了成个什么样子？（鲁迅《彷徨·祝福》）｜顿时，厂里的人就分成了两派，吵得沸反盈天，不仅谁也说不服谁，还差点动起手来。

〔辨析〕"人声鼎沸、沸反盈天"都用锅里水沸腾比喻人声喧哗、吵闹。"人声鼎沸"用水开发出的声音作比；"沸反盈天"除用水翻滚的声音作比，还有水翻滚的情景，形容混乱充满空间的状况。"人声鼎沸"强调人声的喧哗、嘈杂；"沸反盈天"强调混乱和喧嚷。

人言可畏　众口铄金

人言可畏 rényán-kěwèi 《诗经·郑风·将仲子》："人之多言，亦可畏也。"后用"人言可畏"指人们的流言蜚语是可怕的。人言：指流言蜚语。例"人言可畏"是电影明星阮玲玉自杀之后，发见于她的遗书中的话。（鲁迅《且介亭杂文二集》论"人言可畏"）｜许多同事在背后议论我跟本校一个女同事要好，甚至说我们去汕头开过房间。你是知道的，我夜夜都睡在这里。然而人言可畏啊！（萧乾《梦之谷》）

众口铄金 zhòngkǒu-shuòjīn 《国语·周语下》："众心成城，众口铄金。"众人同声，足以熔化金属。比喻舆论的力量极大。后多用于人多嘴杂，传播众多，足以混淆是非。铄：熔化。例群言淆乱，异说争鸣，众口铄金，积非成是。（鲁迅《三闲集》）｜中国有句成语叫做"众口铄金"，好话使人增光，反过来就是"积毁销骨"，一次一次造谣毁谤，也可以将真理埋没。（唐弢《琐忆》）

〔辨析〕"人言可畏、众口铄金"都形容言语、舆论的巨大力量。"人言可畏"重在讲流言蜚语，在流传中让当事人感到恐惧。"众口铄金"重在讲谣言毁谤的杀伤力及后果，词意较重。

忍俊不禁　哑然失笑

忍俊不禁 rěnjùn-bùjīn 唐·崔致远《答徐州时溥书》："足下去年，忍隽不禁，求荣颇切。"隽：同"俊"。本指热衷于某事而不能克制自己。后多指忍不住发笑。忍俊：克制自己不外露；不禁：不能自制，禁不住。例索科洛夫对于自己这个得意发现，忽然忍俊不禁了，首先大笑起来。（方纪《三峡之秋》）｜他的表情、语态，变换得这样快，柳金松忍俊不禁地笑起来。（艾明之《火种》）｜周蓉两口子和冬梅、郑娟都笑了。长辈们一笑，周玥周聪表姐弟俩也忍俊不禁。（梁晓声《人世间》）

哑然失笑 yǎrán-shīxiào 《列子·周穆王》："同行者哑然大笑。"后多说"哑然失笑"。指情不自禁地

笑起来。哑：旧读è，形容笑声；失笑：忍不住笑起来。例 "也罢，落得在这儿休息两天，养养神，免得下操！"冒失鬼说着，我们大伙儿都哑然失笑了。（叶紫《行军散记》）| 不过一眨眼之间，他就觉得这是不切实际的幻想，是完全没有可能的，又不禁哑然失笑。（欧阳山《苦斗》）

〔辨析〕"忍俊不禁、哑然失笑"都指不经意地发笑。"忍俊不禁"强调主观上想忍而实在忍不住了才发笑。"哑然失笑"强调笑前并未想忍着不笑，而是不由自主地就笑了。

忍气吞声　忍辱负重

忍气吞声 rěnqì-tūnshēng　唐·张文成《游仙窟》："忍气吞声，天道人情；有别必怨，有怨必盈。"忍住怒气，不敢出声。也说"吞声忍气"。例 他梦到地主逼死他的父亲，一家人忍气吞声，埋掉死人不敢伸冤。（巴金《坚强战士》）| 觉新的脸马上变得通红，他不好意思跟他舅父顶嘴，只得忍气吞声地埋下头来。（巴金《秋》）

忍辱负重 rěnrǔ-fùzhòng　《三国志·吴志·陆逊传》："国家所以屈诸君使相承望者，以仆有尺寸可称，能忍辱负重故也。"为担负重任，而忍受屈辱。例 以后还望中堂忍辱负重，化险为夷。（清·曾朴《孽海花》）| 为了蒙蔽敌人，我们的人可以忍辱负重。（罗广斌、杨益言《红岩》）

〔辨析〕"忍气吞声、忍辱负重"都有在屈辱、不平中忍受的意思。"忍气吞声"强调忍住怒气，不敢出声，突出不敢反抗或暂时无法反抗，心中不甘，偏于贬义。"忍辱负重"强调为担当重任而甘心受辱，不惜受辱，含褒义。

任人唯贤　知人善任

任人唯贤 rènrén-wéixián　《尚书·咸有一德》："任官惟贤材，左右惟其人。"后用"任人唯贤"指任用人只选用那些德才兼备的人。任：任用；贤：德才兼备的人。例 在使用干部的问题上，我们民族历史中从来就有两个对立的路线：一个是"任人唯贤"的路线，一个是"任人唯亲"的路线。（毛泽东《中国共产党在民族战争中的地位》）| 他一上台就安插、重用亲信，拉帮结派，培植个人势力，还恬不知耻地吹嘘，他这是任人唯贤。（程欣《覆灭》）

知人善任 zhīrén-shànrèn　汉·班彪《王命论》："盖在高祖，其兴也有五：一曰帝尧之苗裔，二曰体貌多奇异……五曰知人善任使。"能识别人才，并能很好地使用人才。

[例]我真真十分感谢咱们公正贤明的长官,知人善任!(茅盾《腐蚀》)|肃顺的长处,他看得很清楚,那种……知人善任的魄力,在满洲王公大臣中,老早就看不到了。(高阳《慈禧前传》)

〔辨析〕"任人唯贤、知人善任"都指善于用人,会用人。"任人唯贤"强调任用人只"唯贤",不考虑别的条件。"知人善任"强调善于发现、了解和使用人。

日薄西山　日暮途穷

日薄西山　rìbóxīshān　《汉书·扬雄传上》:"临汨罗而自陨兮,恐日薄于西山。"太阳快要落山。比喻衰老的人临近死亡或事物衰微即将灭亡。薄:迫近。[例]君须听取:怕日薄西山,易生愁阻。(明·瞿佑《剪灯新话》)|太后也是日薄西山,接近黄昏了,她不可能重新红火起来。(王丕震《秦始皇》)|都知道漕运日薄西山,造船厂也行将就木……但见到肉丁大的好处还是撑死了不撒手。(徐则臣《北上》)

日暮途穷　rìmù-túqióng　《吴子·治兵》:"日暮道远,必数上下。"后用"日暮途穷"指太阳落山了,路也到头了。比喻计穷力尽,接近灭亡,或走投无路。穷:穷尽,尽头。[例]我看日本人快完了。要不是日暮途穷,决不会用这种手段。(夏衍《法西斯细菌》)|可怜这日暮途穷的张二混,虽千方百计地到处躲藏,最后还是落入法网。(高怀新《小镇春秋》)

〔辨析〕"日薄西山、日暮途穷"都用太阳快落山了来比喻人或事临近死亡或灭亡。"日薄西山"重在强调将近死亡或事物即将衰亡。"日暮途穷"重在强调计穷力尽,走投无路,面对厄运,什么挽救的办法都没有了。

日理万机　席不暇暖

日理万机　rìlǐ-wànjī　《汉书·百官公卿表上》:"相国、丞相皆秦官,金印紫绶,掌丞天子,助理万机。"后作"日理万机"。指一天要处理成千上万的政务。形容政务繁忙。万机:繁多的政务。[例]啊唷,这怎么敢当!他(周副主席)日理万机,可是他还什么都记得到。(罗广斌、杨益言《红岩》)|(周总理)处理国家大事,日理万机,可是对文学艺术却又是那么精通,那么熟悉,那么关心。(何为《散文与我》)

席不暇暖　xíbùxiánuǎn　《文子·自然》:"孔子无黔突,墨子无暖席,非以贪禄慕位,将欲起天下之利,除万民之害也。"《淮南子·修务训》高诱注:"黔言其灶突不至于黑，坐席不至于温，历行诸国，汲汲于行道也。"后用"席不暇暖"指坐席还没坐热就离开了。形容整日奔忙，没有一点安闲的时候。例孔子一生栖栖皇皇，席不暇暖，发愤忘食，乐以忘忧，不知老之将至，就是从这个生死观上反映出来的人生态度。(宋文彬《宋文彬杂文集》)｜几年来，军务倥偬，席不暇暖。我总仿佛是在知其不可为而为之，我的心也实在阴沉得很！(阿英《洪宣娇》)

〔辨析〕"日理万机、席不暇暖"都形容十分忙碌。"日理万机"多用于形容管理国家大事或掌控大事业的高级领导者，重在强调每天处理的事务、政务特别多，很能干，褒义重。"席不暇暖"强调因忙碌而没有一点空闲，侧重形容很辛苦，褒义较轻。

日新月异　突飞猛进　蒸蒸日上

日新月异　rìxīn-yuèyì　《礼记·大学》："苟日新，日日新，又日新。"每天每月都有新的发展变化。指发展、进步很快，不断出现新事物，新气象。例各个生产部门的生产技术和工艺规程，正在日新月异地变革，保证了生产过程的进一步加速和强化。(周恩来《关于知识分子问题的报告》)｜科学的进步，日新月异，眼镜的构造也越来越精巧。(高士其《谈眼镜》)｜人类社会在不停地变化，世界新知识日新月异，如果不允许创造新词，那么语言就不能表达新概念、新事物，语言就失去存在的意义了，这种情况是可取的吗？(季羡林《季羡林散文精选》)

突飞猛进　tūfēi-měngjìn　形容进步发展非常迅速。例时代大步突飞猛进，我们文坛落后了。(茅盾《我们这文坛》)｜进步文化的突飞猛进，虽有利于国家民族，虽有利于人民大众，但却是顽固派反动派的莫大的障碍物。(邹韬奋《患难余生》)

蒸蒸日上　zhēngzhēng-rìshàng　清·刘坤一《致军机处》："郎轩中丞励精图治，已有蒸蒸日上之象。"形容一天天发展，兴旺发达。蒸蒸：热气腾腾、上升的样子。例倒是现在欧洲各国，民权大张，国势蒸蒸日上。(清·曾朴《孽海花》)｜北京的几个国家银行的钞票，信用日见其好了，真所谓蒸蒸日上。(鲁迅《灯下漫笔》)

〔辨析〕"日新月异、突飞猛进、蒸蒸日上"都形容发展、变化大而快。"日新月异"多指不断出现新事物、新气氛，强调变化，且多用于社会现象。"突飞猛进"强调变化、发展、进步的速度迅猛。"蒸蒸日上"强调事业、生产的进步和迅速，还可形容声望、水平等的提高。

日月如梭　岁月如流

日月如梭　rìyuè-rúsuō　宋·赵令畤《侯鲭录》："织乌，日也，往来如梭之织。"太阳和月亮的运行像穿梭似的。形容时光疾速地过去。梭：织布时牵引纬线（横线）的工具。[例]光阴似箭催人老，日月如梭趱（zǎn，催促，加快）少年。（元·高则诚《琵琶记·牛相教女》）| 俗语说：光阴似箭，日月如梭。凤姊走后，度过严冬酷夏，转眼又轮到秋天。（张孟良《儿女风尘记》）

岁月如流　suìyuè-rúliú　南朝·宋·谢灵运《拟魏太子邺中集》："岁月如流，零落将尽。"形容时光像流水一样迅速逝去。[例]那时，你我都还年轻，岁月如流，人老多了。（曹禺《王昭君》）| 感深幽思鬓添丝，岁月如流未欲知。（叶绍袁《甲行日注》）

〔辨析〕"日月如梭、岁月如流"都形容时间过得很快。"日月如梭"以日、月迅速地反复出没来感叹光阴的流逝，有促使人抓紧编织生活的意味，强调时间过得特别快。"岁月如流"以流水一去不复返来形容时光一去再也无法回头，强调时光像流水一样飞逝不再。

如法炮制　照方抓药　照猫画虎

如法炮制　yúfǎ-páozhì　宋·释晓莹《罗湖野录》："若克依此书，明药之体性，又须解如法炮制。"依照现成的办法，炮制中药。比喻照样仿制。[例]白鹿村农村分部的大小头目，甚至不算头目的蹦跶得欢的几个人也都被押到台上，正在准备如法炮制升到杆顶上去。（陈忠实《白鹿原》）| 大家劲头百倍，都如法炮制，一会儿全都溜到城墙外边去了。（叶君健《火花》）

照方抓药　zhàofāng-zhuāyào　按照药方开列的清单来配药。比喻按照现成的办法来行事。[例]老单尝到上次伏击鬼子的甜头，这回他准备照方抓药，在青纱帐里再设伏，打他个出其不意。（凌志《冀中抗日旧闻》）| 三奶奶对虎子妈说："我看你还是给他来个照方抓药，不怕他不长记性。"（孔惟嘉《小院人家》）

照猫画虎　zhàomāo-huàhǔ　照着猫的样子来画老虎。比喻从形式上照着样子模仿。[例]教授先讲一套，让学生照猫画虎，那是行不通的。（汪曾祺《受戒·沈从文先生在西南联大》）| 根据调查，我们的青年文艺爱好者也往往把别人的一篇好作品当作蓝本，照猫画虎地进行写作。这是模仿。（老舍《青年作家应有的修养》）

〔辨析〕"如法炮制、照方抓药、照猫画虎"都有模仿,仿效现成的意思。"如法炮制"强调严格仿效现成的方法、手段。词意最重。"照方抓药"强调按原有的规定、要求和办法去做。词意较重。"照猫画虎"则强调仅是从形式上、外表上照着样子模仿。词意较轻,且带贬义。

如临其境　身临其境

如临其境　rúlínqíjìng　好像面临那个境地,境遇。形容在感觉或感情上到达某种境遇。临:面对。例大家读《红楼梦》,看到书中对"大观园"的描写,都有如临其境的感觉。(全晔《写作技巧十日谈》)|听了老人对南京大屠杀的讲述,真是字字血、声声泪!不由人如临其境,仿佛眼前就站着恶魔般的日寇。(雷鸣之《金陵血债》)

身临其境　shēnlínqíjìng　《三国志·吴志·吴主传》:"而曹公已临其境。"亲身到了那个境地。例乃至身临其境,只落得"原来如此"四个大字,毫无一点的情趣。(清·石玉昆《三侠五义》)|他说这话的神气姿态,真就像身临其境一般。(刘流《烈火金钢》)

〔辨析〕"如临其境、身临其境"都指进入了某种境地。"如临其境"强调"好像是",实际并未进入其中,偏重于感觉、感知,词意较轻。"身临其境"强调亲身到达了其中,强调实实在在的感受。词意较重。

如临深渊　如履薄冰

如临深渊　rúlínshēnyuān　《诗经·小雅·小旻》:"战战兢兢,如临深渊,如履薄冰。"好像走进深水潭的边缘。形容处境危险,行事需非常小心谨慎。临:面临,靠近;渊:深潭。例……患得患失,贪生怕死,成天地战战兢兢,如临深渊,如履薄冰。(《聂绀弩散文集》)

如履薄冰　rúlǚbóbīng　《诗经·小雅·上旻》:"战战兢兢,如临深渊,如履薄冰。"好像踩着薄冰。形容处境危险,行事须非常小心谨慎。履:走。例如果被扣上敌我矛盾的帽子,日子会非常不舒服,简直如履薄冰,如坐针毡;夹起尾巴,还会随时招来横祸。(季羡林《牛棚杂忆》)|多年前,集团首席执行官就感觉自己如履薄冰、在集团迅猛发展,国际市场不断拓展的今天,他的危机感丝毫未减。(2013年全国高考语文江苏试卷试题)

〔辨析〕"如临深渊、如履薄冰"两者同一出处,都形容处境危险,行事非常小心谨慎。"如临深渊"虽临险地,并未迈入,危险相对较小。词意较轻。"如履薄冰"已足踏冰面，危险随时可能出现，危险相对较大。词意较重。

如期而至　如约而至

如期而至　rúqī-érzhì　卢惠龙《雨丝如期而至》："雨丝如期而至，细细碎碎，却不停歇。"按照计划或者规律，按时到来。期：约定。例按照约定，他如期而至。｜四月如期而至，潮流新品，好货热买，更多优惠尽在淘宝，安心享受网购乐趣。

如约而至　rúyuē-érzhì　指按照约定的时间准时到达。例"中国之声新年音乐会"如约而至。｜我如约而至，但是他却失约了，一定是有了特殊事情，他是个很诚信的人。

〔辨析〕"如期而至、如约而至"都形容根据某种条件，按时到来，"如期而至"多用于按照计划和规律，到了应该出现的时候就按时到来了。"如约而至"更多强调是按事先的约定的时间、地点和方式实现了。

如鸟兽散　作鸟兽散

如鸟兽散　rúniǎoshòusàn　《汉书·李陵传》："今无兵复战，天明坐受缚矣，各鸟兽散，犹有得脱归报天子者。"后用"如鸟兽散"指像受惊的鸟兽一样飞奔四散。形容溃散的样子。例忽堂上一吏宣言，使讼狱者翼日早候，于是堂下人纷纷藉藉，如鸟兽散。（清·蒲松龄《聊斋志异》）｜人民解放军横渡长江，南京的美国殖民政府如鸟兽散。（毛泽东《别了，司徒雷登》）

作鸟兽散　zuòniǎoshòusàn　《汉书·李陵传》："今无兵复战，天明坐受缚矣；各鸟兽散，犹有得脱归报天子者。"后用"作鸟兽散"指形成了像受惊的鸟兽一样飞奔四散的状态。形容溃散的样子。例这伙平日作恶多端，不可一世的土匪，在解放军的围歼中，顷刻作鸟兽散，被彻底歼灭了。（曲龙之《湘西剿匪》）｜自从"镇东四"这个流氓头子被抓起来之后，他的大小喽啰也作鸟兽散，跑的跑、躲的躲，街面上顿时消停了。（马志武《刚进北京的日子》）

〔辨析〕"如鸟兽散、作鸟兽散"都形容溃散的样子。"如鸟兽散"重在强调像什么样子，和什么样子相似，词意较轻。"作鸟兽散"重在强调这种状态已然形成，动感更强，词意较重。

如数家珍　了如指掌

如数家珍　rúshǔjiāzhēn　像点数家中珍藏的宝物那样清楚。比喻对列举的事物或叙述的事情非常熟悉。数：清点、点数；家珍：家藏的珍宝。例他拍着摸着一棵棵的树杆，如数家珍地向我介绍。（茹志鹃《出山》）｜云致秋爱教戏……不管

哪一出,他都说出个幺二三……简明扼要,如数家珍。(汪曾祺《大淖记事·云致秋行状》)

了如指掌 liǎorúzhǐzhǎng 《宋史·道字传序》:"命于天而性于人者,了若指掌。"好像指着自己的手掌给人看。了:了解、明白;如:好像;指掌:手指和手掌。形容对情况了解得非常清楚。例他的一举一动敌人无不了如指掌。(郭沫若《洪波曲》)
〔辨析〕"如数家珍、了如指掌"都通过浅显的打比方形象地表达出对事情非常熟悉的意思。"如数家珍"可以对事物一一点算,对事情具体陈述,多用口头语言向对方表述;"了如指掌"只强调了心里明白、清楚。"如数家珍"在面对个人或较小范围的陈述对象时使用;"了如指掌"一般在面对大事情,例如敌情、军情、民情等时使用。

如坐针毡　坐卧不安

如坐针毡 rúzuò-zhēnzhān 《晋书·杜锡传》:"屡谏愍怀太子,言辞恳切,太子患之。后置针著锡常所坐处毡中,刺之流血。"后用"如坐针毡"形容内心焦急,坐立不安,片刻不得安宁。例时间长了,手、臂酸痛不算,还是热得头昏脑胀,如坐针毡。(杨沫《不是日记的日记》)| 如果被扣上敌我矛盾的帽子,日子会非常不舒服,简直如履薄冰,如坐针毡;夹起尾巴,还会随时招来横祸。(季羡林《牛棚杂忆》)

坐卧不安 zuòwò-bù'ān 《周书·姚僧垣传》:"大将军、襄乐公贺兰隆先有气疾,加以水肿,喘息奔急,坐卧不安。"坐不踏实,睡不安生。形容忧虑紧张、十分不安的样子。例这时,我既担心陈梓的安全,又顾虑唐老析和农会的同志们,一时真是提心吊胆,坐卧不安。(彭绍辉《绿色的山冲》)| 这种恐惧一旦抓住了他,他就会坐卧不安的。(雷加《蓝色的青枫林》)
〔辨析〕"如坐针毡、坐卧不安"都形容因痛苦、恐惧、忧愁而内心焦急,片刻不得安宁的状态。"如坐针毡"偏重表现忧虑、焦躁或恐惧的心境,蕴藏于内。"坐卧不安"偏重表现忧虑、焦躁或思念的神态,表现在外。

入不敷出　寅吃卯粮

入不敷出 rùbùfūchū 收入不够支出。指经济困难。敷:足够。例在解放前的几十年间……对外贸易长期入超,国家财政连年入不敷出。(周恩来《伟大的十年》)| 当我七岁时,我家便已析产分居。而我房人口逐渐增多,食之者众,生之者寡,家庭经济总是入不敷出。(李宗仁《李宗仁回忆录》)

寅吃卯粮 yínchīmǎoliáng 寅年吃了卯年的口粮。比喻经济困难，有亏空后先行挪用、借支来渡过眼前。寅、卯分别为地支的第三、四位。也说"寅支卯粮"。例就是我们总爷也是寅吃卯粮，先跌后空。（清·李宝嘉《官场现形记》）｜别看我每月拿几百块薪水，其实一撒手就光了，有时还要寅吃卯粮，借债过日子。（龚昌盛《沉浮》）

〔辨析〕"入不敷出、寅吃卯粮"都指收入不够，经济困难。"入不敷出"强调现有的钱财不够开支和造成这种局面的原因。"寅吃卯粮"强调有亏空后先行挪用、借支来应付这种局面的手段。

锐不可当　势不可当

锐不可当 ruìbùkědāng 《史记·淮阴侯列传》："此乘胜而去国远斗，其锋不可当。"形容来势凶猛，无法阻挡。锐：锐利，锋利；当：抵挡，阻挡。例栾菊杰以一种清新的姿态，出现在击剑台上，挺身仗剑，锐不可当。（理由《扬眉剑出鞘》）｜咱们有能力，有青春，有朝气，那是锐不可当，无坚不摧的。（欧阳山《三家巷》）

势不可当 shìbùkědāng 《晋书·郗鉴传》："群逆纵逸，其势不可当。"来势迅猛，不可抵挡。也说"势不可挡"。例华北解放军南下的主力，就像冲决堤坝的洪峰，势不可当。（李丰祝《解放石家庄》）｜……快乐的笑，看见一个人堕入他人圈套时的笑，讽刺或蔑视的笑，以及一个人被势不可当的环境力量压倒后绝望的笑，最后这种笑是最困难的。（林语堂《艺术与消遣》）

〔辨析〕"锐不可当、势不可当"都指来势凶猛，不可抵挡。"锐不可当"偏重于形容攻势凌厉，行动猛烈。"势不可当"偏重形容来势凶猛，声势浩大。

若明若暗　若隐若现

若明若暗 ruòmíng-ruò'àn 好像明朗又好像昏暗。比喻认识模糊不清或不可捉摸。例此等公子，若明若暗，若贤若愚，若有情若无情，首鼠狼羊，不能名状，令人失笑。（清·许叔平《里乘·金钱李二》）｜在这种态度下，就是对周围环境不作系统的周密的研究，单凭主观热情去工作，对于中国今天的面目若明若暗。（毛泽东《改造我们的学习》）

若隐若现 ruòyǐn-ruòxiàn 唐·李世民《大唐三藏圣教序》："无灭无生，历千劫而不古；若隐若现，运百福而长今。"隐隐约约。形容看不真切或事态发展不明朗。例李惊，方将诘问，则见其若隐若现，恍恍如烟

雾。(清·蒲松龄《聊斋志异》)|海岸边则时常传来潮水拍岸的声响,若隐若现的。(艾芜《海岛上》)

〔辨析〕"若明若暗、若隐若现"都形容模糊不清,不真切。"若明若暗"强调不明朗,难以观察、认清,用于和视觉、认识有关的人和事物。"若隐若现"强调不真切,不仅可用于与视觉、认识有关的人和事,也可用于和听觉、嗅觉相关的事。

弱肉强食　以强凌弱

弱肉强食 ruòròu-qiángshí　唐·韩愈《送浮屠文畅师序》:"夫兽深居而简出,惧物之为己害也,犹且不能脱焉。弱之肉,强之食。"原指动物中弱者的肉是强者的食物。后多指弱者被强者欺凌、吞并。例在这样"弱肉强食"的情况下,"生活"是终于不易保全的。(邹韬奋《抗战以来》)|中华民族如不急起奋发图强,就要被"列强"弱肉强食了。(徐铸成《旧闻杂忆补篇·前言》)

以强凌弱 yǐqiáng-língruò　《庄子·盗跖》:"自是之后,以强陵弱,以众暴寡。"凭恃强力,欺凌弱小。陵:通"凌",侵犯。例于是一乡自为一国,一姓自为一群,以众暴寡,以强凌弱,牵邻之牛,割邻之禾,视为固然。(康有为《大同书》)|二次大战后强大起来的美国,总是喜欢在世界上称王称霸,常常以强凌弱,恣意干涉别国内政。(曲源之《访美琐忆》)

〔辨析〕"弱肉强食、以强凌弱"都指强者欺压、欺凌弱者。"弱肉强食"偏重强者与弱者是吃与被吃的关系,强调弱者可能完全不能生存,词意较重。"以强凌弱"重在指强者凭借、仗恃强大欺侮、侵犯弱小者。词意较轻。

S

丧尽天良　伤天害理

丧尽天良　sàngjìn-tiānliáng　丧尽了天理良心。形容心肠狠毒，极其凶残，毫无人性。天良：天理，良心。例欺负女人，打劫残疾人，干的全是丧尽天良的事。（莫言《蛙》）｜她爹就留下这一条根！那些丧尽天良的日本鬼子杀了他。（萧军《五月的矿山》）

伤天害理　shāngtiān-hàilǐ　指做事残暴歹毒，灭绝人性。例伤天害理，自己的棺材放在家里，漆都漆好了，偏把人家老姑娘坑在家里，不许嫁人。（曹禺《北京人》）｜我恼恨地说，这种伤天害理的事儿，我再也不会做了！（莫言《蛙》）｜但你爷爷真没做过伤天害理的事，儿子，你爸拿"谢"字跟你保证。你爷爷什么人你是清楚的，你的名字是你爷爷取的。（徐则臣《北上》）

〔辨析〕"丧尽天良、伤天害理"都形容狠毒凶残，灭绝人性。"丧尽天良"重在强调心肠狠毒，良心丧尽，偏重鞭挞其心理的凶残。"伤天害理"重在强调行为结果的严重。

色厉内荏　外强中干

色厉内荏　sèlì-nèirěn　《论语·阳货》："色厉而内荏，譬诸小人，其犹穿窬之盗也与？"色：脸色，神色；厉：凶猛；荏：软弱。外表强硬而内心怯懦。例同一切非正义的统治者一样，他们色厉内荏，十分害怕中国老百姓，简直害怕到风声鹤唳、草木皆兵的程度。（季羡林《牛棚杂忆》）｜他跑遍租界的各处，观察了帝国主义爪牙的色厉内荏的窘态。（叶圣陶《英文教授》二）

外强中干　wàiqiáng-zhōnggān　《左传·僖公十五年》："今乘异产，以从戎事，及惧而变……张脉偾兴，外强中干，进退不可，周旋不能，君必悔之。"中：里面，实质；干：空虚。外表好像强大，实际上很虚弱。例那拥抱过去的人，虽不一定"苍白无力"，可也不免外强中干——外强是自大，中干是自卑。（朱自清《历史在战斗中》）｜乃木了解到山口外强中干、色厉内荏的为人，别看他强打精神

装腔作势大摆架势,实际上他早想收兵回城,不再在这太行山担惊受怕了。(柳杞《战争奇观》)

〔辨析〕"色厉内荏、外强中干"都有外强内弱的相同意思,但实际上不尽相同。"色厉内荏"一般形容人,直指人本质上的外表强硬内心软弱;"外强中干"形容某些庞然大物,如国家、军队等,指表面的强大是假的,实际内里空虚才是真的。"色厉内荏"形容对象较为具体,"外强中干"则较为抽象。

杀机四伏　杀气腾腾

杀机四伏　shājī-sìfú　杀人的念头,到处都埋藏着。形容处境十分凶险,随时随地有丧命的可能。机:动机,念头。例村子死一般寂静,空气中弥漫着杀机四伏的味道,老常万分紧张,每走一步都十二万分的留神。(张丹阳《黎明的恐怖》)|万清虽听说城里一片"白色恐怖",杀机四伏,自己随时都有被捕、杀头的危险,但他仍决定要闯一闯这虎穴龙潭。(许佳益《关东情报站》)

杀气腾腾　shāqì-téngténg　表露出要杀人或厮杀的凶狠气势。杀气:凶恶的气势;腾腾:气势很盛。例腰间取出利刃,寒光凛凛,杀气腾腾,复入书院。(明·熊大木《杨家将传》)|这时,清乡团已经在兴国城内大肆逮捕和屠杀我们的同志,街上一片杀气腾腾。(李挺《密林星火》)

〔辨析〕"杀机四伏、杀气腾腾"都有形容一种凶恶、凶险,要人性命的意思。"杀机四伏"重在强调凶险四处埋藏,难以防躲,多隐蔽、阴险的味道。"杀气腾腾"重在强调要杀人或厮杀的气势很盛,显示得十分清楚。

杀鸡儆猴　杀一儆百

杀鸡儆猴　shājī-jǐnghóu　杀鸡吓唬猴子。比喻杀一个人或惩罚一个人来警告其他人。儆:使人警觉而不犯错误。也说"杀鸡吓猴"。例老板面对如此乱局,只好用杀鸡儆猴的办法,把带头闹事的倪宽富炒了"鱿鱼"。(伍恒《深圳的打工仔》)|有句话说得好,"杀鸡儆猴",黄总,您别太仁慈了,下决心收拾那些挑头儿的,还怕镇不住吗?(古国培《漩涡激流》)

杀一儆百　shāyī-jǐngbǎi　杀一个人或惩罚一个人用以警告许多人。也作"杀一警百"。例如果遇到抗拒,就杀一儆百。(姚雪垠《李自成》)|梅佐贤向徐义德建议开除几个罢工的为首分子,杀一儆百,不然以后日子会更不太平啦。(周而复《上海的早晨》)

〔辨析〕"杀鸡儆猴、杀一儆百"都指

惩罚一个来警告其他。"杀鸡儆猴"强调惩处甲是为警告乙。"乙"可以是专指个体，也可以是泛指集体，多用于专指。被惩处者和被警告者都是有所指的。"杀一儆百"强调惩处一个，是为警告多数。被惩处者明确有所指，被警告者所指就较广泛。

杀人越货　图财害命

杀人越货 shārén-yuèhuò 《尚书·康诰》："杀越人于货，暋不畏死，罔弗憝。"意思是用残忍手段谋杀人命，抢劫财物。越：抢夺。例这比杀人越货是更加不义了。(郭沫若《孔墨的批判》)｜这一伙不过是杀人越货的强盗，是一群乌合之众，谈不上用兵行阵，更无纪律可言。(凌力《星星草》)

图财害命 túcái-hàimìng 谋取别人钱财，害人性命。例至于这个杀人的，看起来，也不是图财害命。(清·文康《儿女英雄传》)｜不仅自号"文明"，还会口中念念有词，说"和平"，讲"自由"；"和平"地、"自由"地杀人劫宝，图财害命！(老舍《神拳·后记》)

〔辨析〕"杀人越货、图财害命"都指杀人、谋财。"杀人越货"多用于强盗赤裸裸的实际行动，使用面较窄。"图财害命"多用于用计谋、设圈套的手段来达到目的，使用面较广。

杀一儆百　以儆效尤

杀一儆百 shāyī-jǐngbǎi 杀一个或惩罚一个人，用以警告许多人。例粤省僚吏中有之，幕客中有之，游客中有之，商贾中有之，恐士绅中未必无之，宜杀一儆百。(清·龚自珍《送钦差大臣侯官林公序》)｜我看只要把古佩雄除掉，杀一儆百，老虎村就没人再敢闹腾。(管桦《将军河》)

以儆效尤 yǐjǐng-xiàoyóu 《左传·庄公二十一年》："郑伯效尤，其亦将有咎。"后用"以儆效尤"指通过处理坏人坏事来警告那些学做坏事的人。儆：告诫；效：仿效；尤：过失。例我以为各个均应先打屁股百下，以儆效尤，余事可一概不提。(鲁迅《准风月谈·文床秋梦》)｜不这样做，就不是以儆效尤而维持他的威信和他的统治。(叶君健《火花》)

〔辨析〕"杀一儆百、以儆效尤"都指以惩罚来警告。"杀一儆百"用意广，除可用于警告做坏事者，还可用于警告其他人，词意较重。"以儆效尤"只用于警告学做坏事者，且词意较轻。

删繁就简　要言不烦

删繁就简 shānfán-jiùjiǎn 宋·严羽《历代诗话·诗法家数》："绝句之

法，要婉曲回环，删芜就简。"删除烦琐、冗长的部分，力求简明扼要。删：删除；就：趋向，接近。例删繁就简三秋树，领异标新二月花。(清·郑燮《楹联》)｜青钿道："都像这样，却也不难，大约删繁就简，只消八百韵也就够了。"(清·李汝珍《镜花缘》)

要言不烦 yàoyán-bùfán 《三国志·魏志·管辂传》裴松之注引《管辂别传》："辂寻声答之曰：'夫善《易》者，不论《易》也。'晏含笑而赞之：'可谓要言不烦也。'"后用"要言不烦"指说话、作文简要，明了，不啰唆。例是的，那——《中国国粹义务论》，真真要言不烦，百读不厌。(鲁迅《彷徨·高老夫子》)｜然后，慈安太后也说了几句，看来是门面话，其实倒是要言不烦，她嘱咐恭亲王要以国事为重，不要怕招怨，不要在小节上避嫌疑。(高阳《慈禧前传》)

〔辨析〕"删繁就简、要言不烦"都指力求简明扼要。"删繁就简"强调通过除去烦琐、冗长的部分，达到简明扼要的目的、效果。使用范围较广。"要言不烦"强调说话、作文时简要、明了，不啰唆，使用范围较窄。

闪烁其辞　支吾其词

闪烁其辞 shǎnshuò-qící 形容说话、作文吞吞吐吐，躲躲闪闪，想说又不肯露出真意。闪烁：(说话或作文时)稍露一点想法，但不肯说明确，躲躲闪闪，吞吞吐吐。也作"闪烁其词"。例或者定伯故意闪烁其辞，更未可定。(清·吴趼人《痛史》)｜看了张源的《调查报告》，吴书记总觉得在闪烁其辞的字里行间隐藏着什么东西。(贾原之《矿难》)｜安天宝闪烁其词，匆匆进门去。(刘绍棠《小荷才露尖尖角》)

支吾其词 zhīwú-qící 言辞含混、躲闪，企图掩盖真相、搪塞过去。支吾：说话含混、躲闪。例周炳找不着什么得体的话说，就含含糊糊地支吾其词……(欧阳山《苦斗》)｜有人问起来，圣躬如何不安，到底什么病？莫非也像那班太医，支吾其词。(高阳《清宫外史》)

〔辨析〕"闪烁其辞、支吾其词"都指言辞含混，躲躲闪闪。"闪烁其辞"偏重故意用吞吞吐吐的话，躲开真实情况。不仅可用于说话，也可用于作文。"支吾其词"偏重用含糊的话搪塞应付。多用于说话，较少用于作文。

上下其手　偷天换日

上下其手 shàngxiàqíshǒu 《左传·襄公二十六年》：(楚伐郑)，"郑皇颉戍之。出与楚师战，败。穿封戍囚皇颉，公子围与之争之。正于伯州犁。伯州犁曰：'请问于囚。'乃立囚。伯州犁曰：'所争，君子也，其何不知？'上其手曰：'夫子为王子围，寡君之贵介弟也。'下其手曰：'此子为穿封戍，方城外之县尹也，谁获子？'囚曰：'颉遇王子，弱（败）焉。'"后用"上下其手"指一会儿举起手，一会儿又放下手。指玩弄手法，串通作弊。例阴曹之法，非若阳世懵懵（měng），可以上下其手。（清·蒲松龄《聊斋志异》）｜有财势者上下其手，多方欺隐，逃避征赋，土田多纳粮反少。（姚雪垠《李自成》）

偷天换日 tōutiān-huànrì 明·兰陵笑笑生《金瓶梅词话》："这个王婆岂不是偷天换日的老手。"比喻玩弄手段，暗中改变事物的真相，以蒙骗别人。例我有一个道友，叫做鬼谷先生，他有将无做有的本领，偷天换日的手段，真是文武全才。（清·张南庄《何典》）｜人家说他是做外国人的生意的。偷天换日，花头多着呢！（洪深《香稻米》）

〔辨析〕"上下其手、偷天换日"都形容玩弄手法，欺骗人。"上下其手"偏重指暗中或串通起来作弊。"偷天换日"多指用欺骗手法暗中改变重大事物或事件的真相。

少气无力　有气无力

少气无力 shǎoqì-wúlì 形容气力衰弱，精神疲惫。例那女儿认得是他父亲的声音，才少气无力地应了一声。（明·吴承恩《西游记》）｜好容易爬到山顶，驴友们个个少气无力地坐在地上，喝水的喝水，擦汗的擦汗，半天都不肯动窝儿。（屠仲之《驴友之间》）

有气无力 yǒuqì-wúlì 有气息而没力。形容气力衰弱，精神疲惫，没有劲头。例她有气无力地把一双白色的粗线手套，塞到小刘手里。（杜鹏程《在和平的日子里》）｜"去吧！去吧！"爸爸有气无力地说，轻轻抚摸着儿子的头。"给你爸爸报仇去吧！"（峻青《变天》）

〔辨析〕"少气无力、有气无力"都指气力衰弱，精神疲惫。一般在使用时，"有气无力"的程度似乎要重一些。"少气无力"多用于书面语，而"有气无力"在口语和书面语中均常用。

身先士卒　一马当先

身先士卒 shēnxiānshìzú 《三国志·吴志·孙辅传》："策西袭庐江太守刘勋，辅随从，身先士卒，有功。"指作战时将帅带头，冲在士兵的前面。也比喻领导带头为群众做出榜样。身：亲自；先：在前面。例枪响后，自己又身先士卒，冲锋陷阵。(熊伯涛《黄陂大捷》)｜曹总做事，总是身先士卒，凡是要求部下做的事，他都带头做好，所以大家都十分佩服他。(马源《回顾创业》)

一马当先 yīmǎ-dāngxiān 宋·王质《送刘子开二首（其一）》："璀璨两星同拱所，萧梢一骥独当先。"后多作"一马当先"。跃马冲在前面。形容在战斗、工作、劳动、竞赛等方面走在最前面，起带头作用。例黑大个端着机枪，一马当先，照着环形交通壕的敌人，一个劲地猛扫。(袁静《伏虎记》)｜铁牛队长一马当先，他担着两个溜溜满的筐，飞也似地跑着，看他那姿势，瞧他那打扮，真叫人痛快！(胡天培、胡天亮《山村新人》)

〔辨析〕"身先士卒、一马当先"都指在某种场合，冲在最前面，起带头作用。"身先士卒"只限用于人，且仅限用于领导人。"一马当先"用于人的范围比较广泛。

深恶痛绝　咬牙切齿

深恶痛绝 shēnwù-tòngjué 极其厌恶、非常痛恨。恶：厌恶；绝：顶点，最。例所以儒家之反对道家，只是口头的、表面的，不像他对于墨家那样的深恶痛绝。(闻一多《关于儒、道、土匪》)｜我知道父亲对我抽这种香烟深恶痛绝，但他只是淡淡地说了一句：造孽啊！(莫言《蛙》)｜对于眼下……的做法，老段自然是深恶痛绝，认为这割断了历史。(李洱《应物兄》)

咬牙切齿 yǎoyá-qièchǐ 汉·焦延寿《易林·需》："张牙切齿，斩(yín)怒相及；咎起萧墙，牵引吾子。"后多作"咬牙切齿"，形容极为痛恨、愤怒。例我们回到树林子里，三个人都像泄了气的皮球似的，气得咬牙切齿。(秦牧《松鼠》)｜这叫我咬牙切齿，叫我心中冒火，可是妇女的命运不在自己手里。(老舍《月牙儿》)

〔辨析〕"深恶痛绝、咬牙切齿"都形容痛恨到了极点。"深恶痛绝"侧重于形容痛恨的心理，还形容极度的厌恶，多用于书面语。"咬牙切齿"侧重于形容痛恨的神情、神态，多用于口语。

深居简出　足不出户

深居简出 shēnjū-jiǎnchū 唐·韩愈《送浮屠文畅师序》："夫兽深居而简出，惧物之为己害也，犹且不脱焉。"原指野兽隐藏在深山里，很少出来。后指人居家很少外出。简：少。例金先生晚年深居简出。毛主席曾经对他说："你需接触接触社会。"(汪曾祺《金岳霖先生》)｜新时代到来了……可怜魏紫

还是深居简出，依然很少知道解放带来的新事物。(徐迟《牡丹》)

足不出户 zúbùchūhù 《南齐书·何求传》："（何求）居波若寺，足不逾户，人莫见其面。"后用"足不出户"指脚不跨出大门一步。形容闭门自守，不与外界接触。例纵然是一个写作天才如果足不出户，与生活格格不入，也不会说出新鲜话。(蒋子龙《不惑文谈》)｜此后数日，白衣尼和陶红英在客店里足不出户，韦小宝每日出去打听，皇上是否已经回宫。(金庸《鹿鼎记》)

〔辨析〕"深居简出、足不出户"都形容和外界接触的状况。"深居简出"强调很少出门，但毕竟还有时出来，程度较浅。"足不出户"强调连门槛外都不迈出一步，闭门自守，根本不与外界接触，程度深。

深入浅出　言近旨远

深入浅出 shēnrù-qiǎnchū 内容十分深刻，表达却浅显易懂。例周祺的深入浅出的讲话，消除了有些代表的思想疙瘩。(陈残云《山谷风烟》)｜有了专门学问，还要讲点普通常识。单有常识，没有专长，不能深入浅出。(梁启超《中国历史研究法补编·总论》)

言近旨远 yánjìn-zhǐyuǎn 《孟子·尽心下》："言近而指远者，善言也。"指：通"旨"。语言浅近而含意深远。旨：含意，意图。例其书阐孔孟大旨，殚尽心力，折中奋解，言近旨远，文简意明，一经诵习，圣贤之道，莫不灿然在目。(清·李汝珍《镜花缘》)｜张恕老师真是不仅学问渊博，德高望重，而且讲起课来常常是言近旨远，耐人寻味。(瑞林《汇文往事》)

〔辨析〕"深入浅出、言近旨远"都指用浅显易懂的语言，表达深刻的道理。"深入浅出"重在强调把十分深刻的内容用浅显易懂的话表达出来。"言近旨远"重在强调语言虽然浅近、平常，而其含意和意图却很深远，多用于书面语。

神气十足　趾高气扬

神气十足 shénqì-shízú 形容十分得意或傲慢的神态。神气：自以为优越而表现出得意或傲慢的样子。例与其神气十足地说"写文章"，不如普普通通地说"写话"更好。(邓拓《新的"三上文章"》)｜西洋人喜欢养狗，似乎比有色人种还看得起，往往放在汽车上并坐，或是神气十足地牵着走。(周作人《雨中的人生·牛山猫儿诗》)

趾高气扬 zhǐgāo-qìyáng 《战国策·齐策三》："今何举足之高，志之扬也？"后用作"趾高气扬"，指走路时把脚抬得高高的，神气十足。形容得意忘形，不可一世的样子。⟨例⟩他身材高大，精神抖擞，有点趾高气扬的味道。（沙汀《青枫坡》）｜佩戴卐字章的党卫军，趾高气扬地由这古老街市走过。（萧乾《南德的暮秋》）
〔辨析〕"神气十足、趾高气扬"都形容得意和傲慢。"神气十足"重在强调得意或傲慢的神情、态度。"趾高气扬"重在强调得意忘形，自以为了不起，不可一世的模样。

慎终如始　善始善终

慎终如始　shènzhōng-rúshǐ　《老子》第六十章："民之从事，常于几成而败之。不慎终也，慎终如始，则无败事。"谨慎地对待结束，就像开始一样。形容做事自始至终都谨慎。慎：谨慎；终：结束、完成。⟨例⟩孙春兰在陕西调研时强调慎终如始抓好防控措施落实，一鼓作气打赢疫情防控歼灭战。（中央电视台）

善始善终　shànshǐ-shànzhōng　《庄子·大宗师》："善妖善老，善始善终。"善：好。很好地开始，圆满地结束。形容办事认真，能很好地坚持到底。善妖：少年你要好好对待；妖（夭）：少年。⟨例⟩做任何工作都要善始善终，不能虎头蛇尾，更不能有头无尾。｜汉朝的陈平，历任惠帝、吕后、文帝三朝丞相，他能应付各种情况并能善始善终。
〔辨析〕"慎终如始、善始善终"都形容为人做事都要既有好的开始，还要有圆满的结束，不能虎头蛇尾，有头无尾。"慎终如始"更多强调坚持到底，因为常常刚开始时很认真，有信心，但随着时间的延长，困难的出现，就出现了虎头蛇尾、半途而废的情况，这个成语告诉人们要慎重认真地像开始那样把事情坚持到底并圆满结束。"善始善终"则强调前后一致，既要有好的开始又要有好的结束，没有刻意强调要慎重地对待后面结尾的工作。

慎终追远　慎终思远

慎终追远　shènzhōng-zhuīyuǎn　《论语·学而》："曾子曰：'慎终追远，民德归厚矣。'"旧指慎重地办理父母丧事，虔诚地祭祀远代祖先。后多用于谨慎从事，追念前贤。终：人死；远：指祖先。⟨例⟩五间正殿前，悬一块闹龙填青匾，写道是"慎终追远"。（清·曹雪芹《红楼梦》）

慎终思远　shènzhōng-sīyuǎn　唐·张说《太原王公神道碑》："有子故光禄少卿玙，今秘书监询，皆笃行纯孝，慎终思远。"慎重地办理父母的丧事，虔诚地思念祖先的功德和恩情。⟨例⟩修威对儿子说："每年来上坟就是要像古人说的慎终思远，不仅要把丧事办好，还要思念祖先的恩德，永不忘本，做黄家的好子孙。"（步琪《绿水青山》）｜虽然，时代进步了，我们不必完全按照古人办理丧事的礼仪去料理，慎终思远还是很重要的。一是丧事要办得得体，二是在祭祀要缅怀、思念父母和祖先的美德。

〔辨析〕"慎终追远、慎终思远"是两个意思非常相近的成语。"慎终追远"多强调慎重地办理父母的丧事，依礼追祭远代的祖先，强调了礼仪、礼节。"慎终思远"更多强调，祭祀祖先时的缅怀、感恩，在学习祖先的美德中有所思考。

生搬硬套　生吞活剥

生搬硬套　shēngbān-yìngtào　指不根据实际情况，照搬照抄别人的经验或方法。例学习、借鉴是很需要的，但一定要理论联系实际，要根据实际情况办事，决不能生搬硬套。（陈光松《问题的出发点》）｜我们反对的就是生搬硬套的教条主义作风。（胡天培、胡天亮《山村新人》）

生吞活剥　shēngtūn-huóbō　唐·刘肃《大唐新语·谐谑》："有枣强尉张怀庆好偷名士文章……人谓之谚曰：'活剥张九龄，生吞郭正一。'"后作"生吞活剥"，指生硬地接受或模仿、搬用他人的理论、经验、方法等。还可指真把活物剥皮吞掉。例不过从旧有的里面生吞活剥，是无效力的。（朱自清《民众文学的讨论》）｜我为此写了一篇文章，叫做《现代文艺的使命》，里面生吞活剥抄了一些从日文译过来的所谓马克思主义文艺理论的文句。（季羡林《牛棚杂忆》）

〔辨析〕"生搬硬套、生吞活剥"都比喻生硬地照搬、接受他人的理论、经验、办法等。"生搬硬套"重在强调不根据实际情况，盲目照搬，生硬模仿。"生吞活剥"重在强调为接受、模仿不择手段，还可指真把活物剥皮吞掉，"生搬硬套"无此义。

生机勃勃　生气勃勃

生机勃勃　shēngjī-bóbó　形容生命力旺盛。生气：活力；勃勃：精力旺盛的样子。例窑院里鸡叫猪哼生机勃勃了，显示出一股争强好胜的居家过日子的气象。（陈忠实《白鹿原》）｜原来生机勃勃的植物园，原来团结战斗的集体啊，突然之间，战友变陌路，助手变对手，互相学习变成互相攻击。（黄宗英《大雁情》）

生气勃勃　shēngqì-bóbó　清·袁枚《随园诗话》卷十五："余选钱文敏公诗甚少，家人误抄十余章。余读之，生气勃勃，悔知公未尽。"形容生命力强，富有朝气。例当时，我的父亲和母亲都是那样生气勃勃，可照片却把我们弄得那么呆板，好像命定了将很快消失的人物。（阿来《尘埃落定》）｜远远听见大闸的水响，支渠的水温静地、生气勃勃地流着，"活—活—活"。（汪曾祺《大淖记事·看水》）

〔辨析〕"生机勃勃、生气勃勃"意思很相近，生机、生气都可作生命力讲，勃勃，也都指精神旺盛的样子。"生机勃勃"侧重强调生命力的旺盛，多用于形容整体的较为抽象的事物。"生气勃勃"侧重强调精神状态的富有朝气，多用于形容较为具体的人或其他有生命的动物等，也用于形容某些具体的景象。

生死存亡　危在旦夕

生死存亡 shēngsǐ-cúnwáng 《孔子家语·五帝德》："（黄帝）治民以顺天地之纪，知幽明之故，达生死存亡之说。"生存和死亡；生存或死亡。例中华民族的命运，已经到了生死存亡的关头，我们可能再忍吗？（邹韬奋《民众歌咏会前途无量》）｜林冲执手对丈人说道："……今小人遭这场横事，配去沧州，生死存亡未保。"（明·施耐庵《水浒传》）

危在旦夕 wēizài-dànxī 《三国志·吴志·太史慈传》："今管亥暴乱，北海（指孔融）被围，孤穷无援，危在旦夕。"指危险迫近，就在眼前。旦夕：早晚。例四乡农民不稳，镇上兵力单薄，危在旦夕，如何应急之处，乞速电复。（茅盾《子夜》）｜尤其使人焦心的，是像崔小满这样的重伤病人，得不到妥善及时的医治，生命已危在旦夕。（刘波泳《秦川儿女》）

〔辨析〕"生死存亡、危在旦夕"都形容事态、情势的危急、严重。"生死存亡"主要用于在生与死、存与亡之间面临抉择或可能产生的结果。"危在旦夕"更强调时间的急迫。

生死之交　刎颈之交

生死之交 shēngsǐzhījiāo 指同生共死的朋友或友情。形容利害一致，友谊深厚。例对天明誓，不求同日生，只愿同日死，结为生死之交。（明·无名氏《桃园情义》）｜张总工程师，对于老阎和梁建这一对生死之交的老战友之间所发生的分歧，深深感到烦恼。（胡采《〈在和平的日子里〉序》）

刎颈之交 wěnjǐngzhījiāo 《史记·廉颇蔺相如列传》："……卒相与欢，为刎颈之交。"可以为对方割脖子（去死）的朋友。指同生死共患难的交情或朋友。刎颈：割脖子。例他有个闺中谈禅的密友，却

是个刎颈之交的娇妻。(清·曾朴《孽海花》)｜一介之士,必有密友。密友不一定是刎颈之交。(林语堂《生活的艺术》)

〔辨析〕"生死之交、刎颈之交"都指同生共死的交情或朋友。"生死之交"偏重强调生死与共、利益一致、友谊深厚,书面语、口语都常用。"刎颈之交"偏重强调为朋友或友情可以为对方去死,多用于书面语。

时过境迁　事过境迁

时过境迁　shíguò-jìngqiān　梁启超《新中国未来记》:"到现在时过境迁,这部书自然没甚用处……"随着时间的推移,情况发生了变化。迁:变动。例现在时过境迁,房子已经拆掉,沧海桑田,面目全非了。(季羡林《牛棚杂忆》)｜有些说法是不正确的,落到你头上,你又拿他当了真,时过境迁之后,应该怎样看待自己,就是个严肃的问题。(王小波《承认的勇气》)

事过境迁　shìguò-jìngqiān　事情过去了,环境也改变了。例《一月九日》出版后,我顺便寄了一本给鲁迅先生。事过境迁,把这件事忘得无影无踪了。(曹靖华《飞花集》)｜不过,事过境迁,"酒饭"已经消化、吸收,只剩下似乎毫无缘故的"公平话"罢了。(鲁迅《华盖集·并非闲话》)｜此时事过境迁,回想起来,倒莫明何以那次昏迷发烧三星期。(林语堂《林语堂散文》)

〔辨析〕"时过境迁、事过境迁"都指因某种原因,情况、环境发生了变化。"时过境迁"指因时间的变化、推移造成了环境的变化。"事过境迁"指因事情的变化、改变造成了事情、环境的变化。

矢志不渝　忠贞不渝

矢志不渝　shǐzhì-bùyú　《晋书·谢安传》:"安虽受朝寄,然东山之志,始末不渝,每形于颜色。"后用作"矢志不渝"。指立誓,决不改变自己的志向。矢:立誓;渝:更改、改变。例没有梦想的民族是可悲的,对美好梦想没有坚定不移和矢志不渝精神的民族同样没有前途。(2015年全国高考课文湖南试卷试题)｜我热切盼望作者矢志不渝地贯彻他们的初衷,在散文这个广袤的沃土上继续耕耘下去。(袁鹰《韩少华散文选·小序》)

忠贞不渝　zhōngzhēn-bùyú　忠诚坚定,永不改变。贞:坚定,有操守。例战士自有战士的爱情:忠贞不渝,新美如画。(郭小川《团泊洼的秋天》)｜她是你的同事,你的同志,你的今后革命征途上和科学事业上忠贞不渝的伴侣和战友。

（张扬《第二次握手》）

〔辨析〕"矢志不渝、忠贞不渝"都指坚定、不改变，都含褒义。"矢志不渝"重在通过立誓来表明决不改变志向的决心。"忠贞不渝"重在强调决不改变忠诚、坚定的信念。

始终如一　一如既往

始终如一　shǐzhōng-rúyī　自始至终，一贯如此，没有变化。例但杜晚香好像不懂得她们的轻视，只是无微不至地，信心百倍，始终如一，兴致勃勃地照顾她们，引导她们。（丁玲《杜晚香·平凡与不平凡》）｜因为他始终如一地探索、创新，才取得今天这样的成就。（王大鹏《矢志不渝》）

一如既往　yīrú-jìwǎng　一切都和从前一样，没有改变。一：全，都；既往：已经，从前。例在今天的筵席上，他观察到牛阳春……对先生的尊重一如既往。（严亚楚《龙感湖》）｜在社区建设的广袤天地里，他们一如既往地比翼齐飞。（《新民晚报》2001年2月3日）

〔辨析〕"始终如一、一如既往"都指始终是一个样，没有改变。"始终如一"偏重指精神，重在一贯不改变。"一如既往"偏重指状况，提到过去，其实着眼于当前，强调现在和过去是一样的。

始作俑者　罪魁祸首

始作俑者　shǐzuòyǒngzhě　《孟子·梁惠王上》："仲尼曰：'始作俑者，其无后乎！'"第一个制作俑的人，那他应该断子绝孙吧。孔子反对用俑殉葬。后用"始作俑者"比喻开创恶例或某种恶劣风气的人。俑：殉葬用的木制或陶制的偶人。例始作俑者，大可罪也。（宋·胡仔《苕溪渔隐丛话·东坡九》）｜总之，凡是用笔杆子的人，都会玩这个花样，"始作俑者"，恐怕是孔仲尼。（施蛰存《乙夜偶谈》）

罪魁祸首　zuìkuí-huòshǒu　明·郑若庸《五珉记·索命》："虽是虔婆杀我，娟奴是罪魁祸首，追了他去。"作恶犯罪的首要分子。也指坏事的根子。魁：为首的。例她发怒似地站起来，看自己房里满地散乱的什物，抢过去踢了几脚，好像他们就是罪魁祸首。（茅盾《虹》）｜……有人帮着寻找马而立了，要对这个罪魁祸首当场质疑。（陆文夫《围墙》）

〔辨析〕"始作俑者、罪魁祸首"都指带头做坏事的人和坏事的来源。"始作俑者"重在指开创不良风气、不好先例的人。"罪魁祸首"重在指做坏事、犯罪、惹祸乱的主谋或首恶。

势不可当　势如破竹

势不可当　shìbùkědāng　《晋书·郗鉴传》："群逆纵逸，其势不可当……"来势迅猛，不可抵挡。当：抵挡，阻挡。也说"势不可挡"。例 三路军马，势不可当。（明·罗贯中《三国演义》）｜华北解放军南下的主力，就像冲决堤坝的洪峰，势不可当。（李丰祝《解放石家庄》）

势如破竹　shìrúpòzhú　《晋书·杜预传》："今兵威已振，譬如破竹，数节之后，皆迎刃而解。"后用作"势如破竹"，指情势像劈竹子那样顺利。形容作战或工作节节胜利，毫无阻碍。例 上万农民拿起刀枪，势如破竹，不管潘一豹有多大力量，也抵挡不住了。（陈登科《赤龙与丹凤》）｜北伐军从广东出发，直到长沙，一路势如破竹，极是顺利。（冯玉祥《我的生活》）

〔辨析〕"势不可当、势如破竹"都形容气势猛烈，力量很大。"势不可当"强调声势浩大，来势猛烈，不可阻挡。"势如破竹"强调像劈开了竹子头几节，以下的就顺着刀势分开直劈到底，节节胜利，毫无阻碍。

恃才傲物　恃强凌弱

恃才傲物　shìcái-àowù　《旧唐书·张昌龄传》：太宗甚悦，因谓之曰："昔祢衡、潘岳，皆恃才傲物，以至非命。"仗着自己才高，目空一切。恃：依仗；物：指除自己以外的一切众人。例 郑仁表文章俊拔，然恃才傲物，人士薄之。（宋·孔平仲《续世说·简傲》）｜冯大异名奇，吴、楚之狂士也，恃才傲物，不信鬼神。（明·瞿佑《剪灯新话》）

恃强凌弱　shìqiáng-língruò　宋·魏了翁《画一榜谕将士》："毋得恃强凌弱，恃众欺寡，互相争闹，激出事端。"倚仗势力强大，欺侮弱小。例 即桀纣有何罪过？也无非恃贵欺贱，恃强凌弱，总来不过是使势而已。（明·冯梦龙《警世通言》）｜自二次大战之后，美国成了称霸世界的超级大国，恃强凌弱，横行霸道，干尽了坏事。（秦仲文《大洋彼岸》）

〔辨析〕"恃才傲物、恃强凌弱"都指倚仗某种资本，对他人采取不正确的态度。"恃才傲物"重在强调仗着有才能就目空一切，骄傲自大，看不起别人。"恃强凌弱"重在强调仗势欺人，用强大的势力去压迫人，欺侮人。

世代相传　薪尽火传

世代相传　shìdài-xiāngchuán　世世代代递相传延。例 这十几年来，同

薪世视　365

是千万年世代相传的大地上，长出了多少崭新的植物品种呵！（秦牧《土地》）|这门手艺是他家世代相传的宝贝，讲究的是传男不传女，如今已传了七八代了。（李清泉《巧匠趣闻》）

薪尽火传 xīnjìn-huǒchuán 《庄子·养生主》："指穷于为薪，火传也，不知其尽也。"柴虽烧完，火种却留传下来。比喻思想体系、学问或技艺代代相传不绝。薪：木柴。例薪尽火传，这个才大心细、见识不凡的门生，不正是自己的传火人吗？（唐浩明《曾国藩·野焚》）

〔辨析〕"世代相传、薪尽火传"都有往下传递的意思；"世代相传"强调一代接一代地世代相传不间断。"薪尽火传"强调上一辈在离世之前将思想、学问或技术已传给下一代的继承人了。"世代相传"可用于物质、思想、技艺等多方面，使用范围较广。"薪尽火传"仅用于思想、学问、技艺的范围，且较典雅。

世风日下　世态炎凉

世风日下 shìfēng-rìxià 宋·苏舜钦《检书曰》："世风随日俭，俗态逐势热。"后用作"世风日下"，指社会风气越来越不好。日下：一天不如一天。例封建老人不常叹世风日下，人心浅薄吗？这就是中华民族的精神渐向市民的习气同化了的佐证。（冯乃超《艺术与社会生活》）|这么多上好的纸张全印这些小妖精了，知识得不到应有的尊重，世风日下，人欲横流啊！（王朔、冯小刚等《编辑部的故事》）

世态炎凉 shìtài-yánliáng 宋·文天祥《指南录》："昔趋魏公子，今事霍将军，世态炎凉甚，交情贵贱分。"指富贵者受人奉承，贫贱者受人冷落的世俗态度。世态：社会上的人情世故；炎凉：冷暖。例谁曾从丰裕跌落到贫乏，从高贵跌落到式微，那他对于世态炎凉的感觉，大概要加倍的深切罢了。（茅盾《一个女性》）|我觉得，在世态炎凉中，还有不炎凉者在。这一点暖气支撑着我，走过了人生最艰难的一段路程……（季羡林《牛棚杂忆》）|四年多以前，蔡晓光问到他父亲时，说的可是"伯父"。现在变成"你父亲"了——连秉昆那简单的头脑也感到几分无可奈何的世态炎凉。（梁晓声《人世间》）

〔辨析〕"世风日下、世态炎凉"都贬斥社会上不良的习气。"世风日下"强调社会风气越来越坏，涉及的面也较广。"世态炎凉"强调趋炎附势、冷落贫贱的世态，涉及面较窄。

视如粪土　视若草芥

视如粪土 shìrúfèntǔ 《太平广记·

二三八》："某善点化之术，视金银如粪土，常以济人之急为务。"后用"视如粪土"比喻极端轻视。例你只看那钱字身傍两个"戈"字，若妄想亲近，自然要动干戈，闹出人命事来。今舅兄把它视如粪土，又是王衍一流人物了。（清·李汝珍《镜花缘》第三十八回）｜金钱、美人，他呼之即来，挥之即去；名誉、官位，他视如粪土，弃如草芥。

视若草芥 shìruòcǎojiè 《孟子·离娄下》："君之视臣如土芥，则臣视君为寇仇。"后用作"视若土芥"或"视若草芥"。看作土和草一样。形容十分轻视。也说"视如土芥"。例引能乐者使奏技，酒阑客散，各复其初，依旧环坐刺绣。任其生死，视若草芥。（宋·洪迈《容斋三笔·北狄俘虏之苦》）｜盐商富贵奢华，多少士大夫见了就销魂夺魄，你一个弱女子，视如土芥，这就可敬的极了。（清·吴敬梓《儒林外史》）

〔辨析〕"视如粪土、视若草芥"都比喻很轻视。"视如粪土"表示极端轻视，无以复加了，词意重。"视若草芥"词意较轻，较典雅。

视死如归　殒身不恤

视死如归 shìsǐrúguī 《管子·小匡》："……三军之士视死如归。"把死看成像回家一样泰然。形容不怕死。多指为正义事业，不惜献出生命。例赴江永号，视死如归。（三国·魏·邯郸淳《孝女曹娥碑》）｜东北民众义军之视死如归，前仆后继，亦为显著之事实。（邹韬奋《劲儿多好》）

殒身不恤 yǔnshēnbùxù 鲁迅《纪念刘和珍君》："至于这一回……虽殒身不恤的事实，则更足为中国女子的勇毅没有消亡的明证。"即使丧失生命也没有顾虑，也不吝惜。形容不怕死，面对死亡毫无忧虑。殒：死亡；恤：顾虑、忧虑。例灵芝动情地说道："蔺老先生为了抗日毁家纾难，殒身不恤，真是深明大义，亮节高风！"（任雄《冀中抗日英烈传》）｜面对敌人屠杀共产党人和革命群众的血雨腥风，他除了满腔怒火，发誓要向敌人讨还血债之外，就是抱定了殒身不恤、视死如归的决心。（王信之《谍影暗战》）

〔辨析〕"视死如归、殒身不恤"都形容不怕死，且多指为正义事业献身。"视死如归"重在强调不怕牺牲的精神，更显得理所当然，义无反顾。"殒身不恤"重在强调面对死亡的一种态度，即使去死也不顾及什么。

守望相助　和衷共济

守望相助 shǒuwàng-xiāngzhù 《孟子·滕文公上》："乡田同井，出入相友，守望相助，疾病相扶持，则百姓亲睦。"指邻居或邻边地域之间相互守护、瞭望，互相帮助，以对付来犯的敌人或其他灾患。守望：守护、瞭望；相助：互相帮助。[例]邻家邻舍的，总要守护相望，疾病相扶。(马烽《吕梁英雄传》)｜他冒着严寒、踏冰雪，亲临内蒙古考察指导，亲切慰问各族干部群众和戍边官兵，对内蒙古提出了"守望相助"的重要要求。

和衷共济 hézhōng-gòngjì 《国语·鲁语下》："夫若匏（páo）不材于人；共济而已。"又《尚书·皋陶谟》："同寅共协恭和衷哉。"比喻同心协力，共同克服困难。和衷：内心是相同的，是一心一意的；共济：共同渡河，引申为共同克服困难。[例]处境越是困难，大家就越应该和衷共济，渡过难关。｜在世界经济复苏的道路上，我们要和衷共济，携手前进。

〔辨析〕"守望相助、和衷共济"都形容要互相帮助，共同应付不利于己的因素。"守望相助"多用于邻居和相邻地域的人们之间，面对共同的敌人和相关灾患时，应该互相守护、互相帮助、共同对付。而"和衷共济"多强调利益攸关方在共事时要心往一处想，劲往一处使，同心协力去克服困难。

守正创新　与时俱进

守正创新 shǒuzhèng-chuàngxīn 最早出自《老子》第五十七章的"以正治国，以奇用兵"。后来《汉书·刘向传》有语："君子独处守正，不挠众枉。"恪守正道，利用现有的条件去改造或创造新事物。守正：坚守正道，把握事物本质、遵循客观规律；创新：对物质世界的再创造。[例]自改革开放以来，这个企业终始倡导守正创新的企业文化，不仅从不搞歪的邪的，还能结合社会需要，不断创新，取得了很大成就。｜深入理解守正创新的丰富内涵，是在千变万化的社会大变革中，立于不败之地的至理名言。

与时俱进 yǔshí-jùjìn 蔡元培《中国伦理史学》：(蔡元培通过中西文化对比，指出)"故西洋学说则与时俱进。"蔡元培之语又由《易经·益卦》："益动而巽，日进无疆；天施地生，其益无方。凡益之道，与时皆行。"而来。后用"与时俱进"指与时间一起前进。形容不断进取，永不停滞。[例]贯彻"三个代表"要求，关键在坚持与时俱进。(《江泽民文选》)｜与时俱进强化了解放思想、实事求是的创新内涵，反映了时代的要求。

〔辨析〕"守正创新、与时俱进"都强调要创新，不故步自封。"守正创新"强调要把恪守正道，坚持原则和遵循客观规律放在首位，要在恪守正道的前提下去创新。"与时俱进"更多是强调要随着时间的推移、时代的变化，要和时代一起进步，永不停滞。

首鼠两端　瞻前顾后

首鼠两端 shǒushǔ-liǎngduān 《史记·魏其武安侯列传》："与长孺共一老秃翁，何为首鼠两端？"旧说老鼠出洞时探头向左右两端张望。一说"首鼠"即"踌躇"音近义同。总之，都形容踌躇不决，犹豫观望或摇摆不定。例首鼠两端，似不是大论文家的态度。（郑振铎《插图本中国文学史》）｜像吴三桂那样首鼠两端的人，在初对于（李）自成本有归顺之心，只是尚在踌躇观望而已。（郭沫若《甲申三百年祭》）

瞻前顾后 zhānqián-gùhòu 战国·楚·屈原《离骚》："瞻前而顾后兮，相观民之计极。"看看前面，再回头看看后面。可形容做事谨慎，考虑周到；也可形容顾虑太多，犹豫不决。例为了防后方，我就得后站，不能正对敌人，而且瞻前顾后，格外费力。（鲁迅《鲁迅书信集·致杨霁云》）｜他们自以为是从许多痛苦中得到了教训，谨小慎微，瞻前顾后。（曾卓《胜利者》）

〔辨析〕"首鼠两端、瞻前顾后"都有犹豫不决、疑心观望的意思。"首鼠两端"还有摇摆不定的意思，含贬义。"瞻前顾后"有做事谨慎、考虑周到的意思。根据语境可褒、可贬或为中性词。

殊途同归　异曲同工

殊途同归 shūtú-tóngguī 《易·系辞下》："天下同归而殊途，一致而百虑。"原指从不同的道路，走到同一目的地。后比喻用不同的方法得到同一结局。殊：不同；途：道路；归：归宿，结局。例中国古代文化是一座巍峨的高峰，不管我们在儒、释、道哪一条路上行走，殊途同归，最终都必然会在山顶上相逢。（2013年全国高考语文江苏试卷试题）｜文学和政治是并行的，都是为人民服务，为社会主义服务，殊途同归，相辅相成。（丁玲《根》）

异曲同工 yìqǔ-tónggōng 唐·韩愈《进学解》："子云、相如同工异曲。"后多作"异曲同工"，指乐曲虽不同，演奏同样美妙。比喻不同的艺术作品具有同样出色的造诣。也比喻方法不同，收效一样。工：精妙。也说"同工异曲"。例与伊索的这个寓言有异曲同工之妙的，还有克雷洛夫的另一个寓言。（马南邨《燕山夜话》）｜假若他们在水仙包里，能发现一种维他命，或者

它就可以和洋芋与百合异曲同工，而增多了农产。（老舍《民主世界》）

〔辨析〕"殊途同归、异曲同工"都有方法、手段、形式不同，而达到目的效果相同的意思。"殊途同归"多指采用不同的方法可以得到相同的结果，或走不同的道路可达到同样的目的。"异曲同工"多指采用不同的方法、做法可以取得同样好的效果，还能比喻不同的艺术作品，同样出色。

束手无策　一筹莫展

束手无策　shùshǒu-wúcè　宋·王柏《书先君遗独善汪公帖后》："士大夫念虑不及此，一旦事变之来，莫不束手无策。"像手被捆住一样，没有一点办法。形容遇到问题一点解决的办法也没有。例眼看着病症如此严重，可是又束手无策；这是我们做医生的最大的痛苦。（茅盾《锻炼》）｜鹿三心里急得像火烧，却终究束手无策。（陈忠实《白鹿原》）

一筹莫展　yīchóu-mòzhǎn　一根算筹也摆布不开。指一点计策也拿不出来。形容毫无办法。筹：筹码，用来计数和计算的用具。引申为计谋。例下官史可法，日日经略中原，究竟一筹莫展。（清·孔尚任《桃花扇》）｜……可是一想到怎样筹措一笔大款，给胡杏料理后事，大家就面面相觑，一筹莫展。（欧阳山《苦斗》）

〔辨析〕"束手无策、一筹莫展"都形容想不出一点办法。"束手无策"偏重用于客观因素造成的困境。"一筹莫展"偏重于自己本身想不出任何办法。

束之高阁　置之不理

束之高阁　shùzhī-gāogé　《晋书·庾翼传》："京兆杜乂、陈郡殷浩，并才名冠世，而翼弗之重也，每语人曰：'此辈宜束之高阁，俟天下太平，然后议其任耳。'"捆好东西放在高高的楼阁上。比喻放在一边，弃置一旁。例到南京撤退，他又把这个决议束之高阁，直到现在还没有承认。（周恩来《论统一战线》）｜如果有了正确的理论，只把它空谈一阵，束之高阁，并不实行，那末，这种理论再好也是没有意义的。（毛泽东《实践论》）

置之不理　zhìzhībùlǐ　把他（指人或事、物）放在那里，不予理睬。指不关心，不重视，不过问。例陈玉环自重返深圳后，一反常态，对此事竟然置之不理，令人大惑不解。（曲言《深圳丽人》）｜不要以为他们只是些不知好歹、无足介意的小虫子，而置之不理。（老舍《四世同堂》）

〔辨析〕"束之高阁、置之不理"都有放在一边的意思。"束之高阁"重在强调弃置不用,多用于对具体东西。"置之不理"重在不过问,不理睬,不管不顾,可用于对人对事对物,语意较广。

率先垂范　以身作则

率先垂范　shuàixiān-chuífàn　带头给下级或晚辈做榜样。率先:带头,首先;垂范:给下级或晚辈作榜样,作示范。例从上月开始,苟总就率先垂范乘坐公交车上、下班,做绿色出行的先锋,环保生活的模范。(翟玉英《初出茅庐》)|司马光在治家中倡导节俭,写了著名的《训俭示康》一文,他不仅仅是说,而且率先垂范为儿孙做出了好样子。(黄润之《论"言行一致"》)

以身作则　yǐshēn-zuòzé　用自身的言行作榜样,起表率作用。则:准则,榜样。例这其间不顾一切阻碍以身作则做一个开路先锋的便是许倩如。(巴金《家》)|她想当一名卫生员,为的是以身作则,改变这种轻视卫生员的风气。(黄谷柳《虾球传》)

〔辨析〕"率先垂范、以身作则"都形容为别人作榜样。"率先垂范"侧重强调带头给下级或晚辈作示范,自己先作出好样子,让大家看,跟着学。"以身作则"侧重强调用自身言行作榜样,影响的不仅可以是下级或晚辈,也可以是其他人,使用范围较广。

率性而为　信马由缰

率性而为　shuàixìng'érwéi　由着性子去做事。率性:任性,由着性子。例齐旭之无奈地答道:"怎么不提醒她?你那宝贝女儿天生就是一个率性而为,不管不顾的人啊!"(皮乐乐《小姨》)|事后绍荃也十分后悔当初不该那样率性而为,如果静下心来,三思而后行,应该不是这个结果。(钱鸣《都市白领》)

信马由缰　xìnmǎ-yóujiāng　清·李绿园《歧路灯》第八十六回:"却说王氏是一个昏天黑地的母亲,绍闻是一个信马由缰的儿子。"骑在马上,不拉缰绳,听任马随意走动。比喻漫无目的、无拘无束地谈论或游荡。也可比喻思想不受约束。信:听凭;由:听任。例他气昏了头,不知往哪里去好,于是就信马由缰的乱碰。(老舍《四世同堂》)|由于课前无准备,课堂上就只好信马由缰,想到哪里,讲到哪里。(程树榛《大学时代》)

〔辨析〕"率性而为、信马由缰"都有不受约束,不加控制,任性去做的意思。"率性而为"重在强调办事情不计后果,由着性子去干,使用面较窄。"信马由缰"既可比喻无目的随便走,也可比喻思想、言谈、行为不受约束,使用面较广。

顺手牵羊　信手拈来

顺手牵羊　shùnshǒu-qiānyáng　顺手把人家的羊牵走。比喻顺便拿人家的东西,也比喻不专门费力,顺便做某件事。例乡亲们,不属自己的东西,可别顺手牵羊啊!(陆地《瀑布》)│莲见一个秃秃头眯眯眼醉迷迷懒洋洋的脑袋探过来,不慌不忙,顺手牵羊,用力一个耳光。(李英儒《女游击队员》)

信手拈来　xìnshǒu-niānlái　宋·释普济《五灯会元》:"昔日德山临济信手拈来,便能坐断十方,壁立千仞,直得冰河焰起,枯木花芳。"随手拿来。形容轻而易举,毫不费力。多用于诗文写作。信手:随手;拈:用手指捏取东西。例这个标题是张季鸾标的,他当时似乎信手拈来,毫不费力。(徐铸成《报海旧闻》)│作文时,有些新词妙语看似信手拈来,其实还是多日积淀与当时灵感的产物。(毓初《作文没有诀窍》)

〔辨析〕"顺手牵羊、信手拈来"都形容顺手、不费力气就办到了。"顺手牵羊"重在比喻顺便拿人家的东西,有偷窃之嫌,也比喻顺带着就做了某事。"信手拈来"强调随手可得,多用于写作。

顺水推舟　因势利导

顺水推舟　shùnshuǐ-tuīzhōu　顺着水流的方向推船。比喻顺应情势说话办事。例黑胖子觉得这么条半死不活的老命,竟有人肯花钱来买,自己乐得顺水推舟,卖了人情又进财,就做了"好事"了。(茹志鹃《关大妈》)│解决最棘手问题最上乘方法是:静观其变,顺水推舟。(莫言《蛙》)│那位领导对文艺是外行,并未把他的事看得多么重要——无非就是一位受过迫害的干部子女要求换一个工作单位嘛,何不顺水推舟送个人情!(梁晓声《人世间》)

因势利导　yīnshì-lìdǎo　《史记·孙子吴起列传》:"善战者,因其势而利导之。"顺着事物发展的趋势加以正确引导。因:顺着;势:趋势。例所以开明的行政者对于民意是因势利导的,民意得到畅达,社会也就健全地发展了起来。(郭沫若《革命春秋·创造十年续篇》)│这种语言须合乎儿童生活上的要求,从而因势利导使儿童受到教育。(老舍《儿童剧的语言》)

〔辨析〕"顺水推舟、因势利导"都有顺着情势去说话、办事的意思。"顺水推舟"含有见机行事以顺应事态发展的意思。"因势利导"强调顺应情势将事情引向正确的方向。

司空见惯　习以为常

司空见惯 sīkōng-jiànguàn 唐·孟棨《本事诗·情感》："刘……在席上赋诗：'司空见惯浑闲事，断尽江南刺史肠。'意即这种场面你看惯了，觉得很平常，而我却颇有感慨，觉得很不一般。"后指经常看到，不足为奇。例当群众演员，在北影院内，甚至缩小到我当年居住的19号楼内，这乃是司空见惯的事。（梁晓声《普通人》）｜然而我幸身临其境，只不过听到几次法西斯头子狂嚎——这在当时的德国是司空见惯的事——好像是春梦初觉，无声无息地就走进了战争。（季羡林《牛棚杂忆》）｜因为支气管扩张，所以感冒啊，都是司空见惯。（李洱《应物兄》）

习以为常 xíyǐwéicháng 《逸周书·常训》："民生有习有常，以习为常。"长期习惯某种做法，就成为常规了。例这样的事情，在我们今天看来是十分奇特的，然而当时却习以为常。（秦牧《一字之师》）｜经常开的这种会，全都是一套老生常谈，不着边际的空话、大话、瞎话，老陈都习以为常了。

〔辨析〕"司空见惯、习以为常"都形容经常看到某事后的状态。"司空见惯"强调的状态是不感到奇怪，看作平常；"习以为常"指把常看到的事变成了常规和习惯。二者后果不同，"习以为常"更严重。

死气沉沉　万马齐喑

死气沉沉 sǐqì-chénchén 形容气氛沉闷、压抑。也形容意志消沉，缺乏活力。例死气沉沉的市侩，表面上往往会对所谓弱者表同情。（瞿秋白《〈鲁迅杂感集〉序言》）｜整夜停电也引起我不少的牢骚，我受不了那种死气沉沉的阴暗的环境。（巴金《谈〈寒夜〉》）

万马齐喑 wànmǎ-qíyīn 宋·苏轼《三马图赞·序》："时西域贡马，首高八尺……振鬣长鸣，万马齐喑。"意思是从西域来的马一声长鸣，其他的马都默不作声。后多用于比喻人们都沉默不语，不发表看法，局面非常沉闷。喑：不作声。例九州生气恃风雷，万马齐喑究可哀。我劝天公重抖擞，不拘一格降人才。（清·龚自珍《己亥杂诗》）｜人民有权，人民敢讲话，我们的事业才能兴旺发达；人民都当阿斗万马齐喑，任凭官僚主义者的主宰和摆布，国家必定衰败。（任白戈《〈徐懋庸杂文集〉序》）

〔辨析〕"死气沉沉、万马齐喑"都形容气氛压抑，局面沉闷。"死气沉沉"既可用于形容人的精神状态，也可形容社会、环境，强调缺乏活力和生机，用途较广。"万马齐喑"强调沉默不语、不发表意见，词意较窄。

死心塌地　心安理得

死心塌地　sǐxīn-tādì　主意已经打定，不再改变或疑虑打消，心里踏实了。多形容顽固，有时也形容坚决。也作"死心踏地"。例为此，我透彻的觉悟，我死心塌地的肯定了我们居住的世界是极乐的。（冰心《寄小读者》）｜你让他悔过自新，但他回来仍给敌人干事，这还不叫死心塌地吗？（马烽《吕梁英雄传》）｜胡适不赞成共产主义，这是一个事实，是谁也否认不掉的。但是，他是不是就是死心塌地地拥护国民党和蒋介石呢？这是一个值得探讨的问题。（季羡林《季羡林散文精选》）

心安理得　xīn'ān-lǐdé　《三国志·魏志·夏侯玄传》："斯得人心定而事理得……"后多作"心安理得"。自信事情做得合乎情理，心中坦然自得。例结果他看见世人尽皆满面春风，和睦可亲，罪犯也从忏悔里得解放，心安理得，复有生机。（贺麟《乐观与悲观》）｜于是我心安理得了，他只要接过我的烟，他就得让我坐他的车。（余华《十八岁出门远行》）

〔辨析〕"死心塌地、心安理得"都有心里踏实，没有疑虑的意思。"死心塌地"重在强调打定主意，常形容顽固不化，也形容坚决。"心安理得"强调自信事情做得合乎情理，心中坦然，没有内疚。

死心塌地　至死不渝

死心塌地　sǐxīn-tādì　主意已经打定，或疑虑打消，彻底放心。多形容顽固，有时也形容坚决。例听了大伙儿的话，老黄终于死心塌地的表示，决不放弃河滩那块地，非在那儿搞出点名堂不可。（曹潢《河滩创业史》）｜刘有全这种人是死心塌地要干"黑社会"的，你想让他回心转意，除非太阳从西边出来。（常贵《向黑恶势力开火》）

至死不渝　zhìsǐ-bùyú　直到死都不改变。多形容态度的坚决和感情的忠贞。渝：改变。例呜呼！其爱人义侠之心，至死不渝，有如此者。（梁启超《罗兰夫人传》）｜梁山伯与祝英台的爱情至死不渝，被人们称道了上千年，有人还将其比作东方的"罗蜜欧与朱莉叶"。（艾之信《偶读杂谈》）

〔辨析〕"死心塌地、至死不渝"都可形容态度坚决，打定主意后不再改变。"死心塌地"多用于形容顽固，还表示疑虑打消后，彻底放心。"至死不渝"含褒义，多用于表示决心之大。

肆无忌惮　有恃无恐

肆无忌惮　sìwú-jìdàn　宋·朱熹《与王龟龄书》："遗君后亲之论交作,肆行无所忌惮。"后用"肆无忌惮"指非常放肆,任意妄为,毫无顾忌。惮:害怕。例李公朴先生被刺后四天,闻一多先生父子又被刺,这完全是有计划的,而且是肆无忌惮的政治暗杀。(周恩来《反对扩大内战与政治暗杀的严正声明》)｜这家伙敢于如此肆无忌惮地贪腐受贿,就是他觉得自己有靠山,有一个庞大的关系网罩着他。(李肃《巨贪落网记》)

有恃无恐　yǒushì-wúkǒng　《左传·僖公二十六年》："室如县罄,野无青草,何恃而不恐。"后用"有恃无恐"指倚仗某种势力,无所顾忌。恃:倚仗。例旧派有封建社会为背景,有恃无恐。(鲁迅《伪自由书》)｜他是老板的小舅子,所以在大伙儿面前说话、办事都是一副有恃无恐的架势。(汪衍《深圳的打工仔》)

〔辨析〕"肆无忌惮、有恃无恐"都有说话、办事时,无所顾忌的意思。"肆无忌惮"强调作风非常放肆,不管不顾。"有恃无恐"强调因有所倚仗而不怕可能出现的后果。

素不相识　素昧平生

素不相识　sùbù-xiāngshí　《三国志·吴志·陆瑁传》："及同郡徐原,爱居会稽,素不相识,临死遗书,托以孤弱。"彼此从来不认识。素:一向。例即使几次匆促的访问,几次对一个素不相识的先进人物的调查,也往往使她深入到对象的灵魂,给我们带来许多新意。(陈涌《〈奇异的书简〉序》)｜他与张平素不相识,这次竟得到人家这么及时的帮助,真叫他感激莫名。(陈锐《上访之路》)

素昧平生　sùmèi-píngshēng　唐·段成式《剑侠传》："素昧平生,忽蒙救护,脱妻子于危难,先生异人乎？"彼此间从不认识。昧:不了解。例不过先生和我素昧平生,想来不至于诬栽我,所以我再从别一面来想一想。(鲁迅《三闲集·通信》)｜我对此人素昧平生,不知其底细,但对于批评,无论出于何人,是否完全中肯,理应听取。(茅盾《致陈瑜清》)

〔辨析〕"素不相识、素昧平生"都指彼此从来不认识。"素不相识"重在强调从未见过面,彼此不认识,多用于口语。"素昧平生"强调不了解,多用于书面语,较典雅。

岁月静好　岁月如歌

岁月静好　suìyuè-jìnghǎo　生活的时期内,平安而美好。岁月:年月,泛指时间、光阴;静好:平安、静宁而美好。例我们岁月静好生活的背后是解放军战士顶严寒，冒酷暑忠诚守卫国土换来的，是无数奋战在自己岗位上的人们用辛勤的汗水和付出换来的，怎么能不珍惜呢？（钱世松《给女儿的信》）｜这个小山村风景秀丽、民风淳朴、特产丰富，一派岁月静好的景象。（张颖《浙西游记》）

岁月如歌 suìyuè-rúgē 将人生经历的岁月比喻成像歌曲一样。岁月：年月，人生经历的时光；如歌：像演唱的歌曲。多指人生之路并不平坦，跌宕起伏，如同歌曲的音调有高有低。例走过人生六十余年的文霞，听了毛阿敏的这首电视剧片尾曲，不禁感叹道："真是时光如水，岁月如歌，不知不觉自己都步入老龄了。"（王谦《小院》）｜人生之路并不平坦，就如同一首歌，有快乐的音符，激昂的音调，忧伤的节奏，哀怨的低吟……正如人们常说的——岁月如歌。（费鸣心《知己》）

〔辨析〕"岁月静好、岁月如歌"都用来形容人生所经历的岁月。"岁月静好"重在形容人生在平安、安详、美好的环境中度过。"岁月如歌"则重在强调人生之路并不平坦，而是跌宕起伏的，像一首歌一样，有欢乐，也有忧伤；有高潮，也有低谷。

索然寡味　索然无味

索然寡味 suǒrán-guǎwèi 形容枯燥少味道，少兴味，使人不感兴趣；也形容文章、语言乏味，贫乏。索然：没有兴趣、意味的样子；寡：少，缺乏。例我们引来当典故用，不是肤泛不切，就是索然寡味。（钱玄同《随感录》·四四）｜朕日夜忧愁，纵然同爱卿在一起下棋，也觉索然寡味。（姚雪垠《李自成》）

索然无味 suǒrán-wúwèi 形容毫无意味，完全没有兴致和趣味；也形容文章、语言枯燥、贫乏。例到中国看辫子，到日本看木屐，到高丽看笠子，倘若服饰一样，便索然无味了。（鲁迅《坟·烟下漫笔》）｜前一段内容，在今本里，只剩下一段《西皮摇板》……是索然无味的。（阿英《从〈拷红〉说起》）

〔辨析〕"索然寡味、索然无味"都有因枯燥、乏味使人不感兴趣和形容文章、语言枯燥、不生动的意思。"索然寡味"程度稍轻，"索然无味"词意较重。

T

泰然自若　悠然自得

泰然自若 tàirán-zìruò　《金史·颜盏门都传》:"有敌忽来,虽矢石至前,泰然自若。"心情安定得像平常一样。形容从容镇定,一点不慌乱,也可形容毫无顾忌,若无其事。泰然:安然,不以为意的样子;自若:自然,像平常一样。例此刻,他内心里警惕,但脸上却显出泰然自若的神情。(魏巍《东方》)｜有许多次他约我去谈话,公开地躺在烟灯旁边,泰然自若,那种腐败颓废的样子,叫人没法看的惯。(冯玉祥《我的生活》)｜战争史上多有记载,女战士们在慷慨赴死之前,往往表现出格外的泰然自若,拿出小镜子照来照去,认真梳理好蓬松的头发。(徐怀中《牵风记》)

悠然自得 yōurán-zìdé　《晋书·杨轲传》:"常食粗饮水,衣褐缊袍,人不堪其忧,而轲悠然自得。"形容态度或心情悠闲平静,感到得意舒适,自得其乐。例更使我诧异的是,风雪压迫得人口也张不开,而那个旷野里的人,却悠然自得地唱呀唱的。(王汶石《风雪之夜》)｜路边的溪流淙淙作响,有人随口念道:"人在泉上过,水在脚边流。"悠然自得可以想见。(菡子《黄山小记》)

〔辨析〕"泰然自若、悠然自得"都有从容不迫,镇定而不慌乱的意思。"泰然自若"还可形容毫无顾忌,若无其事。"悠然自得"强调悠闲、平静、自得其乐。

谈虎色变　闻风丧胆

谈虎色变 tánhǔ-sèbiàn　宋·程颢、程颐《二程全书·遗书》:"尝见一田夫曾被虎伤,有人说虎伤人,众莫不惊,独田夫色动异于众。"指曾被虎伤过的人一谈到虎就恐惧,神色突变。比喻一提到身受其害的事情就紧张起来,脸色大变。例不断进步的科学和无比优越的社会制度已经征服了肺病,它今天不再使人谈虎色变了。(巴金《谈〈寒夜〉》)｜我是在香港住过一年的人,香港匪风之盛,至今教我谈虎色变。(苏雪林《花都漫拾》)

闻风丧胆 wénfēng-sàngdǎn 唐·李德裕《授张仲武东面招抚回鹘使制》："岂止闻风破胆、益坚慕义之心。"后用"闻风丧胆"指刚听到风声，就吓破了胆。形容极其恐惧。例打得敌人闻风丧胆，弃尸累累。(魏巍《东方》)｜自凤凰岭一役之后，残余的匪军已成惊弓之鸟，解放军已使他们闻风丧胆。(程德之《凤凰岭剿匪记》)

〔辨析〕"谈虎色变、闻风丧胆"都形容因知道对方厉害，一旦涉及有关信息就十分害怕。"谈虎色变"重在强调神态、表情显露出恐惧。"闻风丧胆"强调内心极度恐惧，精神崩溃，词意较重。

谈笑风生　谈笑自若

谈笑风生 tánxiào-fēngshēng 谈话时有说有笑，兴致高而有风趣。风生：活跃，有风趣。例这时谈笑风生，有的人又唱起兴国山歌来。(成仿吾《长征回忆录》)｜他那时挂着双拐，下肢已经麻痹了。精神还是那样的，谈笑风生。(孙犁《永远怀念》)

谈笑自若 tánxiào-zìruò 《后汉书·孔融传》："建安元年，为袁谭所攻，自春至夏，战士所余裁数百人，流矢雨集，戈矛相接。融隐几读书，谈笑自若。"处在不寻常的情况下，依然跟往常一样自然，不失常态。例但那些划艇的小伙子和姑娘大嫂，毫不畏惧风浪，谈笑自若地破浪前进。(陈残云《山谷风烟》)｜千灾百毒，有谈笑自若的人。所以我们前面说，人生虽不快乐，而仍能乐观。(钱锺书《写在人生边上》)

〔辨析〕"谈笑风生、谈笑自若"都形容谈话时有说有笑，言谈十分愉快的样子。"谈笑风生"强调谈笑时兴致很高，且饶有风趣，气氛活跃、怡人。"谈笑自若"强调在不寻常的环境下仍镇定、从容，说笑和往常一样。

忐忑不安　惴惴不安

忐忑不安 tǎntè-bù'ān 清·吴趼人《糊涂世界》卷九："两道听了这话，心里忐忑不定。"形容心神不定。忐忑：心神不定的样子。例造成作家们此种忐忑不安，狼狈周章的心情，其直接原因，不能不说是外来的束缚。(茅盾《对于文坛的一种风气的看法》)｜太阳偏西的时候，支局康守荣怀着忐忑不安的心情赶回雁落滩。(浩然《山水情》)

惴惴不安 zhuìzhuì-bù'ān 《诗经·秦风·黄鸟》："临其穴，惴惴其栗。"形容因害怕或担忧而心神不安的样子。惴惴：恐惧、担忧的样子。例旧历端阳节终于在惴惴不安中过去了。(茅盾《子夜》)｜惴惴

不安的情绪,像蛛丝一样,轻轻地可是黏黏地纠缠着每个人的心。(叶圣陶《倪焕之》)

〔辨析〕"忐忑不安、惴惴不安"都形容心神不安定的样子。"忐忑不安"重在强调心中慌乱,心神、神态甚至面部表情都呈现一种不平静。"惴惴不安"强调因害怕或担忧而心神不定,突出因恐惧和忧愁带来的不安定。

探囊取物　唾手可得

探囊取物　tànnáng-qǔwù　《新五代史·南唐世家》:"中国用吾为相,取江南如探囊中物尔。"伸手从口袋里取东西。比喻轻而易举就能办成某件事。探囊:掏口袋。例吾弟张翼德于百万军中取上将之头,如探囊取物耳。(明·罗贯中《三国演义》)| 我来当媒人,探囊取物,不费吹灰之力。(刘绍棠《绿杨堤》)

唾手可得　tuòshǒu-kědé　像往手上吐唾液那样容易就可以得到。比喻不用费力,很容易得到。唾手:往手上吐唾沫。例我现在才体会到,原来认为唾手可得的东西,也是来之不易啊!(季羡林《牛棚杂忆》)| 咱们又有武装部胡政委的支持,此一来,全县的政权就唾手可得了。(路遥《惊心动魄的一幕》)

〔辨析〕"探囊取物、唾手可得"都比喻很容易得到,成功轻而易举。"探囊取物"在形象上显得较典雅、含蓄、从容,"唾手可得"在形象上显得急切,欠典雅与从容。

体贴入微　无微不至

体贴入微　tǐtiē-rùwēi　指关心照顾得细心周到。体贴:设身处地为人着想,关心照顾;入微:细小的地方都注意到了。例周总理对我这样细心关怀,体贴入微,我一想就禁不住热泪盈眶。(廖承志《教诲铭心头,恩情重如山》)| 银杏娘是黄连水浇大的,对丈夫梁满囤体贴入微。(张天翼《从人物出发及其它》)

无微不至　wúwēi-bùzhì　宋·魏了翁《辞免督视军马乞以参赞军事从丞相行奏札》:"臣窃念主忧臣辱,义不得辞……凡所以为速发之计者,靡微不周。"后用作"无微不至",指关心、照顾得非常周到细致。例周总理对文艺工作和文艺创作的关心,更是无微不至。(巴金《除恶务尽》)| 她的眼睛里仍然蒙着一层泪,但是想起同学们近来对她的无微不至的照料,从她内心的深处涌出了一丝微笑。(王蒙《青春万岁》)

〔辨析〕"体贴入微、无微不至"都有关心、照顾得周到、细致的意思。"体贴入微"强调设身处地地为对方着想。"无微不至"强调没有关怀、照顾不到的方面。

天翻地覆　沧海桑田

天翻地覆　tiānfān-dìfù　天地翻个儿，比喻变化巨大。也形容闹得很凶。覆：翻过来。也说"地覆天翻"。例你家里出了那么大一个共产党，不要说把个白鹿原搅得天翻地覆，整个滋水县甚至全省都给他搅得鸡犬不宁！（陈忠实《白鹿原》）｜再说，这也不是什么光彩的事，闹得天翻地覆的。（莫言《蛙》）｜老戏是啥，那时易青娥根本不知道。只听伙管裘存义说，能把老戏解放出来，可能真是要天翻地覆了。（陈彦《主角》）

沧海桑田　cānghǎi-sāngtián　晋·葛洪《神仙传·麻姑》："自接待以来，已见东海三为桑田。"大海变成桑田，桑田变成大海。比喻世事发生巨大变化。沧海：大海；桑田：农田。例我印象中的成都全变了样，沧海桑田，换了人间。（阳翰笙《风雨五十年》）｜据说万千年前，这儿是黄河底，后来却变成了山岭。所谓"沧海桑田"一语，想来总不是虚构的了。（冯玉祥《我的生活》一七章）

〔辨析〕"天翻地覆、沧海桑田"都用比喻来说明变化之大。"天翻地覆"还有另一个意思，可以形容某人或某个行为闹腾得很厉害，"沧海桑田"没有。在使用时，"天翻地覆"常用来指面貌的改变；"沧海桑田"常形容世间诸事的变化，有变化快的意思在其中。

天壤之别　天渊之别

天壤之别　tiānrǎngzhībié　天上和地上的差别。形容差别极大。壤：地上。例她的年岁比苏冠兰略大，她的境遇与心上人有天壤之别，她的资望远远超过了对方。（张扬《第二次握手》）｜在政治、经济、军事等方面处于强势和占有统治地位的欧、美国家，在人权问题上，特别在欧美上层人物与不发达国家底层老百姓之间标准的差异之大，真有天壤之别。（郑彦鹰《论欧美的"人权"》）｜演员的阵容更有天壤之别：宁州团演《杨排风》，就二十几个演员……而省秦（团）就上了六十多人。（陈彦《主角》）

天渊之别　tiānyuānzhībié　天上和深潭的差别。形容差别极大。渊：深潭。例印在书内之插图，与作者自印的一比，真有天渊之别。（鲁迅《鲁迅书信集·致曹靖华》）｜这和"五反"辰光徐义德的态度比起来却有天渊之别。（周而复《上海的早晨》）｜……天上地下，惟我独尊。这是心理上的"目中无人"，是一种要不得的恶习。我现在居然也变成了"目中无人"了；但是，我是

由于生理上的毛病有天渊之别。（季羡林《季羡林散文精选》）

〔辨析〕"天壤之别、天渊之别"都形容差别极大。因深潭比地上还低，所以"天壤之别"的词意稍轻，"天渊之别"的词意较重。

停滞不前　趑趄不前

停滞不前 tíngzhì-bùqián 停留下来，不继续前进。滞：停止，逗留。例凡百学问，莫不发源于上古，而或则逐渐发达，或则停滞不前。彼停滞者，必有为之阻力者也。（梁启超《生计学学说沿革小史》）｜难道可以因为害怕牺牲而停滞不前么？（杨沫《青春之歌》）

趑趄不前 zījū-bùqián 唐·韩愈《送李愿归盘谷序》："足将进而趑趄，口将言而嗫嚅。"形容犹豫徘徊，不敢向前。趑趄：想往前走又迟疑不决。例文献学的范围既很广博，有些人不免望洋兴叹，趑趄不前，这是很自然的事。（张舜徽《中国文献学·前言》）｜如果我们……遇到困难就蹙额低眉，趑趄不前，又怎能闯过新长征的"雪山""草地"呢？（《长江日报》1991年2月5日）

〔辨析〕"停滞不前、趑趄不前"都有停下来，不继续向前的意思。"停滞不前"只强调停止和逗留，重在外表形态的陈述。"趑趄不前"强调因犹豫、顾虑而迟疑不决，重在心态的描画，词意也较"停滞不前"重。

通达人生　畅行无阻　一帆风顺

通达人生 tōngdá-rénshēng 非常畅通无阻的人生，也指对人生所遭遇的一切能通情达理地面对。通达：通行无阻；通情达理。例文亚金从小学、中学到大学都是好学生，参加工作后，做出成绩，被提拔，家庭也很美满，这种畅通无阻的人生，真可谓通达人生，令人艳羡。｜面对生活中的困难、生存环境的恶劣，生命成长的负担，一个勇于面对，不畏艰难，在逆境中通情达理去对待的人，也能具备通达人生。

畅行无阻 chàngxíng-wúzǔ 毛泽东《整顿党的作风》："铲除这两方面的祸根，才能使党在团结全党同志和团结全党人民的伟大事业中畅行无阻。"顺利通行，没有阻碍。例路面加宽后，这条路便可双向通车，畅行无阻。｜由于方案是从实际中来，又实事求是地制订了解决问题的措施、办法，所以实施起来畅行无阻，取得了很好的效果。

一帆风顺 yīfānfēngshùn 唐·孟郊《送崔爽之湖南》："定知一日帆，使得千里风。"船升满帆，顺风航行。比喻做事非常顺利，没有阻

碍。例栉霜沐露多劳顿,喜借得一帆风顺。(清·李渔《怜香伴·蹴居》)|一帆风顺,本指帆船一路顺风,常用为祝人旅途安吉之辞;也比喻境遇顺利或办事容易。

〔辨析〕"通达人生、畅行无阻、一帆风顺"都有形容通畅、顺利的意思。"通达人生"还有以通情达理的胸襟面对人生的意思,而"畅行无阻"和"一帆风顺"没有。"一帆风顺"比"畅行无阻"褒义更重,且更多用于祝人旅途安好和办事顺利。

通宵达旦　夜以继日

通宵达旦 tōngxiāo-dádàn　唐·李百药《北齐书·文宣帝纪》:"或躬自鼓舞,歌讴不息,从旦通宵,以夜继昼。"从天黑到天亮,指经过一整夜。通:整个;宵:夜;旦:早晨。例每天晚上卧在大街上的骆驼多达几百头,酒馆里面划拳行令之声通宵达旦。|我国当代数学家陈景润……通宵达旦地看书学习,取得了震惊世界的成就。(林家箴《说"勤"》)|通宵达旦挂长途的是她,到家中安抚的也有她。(杨牧《死过一回之后》)

夜以继日 yèyǐjìrì　《管子·禁藏》:"其商人通贾,倍道兼行,夜以继日,千里而不远者,利在前也。"《孟子·离娄下》:"其有不合者,仰而思之,夜以继日;幸而得之,坐以待旦。"夜晚接上白天,形容日夜不停。"夜以",即"以夜"。例我们应该不惜风霜劳苦,夜以继日,勤勤恳恳,切切实实地研究人民中间的生活问题,生产问题,……并帮助人民具体地而不是讲空话地去解决问题。(毛泽东《必须给人民看得见的物质福利》)|目前,在社会主义革命和社会主义建设的日子里,夜以继日,废寝忘食,为加速我们的革命和建设而不知疲倦地苦干着。(陶铸《松树的风格》)

〔辨析〕"通宵达旦、夜以继日"都有日夜不停地干的意思。"通宵达旦"含中性色彩,形容人干事卖力气,或某活动很精彩、吸引人,持续时间长。"夜以继日"常带褒义,用以形容某人干事很勤奋、辛苦,而干的事一般是好事,有意义的事。

同归于尽　玉石俱焚

同归于尽 tóngguīyújìn　《列子·天瑞》:"天地终乎?与我偕终。"卢重玄解:"大小虽殊,同归于尽耳。"指一同死亡或毁灭。归:趋向。例一九三二年八月一日晨五时半,素园终于病殁在北平同仁医院里了,一切计划,一切希望,也同归于尽。(鲁迅《且介亭杂文·忆韦素园君》)|天佑是不爱多说话的

人,看着那些要同归于尽的,用银子买来的细货,他更不肯张嘴了。(老舍《四世同堂》)|一个念头是马上辞职,眼不见为净……另一个念头是,跟他们斗下去,大不了同归于尽,所谓杀身成仁,舍生取义。(李洱《应物兄》)|"……你们都不讲话,怎么办?看来我们只能抱作一团,与敌人来个同归于尽,万事大吉,革命成功!"(徐怀中《牵风记》)

玉石俱焚 yùshí-jùfén 《尚书·胤征》:"火炎昆冈,玉石俱焚。"比喻不分好坏、善恶,一同毁掉。例如若尔等执迷不悟,胆敢抗命不降,一声令下,四面大军杀上山来,玉石俱焚,老弱不留,尔等就悔之晚矣。(姚雪垠《李自成》)|孙文回国后……和议如果再延宕不决,海军就要进攻天津、北京。城破之日,恐怕就要玉石俱焚了。|一个是冬生的老母,只担心被迫随同逃入老虎洞里的冬生,在混乱中会玉石俱焚,和那一伙强人同归于尽。(沈从文《劫余残稿·传奇不奇》)

〔辨析〕"同归于尽、玉石俱焚"都有一同毁灭的意思。"同归于尽"不仅可用于好的和坏的,也可用于同一类好的或同一类坏的。还常用于表示同敌人拼命的决心和行动,而"玉石俱焚"却不能。"玉石俱焚"仅适用于好坏、善恶同时被毁灭。

同日而语　相提并论

同日而语 tóngrì'éryǔ 《战国策·赵策》:"夫破人与破于人,臣人之与臣于人也,岂可同日而言之哉!"后作"同日而语"。把两件事或两个人同等看待,相提并论,指双方没有太大的差别。例……想到现在挣钱的法门比起他做"土皇帝"的当年来,真是不可同日而语了。(茅盾《子夜》)|现在白鹿仓变成了行使革命权力的行政机构,已不可与过去的白鹿仓同日而语了。(陈忠实《白鹿原》)

相提并论 xiāngtí-bìnglùn 《史记·魏其武安侯列传》:"相提而论,是自明扬主上之过。"后用"相提并论"指把不同的人或事放在同等地位来评价或看待。例宗焕一听就急了,大声嚷道:"您怎么会把我和刘江安相提并论,他算什么东西!"(付艺文《超市》)|并非佐命之才,岂能与古人相提并论。(姚雪垠《李自成》)

〔辨析〕"同日而语、相提并论"都有同等相看的意思。"同日而语"强调同样看待,多用于否定式中,表示差别很大。"相提并论"强调放在一起谈论、比较,偏重将不同的事物同样看待或评说。

痛改前非　洗心革面

痛改前非　tònggǎi-qiánfēi　《大宋宣和遗事》:"陛下倘信微臣之言，痛改前非，则如宣王因庭燎之箴而勤政，汉武悔轮台之失而罢兵，宗社之幸也。"指彻底改正以前的错误。痛：坚决、彻底。例如你能痛改前非，我军首长表示，此事可以不向人民公布。(曲波《山呼海啸》)｜事情我是作错了，只求你们能够宽过我这一次，我一定痛改前非。(慕湘《满山红》)

洗心革面　xǐxīn-gémiàn　《周易·系辞上》:"圣人以此洗心，退藏于密。"《周易·革》:"君子豹变，其文蔚也；小人革面，顺以从君也。"清洗心中污秽，改变旧面目。比喻彻底悔改。例我终于锒铛入狱，在那些"红色改造专家"的指挥下，奉命洗心革面和脱胎换骨去了。(马识途《夜谭十记》)｜监狱长对冯黑子说道："你只有彻底坦白、认罪伏法，洗心革面才是唯一的出路。"(乐新文《第二监狱》)

〔辨析〕"痛改前非、洗心革面"都有彻底悔改的意思。"痛改前非"强调彻底改正以前的错误，重在强调决心和态度。"洗心革面"强调通过清洗心中污秽来彻底改变旧貌，重在强调思想上的彻底转变和与旧我的决裂。

偷梁换柱　偷天换日　移花接木

偷梁换柱　tōuliáng-huànzhù　比喻背地里玩弄手法，以假代真、以次充好，暗中改换事物的内容或性质。例偏偏凤姐想出一条偷梁换柱之计，自己也不好过潇湘馆来，竟未能少尽姊妹之情，真真可怜可叹！(清·曹雪芹《红楼梦》)｜这个叫做偷梁换柱，实行投降之前的思想准备或舆论准备。(毛泽东《新民主主义论》)

偷天换日　tōutiān-huànrì　比喻玩弄手段，暗中改变事物的真相，以蒙骗别人。例我有一个道友，叫做鬼谷先生，他有将无做有的本领，偷天换日的手段，真是文武全才。(清·张南庄《何典》)｜人家说他是做外国人的生意的。偷天换日，花头多着呢！(洪深《香稻米》)

移花接木　yíhuā-jiēmù　宋·叶适《月波楼》:"此村风景淳且鲁，接树移花今复古。"后多作"移花接木"，指把一种花木的枝条嫁接在另一种花木上。比喻暗施手段，更换内容。例不过中国的有一些士大夫，总爱无中生有，移花接木的造出故事来，他们不但歌颂升平，还粉饰黑暗。(鲁迅《且介亭杂文·病后杂谈四》)｜七姑奶奶是打算着一条移花接木之计，特地托号子里的秦先生，写信给宁波张郎中，想

撮合他与阿巧姐成就一段姻缘。（高阳《红顶商人》）

〔辨析〕"偷梁换柱、偷天换日、移花接木"意义相近。"偷天换日"和"偷梁换柱"都比喻用欺骗的手法暗中改变事物的内容或性质，都含贬义。其使用对象稍有不同："偷天换日"常用于较重大的事物，"偷梁换柱"常用于一般事物。"移花接木"常比喻使用手段暗中更换人或事物，在这个意义上与上述两个成语意义相近，且也是比喻性成语，只是意义偏重"以甲代乙"或"将甲移至乙"，是中性成语。此外，"移花接木"还指嫁接花木、树木（此为本义），"偷天换日"和"偷梁换柱"没有这个意义。

投鼠忌器　因噎废食

投鼠忌器 tóushǔ-jìqì　汉·贾谊《陈政事疏》："里谚曰：'欲投鼠而忌器。'"后作"投鼠忌器"，指想用东西打老鼠，又怕砸坏了它旁边的器物。比喻有顾虑，不敢放手做事。忌：顾忌。例（张志新）烈士敢于逆潮流而动，无投鼠忌器之顾虑，有破釜沉舟之决心，为真理，头可断，血可流。（《春风》1979年第2期）｜我要告他，又是投鼠忌器，怕损害了我的名誉，断送了我孩子们的前途。（张恨水《巴山夜雨》）｜"一建还是省里的标杆单位，警车铐去一大串人来，算怎么回事？投鼠忌器嘛，不能这么鲁莽。"（李国文《花园街五号》）

因噎废食 yīnyē-fèishí　《吕氏春秋·荡兵》："夫有以饐（通'噎'）死者，欲禁天下之食，悖。"后作"因噎废食"，指因为怕噎死，就不吃饭。比喻因为事情出了小失误就停止不干。噎：食物塞住了喉咙；废：停止。例中小厂虽说关系复杂，但是不能因噎废食，有些困难，也不是不能解决。（周而复《上海的早晨》）｜他劝明海不要因噎废食，说这不过是个小挫折，找出问题再继续干就是了。（王喜殷《朝晖晨曦》）

〔辨析〕"投鼠忌器、因噎废食"都形容有顾虑而不敢干。"投鼠忌器"重在强调因顾虑而不敢放手做事。"因噎废食"强调因出小错，就连大事都不做了。

图谋不轨　居心叵测

图谋不轨 túmóu-bùguǐ　《晋书·王彬传》："谋图不轨，祸及门户。"暗中策划不法活动。不轨：越出常规、法度。例一个在花园里长大的深闺小姐总不是什么图谋不轨的危险人物吧！我想用她来骗过审查老爷的眼睛。（巴金《谈〈春〉》）｜两个宪兵抓住俺的胳膊，要把俺扭送到宪兵司令部去。说俺图谋不

轨。（陈登科、肖马《破壁记》）

居心叵测　jūxīn-pǒcè　清·洪栋国《县吞猿·归神》："都是这一个狗才设计骗将出来，以为自己富贵之地，是以吾阁部为奇货，居心叵测，天理不容。"内心里藏着难以推测的诡计。叵测：不可推测，含贬义。例 杨芝兰神秘地小声说道："他这个人居心叵测，你得多加小心！"（袁柏英《桂花树下》）| 他不带贴身随从，单人独骑，这就更引起赵昂杰的怀疑：这个居心叵测的伪善者，到查朗寺院拜的哪家佛，念的哪卷经啊！（杨友德《俄洛天刚亮》）| 他是个居心叵测的家伙，要多加提防。| 他看上去待人诚恳，实际上居心叵测。

〔辨析〕"图谋不轨、居心叵测"都形容没安好心，心怀鬼胎，藏着不可告人的想法。"图谋不轨"重在强调策划不法活动。"居心叵测"强调内心藏着难以推测的阴谋。

吐故纳新　新陈代谢

吐故纳新　tǔgù-nàxīn　《庄子·刻意》："吹呴呼吸，吐故纳新，熊经鸟申，为寿而已矣。"呴（xǔ），呼气。本为道家养生之术。指吐出浊气，吸进清新空气。现常比喻扬弃陈旧的，吸收新鲜的。例 早晨八九点钟的太阳，把温暖的光辉洒在他脸上。你看他眯缝着眼，深深地呼吸着，宛如一只长生不死的老乌龟在吐故纳新。（真言《十三步》）| 不过我以为这样吐故纳新之法，颇足以促进日本的文化发展呢！（包天笑《钏影楼回忆录》）

新陈代谢　xīnchén-dàixiè　汉·蔡邕《笔赋》："新故代谢，四时之次也。"原指时序循环更迭。后用"新陈代谢"比喻新事物不断代替旧事物。例 世界上总是这样以新的代替旧的，总是这样新陈代谢，除旧布新或推陈出新的。（毛泽东《矛盾论》）| 店铺虽然愈趋衰落，石桥上的摊子，还好像一折书的大贱卖，却日日在那里"新陈代谢"。（阿英《西门买书记》）

〔辨析〕"吐故纳新、新陈代谢"都指去掉旧的，接受新的。"吐故纳新"强调摒弃，抛弃旧的、坏的，主动吸纳，接受好的、新的。"新陈代谢"强调旧事物衰败，必然为新事物更换的客观规律。

兔死狐悲　物伤其类

兔死狐悲　tùsǐ-húbēi　元·无名氏《赚蒯通》第四折："今日油烹蒯彻，正所谓兔死狐悲，芝焚蕙叹。"兔子死了，狐狸感到悲伤。比喻因同类的死亡或消灭而伤感。例（袭人）想……早要如此，晴雯何至弄到没有结果，兔死狐悲，不觉叹起气来。（清·曹雪芹《红楼梦》）｜兔死狐悲,谷敬文尽管和任洪元不睦,但任洪元的下场却使他震惊很大,黯然神伤。(黎汝青《万山红遍》)｜两年前的"巨野教育"虽然没发生在他的地盘,但他和山东所有想升官的知府知县一样,免不了兔死狐悲。(徐则臣《北上》)

物伤其类 wùshāng-qílèi 因同类遭到不幸而感到悲伤。类：同类。例黛玉、宝钗、探春等见迎春的乳母如此,也是"物伤其类"的意思,遂都起身笑向贾母讨情。(清·曹雪芹《红楼梦》)｜那是没有什么奇怪的,因为袁世凯是"物伤其类",他自己也是卖国贼。(鲁迅《伪自由书》)

〔辨析〕"兔死狐悲、物伤其类"都指因同类不幸而感到悲伤。"兔死狐悲"多指同类死掉或被消灭了而引起的悲伤,词意较重,贬义也较重。"物伤其类"多指对同类的不幸感到伤感,词意较轻,贬义也较轻。

推波助澜　兴风作浪

推波助澜 tuībō-zhùlán 隋·王通《中说·问易》："真君、建德之事,适足推波助澜,纵风止燎尔。"风吹波浪助成汹涌的水势。比喻鼓动、怂恿,助长事态扩大,也比喻推动事物前进。例段芝贵、袁克定以及筹安会等一批利欲熏心的官僚政客,用种种卑鄙龌龊的方法,从旁推波助澜,老袁迟疑不决的心,至此逐趋坚定。(冯玉祥《我的生活》)｜所以我现在想,优美的文学尽可搁在一边,让他自然发展,不必去推波助澜。(朱自清《民众文学的讨论》)

兴风作浪 xīngfēng-zuòlàng 元·无名氏《锁魔镜》第一折："嘉州有冷、源二河,河内有一健蛟,兴风作浪,损害人民。"掀起风浪。比喻挑动事端,无事生非,制造混乱。例他总是仗恃着自己一点小聪明,兴风作浪的……这回是又想出了什么云梯,要怂恿楚王攻宋去了。(鲁迅《故事新编·非攻》)｜传说从前洱海出现了一条怪蟒,兴风作浪……吞食人畜,海水泛滥,淹没田舍。(曹靖华《飞花集》)

〔辨析〕"推波助澜、兴风作浪"都有助长事态扩大,推动情势发展的意思。"推波助澜"含鼓动、促进的意思,也比喻推动事物前进,有时含褒义。"兴风作浪"重在比喻挑动事端、制造混乱,只含贬义。

推己及人　以己度人

推己及人 tuījǐ-jírén 《论语·卫灵公》："己所不欲,勿施于人。"朱熹集注："推己及物。"后人由此提炼出"推己及人"。由自己推想到别人。指要设身处地为别人着想。及：达到。例他说为人要有点真性情，要有同情心，能够推己及人。（朱自清《经典常谈·诸子第十》）｜因为他自己心里也很悲哀，而他绝对不希望人家问起他悲哀的原因，所以推己及人，别人为什么悲哀他也不想知道。（张爱玲《半生缘》）

以己度人 yǐjǐ-duórén 汉·韩婴《韩诗外传》："然则圣人何以不可欺也？曰：'圣人以己度人者也，以心度心，以情度情，以类度类，古今一也。'"指用自己的心思去衡量、揣测别人；根据自己方面的情况去估量别人的情况。度：推测，估计。例堂吉诃德是个老好人……他以己度人，从不想到别人会欺骗他。（杨绛《堂吉诃德和〈堂吉诃德〉》）｜黄薇笑道："你太爱以己度人，佟宝哪儿像你想的那样厚道？"（周新燕《以邻为壑》）

〔辨析〕"推己及人、以己度人"都有拿自己做标准来想象别人的意思。"推己及人"重在设身处地地为别人着想。"以己度人"重在用自己的心思、标准、情况去猜测、估量别人。"推己及人"多含褒义，"以己度人"多为中性词。

推心置腹　开诚布公

推心置腹 tuīxīn-zhìfù 汉·班固《后汉书·光武帝纪》："萧王（指刘秀）推赤心置人腹中，安得不投死（乎）！"推出自己的心，放入别人的肚子中，比喻以真心待人。例他到我家来过几次，我们推心置腹，无话不谈。（季羡林《牛棚杂忆》）｜不，她甚至不是一个母亲，而是推心置腹的朋友。（张洁《爱，是不能忘记的》）

开诚布公 kāichéng-bùgōng 晋·陈寿《三国志·蜀书·诸葛亮论》："诸葛亮之为相国也……开诚心，布公道。"待人诚心诚意，坦白无私。开诚：敞开心扉，显示诚意；布：宣布；陈述。例我办事就爱个爽快，开诚布公和我商量，我也开诚布公。（茅盾《子夜》）

〔辨析〕"推心置腹、开诚布公"都有对人诚心诚意的意思。"推心置腹"所表达的诚心更强烈，更真挚，常用于较为熟悉、了解或亲密的人之间。"开诚布公"更强调诚意、坦白，公事公办不挟私心，多用于较严肃正式的场合或并不很亲密的朋友、同事之间。

脱胎换骨　洗心革面

脱胎换骨 tuōtāi-huàngǔ 宋·葛长庚《沁园春·赠胡葆元》："常温养，使脱胎换骨，身在云端。"原为道教修炼用语。指修道者得道，就脱了凡胎而成圣胎，换了凡骨而成仙骨。后用来比喻有了彻底的变化。例这一切，使苏东坡经历了一次整体意义上的脱胎换骨，也使他的艺术才情获得了一次蒸馏和升华。（余秋雨《苏东坡突围》）｜立个标杆，树个榜样，也好把积极性都调动起来，让宁州剧团来一次脱胎换骨的业务大提升嘛。（陈彦《主角》）

洗心革面 xǐxīn-gémiàn 《周易·系解上》："圣人以此洗心，退藏于密。"《周易·革》："……小人革面，顺以从君也。"洗濯邪心，如同换了一个新人。后比喻彻底悔改。例现在自知迷误，从此脱离，要洗心革面的做好人了。（鲁迅《伪自由书》）｜家也败了，可也甩了那些腐败的门风排场……从此洗心革面，咱们还能重新做个有用的人。（邓友梅《那五》）

〔辨析〕"脱胎换骨、洗心革面"都是用身体的改变比喻思想的改变。"脱胎换骨"指根本观点、立志的改变。而"洗心革面"指犯了错误后发自内心的悔过自新，强调改变更彻底。

脱颖而出　一鸣惊人

脱颖而出 tuōyǐng'érchū 《史记·平原君虞卿列传》："使遂蚤得处囊中，乃脱颖而出，非特其末见而已。"唐·李白《与韩荆州书》："愿君侯不以富贵而骄之，寒贱而忽之，则三千宾中有毛遂，使白得颖脱而出，即其人焉。"锥子尖儿穿过布袋显露出来。指人的才能全部显现。颖：细长物的尖端。例靳彦之感慨地说道："我能跳出'龙（农）门'，脱颖而出，全凭老卞这个大恩人啊！"（袁成章《山村夕照》）｜锥处囊中，脱颖而出。他说："娃现在已经是放在囊中的锥子了，尖尖迟早都是要露出来的。……"（陈彦《主角》）｜她不但法语好，英语也不错，很快在招聘中脱颖而出。（梁晓声《人世间》）

一鸣惊人 yīmíng-jīngrén 《史记·滑稽列传》："此鸟不飞则已，一飞冲天；不鸣则已，一鸣惊人。"一叫就使人震惊。比喻平时没有特殊表现，突然做出惊人的事情或成就。例你父亲当年才华盖世，名噪四海……而你又一鸣惊人，名列前茅。（张扬《第二次握手》）｜温虎皮笑肉不笑，轻蔑地说："我看他怎么一鸣惊人？就他那样儿的……"（陈伦叙《望京轶事》）

〔辨析〕"脱颖而出、一鸣惊人"都有显现才能的意思。"脱颖而出"重在强调把才能全部显露展现出来。"一鸣惊人"强调平时不显，突然有惊人之举。

W

玩火自焚　作茧自缚

玩火自焚 wánhuǒ-zìfén 《左传·隐公四年》："夫兵，犹火也，弗戢，将自焚也。"后用"玩火自焚"比喻冒险干坏事的人必将自食恶果。例叶丽竟然挪用公款八百多万私自用来炒股，她自以为做得天衣无缝，结果还是玩火自焚，不到一年就东窗事发。（黄辉《白领丽人轶事》）｜怡萍不听曹先生的规劝，顽固地按自己做法蛮干，甚至不惜用玩火自焚的方式处理这么复杂的问题。（曾信仁《望京公寓》）

作茧自缚 zuòjiǎn-zìfù 南朝梁·释宝志《志公和尚十四科颂》："声闻执法坐禅，如蚕吐丝自缚。"蚕吐丝作茧，把自己包在里面。后用"作茧自缚"比喻自己做了某事反而使自己陷入困境，或自己束缚自己。例敌人要想蚕食边沿，建立碉堡，就让他作茧自缚好了。（刘流《烈火金钢》）｜洪佳叹了口气说道："我早知事情是这样，就不会作茧自缚，自己把自己的手脚捆起来了。"（齐胜义《夕阳无限好》）

〔辨析〕"玩火自焚、作茧自缚"都有因自己的行为给自己带来不好后果的意思。"玩火自焚"强调冒险干坏事而自食恶果，"作茧自缚"强调因举措欠妥使自己陷于困顿。

玩世不恭　游戏人生

玩世不恭 wánshì-bùgōng 指对现实不满而对世事采取消极、不严肃的态度和做法。玩世：用消极、轻蔑的态度对待世事。不恭：不恭敬，不严肃。例他是个玩世不恭的人——至少我在北京时见着他是如此。（朱自清《怀魏青君》）｜繁漪：萍，我盼望你还是从前那样诚恳的人，顶好不要学着现在那种玩世不恭的态度。（曹禺《雷雨》）｜你在大地方已经玩世不恭，倒向小节上认真，矛盾得太可笑了。（钱锺书《围城》）｜有几次，他仿佛看到肖国庆的后脑勺变成了苍白如纸的涂志强的脸，对他玩世不恭地笑，骇得他每次都大叫一声："停！"有次还是在高高的跳板上叫起来。（梁晓声《人世间》）

游戏人生 yóuxì-rénshēng 把人生

当成游戏来对待。有轻松、诙谐的意味，但多用作形容对待生活的态度不严肃、不负责。例唐登富自受了这次打击之后，好像看破红尘，竟然游戏人生，把世事都当成玩意儿，整天嘻嘻哈哈的。（秋然《码头上》）｜从小他父亲就教导他，人生一世不易，切不可游戏人生，荒废了大好时光。（靳怡之《破茧》）

〔辨析〕"玩世不恭、游戏人生"都有不严肃、不认真、不负责任的意思。"玩世不恭"偏重指对现实不满，对世事采取不恭敬的态度。"游戏人生"偏重把人生当游戏来对待，有时可含诙谐意味。

妄自菲薄　自惭形秽

妄自菲薄 wàngzì-fěibó　三国蜀·诸葛亮《前出师表》："诚宜开张圣听，以光先帝遗德，恢宏志士之气，不宜妄自菲薄，引喻失义，以塞忠谏之路也。"毫无根据地小看自己。妄：过分；菲薄：小看，轻视。例我们不是妄自菲薄的人，任何对于自己成就的抹煞正如对于它的夸张一样，都不是实事求是的态度。（冯牧《耕耘文集》）｜过去顽固派的妄自尊大是可笑的，如果转而妄自菲薄，也是没有前途的。（张岱年《文化传统与民族精神》）

自惭形秽 zìcán-xínghuì　南朝宋·刘义庆《世说新语·容止》："珠玉在侧，觉我形秽。"因自己比别人长得丑，比别人差或存在缺点而感到羞愧。形：形体；秽：丑陋。例绍闻在娄朴面前，不免自惭形秽。（清·李绿园《歧路灯》）｜她自惭形秽般只呆在一个黑暗的角落里不敢发一言。（杨沫《青春之歌》）

〔辨析〕"妄自菲薄、自惭形秽"都有看不起自己的意思。"妄自菲薄"强调毫无根据地轻视自己，缺乏自信。"自惭形秽"强调因比别人长得丑，比别人差而感到羞惭。

望风而逃　闻风丧胆

望风而逃 wàngfēng'értáo　《资治通鉴·梁武帝天监四年》："……若克涪城，渊藻安肯城中坐而受困，必将望风逃去。"后用"望风而逃"指远远看见对方的气势凶猛，就吓得逃跑了。例（王善）聚兵五十万抢掠子女玉帛，杀人放火，甚是猖獗，官兵望风而逃。（清·陈忱《水浒后传》）｜土劣分子，在平时作威作福，鱼肉民众，在战时不是望风而逃，便是又来摇身一变，成为汉奸。（郭沫若《羽书集·武装民众之必要》）

闻风丧胆 wénfēng-sàngdǎn　唐·李德裕《授张仲武东面招抚回鹘使制》："故能望影揣情，已探致虏之术，岂止闻风破胆，益坚慕义之

心。"后用"闻风丧胆"指听到风声就吓破了胆。形容极其恐惧。例打得敌人闻风丧胆,弃尸累累。(魏巍《东方》)|凤凰岭战役我军大胜之后,残存的敌人已成惊弓之鸟,一个个闻风丧胆,丧魂落魄,惶惶不可终日。(周秀文《湘南日记》)

〔辨析〕"望风而逃、闻风丧胆"都形容在对方的气势和震慑下十分恐惧的样子。"望风而逃"重在强调被吓得赶紧逃跑,形容其行动、动作。"闻风丧胆"重在强调其内心的恐惧、害怕。

望文生义　不求甚解

望文生义 wàngwén-shēngyì 宋·朱熹《答吕子约》:"读书穷理,须认正意,切忌如此缘文生义,附会穿凿。"指只从字面上解释词句的意思,不懂其正确意义。形容读书马虎,学习不认真。例他讲唐代的艺术一节,教科书上说唐代的书法分"方笔"和"圆笔",他竟然望文生义,说方笔的笔杆是方的,圆笔的笔杆是圆的。(汪曾祺《徒》)|在听者和读者方面呢,那就要用心体会,不望文生义,不断章取义,不以辞言意。(吕叔湘《语文常谈》)

不求甚解 bùqiú-shènjiě 晋·陶潜《五柳先生传》:"好读书,不求甚解,每有会意,便欣然忘食。"指读书只领会精神实质,不咬文嚼字。现多指读书不深刻理解,不认真。例我国往往有人看了几本不求甚解的医书,就胆敢开方医病,在他们腕下冤死的人真是不可胜数。(邹韬奋《潘老太太与中医》)|我有一个很大的毛病,读书不求甚解。(老舍《出口成章》)

〔辨析〕"望文生义、不求甚解"都指学习上马马虎虎,不认真。"望义生义"强调读书对字面理解牵强附会。"不求甚解"强调对文字内容总体上的理解不深入、表面化。

微不足道　微乎其微

微不足道 wēibùzúdào 《榖梁传·隐公七年》:"其不言逆,何也?逆之道微,无足道焉尔。"后用"微不足道"指十分渺小,不值一提。例是,他们老爷儿俩都有聪明、能力、细心,但都用在从微不足道的事物中得到享受与刺激。(老舍《正红旗下》)|三柳是微不足道的孤儿,连间房子也没有,住在久废不用的破窑洞里,人们似乎有理由不在意他。(曹文轩《泥鳅》)|又如一链子,是由许多环组成的,每一环从本身来看,只不过是微不足道的一点东西;但是没有这一点东西,链子就组不成。(季羡林《季羡林散文精选》)

微乎其微 wēihūqíwēi 《尔雅·释训》:"式微式微者,微乎微者也。"后用"微乎其微"形容非常微小或极少。乎:语助词。[例]"五·四"以来新诗的好作品不太多,谦虚一点说,新诗的成就是微乎其微的。(郭沫若《谈诗歌问题》)|以美国为首的西方列强对发展中国家的所谓"人道主义"援助与他们对这些国家的掠夺相比真是微乎其微。(洪钟《西方的"人道"与"霸道"》)

〔辨析〕"微不足道、微乎其微"都形容事情很小。"微不足道"重在强调事情小到不值得谈论,常作谦辞。"微乎其微"重在指出事情因微小而不起什么作用,也指在整体和全局中所占的比例、分量极少。

微言大义　言近旨远

微言大义 wēiyán-dàyì 汉·刘歆《移书让太常博士》:"及孔子殁而微言绝,七十子卒而大义乖。""微言大义"指精微的言辞,深奥的含义。本指儒家经书的要义。[例]自《春秋》立法,中国历史著作,要求真实和简炼。史家为了史实而牺牲生命,传为美谈。微言大义的写法,也一直被沿用。(孙犁《耕读堂笔记》)|应物兄回答说:"人们常说,微言大义。程先生无需微言,只用一个数字,就让听众置身于儒家文化的仪式当中了。"(李洱《应物兄》)

言近旨远 yánjìn-zhǐyuǎn 《孟子·尽心下》:"言近而指远者,善言也。"指:通"旨"。语言浅近而含义深远。[例]其书阐发孔孟大旨,殚尽心力,折衷旧解,言近旨远,文简义明。(清·李汝珍《镜花缘》)|秦绛赶忙笑道:"刘总这番话真真是言近旨远,一针见血,对我们启发很大。"(韩霞《物流滚滚》)

〔辨析〕"微言大义、言近旨远"都指言辞含义深远。"微言大义"重在强调在语言的精深奥妙中包含着大义。"言近旨远"重在强调语言虽浅显而意思却深远。

危言耸听　耸人听闻

危言耸听 wēiyán-sǒngtīng 宋·吕祖谦《吕东莱文集》:"意者危言骇世,姑一快胸中之愤耶。"故意说出惊人话语,让听的人震惊。危言:夸张、惊人的话;耸听:使听的人震动和害怕。[例]也许是他受了危言耸听的宣传,觉得日本人一来,可怕到不可想象的程度。(汪曾祺《大淖记事·落魄》)|这些弊端中哪一项不解决都能影响人类生存的前途。我并非危言耸听,现在全市人民和政府都高呼环保,并采取措施。(季羡林《季羡林散文精选》)

耸人听闻 sǒngréntīngwén 听后感到震惊。指故意夸大和捏造事实，以造成让人听到后震惊的效果。[例]他一听情形，就知道这个案子不会构成什么耸人听闻的案件。（欧阳山《三家巷》）｜不料部长说着说着，口气强硬起来，嗓门大起来，所说的内容也越来越耸人听闻了，全场屏住了呼吸。（莫应丰《将军吟》）

〔辨析〕"危言耸听、耸人听闻"都形容人听到某些话语或消息后的震惊、害怕。这些话语或消息都是故意吓唬人的，并非真的如此。"危言耸听"强调了"危言"，是说话者故意说出，让听者听到后震惊、恐惧；"耸人听闻"更强调话语说出后的结果，从听者的角度说明感受是震惊、害怕，不涉及说的什么话，什么人说话。从语意上比较，"耸人听闻"更重些。

危在旦夕　朝不保夕

危在旦夕 wēizàidànxī 《三国志·吴志·太史慈传》："今管亥暴乱，北海（指孔融）被围，孤穷无援，危在旦夕。"指危险迫近。危：危险、危机；旦夕：早晚。[例]尤其使人焦心的是像崔小满这样的重伤病人，得不到妥善及时的医治，生命已危在旦夕。（刘波泳《秦川儿女》）｜四乡农民不稳，镇上兵力单薄，危在旦夕，如何应急之处，乞速电复。（茅盾《子夜》）

朝不保夕 zhāobùbǎoxī 《左传·襄公十六年》："敝邑之急，朝不及夕。"后多作"朝不保夕"，早晨（好像还没事）保不住晚上就会发生变化。常用来指情况危急或境遇窘迫。[例]母年八十，老病在床，抱疾喘息，朝不保夕。（唐·陈子昂《申宗人冤狱书》）｜连从前小康之家也多半失去土地，变成穷人，朝不保夕。（姚雪垠《李自成》）｜解放前，这里住的是拉车的，修鞋的，拣破烂的贫苦人民，生活都是朝不保夕的。（冰心《咱们的五个孩子》）

〔辨析〕"危在旦夕、朝不保夕"都形容情况或处境极其危急。"危在旦夕"重在指危险迫近，"朝不保夕"重在指事情很快就会发生变化；"朝不保夕"可用于形容生活极端贫困，"危在旦夕"无此用法。

违法乱纪　作奸犯科

违法乱纪 wéifǎ-luànjì 《礼记·礼运》："故天子适之者侯，必舍其祖庙，而不以礼籍入，是谓天子坏法乱纪。"指败坏礼法制度扰乱道德准则。后多用"违法乱纪"指违反法规，破坏纪律。[例]贪赃枉法，违法乱纪，收受贿赂，胡作非为已成了危害党和国家的一大祸害，而且有愈演愈烈的趋势。(韦辅明《社会恶劣风气之一瞥》)｜毫无疑问,这是一起地地道道的欺上瞒下,弄虚作假的违法乱纪事件。(任斌武《无声的浩歌》)

作奸犯科 zuòjiān-fànkē 三国蜀·诸葛亮《前出师表》:"若有作奸犯科及为忠善者,宜付有司,论其刑赏,以昭陛下平明之治,不宜偏私,使内外异法也。"指为非作歹,违犯法令。作奸:做坏事;科:法律条文。例唯有如此,才有那么一批人,把为亲戚儿女践踏一切原则,包庇亲戚儿女作奸犯科,当作"人情之常"。(秦牧《晴窗晨笔》)｜这群恶棍在城市的东南郊为非作歹,作奸犯科干尽了坏事。(金国培《扬眉剑出鞘》)

〔辨析〕"违法乱纪、作奸犯科"都指违犯法律。"违法乱纪"还可指破坏纪律,语意范围较广。"作奸犯科"偏重为非作歹,办坏事,违反法令,语意较窄。

惟妙惟肖　栩栩如生

惟妙惟肖 wéimiào-wéixiào 宋·岳珂《英光堂帖赞》:"彼妍我峭,惟妙惟肖。"形容描绘、模仿得非常形象、逼真。惟:语气助词;妙:巧妙;肖:相像。例演得惟妙惟肖,活灵活现。(刘绍棠《村妇》)｜在《高祖本纪》中惟妙惟肖地写出刘邦的宽厚和容人,好色与好货。(林非《询问司马迁》)

栩栩如生 xǔxǔ-rúshēng 《庄子·齐物论》:"昔者庄周梦为蝴蝶,栩栩然胡蝶也……"后用"栩栩如生"形容艺术形象生动活泼,就像活的一般。栩栩:生动活泼的样子。例这些画里的虾所以栩栩如生,是由于他深刻观察过真正的虾的生活。(秦牧《艺海拾贝》)｜(崇祯)站在弓形的飞虹桥上……指着那些刻得栩栩如生的水族动物叫皇后欣赏。(姚雪垠《李自成》)｜他并不善于说话,他的表情也不生动,可是他那沉着、英勇、顽强的神态,却一直到今天也还栩栩如生地在我脑际闪着。(靳以《万里江山》)

〔辨析〕"惟妙惟肖、栩栩如生"都形容非常形象、逼真。"惟妙惟肖"多用于模仿、描绘,还可用来表示情绪、意识的流露。"栩栩如生"多用于形容形象的逼真、生动,不用于表示情绪、意识的流露。

唯命是从　言听计从

唯命是从 wéimìng-shìcóng 《左传·昭公十二年》:"今周与四国,服事君王,将唯命是从,岂其爱鼎?"只要有吩咐就服从,不敢有半点违抗。也作"惟命是从"。例大人以先生修德守约,故使贱妾侍执巾栉。既奉承君子，唯命是从。（《后汉书·列女传》）｜尔本贵人，故重其值，但输券之后，当唯命是从，不得违忤。（明·邵景詹《觅灯因话》）｜凡事他都有自己的主见，不会对任何人唯命是从。

言听计从 yántīng-jìcóng 《史记·淮阴侯列传》："汉王授我上将军印，予我数万众，解衣衣我，推食食我，言听计用，故吾得至于此。"后多说"言听计从"，指讲的话、出的主意全都被听从采纳。例百日维新，言听计从，事虽不成，而康梁从此大名已雷动天下。（孙中山《敬告同乡书》）｜晚和觉得昌志比自己想事周到些，不但连声道好，而且从此言听计从，更加信服他。（李六如《六十年的变迁》）

〔辨析〕"唯命是从、言听计从"都指听从对方的话语。"唯命是从"重在强调绝对服从，不敢有半点违抗。"言听计从"强调全部采纳对方的主意。"唯命是从"词意重，更显得被动。

委靡不振　无精打采

委靡不振 wěimǐ-bùzhèn 唐·韩愈《送高闲上人序》："颓堕委靡，溃败不可收拾。"后作"萎靡不振"，指精神颓丧，意志消沉。委靡：颓废，消沉，不振作。"委靡"也写作"萎靡"。例因为长期在碾房工作，搞食米加工，夜熬多了，神气老是显得萎靡不振。（沙汀《老邬》）｜例如：犯过错误，可以使人觉得自己反正是犯错误的，从此委靡不振。（毛泽东《学习与时局》）

无精打采 wújīng-dǎcǎi 毫无精神和兴致。形容精神不振，情绪低落。例小红待要过去，又不敢过去，只得悄悄向潇湘馆取了喷壶而回，无精打采，自向房内躺着。（清·曹雪芹《红楼梦》）｜自从受到陈总的批评，曼丽就一直这样无精打采的，整天都看不到一点儿精神气儿。（黄仲方《A座写字楼》）

〔辨析〕"委靡不振、无精打采"都形容没精神，不振作。"委靡不振"强调精神颓丧，意志消沉，词意较重。"无精打采"强调情绪低落，缺少精气神，词意较轻。

未卜先知　先见之明

未卜先知 wèibǔ-xiānzhī 不用占卜，便知吉凶。形容有先见之明。卜：占卜，算卦，预测未来吉凶祸福的迷信活动。例信口胡扯，而偏能一语道破，天下未卜先知的预言家都是这样的。（钱锺书《围城》）｜要是他能未卜先知……那他或者还有应急的办法，然而现在他只能木头似地坐在那里。（茅盾《泡沫·赵先生想不通》）

先见之明 xiānjiànzhīmíng 《后汉

书·杨彪传》:"愧无日䃅先见之明,犹怀老牛舐犊之爱。"日䃅:金日䃅,汉武帝时人,因二子与宫人淫乱,杀子。指预先看清事物的眼力。例他又恨自己到底没有先见之明,不然这一笔冤枉的逃难费可省了。(叶圣陶《潘先生在难中》)|小陈所以有先见之明,正是他平日善于观察,善于思考的结果。(许览《职场风波》)|他觉得胆小的杜竹斋有时候实在颇具先见之明,因而也省了许多麻烦。(茅盾《子夜》)

〔辨析〕"未卜先知、先见之明"都形容有预见性、事先就知道。"未卜先知"强调不用手段,不用推测就能知道吉凶。"先见之明"强调事前就能准确预知事情的后果。

未雨绸缪　防患未然

未雨绸缪　wèiyǔ-chóumóu　《诗经·豳风·鸱鸮》:"迨天之未阴雨,彻彼桑土,绸缪牖户。"趁天还没下雨,先修缮房屋门窗。比喻事先做好准备。绸缪:缠缚,引申为修补。例即使现在的产品畅销,也要未雨绸缪,抓紧技术储备与新产品开发。(2014年全国高考语文全国新课标试题)|他不便隔着街门告诉李四爷:"我已经都准备好了!"可是心中十分满意自己的未雨绸缪,料事如神。(老舍《四世同堂》)|名为宿舍,实际上未雨绸缪,战时可作据守的要塞。(梁晓声《人世间》)

防患未然　fánghuàn-wèirán　在事故或灾害发生之前就采取预防措施。患:灾、祸;未然:还没有成为事实。也说"防患于未然"。例可是事前李友没把我的军律向大众讲清楚,知道有人做坏事又不随时向我禀报,防患未然,临时激出变故,他身上也有不是。(姚雪垠《李自成》)|……说什么中西文明国家都严于男女之防,师生之恋是有伤师道尊严的,万万要不得,为防患未然起见,未结婚的先生,不得做女学生的导师。(钱锺书《围城》)

〔辨析〕"未雨绸缪、防患未然"都是做事前要有所准备的意思。"未雨绸缪"是打比方,说明事先准备的必要;"防患未然"侧重指在"患",即事故灾难前做好准备,以防造成恶果。"未雨绸缪"泛指所有事都要事先有所准备,"不打无准备之仗";"防患未然"专指在事故灾难发生前要有所防范。

未雨绸缪　有备无患

未雨绸缪　wèiyǔ-chóumóu　《诗经·豳风·鸱鸮》:"迨天之未阴雨,彻彼桑土,绸缪牖户。"趁天还没下雨,先修缮房屋门窗。比喻事先做好准备。绸缪:缠缚,引申为修补。例岁月不居,来日苦短,夜长梦多，时不我与。盼弟善为抉择，未雨绸缪。（廖承志《致蒋经国先生信》）｜"书的出版周期很长的，所以必须未雨绸缪……"（李洱《应物兄》）

有备无患 yǒubèi-wúhuàn 《尚书·说命中》："惟事事乃其有备，有备无患。"《左传·襄公十一年》："居安思危，思则有备，有备无患。"事先有准备，就可以避免祸患和灾难。例我想我军进入福州，虽不成问题，但孙子兵法有说"兵不厌诈"，我仍须提防暗算，所谓"有备无患"。（《蔡廷锴自传》）｜武佳笑道："万事还是谨慎些好，你拿着证据去，岂不是有备无患吗？"（尚江《证据》）

〔辨析〕"未雨绸缪、有备无患"都指事前做好准备。"未雨绸缪"用比喻的方式强调事先做好准备，包括争取成功和避免祸患。"有备无患"强调有准备就可避免祸患，表述更直截了当。

温文尔雅　文质彬彬

温文尔雅 wēnwén-ěryǎ 清·蒲松龄《聊斋志异·陈锡久》："此名士之子，温文尔雅，乌能作贼乎？"形容态度温和有礼，举止文雅端庄。温文：温和、有礼貌；尔雅：文雅。例头略微左偏，徐徐地俯下去，温文尔雅，正是学者的态度。（叶圣陶《城中演讲》）｜甚至齐虹，这温文尔雅的齐虹，也和他们很不调和，但江玫看见他，还是很高兴的。（宗璞《红豆》）｜观鱼之时，有和尚来同我谈话。和尚河南口音，出词倒也温文尔雅。（林语堂《林语堂散文》）

文质彬彬 wénzhì-bīnbīn 《论语·雍也》："质胜文则野，文胜质则史。文质彬彬，然后君子。"本指人既有文采，又很质朴。后多形容人举止文雅，有礼貌。也指文章的内容与形式统一和谐。文：文采；质：本质；彬彬：谐调配合。例天情睿敏，下笔成真，千赋百诗，直疏便就，皆文质彬彬，超迈古今。（《梁书·武帝纪下》）｜满贵一反原先那种文质彬彬的常态，露出狰狞面孔。（俊然《长长的乌拉银河》）｜它们（食叶类昆虫）就像戴眼镜、文质彬彬、反而更坏的日本鬼子，不将它们消灭，能对得起我们的和平家园吗？（董华《大地知道你的童年》）

〔辨析〕"温文尔雅、文质彬彬"都形容人举止文雅有礼。"温文尔雅"多指人态度温和，有风度。"文质彬彬"多指人举止从容、斯文得体，还指文学作品的内容与形式和谐。

文不加点　一挥而就

文不加点 wénbùjiādiǎn 汉·祢衡《鹦鹉赋》："衡因为赋，笔不停缀，文不加点。"指文章无须改，一气呵成。形容才思敏捷，写作技巧高超。加点：写文章时有所增删，加以点抹。例白于御前索笔一枝，文不加点。(《太平广记·李白》)｜陈其平作俪体，文不加点，信笔直书。(清·阮葵生《茶馀客话》)

一挥而就 yīhuī'érjiù 宋·朱弁《曲洧旧闻》："东坡一挥而就，不日传部下，纸为之贵。"一动笔就能很快完成。形容才思敏捷。写作、书法、绘画快速熟练。有时也可引申为办事快捷省力。挥：动笔；就：完成。例请他写文章，他总是落笔如有神，一挥而就，警句盈篇，传颂一时。(刘白羽《雷电颂》)｜叶焕林师傅在尼克松夫人面前仅用了三十三秒钟，真是一挥而就，就炒好一盘色香味美的榨菜肉丝，令人称赞不已。(韩继原《尼克松总统访华时的花絮》)

〔辨析〕"文不加点、一挥而就"都形容才思敏捷。"文不加点"重在强调写作时没有涂抹增删。不能用于形容绘画等。"一挥而就"重在强调迅速熟练，不费什么劲儿。可用于书法、绘画等领域，使用面较广。

纹丝不动　原封不动

纹丝不动 wénsī-bùdòng 形容丝毫都不动。纹丝：形容细微。也作"文丝不动"。也说"纹风不动"。例伸手一敲，嗡嗡地响，伸开臂膊一撞，纹丝不动。(梁斌《红旗谱》)｜树叶纹丝不动，散出番石榴一样的香味。(欧阳山《三家巷》)｜他不知道这个始终纹丝不动、一言不发的曾大人，心里究竟在想些什么。(唐浩明《曾国藩》)

原封不动 yuánfēng-bùdòng 原来的封口没有动过。形容没有一点变动。例木刻在下午也收到了，原封不动，毫无损坏，请勿念。(鲁迅《鲁迅书信集·致曹靖华》)｜她月月交给我钱，我原封不动，一分钱也不花她的。(老舍《女店员》)

〔辨析〕"纹丝不动、原封不动"都指没有动过，保持相同的样子。"纹丝不动"偏重强调连细微的动作、变化都没有。"原封不动"偏重在外界对有关事物采取保留，不加变动。

稳如泰山　坐如洪钟

稳如泰山 wěnrútàishān 汉·枚乘《上书谏吴王》："变所欲为，易于反掌，安于泰山。"《汉书·刘向传》："……如下有泰山之安，则上有累卵之危。"后用"稳如泰山"指像泰山一样稳固，不可动摇。例离赵老大的家不远了，在一个闪电光中，看到那座小茅屋竟稳如泰山似的。(李开洲《风雨桃花洲》)｜

他想他在这儿原是稳如泰山的,谁敢动他?(周立波《暴风骤雨》)

坐如洪钟 zuòrúhóngzhōng 坐得像一口大钟一样稳固。形容坐姿端庄,坐得正而稳。例汝清进了庙门,只见大雄宝殿前的右侧有一身披袈裟、坐如洪钟的老和尚正双手合十地颂经。(黎秋红《山寺桃花》)|老叶看着亚雄说道:"你可没见过他正襟危坐,坐如洪钟时那气势呢,任谁见了都会顿生敬意。"(徐成《风雨梧桐》)

〔辨析〕"稳如泰山、坐如洪钟"都形容很稳固,不动摇。"稳如泰山"使用范围广,既可比喻人,也可比喻事物。"坐如洪钟"一般只用来比喻人坐姿端庄,坐得既正又稳,身板挺得很直。使用范围较窄。

问心无愧　心安理得

问心无愧 wènxīn-wúkuì 清·纪昀《阅微草堂笔记》:"君无须问此,只问己心;只问心无愧,即阴律所谓善。"摸着心口自问,觉得没有什么可惭愧的。指没做对不起人的事,心安理得。例只要你自己做事问心无愧,别的不用去管了。(巴金《秋》)|林冲那时候却觉得在"刀枪无情"的理由下伤害了那汉子性命,原是冠冕堂皇,问心无愧。(茅盾《豹子头林冲》)

心安理得 xīn'ān-lǐdé 《三国志·魏志·夏侯玄传》:"斯得人心定而事理得,庶可以静风俗而审官才矣。"后多作"心安理得"。自信事情做得合乎情理,心中坦然自得。例赵娟打完这个电话,觉得自己已经做得仁至义尽了,便心安理得地离开了深圳。(左骥《春秋写字楼》)|孟小凤对靳志说道:"你一而再、再而三地帮他,不用内疚,应该心安理得才是。"(王承礼《江湖谍影》)

〔辨析〕"问心无愧、心安理得"都指内心坦然,没有感觉有理亏的地方。"问心无愧"重在强调自省内心,觉得没做对不起人的事。"心安理得"重在强调自信事情做得合情合理。

无出其右　无与伦比

无出其右 wúchūqíyòu 《史记·田叔列传》:"上尽召见,与语,汉廷臣毋能出其右者。"后多作"无出其右",泛指在某方面没有能超过他的。多指人才出众,无人能比。出:超出,超过;右:古代把右边作为上位。例始皇帝……独畏浙江水波恶,不敢径渡,以此知钱塘江天下之崄,无出其右者。(宋·苏轼《乞相度开石门河状》)|独君资禀聪悟,气量宏博,侪辈无出其右。(金·元好问《恒州刺史马君神道碑》)|捷轩身经百战,胸富韬略,

在军中威崇隆，无出其右。（姚雪垠《李自成》）

无与伦比 wúyǔ-lúnbǐ 《后汉纪·明帝纪上》："（上）遣司空鲂持节视丧事，赐旄头、鸾辂、龙旗、虎贲。荣宏之盛，无与伦比。"没有谁能比得上。伦比：类比。例蓝瓦瓦的晴明的天空，正是最好天幕；火红当头的太阳是无以伦比的灯光。（于敏《第一个回合》）｜到了冬天，壮观的雪景则更是无与伦比。（刘兆林《雪国热闹镇》）｜夏明新佩服之至，伸出大拇指说道："你这招儿真绝了，在咱们这行里算是无与伦比了。"（纪虎《悠闲博客》）｜在这段时间里，他受到祖国人民无与伦比的最热情的接待。（魏巍《东方》）

〔辨析〕"无出其右、无与伦比"都指没有能比得上的。"无出其右"多指地位、权力、名望、技艺，强调不能超过，无法超越。"无与伦比"强调其他的人、事物无法与之比较。

无坚不摧　战无不胜

无坚不摧 wújiān-bùcuī 《韩非子·难一》："又誉其矛曰：'吾矛之利，于物无不陷也。'"三国魏·曹操《表称乐进、于禁、张辽》："每临战攻，常为督率，奋强突固，无坚不陷。"后多作"无坚不摧"。没有什么坚固的东西不能被摧毁。形容非常强大。例只有知识分子跟工人、农民正确地结合，才会有无攻不克，无坚不摧的力量。（毛泽东《一二·九运动的伟大意义》）｜你全部的财富，就是……对人民的责任感和无坚不摧的毅力。（《人民文学》1977年第1期）｜咱们有能力、有青春、有朝气，那是锐不可当，无坚不摧的。（欧阳山《三家巷》）

战无不胜 zhànwúbùshèng 《战国策·齐策二》："战无不胜而不知止者，身且死，爵且后归，犹为蛇足也。"打仗没有不取胜的。形容战斗力强，每战必胜。例在他前半生的戎马生涯中，几乎是战无不胜的。（顾笑言《爱情交响诗》）｜罗选青的队伍几乎是天兵神将，攻无不克，战无不胜。（阳翰笙《风雨五十年》）

〔辨析〕"无坚不摧、战无不胜"都形容非常强大，战斗力强。"无坚不摧"重在强调可将任何坚固的东西摧毁掉，强调可以战胜任何艰难险阻。"战无不胜"是无论坚固、艰难与否，统统可以获胜，词意较广。

无可非议　无可厚非

无可非议 wúkěfēiyì 没有什么可批评指责的。非议：批评、指责。例像他这样的人也只能够这样做。这在他是无可非议的。(巴金《光明集·一封信》)｜尽管他们当时是从封建政治立场出发,然而,这个原则是无可非议的。(马南邨《燕山夜话》)

无可厚非 wúkě-hòufēi 《汉书·王莽传》:"莽怒,免英官,后颇觉寤,曰:'英亦无可厚非。'复以英为长沙连率。"不可以过分指责。表示虽有缺点,但不应一概否定。厚非:过分地指责。也说"未可厚非"。例作者的动机无可厚非,但客观效果不尽符合作者的动机。(茅盾《一九六〇年短篇小说漫评》)｜这太狠心,可是忘了家才能老记着国,也无可厚非。(老舍《四世同堂》)

〔辨析〕"无可非议、无可厚非"都指不要去批评指责。"无可非议"强调根本就没有什么可以批评指责的,语气十分肯定。"无可厚非"则强调不要过分地批评指责,在语气中留有余地。

无隙可乘　无懈可击

无隙可乘 wúxì-kěchéng 没有空子可钻。形容非常完整、严密,没有可供攻击、下手的漏洞。隙:漏洞,空子;乘:趁,凭借。也说"无懈可乘"。例小人无隙可乘,其害不至如此之甚也。(宋·程颢、程颐《河南程氏外书》)｜有时退到该地位还无隙可乘,便不得不再退几步,待敌发生可乘之"隙"。(毛泽东《中国革命战争的策略问题》)

无懈可击 wúxiè-kějī 《孙子·计篇》:"攻其无备,出其不意。"曹操注:"击其懈怠,出其空虚。"后用"无懈可击"指没有什么漏洞可以让人攻击或挑剔。形容十分严谨和周密。懈:松懈,指漏洞、破绽。例他相信自己的主张无懈可击,也相信自己一定可以驳倒对方。(茅盾《锻炼》)｜你有关那起凶杀案的分析初看起来无懈可击,事实上只是你一厢情愿的猜测。(余华《偶然事件》)｜"好吧,赏你十块钱,从此不许你来找她。我要用着你的时候,打发人叫你去。"太太的官话简直是无懈可击。(老舍《牛天赐传》)

〔辨析〕"无隙可乘、无懈可击"都形容很完整、严密,没有漏洞。"无隙可乘"重在强调没空子可钻,形容对方重在找漏洞,词意较轻。"无懈可击"重在强调没有漏洞可以攻击或挑剔,词意较重。

物竞天择　优胜劣汰

物竞天择 wùjìng-tiānzé 指万物在竞争中,优胜劣汰,能适应自然的就会保留下来。竞:竞争;天:大自然;择:选择。例我是说在这个问题上,千万不要忽略那著名的物竞天择、适者生存的法则。(欧阳山《苦斗》)｜我们以前学习达尔文的进化论,物竞天择,我辈青年不能适应环境,便会为时代所淘汰。(鄢国培《漩流》)

优胜劣汰 yōushèng-liètài 原指在生物演变过程中,优良强壮者获胜,继续生存发展;低劣软弱者被淘汰。现指有竞争力就能取胜。否则将被淘汰。例当今社会无处没有竞争,年轻人没有优胜劣汰的意识是十分危险的。(段昭《华丽之家》)｜陈大鼻子的公司为什么破产,还不是优胜劣汰的结果吗?(华木清《网购》)

〔辨析〕"物竞天择、优胜劣汰"都指在生物演变过程中强者胜,弱者汰,后也用来说明人类社会的竞争现象。"物竞天择"重在强调适应环境和条件,客体的成分重,多用于自然界。"优胜劣汰"重在强调有竞争力的就能获胜,否则将被淘汰,主体的因素重,多用于人类社会。

X

熙来攘往　熙熙攘攘

熙来攘往　xīlái-rǎngwǎng　《史记·货殖列传》："下天熙熙，皆为利来；下下攘攘，皆为利往。"熙熙而来，攘攘而往。形容人来人往，热闹拥挤的样子。例现在的光天化日，熙来攘往，就是这黑暗的装饰，是人肉酱缸上的金盖，是鬼脸上的雪花膏。(鲁迅《淮同月谈·夜颂》)｜行人熙来攘往，多数都还穿着白衬衫，木屐发出清脆的响声。(柯灵《红》)

熙熙攘攘　xīxī-rǎngrǎng　《史记·货殖列传》："天下熙熙，皆为利来；天下攘攘，皆为利往。"后用"熙熙攘攘"形容喧闹纷杂的样子。熙熙：和乐的样子；攘攘：纷杂的样子。例北京附近八达岭的那一段长城，几乎每天都是熙熙攘攘地，就像是个热闹市集一样。(秦牧《晴窗晨笔》)｜城市里已经又开始熙熙攘攘了。一天的生活像往日一样开始了它的节奏。(路遥《路遥全集·人生》)｜凭着夏季这稳妥的收成，白鹿原才繁衍着一个个稠密的村庄和熙熙攘攘的人群。(陈忠实《白鹿原》)

〔辨析〕"熙来攘往、熙熙攘攘"都形容人来人往，非常热闹。"熙来攘往"重在强调人们往来的行进。"熙熙攘攘"重在强调人来人往十分热闹中那种和乐、纷杂的氛围。

惜墨如金　字斟句酌

惜墨如金　xīmò-rújīn　宋·费枢《钓矶立谈》："李营丘(成)惜墨如金。"爱惜笔墨如黄金一样。指写字绘画为文下笔非常慎重，力求精练。例那些了不得的作家，谨严入骨，惜墨如金，要把一生的作品，只删存一个或三四个字，刻之泰山顶上。(鲁迅《题未定·草·八》)｜公超先生英文非常好，对英国散文大概是很有研究的。可惜他惜墨如金，从来没见他写过任何文章。(季羡林《牛棚杂忆》)

字斟句酌　zìzhēn-jùzhuó　清·纪昀《阅微草堂笔记·滦阳消夏录一》："《论语》《孟子》，宋儒积一生精力，字斟句酌，亦断非汉儒所及。"每个字，每句话都经过认真考虑，推敲。形容说话或写作态度认真、严谨。斟，酌：推敲，琢磨。**例**齐同志字斟句酌地十分认真，有些地方我对他马虎一点，然而他决不马虎。（郭沫若《苏联纪行·七月五日》）｜然而他去认为即便写了直言，只要写得字斟句酌，也就不会出什么毛病，社会也许会因此而有改进。（魏金枝《编余丛谈》）

〔辨析〕"惜墨如金、字斟句酌"都有写文章要认真、严谨的意思。区别却较为明显："惜墨如金"用了比喻，而"字斟句酌"是直接形容。"惜墨如金"多形容写文章，也可指写字绘画；"字斟句酌"不仅形容写文章，还可以用来形容口头表达；"惜墨如金"语意侧重强调用笔精练，"字斟句酌"则强调的是表达时态度的认真、谨慎。

息息相通　心心相印

息息相通　xīxī-xiāngtōng　清·李嘉宝《官场现形记》："他这店就是华中堂的本钱，他们里头息息相通，岂有不晓得的道理。"呼吸相通。形容关系密切。息息：一呼一吸都相关联。也说"息息相关"。**例**我只希望，假以时日，共同的努力，将使我们更加息息相通，心心相印，来日重相聚，继续听心声。（丁玲《芝加哥夜谈》）｜虽然老人的与他自己的在战争中的经验不同，变化不同，可是他们的由孤立的个人，变为与四万万同胞息息相通，是相同的。（老舍《四世同堂》）

心心相印　xīnxīn-xiāngyìn　原为佛教语。唐·裴休集《黄檗山断际禅师传心法要》："自如来付法迦叶以来，以心印心，心心不异。"指不凭借话语，以心通意，相互契合。后用"心心相印"形容彼此心意相通，思想感情完全一致。心心：彼此的心意、情感；相印：相合，契合。**例**当他们发现自己在做这样庄严而又似乎可笑的功课时，便心心相印地互视而笑。（叶圣陶《倪焕之》）｜大家……心心相印，息息相通。（徐迟《哥德巴赫猜想》）

〔辨析〕"息息相通、心心相印"都形容关系十分密切。"息息相通"强调连一呼一吸都相关联，侧重关系紧密，似为一体。"心心相印"偏重指心思、心意、感情十分默契，思想、感情完全一致。

喜笑颜开　笑逐颜开

喜笑颜开　xǐxiào-yánkāi　清·李汝珍《镜花缘》第九十九回："穿过牌楼，人来人往，莫不喜笑颜开。"形容满心欢喜，笑容满面。**例**正在无法摆脱的时候，却一下子晴了天，今天全家都喜笑颜开。（丁玲《太阳照在桑干河上》）｜端着这雪白、晶莹、喷香的大米饭，看着这用全连战士的汗水、血水结晶而成的硕果，哪个不激动万分，不喜笑颜开呢？（黄建霖等《汾水留痕》）

笑逐颜开 xiàozhúyánkāi 明·凌濛初《初刻拍案惊奇》："母亲方才转忧为喜，笑逐颜开道：'亏得儿子峥嵘有日，奋发有时。'"笑得脸都舒展开来。形容满面笑容，十分高兴的样子。逐：随；颜：面容。例我的话刚刚脱口，他立刻笑逐颜开，眼睛眉毛都现出高兴的神色来。（冯玉祥《我的生活》）｜愁眉不展的老乡早已笑逐颜开。大家正忙着驾上骡车，准备去战场上接送伤员。（沙汀《闯关》）

〔辨析〕"喜笑颜开、笑逐颜开"都形容满面笑容，十分高兴。"喜笑颜开"更强调因内心生喜悦之情，外在表现出满脸笑容。"笑逐颜开"则偏重强调笑得使脸都舒展开了。重在外貌表情。

细思极恐　不堪设想

细思极恐 xìsījíkǒng 仔细想想，觉得极其恐怖。原是出自网络语言，其用法主要是营造一种迟缓加混乱的效果。后多用于形容人的恐惧心情。细：仔细；思：思考，思索；极：极端，顶端；恐：恐惧，害怕。例韩国历任总统，卸任或下台后，遭遇大多不幸，甚至悲惨，这真是一个令人细思极恐的职位。｜小王听了大刘条分理析且语重心长的话之后，顿时感到此事真的是不简单，甚至细思极恐，令人心惊胆战。（焕生《青城山下》）

不堪设想 bùkān-shèxiǎng 清·林则徐《林文忠公政书》："内地膏脂，年年如此剥丧，岂堪设想。"后多用"不堪设想"指不能想象将来的结果。多用来指事情将会向很坏或很危险的方向发展。堪：能。例无良黑心的包工头和当地官员狼狈为奸，用劣质材料建高楼，后果不堪设想。｜她满脸严肃地说道："我劝你悬崖勒马，否则后果将不堪设想。"

〔辨析〕"细思极恐、不堪设想"都有思考之后，后果严重的意思。"细思极恐"重在强调只要仔细思考，就会发现后果极其可怕，多用于形容人恐惧的心情，为未来的严重后果感到极其恐惧。"不堪设想"更多形容事情会往很可怕、很危险的方向发展，而令人无法想象会出现怎样的后果。"细思极恐"强调思考后害怕、恐惧，"不堪设想"强调完全无法预测会出现多坏、多危险的结果。

纤尘不染　一尘不染

纤尘不染 xiānchén-bùrǎn 一点灰尘也没沾染上。形容干净清洁，也比喻人品高尚纯洁。纤尘：细小的灰尘。例公寓收拾得纤尘不染，客厅的摆设很雅致，电话、挂画和家具的颜色调配得活泼大方，显出女主人匠心独运的才干。（陈若曦《新疆吃拜拜》）｜难得他也整日家不得不和这帮纨绔子弟交往，竟能纤尘不染，洁身自好，我也就觉得很欣慰了。（袁定方《其乐融融》）

一尘不染 yīchén-bùrǎn 学佛修道的人不沾染六尘，叫作一尘不染。尘：佛家称色、声、香、味、触、法为六尘。后多形容洁身自好，没有污点。也形容非常洁净。例他（贺龙）从旧营垒冲杀出来，但一尘不染，他能艰苦奋斗，是个革命乐观主义者。（王震《忠诚的战士，光辉的一生》）｜不知怎的，这儿的空气，竟如此清新、明澈，直赛水晶，一尘不染！（曹靖华《飞花集》）

〔辨析〕"纤尘不染、一尘不染"都可形容干净清洁，也可以比喻人品高尚纯洁、洁身自好。"纤尘不染"不能用于佛学意义上的"灰尘"，使用面较窄。"一尘不染"的本义就是学佛之人不可沾染"六尘"中之任何"一尘"，使用范围较广。

弦外之音 弦外有音

弦外之音 xiánwàizhīyīn 南朝宋·范晔《狱中与诸甥侄书》："弦外之意，虚响之音，不知所从而来。"原指音乐的余音。后用"弦外之音"比喻言外之意，即在话里间接透露，而不是明说出来的意思。弦：乐器上发声的线。例他今天话中有话，你听出他的弦外之音没有？｜他的小品太多，经常用弦外之音和旁敲侧击的笔法来揭示人和事的内在关联。

弦外有音 xiánwàiyǒuyīn 南朝宋·范晔《狱中与诸甥侄书》："弦外之意，虚响之音，不知所从而来。"弦乐器中发出的声音之外还有另外的余音。后用"弦外有音"比喻话语中还另有间接的透露，没有明说的意思。常用来比喻言外之意。例其中一个秃头顶的人，过去是行政科长，弦外有音地说："老厂长，别看你把我们忘了，我们可没忘了你。"（蒋子龙《乔厂长上任记》）｜马长青说："怎么样，在家里过得挺好吧？"党委书记说的，本来是一句普通的问候的话，但是超假归来的刘国庆，却觉得弦外有音。（顾笑言《你在想什么》）

〔辨析〕"弦外之音、弦外有音"都有以乐器弦外的声音来比喻言外之意，即在话里间接透露，而不明说出来的意思。在感情色彩上都是中性成语。"弦外之音"是偏正式，作主语、宾语。"弦外有音"是主谓式，可作谓语，明确强调有言外之意弦外之音，语气更肯定。

险象迭生　险象环生

险象迭生 xiǎnxiàng-diéshēng 蔡东藩《民国通俗演义》第十四章："乃险象环生，祸机迫切。"险情一个接一个地出现。迭：轮流，屡次。例"驴友"们翻过这座断崖之后，以为坦途就在眼前，没想到后面的行程竟是险象迭生，才过深沟又遇绝壁。(史成东《神农架日记》)｜自从2008年美国爆发金融危机以来，世界经济真可谓险象迭生，美元贬值、油价飞涨、欧债危机……一个接一个的来。(《环球时报》2010年3月4日)

险象环生 xiǎnxiàng-huánshēng 周围危险的情况不断出现。例雾时间，崖脚下险象环生，危机四伏。两岸峭壁千仞，水底礁石嶙峋。突兀峥嵘的苍黑色巨石，如同在暗中伺伏的怪兽。(何为《风雨夜航图》)｜冯国璋把自己十年来的辛酸际遇，险象环生的生活讲给大家听，老母亲不时感叹一番，陪着洒几点老泪。(韩仲义《悠悠总统梦》)

〔辨析〕"险象迭生、险象环生"都指危险的情况不断出现。"险象迭生"重在强调在时间上有先有后，一个接一个轮流出现。"险象环生"重在强调在空间上，险情在四周围不断出现。

响彻云霄　响遏行云

响彻云霄 xiǎngchè-yúnxiāo 原作"声彻云霄"。晋·葛洪《西京杂记》："(戚)夫人……歌《出塞》《入塞》《望归》之曲。侍妇数百皆习之，后宫齐首高唱，声彻云霄。"形容声音响亮悠扬，直上云霄。彻：透过。例在武汉初期，尤其"七七"周年前后，救亡的爱国情绪在各阶层洋溢着。"中国不会亡"的歌声响彻云霄。(郭沫若《洪波曲》)｜数千男儿一齐振臂高呼："打倒美帝国主义！"真有排山倒海之势，响彻云霄之声。(曹靖华《丹东的回忆》)

响遏行云 xiǎng'èxíngyún 《列子·汤问》："抚节悲歌，声振林木，响遏行云。"声音直达高空，止住了飘动的云彩。极言声音高亢、响亮、感人。遏：阻止。例紧接着，牧女们那响遏行云的歌声顺风飘荡过来，把这一伙带着酒意的人吸引住了。(张长弓《漠南魂》)｜小彩舞的京韵大鼓，绝活儿！高昂时响遏行云，低回处石落潭底，真正的北京味儿。(韩静霆《木偶的悲喜剧》)

〔辨析〕"响彻云霄、响遏行云"都形容声音响亮。"响彻云霄"可以形容各种声音的响亮，偏重强调声音传播的高远。"响遏行云"多用来形容歌声的高亢、嘹亮，偏重强调声音动人。

想入非非　异想天开

想入非非　xiǎngrùfēifēi　原指非一般思维能够达到的境界，后指想象离奇，脱离实际。非非：佛家指常人意识不能达到的玄妙境界。例如果无往事可忆，我便想入非非。（莫言《蛙》）｜每天回家，曲折穿过金门街到厦门街迷宫式的长巷短巷，风里雨里，走入霏霏，令人更想入非非。（余光中《听听那冷雨》）｜如果承认的确出自她的"记忆"，而不是想入非非，不是幻听幻视，好了！（徐怀中《牵风记》）

异想天开　yìxiǎng-tiānkāi　奇特的想法从天外启发而来，比喻想法荒诞不经。形容想法奇特，不切实际。天开：天门打开。例刑部书吏得了他的贿赂，便异想天开的说出一法来。（清·吴趼人《二十年目睹之怪现状》）｜听了张超不着边际的吹牛大话，李萍愤愤地说道："我看你简直是异想天开。"（严金《大凉山见闻》）

〔辨析〕"想入非非、异想天开"都有想象奇特之意。在不切实际上语意略有差别。"想入非非"偏重指想像虚幻、缥缈；"异想天开"偏重想象奇特，非同一般。

心不在焉　漫不经心

心不在焉　xīnbùzàiyān　《礼记·大学》："心不在焉，视而不见，听而不闻，食而不知其味。"焉：于此，在这里。心思不在这里，指思想不集中。例正当鹿子霖心不在焉站得难受的时候，一位民团团丁径直走进祠堂，从背后拍了拍他的肩膀："田总乡约请你。"（陈忠实《白鹿原》）｜土司不像，土司太太也是一副心不在焉的样子，土司的小猴子大张着嘴，不知是专注还是傻。（阿来《尘埃落定》）

漫不经心　mànbùjīngxīn　明·朱国祯《涌幢小品·存问》："近见使者至城外，仅主家周旋，有司漫不经心。"随随便便，不放心上。漫：随便；经心：在意，留心。例直到事实给了我教训，我才分明省悟了作今人也和作古人一样难。然而我还是漫不经心，随随便便。（鲁迅《两地书·序言》）｜"还是规矩点嘛。"丁长发从嘴里抽出空烟斗，漫不经心地说着。（罗广斌、杨益言《红岩》）

〔辨析〕"心不在焉、漫不经心"都是形容一种对事随随便便的心理状态，带贬义色彩。"心不在焉"侧重指该重视的事却不关注，不重视，是一种不负责任的态度。"漫不经心"更强调"漫"，即对事随随便便，形容的是凡事不认真的处世态度。

心驰神往　心荡神驰

心驰神往　xīnchí-shénwǎng　宋·欧

心　409

阳修《祭杜公文》："系官在朝，心往神驰，送不临穴，哭不望帷。"后多作"心驰神往"。心思全部都奔向（某个目标）。也说"心往神驰"。例远远望去，雄伟的松布尔更加壮观了，片片散发出一种雄浑肃穆的美，令人浮想联翩，心驰神往。（冯苓植《神秘的松布尔》）｜朗朗读书声和游泳池中无忧无虑的嬉闹，组成一曲令人心驰神往的大学生活的乐章。（喻杉《女大学生宿舍》）｜闻先生讲《湘夫人》……先是满面愁容，而后双目悲戚，随后举目四望，心驰神往。（李洱《应物兄》）

心荡神驰　xīndàng-shénchí　心神摇荡，神志向往。形容向往之情无法自持。例她……走到公共汽车站一看，站牌上写着的站名里净是让她心荡神驰的站名。（刘心武《钟鼓楼》）｜小莉盯着任磊，一副心荡神驰的模样。她不禁暗中思忖："要是能嫁给这样一个帅哥，该有多好！"（吴佳颖《双拼房客》）

〔辨析〕"心驰神往、心荡神驰"都形容内心十分向往。"心驰神往"重在强调因一心向往，心神都奔向了那里。"心荡神驰"重在强调因向往而心神无法自持，心情动荡起伏。

心服口服　心悦诚服

心服口服　xīnfú-kǒufú　心里信服，口头上也信服。指真心信服。例麝月又向婆子及众人道："……如今请出一个管得着的人来管一管，嫂子就心服口服，也知道规矩了。"（清·曹雪芹《红楼梦》）｜黄师傅把"肝膏竹荪汤"往上一端，老曾不由得瞪大了双眼，鼻子也一扇一扇地品味，然后拿起汤匙尝了一口，足有一分钟，才竖起大拇指说道："我服了你老黄！心服口服！"（彭永年《技高一筹》）

心悦诚服　xīnyuè-chéngfú　《孟子·公孙丑上》："以力服人者，非心服也……以德服人者，中心悦而诚服也。"指真心诚意地服从，出自内心佩服。例太太受过教育，明白道理，自然心悦诚服，并无怨言。（茅盾《一干真正的中国人》）｜我当然不能例外，而且心悦诚服，没有半点非分之想。（季羡林《牛棚杂忆》）

〔辨析〕"心服口服、心悦诚服"都指真心信服。"心服口服"重在强调内在与外在的统一，心口一致。"心悦诚服"重在强调从心眼里高高兴兴，诚诚恳恳地信服、服从、佩服，真心信服的程度要高于"心服口服"。

心急火燎　心急如焚

心急火燎　xīnjí-huǒliǎo　心里急得像火烧一样。形容十分焦急。例他安慰着小姑娘，一边心急火燎地向潮白大桥的方向望去。(陈桂棣《裸者》)｜小柏和留下作预备队的全班同志一样，都心急火燎地为他们的师长担心。(李英儒《燕赵群雄》)

心急如焚 xīnjí-rúfén 唐·韦庄《秋日早行》："行人自是心如火，兔走鸟飞不觉长。"后多作"心急如焚"。心里急得像火烧一样。形容十分焦急。例李自成心急如焚，只觉得树木伐得太慢。(姚雪垠《李自成》)｜白嘉轩心急如焚，那些被传帖煽动起来的农人肯定已经汇集到三官庙了，而煽动他们的头儿却拔不出脚来，贺家兄弟一怒之下还不带领众人来把他砸成肉坨！(陈忠实《白鹿原》)

〔辨析〕"心急火燎、心急如焚"都形容十分焦急，心中如着火一般。"心急火燎"多用于口语，也可用于书面语，语气上略显急切。"心急如焚"虽也可用于口语，但多作书面语，比"心急火燎"略显典雅。

心旷神怡　心清气爽

心旷神怡 xīnkuàng-shényí 唐·田颖《博浪沙行序》："翌日往游百泉，用作竟夜之谈，出所为诗，读至……已为心旷神怡。"形容心胸开阔，精神愉快。旷：开阔，开朗；怡：愉悦，快乐。例老大哥仿佛暂时忘记了病痛，抬头凝眸，心旷神怡地咏诵起来："大江东去，浪淘尽千古风流人物……"(罗广斌、杨益言《红岩》)｜好朋友到门，看他那一副手欲舞足欲蹈的样子，真令人心旷神怡。(季羡林《牛棚杂忆》)｜此时的大觉寺已完全焕然一新，雕梁画栋，金碧辉煌，玉兰已开过而紫藤尚开，品茗观茶道表演，心旷神怡，浑然欲忘我矣。(季羡林《季羡林散文精选》)

心清气爽 xīnqīng-qìshuǎng 内心恬静，没有挂虑，感觉十分愉快。清：清静，恬静；爽：愉快，畅快。例二妞连蹦带跳地跑到我跟前说道："婶儿，这回我可心清气爽，再也不憋屈了。"(邵仲德《山乡春早》)｜登上凤凰山，极目四望，真是令人心清气爽，心旷神怡，世间一切烦恼都丢到九霄云外了。(唐莹《川黔游记》)

〔辨析〕"心旷神怡、心清气爽"都形容心情愉快。"心旷神怡"偏重形容心胸开阔，心情开朗。"心清气爽"偏重形容内心恬静，没有挂虑，心态安详、愉悦。

信守不渝　忠贞不渝

信守不渝 xìnshǒubùyú 忠诚地遵守决不改变。信守：忠诚地遵守；渝：改变（多指态度或感情）。例祁明瑜和咱们公司业务来往七八年了，一直合作愉快，就是因为双方办事都对承诺信守不渝。这次咱们别坏了规矩。(梅旺予《商场如战场》)｜你以为王佳和是个信守不渝的君子吗?你看看她哥哥的事你就知道了!(天宇《釜底抽薪》)

忠贞不渝 zhōngzhēn-bùyú 忠诚坚定,永不改变。贞:坚定,有操守。例战士自有战士的爱情:忠贞不渝,新美如画。(郭小川《团泊洼的秋天》)｜她是你的同事,你的同志,今后革命征途上和科学事业上忠贞不渝的伴侣和战友。(张扬《第二次握手》)

〔辨析〕"信守不渝、忠贞不渝"都指忠诚地遵守,不会改变。"信守不渝"强调守信用,重承诺,词意较轻。多用于一般人际交往。"忠贞不渝"强调忠诚坚定有操守,永不变心,词意较重。多用于关系、感情特殊的对象。

兴风作浪　兴妖作怪

兴风作浪 xīngfēng-zuòlàng 掀起风浪。比喻挑起事端,制造混乱或是非。兴:掀起。例然随遇一事,便兴风作浪,有一吠影者倡之于前,即有百吠声者和之于后。(梁启超《王荆公传》)｜我们的老乡公输般,他总是倚恃着自己一点小聪明,兴风作浪的……这回又想出了什么云梯,要怂恿楚王攻宋去了。(鲁迅《故事新编·非攻》)

兴妖作怪 xīngyāo-zuòguài 明·周辑《西湖二集·救金鲤海龙王报德》:"巡海夜叉道:'你那里得这几件物事,在此兴妖作怪。'"指妖魔鬼怪作祟害人,也指装神弄鬼。多比喻制造事端破坏捣乱。例你们把这老头子给我抓起来,不准他到别处去兴妖作怪!(郭沫若《虎符》)｜只要我们精神上有了充分的准备,我们就可以战胜任何兴妖作怪的行者。(毛泽东《在中国共产党七届二中全会上的报告》)

〔辨析〕"兴风作浪、兴妖作怪"都形容挑起了事端,制造混乱。"兴风作浪"强调掀起风浪,挑起事端,制造混乱,无事生非。"兴妖作怪"强调坏人或坏事物、坏思想暗中捣乱、破坏,词意重。有时还指装神弄鬼。

形单影只　形影相吊

形单影只 xíngdān-yǐngzhī 唐·韩愈《祭十二郎文》:"吾上有三兄,皆不幸早逝,承先人后者,在孙惟汝,在子惟吾,两世一身,形单影只。"孤单单一个人一条影子。形容孤单寂寞,无依无靠。例他成了一个踽踽独行,形单影只,自言自语,孤苦伶仃的畸零人。(徐迟《哥德巴赫猜想》)｜别人都成双成对,有说有笑,唯独她形单影只,一片萧然。(琼瑶《月朦胧,鸟朦

胧》)｜在这一场搏斗中，如果没有朋友，则形单影只，鲜有不失败者。(季羡林《季羡林散文精选》)

形影相吊 xíngyǐng-xiāngdiào 三国魏·曹植《上责躬应诏诗表》："窃感《相鼠》之篇，无礼遄死之心。形影相吊，五情愧赧。"身体和影子互相安慰。形容孤独无靠。吊：安慰。例弘早病逝，单剩下妻子二人，家乏遗资，寡妇孤儿，形影相吊。(蔡东藩《后汉演义》)｜可见一去，他瘦弱年迈的父亲定是形影相吊，将要忍受难以忍受的孤苦和凄楚。(王戈《树上的鸟儿》)｜夜深了，街上已经没有了行人……路灯投下一片光亮，撕开了沉沉夜幕，照着幽灵似的韩天星，游游荡荡，形影相吊，像置身于一个阴森森的大舞台。(霍达《穆斯林的葬礼》)

〔辨析〕"形单影只、形影相吊"都形容孤单无靠。"形单影只"仅客观上描述了孤单单一个人一条影子。"形影相吊"用"吊"字来刻画在孤单、寂寞中的无奈和自嘲。

行稳致远　脚踏实地

行稳致远 xíngwěn-zhìyuǎn 《礼记·表记》《左传》："慎始而敬终，行稳致远。"只有走得稳，才能得远；要想走得远，必须走得稳。行稳：走得稳妥、稳当；致远：走得远。例古人说：行稳致远，这话很有道理，因为人在旅途，会因为路上的曲直高低、坑洼坎坷、山高水深、寒暑风雨，而环境多变，在行走时，只有稳妥、稳当地去行走，才能走得远。｜行稳致远，不仅是走路的金句，也是做学问、求学的座右铭。要想做好学问，也要一步一个脚印地，稳稳当当地在知识的山峰上攀登，才能达到自己的远大目标。

脚踏实地 jiǎotà-shídì 宋·释惟白《建中靖国续灯录·七·福州古田资福善祥师》："如何是佛？"师云："脚踏实地。"双脚踩到实实在在的地面上，形容做事踏实认真，稳妥可靠。例司马光曾问邵雍："您看我是个什么样的人？"邵雍笑颜："您是一位脚踏实地的人。"｜自从进了香山植物园，他就老老实实向师傅们请教学习，干活从不偷懒，总是认认真真，脚踏实地，一丝不苟。(万林《植物园里小园丁》)

〔辨析〕"行稳致远、脚踏实地"都是褒义词，做事稳当、靠谱。"行稳致远"重在强调只有走得稳妥、稳当，才能走得远。行稳是致远的必要条件。"脚踏实地"强调要实实在在，从实际出发，认认真真，一丝不苟地去做事。

兴高采烈　兴致勃勃

兴高采烈 xìnggāo-cǎiliè 南朝梁·

刘勰《文心雕龙·体性》："叔夜俊侠，故兴高而采烈。"原指文章旨趣高远，言辞犀利。后用来形容兴致高昂，情绪热烈，精神饱满。例小奇奇终于也学会这一套了，它已经能够在妈妈跟前兴高采烈地荡秋千了。（秦牧《深山小猴》）｜陪着小狮子散步是我的职责，履行职责是痛苦的，但我必须伪装出兴高采烈的样子。（莫言《蛙》）｜他看见，秦八娃开始还看得兴高采烈的，到了后来，脸色就越来越难看了。（陈彦《主角》）｜可是他说起这些事，兴高采烈，眉飞色舞，好像是一场热闹有趣的戏剧。（汪曾祺《汪曾祺短篇小说选》）

兴致勃勃 xìngzhì-bóbó 形容兴致很高。勃勃：旺盛的样子。例排凉椅朝荷池陈设，坐满着兴致勃勃的游人。（叶圣陶《两样》）｜接着我就兴致勃勃地继续走路，但心里却开始后悔起来，后悔刚才没在潇洒地挥着的手里放一块大石子。（余华《十八岁出门远行》）｜我又一次在她兴致勃勃的时候叫她失望了。我傻乎乎地说："看，喇嘛的黄伞过来了。"（阿来《尘埃落定》）

〔辨析〕"兴高采烈、兴致勃勃"都形容兴致高。"兴高采烈"强调情绪热烈、欢喜、快乐，精神饱满。"兴致勃勃"强调有兴趣，含高兴从事某件事情的意思。

休戚与共　生死相依

休戚与共 xiūqī-yǔgòng 明·瞿共美《天南逸史》："臣与皇上患难相随，休戚与共；愿自不同于诸臣；一切大政自得一闻。"休：欢乐、喜悦；戚：忧愁、祸患。彼此之间忧喜福祸共同承受。形容同甘共苦。例几十年来，他俩休戚与共，伉俪情深。｜在那动荡的年代，我们这些人命运相同，休戚与共。

生死相依 shēngsǐ-xiāngyī 在生死问题上互相依靠，形容同命运，共存亡。相：相互；依：依靠。例中朝两国同志要亲如兄弟般地团结在一起，休戚与共，生死相依，为战胜共同的敌人而奋斗到底。（毛泽东《中国人民志愿军要爱护朝鲜的一山一水，一草一木》）｜他们俩是生死相依、患难与共的好朋友。｜无论生和死，他们都是相互依靠、生死相依、不离不弃的战友。

〔辨析〕"休戚与共、生死相依"都形容双方的关系好，感情深，不同寻常。"休戚与共"侧重强调在忧喜福祸之中，双方共同承受，程度上要稍微轻一些。"生死相依"更强调双方在生与死这样重大的问题上，互相依靠，双方的命运完全绑在了一起，强调同生共死，在程度上比"休戚与共"要重。

修身守正　率先垂范

修身守正　xiūshēn-shǒuzhèng　《礼记·大学》："心正而后身修，身修而后家齐……"《史记·礼书》："循法守正者见侮于世……"2021年8月24日，"中国文联文艺工作者职业道德和行风建设工作座谈会"在北京举行，在致广大文艺工作者的倡议书中提出"修身守正，立心铸魂"。是说从艺先要做人，做人不能忘本，要严于自律，自觉遵守法律法规，坚守高尚的道德操守，守住底线、红线，坚守正道。例针对"饭圈文化""唯流量论"等违法失德的不良现象提出了"修身守正，立心铸魂"的倡议。｜修身守正不仅是对文艺工作者的要求，每一个公民都应该修身守正，特别是身居要职、掌握权力的人，更应该成为这方面的榜样。

率先垂范　shuàixiān-chuífàn　南朝·梁·刘勰《文心雕龙诏策》："劝戒渊雅，垂范后代。"带头给下级或晚辈做示范，起榜样和带头作用。率先：带头；垂范：示范。例科技工作者应该率先垂范，坚持实事求是的科学精神……努力成为先进文化的实践者。｜以率先垂范的品格，激励学生，以广博精深的学识，丰富学生，以循序渐进的诱导，引领学生。

〔辨析〕"修身守正、率先垂范"都是褒义词，都和做人的标准、水平相关。"修身守正"重在强调本人要加强自身修养，坚守正道，"率先垂范"不仅自己要做好，还要带头给他人做表率，做榜样，做示范，做人要求的程度更高。

喧宾夺主　反客为主

喧宾夺主　xuānbīn-duózhǔ　客人的声音比主人的还大。比喻客人占了主人的地位，或外来、次要的事物占了原有的、主要事物的地位。喧：声音大；宾：客人。例再多说了，不但喧宾夺主，文章不成格局（现在势必如此，已经如此），且亦是不知趣了。（汪曾祺《大淖记事·老鲁》）｜淮河边的天下，是我们姓严的人打下来的，今天你鲁大和尚想来喧宾夺主，那是万万做不到的。（陈登科《淮河边上的儿女》）

反客为主　fǎnkèwéizhǔ　客人反过来变为主人。比喻变被动为主动。例此乃反客为主之计，不可出战，战则有失。（明·罗贯中《三国演义》）｜马彪被派去与昌祥公司谈判，名不见经传的他与张董事长说话时，竟然反客为主，十分张狂。（李瑜《谈判》）

〔辨析〕"喧宾夺主、反客为主"都有客人比主人地位、作用更突出的意思。结果次序颠倒,不含常理。"喧宾夺主"的主客对比,是主人和外来的、次要客人的对比,对比的是事物主次的位置颠倒。"反客为主"是主完全被客替代,不仅是二者位置、作用的全部颠倒,而且主要事物已不存在或处于被动了,语意比"喧宾夺主"要重,造成的后果更糟。

学海无涯　学无止境

学海无涯　xuéhǎi-wúyá　《庄子·养生主》:"吾生也有涯,而知也无涯。"学问的海洋没有边际。指学习知识、研究学问没有穷尽。涯:边际。例学海无涯,就是学贯中西,博古通今的大师,在学问与知识的海洋中也是颇有自知之明的。(刘承先《论谦虚》)｜(我)利用一切可以利用的时间学习,越学越感到"书到用时方恨少""学海无涯"的道理,总觉得每天24小时不够用。

学无止境　xuéwúzhǐjìng　学习知识,研究学问没有尽头。例书海无边,学无止境,我们必须活到老、学到老。(朱洽文《知识·海洋》)｜一个村里桑妇竟有如此智慧,足见我等不懂不会的事情太多了。学无止境啊!(曲春礼《孔子传》)

〔辨析〕"学海无涯、学无止境"都指学习知识、研究学问没有尽头。"学海无涯"侧重强调学问的海洋无边无际,强调学的范围和广度。"学无止境"侧重强调学知识明学问永远也到不了尽头,在强调广度的同时,更偏重强调深度。

雪泥鸿爪　蛛丝马迹

雪泥鸿爪　xuění-hóngzhǎo　宋·苏轼《和子由渑池怀旧》:"人生到处知何似,应似飞鸿踏雪泥。泥上偶然留指爪,鸿飞那复计东西。"鸿雁在雪泥上留下的痕迹(爪印)。比喻往事留下的痕迹。例吾两人游迹,雪泥鸿爪,已茫然如往劫事。(清·钱谦益《耦耕堂诗序》)｜今夏多闲,摭拾旧闻,随事纪录,便尔成帙,亦以见雪泥鸿爪之遗云尔。

蛛丝马迹　zhūsī-mǎjì　蛛网的细丝,马蹄的痕迹。比喻隐约可寻的线索和痕迹。另一种说法,马是指灶马(一种昆虫)行动时留下的痕迹。也是意在比喻隐约可见的某种迹象。例前几天令弟忽然离开开封,不知去向;而今红娘子来攻杞县,声言救你李大公子。请足上想一想,蛛丝马迹,岂不显然。(姚雪垠《李自成》)｜经过一周的侦察,公安人员终于从蛛丝马迹中找到了破案的线索。(云周《邻村的小鹏》)

〔辨析〕"雪泥鸿爪、蛛丝马迹"都

强调留下了痕迹。"雪泥鸿爪"重在强调行踪,用雪泥上留下的鸿雁爪印来比喻曾经的往事,虽然过了若干时日,仍留下了印记,侧重说的是经历。"蛛丝马迹"重在强调事情过后留下了隐约可寻的痕迹,重在探寻事情发生、发展的线索。

血脉相承 一脉相承

血脉相承 xuèmài-xiāngchéng 血统代代相传。指与血脉有关系的人或事不断传承。血脉:血统、血缘。例俊修看着这本始于清顺治年间修的家谱,终于明白了台湾高雄的赖家和福建泉州的赖家真是同宗共祖,血脉相承的。(孟雄才《寻根》)|黄元祥和他师傅虽非血脉相承,但他真是全面继承和发扬了他师傅的真才实学。(唐惠《嫡传绝技》)

一脉相承 yīmài-xiāngchéng 宋·钱时《西汉笔记》:"是故言必称尧舜,而非尧舜之道则不敢陈于王前,一脉相承,如薪传火,无他道也。"指由一个血脉或一个派别一个系统承袭,流传下来。脉:血脉。例至于文天祥所歌咏的"正气"更显然跟"浩然正气"一脉相承。(朱自清《气节论》)|这和发现的唐、五代的绘画,单幅木刻宗教宣传画显然有一脉相承的关系。(阿英《阿英文集》)

〔辨析〕"血脉相承、一脉相承"都指由一个相关的系统流传、传承下去。"血脉相承"强调由血缘、血统这个渠道传承,使用范围较窄。"一脉相承"既可以由血脉,也可以由派别、系统等渠道来传承,使用范围广。

寻根究底 追本溯源

寻根究底 xúngēn-jiūdǐ 寻找追究事情发生的根源,弄清来龙去脉。例似你这样寻根究底,便是刻舟求剑,胶柱鼓瑟了。(清·曹雪芹《红楼梦》)|我虽然句句的藏头露尾,被你们层层的寻根究底,话也大概说明白了。(清·文康《儿女英雄传》)

追本溯源 zhuīběn-sùyuán 探索事物发生的根源。追:追究;本:树木的根;溯:逆水而行,引申为往上探求。例说到这八座模型,追本溯源,不能不提到北洋政府时的总长朱启钤。(石三友《金陵野史》)|追本溯源,谭氏的功绩自不可没。(吴小如《京剧老生流派综说》)

〔辨析〕"寻根究底、追本溯源"都指追寻事物的根源。"寻根究底"偏重于"追究底细",表示对事物发生的根由进行追问、追究,常用于口语。"追本溯源"偏重于"探求根源",表示沿着事物发展脉络向前探索事物的由来，多用于书面语。

循环往复　周而复始

循环往复　xúnhuán-wǎngfù　《史记·高祖本纪》："三王之道若循环，终而复始。"后多作"循环往复"，指重复出现或反复进行。例实践、认识、再实践、再认识这种形式，循环往复以至无穷，而实践和认识之每一循环的内容，都比较地进到了高一级的程度。（毛泽东《实践论》）｜大半天将肉卖光，下午和晚上就买猪；第二天一大早就又杀，每日循环往复，虽不赚大钱，日子却也过得去。（映泉《百年风流》）

周而复始　zhōu'érfùshǐ　《周易·蛊》："终则有始，天行也。"《史记·武帝本纪》："天增授皇帝泰元神策，周而复始。"一次又一次地循环。周：循环，反复。例这就是逸群每日在医院里过着的周而复始的生活。（郁达夫《蜃楼》）｜他们日出而作，日入而息，不用钟表计时，一年四季春播、夏耨（nòu，锄草）、秋收、冬藏，周而复始。（费孝通《访美掠影》）｜生活是这样：它的调子永远像陕北的信天游，青海的花儿与少年，蒙古的长调一样，周而复始，只有简单的两句，反复的两句。（张承志《保夜》）

〔辨析〕"循环往复、周而复始"都指重复出现或反复进行。"循环往复"偏重强调一遍一遍地循环、重复。"周而复始"偏重强调绕完一圈，又从头开始。

Y

揠苗助长　急于求成

揠苗助长　yàmiáo-zhùzhǎng　《孟子·公孙丑上》记载，宋国有一个人嫌禾苗长得慢，就一棵棵往上拔起一点儿，结果苗都死了。后用"揠苗助长"指把田苗往上拔，促它生长。揠：拔。比喻违反事物自身发展规律，强求速成，结果适得其反。也说"拔苗助长"。例我细细观察它纤细的脉络，嫩芽，我以揠苗助长的心情，巴不得它长得快，长得茂绿。（陆蠡《囚绿记》）｜把大学的课程向中学生硬灌，把中学的课程向小学生硬灌……这是"揠苗助长"，秧苗会吃不消。（廖沫沙《还是小学生练字》）

急于求成　jíyúqiúchéng　形容心情焦急，想马上取得成效。例现在有些年轻人都有点急于求成，求名，求利，求出国，求作官，读书有点不时兴了。（丁玲《文学创作的准备》）｜王叔文等在这种情况下执掌政权，思想上还以为大有作为，未免急于求成，见利忘言。（范文澜、蔡美彪等《中国通史》）

〔辨析〕"揠苗助长、急于求成"都有急于获得成效之意。"揠苗助长"偏重于行动上，强调为成效做违背事物自身规律的事。"急于求成"偏重于思想上，强调为取得成效的急切心情。此词适用范围较"揠苗助长"更广，更宽泛。

奄奄一息　一息尚存

奄奄一息　yǎnyǎn-yīxī　晋·李密《陈情表》："但以刘氏日薄西山，气息奄奄，人命危浅，朝不虑夕。"后用"奄奄一息"指只剩下一口气。形容将近死亡。奄奄：呼吸微弱的样子。例三个被五花大绑的人被缚在木柱上，蓬头垢面，衣服褴褛，垂头耷脑，实际已经奄奄一息了。（陈忠实《白鹿原》）｜他被打得奄奄一息，已经不成人形了。（杨沫《青春之歌》）

一息尚存　yīxī-shàngcún　《论语·泰伯》宋·朱熹注："……一息尚存，此志不容少懈，可谓远矣。"一息：一口气。还有一口气没有断。多表示生命的最后阶段。例工作、拼搏就是他的生存方式，这个人只要一息尚存，就在奋斗不已。（邓友梅《和老索相处的日子》）｜权老师激动地说道："只要我一息尚存，我就要教导我的子孙和学生，一定不可忘记日寇在中国犯下的滔天罪行。"（叶知秋《心结》）

〔辨析〕"奄奄一息、一息尚存"都指将近死亡。"奄奄一息"形容生命垂危，临近死亡或比喻事物濒临灭亡、崩溃，多用于已然的情况，确实到了那个地步了。"一息尚存"多表示生命的最后阶段，多用于假设、假定的情况。

言传身教　以身作则

言传身教　yánchuán-shēnjiào　《后汉书·第五伦传》："（上疏）以身教者从，以言教者讼。"意思是以身作则比口头教训人的作用大。后用"言传身教"指用言行起模范带头作用。例他对几个弟弟课艺甚严。在他的言传身教之下，弟弟们技艺长进很快。（赵晓东《最是手足情意深》）｜而言传身教不可偏废，白嘉轩挺着腰杆踩踏轧花机就是最好的身教。（陈忠实《白鹿原》）

以身作则　yǐshēn-zuòzé　用自身的行为做榜样，起表率作用。则：准则、榜样。例这其间不顾一切阻碍以身作则做一个开路先锋的便是许倩如。（巴金《家》）｜她想当一名卫生员，为的是以身作则，改变这种轻视卫生员的风气。（黄谷柳《虾球传》）

〔辨析〕"言传身教、以身作则"都有起模范带头作用的意思。"言传身教"偏重用语言讲解、传授，用行动示范双管齐下，来引出效果，还有用自身行为做榜样比口头教训人作用大的意思。"以身作则"只强调用自身行为做榜样，来影响别人。

言而无信　自食其果

言而无信　yán'érwúxìn　《穀梁传·僖公二十二年》："言之所以为言者，信也。言而无信，何以为言？"后用"言而无信"指说话不讲信用，不算数。例老孙若不与你，恐人说我言而无信。你将扇子回山，再休生事。（明·吴承恩《西游记》）｜郑哥言而无信，他说过心甘情愿把二人配成夫妻的。（刘绍棠《蒲柳人家》）

自食其果　zìshí-qíguǒ　自己做了错事或坏事，自己尝到恶果。例敌人既敢犯罪，就请自食其果。（罗广斌、杨益言《红岩》）｜揪人的自己被揪，抄家的自己反被抄了家，各个自食其果。（《冯骥才中短篇小说集》）

〔辨析〕"言而无信、自食其果"都是贬义词。"言而无信"批评、讽刺说话不算数、没有信用的人或团体。"自食其果"多指干了错事、坏事，自己承担不良的后果。

言简意赅　要言不烦

言简意赅　yánjiǎn-yìgāi　话语或文章简洁而意思完备。赅：完备。例因为当过出洋游历的要人随员，把考察所得归纳为四句传家格言："吃中国菜，住西洋房子，娶日本老婆，人生无憾矣！"却比官修史书、高头讲章的史论远为翔实准确，言简意赅。(柯灵《钱锺书创作浅尝》)｜冷先生向来言简意赅，不见寒暄就率先举起酒盅与三位碰过一饮而尽，然后直奔主题。(陈忠实《白鹿原》)｜什么叫成功？顺手拿来一本《现代汉语词典》，上面写道："成功：获得预期的结果"，言简意赅，明白之至。(季羡林《季羡林散文精选》)

要言不烦　yàoyán-bùfán　《三国志·魏志·管辂传》裴松之注引《管辂别传》："辂为何晏所请果共论《易》九事。……辂寻声答之曰：'夫善《易》也。'晏含笑而赞之：'可谓要言不烦。'"后用"要言不烦"指说话、作文简要明了而不烦琐啰唆。要：切要、简要；烦：烦琐、啰唆。例是的，那——《中国国粹义务论》，真真要言不烦，百读不厌。(鲁迅《彷徨·高老夫子》)｜然后，慈安太后也说了几句，看来是门面话，其实倒是要言不烦，她嘱咐恭亲王要以国事为重，不要怕招怨，不要在小节上避嫌疑。(高阳《慈禧前传》)

〔辨析〕"言简意赅、要言不烦"都有话不多而简明扼要的意思。"言简意赅"重在强调简洁而意思完备，包括全面。"要言不烦"重在强调切中要点而不啰唆。

眼高手低　志大才疏

眼高手低　yǎngāo-shǒudī　眼界和标准很高而实际能力很低。例这个人自命不凡，眼高手低自以为比什么人都清高，却靠着父亲留下的将近一千亩田的遗产过安闲日子。(巴金《谈〈憩园〉》)｜况我又非上乘之才，纵看得出，也不免眼高手低。(萧乾《给自己的信》)

志大才疏　zhìdà-cáishū　《后汉书·孔融传》："融负其高气，志在靖难，而才疏意广，迄无成功。"志向远大而能力不足。例区区鲁夫，志大才疏，也不会有大的作用。(刘章仪《枭雄吴佩孚》)｜来头不是不小，可实际上是个外强中干、志大才疏的东西，凶残有余，谋略不足。(刘波泳《秦川女儿》)

〔辨析〕"眼高手低、志大才疏"都形容标准、志向等主观要求高而实际能力、才干却与之不相称。

"眼高手低"主要形容主观要求高，实际本领小。"志大才疏"强调志向远大，却才能粗疏，能力不足。

洋洋得意　沾沾自喜

洋洋得意　yángyáng-déyì　形容得意、神气的样子。洋洋：得意的样子。也作"扬扬得意"。例说得还挺带劲儿，看样子还是有点洋洋得意。（刘流《烈火金钢》）｜黄三这些人更是洋洋得意，东庄跑到西庄，编造谣言，互相传播。（陈登科《风雷》）

沾沾自喜　zhānzhān-zìxǐ　《史记·魏其武安侯列传》："魏其者，沾沾自喜耳，多易，难以为相持重。"对自己的所作所为感到得意，而流露出轻浮的神色。沾沾：得意的样子。例在太原退出来最初的几天，他不但没有感到国土沦丧的伤痛，反而颇有些沾沾自喜。（慕湘《满山红》）｜尽管一生只写过这么一本，功绩也不可抹杀。但是，作家自己却不该因此而抱定"一本书主义"，沾沾自喜。（老舍《青年作家应有的修养》）

〔辨析〕"洋洋得意、沾沾自喜"都形容得意的样子。"洋洋得意"强调露出得意、神气的情态。"沾沾自喜"则强调因自身感到得意而流露出的不稳重。

洋洋自得　自鸣得意

洋洋自得　yángyáng-zìdé　清·李宝嘉《官场现形记》第四十五回："主意打定，正在洋洋自得，那差出去的管家也回来了。"形容自我陶醉，非常得意的样子。洋洋：得意的样子。例虽说是叹气，其实是蒙受荣宠，有些洋洋自得的意思。（端木蕻良《曹雪芹》）｜钱磊从总经理办公室出来，笑得眼都成了一条缝儿了，洋洋自得地哼着小曲，一副春风得意的样儿。（袁明震《京城阔少》）

自鸣得意　zìmíng-déyì　形容对自己感到称心满意，对自己十分欣赏。自鸣：自己表示，自己以为；得意：称心如意、心满意足。例一件事物发生时立即使你联想到一些套语滥调，而你也就安于套语滥调，毫不斟酌地使用它们，并且自鸣得意。（朱光潜《咬文嚼字》）｜只要它不认为骨肉之外无乐土，垃圾之外无五洲，我尽管让这个小东西嗡嗡的自鸣得意。（钱锺书《写在人生边上》）

〔辨析〕"洋洋自得、自鸣得意"都形容自我感觉良好，十分得意、心满意足。"洋洋自得"既可用于形容外部表情，也可形容内心。"自鸣得意"多着眼于外部表情，偏重于显示自己很得意。

养虎遗患　养痈成患

养虎遗患　yǎnghǔ-yíhuàn　《史记·项羽本纪》："（张良、陈平说曰）楚兵罢（疲）食尽，此天亡楚之时也，不如因其机而遂取之。今释弗击，此所谓'养虎自遗患'也。"比喻纵容坏人，给自己留下后患。例他非常恨陕西地方文武大员的糊涂无用。竟敢长期不明"贼情"，养虎遗患。（姚雪垠《李自成》）｜小倩十分严肃地说道："陆总，您这样姑息、容忍，长此以往恐有养虎遗患之忧呵！"（张浩《西子湖畔的风波》）｜陈中说起你们早就想办胡国光，为什么不见实行呢？现在是养虎遗患了。（茅盾《蚀·动摇》）

养痈成患　yǎngyōng-chénghuàn　汉·冯衍《与妇弟任武达书》："养痈长疽，自生祸殃。"后用"养痈成患"指留着毒疮不医治，会酿成祸患。比喻姑息纵容坏人坏事，会造成危害。也说"养痈遗患"。例吴、尚等蓄彼凶谋已久，今若不及早除之，使其养痈成患，何以善后？（清·昭梿《啸亭杂录·论三逆》）｜老舅任由表弟这样胡闹下去，不加管束，这不就是养痈成患吗？（鲁其香《燕山深处》）｜这种管理漏洞不及时纠正，无异于养痈成患，早晚要出事。（袁霞《春笋》）

〔辨析〕"养虎遗患、养痈成患"都比喻包庇、姑息坏人、坏事造成后患、恶果。"养虎遗患"又用于坏人、敌人。"养痈成患"除可用于人，还可用于事、物。

杳如黄鹤　杳无音信

杳如黄鹤　yǎorú-huánghè　南朝梁·任昉《述异记》卷上："荀瓌……憩江夏黄鹤楼上，望西南，有物飘然降自霄汉，俄顷已至，乃驾鹤之宾也……宾主欢对，（已而）辞去，跨鹤腾空，眇然烟灭。"唐·崔颢《黄鹤楼》："昔人已乘黄鹤去，此地空馀黄鹤楼。黄鹤一去不复返，白云千载空悠悠。"后用"杳如黄鹤"比喻人或物一去不返，再无消息。杳：远得不见踪影。例时序已迁，仲秋到了，可是你的消息仍杳如黄鹤……（穆青《穆青散文选》）｜何萍越想越觉得李想有逃跑的可能，风风火火奔到家一看，果然是杳如黄鹤，人去楼空。（周书铭《恋爱之后》）

杳无音信　yǎowú-yīnxìn　宋·黄孝迈《水龙吟》词："惊鸿去后，轻抛素袜，杳无音信。"指没有一点消息。例老人……两个儿子，一个被官府抓到辽东去充军，至今杳无音信。（蒋和森《风萧萧》）｜朱细芳忘形地扑向周祺，好像周祺就是她的日夜想念而又杳无音信的亲哥

哥。(陈残云《山谷风烟》)
〔辨析〕"杳如黄鹤、杳无音信"都指没有消息。"杳如黄鹤"既可表示再没有消息，也比喻人或物一去不复返。"杳无音信"没有这层意思，只重在表示没有信息。

咬文嚼字　字斟句酌

咬文嚼字　yǎowén-jiáozì　死抠字眼。多指对文字、字句过分斟酌，而不重视整体文章段落的内容内涵。例咬文嚼字，在表面上像只是斟酌文字的分量，在实际上就是调整思想和情感。(朱光潜《咬文嚼字》)｜百姓的语言是生动活泼的，他们不咬文嚼字，他们不装腔作势。(丁玲《生活·创作·修养》)

字斟句酌　zìzhēn-jùzhuó　清·纪昀《阅微草堂笔记》卷一："宋儒积一生精力，字斟句酌，亦断非汉儒所及。"对字句反复推敲，形容说话写作态度严谨慎重。例所以作者必须字斟句酌，包括标点都要使用得当。(李心田《〈闪闪的红星〉制作琐谈》)｜齐同志字斟句酌地十分认真，有些地方我劝他马虎一点，然而他决不马虎。(郭沫若《苏联纪行》)

〔辨析〕"咬文嚼字、字斟句酌"都含有说话写作在用词用句上下功夫的意思。但"咬文嚼字"多含贬义，有过分斟酌词句的意思；"字斟句酌"是褒义，肯定用词用句慎重严谨的态度和做法。

耀武扬威　趾高气扬

耀武扬威　yàowǔ-yángwēi　唐·张彦远《法书要录》八："楷法则过于卫瓘，然穷兵极势，扬威耀武。"后用"耀武扬威"指炫耀武力，显示威风或权势。也说"扬威耀武"。例马超士卒，蓄锐日久，至此耀武扬威，势不可当。(明·罗贯中《三国演义》)｜那副小人得志，耀武扬威的样子，我心怀嫉恨，决定整他。(莫言《蛙》)

趾高气扬　zhǐgāo-qìyáng　《左传·桓公十三年》："举趾高，心不固矣。"《战国策·齐策上》："今何举足之高，志之扬也。"高高举步，神气十足。形容骄傲自大，得意忘形的样子。例他们都过着舒服的日子，而且趾高气扬，不可一世。(巴金《谈〈憩园〉》)｜有的人趾高气扬，走进走出都把头抬得很高。(汪曾祺《大淖记事·讲用》)

〔辨析〕"耀武扬威、趾高气扬"都形容高傲，耍威风的样子，含贬义。"耀武扬威"语意更重，多指那些手中握有武力，或位居高位有权势者，以炫耀、显摆吓唬人。"趾高气扬"强调人的骄傲，一旦得志后的目空一切，洋洋自得。

夜郎自大　自命不凡

夜郎自大　yèláng-zìdà　《史记·西南夷列传》："滇王与汉使者曰：'汉孰与我大？'及夜郎侯亦然。以道不通故，各自以为一州主，不知汉广大。"后用"夜郎自大"比喻因无知而妄自尊大。夜郎：汉代西南一个小国，在今贵州西部，面积大约相当一个县。例毛泽东同志指出的骄傲自满、故步自封、夜郎自大的毛病，我们的思想理论工作者同样要竭力避免。（邓小平《坚持四项基本原则》）| 不过读书的人，决不应该以书本知识为满足，自以为了不起，就此夜郎自大，骄傲非凡。（廖沫沙《知识是谁的》）

自命不凡　zìmìng-bùfán　自以为了不起，也指自认为有某种独特的品格、智慧、身份等。例道学的兴起表示书生的地位加高，责任加重，他们更其自命不凡了。（朱自清《论书生的酸气》）| 由此可见，越是没有本领的就越加自命不凡；越是有本领的才越加谦虚谨慎。（马南邨《燕山夜话》）

〔辨析〕"夜郎自大、自命不凡"都形容高傲自大，自认为了不起。"夜郎自大"重在强调因无知、眼界狭窄、信息闭塞、见识浅陋等造成自以为了不起。除常用于人外，还用于国家、集体等。"自命不凡"重在强调自认为独具某种异于他人的优势而狂妄自大或自以为了不起，一般多用于形容个人。

衣不蔽体　捉襟见肘

衣不蔽体　yībùbìtǐ　唐·元稹《同州刺史谢上表》："臣八岁丧父，家贫无业，母兄乞丐以供资养。衣不布体，食无充肠，幼学三年不蒙师训。"后用"衣不蔽体"指衣服破烂，连身体都遮盖不住。形容生活非常贫困。蔽：遮挡。例衣不蔽体，家里正愁吃愁穿的农民望了这样不知稼穑艰难的人们一眼，一句话也没说。（秦牧《土地》）| 在给地主扛活的时候，起早睡晚，流血流汗，到头来还是衣不蔽体，养不活一家大小。（袁鹰《养不掉的茧子》）

捉襟见肘　zhuōjīn-jiànzhǒu　《庄子·让王》："曾子居卫……十年不制衣，正冠而缨绝，捉衿而肘见。"整整衣襟就露出了胳膊肘。形容衣衫褴褛。比喻生活困难，缺吃少穿难以将就或顾了这个顾不了那个，穷于应付。例平时所过的早就是捉襟见肘的生活，更那有什么余钱来做归国的路费呢？（郭沫若《学生时代·创造十年》）| 知道的少，偏要写的多，必定捉襟见肘。（老舍《和工人同志们谈创作》）

〔辨析〕"衣不蔽体、捉襟见肘"都可

形容生活非常贫困。"衣不蔽体"仅强调衣服破烂,连身体都遮盖不了。是直陈性成语。"捉襟见肘"除了形容衣不遮体,生活贫穷之外,还可比喻顾此失彼,照顾不周或无法应付,可作比喻性成语。

一笔勾销　一笔抹杀

一笔勾销　yībǐ-gōuxiāo　宋·朱熹《五朝名臣言行录》:"公取班簿,视不才监司,每见一人姓名,一笔勾之。"后多用"一笔勾销"指把账目、名字等一笔抹掉。比喻完全取消、否定或不再提起。例历史不是可以一笔勾销的,但历史只是历史。(王蒙《相见时难》)｜我并不把自己的过去一笔勾销,说成完全要不得。(《傅雷家书·1956年4月14日》)

一笔抹杀　yībǐ-mǒshā　用笔一画,全部抹掉。比喻轻率地全部否定或抹掉成绩、优点、事实等。也作"一笔抹煞"。例我们对资产阶级民主,不能一笔抹杀,说他们的宪法在历史上没有地位。(毛泽东《关于中华人民共和国宪法草案》)｜历史和旧文化,我们应该批判地接受,作为创造新文化的素材的一部,一笔抹杀是不对的。(朱自清《文物·旧书·毛笔》)｜万清恼羞成怒,居然不顾事实,不念前情将小魏的过去一笔抹杀,令大家十分惊诧。(齐登科《太行余辉》)

〔辨析〕"一笔勾销、一笔抹杀"都指一下子就全都抹去了。"一笔勾销"重在强调取消,不让事物、感情再存在,多用于欠债、记录等方面。"一笔抹杀"重在强调全盘否定,轻率地把成绩、优点、事实等抹掉。

一尘不染　一干二净

一尘不染　yīchén-bùrǎn　修道的人不沾染六尘,叫作一尘不染。尘:佛家称色、声、香、味、触、法为六尘。意为教徒不被六尘所玷污。后多形容为人清廉,洁身自好,品性纯洁,没有被不良习气沾染。也形容环境或物体非常干净。例他(贺龙)从旧营垒冲杀出来,但一尘不染,他能艰苦奋斗,是个革命乐观主义者。(王震《忠诚的战士,光辉的一生》)｜不知怎的,这儿的空气,竟如此清新、明澈,直赛水晶,一尘不染!(曹靖华《飞花集》)

一干二净　yīgān-èrjìng　形容彻底,一点不剩。也形容整洁、干净。例他是"一毛不拔",我们是"无毛不拔",把他拔得一干二净,看他如何!(清·李汝珍《镜花缘》)｜店里敞开的窑和客房,大都收拾得一干二净。(柳青《铜墙铁壁》)｜此时这个得意忘形的家伙,早已经将父母的告诫抛到九霄云外，忘得一干二净了。

〔辨析〕"一尘不染、一干二净"都可形容清洁、干净。"一尘不染"还可形容人的品质，"一干二净"不能；"一尘不染"强调不被玷污、不被沾染，"一干二净"强调一点也不剩。

一筹莫展　束手无策

一筹莫展　yīchóu-mòzhǎn　比喻一点办法没有。筹：筹码，用来计算和计数用的工具，多用竹片制成。引申为计谋。例夜深人静之时，自己脑袋里好像是开了锅。然而结果却是一筹莫展。（季羡林《牛棚杂忆》）｜对于这样一位太认真的老父亲，我一筹莫展……（梁晓声《普通人》）

束手无策　shùshǒu-wúcè　宋·王柏《书先君遗独善汪公帖后》："士大夫念虑不及此，一旦事变之来，莫不束手无策。"像手被捆住了，毫无办法。例觉民对那许多人的束手无策感到失望，但是他仍然追问下去。（巴金《秋》）｜……谁家一不小心就作出不好的事，一出不好的事往往就束手无策，叫天天不应，叫地地不灵。（梁晓声《人世间》）｜眼看着病症如此严重，明知道该怎么医治，可是又束手无策；这是我们做医生的最大的痛苦。（茅盾《锻炼》）

〔辨析〕"一筹莫展、束手无策"都有面对问题一点儿办法没有的意思。"一筹莫展"的没办法指停留在头脑里，偏重于自己想不出办法；"束手无策"的毫无办法偏指处于客观因素造成的困境中，因而两词使用的语言环境不同。

一蹴而就　一挥而就

一蹴而就　yīcù'érjiù　宋·苏洵《上田枢密书》："天下之学者，孰不欲一蹴而造圣人之域。"后作"一蹴而就"，踏一步就能成功。形容事情轻易即可完成，获得成功。蹴：踏；就：成功、成就。例他们认为胜利不能一蹴而就，必须用持久战。（茅盾《路》）｜但是能在形式上满足诗歌的节奏和韵脚的条件，到底不是一蹴而就的事。（李健吾《于伶的剧作并及〈七月流火〉》）

一挥而就　yīhuī'érjiù　一动笔就能很快完成。形容才思敏捷。挥：运笔；就：完成。例打就腹稿而后在纸上一挥而就，古人中不乏其例，像王粲、王勃便是。（苏雪林《我的写作经验》）｜不要以为几千字的短篇可以用"即兴式"的方法一挥而就。当然，动笔以后，最好一气呵成，然后再改。（茅盾《鼓吹集》）

〔辨析〕"一蹴而就、一挥而就"都形

容很容易就能完成或成功。"一蹴而就"多指能轻易达到目标，取得成功，强调不费劲，容易，使用范围较广。"一挥而就"多形容在书法、绘画、写作等领域熟练、迅速、潇洒，使用范围稍窄。

一地鸡毛　乱七八糟　一片狼藉

一地鸡毛　yīdìjīmáo　《一地鸡毛》原是刘震云所著一部反映小市民真实生活的小说集。后用"一地鸡毛"来形容琐碎、微小、鸡毛蒜皮的日常生活；可作为日常生活琐事、鸡毛蒜皮的小事的代称。还可表示平庸、琐屑、卑下、无所作为、纠缠不清，并可引申为糟糕、麻烦、混乱，使人厌烦、不受欢迎。例这些婆婆妈妈的事简直就是一地鸡毛，但在有关部门的配合、支持下，大都得到了妥善的解决。｜一次地铁站的美好回忆改变不了人生，一次幸福的出线改变不了中国足球的一地鸡毛。｜还有一些经纪公司为争夺候选人而起纠纷，甚至告到足协去了，真是一地鸡毛。

乱七八糟　luànqī-bāzāo　清·曾朴《孽海花》第五回："你看屋子里的图书字画，家伙器皿，布置得清雅整洁，不像公坊以前乱七八糟的样子了，这是霞郎的成绩。"形容毫无秩序及条理，乱糟糟的样子。例琴弹的乱七八糟，可是她的嗓子怪清亮的。(老舍《二马》)｜有人说："乱七"是指两汉时期的"七国之乱"；"八糟"是指西晋时期的"八王之乱"。这两个皇室内部争权夺利的斗争连在一块就构成了"乱七八糟"这个成语。这当然只是一家之言，仅供参考。

一片狼藉　yīpiànlángjí　《史记·滑稽列传》："日暮酒阑，合尊促坐，男女同席，履舄交错，杯盘狼藉。"形容乱七八糟，杂乱不堪，困厄、窘迫；还可指糟蹋、折磨；也指多而散乱的堆积，用来比喻行为不检，名声不好。例法国黄马甲抗议行动十大瞬间，原来祥和的巴黎街道一片狼藉，到处杂乱不堪。｜这个村里的二流子，由于劣迹斑斑，他的名声在七里八村早已是一片狼藉了。

〔辨析〕"一地鸡毛、乱七八糟、一片狼藉"都有糟糕，混乱不堪，使人厌烦，不受欢迎的意思。"一地鸡毛"还可以形容琐碎的鸡毛蒜皮的小事，以及表示平庸、卑下、无所作为等意思，而后两个成语没有这一层意思。"乱七八糟"更多形容状态，局面，没有秩序和条理。"一片狼藉"由于"狼藉"有践踏、侮辱的意思，还可用来比喻困厄、窘迫和行为不检，名声不好。

一路货色　一丘之貉

一路货色　yīlù-huòsè　通常说"一路货"。同一类的货物。现多比喻同一类的人或同样的事物。多含贬义。例叫我看，一进了他们这个大染缸，就全变成一路货色了。（郭澄清《大刀记》）| 从本质上讲，这两个人我都不喜欢，她们俩完全是一路货色——俗！（王海鸰《她们的路》）

一丘之貉　yīqiūzhīhé　《汉书·杨恽传》："古与今如一丘之貉。"同一个小土山上的貉。比喻彼此是一路货色。多含贬义。貉：一种形似狐狸的动物。例管它秦国也好，楚国也好，在我看来都是一丘之貉。秦国也要防，楚国也要防。（郭沫若《虎符》）| 这证实了王子江师傅当初的调查，魏和姓白的那娘儿们是男盗女娼，一丘之貉。（檀林《一个女囚的自述》）

〔辨析〕"一路货色、一丘之貉"都能比喻同一类人，都含贬义。"一路货色"既可比喻同一类人，也可比喻同样质量和水平的牲口、物料。"一丘之貉"一般不用于比喻牲口、物件，且"一丘之貉"词意也较重。

一马平川　一望无际

一马平川　yīmǎ-píngchuān　能够让马奔驰的平地。形容地势开阔平坦。例一万里一条驼绒地毯，没有剪短一根毛丝，也没落上一颗土星，一马平川地铺向天边去。（端木蕻良《科尔沁旗草原》）| 敌人围得甚紧，村外又是一马平川，敌人展开重火力，我们几次冲锋都被敌人压回来了。（冯德英《苦菜花》）

一望无际　yīwàng-wújì　宋·秦观《蝶恋花》："九派江分从此去，烟波一望空无际。"后作"一望无际"，一眼看不到边际。形容十分辽阔，平坦。际：边。例四面一望无际，是苍凉的日光和水色。（茅盾《子夜》）| 蒙古中部的草原，虽说是绿草萋萋，一望无际，但是却到处起伏着倾斜度不大的丘陵。（秦牧《长河浪花集》）

〔辨析〕"一马平川、一望无际"都可形容地势开阔平坦。"一马平川"重在强调地面平整宽阔可供纵马疾驰，可用来比喻坦途，没什么障碍。"一望无际"可形容所有一眼看不到边际的事物，使用面广。

一贫如洗　一无所有

一贫如洗　yīpín-rúxǐ　宋·王镃《月洞吟·山居》："虽是一贫清似水，却无徭役到山中。"后多作"一贫如洗"。穷得像被水冲洗过一样。形容贫穷到极点。例到我中学毕业的时候，他已一贫如洗，什么财产也没有了，只剩下了那个后花园。

(老舍《宗月大师》)｜爸爸一贫如洗,没给他留下什么遗产,但却给他遗留下百折不挠、宁折不弯的精神财富。(从维熙《遗落在海滩的脚印》)｜华北旱灾。等他在运河边看到更多灾民的顺水而下,更有一贫如洗的灾民船都坐不起,挈妇将雏沿着河边蹒跚而过……谢平遥还未来得及理出个头绪,李赞奇电报到了。(徐则臣《北上》)

一无所有 yīwúsuǒyǒu 原说"空无所有"。汉·焦赣《易林》:"商人至市,空无所有。"后多作"一无所有",指什么也没有。形容极其贫穷,也可形容什么都没有了。例我自从去年在县里出来,家下一无所有,常日只好吃一餐粥。(清·吴敬梓《儒林外史》)｜马晓明自从母亲去世,妻子离婚带走孩子,父亲也去了妹妹之家,他就觉得虽有偌大家产,自己好像已是一无所有。(冯玉《前妻》)

〔辨析〕"一贫如洗、一无所有"都可形容极其贫穷,穷到极点。"一贫如洗"是比喻性成语,"一无所有"为陈述性成语;"一贫如洗"只限于形容贫困,使用面较窄,"一无所有"还可形容除财物之外,真是什么都没有的情况。

一窍不通 一无所知

一窍不通 yīqiào-bùtōng 《吕氏春秋·过理》:"(纣)杀比干而视其心,不适也。孔子闻之曰:'其窍通,则比干不死矣。'"汉·高诱注:"纣性不仁,心不通,安于为恶……故孔子言其一窍通,则比干不见杀也。"(比干:商纣王的叔父,屡谏纣王,后被纣王剖心处死。)后用"一窍不通"比喻愚钝,什么都不懂。窍:孔穴。古人把两眼、两耳、两鼻孔、嘴称为七窍。例虽然他是个一窍不通的浑虫,可是双桥镇上并无"镇长"之流的官儿,他也还明白。(茅盾《子夜》)｜黄佳刚来时真是个一窍不通的新手,几年下来业务已烂熟于心了。(秦虎臣《楚楚的微博》)｜对于政治,他简直是一窍不通。(老舍《牛天赐传》)

一无所知 yīwú-suǒzhī 唐·白居易《悲哉行》:"朝从博徒饮,暮有倡楼期……声色狗马外,其余一无知。"后用"一无所知"指什么都不知道,什么都不懂。例他们在蛐蛐罐子、鸽铃、干炸丸子等上提高了文化,可是对天下大事一无所知。(老舍《正红旗下》)｜他昨晚睡在小学校里一无所知,所以一时拿不出具体方案。(陈忠实《白鹿原》)

〔辨析〕"一窍不通、一无所知"都可形容一点都不懂,一点都不明白。"一窍不通"强调愚钝,不开窍,没有通达明白事理的途径，贬义较重。"一无所知"强调闭塞，全然不知晓、不知情，一点不了解，贬义较轻。

一扫而光　一网打尽

一扫而光　yīsǎo'érguāng　宋·苏轼《题王逸少帖》："出林飞鸟一扫空。"一下子就扫得干干净净，什么也不剩。比喻彻底消除、消失或消灭。例梁娜觉得自己已饿得前胸贴在后背上了，顿时狼吞虎咽，把满桌的饭菜一扫而光。（夏铭佳《患难姐妹》）|陈旅长看了看命令，瞌睡、疲劳一扫而光。（杜鹏程《保卫延安》）|这样一来，我心中的疑云一扫而光：池塘中生长的真正是洪湖莲花的子孙了。（季羡林《季羡林散文精选》）

一网打尽　yīwǎng-dǎjìn　宋·欧阳修《湖州长史苏君墓志铭序》："吾一举网尽之矣。"后用"一网打尽"比喻全部消灭或获取。例周老爷道："他开口就是三十万，岂不是一百倍。"胡统领道："他的心比谁都狠！咱们辛苦了一趟，所为何事，他竟要一网打尽，我们还要吃甚么呢？"（清·李宝嘉《官场现形记》）|原来康顺风和桦林霸，想把康家寨的民兵引到这老虎山上，一网打尽。（马烽、西戎《吕梁英雄传》）

〔辨析〕"一扫而光、一网打尽"都有全部、彻底消灭的意思。"一扫而光"的对象适用于人、物及情感，重在强调使之彻底消灭、消除、消失。"一网打尽"的主要对象是敌人、坏人、对手，重在强调收罗、获取。

一往无前　勇往直前

一往无前　yīwǎng-wúqián　明·孙传庭《官兵苦战斩获疏》："曹变蛟，遵臣指画，与北兵转战冲突，臣之步兵莫不一往无前。"一直向前进，没有力量可以在前面挡住。形容无所畏惧，奋勇向前。例这个军队具有一往无前的精神。（毛泽东《论联合政府》）|他看见英气勃勃的祖逖正在抚着船舷，眼望着滔滔滚滚的长江，表现出他那种一往无前，为了祖国戮力同心的精神。（王统照《讷尔逊的一课》）

勇往直前　yǒngwǎng-zhíqián　宋·朱熹《答陆子静》："不顾旁人是非，不计自己得失，勇往直前，说出人不敢说底道理。"勇敢地一直向前。形容不怕任何艰难险阻，为达到目的勇敢地奋斗到底。例况且你已经可以无可顾虑，勇往直前了。（鲁迅《彷徨·伤逝》）|因为勇敢这才能勇往直前，肉搏强敌，以报仇雪恨。（鲁迅《坟·杂忆》）

〔辨析〕"一往无前、勇往直前"都可形容无所畏惧，一直向前进。"一往无前"偏重强调任何艰难险阻也不能阻止前进。"勇往直前"偏重强调勇敢、有勇气，在前进时不畏惧任何艰难险阻。

一往无前　一如往前

一往无前　yīwǎngwúqián　无所畏惧地一直向前进。例在探索人类生存的环境时，必须要有一往无前的勇气和实事求是的科学精神，这是我们认识客观世界最重要的两件法宝。｜他做事总是一往无前，这种精神真是难得。

一如往前　yīrúwǎngqián　和从前一样，没什么变化。一：一样；如：像、和；往前：从事、以前。也说"一如既往"。例虽然他年龄越来越大，精力也不如从前，但朋友有了困难，他仍然一如往前热心相助不遗余力。｜这种药她吃了三个月，病情仍然一如往前，未见有什么好转。

〔辨析〕"一往无前、一如往前"这两个成语的区别比较大。"一往无前"是褒义词，它形容为了正义的事业勇猛无畏地一直向前进，不达目的决不停歇。"一如往前"是中性词，主要用来形容一直和原来都是一样的，没什么变化。

一叶障目　以偏概全

一叶障目　yīyè-zhàngmù　《鹖冠子·天则》："一叶蔽目，不见太山；两豆塞耳，不闻雷声。"太山，即泰山。一片树叶挡住眼睛，连泰山都看不见。比喻被细小的、暂时的现象所蒙蔽或迷惑，看不到事物的全貌和本质。例只是我同他略谈数语，也看出他正像一般读书人一样，看事半明半暗；有时一叶障目，不见泰山。（姚雪垠《李自成》）｜我们不能一叶障目不见泰山，不能被表面现象所蒙蔽而看不见事物的本质。（吴天辉《思维训练》）

以偏概全　yǐpiān-gàiquán　片面地根据局部现象来推论整体，得出错误结论。例旧诗词中有好东西，但不等于旧诗词都好，那就是以偏概全。（郭沫若《当前诗歌中的主要问题》）｜支离破碎地听到一点儿，就以偏概全，这不是要上当受骗吗？（《光明日报》1993年8月12日）

〔辨析〕"一叶障目、以偏概全"都可指因被局部现象所蒙蔽或迷惑而看不清楚事物的全貌和本质。"一叶障目"重在强调为局部或暂时的事物所蒙蔽，是比喻性成语。"以偏概全"偏重片面地根据局部现象去推论整体，而又得出了错误结论，是直陈性成语。

义不容辞　责无旁贷

义不容辞　yìbùróngcí　唐·岑文本《唐故特进尚书右仆射上柱国虞恭公温公碑》："夫显微阐幽，义不容辞，功高德盛……"从道义上讲，不能推辞或回避。[例]常二爷正在地里忙着，可是救命的事是义不容辞的。(老舍《四世同堂》)｜医疗质量是关系到病人生命安危的大事，救死扶伤是医务人员义不容辞的天职。(2014年全国高考语文新课标试题句)

责无旁贷 zéwúpángdài 本身负有责任，不能推卸给别人。贷：推卸。[例]讲到护送，除了自己一身之外，责无旁贷者再无一人。(清·文康《儿女英雄传》)｜济南、辽沈战役之后，蒋介石军队已溃不成军，蒋介石本人责无旁贷地要承受指挥失当指责。(顾笑言等《李宗仁归来》)

〔辨析〕"义不容辞、责无旁贷"都指不能推卸和回避。"义不容辞"强调从道义上不能推辞，但不一定是自己的责任。"责无旁贷"强调是自己应尽的责任，偏重责任的归属。

因地制宜　因势利导

因地制宜 yīndì-zhìyí 汉·赵晔《吴越春秋》："夫筑城郭、立仓库，因地制宜，岂有天气之数以威邻国者乎？"根据各地不同的具体情况而制定与之相适应的措施。因：根据；制：制定；宜：适当。[例]有一个原来很落后的县，就是因为解放思想，因地制宜地发展生产，才由老大难变为先进。(邓小平《思想路线政治路线的实现要靠组织路线来保证》)｜此外，我想因地制宜，各地都成立几个人的读书小组，约定时间，举行座谈，交换意见，必有好处。(老舍《谈读书》)

因势利导 yīnshì-lìdǎo 《史记·孙子吴起列传》："善战者，因其势而利导之。"后用"因势利导"指顺着事物发展的趋势加以正确引导。[例]各种地方戏的发展迟早不同，形式各异，我们应当因势利导，给他们分别找出新路数来。(老舍《新文艺工作者对戏曲改进的一些意见》)｜这种语言须合乎儿童生活上的要求，从而因势利导使儿童受到教育。(老舍《儿童剧的语言》)

〔辨析〕"因地制宜、因势利导"都有根据实际情况采取适当措施的意思。"因地制宜"重在强调根据不同地区的具体情况来制定与之相适应的适当的措施。"因势利导"则强调顺着事物发展的趋势，将其向正确、积极、成功的方面引导。

因循守旧　抱残守缺

因循守旧 yīnxún-shǒujiù 指死守老一套不放手，不求革新。[例]事实上，革故取新就能前进，因循守旧必然落后。(张岱年《文化传统与民族精神》)｜我以为这种改革在技术上没有什么困难，也不需要作很

大的投资，主要是解放我们固步自封、因循守旧的思想。（马识途《西游散记》）

抱残守缺 bàocán-shǒuquē 《汉书·刘歆传》："犹欲抱残守缺，挟恐见破之私意，而无从善服义之心。"死守着残缺东西不放弃。例不竞赛，就容易抱残守缺，敝帚千金，只在形式上绕圈子。（老舍《谈诗》）｜一切事物都在不断发展变化……如果满足于前人已有知识，抱残守缺，就不可能很好地去学习新知识。（陶铸《论劳动与读书》）

〔辨析〕"因循守旧、抱残守缺"都有保守、不求革新的意思。"因循守旧"指沿袭遵守的是旧的一套，不思改变；"抱残守缺"不放弃的是残缺，甚而是腐朽不全的东西，这对接受革新来说，态度更差一些。

营私舞弊　中饱私囊

营私舞弊 yíngsī-wǔbì 清·吴趼人《二十年目睹之怪现状》第十四回："南洋兵船虽然不少，叵耐管带一味知道营私舞弊，哪里还有公事在他心上。"为谋取私利而玩弄欺骗手段。营：谋求；舞弊：搞欺诈。例您讲的那个糊涂蛋，就是我办事处的职员，他挪用公款，营私舞弊，是我把他撤职法办的！（茅盾《清明前后》）｜如今不少的官员都在那儿贪赃枉法，营私舞弊，把好好的一个中国搞得乌烟瘴气，民怨鼎沸。（春晓《衡山初霁》）｜他们营私舞弊，专门吸取劳动人民的血汗，甚至乘机拐骗，逼良为娼。（徐铸成《报海旧闻》）

中饱私囊 zhōngbāo-sīnáng 《韩非子·外储说右下》："薄疑谓赵简主曰：'君之国中饱？'简主欣然而喜曰：'何如焉？'对：'府库空虚于上，百姓贫饿于下，然而奸佞富矣。'"后由此人们总结出成语"中饱私囊"。侵吞经手的财物，装入个人的腰包，从中获利。中饱：中间获取；囊：口袋，腰包。例小人贪利，事本平常，所可恨者，银两中饱私囊，不曾济国家之实用耳。（清·李绿园《歧路灯》）｜国有资产不能变成那些贪官污吏中饱私囊的摇钱树。

〔辨析〕"营私舞弊、中饱私囊"都可讽刺、揭露为私利谋财。"营私舞弊"强调为谋私利，玩弄欺骗手段，耍阴谋诡计，除谋财之外，还可用于谋取其他私利如名声、职位等。强调的是欺诈、作弊。"中饱私囊"只强调将经手的财物放到自家的口袋里。强调的是贪婪、无耻。

油光可鉴　油光水滑

油光可鉴 yóuguāng-kějiàn 形容头发或者器物非常光亮可以照人。例也有解散辫子，盘得平的，除下帽来，油光可鉴，宛如小姑娘的发髻一般，还要将脖子扭几扭。（鲁迅《朝花夕拾·藤野先生》）｜他年近三十岁，留着"西洋装"的头，梳得蓬蓬的，油光可鉴。（吴组缃《山洪》）

油光水滑 yóuguāng-shuǐhuá 形容头发、器物光亮润泽。也可比喻为人处世圆滑，狡诈。例这些"女将"都生得颀长俊俏，浓黑的头发上涂了很多梳头油，梳得油头水滑。（汪曾祺《大淖记事》）｜你瞧多会应付！可是只要咱老张干起来，他就得跟着一起干，不怕他油光水滑。（姚雪垠《李自成》）

〔辨析〕"油光可鉴、油光水滑"都可形容头发或物品光亮。"油光可鉴"重在强调亮得像镜子一样，可以照见人影。"油光水滑"不仅可形容光亮润泽，也可比喻为人处世滑头，不易把握。"油光可鉴"无此意。

有板有眼　有声有色

有板有眼 yǒubǎn-yǒuyǎn 指奏乐或唱曲合节拍，有节奏。多比喻说话、做事有条不紊，富有节奏，合乎章法。板、眼：奏乐或唱曲时，每一小节中用鼓板敲击的最强拍称板，用签敲鼓按拍的次强拍和弱拍称眼。例他的话就这么有板有眼训下来，直到大家站的腿酸了才算训完。（赵树理《灵泉洞》）｜老板大声说道："咱们公司几十号人，真正办事有板有眼的黄佳算一个！"（巴浦明《路遥知马力》）

有声有色 yǒushēng-yǒusè 宋·汪藻《翠微堂记》："其意以谓世之有声有色者，未有不争而得，未有不终磨灭者。"既有声音，又有色彩。形容叙述、描绘和表演等精彩生动或办事有生气，令人叫好。也可指既有名声，又有光彩，十分显赫荣耀。例哥哥叶大英听着弟弟有声有色的叙述，又是羡慕又是嫉妒。（秦牧《小花猪的奶奶》）｜不过旧戏中的《游龙戏凤》，对饮对唱有声有色。（冰心《平绥沿线旅行记》）

〔辨析〕"有板有眼、有声有色"都可形容事情办得好。"有板有眼"重在强调有节奏，合乎章法，有条不紊。"有声有色"重在强调办事有生气，令人称道，还可形容叙述、描绘和表演精彩生动，还可指既有名声，又有光彩，很荣耀。

鱼龙混杂　鱼目混珠

鱼龙混杂 yúlóng-hùnzá 唐·张志和《和渔夫词》十三："风搅长空浪搅风，鱼龙混杂一川中。"鱼和龙混在一起。比喻坏人和好人混在一起。例且彼时捐例大开，各省候补人员十分拥挤，其中鱼龙混杂，良莠不齐。（清·李宝嘉《官场现形记》）｜但是，当时留日学生的思想十分分歧，参加那次会议的有革命青年，有保皇党，也有清政府的暗探和忠实走狗，鱼龙混杂，什么人都有。(何香凝《孙中山与廖仲恺》)

鱼目混珠 yúmù-hùnzhū 汉·魏伯阳《参同契》卷上："鱼目岂为珠，蓬蒿不成槚。"(槚：jiǎ，落叶乔木。)把鱼眼珠混入珍珠之中。比喻以假充真或以假乱真。例在豺狼逞霸、猎犬四出的当年，据说蓝大褂的更大功能，在于它的鱼目混珠。(曹靖华《忆当年·穿着细事且莫等闲看》)｜可是这些卖国的老爷们不是也在鱼目混珠，也在自称为爱国忧民的志士吗？(杨沫《青春之歌》)｜杜鹃鸟的蛋与它的体重的关系，也是饶有趣味。它的蛋实在太小了。正常情况下，它的蛋应该是现在的三倍大。这是它为了鱼目混珠而做出的适应性选择。(李洱《应物兄》)

〔辨析〕"鱼龙混杂、鱼目混珠"都有坏和好混杂在一起的意思。"鱼龙混杂"重在指坏和好混在一起不易分辨，多用于形容人。"鱼目混珠"重在指假的冒充真的，以假乱真，强调欺骗，多形容物，一般不适用形容人。

雨后春笋　蒸蒸日上

雨后春笋 yǔhòu-chūnsǔn 宋·赵蕃《过易简彦从》："雨后笋怒长，春雨阴暗成。"春天雨后，竹笋大量生长。比喻新生事物大量涌现迅速发展。例平民夜校好像雨后春笋，一天多过一天。(李六如《六十年的变迁》)｜五四运动以后如雨后春笋般涌现出来的种种新思想、新学说，引起了庐隐极大的兴趣。(肖凤《庐隐传》)｜东三省如雨后春笋般冒出了一茬茬民间资本家，他们中有些人是筚路蓝缕、艰苦奋斗创下一份家业，有些人是靠投机成功，一夜暴富。(梁晓声《人世间》)

蒸蒸日上 zhēngzhēng-rìshàng 明·李开先《资善大夫太常寺卿兼翰林院五经博士西桥刘公墓志铭》："余蒸蒸焉日有长进，而公病归矣。"后用"蒸蒸日上"形容一天天兴旺发达。蒸蒸：热气腾腾，上升的样子。例倒是现在欧洲各国，民权大张，国势蒸蒸日上。(清·曾朴《孽海花》)｜创造社成立出版部……虽然仅仅一年半光景，因受青年们的爱护，业务的发展蒸蒸日上。(郭沫若《海涛集》)

〔辨析〕"雨后春笋、蒸蒸日上"都可形容上升、成长、发展迅速，充满蓬勃的生命力。"雨后春笋"重在强调在适当的条件下新生事物出现得多，发展得快。"蒸蒸日上"重在强调兴旺发达的迅速，可形容事业、生产的进步，也可形容声望、水平的提高。

欲擒故纵　欲擒先纵

欲擒故纵　yùqín-gùzòng　《三十六计》："欲擒故纵，逼则反兵，走则减势……"为了捉住而故意放纵。纵：放开，放纵。例八路军这次欲擒故纵之计，将日寇一个团诱入了包围圈，这帮恶魔即将面临灭顶之灾。(曹颖成《冀中抗日随录》)｜生意场上的老手常常使用欲擒故纵的伎俩，兄弟你可要小心呵！(楚伯雄《商场如战场》)

欲擒先纵　yùqín-xiānzòng　想捉住他，故意暂时先放开他。例王磊聚精会神地盯着这只抓着老鼠的大白猫，只见它把爪子一松，老鼠就拼命逃，大白猫又猛扑上去将老鼠捉住，来回好几次。王磊颇受启发，决定这回自己也要来个欲擒先纵，好好戏弄一下对手。(马跃《鹬蚌之争》)｜为了引出贩毒集团的总头子，我们必须采取欲擒先纵，引蛇出洞的策略，先不抓这几个"马仔"。(饶明彩《毒枭落网记》)

〔辨析〕"欲擒故纵、欲擒先纵"都指想捉住对方，暂时先放松一下。"欲擒故纵"偏重强调故意，有预谋，有打算，有安排地去实施。"欲擒先纵"偏重强调时间，强调前面的放是为了后面的捉。

原形毕露　昭然若揭

原形毕露　yuánxíng-bìlù　本相完全暴露出来。多形容伪装已被剥去。毕：完全。例可是后来，骗局揭穿，那些"样板人物"原形毕露。(巴金《探索与回忆·关于〈还魂草〉》)｜这也证明，冒充诸葛亮、假装诸葛亮是吓不住人的，总有一天要原形毕露，被天下所耻笑。(马南邨《燕山夜话》)

昭然若揭　zhāoránruòjiē　《庄子·达生》："今汝饰知以惊愚，修身以明污，昭昭乎若揭日月而行也。"后用"昭然若揭"形容真相全部暴露，明白无疑。昭然：明白、明显的样子。揭：高举。例这两者之间，谁是谁非，谁正谁邪，尤其是一个中国人，应该选择哪一条路，是昭然若揭的事。(聂绀弩《杂文集》)｜山海关为京师门户，虎狼之心，意欲何为，实已昭然若揭！(刘斯奋《白门柳·夕阳芳草》)

〔辨析〕"原形毕露、昭然若揭"都指事情的真相全部显露出来。都含贬义。"原形毕露"重在强调本来的面目全部暴露。多形容伪装被剥去。"昭然若揭"重在强调事情暴露明显后令人明白无疑，十分清楚。

云兴霞蔚　云蒸霞蔚

云兴霞蔚　yúnxīng-xiáwèi　南朝宋·

刘义庆《世说新语》："千岩竞秀，万壑争流；草木蒙笼其上，若云兴霞蔚。"后形容像升起的彩云和彩霞一样绚烂多姿。也形容事物蓬勃兴起，蔚为大观。兴：兴盛，起来；蔚：聚集。例变化开阖天机全，浓淡覆露清而妍。云兴霞蔚几千里，著我如在峨嵋巅。（金·元好问《范宽秦川图》）｜昨夜一场喜雨，今晨放晴之后峰峦之间云兴霞蔚，晓岚枭枭，令人欣喜。（刘捷生《黄山索趣》）

云蒸霞蔚 yúnzhēng-xiáwèi 原作"云兴霞蔚"。后用"云蒸霞蔚"形容云霞绚丽多彩，也形容事物蓬勃兴起，蔚为大观。例抬头望去，已到巫山。上面阳光垂照下来，下面浓雾滚涌上云，云蒸霞蔚，颇为壮观。（刘白羽《长江三日》）｜人们摆脱天寒地冻的威胁，看到了花团锦簇，云蒸霞蔚，千岩竞秀，万壑争流，目不暇接的气象。（柯灵《阿波罗降临人世》）｜镜头似乎深入了它的内部……疾驰于浩渺的天际。然后镜头拉开了，茫茫雪原之上，云蒸霞蔚。（李洱《应物兄》）

〔辨析〕"云兴霞蔚、云蒸霞蔚"的意思基本上相同。"云蒸霞蔚"更强调云霞升腾的动态，显得更加生动。

运筹帷幄　出谋划策

运筹帷幄 yùnchóu-wéiwò 《史记·高祖本纪》："上（刘邦）曰：'夫运筹帷幄之中，决胜千里之外，吾不如子房（张良）。'"在后方决定作战策略。也泛指筹划决策，指挥。运筹：制定策略，筹划；帷幄：军队里用的帐幕，指战场后方。例他竭智尽忠，为爱新觉罗家族驰驱疆场，运筹帷幄。（姚雪垠《李自成》）｜杨排长，能在纸上驰车奔马，才能在沙场上运筹帷幄——杀两盘？（陈忠实《白鹿原》）

出谋划策 chūmóu-huàcè 明·冯梦龙《东周殉国志》："妆依违观望其间，并不见出奇画策，无非因人成事。"制定计谋策略，为人出主意。例他们同那些绞尽脑汁直接为反动统治阶级出谋划策的政客是截然不同的。（邓小平《在全国科学大会开幕式上的讲话》）｜过去我们是共过事，现在创为蒋介石出谋划策，充当我们上钩的钓饵。（郭小川《在大溪中间》）

〔辨析〕"运筹帷幄、出谋划策"都有行事前定计策，出主意的意思。"运筹帷幄"多用于某种大事，如一场战斗，一项大活动等的事先筹划，定出策略，"出谋划策"仅用在小范围内，多指为个人出些主意，想些办法。"运筹帷幄"可有指挥之意，而"出谋划策"没有。

Z

泽被后世　泽被天下

泽被后世 zébèi-hòushì　恩惠一直覆盖到后世。形容给后代留下恩惠，好处。泽：恩惠，好处；被：遮盖、覆盖。例老祖宗给我们留下了很多珍宝，遗惠千载、泽被后世的都江堰水利工程算是最杰出的遗产之一。(张敏之《灌县忆旧》)｜植树造林，绿化祖国，这是功在当代，泽被后世的大善举，每一个公民都应将之当做义不容辞的责任。(陆琼《山绿了，水清了》)

泽被天下 zébèi-tiānxià　使全天下都受到了恩惠。形容恩惠的受众极其广泛。泽：恩惠，好处；被：覆盖。例国家彻底免除农业税，使全中国几亿农民交了两千多年的税赋从此成为历史，实在是泽被天下的好事。(李新义《谈谈农民负担》)｜不要小看节水、节电，不污染环境这些小事，全中国、全世界的人都做到了，那可是泽被天下，惠及子孙的大功德。(陶德山《环保无小事》)

〔辨析〕"泽被后世、泽被天下"都形容给他人带来恩惠。"泽被后世"重在指给后世、后代留下恩惠，强调恩惠延伸的时间之长。"泽被天下"重在指给当今天下带来恩惠，强调恩惠覆盖面之广。

责无旁贷　义不容辞

责无旁贷 zéwúpángdài　自己的责任，不能推卸给别人。贷：推卸。例中国传统的严父慈母型的家族关系，常令父亲们责无旁贷地承担起教育子女的义务。(2014年全国高考语文新课标试题句)｜她一向率领老营，在突围时仍旧率领老营，责无旁贷。(姚雪垠《李自成》)｜"……你是女病人，我嘱咐一位男医生关照你，也不是回事。正好她在那儿当护士长，当然责无旁贷啦！"(梁晓声《人世间》)

义不容辞 yìbùróngcí　唐·岑文本《唐故特进尚书右仆射上柱国虞恭公温公碑》："夫显微阐函，义不容辞，功高德盛……载金石以不朽。"道义上不容许推辞。义：正义，道义；辞：推辞。例子敬有恩于玄德，其言必从，且玄德既为东吴之婿，亦义不容辞。（明·罗贯中《三国演义》）｜她想，自己所在的工厂是造动力机械的，应该义不容辞地为解决农村的动力问题出一把力。（焦祖尧《总工程师和他的女儿》）

〔辨析〕"责无旁贷、义不容辞"都有自己的责任就应承担，不容许推辞的意思。"责无旁贷"落在"无旁贷"上，强调"责任不能予以他人，不可推卸"。"义不容辞"强调的是"义"，即要遵从道义，主动、自觉承担应承担的责任。

自出机杼　匠心独运

自出机杼　zìchūjīzhù　《东观汉记·王丹传》："如丹此缣，出自机杼。"指为文作诗不入旧套，有自己的新意。机杼：原指织布机及上面牵引纬线的梭子，此处比喻诗文的组织、构思。例文章需自出机杼，成一家风骨，何能供人同生活也。（《魏书·祖莹传》）｜李商隐的七言诗常常是独运匠心、自出机杼，其诗作意境自是不同凡响。（华洄《良知》）

匠心独运　jiàngxīn-dúyùn　独创地运用精巧的心思。多形容文学艺术上的独特构思。匠心：巧妙高明的构思、设计。例艺术家们匠心独运，不久就刻成了一座石雕。（秦牧《广州城徽》）｜川菜一代儒宗黄敬临发明的开水白菜可谓匠心独运，后来成为国宴菜中的珍品。

〔辨析〕"自出机杼、匠心独运"都指构思不走老套路，有特色和创新。"自出机杼"使用范围限于为文作诗的构思上，布局谋篇上。"匠心独运"使用范围较宽泛，除了文学也用于其他艺术门类及建筑等方面，而且强调构思的精巧上较"自出机杼"强些。

自强不息　发愤图强

自强不息　zìqiáng-bùxī　《周易·乾》："天行健，君子以自强不息。"自己努力奋斗不懈怠。例勾践卧薪尝胆，自强不息。（曹禺等《胆剑篇》）｜自强不息、坚忍不拔是中华民族固有的精神基因。（2015年全国高考语文湖南试题句）

发愤图强　fāfèn-túqiáng　努力奋发向上，谋求强盛。例孙先生在那次聚会上谈得并不多，只泛泛地谈到了中国积弱太甚了，应该发愤图强，彻底革命。（何香凝《我的回忆》）｜面对美国的封锁、打压，科技工作者发愤图强，终于造出了中国自己的高科技产品。

〔辨析〕"自强不息、发愤图强"都有努力奋斗，积极向上的意思。"自强不息"强调自身的奋勇不停歇，"发愤图强"所指的奋发向上不仅指个人，也泛指整体，而且明确奋发的目的即是图求强盛，"自强不息"没涉及这个意思。

乍毛变色　着急忙慌

乍毛变色 zhàmáo-biànsè 形容因惊世而毛发竖立，面色失常。乍毛：毛发竖产。例他们有的尽心，有的太慌张，一见敌人来了，先乍毛变色，反容易显露。(徐光泡《平原烈火》)｜"穿山豹"是这一带恶名昭彰的土匪头子，难怪当地百姓听到他要到自已村子这边来都不禁乍毛变色，十分害怕。(李之雨《狍子屯的故事》)

着急忙慌 zhāojí-mánghuāng 焦躁不安，十分心急，非常慌乱。也指对事情准备不充分，不知道如何处理。着急：焦躁不安、赶紧；忙慌：非常慌乱、临事不知怎么处理。例对于这次股市大跌，事前一点思想准备都没有的小李和小陈，看到自已刚买的股票跌得这么惨，着急忙慌的就来找老张询问。｜小英得知程诚回京的消息太晚了，等她着急忙慌地到西客站去接人时，程诚都到家了。(赵敏《门墩胡同》)

〔辨析〕"乍毛变色、着急忙慌"都有慌张，因事先准备不足面对突发事件，表现出慌乱、紧张。"乍毛变色"多用于因惊恐、惊吓而十分慌张，词意较重。"着急忙慌"偏重强调焦躁不安、心急，或因对事情突发准备不足而出现的慌乱，处理事情不沉着，没有条理。

瞻前顾后　首鼠两端

瞻前顾后 zhānqián-gùhòu 战国·楚·屈原《离骚》："瞻前而顾后兮，相观民之计极。"汉·张衡《陈事疏》："向使能瞻前顾后，援镜自戒，则何陷于凶患乎！"看前面再看后面。形容做事考虑周密，小心谨慎。也形容做事犹豫不决，顾虑多。例这些瞻前顾后，其实也是很可笑的，这样下去，更将不能动弹。(鲁迅《两地书》)｜母亲办事的干练和果决实际上已经超过父亲，更少一些瞻前顾后的忧虑，表现出认定一条路只顾往前走而不左顾右盼的专注和果断。(陈忠实《白鹿原》)｜他那种瞻前顾后、窝窝囊囊的性格，就是把戏唱得文点、"娘娘"点，也是不失人物本色的。(陈彦《主角》)

首鼠两端 shǒushǔ-liǎngduān 汉·司马迁《史记·魏其武安侯列传》："与长孺共一老秃翁，何为首鼠两端？""首鼠"指的是走在前头的鼠，"两端"指首鼠边走边动摇不定地观前又顾后。形容迟疑不决，或动摇不定。例像吴三桂那样首鼠两端的人，在初对于自成本有归顺之心，只是尚在踌躇观望而已。

(郭沫若《甲申三百年祭》)｜首鼠两端，似不是大论文家的态度。(郑振铎《插图本·中国文学史》)

〔辨析〕"瞻前顾后、首鼠两端"都有做事犹豫不决，爱动摇，不坚定的意思。"瞻前顾后"还有另一义，即也可形容做事考虑周密、谨慎，这是褒义，不过现在不常用此义。"首鼠两端"没有此义，只形容做事迟疑，摇摆不定。在使用频率上，不及"瞻前顾后"多。

斩钉截铁　直截了当

斩钉截铁　zhǎndīng-jiétiě　《祖堂集·云居和尚》："(师顾视曰)汝等在此，粗知远近，生死寻常，勿以忧虑，斩钉截铁，莫违佛法，出生入死，莫负如来。"砍断钉子、截断铁。比喻说话、做事果断坚决，毫不犹豫。例辛楣为孙小姐关系，不好斩钉截铁地拒绝，灵机一动，推荐方鸿渐。(钱锺书《围城》)｜孟子则没有这样犹豫。他曾斩钉截铁地说："人性之善也，犹水之就下也，人无有不善，水无有不下。"(黄仁宇《孔孟》)｜他当即斩钉截铁地表态："支持！砸锅卖铁爸也支持！"(梁晓声《人世间》)

直截了当　zhíjié-liǎodàng　形容说话、做事不绕弯子，简单爽快。例这个姑娘说话、办事，直截了当，认真干脆。(马烽《刘胡兰传》)｜如果你去征求他的意见，他就把自己的看法直截了当地提出来。(王西彦《向死者告慰》)

〔辨析〕"斩钉截铁、直截了当"都形容说话、办事不犹豫，态度明朗。"斩钉截铁"重在强调果断、坚决，多形容说话的态度和办事的决心。"直截了当"重在强调干脆、爽快，多形容说话、办事的方式。

仗势欺人　倚势凌人

仗势欺人　zhàngshì-qīrén　宋·释惟白《续传灯录》："……尽是仗势欺人，无风起浪。"依仗某种势力欺压别人。例他凭师友，君子务本；你倚父兄，仗势欺人。(元·王实甫《西厢记》)｜那个部长的丫头也真不像话，仗势欺人呀！(张弦《银杏树》)

倚势凌人　yǐshì-língrén　依仗某种势力侵犯、欺侮别人。凌：侵犯、欺侮。例季万林一再倚势凌人，把个老实人都挤兑得火冒三丈了。黄佳抓起玻璃杯狠狠地砸在地上。(侯灵芝《游戏人生》)｜齐学铭不仅喜欢招惹是非，常常还倚势凌人，这个总经理的小舅子，真是咱们公司的一大公害。(孔荃《市井轶事》)

〔辨析〕"仗势欺人、倚势凌人"都形容倚仗权势欺压别人。"仗势欺人"重在强调仗着势力去压迫、欺压、欺负他人。"倚势凌人"重在强调仗势去侵犯、欺侮、凌辱他人。

仗义执言　直抒胸臆

仗义执言 zhàngyì-zhíyán 《汉书·贾谊传》："顾行而忘利，守节而仗义。"后用"仗义执言"指为伸张正义说公道话。执言：说公道话。例他的政敌王安石的弟弟王安礼也仗义执言，对皇帝说："自古大度之君，不以言语罪人。"（余秋雨《苏东坡突围》）｜天老爷赋予了我一个犟劲，我敢于仗义执言。（季羡林《牛棚杂忆》）｜常宇怀是军工厂工人心目中义字当头的人，他一贯助人为乐、敢于挺身而出仗义执言。（梁晓声《人世间》）

直抒胸臆 zhíshū-xiōngyì 直率地把内心的想法表达出来。胸臆：心意，心怀。例有人以为我信笔写来，直抒胸臆，其实是不尽然的，我的顾忌并不少。（鲁迅《坟·写在〈坟〉后面》）｜由于他善于直抒胸臆，他的作品使人感到朴实亲切，别有情趣和韵味。（方敬《地之子》）

〔辨析〕"仗义执言、直抒胸臆"都可用于敢说内心的真实想法。"仗义执言"用于为主持公道、伸张正义而发言。"直抒胸臆"只强调直率地把内心想法表达出来，也形容直率不隐瞒地抒发自己的思想感情。

朝秦暮楚　朝三暮四

朝秦暮楚 zhāoqín-mùchǔ 宋·晁补之《海陵集序》："战国异甚士，一切趋利邀合，朝秦而暮楚不耻，无春秋时诸大夫事业矣。"战国时期，秦楚两个诸侯大国相互对立，经常作战。有的诸侯小国为自己的利益和安全，时而倾向秦，时而倾向楚。早晨事秦，晚上亲楚。比喻反复无常，没有主见。也可形容早上在秦地，晚上在楚地，表示行踪漂泊不定。例综观汪（精卫）的一生，联蒋反蒋，联共反共，朝秦暮楚，反复无常。（陶菊隐《记者生活三十年》）｜烽烟满郡州，南北从军走，叹朝秦暮楚，三载依别。（清·孔尚任《桃花扇》）｜我们办事要讲原则，绝不能朝秦暮楚。｜三心二意、朝秦暮楚，想到什么抓什么，只能半途而废，欲速而不达。

朝三暮四 zhāosān-mùsì 《庄子·齐物论》："狙公赋芧，曰：'朝三而暮四。'众狙皆怒。曰：'然则朝四而暮三。'众狙皆悦。名实未亏，而喜怒为用，亦因是也。"早上三个晚上四个。原指使用名变实不变的欺骗手段。后比喻变化不定或反复无常。狙：猕猴；芧（xù）：古书上指橡实。例她小心翼翼地试探着说："为了什么来由？为了那么一个朝三暮四、喜怒无常的女子？"（欧阳山《三家巷》）｜似此重大问题，只隔一宿，便已换了花样，朝三暮四，令人莫测。（蔡东藩《民国演义》）

〔辨析〕"朝秦暮楚、朝三暮四"都有反复无常、变化无常的意思。"朝秦暮楚"多比喻在政治上没有主见，因眼前的、短时间的利害而在对立的两强间摇摆不定，变化无常。偏重在对象，而且还能形容行踪漂泊不定。"朝三暮四"多比喻思想上反复无常，让人捉摸不定，也比喻制度、规定经常更改，让人无所适从。偏重在手法。

震耳欲聋　振聋发聩

震耳欲聋 zhèn'ěr-yùlóng　震得耳朵都要聋了。形容声音很大。例河道里山洪咆哮声震耳欲聋，雨仍然瓢泼似的倾泻着。（路遥《人生》）｜雨下得太大了，"轰隆隆"的雷声像大油桶在石头上滚动，震耳欲聋。（叶辛《蹉跎岁月》）｜上甘岭之战双方争夺的十分激烈，美军为了拿下这块高地，狂轰滥炸，炮火猛烈，震耳欲聋。

振聋发聩 zhènlóng-fākuì　清·袁枚《随园诗画补遗》："此数言振聋发聩，想当时必有迂儒曲士以经学谈诗者。"发出极大的声响，使耳聋的人都能听到。比喻用文章或言论使是非不明的人清醒过来。振：振动。发：开启；聩：耳聋。例丑道人这几句话，真使曾国藩有振聋发聩之感，不觉悚然端坐。（唐浩明《曾国藩·野焚》）｜养足了精力，多为救国图强写点文章，造点振聋发聩的舆论，有什么不好？（任光椿《戊戌喋血记》）

〔辨析〕"震耳欲聋、振聋发聩"都形容声音大。"震耳欲聋"强调声音大的把耳朵都震聋了，偏重声音对人生理听觉的感受。"振聋发聩"则强调声音响得聋人都能听到，进而用来比喻用语言文字启发、警醒糊涂人，使其清醒明白，偏重对人思想的刺激。

争分夺秒　只争朝夕

争分夺秒 zhēngfēn-duómiǎo　珍惜时间，不放过一分一秒。例快走吧！我没给你讲吗？这是争分夺秒的好机会，还等什么明天哪！（浩然《洪涛曲·团圆》）｜是人才，你们就一定会充分利用这些宝贵的、对自己来说是极为稀有的时间，争分夺秒，充实知识，充实生命。（严文井《相马、相驴和相骡》）

只争朝夕 zhǐzhēng-zhāoxī　力争用最短的时间来达到预定的目标。形容争分夺秒紧张工作的进取精神。例多少事，从来急；天地转，光阴迫，一万年太久，只争朝夕。（毛泽东《满江红·和郭沫若同志》）｜我总感到光阴似箭，转眼就是一生，为了国家和人民，我们应该发愤图强，只争朝夕啊！（韩振波《多余的人》）

〔辨析〕"争分夺秒、只争朝夕"都形容珍惜时间。"争分夺秒"偏重抓紧时间，充分利用分分秒秒勤奋学习、工作、办事情。"只争朝夕"偏重抓紧时机，积极进取，力争用最短的时间达到目标。

蒸蒸日上　方兴未艾

蒸蒸日上 zhēngzhēng-rìshàng　明·李开先《资善大夫太常寺卿兼翰林院五经博士西桥列公墓志铭》："余蒸蒸焉日有长进，而公病归矣。"形容一天天兴旺发达。蒸蒸：热气上升的样子。例像这暑天，还加卖汽水，但营业却蒸蒸日上。（茅盾《霜叶红似二月花》）｜很快，黄主任都在全团大会上表扬了，说自他亲自整顿后，伙房的革命工作，已经改头换面，蒸蒸日上了。（陈彦《主角》）

方兴未艾 fāngxīng-wèi'ài　宋·陆佃《太学案问》："大学之道，方兴未艾也，士之来学者，盖以千数。"刚兴起的事物蓬勃发展，无止境，不停歇。方：正当；兴：兴起；艾：停止，终结。例而学术则如旭日升天，方兴未艾。（梁启超《近世文明初期二大家之学说》）｜正当辽沈战役方兴未艾之时，毛泽东同志在华东人民解放军取得了济南战役胜利以后，又组织了淮海战役。（叶剑英《伟大的战略决策》）

〔辨析〕"蒸蒸日上、方兴未艾"都形容事物蓬勃发展的样子。"蒸蒸日上"偏重指已发展的事物发展速度快，一天比一天好。"方兴未艾"偏重指刚刚发展起来的事物的发展态势，强调极盛状态下的发展趋势是不会停歇的，有一定的预见性。

郑重其事　一本正经

郑重其事 zhèngzhòngqíshì　对那件事严肃认真地对待。指对事十分严肃认真。郑重：严肃、认真；其：指代。那个，那样。例吴长贵这时才郑重其事地提出把五姑娘许给他。（陈忠实《白鹿原》）｜看到两个家伙那么宝贝他们的药物，那样子郑重其事，我感到十分好笑。（阿来《尘埃落定》）｜老板点头，点头很郑重其事。我看到老板眼中有一点湿意。（汪曾祺《大淖记事·艺术家》）｜不知从去年什么时候开始，他忽然心血来潮，郑重其事地拜了位师傅，每个月都抽空跟师傅学一次戏法。（梁晓声《人世间》）

一本正经 yīběn-zhèngjīng　口语中也读 yīběn-zhèngjǐng。十分庄重、

认真。有时含讽刺意味。正经：端庄、正派、守规矩。例但是他一本正经，而且是一桩老老实实的差事，得老老实实的做完。(林语堂《红牡丹》)｜老黄看着他一本正经地不在那儿编瞎话，顿时火冒三丈，大喝一声："你别跟老子这儿演戏了！"

〔辨析〕"郑重其事、一本正经"都是形容一种对事物的态度：严肃、认真、守规矩。"郑重其事"专指态度的严肃、认真，以见其对事物的重视。"一本正经"既有对人对事的形容：庄重、正派、认真，又有另一用法，即用在那些故意装出庄重严肃的态度，实则并非如此或全无必要，因而具讽刺意味，"郑重其事"一般不这样用。"郑重其事"和"一本正经"相比较，"郑重其事"多用于正规、严肃的语意中，"一本正经"常口语化。

直抒己见　直言不讳

直抒己见 zhíshū-jǐjiàn　直率地发表自己的意见。例黄浩之双手抱拳向众人拱手说道："今天请各位贤达来此，就是想听听高论妙策，大家只管直抒己见，不要有所顾虑。"（管黔玉《西镇商贾》）｜宝玉的才情洋溢，直抒己见，都在赏景中进行生动的刻画，景色也在他们的言谈中刻画了出来。

直言不讳 zhíyán-bùhuì　《晏子春秋》："晏子相景公……行己而无私，直言而无讳。"有话直说，毫不忌讳。讳：避讳；隐讳。例我直言不讳地告诉他们，在那两个姑娘之中，我一个也爱不上！（梁晓声《京华闻见录》）｜鹿兆鹏也直言不讳地说："请你不要太多敏感。如果共产党里头也混进来田福贤这号坏分子，我们会自己把他交给法庭的。"（陈忠实《白鹿原》）

〔辨析〕"直抒己见、直言不讳"都形容坦率地讲话。"直抒己见"重在强调直率地把自己的意见表达出来。"直言不讳"重在强调有话就直截了当地说，没有丝毫的忌讳和隐瞒。

至暗时刻　漫漫长夜

至暗时刻 zhì'ànshíkè　形容一生中最黑暗、最迷茫、最看不到前方的时刻。至：最、极；暗：黑暗。例有时你会发觉日子特别难熬，当你难以前行的时候，千万不要灰心，先静下来好好休息。｜在漫长的历史岁月中，总会出现社会或人生的至暗时刻，在这种时候一个民族、一个人取何态度，决定了生与死、成与败。

漫漫长夜 mànmànchángyè　漫长的黑夜无边无际。多用来比喻社会的黑暗。漫漫：无边际的样子。例朋友犹如漫漫长夜中的点点星光，璀璨耀眼，点亮我心智的孤灯。｜没有月色的夜里，一个人孤独地坐在寒风中，没有亲人，没有朋友，她感觉自己好像要被这漫漫长夜吞噬了。(肖梅《小镇的女儿》)

〔辨析〕"至暗时刻、漫漫长夜"都是形容黑暗的。"至暗时刻"重在强调黑暗、迷茫，看不到光明、希望到了极致的程度，是最令人感到悲哀、无助的时刻。"漫漫长夜"更多的是强调黑夜长得令人感到仿佛是无边无际。它既可以用来形容大自然的黑夜，也可以用于比喻社会的黑暗没有尽头。

置若罔闻　置之不理

置若罔闻　zhìruòwǎngwén　明·周顺昌《福州高珰纪事》："复严谕速出迎诏，竟置罔闻，其悖逆至是，他奚论耶！"放在一边，没听见似的。后用"置若罔闻"指不过问，不关心。例不料沿途岗哨，居然熟视无睹，置若罔闻。(李六如《六十年变迁》)｜我每责以大义，冀望他悔过，无奈他置若罔闻，转瞬又故态复萌。(蔡廷锴《蔡廷锴自传》)

置之不理　zhìzhī-bùlǐ　把它放在那里，不予理睬。指不关心，不重视，不过问。例不要以为他们只是些不知好歹、无足介意的小虫子，而置之不理。(老舍《四世同堂》)｜钱斌都说了三次了，祝娜娜还是置之不理，也不说办，也不说不办。(张重光《娜娜的情人》)

〔辨析〕"置若罔闻、置之不理"都指对某人某事态度冷漠，不关心，不重视。"置若罔闻"强调不去听，听了也像没听见。"置之不理"强调有意冷漠，搁置一旁，不予理睬。

置身事外　置之度外

置身事外　zhìshēn-shìwài　把自己放在事情之外。形容对事情漠不关心，不与事情相干。例许小琳想了半天，总觉得自己置身事外有点对不起朋友，多少也得过问一下子才妥。(马政《中流砥柱》)｜也许是想参加叛变而有顾虑，至少希望置身事外。(张爱玲《谈看书·后记》)

置之度外　zhìzhī-dùwài　《后汉书·隗嚣公孙述传》："且当置此两子于度外耳。"后用"置之度外"指把它放在自己的考虑范围之外。形容全不放在心上，如利害、生死等。例他的精神，现在只在一个包上，仿佛抱着一个十世单传的婴儿，别的事情都置之度外了。(鲁迅《呐喊·药》)｜当时我心硬如铁，将个人的安危置之度外。(莫言《蛙》)

〔辨析〕"置身事外、置之度外"都形容对事物不关心。"置身事外"强调自己与事情无关，与事情不相干。"置之度外"强调根本不予考虑，全然不放在心上。

擢发难数　罪不容诛

擢发难数 zhuófà-nánshǔ 《史记·范雎蔡泽列传》："范雎曰：'汝罪有几？'（须贾）曰：'擢贾之发，以赎贾之罪，尚不足。'"像拔下的头发一样多得难以数清。后用"擢发难数"形容罪行极多。擢：拔。例不久，听说许多地方都在揭发他的罪行了，越揭越多，以至于擢发难数。（秦牧《晴简晓笔》）｜尽管日本在历史上受过中华民族的巨大恩惠，但是从明朝倭寇扰边，清朝甲午战争直至八年抗战，他们对中国人民犯下的滔天罪行真是擢发难数、罄竹难书。（项菲《小议日本》）

罪不容诛 zuìbùróngzhū 《孟子·离娄上》："争地以战，杀人盈野；争城以战，杀人盈城。此所谓率土地而食人肉，罪不容于死。"罪恶极大，处死都不能抵偿。例兴兵动众，欲危宗庙，恶不忍闻，罪不容诛。（《汉书·王莽传上》）｜你身入贼伙，罪不容诛。（姚雪垠《李自成》）｜在民族危亡的关头，卖国投敌、为虎作伥的汉奸都是罪不容诛的民族败类。

〔辨析〕"擢发难数、罪不容诛"都形容罪恶、罪行严重。"擢发难数"强调罪行的数量多，多得数不尽。"罪不容诛"强调罪恶极大，处死都不能抵罪。

助纣为虐　为虎作伥

助纣为虐 zhùzhòuwéinüè 《史记·留侯世家》："夫秦为无道，故沛公得至此……今始入秦，即安其乐，此所谓'助桀为虐'。"《晋书·武帝纪论》："昔武王伐纣，归倾宫之女，不可助纣为虐。"帮助商纣王干残暴狠毒的事。夏桀、商纣王都是古代暴君。比喻帮助坏人做坏事。例我真是糊涂，我引狼入室，我助纣为虐！（莫言《蛙》）｜好哇，不帮助吴太太把那个野丫头赶出去，反助纣为虐！（老舍《离婚》）

为虎作伥 wèihǔ-zuòchāng 宋·李昉《太平广记》卷四百三十："伥鬼，被虎所食之人也，为虎前呵道耳。"替老虎做伥鬼。伥：旧时迷信，认为被老虎咬死的人变成鬼后，又去助虎伤人。比喻做坏人的帮凶，帮坏人做坏事。例军人——一个只会为虎作伥的军人——急忙站立起来，躲在一边。（老舍《四世同堂》）｜朋友，虽然在我们之中，有汉奸，有傀儡，有卖国贼，他们

认贼作父，为虎作伥，但他们那班可耻的人，终究少数。(方志敏《可爱的中国》)

〔辨析〕"助纣为虐、为虎作伥"都用比喻来形容帮坏人做坏事的行为。"助纣为虐"一般用于行为比较严重的场合。"为虎作伥"是替代坏人做坏事，语意稍显轻，适用范围较广泛。

自暴自弃　自轻自贱

自暴自弃　zìbào-zìqì　《孟子·离娄上》："自暴者，不可与有言也；自弃者，不可与有为也。言非礼义，谓之自暴也；吾身不能居仁由义，谓之自弃也。"后用"自暴自弃"指自己糟蹋自己，自己抛弃自己。指自甘落后，不求上进。暴：糟蹋，损害。例读书人悲观失望自暴自弃；可是那些工人多么坚强呵！多么勇敢呵！(欧阳山《苦斗》)｜这样一个自暴自弃的女孩子，是永远不能成为有成就的歌唱家的。(何为《第二次考试》)｜日子越过越穷，他就变得自暴自弃，变得懒散了。(汪曾祺《汪曾祺短篇小说选》)

自轻自贱　zìqīng-zìjiàn　自己看不起自己。多指自己降低自己的身份。例记住这话：你不自轻自贱，人家就不能看轻你。(老舍《鼓书艺人》)｜黄佳可是个有志气的人，她不可能像你说的那样自轻自贱。(孙晋《闺蜜》)

〔辨析〕"自暴自弃、自轻自贱"都指自己轻视、小看自己。"自暴自弃"偏重在自己糟蹋、鄙视自己，多用于形容自甘落后，语意较重。"自轻自贱"偏重在自己轻视自己，认为自己低贱，身份低，没地位，语意较轻。

自悲自叹　自怨自艾

自悲自叹　zìbēi-zìtàn　自己为自己感到悲哀，自己为自己叹息，感到遗憾。例颜学铭接连遭到几次打击后，往日的锐气荡然无存，常常见他自悲自叹地抱怨、叨唠，发牢骚。(齐大心《九叔的书房》)｜那日小雪又自悲自叹地说起你们俩的事，我劝了她好半天，她才好些了。(顾朋《又是一年晚秋时》)

自怨自艾　zìyuàn-zìyì　《孟子·万章上》："太甲悔过，自怨自艾。"悔恨自己的错误，自己改正。现仅指悔恨。艾：治理，改正。例于是我的耳边响起了他自怨自艾的话，他的叹气，他的哭泣，他的咒骂。(巴金《苏堤》)｜接着便自怨自艾，后悔当年跟着姑姑执行严酷的计划生育政策。(莫言《蛙》)

〔辨析〕"自悲自叹、自怨自艾"都有对自己悔恨，感到伤心的意思。"自悲自叹"虽有悔恨自己做错了事的意思，但不一定有改正的意思。"自怨自艾"偏重在悔恨自己做错了事，决心加以改正。

自吹自擂　自我吹嘘

自吹自擂 zìchuī-zìléi　自己吹喇叭、自己打鼓。比喻自我吹嘘。吹：吹喇叭；擂：打鼓。例 工会写的报捷信上，我只把自吹自擂的字眼抹掉了几个，可能他们还不高兴呐。（于敏《第一个回合》）｜共产党员……决不可把自己关在小房子里，自吹自擂，称王称霸。（毛泽东《在陕甘宁边区参议会的演说》）

自我吹嘘 zìwǒ-chuīxū　夸大地或无中生有地说自己的优点、成就，来夸张地宣扬。例 越是浅薄、无私、狂妄的人，就越喜欢自我吹嘘，他们认为这样就可以显示自己的价值就能高人一头，其实大错特错了。（汪明之《我看"韩剧"有感》）｜有的党员干部不仅不会忠实工作，为民谋利，反而热衷于自我吹嘘，自我陶醉，把分内之事大肆宣扬。（魏玉明《党员干部的"三忌"》）

〔辨析〕"自吹自擂、自我吹嘘"都指自己抬高自己，吹捧自己。"自吹自擂"偏重在过分宣扬时要造成一个氛围，把影响造大。"自我吹嘘"偏重强调夸大地或无中生有地说自己的成就和优点。

自顾不暇　自身难保

自顾不暇 zìgù-bùxiá　原作"自固不暇"。《晋书·刘聪载记》："彼方忧自固，何暇来耶？"自己连坚守都忙不过来。后作"自顾不暇"，指对自己都顾不过来。表示没有余力再顾及别人。顾：顾及；暇：空闲。例 朋友，对不起，我自顾不暇，祈求菩萨保佑你吧！（茅盾《东条的"神符"》）｜山里山外斗争可以互相策应，弄得敌人自顾不暇，东奔西跑，疲于奔命。（黎汝清《叶秋红》）

自身难保 zìshēn-nánbǎo　自己保不住自己（更谈不上保护别人）。例 我不是开当铺的……正好比泥菩萨过河，自身难保。（陈残云《香飘四季》）｜金融危机从美国蔓延到欧洲，蔓延到世界，连意大利都自身难保了，更不用说像希腊这样的国家了。（洪睿《希腊的厄运》）

〔辨析〕"自顾不暇、自身难保"都指自己没有能力，处于危险的境地了。"自顾不暇"偏重自己顾自己都来不及，没有能力去顾及别人，词意较轻。"自身难保"偏重自己连自己都保不住了，怎可能去保护别人，词意较重。

自力更生　自食其力

自力更生 zìlì-gēngshēng　依靠自己

的力量，使事业振兴起来。自力：依靠自己的力量；更生：获得新生。例我们人民能以自力更生的方式强起来了。(闻一多《组织民众与保卫大西南》)｜没有东西想办法。反正伸手等待，寸步难行，自力更生，日行千里。(李准《耕云记》)

自食其力 zìshí-qílì 《礼记·礼器》："食力无数。"元·陈澔注："食力，自食其力之人，农、工、商贾、庶人之属也。"凭借自己的力量来养活自己。例像你这样从幼小而来便能自食其力的，我们对于你，倒是惭愧无地呢！(郭沫若《残春》)｜新的社会制度使得家族里每个成年的成员，都能作一个自食其力的劳动者。(冰心《我们的家族》)

〔辨析〕"自力更生、自食其力"都指依靠自己的力量，不依靠别人。"自力更生"偏重不依靠外援而依靠自己的力量把事情办好，就像重新获取了生命一样，词意重。"自食其力"只强调依靠自己的劳动吃饭、生活，词意轻。

自取灭亡　自投罗网

自取灭亡 zìqǔ-mièwáng 《阴符经》卷下："沉水入火，自取灭亡。"自己找死。指自我走毁灭之路。取：选取，招致。例陈后主荒淫无度，自取灭亡。臣请领一旅之师，前往平陈，统一天下。(清·鸳湖渔叟校订《说唐》)｜这是世界潮流，大势所趋，谁敢逆潮流而动，自然搬起石头砸自己的脚，必然自掘坟墓，自取灭亡。(巴山《逆水行舟与见风使舵》)

自投罗网 zìtóu-luówǎng 三国魏·曹植《野田黄雀行》诗："不见篱间雀，见鹞自投罗。"自己进入到罗网里去。罗网：捕捉鸟兽鱼类的器具。比喻自己送死或自己进入别人设下的圈套、陷阱里。例自己的命是拿钱换出来的，不能再自投罗网。(老舍《骆驼祥子》)｜忽然他住嘴了。他意识到有些自投罗网。(萧乾《鹏程》)｜我们外头和你们里头怎么紧密配合起来一致行动呢?于是我就想了个"自投罗网"的法儿，故意让敌人抓住了。(郭澄清《大刀记》)

〔辨析〕"自取灭亡、自投罗网"都有自己找死的意思。"自取灭亡"偏重指结果，强调自己走上毁灭之路。"自投罗网"多用于错误地估计形势或夸耀自己力量强大而进入别人设下的网罗之中。

缅怀曹先擢先生

（代后记）

我和多年的老同学胡孜、罗楷经等一起，经过三年多的努力，几经增删，多次校对，终于完成了一本《成语辨析千组》，献给读者。

编写这本词典起源于我们几人在2003年4月出版的一本《汉语语典》（汉语大词典出版社）。那本书是以成语为主（约占75%），以其他熟语、谚语、惯用语等为辅（约占25%），共计9000条。其中辨析成语327组。《成语辨析千组》正是在这一基础上扩展出来的。

回想起五十多年前的往日时光，那是1964年，我们刚走进大学的校园，充满青春朝气。后来各自走上工作岗位，三十多年后已过中年，我们聚在一起，集多年语言教学、词典编纂之经验，编写出版了120余万字的《汉语语典》。后来我们过了古稀之年，已是桑榆晚景，大家再聚首的时候，依然"不甘寂寞"，编写了当前的这本《成语辨析千组》。

纵然乌飞兔走，光阴荏苒，但不能使我们忘怀的，是语言学大师曹先擢先生当年与《汉语语典》写的序言。序言只有1300字，但涉及面广，内容丰富，为辞书的编纂、修订工作提出了指导性意见。"序"中特别指出："对相关的成语，做必要的辨析，是释义的一种延伸，增强了词典的实用性。"这无疑是对我们继续工作的鼓励。

曹先擢先生生于1932年11月，浙江长兴人，毕业于北京大学中文系，是国内外知名学者。他曾先后担任：北京大学中文系教授，国家语言文字工作委员会秘书长、副主任；中国辞书学会原会长、名誉会长；国家语言文字应用研究所所长。有多部语言学专著传世。

曹先生1999年被聘为《现代汉语词典》修订审定委员会主任委员，《通用规范汉字字表》专家委员会主任委员，国家语委咨询委员会委员，商务印书馆辞书研究中心特约研究员，美国传记研究所（ABI）选为国际知名学者（第七版），1997年3月被英国剑桥大学国际传记中心吸收为该中心国际会员，如此等等。曹先生有着丰富多彩、极不平凡的一生。他把毕生精力都献给了国家的语言文字事业。

  早在1970年，曹先生就在北京大学主持了《新华字典》1971年版的修订工作。之后我有幸参加《新华字典》第10版（2004年出版）的修订，曹先生是学术顾问。他来中国社会科学院语言研究所指导工作时，对每一位下属都非常谦和，总是循循善诱，使我们在不知不觉中学到了很多东西，提高了水平。

  曹先生满腹经纶，又身兼要职，真是一点架子都没有，永远都是温文尔雅的样子。2018年上半年，曹先生当时因病只能坐轮椅了，但还始终惦记着为我的《北京话儿化词典》（增订本）写"序"的事，无奈那时他已力不从心。后来《北京话儿化词典》（增订本）"序"由现任语言研究所所长张伯江先生所写。

  2018年11月，曹先擢先生因病去世，享年86岁。

贾采珠
2023年11月